Andreas Reckwitz

Die Gesellschaft der Singularitäten

Schriftenreihe Band 10213

Andreas Reckwitz

Die Gesellschaft der Singularitäten

Zum Strukturwandel der Moderne

bpb:
Bundeszentrale für politische Bildung

Andreas Reckwitz, geboren 1970, ist Professor für Kultursoziologie an der Europa-Universität Viadrina in Frankfurt / Oder.

Bonn 2018
Sonderausgabe für die Bundeszentrale für politische Bildung
Adenauerallee 86, 53113 Bonn

Umschlaggestaltung: Michael Rechl, Kassel
Umschlagmotiv: © Getty images / philipp igumnov flickr.com/photos/woodcum

Satz: Satz-Offizin Hümmer GmbH, Waldbüttelbrunn
Druck und Bindung: Druckhaus Nomos, Sinzheim

ISBN 978-3-7425-0213-1

www.bpb.de

Inhalt

Einleitung: Die Explosion des Besonderen

Wohin wir auch schauen in der Gesellschaft der Gegenwart: Was immer mehr erwartet wird, ist nicht das *Allgemeine*, sondern das *Besondere*. Nicht an das Standardisierte und Regulierte heften sich die Hoffnungen, das Interesse und die Anstrengungen von Institutionen und Individuen, sondern an das Einzigartige, das Singuläre.

Reiseziele beispielsweise können sich nicht länger damit begnügen, einförmige Urlaubsziele des Massentourismus zu sein. Es ist vielmehr die Einzigartigkeit des Ortes, die besondere Stadt mit authentischer Atmosphäre, die exzeptionelle Landschaft, die besondere lokale Alltagskultur, denen nun das Interesse des touristischen Blicks gilt. Und das ist nur ein Beispiel von vielen, denn diese Entwicklung hat die gesamte spätmoderne globale Ökonomie erfasst. Sowohl für materielle Güter wie für Dienstleistungen gilt, dass an die Stelle der Massenproduktion uniformer Waren jene Ereignisse und Dinge treten, die nicht für alle gleich oder identisch sind, sondern einzigartig, das heißt *singulär* sein wollen.[1] So richten sich die Leidenschaften auf Live-Konzerte und Musikfestivals in ihrer Außeralltäglichkeit, auf Sport- und Kunstereignisse, aber auch auf die Aktivität der Lifestyle-Sportarten und die imaginären Welten der Computerspiele. Der sogenannte ethische Konsument entwickelt eine differenzierende Sensibilität für Brot- und Kaffeesorten in einer Weise, wie sie früher allenfalls für Weinkenner typisch war. An die Stelle des Sofas »von der Stange« tritt die Suche nach dem Vintage-Stück, und eine Marke wie Apple bietet nicht nur neueste Technologie, sondern ein ganzes attraktives und einzigartiges Environment, das der Nutzer gegen nichts anderes eintauschen würde. Schließlich offerieren diverse Formate der psychologischen Beratung maßgeschneiderte therapeutische oder spirituelle Angebote.

Die spätmoderne Ökonomie ist mehr und mehr an singulären Dingen, Diensten und Ereignissen ausgerichtet, und die Güter, die sie produziert, sind zunehmend solche, die nicht mehr rein funktional, sondern

1 Zum kulturellen Kapitalismus vgl. Jeremy Rifkin, *The Age of Access. The New Culture of Hypercapitalism*, New York 2000; Pierre-Michel Menger, *The Economics of Creativity. Art and Achievement under Uncertainty*, Cambridge 2014.

auch oder allein kulturell konnotiert sind und affektive Anziehungskraft ausüben. Wir leben nicht mehr im industriellen, sondern im *kulturellen Kapitalismus*. Dies hat tiefgreifende Folgen auch für die Arbeits- und Berufswelt: Standen in der alten Industriegesellschaft eindeutige formale Qualifikationen und Leistungsanforderungen im Vordergrund, so geht es in der neuen Wissens- und Kulturökonomie darum, dass die Arbeitssubjekte ein außergewöhnliches »Profil« entwickeln. Belohnt werden nun jene, die Außerordentliches leisten oder zu leisten versprechen, das den Durchschnitt hinter sich lässt, während Arbeitnehmer mit profanen Routinetätigkeiten das Nachsehen haben.

Die Ökonomie hat zweifellos eine gesellschaftliche Schrittmacherfunktion, aber die Umdeklinierung vom Allgemeinen zum Besonderen findet längst auch in anderen Bereichen statt, etwa in dem der Bildung.[2] Für Schulen genügt es nicht mehr wie noch vor 20 Jahren, das staatlich vorgegebene Lernpensum gut zu vermitteln. Jede Schule muss und will anders sein, muss und will ihr eigenes Bildungsprofil kultivieren und den Schülern (und Eltern) die Möglichkeit bieten, sich einen eigenen Bildungsweg zusammenzustellen. Und auch das einzelne Kind wird von Seiten der Eltern – zumindest wenn sie aus der neuen, akademisch gebildeten Mittelklasse stammen – als ein Mensch wahrgenommen, dessen besondere Begabungen und Eigenschaften zu fördern sind.

Ein weiteres Feld, auf dem sich der Vormarsch des Singulären seit geraumer Zeit beobachten lässt, ist die Architektur: Der International Style mit seiner seriellen Bauweise wirkt monoton und ist schon seit der architektonischen Postmoderne der 1980er Jahre auf breiter Front abgelöst worden von einer Solitärarchitektur, so dass Museumsbauten, Konzerthäuser, Flagship Stores und Wohnhäuser einen manchmal überraschenden, manchmal befremdlichen originellen Stil beanspruchen. Dahinter verbirgt sich eine grundsätzliche Transformation räumlicher Strukturen: An die Stelle der austauschbaren Räume der klassischen Moderne sollen in der globalisierten und urbanisierten Spätmoderne nun wiedererkennbare einzelne *Orte* mit je eigener Atmosphäre treten, an die sich spezifische Narrationen und Erinnerungen heften. Städte und Metropolen bemühen sich entsprechend, auch im Namen der sogenannten *cultural*

2 Ich gebrauche hier die Begriffe »Singularität« bzw. »Einzigartigkeit« und »Besonderes« synonym, werde jedoch im weiteren Verlauf des Buches verschiedene soziale Formen des Besonderen unterscheiden (vgl. Kap. I.2).

regeneration, eine lokale Eigenlogik zu entwickeln, die Lebensqualität und Alleinstellungsmerkmale verspricht. Und die neue Mittelklasse zieht es bevorzugt in diese Schwarmstädte, während die anderen, als unattraktiv geltenden Regionen – ob in den Vereinigten Staaten oder in Frankreich, in Großbritannien oder Deutschland – Gefahr laufen zu veröden.

Es ist nicht verwunderlich, dass vor diesem Hintergrund auch und gerade das spätmoderne Subjekt, das sich in diesen Umgebungen bewegt, für sich und sein Leben nach Befriedigung im Besonderen strebt. Jener bis in die 1970er Jahre herrschende westliche Subjekttypus, den David Riesman als »sozial angepasste Persönlichkeit« beschrieb, der Durchschnittsangestellte mit Durchschnittsfamilie in der Vorstadt,[3] ist in den westlichen Gesellschaften zur konformistisch erscheinenden Negativfolie geworden, von der sich das spätmoderne Subjekt abheben will. Ulrich Beck und andere haben in diesem Zusammenhang von Individualisierung gesprochen und damit gemeint, dass Subjekte aus allgemeinen sozialen Vorgaben entbunden und sozusagen in die Selbstverantwortung entlassen werden.[4] Singularisierung meint aber mehr als Selbständigkeit und Selbstoptimierung. Zentral ist ihr das kompliziertere Streben nach Einzigartigkeit und Außergewöhnlichkeit, die zu erreichen freilich nicht nur subjektiver Wunsch, sondern paradoxe gesellschaftliche *Erwartung* geworden ist. Markant ausgeprägt ist dies in der neuen, der hochqualifizierten Mittelklasse, also in jenem sozialen Produkt von Bildungsexpansion und Postindustrialisierung, das zum Leitmilieu der Spätmoderne geworden ist. An alles in der Lebensführung legt man hier den Maßstab der Besonderung an: wie man wohnt, was man isst, wohin und wie man reist, wie man den eigenen Körper oder den Freundeskreis gestaltet. Im Modus der Singularisierung wird das Leben nicht einfach gelebt, es wird *kuratiert*. Das spätmoderne Subjekt *performed* sein (dem Anspruch nach) besonderes Selbst vor den Anderen, die zum Publikum werden. Nur wenn es authentisch wirkt, ist es attraktiv. Die allgegenwärtigen sozialen Medien mit ihren Profilen sind eine der zentralen Arenen dieser Arbeit an der Besonderheit. Das Subjekt bewegt sich hier auf einem umfassenden sozialen Attraktivitätsmarkt, auf dem ein Kampf um Sichtbarkeit ausgetragen wird,

3 Vgl. David Riesman, *The Lonely Crowd. A Study of the Changing American Character* [1949], New Haven 2001 (dt.: *Die einsame Masse. Eine Untersuchung der Wandlungen des amerikanischen Charakters*, Reinbek 1958).

4 Vgl. Ulrich Beck, *Risikogesellschaft. Auf dem Weg in eine andere Moderne*, Frankfurt/M. 1986.

die nur das ungewöhnlich Erscheinende verspricht. Die Spätmoderne erweist sich so als eine *Kultur des Authentischen,* die zugleich eine *Kultur des Attraktiven* ist.

Die Überlagerung der alten Logik des Allgemeinen der Industriegesellschaft durch eine soziale Logik des Besonderen der Spätmoderne betrifft letztlich und in außerordentlichem Maße die Formen des Sozialen, des Kollektiven und des Politischen zu Beginn des 21. Jahrhunderts. Singularisiert werden keineswegs nur Individuen oder Dinge, sondern auch Kollektive! Formale Organisationen, Volksparteien und der bürokratische Staat existieren natürlich im Hintergrund weiter. Sie sind jedoch zugunsten von partikularistischen und temporären Formen des Sozialen in die Defensive geraten, die mehr Identifikation versprechen. Diese unterlaufen universale Regeln sowie standardisierte Verfahren und kultivieren stattdessen eine eigene Welt mit eigener Identität. Dies gilt für die Kollaborationen und Projekte in der Arbeits- und politischen Welt, die als affektive Einheiten mit bestimmten Teilnehmern und einem Verfallsdatum jeweils singulär sind. Und es gilt auch für die Szenen, politischen Subkulturen und Freizeit- wie Konsum-Communities in der realen wie virtuellen Welt, die sich als ästhetische oder hermeneutische Wahlgemeinschaften mit sehr spezifischen Interessen und Weltbildern von der Massenkultur und der Mainstream-Politik weit entfernen.

Die Singularisierung des Sozialen gilt schließlich für jene global zu beobachtenden politischen und subpolitischen *Neogemeinschaften*, in denen jeweils die historische, räumliche oder ethische Besonderheit einer als gemeinsam imaginierten Kultur gepflegt wird. Dies ist ein weites Feld: Es schließt die *identity politics* ethnischer Gemeinschaften und die Diaspora-Communities ein, die sich im Zuge der globalen Migrationsströme ausgebildet haben. Schließlich verbreiten sich vielerorts neue religiöse, auch fundamentalistische Gemeinschaften, vor allem im Christentum und im Islam, die jenseits der Amtskirchen eine Art religiösen Exzeptionalismus beanspruchen. Der politische Rechtspopulismus, der sich seit der Jahrtausendwende formiert, appelliert in diesem Rahmen an die kulturelle Authentizität des eigenen Volkes und seiner nationalen Kultur. Zugleich und in anderer Weise ist »kulturelle Vielfalt« zu Beginn des 21. Jahrhunderts zum Leitprinzip einer liberalen Gesellschafts- und Kulturpolitik geworden.

Wie in einem Kaleidoskop bilden die genannten, zunächst sehr heterogenen Phänomene der Gegenwartsgesellschaft ein Muster, dem ich in diesem Buch nachgehen will. Dies ist meine leitende These: In der Spätmoderne findet ein gesellschaftlicher Strukturwandel statt, der darin besteht, dass die soziale Logik des Allgemeinen ihre Vorherrschaft verliert an die *soziale Logik des Besonderen*. Dieses Besondere, das Einzigartige, also das, was als nichtaustauschbar und nichtvergleichbar erscheint, will ich mit dem Begriff der Singularität umschreiben.[5] Leitend für meine Theorie der Spätmoderne und für die Moderne insgesamt ist also die Unterscheidung zwischen dem Allgemeinen und dem Besonderen. Sie ist nicht unkompliziert, eröffnet aber eine Perspektive, die uns die Gegenwart aufzuschließen hilft. Die Differenz zwischen dem Allgemeinen und dem Besonderen ist ursprünglich eine philosophische und findet sich systematisch ausgearbeitet bei Kant.[6] Ich will sie jedoch aus dem Korsett der Erkenntnistheorie befreien und soziologisieren. Natürlich: In der menschlichen Welt gibt es immer sowohl Allgemeines als auch Besonderes; dies ist eine Frage des Blickwinkels. Die »Begriffe« sind immer allgemein, die »Anschauung« hingegen richtet sich auf das Besondere, so Kant. Damit lässt sich jedes Element der Welt wahlweise als konkretes Einzelnes oder als Exemplar eines allgemeinen Typs interpretieren. Soziologisch ist dies trivial. Die gesellschaftstheoretisch interessante Frage ist eine andere: Es gibt soziale Komplexe und ganze Gesellschaftsformen, die systematisch die Verfertigung des Allgemeinen fördern und es prämieren, während sie Singularitäten hemmen und abwerten. Und es gibt andere soziale Komplexe und Gesellschaften, die umgekehrt Singularitäten hervorbringen und auszeichnen, also eine Praxis der Singularisierung betreiben – auf Kosten des Allgemeinen. Weder *das* Allgemeine noch *das* Besondere sind also einfach vorhanden. Beide werden sozial fabriziert.

5 Vgl. zu diesem Begriff in einem engeren wirtschaftssoziologischen Kontext Lucien Karpik, *Valuing the Unique. The Economics of Singularities*, Princeton 2010 (dt.: *Mehr Wert. Die Ökonomie des Einzigartigen*, Frankfurt/M. 2011); in einem kulturanthropologischen Kontext Igor Kopytoff, »The Cultural Biography of Things«, in: Arjun Appadurai (Hg.), *The Social Life of Things. Commodities in Cultural Perspective*, Cambridge 1986, S. 64-91. Kopytoff und Karpik sind meine beiden wichtigsten Inspirationsquellen. Der Begriff des Singulären und der Singularität wird von mir anders verwendet als im Kontext der Erforschung der künstlichen Intelligenz oder von Transhumanisten wie Ray Kurzweil in *The Singularity is Near. When Humans Transcend Biology*, New York 2005.

6 Vgl. Rainer Kuhlen, Art. »Allgemeines/Besonderes«, in: Joachim Ritter (Hg.), *Historisches Wörterbuch der Philosophie*, Bd. 1, Basel 1971, S. 181-183. Vgl. Immanuel Kant, *Kritik der reinen Vernunft* [1787], Frankfurt/M. 1992, insbes. S. 69-78; sowie ders., *Kritik der Urteilskraft* [1790], Frankfurt/M. 1992, insbes. S. 353-364.

Die spätmoderne Gesellschaft, das heißt jene Form der Moderne, die sich seit den 1970er oder 1980er Jahren entwickelt, ist insofern eine *Gesellschaft der Singularitäten*, als in ihr die soziale Logik des Besonderen das Primat erhält. Und – man muss es in dieser Dramatik feststellen – sie ist die erste, für die dies in einem umfassenden Sinne gilt. Die soziale Logik des Besonderen betrifft dabei *sämtliche* Dimensionen des Sozialen: die Dinge und Objekte ebenso wie die Subjekte, die Kollektive, die Räumlichkeiten ebenso wie die Zeitlichkeiten. »Singularität« und »Singularisierung« sind Querschnittsbegriffe und bezeichnen ein Querschnittsphänomen, das die gesamte Gesellschaft durchzieht. Es mag ein zunächst gewöhnungsbedürftiger Gedanke sein, der aber unbedingt betont werden muss: Singularisiert werden gewiss *auch*, aber keineswegs *nur* menschliche Subjekte, weshalb der klassische, für Menschen reservierte Begriff der Individualität nicht mehr passt. Die Singularisierung umfasst eben auch und in ganz besonderem Maße die Fabrikation und Aneignung von Dingen und Objekten als besondere. Sie betrifft die Gestaltung und Wahrnehmung von Räumlichkeiten ebenso wie die von Zeitlichkeiten und nicht zuletzt von Kollektiven.

Die Struktur der Gesellschaft der Singularitäten ist ungewöhnlich und erstaunlich, ja, es scheinen die passenden Begriffe und Perspektiven zu fehlen, um sie in ihrer Komplexität zu begreifen. Wie kann eine Gesellschaft sich so organisieren, dass sie sich an der scheinbar flüchtigen, scheinbar antisozialen Größe des Besonderen ausrichtet? Welche Strukturen bildet die Gesellschaft der Singularitäten aus, welche Form nehmen ihre Wirtschaft und ihre Technologie, ihre Sozialstruktur und ihre Lebensstile, ihre Arbeitswelt, ihre Städte und ihre Politik an? Und wie kann und sollte eine Soziologie vorgehen, welche die soziale Logik der Singularisierung unter die Lupe nimmt? Es ist wichtig, dass sich eine solche Untersuchung von vornherein vor zwei falschen Haltungen hütet: Mystifizierung und Entlarvung.

Die *mystifizierende* Haltung gegenüber Besonderheiten, die in der sozialen Welt der Kunstbetrachter und religiösen Gläubigen, der Charismabewunderer und Liebenden, der Musikfans, Markenfetischisten und unbeirrbaren Lokalpatrioten verbreitet ist, setzt voraus, dass das, was ihnen wertvoll ist und sie fasziniert, gewissermaßen in ihrer natürlichen Essenz und unabhängig vom Betrachter *wirklich* authentische und einzigartige Phänomene sind. Mit Blick auf diese Mystifizierung des Authentischen hat die soziologische Analyse eine Aufklärungsfunktion. Einzigartigkeiten sind gerade nicht als vorsoziale Gegebenheiten vorauszusetzen, vielmehr gilt es, die Prozesse und Strukturen der sozialen Logik der Singularitäten zu rekonstruieren. »Soziale Logik« heißt: Die Singularitäten sind nicht kurzerhand objektiv oder subjektiv vorhanden, sondern durch und durch *sozial fabriziert*. Was als eine Einzigartigkeit gilt und als solche erlebt wird, ergibt sich, wie wir noch sehen werden, ausschließlich in und durch soziale Praktiken der Wahrnehmung, des Bewertens, der Produktion und der Aneignung, in denen Menschen, Güter, Gemeinschaften, Bilder, Bücher, Städte, Events und dergleichen *singularisiert* werden. Es ist kein logischer Widerspruch, sondern eine reale Paradoxie, dass sich *allgemeine* Praktiken und Strukturen untersuchen lassen, die sich um die Verfertigung von *Besonderheiten* drehen. Genau dies ist die Aufgabe dieses Buches: die Muster, Typen und Konstellationen herauszuarbeiten, die sich in der sozialen Fabrikation von Einzigartigkeiten ergeben. Die Singularitäten sind damit alles andere als antisozial oder vorsozial; eine Metaphorik der Vereinzelung und Isolation wäre in diesem Zusammenhang völlig verfehlt. Die Singularitäten sind im Gegenteil das, worum sich in der Spätmoderne *das Soziale* dreht.

Gegen die Mystifizierung der Eigentlichkeit die soziale Logik der Besonderheiten zu sezieren, heißt allerdings umgekehrt nicht, den Singularitäten ihre Realität abzusprechen und sie als bloßen Schein oder ideologisches Konstrukt zu enttarnen. Diese Haltung der *Entlarvung* tritt nicht selten im Gewand der Kulturkritik auf. Genüsslich meint man demonstrieren zu können, dass die scheinbaren Einzigartigkeiten der anderen tatsächlich nur weitere Exemplare allgemeiner Typen darstellen, Beispiele für den Massengeschmack oder den ewigen Kreislauf der Warenzirkulation: Apple-Produkte, Filme der Coen-Brüder oder begabte Kinder sind ja nicht *wirklich* außergewöhnlich, und hinter den Originalitäten von diesem und jenem verbergen sich in Wahrheit nur konformistische Durchschnittstypen. Ein solcher Entlarvungsreduktionismus ist mit einer Analyse der sozialen Logik von Singularitäten jedoch *nicht* gemeint. Wie gesagt: Es ist nicht erstaunlich, dass sich gut kantianisch jedes Besondere unter anderem Blickwinkel als das Exemplar eines Allgemeinen interpretieren lässt. Was besonders erscheint, lässt sich *immer* typisieren. Vor allem aber: Dass Einzigartigkeiten sozial fabriziert sind, heißt nicht, dass ihnen die soziale Realität abzusprechen wäre. Man muss hier vielmehr an das berühmte soziologische »Thomas-Theorem« erinnern, das lautet: »Wenn die Menschen Situationen als wirklich definieren, sind sie in ihren Konsequenzen wirklich.«[7] In unserem Zusammenhang heißt dies: Indem die soziale Welt sich zunehmend an Menschen, Gegenständen, Bildern, Gruppen, Orten und Ereignissen ausrichtet, die sie als singulär begreift und empfindet, ja, diese teilweise gezielt als solche hervorbringt, entfaltet die soziale Logik der Singularitäten für ihre Teilnehmer eine Realität mit erheblichen, sogar unerbittlichen Konsequenzen.

Die Kritik, welche einzelnen Singularitäten den Wert des Besonderen abspricht, kann und muss selbst soziologisiert werden: Sie ist ein charakteristischer *Bestandteil* der Bewertungsdiskurse der Gesellschaft der Singularitäten. Diese Diskurse beziehen ihre Dynamik und Unberechenbarkeit daraus, dass der Besonderheitswert von Waren, Bildern, Menschen, Kunstwerken, religiösen Glaubensinhalten, Städten oder Ereignissen häufig sozial umstritten ist und zum Gegenstand von Auseinandersetzungen der *Bewertung* und *Entwertung* wird.[8] Generell gilt: Die gesellschaftlichen Bewertungen von etwas als singulär oder als Exemplar des Allgemeinen sind hochgradig mobil und beschäftigen die Spätmoderne in enormem Ausmaß, ja, man könnte sagen, dass diese regelrecht zur *Valorisierungsgesellschaft* geworden ist. Was heute als exzeptionell gilt, kann schon morgen entwertet und als konformistisch oder gewöhnlich eingestuft werden. Und während es so manche Dinge und Menschen trotz aller Anstrengung nie auf den Sockel des Außergewöhnlichen schaffen, werden andere in Umwertungsprozessen in die Sphäre der Singularität katapultiert. So wird aus Sperrmüll wertvolles Vintage und aus dem Sonderling der anerkannte Nerd. Das heißt: In der Gesellschaft der Singularitäten gehen Prozesse der Singularisierung und der *Entsingularisierung* Hand in Hand. Sie bekräftigen damit aber, was als wertvoll gilt: nicht das Allgemeine, sondern das Besondere.

Man muss es so deutlich feststellen: Die soziale Logik der Singularitäten, deren Ausbreitung wir seit den 1970er oder 1980er Jahren beobachten, widerspricht im Prinzip vollständig dem, was über nahezu 200 Jahre hinweg den Kern der modernen Gesellschaft ausgemacht hat. Die Gesellschaft der klassischen Moderne, die sich im 18. Jahrhundert in Westeuropa langsam herauskristallisierte und Mitte des 20. Jahrhunderts als *in-*

7 William I. Thomas, Dorothy S. Thomas, *The Child in America. Behavior Problems and Programs*, New York 1928, S. 571.

8 Siehe dazu Michael Thompson, *Rubbish Theory. The Creation and Destruction of Value*, Oxford 1979; Beverley Skeggs, *Class, Self, Culture*, London, New York 2004.

dustrielle Moderne in den USA und der Sowjetunion ihren Höhepunkt erreichte, war nämlich grundsätzlich anders organisiert: Es herrschte eine *soziale Logik des Allgemeinen,* und zwar in einer Radikalität und Drastik, wie sie welthistorisch ohne Beispiel sind. Max Weber hat dies treffend umschrieben: Die klassische Moderne der Industriegesellschaft ist im Grunde ein Prozess der tiefgreifenden formalen Rationalisierung.[9] Und alle Ausprägungen dieser formalen Rationalisierung – ob in Wissenschaft und Technik, in der ökonomisch-industriellen Produktion, im Staat oder im Recht – fördern und stützen, wie ich hinzufügen möchte, eine Herrschaft des Allgemeinen. Überall ging es um Standardisierung und Formalisierung, um eine Verfertigung der Elemente der Welt als gleiche, gleichartige, auch gleichberechtigte: auf den Fließbändern der industriellen Produktion und in den Gebäuden in Serie des International Style, im Rechts- wie im Sozialstaat, im Militär, bei der »Verschulung« der Kinder und Jugendlichen, in den Ideologien und der Technik.

Solange man dem alten Bild der Moderne verhaftet bleibt, das von der Industriegesellschaft geprägt ist, neigt man leicht dazu, das Aufkommen von Singularitäten und Singularisierungen als ein bloßes Rand- oder Oberflächenphänomen abzutun. Tatsächlich ist die Logik der Singularitäten jedoch nicht in der Peripherie, sondern im Zentrum der spätmodernen Gesellschaft am Werk. Was sind die Ursachen für diese tiefgreifende Transformation? Meine erste Antwort auf diese Frage, die ich in diesem Buch ausführlich entfalten werde, lautet: Die beiden machtvollsten gesellschaftlichen Motoren, welche die Standardisierung der industriellen Moderne vorantrieben, haben sich in den 1970er/80er Jahren in Motoren der gesellschaftlichen Singularisierung verkehrt – die Ökonomie und die Technologie. In der Spätmoderne werden *Ökonomie und Technologie* historisch erstmals zu großflächig wirkenden *Singularisierungsgeneratoren,* zu paradoxen Agenten des massenhaft Besonderen – und wir sind gerade erst dabei, die ganze Tragweite dieses Prozesses, seine sozialen, psychischen und politischen Folgen zu begreifen.

Zwischen der industriellen Moderne und der Spätmoderne ereignet sich so ein zweifacher *struktureller Bruch*: Der erste entsteht durch den Strukturwandel von der alten industriellen Ökonomie zum *Kulturkapitalismus* und der *Ökonomie der Singularitäten* mit der *creative economy* als

9 Vgl. Max Weber, »Vorbemerkung« [1920], in: ders., *Gesammelte Aufsätze zur Religionssoziologie,* Bd. 1, Tübingen 1988, S. 1-16.

Leitbranche. Der Kapitalismus der Wissens- und Kulturökonomie ist eine postindustrielle Ökonomie: Ihre Güter sind im Kern kulturelle Güter, und sie sind »Singularitätsgüter«, das heißt Dinge, Dienste, Ereignisse oder Medienformate, deren Erfolg beim Konsumenten davon abhängt, als einzigartig anerkannt zu werden. Mit der Transformation der Güter wälzt sich auch die Struktur der Märkte und der Arbeit grundlegend um. Die Gesellschaftstheorie muss sich damit – hierin ihren Klassikern von Karl Marx' *Das Kapital* bis Georg Simmels *Philosophie des Geldes* folgend – auf die avancierteste Form der Ökonomie einlassen, wenn sie die avancierteste Form der Moderne begreifen will. Der zweite strukturelle Bruch wird durch die digitale Revolution verursacht, eine Technologie, die nicht mehr nur standardisiert, sondern in erster Linie singularisiert – vom *data tracking* der Profile über die Personalisierung des digitalen Netzes bis hin zu den 3-D-Druckern. Mit der digitalen Revolution wird zugleich erstmals eine Technologie leitend, die den Charakter einer »Kulturmaschine« hat, in der primär kulturelle Elemente – Bilder, Narrationen und Spiele – verfertigt und rezipiert werden.

Bereits wenn man die Ökonomie und Technologien betrachtet – den Kulturkapitalismus und die Kulturmaschine –, wird deutlich, dass die Gesellschaft der Singularitäten einer Dimension, die in der alten Industriegesellschaft von Marginalisierung bedroht war, einen zentralen Ort verschafft: der *Kultur*. Kultur spielt für die Art und Weise, in der sich die Spätmoderne strukturiert, eine ungewöhnliche Rolle. Durch ihre massive Präferenz für zweckrationale Prozesse und formale Normrationalität betrieb die industrielle Moderne in mancher Hinsicht eine – kulturkritisch vielfach beklagte – Entwertung kultureller Praktiken und Objekte. Singuläre Objekte, Orte, Zeiten, Subjekte und Kollektive hingegen sind mehr als bloße Mittel zum Zweck beziehungsweise werden nicht mehr nur als solche wahrgenommen; indem ihnen ein eigener Wert zugeschrieben wird, etwa in ästhetischer oder ethischer Weise, sind sie vielmehr in einem starken Sinn Kultur. Wir werden uns damit, was Kultur ausmacht und wie sie zirkuliert, noch genauer beschäftigen, können aber schon jetzt feststellen, dass Kultur immer dort ist, wo *Wert* zugeschrieben wird, wo also Prozesse der *Valorisierung* stattfinden. Es ist wichtig zu sehen, dass Praktiken der Valorisierung und Praktiken der Singularisierung Hand in Hand gehen. Wenn Menschen, Dinge, Orte oder Kollektive einzigartig erscheinen, wird ihnen ein Wert zugeschrieben und sie erscheinen gesellschaftlich wertvoll. Umgekehrt – und von erheblicher gesellschaftlicher

Tragweite – gilt dann aber auch: Wenn ihnen die Einzigartigkeit abgesprochen wird, sind sie *wertlos*. Kurzum: Die Gesellschaft der Singularitäten betreibt eine tiefgreifende *Kulturalisierung des Sozialen*. Sie spielt ein großes soziales Spiel von Valorisierung und Singularisierung einerseits, von Entwertung und Entsingularisierung andererseits und lädt Objekte und Praktiken mit einem Wert jenseits von Funktionalität auf. Hinzu kommt, dass die Sphäre der Kultur in der Spätmoderne eine spezifische Form annimmt: Sie ist kein abgezirkeltes Subsystem mehr, sondern hat sich in eine globale *Hyperkultur* transformiert, in der potenziell alles – von der Zen-Meditation bis zum Industrieschemel, von der Montessori-Schule bis zum YouTube-Video – zur Kultur und zum Element äußerst mobiler Märkte der Valorisierung werden kann, auf denen sich die Subjekte mit Selbstverwirklichungsanspruch bewegen.

Damit sind wir bei einem weiteren zentralen Merkmal der Gesellschaft der Singularitäten angelangt: der extremen Relevanz der Affekte. Die industrielle Moderne mit ihrer Logik des Allgemeinen und ihrem Zug zur Rationalisierung brachte eine systematische Affektreduktion mit sich. Wenn jedoch Menschen, Dinge, Ereignisse, Orte oder Kollektive singularisiert und kulturalisiert werden, dann wirken sie *anziehend* (oder auch abstoßend). Ja, nur wenn sie affizieren, gelten sie als singulär. Die Gesellschaft der Spätmoderne ist in einer Weise eine Affektgesellschaft, wie es die klassische Moderne niemals hätte sein können. Ihre Bestandteile wirken hochgradig affizierend – und die Subjekte lechzen danach, affiziert zu werden und andere affizieren zu können, um selbst als attraktiv und authentisch zu gelten. Kurzum: Während die Logik des Allgemeinen mit Prozessen gesellschaftlicher Rationalisierung und Versachlichung zusammenhängt, ist die Logik des Singulären mit Prozessen gesellschaftlicher Kulturalisierung und Affektintensivierung verknüpft.

Ich habe bisher davon gesprochen, dass sich in der Spätmoderne ein historisch so nie dagewesener Strukturwandel vollzieht, der sich um die Prozesse der Singularisierung und Kulturalisierung dreht. Aber sind diese Prozesse wirklich so völlig neu? Und ist umgekehrt die alte Logik des Allgemeinen von der neuen Logik des Singulären komplett verdrängt worden? Nein, lautet die Antwort auf beide Fragen, wodurch das Gesamtbild rasch an Komplexität gewinnt. Zunächst ist eine Revision unseres Bildes der *Moderne* insgesamt angezeigt. Wer von der Spätmoderne als jener Version der Moderne redet, welche die industrielle Moderne abgelöst hat und in der wir gegenwärtig leben, darf von der Moderne insgesamt nicht schweigen. Der soziologische Diskurs der Moderne erweist sich diesbezüglich jedoch häufig als eindimensional, indem er Modernisierung mit den Prozessen der formalen Rationalisierung und Versachlichung in eins setzt. Aus meiner Sicht ist die Moderne als in diesem Sinne eindimensionale Veranstaltung jedoch gar nicht zu verstehen, denn sie setzt sich von Anfang an aus zwei gegenläufig organisierten Dimensionen zusammen: aus der rationalistischen der Standardisierung und aus ebenjener kulturalistischen Dimension der Wertzuschreibungen, Affektintensitäten und Singularisierung. Die enzyklopädischen Denker am Ende des 19. Jahrhunderts, Friedrich Nietzsche und Georg Simmel zum Beispiel, aber auch Max Weber, hatten ein Gespür für diese Doppelstruktur.[10]

Ihren zentralen Impuls erhielt diese zweite Dimension, die nichtrationalistische Moderne, bereits vor einiger Zeit: durch die auf den ersten Blick lediglich marginale künstlerische Bewegung der Romantik um 1800. Es waren die Romantiker, die Singularitäten auf allen Ebenen zuerst »entdeckt« haben und zugleich fördern wollten: die Originalität der Kunstwerke und handwerklichen Dinge, die Vielfalt und Poesie der Natur, die Besonderheiten pittoresker Orte, die Feier des Augenblicks, die einzigartigen Völker, Kulturkreise und Nationen und natürlich: das Subjekt in seiner emphatischen Individualität und Selbstentfaltung. Dieser von den Romantikern gesponnene Faden ist im 19. und 20. Jahrhundert keineswegs abgerissen, sondern durchzieht konstant die Moderne, etwa im Feld der Kunst, in der Religion oder auch in bestimmten Versionen des Politischen. Die romantische Tradition der Prämierung des Singulären hat die ästhetischen, kulturrevolutionären Gegenbewegungen zur rationalisierten Moderne entscheidend geprägt, deren historisch letzte und wirkungsmächtige die Counter Culture der 1960er und 1970er Jahre war. Der durch sie angestoßene postmaterialistische Wertewandel in der neuen Mittelklasse, der um die Ideen von Selbstverwirklichung und Selbstentfaltung kreist, stellt sich damit als eine entscheidende Voraussetzung für die Kultur der Besonderheit der Spätmoderne heraus. Tatsächlich lässt

10 Vgl. dazu David Frisby, *Fragments of Modernity. Theories of Modernity in the Work of Simmel, Kracauer and Benjamin*, Cambridge 1985; Sam Whimster, »The Secular Ethic and the Culture of Modernism«, in: ders., Scott Lash (Hg.), *Max Weber, Rationality and Modernity*, London 1987, S. 259-290; Volker Gerhardt, *Pathos und Distanz. Studien zur Philosophie Friedrich Nietzsches*, Stuttgart 1988, S. 12ff.

sich der Take-Off der großflächigen Singularisierung und Kulturalisierung seit dem letzten Viertel des 20. Jahrhunderts aus meiner Sicht als das Zusammentreffen dreier Strukturmomente erklären, die sich gegenseitig verstärken: der Aufstieg des Kulturkapitalismus, der Siegeszug der digitalen Medientechnologien und die postromantische *Authentizitätsrevolution* in der neuen Mittelklasse. Alle drei Stränge gilt es in diesem Buch zu verfolgen.

Bei differenzierterer Betrachtung wird also deutlich: Standardisierung *und* Singularisierung, Rationalisierung *und* Kulturalisierung, Versachlichung *und* Affektintensivierung haben die Moderne in gewisser Weise von Anfang an geprägt. Zweifellos: Die Moderne ist darin modern, dass sie die Rationalisierung ins Extrem treibt und damit radikalisiert. Aber eben auch darin, dass sie die Singularitäten in extremer Weise entwickelt. Wenn aber die Moderne in dieser Weise doppelgesichtig und ein Zeitalter der Extreme ist,[11] was genau ist dann neu an der Spätmoderne? Inwiefern ist sie tatsächlich eine genuin andere und neue Form der Moderne? Es wird sich im Laufe des Buches hoffentlich zeigen, dass sich diese Fragen beantworten lassen, indem wir unter die Lupe nehmen, wie sich das *Verhältnis* zwischen den sozialen Logiken des Allgemeinen und des Besonderen in den letzten 40 Jahren verändert hat. Die formale Rationalisierung verschwindet in diesem Prozess natürlich *nicht.* Sie verändert aber ihren *Status.* Nur so viel sei vorweggenommen: Während die beiden Logiken in der industriellen Moderne einen asymmetrischen Dualismus bilden, transformieren sie sich in der Spätmoderne in eine Vordergrund- und eine Hintergrundstruktur.

Es ist verblüffend: Die Mechanismen der formalen Rationalität stellen sich in der Spätmoderne vielfach so um, dass sie »im Hintergrund« die Form von allgemeinen *Infrastrukturen* für die systematische Verfertigung von Besonderheiten annehmen.[12] So sind nun essenziell zweckrationale Technologien dazu in der Lage, Objekte systematisch als besondere zu verfertigen. Ein prominentes Beispiel dafür ist die Genforschung, die einen medizinischen Blick forciert, der den Menschen nicht mehr unter Krankheitstypen und Normwerte subsumiert, sondern als irreduzib-

11 In anderer Weise als bei Eric Hobsbawm, *The Age of Extremes. The Short Twentieth Century 1914-1991*, London 1994.

12 Zum Begriff der Infrastruktur vgl. Susan Leigh Star, »The Ethnography of Infrastructure«, in: *American Behavioral Scientist* 43/3 (1999), S. 377-391.

len Besonderen identifiziert.[13] Ein zweites ebenso prominentes Beispiel ist das *data tracking* durch Suchmaschinen und Unternehmen im digitalen Netz, in dem die anonymen Algorithmen den einzigartigen Bewegungspfad des Users registrieren, um ihn in seinen ganz spezifischen Konsumpräferenzen oder politischen Haltungen zu adressieren und das Netz für ihn zu »personalisieren«. Zweckrationale Infrastrukturen zur Fabrikation von Einzigartigkeit finden sich in anderer Weise auch in jenen komplexen Valorisierungstechnologien, in denen über Ratings und Rankings die Besonderheiten von Restaurants, Universitäten, Coaches oder potenziellen Ehepartnern miteinander verglichen werden. Kurzum: Auch in der Spätmoderne gibt es selbstverständlich Techniken der Standardisierung, aber sie erweisen sich häufig als Teil einer komplizierten Hintergrundstruktur, welche die Prozesse der Singularisierung am Laufen hält.

Um die Gesellschaft der Singularitäten zu verstehen, ist es nötig, nach ihren Ausformungen, ihren Folgen und ihren Widersprüchen in den verschiedensten Bereichen zu fragen. Ihre Grundstruktur findet sich in den westlichen Gesellschaften Europas und Nordamerikas. In diesen klassischen Räumen der ehemaligen industriellen Moderne vollzieht sich der Übergang zur postindustriellen Gesellschaft, von dem dieses Buch handelt. Keinesfalls kann es also nur um Deutschland und den nationalen »Container« einer deutschen Gesellschaft gehen. Vielmehr muss von vornherein eine internationale Perspektive eingenommen werden: Die Muster der Ökonomie, der Sozialstruktur und der Politik der Gesellschaft der Singularitäten finden sich – trotz aller nationaler Differenzen – in den Vereinigten Staaten ebenso wie in Frankreich, Deutschland und Großbritannien, in Italien, Skandinavien oder Australien. Dabei wäre es kurzsichtig, diese Konfiguration von vornherein auf den Westen zu reduzieren. Der Prozess der Globalisierung hat die eindeutigen räumlichen Grenzen zwischen globalem Norden und globalem Süden porös werden lassen, so dass die Formate des Kulturkapitalismus, der Digitalisierung, der Wissens- und Kulturarbeit, des singularistischen Lebensstils, der *creative cities*, der liberalen Politik, aber auch des Kulturessenzialismus, um die es in diesem Buch geht, auf dem gesamten Globus zirkulieren und

13 Vgl. etwa Priya Hays, *Advancing Healthcare Through Personalized Medicine*, Boca Raton 2017.

sich so in bestimmten Teilen, Branchen und Milieus Lateinamerikas, Asiens oder Afrikas wiederfinden.[14] Auch die Gesellschaften des ehemaligen globalen Südens haben also vielerorts damit begonnen, sich auf die postindustrielle Gesellschaft der Singularitäten umzustellen. Sie wird mit großer Wahrscheinlichkeit unsere globale Zukunft bestimmen.

Wie sieht diese spätmoderne Gegenwart und Zukunft aus? Wird sie leicht sein oder schwer? Den Zeitgenossen erscheint die gegenwärtige Gesellschaft zutiefst widersprüchlich: Auf der einen Seite eine »schöne neue Welt« der Designobjekte und internationalen Urlaubsreisen mit Wohnungstausch, der YouTube-Hits, des kalifornischen Lebensstils der Kreativen, der Events, der Projekte und ästhetisierten Stadtviertel zwischen Shanghai und Kopenhagen; auf der anderen Seite Überforderungserkrankungen, die soziale Marginalisierung einer neuen Unterklasse sowie Nationalismen, Fundamentalismen und Populismen diverser Couleur. Die öffentlichen Kommentierungen und Diagnosen der Spätmoderne fallen gerade in den letzten Jahren dementsprechend äußerst wechselhaft, ja geradezu nervös aus: Euphorische Hoffnungen auf eine Wissensgesellschaft, welche die Mühen der Industrialisierung abstreift, eine Erlebnisgesellschaft multiplizierter ästhetischer Genüsse und nicht zuletzt eine digitale Gesellschaft, die von den Möglichkeiten der Computernetzwerke profitiert, stehen neben pessimistischen Diagnosen, die einen dramatischen Anstieg von sozialer Ungleichheit, psychischer Überforderung und globalen Kulturkämpfen beobachten.

Gegenüber diesen häufig kurzatmigen Kommentaren will dieses Buch einen Schritt zurücktreten, um das umfassendere Panorama der Moderne erkennbar zu machen und die spezifischen Strukturen der Spätmoderne in diesem Rahmen genauer unter die Lupe zu nehmen. Genau dies sollte man von der Soziologie erwarten: dass sie nicht zum Stichwortgeber in wechselnden medialen Debatten mit ihrem Auf und Ab der Affektkommunikation wird, sondern die *longue durée* der gesellschaftlichen Entwicklung in ihren Strukturen und Prozessen seziert, die in Jahrzehnten (oder gar Jahrhunderten) gemessen wird. Nimmt man diesen Blick-

14 Natürlich haben außerhalb der alten Industriegesellschaften die ökonomischen und kulturellen Wandlungsprozesse eine andere Form und einen anderen Rhythmus. Man darf keinesfalls davon ausgehen, dass es sich um einfache Kopien westlicher Muster handelt, sondern muss mit hybriden Überlagerungen und *multiple modernities* rechnen, die genaue Fallanalysen für einzelne Regionen der Weltgesellschaft erfordern würden.

winkel einer Theorie der (Spät-)Moderne ein, wird man sich jedoch nicht der Einsicht verschließen können, dass die Chancen und Verheißungen einerseits, die Probleme und Dilemmata andererseits, die sich in der Gegenwartsgesellschaft ergeben, die *gleiche* strukturelle Ursache haben: Sie sind in der Umstellung vom Primat der sozialen Logik des Allgemeinen der alten Industriegesellschaft zum Primat der sozialen Logik des Besonderen in der Spätmoderne begründet.

Zweifellos: Die Gesellschaft der Singularitäten hat in bestimmten Milieus – insbesondere in der neuen, gut qualifizierten und mobilen Mittelklasse – zu beträchtlichen Autonomie- und Befriedigungsgewinnen geführt. Sie hat einen grundsätzlich libertären Zug, der soziale Begrenzungen des Möglichen niederreißt, und sie ermöglicht die Selbstentfaltung der Individuen in einer Breite und Intensität, wie sie die klassische Moderne nicht kannte. Aber zugleich wird deutlich, dass sich sämtliche genannten Probleme, welche die Spätmoderne belasten, aus der Erosion der Logik des Allgemeinen der klassischen Moderne und dem Aufstieg der Strukturen der Gesellschaft der Singularitäten ergeben und erst in ihrem Rahmen verstehbar sind: So stellt sich *erstens* der hohe Besonderheits- und Selbstentfaltungsanspruch des Lebens in der Kultur der Spätmoderne als ein systematischer Enttäuschungsgenerator dar, vor dessen Hintergrund sich psychische Überforderungssymptome erklären lassen. So ist *zweitens* die postindustrielle Ökonomie der Singularitäten für die eklatante Spreizung zwischen den Arbeitsformen einer hochqualifizierten Wissens- und Kulturökonomie auf der einen Seite und der entindustrialisierten Dienstleistungsklasse auf der anderen verantwortlich, aus der eine neue soziale und kulturelle Polarisierung und Ungleichheit der Klassen und Lebensstile entstanden ist. Zugleich kann sich *drittens* erst im Kontext der Kulturalisierung und Singularisierung der Kollektive mit ihrer Prämierung partikularer Identitäten ein Aufstieg spätmoderner Nationalismen, Fundamentalismen und Populismen mit ihren aggressiven Antagonismen zwischen Wertvollem und Wertlosem ereignen.

Von der soziologischen Analyse der Gesellschaft der Singularitäten sind keine einfachen Bewertungen oder kurzfristigen Lösungen zu erwarten – schon allein deswegen nicht, weil sich die Ursachen der Chancen und die Ursachen der Probleme der Gegenwartsgesellschaft nicht feinsäuberlich voneinander trennen lassen, sondern *identisch* sind. Prozesse der Singularisierung sind an sich weder gut noch schlecht. Daher kann es weder um eine gleichsam romantische Feier der Singularitäten oder das unkritische

Einstimmen in den Chor der Fortschrittsoptimisten gehen, noch umgekehrt darum, einen Logenplatz im »Grand Hotel Abgrund« zu beziehen, also um eine pauschale kulturkritische Verdammung der Spätmoderne als Hort eines irrationalen und verhängnisvollen Affekts gegen das Allgemeine. Dies heißt nun aber nicht, dass die Soziologie es sich auf dem Hochsitz des distanzierten Beobachters bequem machen sollte. In meinem Verständnis muss es ihr um eine *kritische Analytik* der Gegenwart und ihrer Genese zu tun sein. Kritische Analytik heißt jedoch für mich nicht normative Theorie. Es bedeutet vielmehr, eine Sensibilität für die Konfigurationen des Sozialen und ihre Geschichtlichkeit zu entwickeln, dafür, wie sie zu Strukturen der Herrschaft und der Hegemonie gerinnen, die den Teilnehmern möglicherweise nur schemenhaft bewusst sind. So können signifikante Spannungsfelder, unintendierte Folgen und neue Ausschlussmechanismen herausgearbeitet werden.[15] Das Buch will dazu anregen, darüber nachzudenken, welche persönlichen und politischen Konsequenzen aus dieser gesellschaftlichen Konstellation zu Beginn des 21. Jahrhunderts zu ziehen sind – ohne diese Schlussfolgerungen allerdings selbst zu dekretieren.

Ich beginne in *Kapitel I* mit grundsätzlichen theoretischen Klärungen dessen, was unter einer sozialen Logik der Singularitäten im Unterschied zu einer sozialen Logik des Allgemeinen zu verstehen ist und wie sie mit Kultur, Kulturalisierung und Valorisierung zusammenhängt. Vor diesem Hintergrund können historische Phasen der Gesellschaftsentwicklung unter dem Gesichtspunkt der Singularisierung unterschieden werden. Das Kapitel schließt mit einem knappen, zusammenfassenden Aufriss der spezifischen Struktur der Spätmoderne, die für die folgenden Kapitel leitend ist.[16] Die Untersuchung der Transformation von Ökonomie und (Medien-)Technologien bildet das Kernstück des Buches. In *Kapitel II* stelle ich den Strukturwandel von der Industriegesellschaft zur Ökonomie der Singularitäten und ihren Kulturkapitalismus dar. Zunächst geht es darum, was eine Singularisierung der Güter bedeutet, im zweiten Schritt um die Transformation der Märkte in Singularitätsmärkte mit ihren spe-

15 Michel Foucault vertritt ein ähnliches Kritikverständnis, vgl. Michel Foucault, »Was ist Aufklärung?«, in: Eva Erdmann u. a. (Hg.), *Ethos der Moderne: Foucaults Kritik der Aufklärung*, Frankfurt/M. 1990, S. 35-54.

16 Siehe S. 102-110.

zifischen Konfigurationen der Aufmerksamkeit, Sichtbarkeit und Valorisierung. *Kapitel III* behandelt die Transformation der Arbeitswelt und zeigt, wie hier singularistische Kriterien wie Kreativität, Talent, Profil und Performanz mit ihren Licht- und Schattenseiten prägend werden. *Kapitel IV* widmet sich der Schlüsseltechnologie der Spätmoderne, dem Komplex von Algorithmen, Digitalität und dem Internet, und untersucht, wie dieser sowohl eine kulturelle als auch maschinelle Singularisierung betreibt.

Nachdem damit die ökonomisch-technologischen Grundlagen der Gesellschaft der Singularitäten dargelegt worden sind, frage ich in *Kapitel V*, wie sie sich auf die Lebensstile und auf die Sozialstruktur auswirkt. Es stellt sich heraus, dass die widersprüchliche Grundformel eines singularistischen Lebensstils jene der »erfolgreichen Selbstverwirklichung« und seine wichtigste Trägergruppe die neue, akademisch ausgebildete Mittelklasse ist. Als zentral für die Sozialstruktur der Spätmoderne erweist sich die nicht nur soziale, sondern auch kulturelle Polarisierung zwischen dieser neuen Mittelklasse und einer neuen Unterklasse, insgesamt die Kulturalisierung der Ungleichheit. *Kapitel VI* schließlich widmet sich der Singularisierung und Kulturalisierung des Politischen – der Politik des Besonderen. Sichtbar wird so ein für die Spätmoderne charakteristischer politischer Antagonismus zwischen liberaler Hyperkultur – die wirtschaftsliberal und linksliberal zugleich grundiert ist – und einem kommunitaristischen Kulturessenzialismus diverser Art. Der *Schluss* spricht im Sinne eines Ausblicks jene gesellschaftlich-politische Frage an, welche die Gesellschaft der Singularitäten aufwirft: Gibt es eine Krise des Allgemeinen?

Grundsätzlich knüpft dieses Buch an mein letztes an, das sich mit Prozessen gesellschaftlicher Ästhetisierung beschäftigt hat.[17] So finden sich die Strukturmerkmale dessen, was ich dort »Kreativitätsdispositiv« genannt habe, auch in der Ökonomie der Singularitäten und ihrem Kulturkapitalismus sowie in der digitalen Kulturmaschine und auf der Ebene der Lebensstile. Zugleich ändert sich nun mein Fokus: Während im Zentrum von *Die Erfindung der Kreativität* die historische Genealogie stand, hat *Die Gesellschaft der Singularitäten* im Kern einen gesellschaftstheoretischen Anspruch. Das Buch ist also einerseits theoretisch grundsätzlicher

17 Andreas Reckwitz, *Die Erfindung der Kreativität. Zum Prozess gesellschaftlicher Ästhetisierung*, Berlin 2012.

ausgerichtet, andererseits stärker auf die Gegenwart konzentriert, weshalb auch klassische Fragestellungen der soziologischen Gesellschaftstheorie – Arbeit, Technik, Klasse, Politik zum Beispiel – unter dem Aspekt behandelt werden, welche Transformation hin zu einer Gesellschaft der Singularitäten in diesen Feldern stattfindet. Mein Eindruck ist, dass die Verschiebung des analytischen Fokus vom Leitkonzept der Kreativität zu dem der Singularität beziehungsweise Singularisierung sowie von der Ästhetisierung zur Kulturalisierung sowohl eine Erweiterung als auch eine Schärfung des Blicks ermöglicht.[18]

In jedem Fall ist dies kein Buch über andere Bücher, keine Theorie über andere Theorien. Die Gesellschaftstheorie, die ich hier betreibe, ist eigentlich ziemlich neugierig auf die soziale Realität. Theorie und Empirie sind in diesem Verständnis untrennbar miteinander verwoben und befruchten sich gegenseitig. Das Buch lebt von den vielen empirischen Untersuchungen aus verschiedenen sozial- und kulturwissenschaftlichen Disziplinen, die ich auf den folgenden Seiten verarbeite. Zugleich ist es die Theorie, die den unzähligen Facetten erst ihre nachvollziehbare Struktur verleiht. Ich war im Laufe des Schreibens häufig selbst überrascht, wie eine einmal justierte Begriffsheuristik – Singularisierung und Valorisierung – die empirischen Zusammenhänge in einem anderen Licht erschienen ließ, so dass sich die scheinbar isolierten Teile der Spätmoderne Schritt für Schritt wie bei einem Puzzle zu einem Bild zusammenfügten. Damit soll nicht gesagt werden, dass alle Arbeit getan sei: Das Buch will nicht wie ein Monolith im Raum stehen, sondern Knotenpunkt in einem offenen Netzwerk sein. Es will Heuristiken liefern für ein soziologisches Forschungsprogramm der Analytik der Moderne, mit dem man weiterarbeiten und -forschen, das man in andere und vielleicht noch gar nicht sichtbare Richtungen weiterentwickeln kann. Entscheidend scheint mir nur zu sein: Die Sozial- und Kulturwissenschaften müssen die soziale Logik der Besonderheiten und sie müssen die Prozesse der Kulturalisierung ernst nehmen.

18 Die soziale Logik der Singularitäten ist unter modernen Bedingungen häufig (wenn auch nicht immer) mit einem Regime des kulturell Neuen verknüpft. Die Ästhetisierung des Sozialen lässt sich als Teilelement der Kulturalisierung des Sozialen begreifen.

I.
Die Moderne zwischen der sozialen Logik des Allgemeinen und des Besonderen

In der Moderne konkurrieren eine soziale Logik des Allgemeinen und eine soziale Logik des Besonderen miteinander. Von dieser Grundannahme geht dieses Buch aus. Die Logik des Allgemeinen ist mit dem gesellschaftlichen Prozess der formalen Rationalisierung verknüpft, die Logik der Singularitäten mit einem Prozess der Kulturalisierung. Während in der klassischen, vor allem der industriellen Moderne, Prozesse der Singularisierung und Kulturalisierung Antipoden zur Herrschaft des Allgemeinen darstellten und dieser zugleich strukturell untergeordnet waren, werden sie in der Spätmoderne leitend und strukturbildend für die ganze Gesellschaft. Zugleich ändert die Rationalisierung ihre Form und verwandelt sich zu großen Teilen in eine Hintergrundstruktur für Singularisierungsprozesse. Um diese These zu plausibilisieren, sind einige Begriffsklärungen und historische Schematisierungen nötig. Ich umreiße in diesem Kapitel zunächst die soziale Logik des Allgemeinen in der klassischen Moderne und ihre Praxis formaler Rationalisierung (1). In Absetzung dazu werden der Begriff der Singularitäten, die Merkmale einer sozialen Logik des Besonderen und ihrer Praktiken entwickelt (2). Anschließend geht es um den Zusammenhang von Singularisierung und Kulturalisierung sowie die Neufassung eines starken Kulturbegriffs, in dessen Zentrum die Frage nach dem »Wert« und Prozesse der Valorisierung stehen (3). Vor diesem Hintergrund und bezogen auf die historisch-gesellschaftliche Entwicklung von den vormodernen Gesellschaften bis zur Spätmoderne, lassen sich dann Phasen der Transformation der Kultursphäre schematisch herausarbeiten, in denen sich die gesellschaftliche Relation zwischen dem Allgemeinen und dem Besonderen verändert (4).

1. Die soziale Logik des Allgemeinen

Das *doing generality* der Moderne

Was ist die Moderne? Was sind die zentralen Merkmale der modernen Gesellschaft in ihrer klassischen Gestalt? Aus meiner Sicht ist die Antwort eindeutig: Der strukturelle Kern der klassischen Moderne, wie sie sich seit dem 18. Jahrhundert zunächst in Westeuropa ausgebildet hat, ist *zunächst* eine *soziale Logik des Allgemeinen*, die auf eine Standardisierung, Formalisierung und Generalisierung sämtlicher Einheiten des Sozialen drängt. Die Moderne formatiert die Welt der bis dahin traditionalen Gesellschaften grundlegend um, sie prägt ihr in ihren Praktiken, Diskursen und institutionellen Komplexen durchgängig und immer wieder aufs Neue Formen des Allgemeinen auf. Als großflächige Praxis betreibt sie ein, wie ich es nennen möchte, umfassendes *doing generality* der Welt.

Ein solches Verständnis der klassischen Moderne kann an eine bestimmte soziologische Theorie der Moderne anknüpfen und sie zugleich auf eine abstraktere Ebene heben: Die Moderne ist zunächst als ein Prozess der *formalen Rationalisierung* zu verstehen. Formale Rationalisierung heißt: Die Moderne transformiert die Gesellschaft so, dass sich jenseits der traditionalen Gepflogenheiten großflächige Komplexe von berechenbaren Regeln bilden, denen technisch oder normativ regulierte Handlungsweisen folgen. Die formale Rationalisierung lässt sich vom Telos der Optimierung leiten, deren Fluchtpunkte eine effiziente Bearbeitung der Natur und eine transparente Ordnung des Sozialen sind. Dieses Verständnis der Moderne als elementarer Rationalisierungsprozess versteht sich nicht von selbst. Wenn man den soziologischen Diskurs nach den zentralen Merkmalen der klassischen Moderne befragt, erhält man vielmehr höchst unterschiedliche Antworten. Häufig – vor allem in der deutschen Soziologie – wird die Moderne mit einem Prozess funktionaler Differenzierung gleichgesetzt. Charakteristisch ist demnach eine Ausdifferenzierung spezialisierter, funktionaler Teilsysteme (Wirtschaft, Recht, Politik, Massenmedien, Erziehung etc.), die jeweils ihrer eigenen, selbstgesetzten Logik und Struktur folgen. Niklas Luhmann hat diesen Ansatz am systematischsten ausgearbeitet, die Grundideen reichen jedoch bis zu den Theorien der Arbeitsteilung zurück. Auf die internationale Diskussion bezogen, ist allerdings eine zweite Interpretation der Moderne einflussreicher.

Diese geht auf Karl Marx zurück und begreift den Kapitalismus als Zentralorgan der Moderne in Form einer ökonomisch-technologischen Formation, die auf ununterbrochene Kapitalakkumulation ausgerichtet ist und gewaltige Reichtümer ebenso hervorbringt wie deren klassenförmig höchst ungleiche Verteilung. Es steht außer Frage, dass es beiden Ansätzen gelingt, jeweils wichtige Merkmale der Moderne zu erfassen. Aber sie sind beide noch nicht grundsätzlich genug angelegt. Aus meiner Sicht wird die Struktur der Moderne erst vollständig deutlich, wenn man am Prozess formaler Rationalisierung ansetzt,[1] wie es am deutlichsten Max Weber getan hat.[2] Und wie es in je eigener Weise darüber hinaus so unterschiedliche Autoren wie Georg Simmel, Martin Heidegger, Theodor W. Adorno und Hans Blumenberg, schließlich auch Michel Foucault oder Zygmunt Bauman angedeutet haben.[3]

Das Verständnis der Moderne als Rationalisierungsprozess kann und muss jedoch noch abstrakter und grundsätzlicher gefasst werden, als es bislang üblich war. Hinter der Rationalisierung verbirgt sich nämlich ebenjene soziale Logik des Allgemeinen: Indem moderne Praktiken die soziale Welt rationalisieren, versuchen sie, ihr allgemeine Formen aufzupressen und sie in die Richtung allgemeiner Formen zu gestalten. Praxeologisch gesehen, umfasst eine solche soziale Logik des Allgemeinen mit ihrer »Allgemeinisierung«, ihrem *doing generality*, vier miteinander verbundene Komplexe sozialer Praktiken, die zueinander in einem empirisch offenen Verhältnis stehen: Praktiken der *Beobachtung*, der *Bewertung*, der *Hervorbringung* und der *Aneignung*. Wenn das Soziale einer Rationalisierung und Verallgemeinerung ausgesetzt wird, sind immer diese vier Komplexe von Praktiken am Werk.

1 Die Theorie funktionaler Differenzierung und jene des Kapitalismus sind damit nicht obsolet, sondern werden gebraucht zur Analyse struktureller *Teilmomente* einer Gesellschaft, die formal-rational organisiert ist.

2 Vgl. Max Weber, *Wirtschaft und Gesellschaft. Grundriß einer verstehenden Soziologie* [1921/22], Tübingen 1980, auch Wolfgang Schluchter, *Die Entwicklung des okzidentalen Rationalismus. Eine Analyse von Max Webers Gesellschaftsgeschichte*, Tübingen 1979.

3 Siehe nur Georg Simmel, *Philosophie des Geldes* [1900], Frankfurt/M. 1989; Martin Heidegger, »Die Zeit des Weltbildes«, in: ders., *Holzwege*, Frankfurt/M. 1977, S. 69-96; Max Horkheimer, Theodor W. Adorno, *Dialektik der Aufklärung. Philosophische Fragmente* [1947], Frankfurt/M. 1988; Hans Blumenberg, *Die Legitimität der Neuzeit*, Frankfurt/M. 1973; Michel Foucault, *Überwachen und Strafen. Die Geburt des Gefängnisses*, Frankfurt/M. 1976; Zygmunt Bauman, *Moderne und Ambivalenz. Das Ende der Eindeutigkeit*, Hamburg 1992.

Dabei richten sich Praktiken der *Beobachtung* von Welt (in der Wissenschaft, der Ökonomie, dem Staat etc.) nun eindeutig und einseitig am Allgemeinen aus, das heißt, es werden Systeme allgemeiner Begriffe und Schemata entwickelt und zur Anwendung gebracht, mit deren Hilfe es möglich sein soll, alle Elemente der Welt (Menschen, Natur, Dinge etc.) als besondere Exemplare allgemeiner Muster zu erfassen, zu messen und zu differenzieren. Im Rahmen von Praktiken der *Bewertung* (etwa im Recht oder in der Schule) werden nun jene Elemente der Welt, die sich in diese Schemata des Allgemeinen einfügen, eindeutig positiv prämiert, sie erscheinen »richtig« oder »normal«.[4] Praktiken der *Hervorbringung* (etwa in der Industrie oder der Erziehung) sind nun im Kern darauf ausgerichtet, systematisch Elemente der Welt (Dinge, Subjekte, Räumlichkeiten etc.) herzustellen und zu verbreiten, die den Schemata des Allgemeinen entsprechen und im Extrem gar identisch und vollständig gegeneinander austauschbar sind. Und die Praktiken der *Aneignung* von Welt nehmen nun primär die Form eines sachlichen Umgangs mit Dingen, Subjekten etc. an, die als standardisierte und austauschbare Entitäten begriffen werden, etwa dadurch, dass Objekte als funktionale und nützliche oder Subjekte als Rollen- und Funktionsträger behandelt werden.

Jedoch: Eine komplette Identifikation der Moderne mit der sozialen Logik des Allgemeinen und ihrer formalen Rationalisierung wäre eine Fehlwahrnehmung. Sie würde der Totalisierung des Allgemeinen durch den rationalistischen Diskurs der Moderne (vor allem in der Philosophie und Soziologie) zum Opfer fallen. Hier wird lediglich ein *halbiertes* Verständnis der Moderne entwickelt. Bereits die klassische Moderne ist nicht vollständig *in terms* der Logik des Allgemeinen zu verstehen, und die Spätmoderne ist es erst recht nicht. Wir müssen uns aber zunächst mit den Merkmalen der Herrschaft des Allgemeinen in ihrer »künstlich« reinen Form im formalen Rationalismus beschäftigen, um in einem zweiten Schritt die soziale Logik der Singularitäten davon abgrenzen zu können.

4 Zur Normalität und zum Normalismus vgl. Jürgen Link, *Versuch über den Normalismus. Wie Normalität produziert wird*, Wiesbaden 1999.

Typisierungen und Rationalisierungen

Es wäre natürlich kurzsichtig zu behaupten, dass historisch gesehen erst mit dem Beginn der gesellschaftlichen Moderne im späten 18. Jahrhundert auch eine soziale Logik des Allgemeinen einsetzte oder dass überhaupt erst seit 250 Jahren Formate formaler Rationalität existierten. Vielmehr gab es beides in bestimmter Hinsicht schon in den vormodernen Gesellschaften, den archaischen (schriftlosen und nomadischen) sowie den traditionalen (hochkulturellen) Gesellschaften. Man muss allerdings zwei unterschiedliche Modi einer sozialen Logik des Allgemeinen unterscheiden: Typisierungen und formale Rationalisierung.

Die Praktiken, aus denen sich die soziale Welt zusammensetzt, beruhen immer schon auf Typisierungen, das heißt darauf, dass die einzelnen Elemente der Welt dadurch verstehbar und handhabbar werden, dass sie als besondere Exemplare allgemeiner Arten oder eben Typen – Menschen, Tiere, Dinge, Götter etc. – einsortiert werden. Wenn es richtig ist, dass die »Lebenswelt des Alltags« zu großem Teil auf Gewohnheit und Wiederholung beruht, dann setzt dies voraus, dass in der Semantik der natürlichen Sprache und im impliziten Wissen typisierende Klassifizierungen vorgenommen werden und somit im Regelfall das Besondere, mit dem man ständig konfrontiert wird, unter das Allgemeine subsumiert wird.[5] Hier ist das Besondere sozusagen das *Allgemein-Besondere*. Eine solche Logik der Typisierung herrscht in besonderem Maße in den vergleichsweise wandlungsresistenten archaischen »kalten Gesellschaften« (Claude Lévi-Strauss) der schriftlosen Vormoderne, aber sie kommt selbstverständlich auch in (spät-)modernen Gesellschaften zum Einsatz. Als Typisierungen sind die sozial relevanten Allgemeinheiten jedoch in der Regel kein Gegenstand der Rationalisierung, sie sind also keiner systematischen Steuerung und Reflexion unterworfen. Entsprechend ist im Modus der Typisierung auch nicht zu erwarten, dass die allgemeinen Begriffe notwendig trennscharf sind. Vielmehr markieren sie im Sinne semantischer Prototypen Zonen von *Ähnlichkeiten*.[6]

Auch in vormodernen Gesellschaften entstehen spezifische Handlungs-

5 Vgl. Alfred Schütz, Thomas Luckmann, *Strukturen der Lebenswelt*, Frankfurt/M. 1984.

6 Ähnlichkeiten bewegen sich damit jenseits einer dualistischen Logik von Identität und Differenz, vgl. Anil Bhatti u. a., »Ähnlichkeit. Ein kulturtheoretisches Paradigma«, in: *Internationales Archiv für Sozialgeschichte der Literatur* 36/1 (2011), S. 261-275.

komplexe, die zweckrational oder normativ-rational ausgerichtet sind und sozusagen insulare Rationalisierungskomplexe bilden. Diese zeichnen sich durch eine gezielte Systematisierung des Handelns entlang expliziter Regeln und Prinzipien aus. Die *techne* ist zweckorientiert, basiert dabei zunächst eher auf einem praktischen als einem theoretischen Wissen. Sie bezeichnet ein systematisches Handeln zur Bearbeitung der Natur, durch das eine Distanzierung zur und eine Domestizierung von Welt stattfindet. Zugleich setzt historisch spätestens mit der Entstehung hochkultureller Reiche und ihrer administrativen und juridischen Praktiken auch eine Systematisierung normativer Praktiken ein, durch die nicht nur soziale Regeln kodifiziert werden, sondern auch eine intellektuelle Systematisierung von (insbesondere religiösen) Weltbildern in Gang gesetzt wird, nicht zuletzt im Medium der Schrift.[7]

Die historisch frühen Formen einer rationalistischen Logik des Allgemeinen haben die gleiche Ursache wie die historisch späteren, natürlich deutlich ausgefeilteren Formen: Sie können als gesellschaftliche Antwort auf sowohl ein *Knappheitsproblem* als auch ein *Ordnungsproblem* interpretiert werden. Das Verhältnis der Gesellschaft zur Natur ist zunächst durch Knappheit und drohenden Mangel geprägt. In zweckrationalen Praktiken versuchen Gesellschaften nun gewissermaßen, der Knappheit durch Einsparung von Mitteln, Arbeitskraft, Zeit und Energie zu begegnen. Zweckrationale Praktiken enthalten eine *Sparsamkeitsregel*, um die Knappheit zu verringern, ja möglichst in Bedarfsdeckung zu überführen. Daneben gibt es aber auch noch ein basales Ordnungsproblem, das wiederum das Verhältnis zur äußeren Natur betrifft, im Besonderen jedoch das Verhältnis zwischen den Subjekten. Dies gilt vor allem ab dem Moment, in dem tribalistisch-nomadische Sozialformen durch soziale Systeme unter den Bedingungen der Sesshaftigkeit und elementarer Arbeitsteilung abgelöst werden, welche die Grenzen räumlicher Anwesenheit überschreiten. Normative Rationalisierungen versuchen somit – etwa über ein Rechtssystem – soziale Koordination und Herrschaft auf Dauer zu garantieren.

Die moderne Gesellschaft geht über diese insularen zweckrationalen und normativ-rationalen Praktiken traditionaler Gesellschaften hinaus.

7 Vgl. zu einem solchen weiteren Sinne von *techne* Hans Blumenberg, *Schriften zur Technik*, Berlin 2015; zur traditionalen Rationalisierung von Religion und Recht Weber, *Wirtschaft und Gesellschaft.*, Kap. V und VII.

Die Moderne, die sich in Europa mit der Frühen Neuzeit anbahnt und Ende des 18. Jahrhunderts im Zuge der Industrialisierung, Verwissenschaftlichung, Vermarktlichung, Urbanisierung und Demokratisierung entsteht, ist im Kern gleichbedeutend mit einer großflächigen und expansiven Institutionalisierung ganzer Systeme von sozialen Praktiken, in denen eine systematische und dauerhafte Rationalisierung von Verhalten, Produktion, Dingen, Subjekten und Wissen stattfindet und mit ihr eine soziale Logik des Allgemeinen implementiert wird. Die Moderne ist eine sowohl *extensive* als auch *intensive Generalisierungsmaschine*. Die soziale Logik des Allgemeinen hat nun nicht mehr die Form einer bloßen lebensweltlichen Typisierung von Ähnlichkeiten – die an den Rändern weiterbesteht –, sondern ihr Grundzug ist der einer expansiven Systematisierung der Welt in Form von Standardisierung, Formalisierung und Generalisierung. Umgekehrt könnte man sagen: Es ist diese Ausbreitung der sozialen Generalisierungsmaschine, die wir »moderne Gesellschaft« nennen. Die Voraussetzung dafür ist das Kontingenzbewusstsein der Moderne, das Zug um Zug sämtliche sozialen Praktiken erfasst, diese über kurz oder lang zur Disposition stellt und sie zum Gegenstand einer gezielten Transformation werden lässt, die grosso modo zunächst nur eine Richtung kennt: hin zum Allgemeinen.

Aus praxeologischer Perspektive lässt sich »Rationalisierung« als Prozessbegriff auf die Makro- und auf die Mikroebene beziehen. Es geht nicht darum, dass zu einem bestimmten Zeitpunkt eine Struktur formaler Rationalität ein für alle Mal erreicht und von da an fixiert wäre. Vielmehr *werden* die einzelnen Elemente des Sozialen – Objekte, Subjekte, Kollektive, Räume, Zeiten – jeweils in bestimmten *Praktiken* zum *Gegenstand* von Rationalisierungen, sie werden im Sinne des *doing generality* durch entsprechende Praktiken des Beobachtens, Bewertens, Hervorbringens und Aneignens immer wieder neu rational »gemacht«.[8] Aus dem Zusammenspiel dieser vielen lokalen Rationalisierungen ergibt sich dann die großflächige formale Rationalisierung der Gesellschaft als ganzer. Diese tiefgreifende Transformation der Sozialwelt und der Relation zur Natur folgt im Rahmen des modernen Rationalisierungsprojektes dem Ziel der Optimierung, das heißt einer systematischen Verbesserung,

8 Vgl. dazu auch John Law, *Organising Modernity. Social Ordering and Social Theory*, Oxford 1993.

die häufig in der Semantik des Fortschritts zugespitzt wird.[9] Das moderne Optimierungsstreben antwortet nach wie vor auf die basalen Probleme der Knappheit gegenüber der Natur und der Ordnung des Sozialen, kehrt aber gewissermaßen die gesellschaftliche Antwort darauf ins Offensive: Nicht nur, dass Mangel und Anarchie vermieden werden sollen – über den Weg der systematischen Rationalisierung aller gesellschaftlichen Bereiche strebt die Moderne die finale Überwindung von Knappheits- und Ordnungsproblemen an.

Standardisierung, Formalisierung, Generalisierung

Die durchgreifende formale Rationalisierung der modernen Gesellschaft erfolgt seit dem 18. Jahrhundert in drei Bereichen und Verfahrensweisen: Wir haben es mit einer *technischen* Rationalisierung, einer *kognitiven* und einer *normativen* Rationalisierung zu tun, bei denen in je spezifischen Praktiken jeweils eine andere Variante des *doing generality* stattfindet.

Die *technische Rationalisierung* findet sich vor allem im Feld der Produktion, der Naturbearbeitung (industrielle Landwirtschaft, Rohstoffförderung), der industriellen Verfertigung von Investitions- und Konsumgütern sowie im Städtebau und Verkehrswesen.[10] Sie bedeutet, dass gezielt Verhaltensweisen neuarrangiert und Technologien eingesetzt werden, um die Effizienz der Güterproduktion und -distribution sowie die dazu nötige Verhaltenskoordination zu steigern. Die Praxis des Allgemeinen ist hier eine der *Standardisierung*: Effizienzsteigerung setzt voraus, dass optimal angepasste Verhaltensweisen im Rahmen von Mensch-Maschine-Konfigurationen vereinheitlicht, dass sie homogenisiert und immer wieder als identische hervorgebracht werden, um sie nach einem berechenbaren Muster aufeinander abstimmen zu können. Zugleich ermög-

9 Vgl. zum Kontingenzbewusstsein Michael Makropoulos, *Modernität und Kontingenz*, München 1997; zum Fortschritt Reinhart Koselleck, *Vergangene Zukunft. Zur Semantik geschichtlicher Zeiten*, Frankfurt/M. 1979.

10 Vgl. zu diesem Komplex nur David F. Noble, *America by Design. Science, Technology and the Rise of Corporate Capitalism*, New York 1979; Yehouda Shenhav, *Manufacturing Rationality. The Engineering Foundations of the Managerial Revolution*, Oxford 1999.

lichen diese Mensch-Maschine-Konfigurationen auch die Hervorbringung des standardisiert Gleichen, vor allem von identischen Gütern in quasi unendlicher Zahl.

Der Ort der *kognitiven Rationalisierung* sind die Wissenschaften, insbesondere die Natur-, aber auch die Verhaltenswissenschaften. Die Praxis des Allgemeinen ist hier eine der *Generalisierung* des Wissens, und ihr Ziel sind allgemeine, empirisch erprobte Theorien, die eine allgemeingültige Beschreibung und Erklärung der Wirklichkeit gestatten und infolge dessen deren technologische Steuerung ermöglichen sollen. Dieses allgemeine Wissen lässt sich dann den Subjekten im Rahmen einer Ausbildung vermitteln. Sowohl für die technische als auch die kognitive Rationalisierung gilt, dass sie das Allgemeine, das sie voraussetzt und herstellt, quantifizieren und messen will. Aus diesem Grund sind Standardisierung und Generalisierung mit einem modernen Quantifizierungsideal verknüpft, dem zufolge an so ziemlich alles Maß angelegt werden muss, seien es Korrelationen, Entwicklungen oder Mengen.[11]

Die *normative Rationalisierung* der Moderne schließlich betrifft die gezielte Regulierung intersubjektiver Ordnungen, für die das moderne Recht mit seiner Genese in diskursiven Arenen und seiner Anwendung in der staatlichen Verwaltung charakteristisch ist. Sie kann eine im engeren Sinne normative oder eher normalistische Form haben.[12] Die Praxis des Allgemeinen ist hier eine der *Formalisierung*: Im Recht werden möglichst allgemeine Regeln aufgestellt und ganze deduktiv ableitbare Regelsysteme geschaffen, die es ermöglichen, die einzelnen Akte des sozialen Handelns auf eine bestimmte Weise anzuleiten (und wenn nötig zu korrigieren). Das moderne Recht will das Handeln einerseits berechenbar und transparent machen, andererseits aber auch die Überzeugung einer gerechten Ordnung vermitteln, in der Gleiches gleich und Ungleiches ungleich behandelt wird. Das Recht und mit ihm die gesamte normative Rationalisierung der Moderne, die auch vorrechtliche Bereiche des zivilen Umgangs und des moralischen Handelns umfasst, zielt auf eine Berechenbarkeit und Reziprozität von sozialen Interaktionen ab. Recht und normative Rationalisierung setzen eine grundsätzliche juridische Gleich-

11 Vgl. dazu H. Floris Cohen, *Scientific Revolution. A Historiographical Inquiry*, Chicago 1994; Stephen E. Toulmin, *Kosmopolis. Die unerkannten Aufgaben der Moderne*, Frankfurt/M. 1994.

12 Vgl. dazu Link, *Normalismus.*

heit, aber auch psychische Gleichartigkeit der Subjekte als eigenverantwortliche und normbefolgende voraus.

Standardisierung, Formalisierung und Generalisierung als die drei Formen, in denen die rationalistische Logik des Allgemeinen und ihr *doing generality* operiert, sind seit dem Ende des 18. Jahrhunderts miteinander verwoben und *machen* die moderne Welt. Gemeinsam haben sie mehrere Konsequenzen: eine verhältnismäßig hohe Berechenbarkeit, Geordnetheit und Transparenz des Sozialen, das dadurch besser vorhersehbar und planbar scheint. Diese Logik geht einher mit einer Austauschbarkeit der Subjekte, die primär Träger von Funktionsrollen sind, so dass sich eine Unabhängigkeit der Funktionalität der Subjektpositionen von Persönlichkeiten, Familien- und Gruppenzugehörigkeiten ergibt. Zudem reduziert die soziale Logik des Allgemeinen die affektive Intensität, die ins Soziale eingebaut ist. Nie geht es nur darum, an einer Praxis um ihrer selbst willen teilzunehmen, immer schon ist sie Mittel für einen (weiteren) Zweck, zum Beispiel Effizienz, Naturbeherrschung oder transparente Handlungskoordination. Die Versachlichung, die sich aus der Allgemeinheit dieser Regeln ergibt, ist so mit Affektkontrolle und -reduktion verbunden. Der Modus der sozialen Praxis ist hier nicht das emotional besetzte Engagement, sondern das distanzierte Regelfolgen. Selbst moralische Regeln sind aus Pflicht, nicht aus Neigung anzuwenden.[13] Die soziale Logik des Allgemeinen in der Moderne tendiert schließlich zum Ideal des Universalen, zu dem für alle und überzeitlich Gültigen. Auch wenn diese *Universalisierung* nicht überall erreicht wird – beispielsweise durch die Nationalstaaten eingeschränkt ist –, bleibt sie der Fluchtpunkt der Allgemeinisierung.[14]

13 Klassisch ist dies bei Norbert Elias, *Über den Prozeß der Zivilisation. Soziogenetische und Psychogenetische Untersuchungen* [1939/1969], Frankfurt/M. 1990, herausgearbeitet. Vgl. für die organisierte Moderne: Peter N. Stearns, *American Cool. Constructing a Twentieth Century Emotional Style*, New York 1994. Natürlich bedeutet Affektreduktion nicht Abwesenheit von Affekten. Faktisch heften sich an die rationalen Komplexe immer wieder affektive Identifizierungen, zum Beispiel die Lust an der Ordnungsbildung in der Bürokratie oder das ästhetische Vergnügen an der Symmetrie in der Baukunst.

14 Vgl. Geert J. Somsen, »A History of Universalism: Conceptions of Internationality of Science from the Enligthenment to the Cold War«, in: *Minerva* 46 (2008), S. 361-379.

Objekte, Subjekte, Räume, Zeiten und Kollektive in der sozialen Logik des Allgemeinen

Die soziale Logik des Allgemeinen, die mit der formalen Rationalisierung der Moderne einhergeht, betrifft sämtliche Einheiten des Sozialen. Der Begriff »soziale Logik« soll sich auf eine solcherart umfassende Strukturierungsform beziehen, die zum einen die oben genannten Praktiken der Beobachtung, der Bewertung, der Hervorbringung und der Aneignung umfasst und zugleich alle Einheiten des Sozialen einschließt. In analoger Weise wird dies auch für die soziale Logik der Singularitäten gelten. Die Plausibilisierung einer Sozial- und Gesellschaftstheorie ist generell darauf angewiesen, dass Aussagen über sämtliche Elemente oder Einheiten des Sozialen gemacht werden.[15] Aus meiner Perspektive lassen sich (mindestens) fünf Einheiten des Sozialen unterscheiden, die durch eine soziale Logik auf bestimmte Weise formatiert werden: Objekte, Subjekte, Räumlichkeiten, Zeitlichkeiten und Kollektive. Anders gesagt: Die soziale Welt besteht aus sozialen Praktiken, an denen Subjekte und Objekte partizipieren, aus denen sich Kollektive bilden und die Zeit und Raum auf eine bestimmte Weise strukturieren. Und in der modernen Gesellschaft in ihrer klassischen Version werden alle fünf Einheiten zum Gegenstand eines *doing generality*.

Für die *Objekte* (einschließlich der *Dinge*) bedeutet dies, dass sie als identische – das heißt unendliche Repliken des Gleichen – oder gleichförmige – das heißt als Variationen des Gleichen – hergestellt und verwendet werden.[16] Sie sind austauschbar. Das industriell-maschinell verfertigte Produkt, das von der Abnehmerin mit einem standardisierten Nutzwert ge- oder verbraucht wird, ist hierfür das Paradebeispiel. Gibt es doch Differenzen zwischen den Objekten, so handelt es sich um graduelle Unterschiede der Nützlichkeit, Leistung oder Tauglichkeit, die jedoch allgemeinen und sachlichen Maßstäben genügen. Selbst semioti-

15 Ich halte die Frage, in welchen Elementen oder Einheiten sich das Soziale »versammelt«, für eine offene. Sie ist von Latour inspiriert, vgl. Bruno Latour, *Eine neue Soziologie für eine neue Gesellschaft. Einführung in die Akteur-Netzwerk-Theorie*, Frankfurt/M. 2007.

16 Vgl. auch Igor Kopytoff, »The Cultural Biography of Things. Commoditization as Process«, in: Arjun Appadurai (Hg.), *The Social Life of Things. Commodities in Cultural Perspective*, Cambridge 1986, S. 64-91. Die Arts-and-Crafts-Bewegung ist der klassische Ort der Kulturkritik an der Standardisierung der Dinge.

sche Objekte wie Texte und Bilder gelten in diesem Zusammenhang als Beiträge zum Allgemeinen, nämlich zur Information. Die Objekte bleiben hier auch dann, wenn sie zirkulieren, stabil: Sie sind immer die gleichen (haben keine kulturelle Biografie) und zeigen höchstens im Laufe der Zeit Verschleißerscheinungen. Sie sind rationale Artefakte, die nach Art eines Werkzeugs instrumentelle Relevanz haben – ein Mittel zum Zweck, das verschwindet, sobald der Zweck erfüllt oder das Mittel untauglich geworden ist. Entsprechend ist neben der Ware die Maschine das zweite Musterbeispiel des Objekts als allgemeines. Eine Maschine *wird* nicht nur in identischen Exemplaren hergestellt, sie stellt auch ihrerseits identische Exemplare von Gütern her. Der Objekttypus Maschine ist eine allgemeine Infrastruktur zur Fabrikation des Allgemeinen.

Kommen wir als Nächstes zu den *Subjekten*, die im Rahmen des *doing generality* der klassischen Moderne verfertigt werden und sich selbst formen. Sie werden darin trainiert, allesamt die gleichen Kompetenzen zu haben und die gleichen oder zumindest gleichförmige Handlungsweisen hervorzubringen. Kompetenzen und Handlungen der Subjekte haben einen Beitrag zur formalen Rationalität zu liefern. Das eine Modell für ein solches Subjekt der Allgemeinheit ist der entweder moralisch oder utilitaristisch von innen her angetriebene Charakter, der entsprechend entweder Prinzipien oder Nutzenkalkulationen folgt. Das andere ist die »sozial angepasste Persönlichkeit«, die sich nach intersubjektiven Erwartungen richtet und »normal«, das heißt im nicht pejorativen Sinn durchschnittlich sein will.[17] Das erste Modell bringt eine statische, stabile Gleichförmigkeit mit sich, das zweite eine dynamische Gleichförmigkeit, die sich den sozialen Anforderungen immer wieder neu anpasst. In beiden Fällen wird das Subjekt zu einem Gegenstand gesellschaftlicher Disziplinierung. Die Abweichung vom Standard wird entsprechend sanktioniert; sie erscheint anormal.

Auch in der klassischen Moderne zirkulieren natürlich Subjekte mit besonderen Eigenschaften. Bei diesen handelt es sich jedoch nicht um Singularitäten im starken Sinne, sondern um Fälle eines Allgemein-Besonderen, das heißt um differenzielle Positionen im Rahmen einer Ordnung

17 Vgl. zu beiden Modellen David Riesman, *The Lonely Crowd. A Study of the Changing American Character* [1949/1961], New Haven 2001 (dt.: *Die einsame Masse. Eine Untersuchung der Wandlungen des amerikanischen Charakters*, Reinbek 1958).

des Allgemeinen.[18] In der Regel geht es dabei entweder um sachliche Differenzen der Spezialisierung oder um graduelle Differenzen der Leistung. Subjekte werden angehalten, spezialisierte Kompetenzen und Rollensets zu entwickeln. Diese Tätigkeiten sind insbesondere innerhalb der Qualifikation des Berufs standardisiert und zwischen den Berufen arbeitsteilig aufeinander abgestimmt. Innerhalb der beruflichen (oder schulischen) Tätigkeiten werden Subjekte in der klassischen Moderne wiederum nach dem bewertet, was man ihre Leistung nennt. Auf der Ebene der Leistungen werden systematisch Differenzen erzeugt, die sich anhand einer qualitativen Skala von besser/schlechter (klassisch: Schulnoten) oder einer quantitativen Skala von mehr/weniger (klassisch: Planerfüllung) und damit anhand eines allgemeinen, sachlichen Maßstabes abtragen lassen. Es gibt auch innerhalb der sozialen Logik des Allgemeinen einen »Individualismus«, aber dieser ist einer der gleichen Rechte und Pflichten sowie einer des eigenverantwortlichen Handelns, das von jedem Subjekt verlangt, seine Pflichten und Anforderungen in gleicher Weise zu erfüllen. Die »Individualisierung« in der sozialen Logik des Allgemeinen erweist sich somit als eine Individualisierung der Leistungsdifferenzen entlang einer vorgegebenen Skala.[19]

Die *Räumlichkeit* des Sozialen nimmt innerhalb der rationalistischen Logik des Allgemeinen die Form einer Replikation gleicher oder gleichförmiger Räume an.[20] Der Raum ist hier insofern extensiv und er ist seriell, als sich durch ihn über lokale Kontexte hinweg identische Strukturen verbreiten, die Serien des Gleichen bilden. Zudem setzt die rationalistische Räumlichkeit gewissermaßen ein Container-Modell des Raums in soziale Realität um, indem bestimmten Tätigkeiten bestimmte Räumlichkeiten eindeutig zugewiesen werden. Charakteristisch für Serialität und Containerhaftigkeit sind die Industriestädte. Im Sinne des »Bauens in Serie« sind teilweise ihre Komponenten sogar identisch, so dass sie buchstäblich austauschbar werden.[21] Die Räumlichkeit ist hier eine funktio-

18 Zu diesem Konzept vgl. genauer Kap. I.2.

19 Dies ist der Individualisierungseffekt, den Foucault in der Disziplinargesellschaft aufzeigt, vgl. Foucault, *Überwachen und Strafen*; Simmel benennt diesen Individualismus der Freiheit und Gleichheit deutlich, vgl. z. B. Georg Simmel, *Soziologie. Untersuchungen über die Formen der Vergesellschaftung* [1908], Frankfurt/M. 1992, S. 811.

20 Vgl. am deutlichsten im 20. Jahrhundert: Theo Hilpert, *Die funktionelle Stadt. Le Corbusiers Stadtvision – Bedingungen, Motive, Hintergründe*, Braunschweig 1978.

21 Vgl. Marc Augé, *Orte und Nicht-Orte*, Frankfurt/M. 1994. Etwas zugespitzt formuliert: In einer sozialen Logik des Allgemeinen sind *alle* Räume Nicht-Orte.

nale, sie richtet sich nach den Direktiven der technischen (mitunter auch der normativen) Rationalität. Entsprechend findet eine strikte räumliche Trennung der einzelnen Aktivitäten (Arbeiten, Wohnen, Freizeit etc.) statt.

Analoges gilt für die soziale Logik des Allgemeinen auf der Ebene der *Zeitlichkeit*. In der klassischen Moderne findet eine Rationalisierung der Zeit statt, eine Standardisierung miteinander vergleichbarer synchronisierter Zeitintervalle.[22] Charakteristisch ist, dass der sozialen Praxis die Struktur einer Wiederholung gleicher Akte in der Zeit zukommt (paradigmatisch die Berufsarbeit) und dass Zeiträume auf gleichförmige Weise gefüllt werden (so die Arbeitswoche standardisierter Arbeitsverhältnisse). Der Modus der Gestaltung der Zeit ist damit nicht das Ereignis, sondern die Routine, es geht nicht um ihre Aneignung im Moment, vielmehr ist die Zeit affektiv reduziert. Zugleich ist sie zukunftsorientiert: Die Gegenwart interessiert lediglich instrumentell als Beitrag zur Erreichung eines zukünftigen Ziels, während die Vergangenheit abgeschlossen und überholt erscheint. Zeit wird damit zum zentralen Gegenstand von Zukunftsplanung, die im Sinne eines Fortschrittspfads der Verbesserung oder Steigerung gedacht wird. Dem entspricht auf der Ebene des Lebenslaufs der Subjekte das Modell einer linearen Biografie.

Welche *Kollektive* bringt die rationalistische Logik des Allgemeinen hervor? Zunächst ist bezeichnend, *gegen* welche Kollektive der Vergangenheit sie sich richtet: die traditionalen *Gemeinschaften*, die auf persönlichen Bindungen beruhen. An deren Stelle tritt nun die *Organisation*, das heißt ein Kollektiv, das sich als sachlicher, unpersönlicher Zweckverband präsentiert, als Ausdruck der allgemeinen Prinzipien formaler Rationalität.[23] Klassische Organisationen beruhen im Kern auf eindeutigen technisch-normativen Regeln und hierarchisierten Verantwortlichkeiten, auf einer strikten Trennung zwischen der Praxis innerhalb und der außerhalb des Systems, auf Mitgliedschaft und Qualifikation sowie einer Berechenbarkeit der Entscheidungen. Der bürokratische Staat ist ein ebenso paradigmatischer Ort der modernen Organisation wie der kapitalistische und der sozialistische Betrieb. Typischerweise sind im Rahmen der sozialen Logik des Allgemeinen Organisationen ungeachtet ihrer je eigenen

22 Vgl. dazu Barbara Adam, *Time and Social Theory*, Cambridge 1990, S. 123ff.

23 Vgl. Weber, *Wirtschaft und Gesellschaft*; Niklas Luhmann, *Legitimität durch Verfahren*, Frankfurt/M. 1969.

Zwecke gleichförmig aufgebaut und werden von den Subjekten auch als solche ähnlich gebauten Einheiten erlebt (das Krankenhaus gleicht als Organisation der Schule, der Behörde, der Firma etc.).

Die rationalistische Logik des Allgemeinen mit ihrer formalen Rationalisierung manifestiert sich schließlich auch auf der Ebene der Form der sozialen Praxis insgesamt, an der Subjekte, Objekte, Räumlichkeiten, Zeitlichkeiten und Kollektive teilhaben. Es gibt hier einen übergreifenden *Praxismodus.* In diesem nehmen nun alle Praktiken tendenziell die Form zweckrationalen oder normativ-rationalen Handelns an, so dass sie explizit am Verfolgen von Zwecken beziehungsweise Befolgen sozialer Regeln ausgerichtet sind. Die zweckrationale Bearbeitung von Objekten und die normativ geregelte Interaktion (zwischen anwesenden oder abwesenden Subjekten) sind paradigmatisch, das Begriffspaar »Arbeit oder Interaktion« bezeichnet damit den rationalistischen Praxismodus insgesamt.[24] Daraus ergibt sich, dass das Handeln hier zu größeren Teilen nicht mehr gewohnheitsmäßig ist, sondern routinisiert, das heißt, es beruht auf der Sedimentierung ehemals expliziter, bewusst antrainierter und optimierter oder perfektionierter Regeln.

Die industrielle Moderne als Prototyp

Generell lässt sich die Geschichte der Moderne in drei Phasen einteilen: die der bürgerlichen Moderne, der organisierten Moderne und der Spätmoderne.[25] Die bürgerliche Moderne als erste Version der (klassischen) Moderne verdrängt in Europa und Nordamerika im Laufe des 18. und 19. Jahrhunderts allmählich die traditionale Feudal- und Adelsgesellschaft. Die frühe Industrialisierung, die Aufklärungsphilosophie[26] und die Verwissenschaftlichung, die Entstehung von überregionalen Warenmärkten und kapitalistischen Produktionsstrukturen, die allmähliche

24 Vgl. Jürgen Habermas, »Arbeit und Interaktion: Bemerkungen zu Hegels Jenenser ›Philosophie des Geistes‹«, in: ders., *Technik und Wissenschaft als »Ideologie«*, Frankfurt/M. 1968, S. 9-47.

25 Die beiden ersten Phasen der Moderne bezeichne ich deswegen als klassische Moderne, weil in beiden die soziale Logik des Allgemeinen dominant ist.

26 Die Philosophie des deutschen Idealismus ist der Höhepunkt einer philosophischen Begründung einer Logik des Allgemeinen, in deren Rahmen das Besondere nur mehr das Allgemein-Besondere sein kann.

Verrechtlichung und Demokratisierung, die Urbanisierung und die Ausbildung des Bürgertums als kulturell tonangebende Klasse mit Ansprüchen der Selbstdisziplin, der Moral und der Leistung lassen in verschiedenen Bereichen der Gesellschaft eine soziale Logik des Allgemeinen entstehen. Überall setzen sich die technische, die kognitive und die normative Rationalisierung allmählich durch. Allerdings ist diese erste Version der Moderne noch verhältnismäßig exklusiv und die Schicht, die sie allein trägt – das Bürgertum –, noch relativ klein.

Mit dem Beginn des 20. Jahrhunderts erhält die formale Rationalisierung einen qualitativen und quantitativen Schub. Die bürgerliche Moderne wird von der organisierten oder industriellen Moderne, und damit der zweiten Version der (klassischen) Moderne verdrängt. Wenn man die soziale Logik des Allgemeinen in ihrer prototypischen Form studieren und ihr historisch-empirische Plastizität verleihen will, muss man sich der *organisierten* oder *industriellen Moderne* zuwenden, die in den 1950er bis 1970er Jahren ihren Höhepunkt erreicht.[27] Diese Logik avanciert hier zu einer ungeheuren Kraft, die eine umfassende, radikale Neukonfiguration des Sozialen forciert sowie das Verhältnis Mensch-Natur neu justiert. Es lohnt sich, genauer auf die Strukturmerkmale der industriellen Moderne einzugehen, da diese die Antipodin der spätmodernen Gesellschaft der Singularitäten markiert und zugleich das soziologische, aber auch gesellschaftspolitische Verständnis der Moderne bis heute prägt.

Das Impulszentrum dieser nachbürgerlichen Moderne sind die Vereinigten Staaten von Amerika und die Sowjetunion. In meiner Lesart erweisen sich der kapitalistische Westen und der Staatssozialismus nicht als strukturelle Alternativen, sondern als zwei Spielarten einer radikalisierten rationalistischen Moderne. Mehr noch: der Staatssozialismus mit seinem gesamtgesellschaftlichen Planungsimperativ und seiner dezidierten Entsingularisierung liefert im Grunde die reinere Form der industriellen Moderne und ihrer Logik des Allgemeinen. Jedoch ist die westlich-kapitalistische Version, wie sie idealtypisch durch die Kultur des

27 Vgl. zu dieser Phase auch Andreas Reckwitz, *Das hybride Subjekt. Eine Theorie der Subjektkulturen von der bürgerlichen Moderne zur Postmoderne*, Weilerswist 2006, S. 336-439; Peter Wagner, *A Sociology of Modernity. Liberty and Discipline*, London 1994, S. 73-122; Scott Lash, John Urry, *The End of Organized Capitalism*, Cambridge 1987, S. 17-83. Die Begriffe »organisierte Moderne« und »industrielle Moderne« verwende ich synonym.

»Fordismus« oder »Amerikanismus« verkörpert wird, langfristig einflussreicher und vermag sich zudem in die Spätmoderne zu transformieren.[28] Im Rahmen der industriellen Moderne bildet sich jener Typus kollektiver Ordnung, der für das Zeitalter der Rationalisierung generell typisch ist: die formale Organisation als Zweckverband. Im ökonomischen Feld setzen sich seit dem Beginn des 20. Jahrhunderts entsprechend die Großkorporationen durch – hierarchisch und arbeitsteilig strukturierte Matrixorganisationen. Arbeit ist in diesem Kontext im Sinne des *scientific management* ein System miteinander koordinierter, hochspezialisierter Tätigkeiten, und die Arbeitsorganisation beruht auf einer Systematik von Arbeitsstellen mit eindeutigen Qualifikationsanforderungen und Routinen. Ob in kapitalistischer oder sozialistischer Spielart: der ökonomische Idealtypus der organisierten Moderne ist der Industriebetrieb der standardisierten Massenproduktion.[29]

Die organisierte Moderne ist somit das, was die Soziologie »Industriegesellschaft« nennt.[30] Man kann daher auch grundsätzlicher von der industriellen Moderne sprechen. Sie ist eine technische Kultur in einem starken Sinn, die nicht nur hinter der Etablierung der Massenproduktion steht, sondern der gesamten Gesellschaft ihr ingenieurhaftes, mechanistisches Modell aufprägt, dem zufolge die soziale Welt als ein System optimal auf einander abgestimmter Einzelteile erscheint. Maschinen- und Sozialtechnologie gehen dabei Hand in Hand, ihr gemeinsames Telos ist eine effiziente Ordnung und die Eliminierung des Überflüssigen. Die Modellsubjekte einer solchen technizistischen Gesellschaft sind der Techniker und der Ingenieur.[31]

In der fordistischen Gesellschaft ist die Massenproduktion an die Massenkonsumtion gekoppelt. An die Stelle des Antagonismus zwischen Bürgertum und Proletariat tritt nun die nivellierte Mittelstandsgesell-

28 Zu den Begriffen Amerikanismus und Fordismus vgl. Antonio Gramsci, *Selections from the Prison Notebooks*, New York 1971, S. 277-318; zum Begriff des organisierten Kapitalismus vgl. Rudolf Hilferding, *Organisierter Kapitalismus*, Kiel 1927.

29 Vgl. dazu nur Alfred D. Chandler, jr., *The Visible Hand. The Managerial Revolution in American Business*, Cambridge 1977; Maury Klein, *The Flowering of the Third America. The Making of an Organizational Society, 1850-1920*, Chicago 1993.

30 Vgl. dazu nur Raymond Aron, *Die industrielle Gesellschaft. 18 Vorlesungen*, Frankfurt/M. 1964.

31 Vgl. dazu Cecella Tichi, *Shifting Gears. Technology, Literature, Culture in Modernist America*, Chapel Hill 1987; Thomas P. Hughes, *Die Erfindung Amerikas. Der technologische Aufstieg in den USA seit 1870*, München 1991.

schaft von Angestellten und Facharbeitern, die allesamt am Konsum standardisierter Güter teilnehmen. Sie verspricht Lebensstandard für alle. Insbesondere in den *trente glorieuses* – den Jahren von 1945 bis 1975 – liefert diese »Wohlstandsgesellschaft« den imaginären Horizont der organisierten Moderne. Auf politischer Ebene wird diese ökonomisch-technologische Formation flankiert von einem sozial regulierend wirkenden Staat, einem Wohlfahrtsstaat mit keynesianisch-sozialdemokratischem oder sozialistischem Planungsanspruch, der soziale Inklusion zu sichern verspricht. Kennzeichnend für die in diesem Sinne formierte Gesellschaft sind eine expansive Verrechtlichung des sozialen Lebens sowie eine politische Repräsentation, die im Wesentlichen über Volksparteien mit Massenbasis und dem Anspruch der Vertretung des Allgemeinwohls verläuft.[32] Auf räumlicher Ebene ist die funktionale Stadt der Kristallisationsort der organisierten Moderne: Sowohl in den Vorstädten als auch im hochverdichteten sozialen Wohnungsbau beruht die Industriestadt, wie bereits erwähnt, auf dem funktionalistischen Bauen in Serie und auf der räumlichen Trennung von Arbeiten und Wohnen.[33]

Ob im Ökonomischen, im Technologischen, im Politischen oder im Räumlichen – überall lässt sich die organisierte Moderne von einer starken Semantik des Sozialen leiten, verstanden als das regulierte Kollektive.[34] Das kollektivierte Soziale beansprucht nun eine eigenständige und überlegene Existenz – ob als Masse, als Gruppe, als Partei, als Belegschaft oder auch als Kleinfamilie –, der sich das Individuelle unterzuordnen hat. Dementsprechend haben William Whyte und David Riesman das nachbürgerliche Subjekt treffend als »organization man« beziehungsweise als »außengeleiteten Charakter« umschrieben. Es handelt sich um ein Subjekt, das eine extreme Sensibilität für die sozialen Rollenerwartungen seiner *peers* entwickelt, denen es mit hoher Anpassungsfähigkeit folgt. Verknüpft mit dieser Orientierung an sozialen Standards der Normalität ist eine radikale Disziplinierung der Emotionen. Wie schon zuvor

32 Zur Wohlstandsgesellschaft vgl. John Kenneth Galbraith, *The Affluent Society* [1958], Boston 1969; zu den *trente glorieuses* vgl. Jean Fourastié, *Les Trente Glorieuses, ou la révolution invisible de 1946 à 1975*, Paris 1979.

33 Vgl. zum Staat: Pierre Rosanvallon, *Die Gesellschaft der Gleichen*, Hamburg 2013; zur Stadt Hilpert, *Funktionelle Stadt*.

34 Vgl. zum Folgenden William Graebner, *The Engineering of Consent. Democracy and Authority in Twentieth-Century America*, Madison 1987; William H. Whyte, *The Organization Man*, New York 1956; Riesman, *Lonely Crowd*.

angedeutet: Die organisierte Moderne ist im Kern eine Gesellschaft der Gleichen, der rechtlichen Egalität und sozialen Gleichförmigkeit. Eine solche Kultur der Egalität korreliert mit einer Gleichförmigkeit der Subjekte: Das Individuum ist bemüht, sein eigenes Leben gemäß der »Normalbiografie« zu gestalten, mit klaren Stationen und als erstrebenswert vorgegebenen Zielen.[35] Die Subjekte formen sich in der organisierten Moderne also – mit Simmel gesprochen – in einem »Individualismus der Gleichheit«.

Das Vorstehende deutet schon an, dass die soziale Logik des Allgemeinen in Form von Standardisierung, Generalisierung und Formalisierung, welche die industrielle Moderne in den ersten zwei Dritteln des 20. Jahrhunderts forciert, eine Kehrseite hat. Diese besteht in einer weitgehenden gesellschaftlichen Hemmung, Verdrängung und auch Eliminierung genuiner Besonderheiten, und zwar in einer Radikalität und Systematik, die historisch wohl beispiellos sind. Davon betroffen sind alle Einheiten des Sozialen, die Dinge wie die Menschen, die Kollektive, die Räume und Zeiten. Sichtbar wird das Besondere und Einzigartige im Horizont der organisierten Moderne tendenziell nur als das Unbedeutende, Unerwünschte oder gar Abstoßende, das – notfalls mit Gewalt – zu überwindende Andere, das sich nicht in die allgemeingültige, funktionale Ordnung des Sozialen eingliedern will. Es erscheint als Restbestand vormoderner, rückständiger oder dekadenter Vergangenheit oder bestenfalls als unintendierte, verquer-riskante Begleiterscheinung der Moderne.

Der gesellschaftliche Kampf gegen dieses Andere und vermeintlich Nichtrationale wird am schärfsten geführt gegen die vorgeblich anormalen und/oder asozialen Subjekte, die vom psychosozialen Komplex als Träger abweichenden Verhaltens klassifiziert werden.[36] Er umfasst aber auch eine Desensibilisierung für die Dinge und Objekte jenseits der industriellen Massenproduktion und befördert eine Vernachlässigung oder Zerstörung der lokalen und historischen Räume sowie ihrer Alltagskulturen zugunsten der funktionalen Stadt. Die industrielle Moderne forciert

35 Vgl. dazu Martin Kohli, »Gesellschaftszeit und Lebenszeit. Der Lebenslauf im Strukturwandel der Moderne«, in: Johannes Berger (Hg.), *Die Moderne – Kontinuitäten und Zäsuren,* Göttingen 1986, S. 183-204.

36 Zur Konstruktion des Anormalen vgl. Michel Foucault, *Die Anormalen*, Frankfurt/M. 2007; Howard Saul Becker, *Outsiders. Studies in the Sociology of Deviance*, New York 1963. Vgl. auch sehr eindrücklich Bauman, *Moderne und Ambivalenz.*

damit in ihren Praktiken eine *Entsingularisierung des Sozialen*. In den Praktiken des Beobachtens werden eine gewaltige Systematik allgemeiner Begriffe sowie Skalen der Differenzierung des Allgemein-Besonderen entwickelt, die auf Kosten einer nun marginalisierten begrifflich-perzeptiven Sensibilität für die Komplexität von Singularitäten geht. In den Praktiken des Bewertens erfolgt eine negative Diskriminierung oder Pathologisierung von Besonderheiten, sofern sie sich nicht in die Leistungsdifferenzen einer Logik des Allgemeinen eingliedern lassen. In den Praktiken des Hervorbringens werden die Besonderheiten lediglich unintendiert, gewissermaßen aus Versehen produziert oder sind Relikte vormoderner Nischenpraktiken. Entsprechend werden die Subjekte sukzessive in ihren Praktiken des Aneignens an eine versachlichte Vorgehensweise gewöhnt und »verlernen« sozusagen zu weiten Teilen den Umgang mit Singularitäten.[37]

Die rationalistische Logik des Allgemeinen erreicht in der organisiert-industriellen Moderne ihren Höhepunkt. Hier meint die Gesellschaft, endgültig über die oben beschriebenen basalen Knappheits- und Ordnungsprobleme triumphiert zu haben. Viele Strukturentscheidungen dieser Phase der Moderne bleiben zwar auch für die Spätmoderne prägend, aber als vollständige Formation ist die organisierte Moderne mittlerweile Geschichte. Ihre soziale Logik des Allgemeinen liefert die Negativfolie, von der sich ihre Nachfolgerin, die Spätmoderne mit ihrer sozialen Logik der Singularitäten, abhebt. Allerdings ist es, wie wir noch sehen werden, komplizierter: Auch die industrielle Moderne war nie vollständig rationalistisch organisiert und komplett entsingularisierend, und umgekehrt entfaltet die Spätmoderne ihre eigene Version der Rationalisierung als ermöglichende Infrastruktur.

37 Auf der Ebene der Subjekte ist Entsingularisierung hier nicht mit Entindividualisierung identisch: Die organisierte Moderne basiert als Leistungsgesellschaft durchaus auf jener posttraditionalen Selbstverantwortlichkeit der Subjekte, wie sie der »Individualismus der Gleichheit und Freiheit« im Sinne Georg Simmels bezeichnet. Von Entindividualisierung kann daher nicht die Rede sein.

2. Die soziale Logik des Besonderen

Von einer sozialen Logik der Singularitäten zu reden, mag auf den ersten Blick wie ein Oxymoron erscheinen. Ist das Soziale nicht der natürliche Gegenspieler des Besonderen? Besteht die *déformation professionnelle* der Soziologen nicht gerade darin, überall nur Massen und Kollektive, Regeln und Schemata zu erkennen, kurzum: sich auf eine Wissenschaft von der sozialen Logik des Allgemeinen festzulegen? Es ist gewiss kein Zufall, dass die Soziologie zu Zeiten der industriellen Moderne entstand und zu großen Teilen noch immer den zugehörigen Begriffsapparat mit sich schleppt.[38] Sie scheint daher für eine Analytik von Singularisierungsprozessen bisher nicht gut gerüstet – eine problematische Schwäche, wenn es darum geht, eine spätmoderne Gesellschaft zu erfassen, die sich um solche Prozesse herum organisiert. Um diese soziologisch auf angemessene Weise untersuchen zu können, ist es von Anfang an nötig, sich von der Vorstellung zu verabschieden, Sozialität und Singularität seien grundsätzlich miteinander unvereinbar. Dieser Vorstellung möchte ich entschieden widersprechen. Es geht bei den Singularitäten nicht um einen individuellen »Rest«, der nach Abzug des Sozialen übrigbleibt oder einen Gegenpol, der gegen das Soziale ankämpft. Wenn wir uns dafür offenhalten und neugierig bleiben, in welchen Verkettungen und Einheiten sich »das Soziale« jeweils versammelt, kann vielmehr auch eine Logik der Singularitäten als genuin *soziale* Logik sichtbar und analysierbar werden.

Was ist nun unter Singularitäten zu verstehen? Der Begriff »Singularität« ist begriffshistorisch vergleichsweise unbelastet, ja nahezu ein Neologismus.[39] Ein solcher unverbrauchter Begriff scheint auch nötig, um den

38 Diese *déformation professionnelle* enthält auch ein Erbe der okzidentalen Philosophie, deren Denken in seinem rationalitätstheoretischen Kern von Aristoteles bis Kant und Hegel auf einem Vorrang des Allgemeinen beruhte. Singularistische Gegenperspektiven entfalteten sich in der Philosophie von Spinoza bis Deleuze, in anderer Weise auf das Individuum bezogen etwa bei Kierkegaard und Stirner.

39 Der Begriff taucht in der Literatur bisher verstreut und uneinheitlich auf. Meine Verwendungsweise ist von Kopytoff und Karpik inspiriert, die ihn allerdings enger anwenden, vor allem auf Objekte bezogen: Kopytoff, »The Cultural Biography of Things«; Lucien Karpik, *Valuing the Unique. The Economics of Singularities*, Princeton 2010 (dt.: *Mehr Wert. Die Ökonomie des Einzigartigen*, Frankfurt/M. 2011). Rosanvallon deutet (in: *Die Gesellschaft der Gleichen*, S. 309ff.) eine Anwendung auf die Subjekte

Phänomenbereich, um den es geht, ohne falsche Vorannahmen ins Visier nehmen zu können. Ein weites semantisches Feld verwandter Begriffe tut sich auf: das Besondere und die Besonderheit, das Außergewöhnliche, Außerordentliche und Außeralltägliche, die Individualität und das Individuum, der oder das Einzelne und die Eigenheit, das Einzigartige und das Einmalige, die Partikularität, das Unikat und die Idiosynkrasie, das Originelle und die Originalität, das Exzeptionelle, der Einzelfall und das Exklusive. Nicht um detaillierte Begriffsgeschichte geht es mir allerdings hier, sondern um die Sache selbst: die soziale Logik des Besonderen, die für die Existenz insbesondere spätmoderner Gesellschaften zentral ist.

Allgemein-Besonderes, Idiosynkrasien, Singularitäten

Um Singularitäten nachvollziehen zu können, müssen in einem ersten Schritt drei verschiedene Formen des Besonderen präzise unterschieden werden: das *Allgemein-Besondere*, die *Idiosynkrasie* und schließlich die *Singularität*.

Wir können mit Kants epistemologischer Unterscheidung zwischen dem Allgemeinen und dem Besonderen beginnen:[40] Im Verhältnis zur Welt hantiert man unweigerlich mit allgemeinen Begriffen. Selbst wenn hier noch keine formale Rationalisierung vorliegt, herrscht bereits eine soziale Logik des Allgemeinen in Form von impliziten Typisierungen. Zugleich erblicken wir aber immer auch und immer schon Besonderheiten: den einzelnen Menschen, das einzelne Ding, den einzelnen Ort. So gesehen ist das Besondere gar nichts Besonderes, sondern ubiquitär. Daraus ergibt sich die Frage nach dem Verhältnis zwischen dem Allgemeinen und dem Besonderen; und man kommt rasch zu dem Schluss, dass Praktiken im Modus der Typisierung das Besondere mit Hilfe des Allgemeinen klassifizieren, es als Exemplar eines allgemeinen Begriffs einordnen.

an. Zur Vorgeschichte des Begriffs, vor allem in der spätmittelalterlichen und frühneuzeitlichen Philosophie, an die ich im Wesentlichen nicht anschließe, vgl. den Artikel von Klaus Mainzer, »Singulär/Singularität«, in: *Historisches Wörterbuch der Philosophie*, Bd. 9, Basel 1995, S. 798-808. In anderer, normativ aufgeladener Form, der ich ebenfalls nicht folge, findet sich der Begriff auch bei poststrukturalistischen Autoren wie Jacques Derrida, Gilles Deleuze, Jean-Luc Nancy und Antonio Negri.

40 Vgl. Immanuel Kant, *Kritik der Urteilskraft* [1790], Frankfurt/M. 1992, S. 353-364.

Dieser Stuhl ist ein *Stuhl*, *dieser* Mensch ist *Postbote* etc. Das Besondere ist in diesem Zusammenhang also nichts weiter als das konkrete Allgemeine. Man könnte auch sagen: Es ist das *Allgemein-Besondere*. Das Besondere als das Allgemein-Besondere meint also jene konkreten Exemplare, die innerhalb einer sozialen Logik des Allgemeinen existieren, es meint die Variationen und Versionen des im Kern Gleichen, somit des Gleich*artigen*.

Das Allgemein-Besondere ist nicht nur ein Gegenstand der Weltbeobachtung (wie bei Kant), sondern auch der sozialen Produktion von Welt, ihrer Aneignung und Bewertung. Soziologisch interessant wird das Allgemein-Besondere vor allem dann, wenn sich komplexe soziale Ordnungen des Allgemeinen ausbilden, in denen feste oder variable Positionen für besondere Fälle und Differenzen geschaffen werden, so dass sich das Besondere in das Allgemeine einpassen lässt. Genau eine solche Vorgehensweise ist für die Prozesse formaler Rationalisierung charakteristisch, die wir bereits betrachtet haben. Es gilt etwa für universalistische Rechtssysteme, die eine Subsumtion von Rechtsfällen unter bestimmte vorgesehene Kategorien ermöglichen, oder für die Einstufung von Leistungen in Form von Schulnoten. In diesem Sinne generiert auch eine Gesellschaft, die von formaler Rationalisierung beherrscht ist, in erheblichem Ausmaß Besonderheiten. Aber es handelt sich stets um Exemplare des Allgemein-Besonderen, die im Rahmen der oben beschriebenen Prozesse der Standardisierung, Generalisierung und Formalisierung verfertigt und begriffen werden. Das Allgemein-Besondere existiert so in eindeutigen *Rangfolgen* von *qualitativen* Differenzen (etwa Schulnoten) und in *Skalen* von *quantitativen* Differenzen (zum Beispiel Mengenangaben).

Mit dem Allgemein-Besonderen nicht verwechselt werden darf das, was ich *Idiosynkrasien* nennen will. Man kann hier zunächst wieder an der Differenz zwischen dem Allgemeinen und dem Besonderen ansetzen und feststellen, dass Idiosynkrasien dasjenige an den Entitäten der Welt sind, was sich nicht in die Begriffe oder Schemata des Allgemeinen eingliedern lässt: eben der idiosynkratische Rest. Das könnte ebenjene Eigenschaft dieses Stuhls sein, die über den allgemeinen Typus Stuhl hinausgeht – zum Beispiel seine spezifische Abnutzung durch eine bestimmte Familie im Laufe der Jahre oder die Erinnerung, dass früher einmal die Großmutter regelmäßig auf ihm saß. So gesehen, handelt es sich bei Idiosynkrasien um *Eigentümlichkeiten*, die sich nicht nur nicht ins Allgemeine einpassen lassen, sondern sich auch Ordnungen des Allgemein-Besonderen widersetzen.

Ein solches defensives Verständnis des Idiosynkratischen, das von einem Primat des Allgemeinen ausgeht, kann in ein offensives Verständnis umgekehrt werden. Offensiv formuliert, könnte man behaupten, dass die Entitäten der Welt zunächst einmal allesamt als Idiosynkrasien existieren.[41] Sie *sind* besonders, sie sind insofern eigentümlich, als sie prinzipiell inkommensurabel mit anderen Entitäten bleiben. Nichts ist mit etwas anderem identisch, keine Entität ist verlustfrei in die andere übersetzbar. In diesem Sinne ist jeder Mensch eine Idiosynkrasie, und auch jedes Tier, jede Pflanze, jedes Element der anorganischen Natur, auch jedes Haus oder Werkzeug, jedes Bild und jeder Text, jeder Ort, jede Erinnerung, jedes Kollektiv, jeder Glaube. So verstandene Eigentümlichkeiten sind nicht das Ergebnis gezielter Gestaltung oder Gegenstand merklicher Wertschätzung oder Ablehnung, sondern sie sind als Mannigfaltigkeiten einfach *da* – entweder unabhängig von der Existenz des Menschen (Steine, Tiere, Kosmos etc.) oder als unintendierte Nebeneffekte menschlichen Handelns, das heißt als Nebeneffekte des Sozialen. Gleich ob man Idiosynkrasien eher defensiv oder offensiv interpretiert – entscheidend ist, dass es sich um Besonderheiten außerhalb der Ordnungen des Allgemeinen handelt, die zugleich im Sozialen gar nicht als besonders wahrgenommen werden. Als Besonderheiten »an sich« sind sie für die soziale Welt wie auch die (Sozial-)Wissenschaften Grenzfälle. Sie sind ubiquitär und trotzdem nahezu unsichtbar.

Was ich mit der sozialen Logik der Singularitäten meine, sind nicht die Systeme des Allgemein-Besonderen und es sind auch nicht die Idiosynkrasien. In gewisser Weise stehen die Singularitäten zwischen beiden. Während im Allgemein-Besonderen das relativ Besondere die Ordnung des Allgemeinen reproduziert und sich die Idiosynkrasien jenseits und vor aller sozialer Kommunikabilität bewegen, wirken die Singularitäten *innerhalb* der sozialkulturellen Ordnung und sind zugleich *nicht* auf eine Reproduktion der Logik des Allgemeinen beschränkt. Bei Singularitäten handelt es sich um Entitäten, die innerhalb von sozialen Praktiken als be-

41 Zu dieser Position tendieren Deleuze und Guattari, vgl. Gilles Deleuze, Félix Guattari, *Tausend Plateaus. Kapitalismus und Schizophrenie II*, Berlin 1992. Ich will an dieser Stelle keine ontologische Diskussion über den Stellenwert von Idiosynkrasien führen, die für die Soziologie der Singularitäten auch nicht nötig ist.

sondere wahrgenommen und bewertet, fabriziert und behandelt werden. Singularitäten sind das Ergebnis von sozial-kulturellen Prozessen der *Singularisierung*. Sie kommen innerhalb einer sozialen Logik des Besonderen zur Geltung. In einer solchen Logik werden Objekte, Subjekte, Räumlichkeiten, Zeitlichkeiten und Kollektive in Praktiken der Beobachtung, der Bewertung, der Hervorbringung und der Aneignung zu Singularitäten gemacht, es findet ein *doing singularity* statt.[42]

Innerhalb einer sozialen Logik der Singularitäten sind die Besonderheiten nicht auf ein Schema des Allgemeinen zurückführbar, sondern erscheinen als *einzigartig* und werden als solches zertifiziert. Wenn das Allgemein-Besondere die Variationen des Gleichen bezeichnet und die Idiosynkrasie die vorsoziale Eigentümlichkeit, dann ist die Singularität sozialkulturell fabrizierte Einzigartigkeit. Diese Einzigartigkeiten lassen sich zunächst negativ bestimmen: als *Nichtverallgemeinerbarkeit*, *Nichtaustauschbarkeit* und *Nichtvergleichbarkeit*. Ein singuläres Objekt, ein singuläres Subjekt, ein singulärer Ort, ein singuläres Ereignis und ein singuläres Kollektiv sind nicht bloße Exemplare einer allgemeinen Ordnung: Stanley Kubricks Film *A Clockwork Orange* mag zwar auch der Gattung Science-Fiction angehören, aber er lässt sich in der Komplexität seiner Bilder und Erzählung und in dem eigentümlichen Sog aus Faszination und Ekel, den er auslöst, nicht auf einen solchen oder anderen Typus zurückführen. Die Cineastin betrachtet und erlebt ihn als einzigartig. Eine Singularität kann auch nicht durch eine andere funktionsgleiche Entität ausgetauscht oder *ersetzt* werden, wie dies im Rahmen der Logik des Allgemeinen bei einem funktionalen Objekt oder einem Menschen als Funktionsträger ohne weiteres möglich ist. Die Subkultur der Mods in den 1960er Jahren ist für diejenigen, die Teil von ihr sind, keinesfalls durch eine andere Subkultur, zum Beispiel die der Rocker, austauschbar, sondern entfaltet ihr eigenes subkulturelles Universum mit spezifischen Praktiken, Zeichen, Affekten und Identitäten. Eine Singularität lässt sich schließlich auch nicht mit anderen Entitäten entlang eindeutiger Parameter vergleichen, da der für den Vergleich notwendige übergreifende Maß-

42 Grundsätzlich bewege ich mich damit in einem praxeologischen Analyserahmen, vgl. dazu Andreas Reckwitz, »Grundelemente einer Theorie sozialer Praktiken. Eine sozialtheoretische Perspektive«, in: *Zeitschrift für Soziologie* 32/4 (2003), S. 282-301; auch die Beiträge in Hilmar Schäfer (Hg.), *Praxistheorie. Ein soziologisches Forschungsprogramm*, Bielefeld 2016; sowie Theodore Schatzki, *Social Practices. A Wittgensteinian Approach to Human Activity and the Social*, Cambridge 1996.

stab fehlt, entlang dessen sich Differenzen abtragen ließen. Den schintoistischen Ise-Schrein und Jesu Grab in der Jerusalemer Grabeskirche miteinander zu vergleichen, ergibt für die Gläubigen keinen Sinn.

Auf welcher Grundlage werden Objekte, Subjekte, Orte, Ereignisse und Kollektive in der sozialen Welt nun als einzigartige fabriziert? Die Grundlage ist, dass Einheiten des Sozialen im Zuge ihrer Singularisierung als *Eigenkomplexitäten* mit *innerer Dichte* begriffen werden. Man könnte es auch so ausdrücken: Das singuläre Objekt – sei es ein Kunstwerk oder ein Designobjekt –, das singuläre Subjekt – der Mensch, der als einzigartig wahrgenommen wird –, der singuläre Ort oder das singuläre Kollektiv werden in der Logik der Singularisierung zu einer »eigenen Welt«. Eigenkomplexität und innere Dichte sind nichts Mystisches. Komplexität bedeutet bekanntlich: Es gibt eine Reihe von Elementen oder Knotenpunkten, zwischen denen Relationen, Verknüpfungen und Wechselwirkungen existieren. Wenn ein solcher Verflechtungszusammenhang gegeben ist, redet man von *Komplexität*, deren Beschaffenheit als *Dichte* bezeichnet werden kann.[43] Welcher Art die Elemente und Relationen sind, die eine eigene Komplexität bilden, und wie es um ihre Dichte steht, hängt naturgemäß davon ab, von welcher Einheit des Sozialen die Rede ist: Ein Objekt, zum Beispiel ein Gemälde, eine Theorie, ein kulinarisches Gericht oder ein Smartphone, setzt sich aus anderem zusammen als ein menschliches Subjekt (diese Einheit aus Körper und Psyche), ein räumlicher Ort – ein Wohnzimmer, eine Landschaft oder eine Stadt – besteht aus anderen Elementen und Relationen als eine zeitliche Einheit, zum Beispiel ein Ereignis, oder als ein Kollektiv, etwa eine Szene, ein Projekt oder eine Nation. Und dennoch ändert ihre stoffliche Varianz nichts daran, dass Singularisierung für alle Einheiten des Sozialen bedeutet: Sie konstituieren sich als Eigenkomplexität mit innerer Dichte.

Komplexität und Dichte sind Eigenschaften von Singularitäten in ihrer *Binnen*struktur – deshalb rede ich von *Eigen*komplexität und *innerer*

43 Zum Begriff der Komplexität vgl. etwa John Holland, *Hidden Order. How Adaption Builds Complexity*, Reading (Mass.) 1995; etwas anders auch Niklas Luhmann, »Komplexität«, in: ders., *Soziologische Aufklärung. Aufsätze zur Theorie der Gesellschaft 2*, Opladen 1975, S. 204-220. Der Begriff wird vor allem in der Tradition der Systemtheorie verwendet, der ich aber nicht folgen will. Das Konzept der Dichte entwickelt Nelson Goodman in *Sprachen der Kunst. Entwurf einer Symboltheorie*, Frankfurt/M. 1998, S. 133ff. Goodman versteht ihn allerdings rein kunsttheoretisch, während ich ihn hier generalisiere.

Dichte. Die singulären Einheiten haben jedoch auch ein spezifisches Verhältnis nach *außen*. Zu behaupten, zwischen ihnen (zum Beispiel zwischen San Francisco und Rom in ihrer urbanen Logik) existierten lediglich beliebige Differenzen, wäre jedoch zu schwach. Natürlich: Wir haben von der Differenztheorie gelernt, dass sich ohne Differenzen im sozialkulturellen Raum gar keine Einheiten identifizieren ließen, weil sich jede Einheit durch Differenzen zu anderen überhaupt erst konstituiert.[44] Eine Totalisierung der Differenztheorie, zu der die Kulturwissenschaften gelegentlich neigen, muss jedoch unbedingt vermieden werden, denn sie hätte für die Analyse der Singularitäten zwei gravierende Nachteile: Zum einen würde die soziale Relevanz der Eigenkomplexität der Einheiten, zwischen denen differenziert wird, zugunsten des vorgeblich ubiquitären »Spiels der Differenzen« marginalisiert; zum Zweiten besteht die Gefahr, das Unterscheidungsvermögen für die sehr verschiedenartigen Formen von Differenzen, die in der sozialen Welt vorkommen, zu verlieren.

Es muss betont werden: In der sozialen Logik der Singularitäten wird zwar *auch* an der Markierung von Differenzen gearbeitet, *in erster Linie* aber an der Hervorbringung und Aneignung von Eigenkomplexitäten. Was das bedeutet, lässt sich gut anhand eines Beispiels veranschaulichen, etwa der US-amerikanischen Literatur. Hier gäbe es etwa unzählige Möglichkeiten, eine Differenz gegenüber den Romanen von Edith Wharton, John Dos Passos, John Steinbeck oder Scott Fitzgerald zu markieren. Nehmen wir nun die Romane von Thomas Pynchon, so sind sie nicht nur nicht wie diese, sie »differenzieren sich« nicht nur *ex negativo* von ihnen allen. Sie entwickeln vielmehr in Semantik, Syntax, Plot-Struktur, Figurenzeichnung etc. *ex positivo* ihre ganz eigene irreduzible innere Dichte; diese Eigenkomplexität steht im Zentrum der Singularisierung durch Leser, Kritikerinnen – und den Autor selbst. Im Unterschied zum differenztheoretischen Gemeinplatz des Primats des Unterschieds gegenüber der Identität gilt also für die Logik der Singularitäten gewissermaßen ein Primat der Eigenkomplexität gegenüber der Differenzmarkierung nach außen.

Trotzdem gewinnen Einheiten innerhalb einer sozialen Singularisierungslogik natürlich ihre Einzigartigkeit *auch* über den Weg von Differenzen. Diese haben allerdings eine spezielle Form. Während in der Nacht

44 Vgl. Ferdinand de Saussure, *Grundfragen der allgemeinen Sprachwissenschaft*, Berlin 1967. Die gesamte Semiotik und der Strukturalismus haben (bis hin zu Pierre Bourdieus Distinktionslogik) daran angeschlossen.

der Differenztheorie alle Katzen (Differenzen) grau sind, gilt es nun, Formen von Differenzen zu unterscheiden, und zwar je nach sozialer Logik. In der sozialen Logik des Allgemeinen, die ja auch Unterschiede zwischen ihren sozial relevanten Einheiten – Objekten, Subjekten etc. – markiert, handelt es sich um *graduelle* Differenzen qualitativer oder quantitativer Art, wie ich sie oben beschrieben habe. In einer Ordnung der Singularitäten sind die Differenzen hingegen immer absolut und ausnahmslos qualitativ; hier herrscht keine Reihen- oder Rangfolge, hier herrscht eine qualitative *Andersheit*, die den Charakter einer *Inkommensurabilität* hat. Inkommensurabilität heißt:[45] Den Einheiten fehlt ein gemeinsames Maß, sie sind nicht als zwei Varianten des Gleichen zu verstehen, sondern scheinen im strikten Sinn *unvergleichlich* zu sein. Rom ist San Francisco gegenüber inkommensurabel, Russland gegenüber China, David Bowie gegenüber Van Morrison. In der Logik der Singularisierung werden damit *starke Differenzen* markiert.

Was geschieht, wenn die Einheiten der sozialen Singularisierung trotzdem miteinander verglichen werden? Der Vergleich als soziale Praktik macht auch vor Singularitäten nicht halt, und wir werden noch sehen, wie die Ausdehnung einer sozialen Logik des Singulären namentlich in der Spätmoderne in erheblichem Maße Vergleichstechnologien entstehen lässt.[46] Vergleiche zwischen Singularitäten, die immer Eigenkomplexitäten sind, tun nun genau das, was sich mit einer mittlerweile etwas überstrapazierten Formel treffend auf den Begriff bringen lässt: Sie reduzieren diese Komplexität. In Praktiken des Vergleichens werden allgemeine Parameter angewandt, mit deren Hilfe sich selbst Singularitäten nach qualitativen oder gar quantitativen Gesichtspunkten ordnen lassen. Dies bedeutet, dass in ihnen nur das gesehen wird, was mit den Vergleichsparametern erfasst werden kann, wohingegen alles andere aus dem Blickfeld verschwindet. Notre-Dame in Paris und der Dogenpalast in Venedig sind dann zwei Exemplare des gotischen Baustils, das Christentum und der Islam sind beides monotheistische Religionen, das Album *Sgt. Pepper's Lonely Hearts Club Band* hat eine höhere Verkaufszahl als das Album *Blonde on Blonde*. Und so weiter. Die Schemata des Allgemeinen reduzie-

45 Der Begriff der Inkommensurabilität wurde im wissenschaftstheoretischen Kontext von Thomas Kuhn und Paul Feyerabend geprägt. Siehe Thomas S. Kuhn, *Die Struktur wissenschaftlicher Revolutionen*, Frankfurt/M. 1967; und Paul Feyerabend, *Wider den Methodenzwang*, Frankfurt/M. 1993.

46 Vgl. S. 174-179, Kap. II.2.

ren die Komplexität der Singularitäten damit auf jene ausgewählten Eigenschaften, in denen zwischen ihnen etwas Vergleichbares deutlich wird. Vergleiche im Rahmen einer sozialen Logik des Allgemeinen und einer des Besonderen unterscheiden sich damit grundsätzlich, auch wenn sie einander auf der Oberfläche ähneln: Der Vergleich zwischen Einheiten in der sozialen Logik des Allgemeinen (z. B. Mengenangaben, Noten) stellt diese erschöpfend dar, Vergleiche in der sozialen Logik des Besonderen reduzieren hingegen eine Komplexität, die dadurch nicht verschwindet, sondern – dies ist entscheidend – im Rahmen dieser sozialen Logik weiterhin *strukturbildend* wirkt (zum Beispiel durch die Affizierung von Rezipienten).[47]

Wie ist das Verhältnis zwischen den drei genannten Konfigurationen des Besonderen, also dem Allgemein-Besonderen, den Idiosynkrasien und den Singularitäten, zu denken? Zunächst lässt sich festhalten, dass das Potenzial der Unterscheidung zwischen ihnen mehr hergibt als eine begriffliche Präzisierung dessen, was eine soziale Logik der Einzigartigkeiten ausmacht. Immerhin handelt es sich bei allen dreien ja um reale Konfigurationen in der sozialen Welt. Es *gibt* erstens die soziale Logik der Einzigartigkeiten, zweitens die soziale Logik des Allgemeinen mit ihrer Verfertigung des Allgemein-Besonderen und drittens auch die Population jener Idiosynkrasien, die zunächst nicht Bestandteil einer sozialen Logik sind, aber trotzdem (nach Art von »Dingen an sich«) existieren. Das Interessante ist: Diese drei Bereiche sind nicht gegeneinander abgeschottet, sondern unterhalten ein reges Austausch- und Übersetzungsverhältnis, zumal in der Spätmoderne.[48]

So können sich Idiosynkrasien in Singularitäten verwandeln, wenn das bisher unbeachtete Besondere sozial zum Einzigartigen erhoben wird, wenn etwa der Computerspezialist mit seinen Schrulligkeiten zum Nerd oder unbeachtete, wertlose Objekte zum Kunstwerk avancieren. Potenziell hat dabei jede Idiosynkrasie das Zeug dazu, zur Singularität zu wer-

47 Falls dies nicht mehr der Fall ist, wechselt die Singularität ins Register des Allgemein-Besonderen. Dies ist natürlich möglich und bedeutet in einem noch näher zu beschreibenden Sinne eine Entwertung. Wenn ich im Verlauf des Buches den Begriff des »Besonderen« unkommentiert benutze, sind immer die Singularitäten/Einzigartigkeiten gemeint. Wenn es um Idiosynkrasien oder um das Allgemein-Besondere geht, verwende ich explizit diese Begriffe.

48 Diese Übersetzungsprozesse werden in anderer Terminologie in Michael Thompson, *Rubbish Theory. The Creation and Destruction of Value,* Oxford 1979 angesprochen.

den. Umgekehrt können – wie bereits erwähnt – Singularitäten in dem Moment zumindest vorübergehend ins Register des Allgemein-Besonderen wandern, in dem man versucht, das vermeintlich Unvergleichliche nun doch vergleichbar oder gar abstufbar zu machen (etwa in kunst- oder religionswissenschaftlichen Analysen, im Qualitätsranking von Filmen etc.). Außerdem ist es möglich, dass bisher lediglich funktionale Güter aus dem Register des Allgemeinen singularisiert werden (der massenhafte Plastikstuhl avanciert dann etwa zum singulären Eames-Design), indem in dem Träger allgemeiner Merkmale, beispielsweise infolge einer kulturellen Sensibilisierung und der Ausbildung eines Differenzierungsvermögens, eine Eigenkomplexität entdeckt wird. Und schließlich gibt es noch eine letzte Möglichkeit: Singularitäten können ihren Charakter des Wertvollen verlieren, sie können *entsingularisiert* werden und zur unbeachteten Idiosynkrasie absinken (wie es etwa beim Verschwinden von Religionen oder bei der Entwertung von Kunstwerken der Fall ist). Wir werden es genauer sehen: Der Bedeutungsgewinn der sozialen Logik der Singularitäten in der Spätmoderne ist in beträchtlichem Maße darauf zurückzuführen, dass Idiosynkrasien, aber auch Exemplare des Allgemein-Besonderen in Singularitäten transformiert werden. Zugleich gewinnt die Erschließung von Singularitäten mittels Parametern des Allgemein-Besonderen an Bedeutung, wodurch eine breite Palette von Singularitäten gesellschaftlich bewirtschaftbar wird und zu florieren vermag.

Aus dem Vorstehenden sollte deutlich geworden sein, dass eine soziologische Analyse von Besonderheiten einer differenzierten Heuristik bedarf. Dass der semantische Komplex von Individuum, Individualismus, Individualisierung und Individualität, auf den die Soziologie bei diesem Thema häufig verweist, diesbezüglich nicht besonders hilfreich ist, habe ich schon angedeutet und möchte dies nun zumindest kurz begründen.[49] Ein zentrales Problem ist die enorm changierende Bedeutung der Begriffe und damit ihr unklarer Bezug auf die Phänomenkreise des Besonderen. Mit Individualismus/Individualität kann wahlweise das außersoziale Idiosynkratische *oder* die sozial zertifizierte Einzigartigkeit *oder* das Besondere im Rahmen einer Ordnung des Allgemeinen bezeichnet werden. Manch-

49 Vgl. zu diesem heterogenen semantischen Feld Flavia Kippele, *Was heißt Individualisierung? Die Antworten soziologischer Klassiker*, Opladen 1998; Thomas Kron, Martin Horáček, *Individualisierung*, Bielefeld 2009; enger und zugleich interdisziplinär Manfred Frank, Anselm Haverkamp (Hg.), *Individualität*, München 1988.

mal wird der Begriff der Individualität auf Idiosynkrasien gemünzt. In anderen Fällen werden die Begriffe auf den für die Moderne charakteristischen Individualismus der Gleichheit in seinen verschiedenen Facetten bezogen: auf die gleichen Rechte, die Menschen erhalten, auf die gleiche Würde, die allen Menschen zugeschrieben wird, auf die Eigenverantwortlichkeit und die Eigeninteressiertheit des Handelns – von jedem Besonderen in gleicher Weise. Georg Simmel hat entsprechend von einem solchen modernen Individualismus des Gleichen und Allgemeinen in rationalistischer Tradition gesprochen und diesen neben den Individualismus des Besonderen in romantischer Tradition gestellt.[50] Da es uns aber um die Unterscheidung zwischen der sozialen Logik der Singularitäten und des Allgemeinen geht, kommt ein Begriff, der ungeniert meint, sich auf beides zugleich zu beziehen, nicht mehr in Frage.

Das war das erste Problem mit dem Begriff des Individualismus: Er ist zu weit und zu mehrdeutig. Das zweite besteht darin, dass er in anderer Hinsicht zu eng ist: denn in der Regel bezieht er sich ausschließlich auf menschliche Subjekte. Ich habe jedoch schon mehrfach betont, wie zentral die Einsicht ist, dass die soziale Fabrikation von Singularitäten keineswegs nur Subjekte umfasst, sondern auch die anderen genannten Einheiten des Sozialen: Objekte, Räumlichkeiten, Zeitlichkeiten und Kollektive. Eine Gesellschaft der Singularitäten lässt sich gar nicht begreifen, wenn man subjektfixiert bleibt.[51]

Objekte, Subjekte, Räume, Zeiten und Kollektive in der sozialen Logik der Singularitäten

Es kann gar nicht oft genug gesagt werden: Alle fünf Einheiten des Sozialen, die ich im Zusammenhang mit der sozialen Logik des Allgemeinen herausgearbeitet habe,[52] können zum Gegenstand von Prozessen der Singularisierung werden: Objekte und Dinge, menschliche Subjekte, Kollektive, Räumlichkeiten und Zeitlichkeiten. Eine wichtige Leistung des Querschnittsbegriffs »Singularität« besteht darin, die sozial-kulturellen

50 Vgl. Simmel, *Soziologie*, S. 791-863.

51 Simmel allerdings bezieht den Begriff des Individuellen nicht nur auf Subjekte, sondern auch auf die sozialen Kreise selbst, vgl. ebd., S. 791.

52 Siehe oben, S. 37.

Besonderheiten mit Blick auf sämtliche Einheiten des Sozialen beschreibbar zu machen und zueinander in Beziehung zu setzen. Ich werde dies im Folgenden anhand charakteristischer Singularisierungsformen der Vergangenheit und Gegenwart kurz zeigen:

Eine Singularisierung ausgewählter *Objekte* in Entitäten mit eigener Komplexität und Dichte hat es in allen Gesellschaftsformen gegeben, auch wenn die soziale Besonderung der Objekte- und Dingwelt in der Forschung bislang eher wenig beachtet wurde.[53] Paradigmatisch für singuläre Objekte scheinen zunächst dingliche Objekte wie religiöse Reliquien, andere Kultobjekte und Kunstwerke wie Gemälde und Plastiken, die wortwörtlich einmalig sind und denen Walter Benjamin eine »Aura« zuschrieb.[54] Gebäude, Mobiliar und Kleidungsstücke können ebenfalls als singulär wahrgenommen, produziert und wertgeschätzt werden. *Einmaligkeit* ist aber keine notwendige Voraussetzung für Einzigartigkeit im hier gemeinten Sinn. Auch Objekte, die variable oder technisch reproduzierbare materielle Träger in Anspruch nehmen, können singularisiert werden. Das gilt zum Beispiel für religiöse, literarische oder philosophische Texte, die in ihrer kulturellen Einzigartigkeit häufig über den Weg der Zuschreibung zu einem Autor als Original zertifiziert werden, oder für Tonsequenzen in der Musik, aber auch für Fotografien, Filme oder politische Symbole. Theorien, Narrationen und Bilder sind Singularitäten, die in unterschiedlichsten medialen Formaten zirkulieren.[55]

Ein spezifischer Fall ist die Versammlung einer Vielzahl verschiedener Objekte unter einer identifizierbaren *Marke*, die mit dem Anspruch der Einzigartigkeit im Rahmen des Kulturkapitalismus oder mit einem be-

53 Objekte haben immer materielle, dingliche Träger. Die Unterscheidung zwischen Objekten und Dingen ist umstritten: Der Begriff des Dings betont die abgrenzbare Materialität eines Objekts. Für bestimmte Objekte – wie etwa Romane, Mythen oder Lieder – ist jedoch charakteristisch, dass sie nicht an einen einzelnen dinglichen Träger gebunden sind, sondern sich in unterschiedlicher Form materialisieren können. Zu diesem Komplex auch Gustav Roßler, *Der Anteil der Dinge an der Gesellschaft. Sozialität – Kognition – Netzwerke*, Bielefeld 2015.

54 Vgl. zur Aura Walter Benjamin, »Das Kunstwerk im Zeitalter seiner technischen Reproduzierbarkeit«, in: ders., *Gesammelte Schriften*, Bd. I.2, Frankfurt/M. 1991, S. 471-507, hier: S. 475-478.

55 Die Gegenstände der Kunst-, Literatur-, Musik- oder Religionswissenschaften sind damit in starkem Maße Singularitäten in diesem Sinne. Einen rhapsodisch-historischen Blick auf die Singularitäten der Dinge wirft Neil MacGregor, *Geschichte der Welt in 100 Objekten*, München 2011; theoretisch informierter Sherry Turkle, *Evocative Objects. Things We Think With*, Cambridge 2011.

sonderen ästhetischen *Stil* verbunden ist.[56] Auch die Entitäten der organischen Natur können singularisiert werden: Haustiere, Gärten, die Wüste oder die Alpen als besondere Orte der Biodiversität zum Beispiel.[57] In allen Fällen sind singularisierte Dinge und Objekte mehr als funktionale Instrumente; sie werden darüber hinaus oder ausschließlich zu kulturellen, affizierend wirkenden Entitäten. Als solche sind sie auch nicht über die Zeit hinweg stabil, sondern haben ihrerseits eine Objektbiografie. Generell sind die Elemente und Relationen, aus denen sich die Eigenkomplexität und innere Dichte singulärer Objekte zusammensetzen, sehr divers, und dies aus naheliegenden Gründen. Materialien, Formen und Farben können diesbezüglich ebenso eine Rolle spielen wie Semantik und Syntax sowie die narrative, harmonische, melodische oder argumentative Struktur von Texten, Musiken oder Theorien.[58]

Die Formatierung *menschlicher Subjekte* als singulär wurde, wie bereits erwähnt, traditionell unter dem für Missverständnisse anfälligen Etikett der Individualität verhandelt. Singularisiert wird ein Subjekt dann, wenn seine Einzigartigkeit sozial wahrgenommen und geschätzt, wenn sie in bestimmten Techniken aktiv angestrebt und an ihr gearbeitet wird.[59] In diesen Fällen bedeutet Subjektivierung Singularisierung: das Subjekt erlangt jenseits aller Typisierungen – die natürlich immer auch möglich sind und bleiben – eine anerkannte Eigenkomplexität.[60] Das singularisierte Subjekt sperrt sich damit gegen eine Reduktion auf Funktionsrollen oder Herkunftsgruppen. Magier, Propheten und Herrscher, denen Max Weber die Eigenschaft des Charismas zuschrieb, sind traditionell Subjekte, die Unverwechselbarkeit beanspruchen konnten. In der Moderne bilden zunächst vor allem Künstler und Kreative Milieus, in denen Originalität zu Wunsch und Anforderung zugleich werden.[61]

56 Zum Begriff des Stils vgl. Hans Ulrich Gumbrecht, Ludwig Pfeiffer (Hg.), *Stil. Geschichten und Funktionen eines kulturwissenschaftlichen Diskurselements*, Frankfurt/M. 1986; auch Dick Hebdige, *Subculture. The Meaning of Style*, London 1979.

57 Vgl. Bruno Baur, *Biodiversität*, München 2010.

58 In diesem Buch wird uns die Singularisierung von Objekten ausführlich im Bereich der kulturellen Güter des ökonomischen Feldes sowie in ihrer Aneignung innerhalb von Lebensstilen (etwa dem Essen oder dem Wohnen) beschäftigen.

59 Vgl. dazu die Beiträge in Richard van Dülmen (Hg.), *Entdeckung des Ich. Die Geschichte der Individualisierung vom Mittelalter bis zur Gegenwart*, Köln 2001.

60 Subjektivierung in dem Sinne, in dem ich den Begriff in Anlehnung an Foucault verwende, bedeutet natürlich keineswegs zwangsläufig Singularisierung. In der sozialen Logik des Allgemeinen wird in ganz andere Richtungen subjektiviert.

61 Vgl. zu Ersterem Weber, *Wirtschaft und Gesellschaft*, S. 140-148; zu Letzterem Verena

Als singulär können dabei sämtliche Eigenschaften und Aktivitäten des Subjekts erscheinen: seine Handlungen und kulturellen Produkte, seine Charakterzüge, sein Aussehen und andere körperliche Eigenschaften, auch seine Biografie. Sie müssen jedoch in irgendeiner Weise *performt* werden, um nicht bloße Idiosynkrasie zu sein, sondern als Einzigartigkeit anerkannt zu werden. Die Singularisierung von Subjekten ist ein Prozess, in dem Selbstmodellierung und Fremdsteuerung, Selbst- und Fremdsingularisierung Hand in Hand gehen. In der Spätmoderne werden solche Singularisierungstechniken der Subjekte ubiquitär, sowohl im beruflichen Bereich, in dem die außergewöhnliche Performanz verlangt wird, als auch im Privaten. Charakteristischerweise sind dabei Subjektivierung und Objektifizierung (also die soziale Fabrikation von Objekten), das heißt die Besonderung der Menschen und die Besonderung der Dinge, eng miteinander verknüpft: Subjekte verfertigen sich als unverwechselbare über den Weg der Einzigartigkeit zugehöriger Objekte (zum Beispiel über Internet-Profile oder über die Einrichtung ihrer Wohnung).[62] All dies macht deutlich, dass die Suggestion des Unteilbaren, die der alte Begriff des Individuums mit sich führt, nicht zu den Singularisierungstechniken passt, da sich das Einzigartige hier faktisch aus verschiedensten Komponenten oder Modulen *zusammensetzt*.[63]

Wenn *Räumlichkeiten* singularisiert werden, dann avancieren sie zu dem, was man in den Raumwissenschaften *Orte* nennt.[64] Die dortige Unterscheidung zwischen *space* und *place* meint nichts anderes als die Differenz zwischen Räumlichkeiten innerhalb einer sozialen Logik des Allgemeinen und einer der Einzigartigkeiten. Orte sind singuläre Räume,

Krieger, *Was ist ein Künstler? Genie – Heilsbringer – Antikünstler*, Köln 2007; Nathalie Heinich, *L'Élite artiste. Excellence et singularité en régime démocratique*, Paris 2005.

62 In diesem Buch wird die Singularisierung der Subjekte zu einem ausführlichen Thema in der Analyse des Lebensstils der neuen Mittelklasse (Kap. V.1), in Bezug auf die Profilierung des Arbeitssubjekts (Kap. III.2) sowie im Zusammenhang mit der Digitalisierung (Kap. IV).

63 Die Frage ist, ob sich trotz aller Skepsis gegenüber der wirkmächtigen Semantik des Individualismus aus ihr noch analytischer Gewinn ziehen lässt. Die Antwort lautet ja, aber nur dann, wenn man den Begriff der Individualisierung eindeutig auf die soziale Logik des Allgemeinen bezieht und damit als Komplementärbegriff zur Singularisierung versteht. Individualisierung und Singularisierung hängen in der Spätmoderne zweifellos häufig miteinander zusammen – dieser Zusammenhang kann jedoch nur dann untersucht werden, wenn beide Prozesse begrifflich klar voneinander unterschieden werden.

64 Zur Unterscheidung zwischen Raum (*space*) und Ort (*place*) vgl. Yi-Fu Tuan, *Space and Place: The Perspective of Experience*, Minneapolis 1977.

in denen dingliche Objekte so arrangiert und mit Bedeutungen und Offerten für Wahrnehmungen versehen werden, dass sie jenseits der Standardisierung, denen Räumlichkeiten in der sozialen Logik des Allgemeinen unterworfen sind, als Eigenkomplexität mit besonders komponierter räumlicher Dichte erfahren werden. Solche Orte werden nicht einfach genutzt und durchquert, sondern sie erscheinen den Teilnehmern wertvoll und affektiv anziehend. Sehenswerte Städte wie Venedig und Paris mit ihrem Stadt- und Straßenbild, ihrer Atmosphäre und den mit ihnen verbundenen kulturellen Assoziationen und Erinnerungen sind historische Prototypen für »eigenlogische« Orte.[65] Aber auch Kultstätten, Herrschaftsanlagen und Sakralbauten, herausragende Landschaften oder Gedenkstätten, schließlich Wohnungen und atmosphärisch dichte Bürolandschaften in der Kreativbranche können zu besonderen Orten in diesem Sinne werden. Während in der Logik des Allgemeinen Räumlichkeiten überall in gleicher Weise bestimmte Funktionen erfüllen, werden in der Logik des Besonderen Orte zu Identifikationsräumen. Der Raum ist hier gewissermaßen nicht extensiv, sondern intensiv. Hier ist es die *Lokalität* des Raums, welche die Akteure interessiert. Erst der zum Ort verdichtete Raum kann zu einem Erinnerungsort und zur Stätte einer räumlichen *Atmosphäre* werden.[66]

Zeitlichkeiten werden singularisiert, wenn sie nicht die Form der typisierten Gewohnheit oder rationalisierten Routine annehmen, sondern am einzigartigen Zeit*punkt* in seiner eigenen Dichte ausgerichtet sind. Dessen Dauer kann durchaus variieren: Es kann sich um den sehr kurzen Moment des Jetzt handeln oder um eine längere Episode, die aber einen eindeutigen Anfangs- und Endpunkt aufweist. Die singularisierte Zeit hat somit die Form eines *Ereignisses*, das aktiv und intensiv erlebt wird. Einzigartigkeit *kann* Einmaligkeit bedeuten. Dies muss aber nicht zwangsläufig der Fall sein: Auch ein Ritual (ein jahreszeitliches Fest etwa) kann trotz seines Wiederholungscharakters als besonders erlebt werden, ja, tatsächlich sind Feste und Rituale traditionelle Prototypen für singuläre Zeitlichkeiten. In der Spätmoderne findet allerdings zunehmend eine

65 Zur Eigenlogik der Städte vgl. Martina Löw, *Soziologie der Städte*, Frankfurt/M. 2008.

66 Vgl. dazu Pierre Nora, *Zwischen Geschichte und Gedächtnis*, Berlin 1990; Gernot Böhme, *Atmosphäre. Essays zur neuen Ästhetik*, Frankfurt/M. 1995. Ich werde in diesem Buch die Singularisierung von Orten in Bezug auf die spätmoderne Stadt, aber auch im Rahmen der Lebensführung in Bezug auf das Reisen und das Wohnen noch näher untersuchen.

Proliferation von einmaligen Ereignissen statt. *Events* – vom Festival über das Sportereignis bis zur TED-Konferenz – lassen sich ebenso als singuläre Zeitlichkeiten erleben wie berufliche oder politische *Projekte*.

Die Zeit ist hier nichts, was lediglich gewohnheitsmäßig oder routinisiert ausgefüllt würde, um bestimmte Zwecke jenseits der Gegenwart zu erreichen; sie hat darüber hinaus und in erster Linie für die Teilnehmer einen Eigenwert, wird im Moment in ihrer überwältigend scheinenden Komplexität erlebt und erfahren, in der Präsenz ihrer Gegenwärtigkeit.[67] Während Zeitlichkeit im Modus des Allgemeinen für die Gegenwart des Tuns desensibilisiert und instrumentell auf die Zukunft ausgerichtet ist, ist sie im Modus des Besonderen also gegenwartsorientiert. Dabei kann sie auch Rückbezüge auf die Vergangenheit enthalten: Die Erinnerung an ein vergangenes Ereignis oder die Stiftung anderer historischer Bezüge reichern die Gegenwart an. Damit sind die historische Narration, die Pflege des »kulturellen Gedächtnisses« vergangener Ereignisse, Zeiten, Orte oder Personen bis hin zur Nostalgie ebenfalls Spielarten des Zeitlichkeitsbezugs innerhalb der sozialen Logik des Besonderen.[68]

Singuläre *Kollektive* sind nicht allgemeine Zweckverbände oder fraglose (idiosynkratische) Herkunftsmilieus, sondern solche, die für die Teilnehmer in ihrer Besonderheit einen kulturellen Eigenwert erhalten. Eine modernisierungstheoretische Sicht würde sie unter dem Stichwort »partikulare Gruppen« abhandeln, wobei die Semantik des Partikularen deren Abwertung als bloßer Bestandteil mit beschränkter Reichweite gegenüber Organisationen oder Gesellschaften mit Allgemeinheitsanspruch verdeutlicht. Tatsächlich sind diese Kollektive jedoch mehr als bloßer *pars*, sondern aus Sicht ihrer Mitglieder jeweils ihr eigenes, in sich vollständiges kulturelles Universum von höchster kommunikativer, narrativer und affektiver Komplexität und Signifikanz. Dies kann bereits für Familiengenealogien mit Kollektivbewusstsein gelten, auch für Zünfte und

67 Zum Präsenzbegriff vgl. Hans Ulrich Gumbrecht, *Diesseits der Hermeneutik. Die Produktion von Präsenz*, Frankfurt/M. 2004.

68 Vgl. zum Ritual nur Victor Turner, *Das Ritual. Struktur und Anti-Struktur*, Frankfurt/M. 1989; zum Event Winfried Gebhardt, *Fest, Feier und Alltag*, Frankfurt/M. 1987; zur Momentorientierung Karl Heinz Bohrer, *Der romantische Brief*, München/Wien 1987, und anders John Urry, *Sociology beyond Societies. Mobilities for the Twenty-First Century*, London 2000. Auf die Singularisierung der Zeit werde ich im Zusammenhang mit den kulturellen Gütern der Ökonomie sowie den Projekten der Arbeitswelt und den Lebensstilen zu sprechen kommen.

Gilden, wenn sie mehr sind als Zweckverbände. In der (Spät-)Moderne findet eine Singularisierung von Kollektiven etwa in kulturell-ästhetischen Subkulturen, in selbstgewählten religiösen Kollektiven sowie, wenn auch in anderer Weise, in Nationen oder regionalen Identitätsgemeinschaften statt.

Generell trifft die alte Unterscheidung zwischen Gemeinschaft und Gesellschaft nur bedingt die Differenz zwischen Kollektiven im Modus des Besonderen und solchen im Modus des Allgemeinen. Im Gegensatz zu den traditionellen Herkunftsgemeinschaften, in die man hineingeboren wurde, ist das, was man moderne Neogemeinschaften nennen kann, gewählt. Singuläre Kollektive stellen sich damit generell als Sozialitäten mit intensiver Affektivität dar, die nicht nur Praktiken, sondern auch Narrative und Imaginationen teilen. Anders als Kollektive im Modus des Allgemeinen, die auch von außen gesehen gleichförmig erscheinen, können singuläre Kollektive in ihrer Besonderheit aus der Außenperspektive Fremdheit oder gar aggressive Verachtung hervorrufen. Gerade auf der Ebene von Kollektiven werden Singularitäten zum Gegenstand kulturellen Kampfes.[69]

Das Kaleidoskop von singularisierten Einheiten, das ich präsentiert habe, wirft möglicherweise eine Frage auf: Ist jedes beliebige Objekt, Subjekt, Kollektiv, jede Räumlichkeit und Zeitlichkeit *singularisierbar*? Ist die Eigenkomplexität und Andersheit komplett eine Frage der sozialen Konstruktion? Für die soziologische Analytik ist diese Frage wenig relevant, denn entscheidend ist ja, *dass* und *wie* singularisiert wird. Aber trotzdem: Ich würde hier zu einer sozialkonstruktivistischen, aber nicht zu einer radikalkonstruktivistischen Position neigen. Auf der einen Seite hängt es von den genannten Praktiken der Beobachtung, Bewertung, Hervorbringung und Aneignung ab, was wie als Einzigartiges zählt oder nicht. *Im Prinzip* scheint es dabei keine Grenze für die Singularisierung zu geben. Trotzdem kann man annehmen, dass sich bestimmte Einheiten gewissermaßen leichter singularisieren lassen als andere: Objekte, Sub-

69 Vgl. zu ästhetischen Gemeinschaften Michel Maffesoli, *Le temps des tribus. Le déclin de l'individualisme dans les sociétés de masse*, Paris 1988; zur Nation Bernhard Giesen, *Nationale und kulturelle Identität*, Frankfurt/M. 1996; zu neuen Identitätsbewegungen Manuel Castells, *The Power of Identity. The Information Age: Economy, Society, and Culture*, Bd. 2, Malden 1997. In diesem Buch beschäftigen uns die Neogemeinschaften vor allem in Kap. VI.2, im Zusammenhang mit der spätmodernen Politik, daneben auch in Bezug auf die digitalen Communities (Kap. IV).

jekte etc. enthalten eine Affordanz, eine Angebotsstruktur.[70] Sie bieten bereits für sich eine mehr oder minder vielschichtige Eigenkomplexität, die sich somit mehr oder minder zur sozialen Singularisierung eignet. Hieronymus Boschs *Der Garten der Lüste* lässt sich leichter als Eigenkomplexität anerkennen als ein Ziegelstein, *Ulysses* leichter als ein Roman von Rosamunde Pilcher, die Sängerin Madonna leichter als der »litauische Regieassistent im grauen Kittel«.[71] Aber natürlich: Es gibt hier keinen Automatismus – auch Steine (etwa als Reliquie), Groschenromane oder Graukittel können unter Umständen Kult werden, und anerkannte Kunstwerke oder weltberühmte Popstars können dem Vergessen anheimfallen. Deutlich wird jedenfalls: Man kann sich nicht damit begnügen, pauschal von Singularisierungen zu reden, sondern muss sich den konkreten Praktiken zuwenden, in denen dies geschieht.

Praktiken der Singularisierung I: Beobachten und Bewerten

Eine soziale Logik der Singularitäten umfasst nicht nur die fünf genannten Einheiten des Sozialen, sondern auch jene vier Sorten von Praktiken der Singularisierung, von denen schon mehrfach die Rede war:[72] Praktiken des Beobachtens, des Bewertens, des Hervorbringens und des Aneignens. In diesem *doing singularity* sind Singularitäten nie ein für alle Mal fixiert, sondern werden fortwährend fabriziert.

Die vier genannten Sorten von Praktiken sind nur heuristisch zu trennen, denn es ist möglich, dass sie eng miteinander verzahnt sind oder sogar miteinander kombiniert auftreten (so dass etwa in der gleichen Praxis hergestellt *und* rezipiert wird). Sie können auch hochgradig spezialisiert und ausdifferenziert nebeneinander stehen und sich zu ganzen institutionellen Komplexen verdichten. Generell gilt: Praktiken der Singularisierung existieren in allen Gesellschaftstypen und zu allen Zeiten, aber in der Spätmoderne gewinnen sie einerseits einen erheblichen institutionellen Umfang, andererseits werden Singularisierungen (und parallel verlau-

70 Vgl. Latour, *Eine neue Soziologie*, S. 124. Den Begriff der Affordanz hat James Gibson prominent gemacht, siehe *Die Sinne und der Prozeß der Wahrnehmung*, Bern 1973.

71 So die Formulierung von René Pollesch, vgl. ders., »Lob des litauischen Regieassistenten im grauen Kittel«, in: Christoph Menke, Juliane Rebentisch (Hg.), *Kreation und Depression. Freiheit im gegenwärtigen Kapitalismus*, Berlin 2010, S. 243-249.

72 Siehe oben, S. 29f., Kap. I.1.

fende Prozesse der Entsingularisierung) nun in hohem Maße strittig und konflikthaft. Ich will nun konkret auf die vier Praktikenbündel schauen und darauf, wie sie innerhalb der Logik der Singularitäten arbeiten.

Beobachten.[73] Innerhalb einer sozialen Logik der Singularitäten wird etwas als nichtaustauschbare Einzigartigkeit interpretiert. Als solche muss es erst einmal *erkannt* oder *entdeckt* werden. Ganz grundsätzlich ist also in Form von Praktiken des Beobachtens eine kulturelle Sensibilität für die Eigenkomplexität und Dichte des Besonderen auszubilden. Während die Logik des Allgemeinen ein Wissen und die Kompetenz zur Klassifikation, Subsumtion und Abstraktion voraussetzt, muss für das Erfassen singulärer Objekte, Subjekte, Räume etc. eine kulturelle *Sensibilität* entwickelt werden, ein bestimmter Sensus, der sowohl eine kognitive als auch eine sinnliche Dimension umfasst. Typischerweise hat man nicht nur ein explizites Wissen über Singularitäten, sondern man »begreift« darüber hinaus die Dichte und Eigenkomplexität etwa eines Musikstücks, eines Menschen, einer Stadt oder eines Glaubens »in einem Zugriff«.[74]

Ein Sinn für die Eigenkomplexität des Singulären ist keineswegs vorauszusetzen, sondern kann in sozialen Feldern erlernt und kultiviert respektive vernachlässigt werden.[75] Ohne eine *Singularitätskompetenz* – worauf auch immer sie bezogen sein mag: auf die Religion oder die Kunst, auf die Alltagsästhetik oder die Architektur – kommt keine soziale Logik der Singularitäten aus. Praktiken des Beobachtens von Singularitäten können in Sozialisationsprozessen der Imitation und des Vertrautwerdens mit einem sozialen Komplex vermittelt (etwa ein Sinn für klassische Musik, für eine jugendliche Subkultur, für einen religiösen Glauben und seine Objektewelt etc.) und sie können auch in Institutionen professionalisiert werden (etwa im Beruf der Architektin oder des Kunstwissenschaftlers). Die sozial-kulturellen Zuschreibungsprozesse, in denen etwas als Singularität begriffen wird, können unter bestimmten Umständen

73 Beobachten ist hier ein übergreifender Begriff für Praktiken des Repräsentierens und des Verstehens.

74 Dabei kann auch eine Haltung der *Interpretation* gefragt sein, das heißt eine tentative Aneignung von Bedeutungen, die sich nicht von selbst verstehen, sondern erst aktiv und mit offenem Ausgang erschlossen werden müssen (die Deutung eines Kunstwerks, eines Menschen etc.). Vgl. zum Begriff der Interpretation Umberto Eco, *Das offene Kunstwerk*, Frankfurt/M. 1973.

75 Es verhält sich hier genau wie bei der Orientierung am Allgemeinen, die ja auch systematisch herangezüchtet oder lahmgelegt werden kann.

eindeutig und unumstritten sein (die Reliquie in der traditionalen Gesellschaft), unter anderen Umständen kann das Verständnis als Singularität aber auch hochgradig umstritten und Gegenstand von heftigen Bewertungskonflikten werden (klassisch in der Moderne: Was zählt als ein Kunstwerk?). Mehr noch: Was in einem bestimmten sozialkulturellen Kontext für die Teilnehmer als Eigenkomplexität erkannt wird, kann einem Außenstehenden ausschließlich als Exemplar eines allgemeinen Typus oder gar als völlig unverständlich erscheinen: Die Musik von Duke Ellington, die Texte von Michel Serres, die Naturschönheit des Loch Lomond oder die Furry-Szene bleiben für die Uneingeweihten, die nicht über die entsprechende Beobachtungskompetenz verfügen, in ihrer Besonderheit nicht identifizierbare Gebilde.

Bewerten.[76] Beobachten und Bewerten sind zwei verschiedene Praktikenbündel, die aber häufig miteinander zusammenhängen. Im Zuge des Bewertens wird nicht nur neutral begriffen, was der Fall ist, sondern das Begriffene wird dazu noch mit einem positiven oder negativen Index versehen. In der sozialen Welt wird nun ständig bewertet; der Prozess des (Be-)Wertens hat in der sozialen Logik der Singularitäten jedoch eine andere Form als in der des Allgemeinen. In Letzterer – ich war bereits darauf eingegangen – ist das Bewerten darauf aus, festzustellen, ob etwas dem gewünschten Standard entspricht oder nicht, ob etwas als normal und akzeptabel gilt. Besonderheiten werden dort zum Opfer negativer Sanktion, das Bewerten ist ein *evaluatives Einsortieren* in Dualismen, Rangfolgen und Skalen.

In der Logik der Singularitäten bedeutet Bewerten hingegen das *Zuschreiben von Wert* im starken Sinne. Es bezeichnet eine Praxis der *Valorisierung*, in deren Kontext die singuläre Entität einen Status als wertvoll erhält (oder nicht) – Bewerten heißt hier *Zertifizieren.* Ganz generell werden damit die Kriterien des Erstrebenswerten umgekehrt: Nun ist das Singuläre wertvoll, während die bloßen Exemplare des Allgemeinen *profan* erscheinen und abgewertet werden. Während der Rationalismus also auf der Unterscheidung richtig/normal (Allgemeines) versus anormal (Besonderes) basierte, ist die Leitunterscheidung des Singularismus sakral (Besonderes) versus profan (Allgemeines), wobei das Sakrale hier

76 Prozesse des Bewertens untersuchen u. a. die *valuation studies*, vgl. Michèle Lamont, »Toward a Comparative Sociology of Valuation and Evaluation«, in: *Annual Review of Sociology* 38 (2012), S. 201-221.

nicht zu stark mit religiöser Heiligkeit assoziiert werden darf, sondern eine Bewertung von etwas als intrinsisch wertvoll, als ausgestattet mit einem Eigenwert meint.[77] Auch die formale Rationalisierung schreibt den Elementen im *weitesten* Sinne natürlich Wert zu, aber es handelt sich dabei um einen funktionalen oder instrumentellen Wert, das heißt eigentlich einen *Nutzen* oder eine *Funktion* im Rahmen einer Ordnung, einer Rangliste oder Skala (so dass ich hierfür den Wertbegriff nicht verwenden werde). Hingegen valorisiert die Logik der Singularitäten die Entitäten in einem genuinen Sinn, indem sie sie mit einem Eigenwert ausstattet, so dass sie für sich genommen wertvoll, gut und bedeutsam zu sein scheinen.[78]

Die zentrale Aufgabe von Praktiken der Valorisierung besteht nun darin zu bewerten, *welche* Entitäten – Dinge, Menschen, Orte etc. – im Einzelnen *tatsächlich* als singulär anerkannt werden. Hier können sich ganze Valorisierungsdiskursuniversen und komplexe Valorisierungstechniken herausbilden (etwa in der Moderne die Kunstkritik).[79] In Praktiken der Valorisierung werden Differenzen markiert, und zwar (zunächst) starke: zum einen die *asymmetrische Differenz* zwischen dem Singulären und dem Profanen, zum anderen die *absoluten* (das heißt nichtgraduellen) *qualitativen Differenzen* zwischen verschiedenen Singularitäten, von denen jede andersartig scheint. Gerade für die Spätmoderne sind jedoch und wie bereits erwähnt Versuche kennzeichnend, zum Zwecke der Komplexitätsreduktion die absoluten Differenzen der Singularitäten in graduelle Differenzen des Allgemein-Besonderen (etwa in Form von Rankings) zu übersetzen, so dass die Valorisierungssphäre eine vielschichtige Form annimmt.

Wichtig ist: Praktiken der Valorisierung singularisieren nicht nur, sie *entsingularisieren* auch, sie schreiben nicht nur Wert zu, sie entwerten auch. Es ist von zentraler Bedeutung, sich deutlich zu machen, dass die Singularisierung kein eindimensionaler Prozess ist und alles andere als herrschaftsfrei. In Praktiken der Valorisierung wird emporgehoben und verworfen, es wird ausgezeichnet und in die Unsichtbarkeit abgeschoben. Den Prozessen der Singularisierung verlaufen regelmäßig solche Prozesse

77 Die Unterscheidung stammt von Émile Durkheim (siehe *Die elementaren Formen des religiösen Lebens*, Frankfurt/M. 1981), sie wird von mir aber verallgemeinert verwendet. Vgl. auch die Unterscheidung zwischen zwei bzw. drei Formen von Gütern bei Thompson (Dauerhaftes mit stabilem Wert; Vergängliches, das an Wert verliert; und »Müll«, das heißt Überflüssiges) in Thompson, *Rubbish Theory*.

78 Vgl. dazu genauer Kap. I.3, S. 73-83.

79 Vgl. dazu genauer Kap. II.2, S. 165-174.

der Entsingularisierung parallel: Einheiten, die zu einer Zeit als singulär valorisiert worden sind, können diesen Status später wieder verlieren. Und es kann vorkommen (und kommt auch häufig vor), dass Einheiten, die nach Singularität streben oder dafür potenziell in Frage kommen, diesen Status nicht erreichen und im Meer des Profanen verschwinden (oder unter Umständen gar negativ singularisiert werden). In Gesellschaften, in denen die soziale Logik der Besonderheiten ohnehin ein Nischenphänomen war, ist dies weniger folgenreich als in der spätmodernen Gesellschaft der Singularitäten, in der Entsingularisierung generell *Entwertung* bedeutet (wenn auch nicht Nutzlosigkeit). Valorisierungen können sich so gerade in der Moderne als enorm konflikthaft herausstellen.

Praktiken der Singularisierung II: Hervorbringen und Aneignen

Hervorbringen. Singularitäten sind ein Gegenstand der Gestaltung und Verfertigung, der Arbeit und Kreation, der Darstellung und Aufführung. Sie werden sozial in einem sehr unmittelbaren Sinne hervorgebracht, sie werden hergestellt und produziert. Diese soziale Produktion, die *Singularisierungsarbeit*, kann sehr unterschiedliche Formen annehmen, je nachdem, ob Objekte/Dinge, Subjekte, Orte, Ereignisse oder Kollektive als singuläre hergestellt werden.

Grundsätzlich kann man diejenige Konstellation, in der eine Idiosynkrasie (oder auch ein Exemplar des Allgemein-Besonderen) bereits *vorhanden* ist und im Zuge eines Reframing – also einer Art sekundären Produktion – singularisiert wird, von derjenigen unterscheiden, in der eine Einheit von Anfang an und von Grund auf gezielt als singuläre produziert wird. Ein Reframing von Idiosynkrasien findet etwa statt, wenn ein bisher unbeachteter Gegenstand als Reliquie, als Kunstwerk oder als Antiquität *entdeckt* wird, wenn der Eigenbrötler zum wertgeschätzten »Original« avanciert oder der Raum der biologischen Arten als wertvolle Biodiversität uminterpretiert wird. In diesen Fällen sind die Praktiken der Produktion von jenen der Beobachtung und Bewertung kaum zu unterscheiden.[80] Auf der anderen Seite gibt es die gezielte Singularitätsar-

80 Zu diesem Zusammenhang vgl. auch Boris Groys, *Über das Neue. Versuch einer Kulturökonomie*, München 1992. Allerdings kann das Entdecken und Reframing der Idiosynkrasien selbst zu einem eigenständigen komplexen *Produktions*prozess werden

beit, die von Grund auf neue Kreation der besonderen Dinge, Subjekte, Orte, Ereignisse oder Communities. Sie kann derart unterschiedliche Praktiken wie die handwerkliche Fertigung eines Objekts, die Arbeit an der Besonderheit des eigenen Selbst (etwa über die Pflege von Interessen oder das Führen eines Facebook-Accounts), die sorgfältig vorbereitete und minutiös strukturierte Aufführung eines Rituals oder eines Live-Konzerts, das Schreiben, das Komponieren oder das Zusammenstellen und Zubereiten eines Abendessens umfassen.

Sind diese Herstellungsweisen von singulären Einheiten grundsätzlich anders strukturiert als die Produktionen von allgemeingültigen Elementen? Zweifellos gehen auch in die Verfertigung von Singularitäten zweckrationale und normativ-rationale Praktiken ein. Die Produktion eines Kinofilms beispielsweise setzt im Rahmen der Filmindustrie die Koordination einer Vielzahl hochgradig spezialisierter Tätigkeiten voraus. Sie sind jedoch im Falle der Singularitätsarbeit regelmäßig mit Praktiken spezifischer Art verknüpft: *Arrangements.* Arrangement bedeutet: Es geht um eine Zusammenstellung von Gegenständen, Texten, Bildern, Individuen etc. in ihrer Heterogenität, die sich zu einem möglichst stimmigen Ganzen zusammenfügen sollen. Singularitätsarbeit ist also häufig (zumal in der Spätmoderne) ein Heterogenitätsmanagement. Ins Arrangieren gehen neben funktionalen auch narrativ-hermeneutische, ästhetische (beispielsweise visuelle) und ludische Elemente ein. Es hantiert notwendig mit Materialitäten, ist aber aufgrund dieser narrativen und ästhetischen Bezüge im Kern »immaterielle Arbeit«, jedenfalls in einem weiteren Sinn.[81] Das Arrangieren von Singularitäten verbindet sich historisch dabei *nicht* notwendig mit dem Anspruch, etwas Neues hervorzubringen.[82] In der Moderne ist dies allerdings regelmäßig der Fall, so dass es hier um das Arrangieren von Neuartigem im Rahmen eines Kreativitätsdispositivs geht. Auch die Verfertigung der neuartigen Singularitäten ist allerdings nicht voraussetzungslos, sondern greift auf bereits gegebene Elemente zurück – häufig auf Idiosynkrasien oder auch auf standardisierte Elemente, aber auch auf die Netzwerke der Narrationen und Symbole. Während

(zum Beispiel die Suche der Musikindustrie nach neuer lokaler Musik oder das »Machen« eines Designklassikers durch ein aufwändiges narratives Reframing).

81 Vgl. Maurizio Lazzarato »Immaterial Labor«, in: Paolo Virno, Michael Hardt (Hg.), *Radical Thought in Italy. A Potential Politics*, Minneapolis 1996, S. 133-148.

82 So ist die Kultursphäre in archaischen und traditionalen Gesellschaften nicht innovationsorientiert.

standardisierte Produktionen sich darauf verlassen, immanenten Kriterien der Nützlichkeit, Sachlichkeit und Funktionalität zu folgen und insofern ohne Publikumsfunktion auskommen, muss die Singularitätsproduktion grundsätzlich den tatsächlichen oder imaginierten Blick des Publikums oder anderer Mitspieler in die Herstellung ihrer Einheiten einbauen.

Aneignen.[83] Ein Element des Sozialen ist nur dann singulär, wenn es in seiner situativen Aneignung singularisiert wird. Im Unterschied zur zweckrationalen Nutzung und zur routinisierten sozialen Interaktion in der Logik des Allgemeinen hat die Aneignung des Besonderen die Struktur des *Erlebens.*[84] Ein singuläres Objekt/Ding, ein singuläres Subjekt, ein singulärer Ort, ein singuläres Ereignis, ein singuläres Kollektiv – sie alle werden erlebt, und nur dann, wenn sie tatsächlich als einzigartig erlebt werden, haben sie eine soziale Realität als Einzigartigkeit. Das Erleben bezeichnet einen psychischen, aber auch leiblichen Prozess der Weltaneignung, in dem Gegenstände der Aufmerksamkeit sinnlich wahrgenommen werden. Als Erleben erschöpft sich sinnliches Wahrnehmen nicht in einer Informationsfunktion, wie sie die Perzeption im Rahmen des zweckrationalen Handelns im Wesentlichen kennzeichnet. Das Erleben ist ein Wahrnehmen um seiner selbst willen – ein selbstbezügliches Wahrnehmen. Während die Aneignung innerhalb der sozialen Logik des Allgemeinen die Struktur einer Welt*be*arbeitung hat, mittels deren ein gestecktes Ziel erreicht werden soll, handelt es sich beim Erleben um einen Modus der Welt*ver*arbeitung, um eine *Rezeption.*

Zentral für die Praktiken des Erlebens – ob Opernbesuch oder Meditation, Base Flying oder Städtetrip, die Teilnahme am Eröffnungspiel der Fußballweltmeisterschaft oder auch nur das Hören der Nationalhymne im Radio – ist, dass die singulären Einheiten den Rezipienten *affizieren.*[85]

83 Aneignen ist ein Sammelbegriff für die Praktiken des Umgangs mit Objekten, Subjekten etc., zu denen etwa Nutzung und Rezeption gehören.

84 Zum traditionsreichen Konzept des Erlebens vgl. zunächst vor lebensphilosophischem Hintergrund Georg Simmel, »Die historische Formung« [1917/1918], in: ders., *Aufsätze und Abhandlungen 1909-1918*, Frankfurt/M. 2000, S. 321-369; vor phänomenologischem Hintergrund Alfred Schütz, *Der sinnhafte Aufbau der sozialen Welt. Eine Einleitung in die verstehende Soziologie* [1932], Konstanz 2004, S. 307f.; und in einem moderneren Verständnis Gerhard Schulze, *Die Erlebnisgesellschaft. Kultursoziologie der Gegenwart*, Frankfurt/M. 1992, S. 34-88.

85 Vgl. zu diesem Zusammenhang Brian Massumi, *Parables for the Virtual. Movement, Affect, Sensation*, Durham 2002; Michaela Ott, *Affizierung. Zu einer ästhetisch-epistemischen Figur*, München 2010. Hartmut Rosa diskutiert eine spezifische, normativ he-

Der Affektcharakter der Logik der Singularitäten strukturiert in spezifischer Weise das Aneignen als Erleben. Wenn singuläre Objekte, Subjekte, Orte, Ereignisse oder Kollektive angeeignet werden, sind häufig intensive – positive oder ambivalente – Affizierungen im Spiel: Leidenschaften und Bewunderungen, Ergriffenheiten und Erleuchtungen, ein Gefühl des Aufgehobenseins, des Stolzes oder der schönen Harmonie, Bestürzung, Angst-Lust oder Ekel-Lust. Und selbst wenn die Intensität der Gefühle etwas schwächer ausfällt, wenn es um so etwas wie den Reiz des Interessanten, des Coolen oder Spannenden geht, bleiben sie konstitutiv. Indem singuläre Einheiten affizieren, stellt sich in der Aneignung eine psychophysische Erregungsintensität ein, die aber nicht behavioristisch als Reiz-Reaktion-Sequenz zu verstehen ist, sondern als eine interpretative Praxis: Nur wer beispielsweise einen Sinn für die Natur hat, kommt zu einem Naturerlebnis.[86]

Das Erleben kann sehr unterschiedliche Formen annehmen: es kann einen intersubjektiven Charakter haben, bei der eine Menschenmenge oder ein Publikum anwesend ist, es kann sich auch um einen privaten Akt der Auseinandersetzung eines einzelnen Individuums mit einem Objekt handeln. Das Erleben kann schwerpunktmäßig psychischer Natur sein, während der Körper stillgestellt ist; es kann sich aber auch um eine physisch ausgesprochen aktive Praxis handeln. Hervorbringen und Erleben können schließlich in manchen Fällen auch Hand in Hand gehen (etwa bei einem gemeinsamen Spiel). Grundsätzlich muss gesagt werden: Das subjektive Erleben ist nichts Innerliches, sondern selbst ein Bestandteil sozialer *Praxis*, von Praktiken des Aneignens, in denen es auf spezifische Weise geformt wird. Verglichen mit der Aneignung von sozialen Elementen im Modus des Allgemeinen, die verhältnismäßig stabil ist (auch wenn es dort immer zu »Pannen« kommen kann), ist die Aneignung von Singularitäten wegen ihres psychophysischen Anteils unberechenbarer und riskanter. Sie kann misslingen, das tatsächliche Erleben der jeweiligen Situation kann ausbleiben und lässt sich nicht erzwingen.

rausgehobene Form der Affizierung unter dem Begriff der Resonanz, vgl. Hartmut Rosa, *Resonanz. Eine Soziologie der Weltbeziehung*, Berlin 2016.

86 Praktiken des Erlebens können unter Umständen auch die besonders intensive Form einer *Erfahrung* erhalten. In der Erfahrung kann sich die Subjektstruktur der beteiligten Individuen transformieren oder es können Affekte mobilisiert werden, die außerhalb dieser Praxis noch gar nicht aufgetaucht sind. Vgl. dazu etwa Victor Turners Überlegungen zur Schwellenerfahrung in *Das Ritual*.

Performativität als Praxismodus und maschinelle Singularisierung

Für die soziale Logik des Allgemeinen hatte ich oben eine generelle Struktur der sozialen Praxis, einen *Praxismodus* benannt, der gewissermaßen quer zur spezifischen Ausdifferenzierung der Praktiken des Beobachtens, Bewertens, Hervorbringens und Aneignens liegt: den Modus des zweckrationalen und sozial-koordinierten Handelns. Die soziale Praxis des Allgemeinen ist im Kern damit *Arbeit* und *Interaktion*. Wie sieht es diesbezüglich in der sozialen Logik der Singularitäten aus? Was ist ihr übergreifender Praxismodus? Die singularistische soziale Praxis nimmt grundsätzlich die Struktur einer *Aufführung* an, so dass *Performativität* ihr zentrales Charakteristikum ist. Im Modus der Singularität begibt sich das Soziale in die Situation, etwas oder sich selbst vor einem Publikum aufzuführen oder etwas gemeinsam mit anderen füreinander aufzuführen, das dadurch für die Teilnehmer einen kulturellen Wert erhält. Singuläre Entitäten werden nicht primär instrumentell ge- und vernutzt (zweckrationales Handeln) oder normativ behandelt (normatives Handeln), sondern *bieten* sich im Modus der Performativität *dar*: Singuläre Subjekte und Orte bieten sich dar, singuläre Zeitlichkeiten als Ereignisse haben einen performativen Charakter und singuläre Kollektive leben von dieser kollektiven Performativität. Singularitäten existieren also als *Singularitätsperformanzen* vor einem sozialen Publikum.[87]

Die Singularitätsperformanz wirkt affizierend. Dies unterscheidet den Praxismodus des Besonderen grundsätzlich von jenem des rationalisierten Allgemeinen. Der Affektgehalt der dortigen Praxis ist minimiert. Ganz anders die Performanz der Singularität, bei der, wie wir oben gesehen haben, die Affektintensität eine tragende Rolle spielt. Affekte sind dabei keine Emotionen oder Gefühle im Innern von Subjekten, es geht vielmehr um Prozesse und Relationen der *Affizierung*. Damit ist gemeint, dass singuläre Objekte, Subjekte, Orte, Ereignisse und Kollektive die Eigenschaft haben, die sozialen Teilnehmer affektiv anzusprechen.[88] Die

87 Vgl. zur Performativität nur Erika Fischer-Lichte (Hg.), *Performativität und Ereignis*, Tübingen 2003; Jörg Volbers, *Performative Kultur. Eine Einführung*, Wiesbaden 2014.

88 Zur Affektivität des Sozialen grundsätzlich auch Luc Ciompi, *Die emotionalen Grundlagen des Denkens. Entwurf einer fraktalen Affektlogik*, Göttingen 1997; Andreas Reckwitz, »Praktiken und ihre Affekte«, in: ders., *Kreativität und soziale Praxis. Studien zur Sozial- und Gesellschaftstheorie*, Bielefeld 2016, S. 97-114.

sozialen Einheiten des Singulären mobilisieren affektive Erregungsintensitäten, vor allem in Form positiver Affekte der Lust und des Interesses, aber auch ambivalenter Mischungen von diesen mit Angst oder Wut. In besonderer Weise lassen sich diese Affizierungen in der *Aneignung* und im *Erleben* der Singularitäten beobachten, sie gehen aber auch in die Praktiken des Herstellens, des interpretativen Beobachtens und des Valorisierens ein. Die Affizierung prägt den Praxismodus der sozialen Logik der Singularitäten insgesamt. Anders gesagt: Ohne Affizierung keine Singularitäten, ohne Singularitäten keine (oder nur eine schwache) Affizierung.

Allerdings stößt man insbesondere in der Spätmoderne auf eine Form der Singularisierung, die sich von dieser Form der affizierenden Performanz grundsätzlich unterscheidet und die man als *maschinelle Singularisierung* umschreiben kann. Sie wird uns in diesem Buch noch ausführlich beschäftigen,[89] aber es ist sinnvoll, sie hier bereits zu erwähnen. Diese Form der Besonderung begegnet uns vor allem seit den 1990er Jahren in verschiedenen Bereichen, und der Digitalisierung kommt dabei eine herausgehobene Rolle zu. Ein Beispiel für solche maschinell fabrizierten Einzigartigkeiten sind die über das *data tracking* algorithmisch generierten Profile von Internet-Usern. Zu nennen ist aber auch die Genomanalyse, welche das einzigartige genetische Ensemble des Individuums analysierbar macht. Weitere Beispiele finden sich im Bereich des Personalwesens in der spätmodernen Ökonomie, wo es systematisch darum geht, die besondere Talent- und Potenzialstruktur von Individuen herauszuarbeiten. Maschinelle Singularisierung ist aber nicht nur mit Blick auf Subjekte interessant, sondern findet Anwendung auch bezogen auf Kollektive zum Beispiel im Marketing, das auf soziale Nischen mit eigentümlichen Geschmacks- und Meinungsstrukturen fokussiert, oder im Wahlkampf von Parteien, die bestimmte Wählergruppen ansprechen.

Auf den ersten Blick könnte man meinen, dass man sich in Fällen wie diesen im Feld der Logik des Allgemeinen mit seinen zweckrationalen Praktiken bewegt. Und in der Tat kommen hier zweckrationale Techniken zum Einsatz – jedoch *nicht* (mehr) im Rahmen einer sozialen Logik des Allgemeinen! Während die rationalistischen Technologien der industriellen Moderne standardisierte Dinge und Menschen hergestellt haben, verwandeln sich Technologien in der Spätmoderne großumfänglich in *Infrastrukturen des Besonderen*. Das heißt: Es bilden sich in ihnen institu-

89 Siehen unten, Kap. IV.2, S. 253-261.

tionell-technologisch ein Interesse und eine Fähigkeit aus, Einzigartigkeiten *sichtbar* zu machen und sie *automatisiert* zu fabrizieren. Das institutionell-technologische Interesse richtet sich nun nicht im Stile des generalistischen Rationalismus darauf, Besonderheiten als Exemplare von allgemeinen Typen einzusortieren, sondern darauf, den einzelnen Fall tatsächlich in seiner Einzigartigkeit zu rekonstruieren. Während beispielsweise der klassische medizinische Blick im einzelnen Patienten das Exemplar allgemeiner Krankheitsbilder oder Gesundheitsnormen sah, kann und will die Genomanalyse der Inkommensurabilität der genetischen Ausstattung des einzelnen Individuums auf die Spur kommen.

Auch diese maschinellen Singularitäten lassen sich als Ergebnisse eines Fabrikationsprozesses in Form von Praktiken des Beobachtens, des Bewertens, des Hervorbringens und Aneignens analysieren. Diese Praktiken sind allerdings innermaschinelle *Techniken*, sie werden automatisiert von den Technologien ausgeführt. Noch bedeutsamer ist jedoch ein weiterer Umstand: Die maschinellen Singularitäten existieren nicht unbedingt als Performanz vor einem Publikum, das sie erlebt und sich durch sie affizieren lässt. Häufig werden die so präparierten Einzelfälle vielmehr ihrerseits zum *Gegenstand* von zweckrationalen Praktiken, zum Beispiel einer medizinischen Behandlung, die an eine entsprechende Genomanalyse, oder einer Konsumentscheidung, die an das automatisiert maßgeschneiderte Profil auf einer digitalen Verkaufsplattform anschließt. Die Besonderung wird hier nicht *erlebt*, sondern *genutzt*. In anderen Fällen kann sich die maschinelle Singularisierung durchaus aber auch in eine maschinell generierte Performanz umsetzen – etwa in eine Ansammlung von Fotos und Texten, die sich auf dem Bildschirm maßgeschneidert für den einzelnen Nutzer einer *Social-media*-Plattform präsentiert und ihn auf spezifische Weise interessiert, anregt und aufregt.

Es ist insgesamt etwas höchst Bemerkenswertes, was man in den Systemen maschineller Singularisierung der Spätmoderne beobachten kann: Intelligente Technologien standardisieren nicht mehr nur wie in der industriellen Rationalisierung, sondern sie singularisieren auch – und tragen damit zu einer Transformation der zweckrationalen Praktiken hin zu einer Sensibilität für Besonderheiten ebenso wie zur Etablierung eines umfassenden technischen Unterbaus für die Performanz des Singulären bei.

3. Kultur und Kulturalisierung

Die soziale Logik der Singularitäten ist eng mit jener Dimension des Sozialen verknüpft, für die man klassischerweise den Begriff der *Kultur* vorgesehen hat. Ja, man kann behaupten: Wenn wir von der Unterscheidung zwischen der Logik des Allgemeinen und der Singularitäten ausgehen, wird es möglich, auf »Kultur« – ein vieldeutiger akademischer und politischer Begriff, der mittlerweile einiges an Patina angesetzt hat –, das heißt auf die kulturelle Dimension der Gesellschaft einen neuen, aufschlussreichen Blick zu werfen. Umgekehrt erlaubt der Rückgriff auf den Kulturbegriff, die Analyse von Singularitäten sozial- und gesellschaftstheoretisch zu pointieren und rückzukoppeln. Der entscheidende Punkt lautet: Kultur setzt sich in ihrem Zentrum aus Singularitäten zusammen. Jene Einheiten des Sozialen, die als einzigartig anerkannt werden – die singulären Objekte und Subjekte, die singulären Orte, Ereignisse und Kollektive –, bilden gemeinsam mit den zugehörigen Praktiken des Beobachtens und Bewertens, des Hervorbringens und Aneignens die Kultursphäre einer Gesellschaft. Die Logik des Besonderen gehört zur Kultur wie die Logik des Allgemeinen zur formalen Rationalität. Wenn die soziale Logik des Allgemeinen ihren Ausdruck in einem gesellschaftlichen Prozess der Rationalisierung findet, dann die soziale Logik der Singularitäten in einem gesellschaftlichen Prozess der Kulturalisierung. Rationalisierung und Kulturalisierung sind die beiden konträren Formen von Vergesellschaftung.

Kultur als Sphäre der Valorisierung und Entvalorisierung

Der Begriff der Kulturalisierung mag zunächst befremden: Haben wir nicht gelernt, dass alles Kultur ist, dass alles Soziale durch Sinnzusammenhänge geformt und codiert ist, die ihm erst Richtung und Bedeutung verleihen? Aber wie kann man dann von Kulturali*sierung* sprechen? Ein solcher Steigerungs- und Intensivierungsbegriff scheint schließlich vorkulturelle Elemente vorauszusetzen, die in einem zweiten Schritt einer spezifischen Kulturwerdung ausgesetzt sind.

Kultur ist einer der schillerndsten Begriffe der Humanwissenschaften und zugleich für das Selbstverständnis der Moderne von Anfang an zentral.[90] Unter Kultur hat man im 19. Jahrhundert zunächst eine ausgewählte, »kultivierte«, das heißt normativ erstrebenswerte Lebensform verstanden, die nach harmonischer Perfektion strebt (normativer Kulturbegriff). Im weiteren Verlauf wurde der Begriff auf ein gesellschaftliches Subsystem eingeschränkt, das im Wesentlichen das künstlerische und intellektuelle Feld umfasst (differenzierungstheoretischer Kulturbegriff). Umgekehrt wurde der Kulturbegriff aber auch radikal entgrenzt und auf ganze Lebensformen in ihrer Unterschiedlichkeit (holistischer Kulturbegriff) und schließlich – theoretisch anspruchsvoller – auf die symbolisch-sinnhafte Dimension des Sozialen (bedeutungsorientierter Kulturbegriff) bezogen. Kultur bezeichnet dann die Wissensordnungen und Klassifikationssysteme, vor deren Hintergrund soziale Praktiken erst denkbar werden.[91]

Für unseren Zusammenhang ist allerdings keiner dieser vier Kulturbegriffe wirklich tauglich. Sie sind entweder zu weit oder zu eng geschnitten. Aus der Sicht des holistischen und des bedeutungsorientierten Kulturbegriffs lässt sich jedes soziale Phänomen als kulturelles verstehen, während der normative und der differenzierungstheoretische Kulturbegriff das, was als Kultur zählt, auf die bürgerliche Hochkultur der Moderne und ihre Erzeugnisse einschränkt. Wie lautet die Alternative? Ich schlage vor, zwei Ebenen voneinander zu unterscheiden: einen schwachen oder *weiten Begriff der Kultur*, der das Kulturelle insgesamt bezeichnet, und einen starken oder *spezifischen Begriff der Kultur*, der sich auf Objekte oder andere Einheiten bezieht, denen im Sozialen besondere *Qualitäten* zugeschrieben werden. Mit dem Kulturellen im weiten Sinn sind also sämtliche soziale als kulturelle Praktiken und ihre Wissensordnungen gemeint. Kultur im spezifischen Sinne umfasst demgegenüber nur jene Einheiten des Sozialen (Objekte, Subjekte, Räumlichkeiten, Zeitlichkeiten, Kollektive), die eine besondere Eigenschaft haben: ihnen wird gesellschaftlich nicht oder nicht nur Nutzen oder Funktion, sondern *Wert* zugeschrieben. Neben diesem Wertcharakter haben die Kultureinheiten eine zweite signifikante Eigenschaft: Sie affizieren, sie produzieren in beträchtlichem Umfang (positive) Affekte. Die Kultureinheiten

90 Vgl. Raymond Williams, *Culture and Society, 1780-1950*, London 1958.

91 Vgl. zu diesen Kulturbegriffen genauer Andreas Reckwitz, *Die Transformation der Kulturtheorien. Zur Entwicklung eines Theorieprogramms*, Weilerswist 2000, S. 64-89. Dort habe ich an den bedeutungsorientierten Kulturbegriff angeschlossen, der mir nun jedoch nicht mehr ausreicht.

bilden somit eine *Kultursphäre*, in denen soziale Prozesse der Valorisierung und der Affizierung stattfinden.

Das Kulturelle im genannten Sinne eines weiten und zugleich schwachen Kulturbegriffs bezeichnet die Ebene sozial relevanter Sinnzusammenhänge insgesamt.[92] Alle sozialen Praktiken enthalten solche impliziten Wissensordnungen, welche die Phänomene der Welt auf eine bestimmte Art und Weise klassifizieren und ihnen damit eine spezifische Bedeutung zuschreiben. Sie regulieren, wie die Welt repräsentiert wird und welche Praxis in ihr möglich, zwingend und sinnvoll erscheint. Das Soziale ist in diesem Sinne immer schon kulturell; soziale Praktiken sind immer kulturelle Praktiken. Aus Sicht dieses weiten Verständnisses des Kulturellen stellen sich im Übrigen auch die soziale Logik des Allgemeinen und die gesellschaftliche Rationalisierung als kulturell dar. Die technische, kognitive und normative Rationalisierung hängt ab von kulturell hochspezifischen Kriterien, etwa der Effizienz, der Gleichheit oder Wahrheit. Hier findet ein kultureller Prozess des *doing rationality* statt, der beständig Rationales und Nichtrationales voneinander scheidet.

Im Meer des Kulturellen in diesem weiten Sinne bildet die Kultur im Sinne des engen und starken Kulturbegriffs herausgehobene Inseln. Sie bezeichnet einen spezifischen Bereich der sozialkulturellen Welt, nämlich die Kultursphäre, in der Objekte und andere Einheiten von bestimmter Qualität zirkulieren. Indem wir nun fragen, worin genau diese Qualifizierung besteht, können wir an unsere Überlegungen zur sozialen Logik der Singularitäten anschließen und zugleich eine Brücke zum tradierten Kulturbegriff schlagen. Diese Brücke wird auf der Ebene des Begriffs des *Wertes* errichtet. Meine Annahme ist: Exakt jene Einheiten des Sozialen, also diejenigen Objekte, Subjekte, Räumlichkeiten, Zeitlichkeiten und Kollektive, die gesellschaftlich singularisiert werden, erhalten ebenjene Qualitäten, um in diesem sozialen Kontext zu Einheiten der Kultur zu werden. Die singulären Einheiten des Sozialen werden zu *Kultureinheiten*, und der Prozess ihrer Singularisierung ist eben ein Prozess ihrer *Kulturalisierung*. Die Kultureinheiten werden im Rahmen aller vier genannten Praktiken der Singularisierung fabriziert: den Praktiken der Be-

92 Vgl. dazu Reckwitz, *Transformation der Kulturtheorien*; Doris Bachmann-Medick, *Cultural Turns. Neuorientierungen in den Kulturwissenschaften*, Hamburg 2006. Dieses Verständnis des Kulturellen ist identisch mit dem oben genannten vierten Kulturbegriff, der Kultur auf die sinnhaft-symbolische Bedingtheit von Lebensformen bezieht.

obachtung, der Bewertung/Valorisierung, der Hervorbringung und des Aneigens/Erlebens. Unter dem Gesichtspunkt der Kulturqualität kommt einer von ihnen jedoch eine Führungsrolle zu, nämlich der Valorisierung, also dem grundlegenden Prozess des Zuschreibens und Absprechens von Wert, in dem zertifiziert wird, was überhaupt als Einzigartigkeit und als Kultureinheit *zählt* – und was nicht und somit außerhalb des Singulären und der Kultur steht.

Wir hatten gesehen, inwiefern sich die spezifischen Praktiken der Valorisierung, die für die soziale Logik der Singularitäten typisch sind, von der einordnenden Bewertung im Rationalismus der sozialen Logik des Allgemeinen unterscheiden. Während dort die Einheiten des Sozialen unter dem Aspekt ihres Nutzens und ihrer Funktion klassifiziert werden, wird ihnen hier ein Wert im starken Sinne, ein Eigenwert, das heißt ein nicht abgeleiteter Wert, zugeschrieben. Es handelt sich um als *werthaft* und *wertvoll* anerkannte Dinge, Objekte, Menschen, Orte, Ereignisse und Kollektive. Es ist ihre anerkannte Eigenkomplexität, die sie wertvoll erscheinen lässt. Als Träger von Wert sind sie nicht Mittel zum Zweck, sondern gewissermaßen Selbstzweck.[93] Die Kultureinheiten bilden somit insgesamt eine Sphäre des Wertvollen, in der umgekehrt das Wertlose verworfen wird. Die Kultursphäre ist damit die *Zirkulationssphäre* dieser Werte.

Vielleicht überrascht es, dass nach der sozialkonstruktivistischen Wende, die eine radikale Entgrenzung des Kulturellen betrieben hat, ein solch limitierter Kulturbegriff vertreten werden soll, der von Werten handelt. Drehen wir damit nicht das Rad zurück auf einen verengten normativen Kulturbegriff? Ich bin der Auffassung, dass die Entgrenzung des Kulturellen durch die Kulturwissenschaften seit den 1970er Jahren unzweifelhaft ihre Verdienste hat, indem sie mehr und mehr Phänomene als kulturell konstituiert erkannt und für die kulturwissenschaftliche Analyse erschlossen hat. Zugleich hat sich aber mit der Preisgabe des klassischen Verständnisses, dem zufolge die Kultur spezifische *Qualitäten* des Sozialen bezeichnet, eine empfindliche Lücke aufgetan. Wenn man die begriffliche Differenzierung zwischen Kultur und Nichtkultur aufgibt, dann hat dies problematische Folgen für eine Theorie der Moderne.

93 Diese Selbstzweckhaftigkeit von Kultur ist eine sehr alte Annahme, die auf Aristoteles (Praxis vs. Poiesis) zurückgeht. Später ist sie vor allem von der Ästhetischen Theorie aufgenommen worden, in anderer Weise auch von der Ethik.

Ich würde so weit gehen: Die Gleichsetzung der Moderne mit einem Prozess der formalen Rationalisierung und damit das eindimensionale Bild der Moderne als einer großangelegten Maschinerie der sozialen Logik des Allgemeinen setzt den Verlust der Unterscheidung zwischen Kultur und Nichtkultur, zwischen der *Zirkulationssphäre des Wertes (und Affekts)* und des *Systems von Nutzen und Funktion* voraus. Erst wenn man dazu in der Lage ist, diese beiden Dimensionen zu unterscheiden, kann auch die Doppelstruktur der Moderne aus Rationalisierung und Kulturalisierung sichtbar werden.

Der Wertbegriff lässt sich aus dem Erbe des klassischen Kulturbegriffs bergen und gegen den Strich bürsten. Seine Engführungen auf die bürgerliche Hochkultur des 19. Jahrhunderts oder später auf ein abgezirkeltes Subsystem von »Kunst und Kultur« gelten heute zu Recht als borniert. Der klassische normative Kulturbegriff hatte dieses Wertvolle mit bestimmten hochkulturellen Praktiken des Bürgertums assoziiert, mit den Praktiken der Bildung oder des Kunstgenusses, und gemeint, von dieser Warte aus Kulturkritik üben zu können.[94] Sein eigentlich interessantes Erbe tritt aber erst zu Tage, wenn man ihn abstrahiert und den Begriff des Wertes kulturtheoretisch erneuert. Dann erkennt man, dass der Wert von Kultureinheiten nicht darin bestehen kann, dass *der Kulturkritiker* sie für bewahrenswert hält und einen »objektiven Wert« feststellt, sondern dass diese Einheiten in der sozialen Welt *den Teilnehmern* selbst wertvoll sind. Kultur ist dort, wo gesellschaftlich Wert zugeschrieben wird.

Der wertorientierte Kulturbegriff erlaubt damit in abstrakter Form eine Unterscheidung zwischen zwei unterschiedlichen Weisen, in denen sich die Einheiten des Sozialen gesellschaftlich formatieren lassen: entweder als Kulturqualität, der Wert zugeschrieben wird, oder als funktionale, standardisierte und generalisierte Einheiten des Sozialen, die von instrumentellem Nutzen sind. Kultureinheiten wird ein Selbstzweck zugeschrieben, sie gelten als Träger eines intrinsischen Wertes, eines *Eigenwertes.* Im Gegensatz dazu erscheinen die funktionalen Einheiten – die funktiona-

94 Ein solcher klassisch-normativer Kulturbegriff findet sich etwa bei Matthew Arnold und Georg Simmel: Matthew Arnold, *Culture and Anarchy*, Cambridge 1946; Georg Simmel, »Der Begriff und die Tragödie der Kultur« [1911/1912], in: ders., *Aufsätze und Abhandlungen 1909-1918*, Frankfurt/M. 2001, S. 194-223; vgl. zu diesem Thema auch Clemens Albrecht, »Die Substantialität bürgerlicher Kultur«, in: Heinz Bude u. a. (Hg.), *Bürgerlichkeit ohne Bürgertum?*, München 2010, S. 131-144.

len Objekte, Subjekte, Räumlichkeiten, Zeitlichkeiten und Kollektive – als Mittel zum Zweck; und sie haben insofern eine extrinsische oder instrumentelle Struktur. Es ist nun eine offene Frage der gesellschaftlichen Dynamik, welche konkreten Einheiten valorisiert werden und welche nicht. Ein Gemälde kann genauso zu einer Kultureinheit werden wie ein Baseballspiel oder ein Urinal (wie bei Duchamp), ein sehenswerter Ort ebenso wie eine religiöse Reliquie, eine Subkultur ebenso wie eine Nation. Im Rahmen der sozialen Logik der Singularitäten wird nun qualifiziert, was als *besonders* und *damit* als »kulturell wertvoll« zählt. Es gibt also entsprechend auch ein gesellschaftliches Außen der Kultur – in Gestalt all jener Einheiten des Sozialen, die als wertlos gelten.

Aus dem bisher Gesagten ergibt sich, dass nicht nur der Begriff der Kultur renoviert werden muss; auch der Begriff des Wertes ist, wenn er für die zeitgenössische Soziologie und Kulturtheorie interessant sein soll, zu entstauben. Unter Werten soll nicht neukantianisch ein Wertesystem verstanden werden, das der Praxis vorausgeht und sie motivational anleitet. Es geht nicht darum, dass einzelne Menschen oder eine Gesellschaft bestimmte Werte *haben*. Der Wertbegriff muss vielmehr praxeologisiert werden, so dass die Praktiken der *Valorisierung* einzelner Objekte sichtbar werden.[95] Werte müssen als Teil von gesellschaftlichen Zirkulationsdynamiken interpretiert werden. Diese sind ergebnisoffen und häufig konflikthaft – hier finden Kulturkämpfe statt, die im Kern Valorisierungskonflikte sind. In Prozessen der Valorisierung werden Einheiten des Sozialen singularisiert und entsingularisiert, ihnen werden Eigenkomplexitäten zugeschrieben und abgesprochen. Hier werden Elemente von Idiosynkrasien oder dem Allgemein-Besonderen in Singularitäten verwandelt, sie können ihren Wert des Singulären aber auch wieder verlieren.

Versteht man die Praxis der Kultur grosso modo als eine Praxis der Va-

95 Zu einem praxeologischen Wertverständnis vgl. John Dewey, *Theory of Valuation* (1939), Chicago 1972 sowie in den aktuellen *valuation studies* Fabian Muniesa, »A Flank Movement in the Understanding of Valuation«, in: Lisa Adkins, Celia Lury (Hg.), *Measure and Value*, Malden 2012, S. 24-38, sowie Michel Callon, Cécile Meadel, Volonona Rabeharisoa, »L'économie de qualités«, in: *Politix* 13/52 (2000), S. 211-239; in der Kulturanthropologie, vgl. Thompson, *Rubbish Theory*. Interessant in diesem Zusammenhang auch Isabelle Graw, »Der Wert der Ware Kunst. Zwölf Thesen zu menschlicher Arbeit, mimetischem Begehren und Lebendigkeit«, in: *Texte zur Kunst* 88 (2012), S. 31-60; Groys, *Über das Neue*, und Karpik, *Valuing the Unique*.

lorisierung und Entvalorisierung, wird auch deutlich, inwiefern man die konservativen Konnotationen, die der alte Kulturbegriff hatte, abstreifen und werttheoretisch eine heuristisch fruchtbare Perspektive auf die Mechanismen von Macht und Herrschaft entwickeln kann, die der Kultur inhärent sind: In gesellschaftlichen Valorisierungsprozessen wird Wert zugeschrieben und Wert *abgesprochen*. In diesen Prozessen der *Entvalorisierung* beziehungsweise *Entwertung*, die zugleich solche der Entsingularisierung sind, wird deutlich, dass in der Sphäre der Kultur mehr oder minder subtile Ausschlussmechanismen am Werk sind.[96] Während hier bestimmte Einheiten des Sozialen als wertvolle Besonderheiten anerkannt werden, werden dort gar keine solchen gesehen, bleiben sie unsichtbar, werden sie als Allgemein-Besonderes abgetan oder negativ singularisiert. Plakativ gesagt: In der Sphäre der Kultur zirkulieren nicht nur Kunstwerke, attraktive Städte und bewundernswerte Individuen – sie bringt auch Müll, *Fly over country* und White Trash hervor. Die Entvalorisierung ist eine Entwertung, die nicht nur Dinge/Objekte, Orte und Ereignisse, sondern auch Subjekte und Kollektive betrifft. Es ist nicht verwunderlich, dass diese Zyklen der Valorisierung und Entwertung unter modernen Bedingungen keinen monolithischen Block bilden, sondern immer wieder Gegenvalorisierungen und Neujustierungen der Valorisierungskriterien mit sich bringen.

Entsprechend fabriziert die Kultursphäre nicht nur (positive) Singularitäten qua Valorisierung, sondern unter bestimmten Umständen auch *negative Singularitäten*. Natürlich: Die meisten Einheiten des Sozialen, denen die Singularisierung nicht gelingt – den Dingen, die nicht einzigartig erscheinen, oder den Menschen, denen Originalität fehlt, zum Beispiel –, bleiben in der Kultursphäre unsichtbar. Hier herrscht nicht Negativität, sondern *Indifferenz*.[97] Und in der Tat war ja Negativität gerade für die Logik des Allgemeinen und die normative Rationalisierung kennzeichnend: Dort grenzte man sich von dem ab, was vom allgemeinen Muster abwich, vom Besonderen als das (wiederum typisierte) Anormale. Jedoch kann in der Sphäre der Kultur unter Umständen über die In-

96 Diese Herrschaftseffekte von Valorisierung und Entvalorisierung arbeitet Beverly Skeggs mit Blick auf soziale Klassen sehr deutlich heraus, vgl. Beverley Skeggs, *Class, Self, Culture*. London, New York 2004.

97 Man muss hier an die Fragen der Aufmerksamkeitsökonomie anschließen, siehe unten, Kap. II.2. Indifferenz heißt Nichtaufmerksamkeit.

differenz hinaus eine starke Entwertung stattfinden, so dass etwas als wertlos, ja als eine Art »Unwert« gilt, das heißt als problematisch, bedrohlich oder minderwertig. Entscheidend ist, dass hier das Andere, von dem man sich abgrenzt, tatsächlich als Singularität, das heißt als Eigenkomplexität erscheint, aber mit dezidierter negativer Valenz ausgestattet wird.

Negativen Singularitäten wird, wenn sie auftauchen, ein erhebliches kulturelles, vor allem narratives und ästhetisches Interesse entgegengebracht. Subjekte als negative Singularitäten sind zum Beispiel jene Serienmörder, Amokläufer und Terroristen, die das kulturelle Imaginäre der Moderne stark beschäftigt haben. Etwas weniger drastisch ziehen singuläre Troublemaker, etwa aus dem politischen Feld, Aufmerksamkeit und negative Anerkennung auf sich. Andere Subjekte können zu stigmatisierten Singularitäten werden, die mehr sind als bloße Typen des Anormalen.[98] Es ist auch möglich, dass Orte, Ereignisse und Dinge negativ singularisiert werden: bestimmte No-go-Areas in den Metropolen oder ländliche Problemregionen (z. B. West Virginia als Hochburg der Hillybilly-Kultur) in ihrer bedrohlichen Faszination, abstoßende und ekelerregende Objekte, gewalttätige Rituale oder historische Gewaltereignisse in ihrer Einmaligkeit (etwa der Holocaust). Schließlich können sich Kollektive wechselseitig als negative Singularitäten wahrnehmen (fundamentalistische Gemeinschaften versus liberale Großstadtkultur). Die Entvalorisierung in Form der Entwertung erreicht häufig eine komplizierte Dynamik. Das Andere, die negative Singularität, wird hier – mit Julia Kristeva gesprochen – zu einem »Abjekt«, einer abjektiven Singularität als Gegenstand der Verwerfung.[99] Die negativen Singularitäten sind eng mit intensiven negativen Affekten verbunden, häufiger aber noch mit ambivalenten, etwa dem faszinierten Horror.

Damit sind wir bei einem weiteren Element angelangt, das neben dem Wertbegriff aus der Erbmasse des tradierten Kulturbegriffs zu bergen ist, um eine zeitgemäße Konzeption von Kultur und Kulturalisierung zu entwickeln: dem Affektcharakter der Kultur. In einer klassischen Fassung, wie man sie aus der Gegenüberstellung von Kultur und Zivilisation oder

98 Vgl. dazu etwa David Schmid, *Natural Born Celebrities. Serial Killers in American Culture*, Chicago 2005; Zu den Troublemakern nun auch Dieter Thomä, *Puer robustus. Eine Philosophie des Störenfrieds*, Berlin 2016; zum Stigma Erwin Goffman, *Stigma. Über Techniken der Bewältigung beschädigter Identität*, Frankfurt/M. 1976.

99 Vgl. Julia Kristeva, *Powers of Horror. An Essay on Abjection*, New York 1982.

Gesellschaft kennt,[100] ist Kultur mit einer Gegenkraft zur formalen Rationalität, mit einer nicht- oder gar irrationalen Macht identifiziert worden, die starke Affekte erzeugt, die sich nicht durch die vernünftigen und moderierenden Regeln der Zivilisation zähmen lassen. Nun ist die Opposition von Kultur und Zivilisation zweifellos überholt, aber die Assoziation der Kultur mit dem Nichtrationalen, dem Emotionalen und seinen unberechenbaren Potenzialen kann analytisch genutzt werden. Wie gesagt: Die kulturell besetzten Objekte, Subjekte, Orte, Ereignisse und Kollektive wirken durchgehend affizierend, von ihnen geht eine erhebliche affektive Intensität aus.[101] Auch hier können wir an die Analyse der sozialen Logik der Singularitäten anknüpfen: es sind die singularisierten Objekte, Subjekte etc., denen das zentrale Merkmal der Affizierungsfähigkeit zukommt, wohingegen die Einheiten im Reich der Logik des Allgemeinen bekanntlich wenig oder gar nicht affizierend wirken und annähernd affektneutral gehandhabt werden.

Ich fasse zusammen: In der Sphäre der Kultur im starken Sinne werden Singularitäten mit Wert ausgestattet und haben Affektqualitäten. Man ist von ihnen ergriffen oder berührt, fasziniert oder auf anziehende Weise abgestoßen, man empfindet Horror oder Geborgenheit. Positive Singularitäten affizieren intensiv positiv, negative Singularitäten intensiv negativ. Diese Affizierungsprozesse sind jedoch nichts Irrationales. Ihnen kommt eine eigene, soziologisch nachvollziehbare Logik zu. Die Valorisierung von Objekten, Subjekten, Orten, Ereignissen und Kollektiven als einzigartig und die Affizierbarkeit durch sie sind untrennbar miteinander verbunden. Sie sind beide strukturbildende Bestandteile der Zirkulationssphäre der Kultur und ihrer sozialen Logik der Singularitäten: Was wertvoll und besonders erscheint, wirkt affizierend, *weil* es wertvoll und besonders ist. Und was erheblich affiziert, scheint wertvoll und besonders, *weil* es so stark affiziert.

100 Vgl. dazu etwa Alfred Weber, »Prinzipielles zur Kultursoziologie. Gesellschaftsprozeß, Zivilisationsprozeß und Kulturbewegung«, in: *Archiv für Sozialwissenschaft und Sozialpolitik* 47/1 (1920/21), S. 1-49. Kultur wurde hier und bei anderen (etwa bei Simmel) gerne mit dem Lebendigen oder auch dem Seelischen assoziiert.

101 Natürlich kann man diese Affektivität theoretisch sehr unterschiedlich fassen, etwa psychoanalytisch oder vitalistisch. Vgl. einflussreich etwa Massumi, *Parables.*

Kulturalisierung versus Rationalisierung

Kultur im starken Sinne hat in ihrer Valorisierungs- und Affizierungsstruktur immer die Form eines Nichtrationalen beziehungsweise eines Mehr-als-Rationalen jenseits der produktiven oder intersubjektiven Nützlichkeit. Ein solches Kulturverständnis wurde in der Geschichte der Kulturtheorien im Kontext des Collège de Sociologie unter anderem von Autoren wie Georges Bataille und Roger Caillois angedeutet.[102] Kultur erscheint aus einer solchen Perspektive nicht als die Gesamtheit der menschlichen Lebensformen oder als die Welt der Bedeutungen, sondern als Gegenspieler zum Rationalismus, und zwar von den archaischen Gesellschaften bis zur Gesellschaft der Gegenwart. Der Rationalismus ist immer auf Produktion und Akkumulation, auf eine Bewahrung und Reinvestition gesellschaftlicher Energien ausgerichtet, auf Effizienz und Regulierung. Die Kultur hingegen ist gewissermaßen unproduktiv. Ihre Praktiken sind *bedingungslos*, das heißt ohne Zweck oder Funktion, sie haben einen Wert, sind stark affektiv besetzte Praktiken der *Verausgabung*. Während der Rationalismus auf Arbeit und Naturbeherrschung basiert, gründet die Kultur in Souveränität, in einer Überschreitung der instrumentellen Praxis durch Distanzierung von den Notwendigkeiten. Im Unterschied zum abgeklärten, *kalten* Komplex der formalen Rationalisierung ist die Kultursphäre *heiß*.

Die Idee einer konträren Logik von Rationalität und Kultur als eine Grundstruktur aller Gesellschaften ist instruktiv. Wirklich zu erhellen vermag dieses Spannungsverhältnis jedoch erst die Einsicht in die Existenz der gegensätzlichen sozialen Logiken des Singulären und des Allgemeinen. Nun lassen sich Rationalisierung und Kulturalisierung systematisch und idealtypisch als zwei gesellschaftliche Strukturierungsprinzipien gegenüberstellen, die das Soziale in zwei verschiedene Richtungen formatieren. Wir hatten gesehen, dass die formale Rationalisierung die Einheiten des Sozialen nach Vorgaben einer sozialen Logik des Allgemeinen standardisiert, generalisiert und formalisiert. Die Kulturalisierung des

102 Vgl. Georges Bataille, *Die Aufhebung der Ökonomie*, München 1975; Roger Caillois, *Die Spiele und die Menschen. Maske und Rausch*, Stuttgart 1960; vgl. dazu auch Stephan Moebius, *Die Zauberlehrlinge. Soziologiegeschichte des Collège de Sociologie (1937-1939)*, Konstanz 2006. Der Gegensatz zwischen Rationalisierung und Kulturalisierung ist auch für Friedrich Nietzsche prägend, so wie er von Safranski interpretiert wird, vgl. Rüdiger Safranski, *Nietzsche. Biographie seines Denkens*, München 2000.

Sozialen ist nun aber gerade der gesellschaftliche Prozess, in dem Objekte, Subjekte, Räumlichkeien, Zeitlichkeiten und Kollektive im beschriebenen Sinne singularisiert werden. Kulturali*sierung* des Sozialen heißt: Es werden immer mehr solcher singularisierter, das heißt valorisierter und affizierend wirkender Objekte, Subjekte, Orte, Ereignisse und Kollektive fabriziert, und die zum Einsatz kommenden Praktiken ihrer Beobachtung, Bewertung, Hervorbringung und Aneignung werden immer mehr und großflächiger. Dieser quantitative Schub wirkt sich qualitativ strukturbildend auf die Gesellschaft aus.

Kulturalisierung lässt sich somit auf die Makroebene der Gesellschaften beziehen, dies setzt jedoch ihre Wirksamkeit auf der Mikroebene der einzelnen Einheit des Sozialen voraus. Ein Nahrungsmittel oder eine Mahlzeit beispielsweise kann zum Gegenstand der Kulturalisierung werden, indem es über seinen Nutzen hinaus als Träger von Wert valorisiert wird (»gesund«, »originell«, »heilig« etc.) und affizierend wirkt (»erhebend«, »geschmackvoll«, »außergewöhnlich«). Die Kulturalisierung ist zugleich eine Singularisierung und vice versa: Die Mahlzeit wird aus dem allgemeinen Katalog der Ernährungsweisen herausgehoben, sie entwickelt eine Eigenkomplexität und innere Dichte (über entsprechende Zubereitung und räumliche Atmosphäre, über eine hermeneutisch-religiöse Einbettung etc.). Das Nahrungsmittel, das sich zuvor im Bereich lebensweltlicher Typisierung oder der Rationalisierung des Essens bewegte, wechselt somit in die Logik der Singularitäten über und tritt in die Kultursphäre mit ihren Valorisierungs- und Affizierungsdynamiken ein.

Indem dergestalt Affekteinheiten mit Wert fabriziert werden, findet im Prozess der Kulturalisierung ein *doing culture* statt.[103] Im Prozess der Rationalisierung geht es immer darum, Komplexität zu *reduzieren*, also die Einheiten des Sozialen auf einige wenige Parameter engzuführen und damit berechenbar und kooperationsfähig zu machen. Komplexität gilt im Grunde als Störfall. Die Kulturalisierung hingegen gestattet es ausgewählten Objekten, Subjekten, Orten, Ereignissen und Kollektiven, Eigenkomplexität und innere Dichte zu *entfalten*, wodurch sie singularisiert werden. Eigenkomplexität und innere Dichte machen hier gerade den Reiz der Sache aus; sie sind das, worum es geht.

Warum gibt es nicht nur Prozesse der formalen Rationalisierung der

103 Vgl. zu diesem Begriff in anderer Bedeutung Karl H. Hörning, *Doing Culture. Neue Positionen zum Verhältnis von Kultur und sozialer Praxis*, Bielefeld 2004.

Gesellschaft, sondern auch solche der Kulturalisierung? Ich hatte oben festgestellt, dass die Rationalisierung sozialer Praxis als eine Antwort auf ein Knappheits- und ein Ordnungsproblem der Gesellschaften interpretiert werden kann. Rationalisierung verspricht in diesen Hinsichten Effizienz und Stabilität. Die Kulturalisierung des Sozialen lässt sich hingegen als Antwort auf ein gesellschaftliches *Sinn- und Motivationsproblem* deuten. Hier geht es um das Wozu der Lebensformen. Kulturpraktiken – von der Mythenerzählung und kollektiven Ritualen bis hin zu Fernreisen und Computerspielen – sind Antworten auf die Frage, wozu das – gemeinsame oder individuelle – Leben gelebt werden soll, wenn Mangel und Unordnung gebannt sind. Während die Rationalisierung auf das *Wie* antwortet, antwortet die Kulturalisierung auf das *Warum*. Kulturpraxis und Kultursphäre ermöglichen damit grundsätzlich eine Distanz zu den Notwendigkeiten der Lebenswelt und der formalen Rationalisierung, und zwar dadurch, dass Komplexität nicht entlang von formalen Parametern reduziert wird, sondern man es ihnen gestattet, sich zu entfalten. Ihre Besonderheit verspricht Wert und Affizierung.

Die Kultur- und Gesellschaftstheorie hat die Existenz eines solchen Sinn- und Motivationsproblems durchaus erkannt und sich mit Blick auf archaische und traditionale Gesellschaften ausgiebig mit deren Magien, Mythen und Religionen, deren Bildern, Riten, Spielen und Festen beschäftigt. In der herrschenden Interpretation der Moderne als Prozess formaler Rationalisierung wurde jedoch suggeriert, die Kulturalisierung gehöre gewissermaßen zu den traditionalen Gesellschaften so wie die Rationalisierung zur Moderne. So musste es den Anschein haben, dass die »irrationale« Kulturalisierung der Alten durch die kulturneutrale Rationalisierung der Moderne abgelöst worden sei.[104] Vereinfacht gesagt: Bei den Alten mochte es um Sinn gehen, bei den Modernen geht es allein um Effizienz. Diese Lesart liefert jedoch ein eindimensionales Bild. Abgesehen davon, dass auch vormoderne Gesellschaften ihre Rationalisierungsformate ausgebildet haben und viel rationaler sind, als die Modernen glauben machen wollen, entwickeln auch moderne Gesellschaften ihre Kulturalisierungsformen, ihre eigene soziale Logik der Singularitäten. Hellsichtige Vertreter des Rationalisierungsnarrativs, zu denen Max

104 So gibt es in Niklas Luhmanns Theorie der funktionalen Differenzierung in der Moderne keinen systematischen Ort mehr für die Kultur (der Talcott Parsons immerhin noch eine eigene Dimension zugestand).

Weber selbst zählte, haben in der vermeintlichen modernen Ablösung der Kultur durch die Rationalität in der Moderne zumindest ein gesellschaftliches Problem identifiziert, das entsprechend unter dem Etikett der *Entzauberung* und eines Sinnverlustes zum häufigen Gegenstand diverser Spielarten der Kulturkritik wurde.[105] Tatsächlich *ist* die Kultur mit ihrer Valorisierung und Affizierung, ihrer Prämierung des Einzigartigen aber gar nicht aus der Moderne verschwunden – und erst recht nicht aus der Spätmoderne, wo sie einen historisch einmaligen Aufschwung und Strukturwandel erlebt. Das Sinn- und Motivationsproblem, auf das die Kulturalisierung antwortet, ist generell so präsent wie das Effizienz- und Ordnungsproblem – und sobald die Effizienz- und Ordnungsprobleme weniger dringlich geworden sind, tritt es sogar in den Vordergrund. Die eigentlich interessante Frage lautet dann nicht, ob Kulturalisierungsprozesse lediglich eine Art Überbau- oder Luxusproblem darstellen, sondern welche Form die Kultursphäre annimmt und welche exakte Relation sich zwischen Kulturalisierung und Rationalisierung in den einzelnen Gesellschaftsformen ausbildet.

Qualitäten der Kulturpraxis: Zwischen Sinn und Sinnlichkeit

In welchen Hinsichten können die Einheiten des Sozialen nun eine kulturelle Qualität erlangen? Zur Beantwortung dieser Frage bietet sich erneut ein Rückgriff auf die Kulturtheorie mit ihrer Sensibilität für die kulturellen Einheiten der Singularitäten an, die ich mir für die soziologische Analyse der gesellschaftlichen Kulturalisierungsprozesse zunutze machen will. Es lassen sich fünf Hinsichten, fünf *Qualitäten* unterscheiden, bezogen auf die sich Objekte, Subjekte, Orte, Ereignisse und Kollektive als wertvoll und affizierend *qualifizieren* können. Es sind dies die ästhetische, die narrativ-hermeneutische, die ethische, die gestalterische und die ludische Qualität. Dies gilt für alle Einheiten der Singularisierung: Objekte beispielsweise können eine ästhetische Qualität entfalten, ihnen kann eine ethische Qualität zugeschrieben werden, sie können primär solche mit narrativem und hermeneutischem Gehalt sein oder Gestaltungsobjekte oder Gegenstände des Spiels. Sie können überwiegend eine

105 Vgl. dazu Helmut Brackert, Fritz Wefelmeyer (Hg.), *Kultur. Bestimmungen im 20. Jahrhundert*, Frankfurt/M. 1990.

dieser Qualitäten enthalten oder mehrere von ihnen miteinander kombinieren. Das Gleiche gilt für singularisierte Orte und Ereignisse, für Subjekte und Kollektive. Die genannten Qualitäten werden ihnen in Praktiken der Valorisierung zu- oder abgesprochen und sie manifestieren sich in ihrer Affizierung. In die Reihung der fünf Qualitäten lässt sich eine gewisse Struktur bringen, wenn wir davon ausgehen, dass wir es in der Kulturpraxis stets mit zwei Dimensionen zu tun haben: mit *Sinn* und mit *Sinnlichkeit.* Einerseits haben die Einheiten der Kultur einen Sinn- oder Bedeutungsaspekt, sie beschreiben, erzählen, erklären und rechtfertigen. Andererseits enthalten sie eine eigentümliche Dimension der Sinnlichkeit insofern, als sie die sinnliche Wahrnehmung auf eine besondere Weise ansprechen. Viele Kulturtheorien haben entweder die eine oder die andere Qualität der Kultur in den Vordergrund gestellt, sie damit entweder hermeneutisiert oder ästhetisiert verstanden. Es gilt jedoch, beide zusammenzudenken.

Die Bedeutungsqualität der Kultur ist häufig mit der des Mythos, des religiösen Glaubens oder des Weltbildes assoziiert worden. Grundsätzlicher geht es um die *narrativ-hermeneutische Qualität,* die Objekte, Orte, Ereignisse, Subjekte oder Kollektive erlangen können. Der sinnliche Aspekt der Kultur wiederum lässt sich – abstrahiert von der Kunst – als *ästhetische Qualität* umschreiben. In ihrer narrativ-hermeneutischen Qualität bieten die Einheiten der Kultur Erzählungen über die Welt der Natur und des Sozialen, über Vergangenheit und Zukunft, Menschen, Dinge und Götter; hier geht es um ein Verstehen der Zusammenhänge der Welt und des Ortes des Subjekts in diesem Weltzusammenhang.[106] In ihrer ästhetischen Qualität bieten sich die Einheiten als Gegenstände einer intensivierten sinnlichen Wahrnehmung dar. Das Ästhetische kann mit dem Imaginären verknüpft sein, das heißt mit dem Vermögen, sich alternative Welten und Bezüge über das sinnlich Wahrnehmbare hinaus vorzustellen.[107] Wenn sich Singularitäten performativ darbieten, dann grosso modo in diesen beiden Weisen. Die singularisierten Objekte, Orte,

106 Vgl. dazu Albrecht Koschorke, *Wahrheit und Erfindung. Grundzüge einer Allgemeinen Erzähltheorie*, Frankfurt/M. 2012; Vera Nünning, Ansgar Nünning (Hg.), *Erzähltheorie transgenerisch, intermedial, interdisziplinär*, Trier 2002.

107 Vgl. dazu Andreas Reckwitz, Sophia Prinz, Hilmar Schäfer (Hg.), *Ästhetik und Gesellschaft*, Berlin 2015, darin: Reckwitz, »Ästhetik und Gesellschaft – ein analytischer Bezugsrahmen«, S. 13-52; Karlheinz Barck (Hg.), *Aisthesis. Wahrnehmung heute oder Perspektiven einer neuen Ästhetik. Essais*, Leipzig 1998.

Ereignisse, Kollektive und Subjekte, für die ich oben konkrete Beispiele gegeben habe und die uns im Laufe dieses Buches beschäftigen werden, sind immer in variabler Weise ästhetisiert und/oder hermeneutisiert. Das gilt für Reiseziele und Religionsgemeinschaften ebenso wie für Nahrungsmittel und Internet-Profile, Körper und Events, Städte, Nationen und Medienerzeugnisse. Die Eigenkomplexität samt innerer Dichte, die hier jeweils entfaltet wird, kann stärker ästhetisch oder stärker narrativ-hermeneutisch strukturiert sein, oder beides kann in gleichem Umfang prägend sein.

Sowohl in ihrer narrativ-hermeneutischen als auch der ästhetisch-imaginären Qualität formt die Praxis der Kultursphäre die Strukturen lebensweltlicher und insbesondere zweckrationaler Praktiken grundlegend um. Dies betrifft gleichermaßen den Stellenwert von Repräsentationen über die Welt und den von sinnlichen Wahrnehmungen. In der pragmatischen Lebenswelt des Alltags, erst recht jedoch nach der formalen Rationalisierung der Praxis haben sowohl Repräsentationen als auch Wahrnehmungen den (instrumentellen) Charakter von *Informationen*, die behaupten, Realität abzubilden. Im Zuge der Rationalisierung erhalten Repräsentationen und Wahrnehmungen gewissermaßen eine *kognitive* Struktur und dienen der von Sparsamkeitsmaximen geleiteten Erfassung der Wirklichkeit mit dem Ziel, die Natur- oder Sozialwelt dadurch möglichst effizient und geordnet zu handhaben. In der Praxis der Kultur werden jedoch keine solchen Informationen geliefert, sondern komplexe Interpretationszusammenhänge fabriziert, das heißt *Geschichten*, in denen es um Welt (individuelle Biografien, politische Geschichte, kosmologische Strukturen etc.) in ihrer ganzen Vielschichtigkeit geht. Träger solcher Geschichten können Orte sein, aber auch Ereignisse, Gemeinschaften und Objekte, vom Kunstwerk bis zum Konsumobjekt. Analoges gilt für die sinnlichen Wahrnehmungen: Im Rahmen der Kulturpraxis geht es nicht um neutrale Perzeptionen mit Informationscharakter, sondern um ein intensives Wahrnehmen in sämtlichen sinnlichen Dimensionen um seiner selbst willen. Gegenstände solcher ästhetischen Wahrnehmungen können wiederum alle Einheiten des Sozialen sein. Generell gilt: Informationen beanspruchen Nutzen und Funktion, Narrationen und ästhetische Wahrnehmungen beanspruchen Wert. Informationen sind emotionsarm und sachlich, Narrationen und ästhetische Wahrnehmungen mobilisieren die Affekte.

Neben den beiden Grundqualitäten – narrativ-hermeneutisch und ästhetisch – gibt es noch drei weitere Kulturqualitäten, die zwar mit ihnen verbunden sind, aber dennoch einen eigenständigen Charakter haben: die des Ethischen, des Gestaltenden und des Ludischen.[108] Alle drei können wiederum allen Einheiten zukommen, also Objekten, Subjekten, Orten, Ereignissen und Kollektiven. Dass diese eine *ethische* Qualität erhalten können, mag zunächst überraschen. Ist das Ethische nicht eine Dimension der normativen Rationalisierung? Die Antwort lautet nein und hat mit der Unterscheidung zwischen Moral und Ethik zu tun. Es verhält sich nämlich kurz gesagt so, dass das Register der Moral zur Logik der (normativen) Rationalität gehört, das Register des Ethischen hingegen zur Logik der Kultur.[109] Die Moral partizipiert insofern an der sozialen Logik des Allgemeinen, als ihre Prinzipien und Imperative allgemeingültigen, möglichst universalen Charakter haben und (somit) zur Grundlage eines normativen Systems werden können. Sie ist strikt anti-affektiv und verlangt, dass ihren Prinzipien ohne Wenn und Aber Folge geleistet wird, notfalls widerstrebend und möglichst ohne Gefühlsregung. Das Ethische hingegen partizipiert an der sozialen Logik des Besonderen und ist bezogen auf Lebensformen als Geflechte von Praktiken, die von den Teilnehmern als Ausdruck des intrinsisch Guten begriffen werden. Das Ethische wendet sich nicht an alle, sondern kommt als Dimension der Singularisierung in Form von Individualethiken und partikularen Gruppenethiken vor. Es kann im Extrem das Gute sakralisieren und ist – in Gegensatz zum Moralischen – in der Regel mit einer narrativen und einer ästhetischen Qualität verwoben. In diesem Sinne können nicht nur Subjekte und Kollektive ethische Qualität erlangen, sondern auch Objekte, Ereignisse oder Orte können ethisch aufgeladen und zu Trägern des Guten werden.

Schauen wir als Nächstes auf die Qualität der *Gestaltung*. Wir hatten oben festgestellt, dass das Hervorbringen und Herstellen ein unverzichtbares Bündel von Praktiken innerhalb der Logik der Singularitäten darstellt. Dieses stellt jedoch nicht nur Einzigartigkeiten her, sondern kann seinerseits bereits als singulär erscheinen, das heißt als mit entsprechen-

108 Das Ethische ist im Zusammenhang mit dem Narrativen zu sehen, das Ludische im Zusammenhang mit dem Ästhetischen und der Aspekt der Gestaltung schließt an beide an.

109 Siehe dazu Wilhelm Schmid, *Philosophie der Lebenskunst. Eine Grundlegung*, Frankfurt/M. 2003, S. 60ff.; Charles Taylor, *Quellen des Selbst. Die Entstehung der neuzeitlichen Identität*, Frankfurt/M. 1994, S. 15-206.

dem Eigenwert versehen und die Teilnehmer affizieren: den Eigenwert erhält hier die *kreative* Praxis als solche.[110] Hat sie in diesem Sinne eine intrinsische Struktur, handelt es sich nicht um eine bloße »Produktion«, sondern um eine Praxis der Gestaltung, in der Elemente auf eine Weise arrangiert werden, dass neuartige oder kunstvoll perfektionierte Formen entstehen. Der zeitgenössische Begriff »Design« trifft zumindest einen Aspekt dieses Gestaltens, das beides heißt: Hantieren mit Materialitäten, also mit Stoffen und Medien diverser Art, und Hantieren mit Idealitäten, etwa Symbolen oder Narrativen. Eine solche Praxis kann unter Umständen als *expressive* interpretiert werden, als Ausdruck des Subjekts (oder auch eines Kollektivs) in einem Gegenstand, sie kann aber auch als einmaliger schöpferisch-kreativer Akt dramatisiert werden oder den Charakter alltäglicher subtiler Neuverfertigung haben.[111]

Schließlich noch die Qualität des Ludischen – des Spiels und des Spielerischen. Im Medium des Spiels werden außeralltägliche Welten realisiert, die ihren eigenen, selbstgesetzten Regeln folgen und Möglichkeitsspielräume eröffnen. Das Spektrum der ludischen Praxis reicht von streng geregelten Ritualen und Wettspielen bis hin zum offen Spielerischen und rein Explorativen. Jede Einheit der Kultur schafft eine eigene Welt, aber bei solchen mit ausgeprägter ludischer Qualität handelt es sich um eine, in welche die Mitspielerin aktiv eintreten kann, in der sie im Geschehen von Moment zu Moment *engagiert* ist. Das Spiel enthält eine offene Handlungs- und Experimentlogik, die eine eigentümliche Spannung hervorruft. Es ist entlastet von der Pragmatik der Lebenswelt des Alltags sowie der rationalisierten Prozesse. Kurzum: Das Spiel ist die Praxis *par excellence*, in der die Kultur ihren scheinbar nutzlosen Überschuss gegenüber der rationalen Welt demonstriert.[112] Es reicht vom einzelnen Spiel-Objekt bis zum Spiel-Ereignis und dem ludischen Kollektiv.

Narrative, ästhetische, ethische, gestalterische und ludische Qualitä-

110 Dies muss nicht zwangsläufig der Fall sein. Die Praktiken der Produktion von Singularitäten können auch so betrieben werden, dass ihnen als Produktionspraktiken selbst kein eigener Wert zugesprochen wird.

111 »Gestaltung« ist kein weitverbreiteter Begriff in den Sozial- und Kulturwissenschaften. Vgl. aber Claudia Mareis, *Theorien des Designs zur Einführung*, Hamburg 2014.

112 Vgl. Alfred Schäfer/Christiane Thompson (Hg.), *Spiel*, Paderborn 2014. Zur allgemeinen kulturtheoretischen Bedeutung von Spielen siehe auch Michael Hutter, *Ernste Spiele. Geschichten vom Aufstieg des ästhetischen Kapitalismus*, Paderborn 2015.

ten sind den Objekten, Subjekten, Orten, Zeiten und Kollektiven nicht inhärent, sie werden erst zu solchen innerhalb der sozialen Logik der Singularitäten mit ihren Valorisierungen und Entvalorisierungen. Einzelne Einheiten werden mit diesen Qualitäten *aufgeladen* – oder nicht. Die Kulturalisierung des Sozialen auf der Makroebene enthält damit die spezifischeren Prozesse der Narrativisierung, der Ästhetisierung, der Ethisierung, der Kreativisierung und der Ludifizierung des Sozialen.[113]

4. Die Transformation der Kultursphäre

Die Gesellschaftsentwicklung ist häufig als unilinearer Prozess der formalen Rationalisierung beschrieben worden. Demzufolge schreitet sie in Richtung einer immer umfassenderen Logik des Allgemeinen in Form von Technisierung, Verwissenschaftlichung und Universalisierung fort, wohingegen Singularitäten, Valorisierungen und Affekte das sind, was die Menschheit hinter sich lässt. Was aber bedeutet es, wenn wir die Blickrichtung ändern und die Transformation der Gesellschaft als eine Entfaltung von Singularisierungs- und Kulturalisierungsprozessen betrachten? Wie haben sich die soziale Logik der Singularität und ihre Kultursphäre von den vormodernen Gesellschaften bis zur Spätmoderne transformiert?

Die Gesellschaftstheorie, so meine Annahme, muss von einer *Doppelstruktur der Vergesellschaftung* ausgehen. Vergesellschaftung heißt formale Rationalisierung *und* Kulturalisierung. Das bedeutet, dass Rationalisierungsprozesse nicht isoliert, das heißt ohne die sie stets begleitenden Kulturalisierungen betrachtet werden können. Und genauso wenig lässt sich die Kultursphäre künstlich von den Rationalisierungsprozessen trennen. Damit sind soziale Logiken des Allgemeinen und solche des Besonderen in ihrer Parallelität und Relation zueinander zu betrachten. Der Moderne kommt in dieser historischen Sequenz der Gesellschaften ein spezifischer Stellenwert zu, denn hier avancieren sowohl die Rationalisierung als auch die Kulturalisierung zu einem aktivistisch vorangetriebenen, strukturbildenden Projekt. Die Moderne *radikalisiert* beides, Rationalisierung und Kulturalisierung, und entfaltet seit ihrem Beginn Ende des 18. Jahrhunderts eine soziale Logik des Allgemeinen *und* eine soziale

113 Welche Dimensionen im Einzelfall stärker sind, ist eine empirische Frage.

Logik des Besonderen in historisch außerordentlicher Intensität, welche die Lebenswelt des Alltags umwälzt. Die Phasen der bürgerlichen Moderne, der organisierten Moderne und der Spätmoderne modellieren die Relation zwischen beiden jedoch in unterschiedlicher Weise: Die Kultur des Besonderen als sekundäre Tendenz der klassischen (bürgerlichen und organisierten) Moderne avanciert in der Spätmoderne zu einer primären Form sozialer Strukturierung.

Vormoderne Gesellschaften: Die Fixierung und Wiederholung des Singulären

Vormoderne Gesellschaften umfassen zum einen archaische, das heißt schriftlose Stammesgesellschaften, zum anderen traditionale, das heißt hochkulturelle Gesellschaften. In den archaischen Gesellschaften lässt sich das Verhältnis zwischen der Logik des Allgemeinen und des Besonderen als eines von *Typen* und *Idiosynkrasien* beschreiben, das von der ausgeprägten Differenz zwischen *Profanem und Sakralem* geprägt wird.[114] Die archaischen Gesellschaften, die sich im historischen Vergleich durch eine hohe Stabilität ihrer sozialen Strukturen auszeichnen, sind im Kern identisch mit einer Lebenswelt, die von Gewohnheiten und komplexen Typisierungen geprägt ist, welche die Grundlage für eine soziale Logik des Allgemeinen bilden. Teilweise werden die Praktiken bereits in diesen Gesellschaften im Sinne einer *techne* zweckrationalisiert. Die lebensweltlichen Typisierungen lassen aber Raum für Ähnlichkeiten und Unschärfen – und damit für Idiosynkrasien der Subjekte, Objekte und Kollektive. Es wäre wohl ein anachronistisches Missverständnis, diese vormodernen Idiosynkrasien als wertgeschätzte oder gar systematisch hervorgebrachte Singularitäten zu begreifen. Eher scheint es sich so zu verhalten, dass die archaischen Gesellschaften – wahrscheinlich mehr als jede andere Gesellschaftsform – einen Raum für sozial mit *Indifferenz* betrachtete Idiosynkrasien bieten.[115]

114 Gesellschaftstheoretische Interpretationen archaischer Gesellschaften sind kontrovers, vgl. als Antipoden Gilles Deleuze, Felix Guattari, *Tausend Plateaus*, die den Aspekt der Idiosynkrasien hervorheben, und Talcott Parsons, *Gesellschaften. Evolutionäre und kompetitive Perspektiven*, Frankfurt/M. 1986, S. 54-84, der hier primär Kollektivismus ausmacht.

115 Vgl. als Beispiel nur die Offenheit für Transgender-Personen im indigenen Nordame-

Zugleich jedoch bilden sich vor dem Hintergrund der *Profanität* dieser Lebenswelt des Alltags jene im starken Sinne kulturellen, *sakralen* Praktiken heraus, welche die Kulturanthropologen von Émile Durkheim bis Michel Leiris und Victor Turner derart fasziniert haben:[116] jene Rituale von hoher Affektivität und hohem Wert, in denen sich narrativ-mythische und ästhetisch-ludische Dimensionen überlagern. Im Kontext dieser kollektiven Rituale singularisieren die archaischen Gesellschaften insbesondere einzelne Artefakte und laden sie in extremer Weise hermeneutisch und ästhetisch auf (zum Beispiel im Totemismus). Hier erfahren auch Orte eine Auszeichnung als heilig, hier kristallisieren sich ausnahmsweise auch Subjekte als singulär erfahrene (etwa als Magier) heraus sowie Rituale als performative Praktiken. Die Kultursphäre, die sich in diesen ritualisierten Kulturpraktiken bildet, ist eine verhältnismäßig stabile und sozial inklusive Sphäre des Sakralen: das Sakrale wird sozial fixiert.

Die Transformation der archaischen in die im engeren Sinne traditionalen Gesellschaften setzt die neolithische Revolution voraus. Es entstehen Agrargesellschaften, die überlokal herrschende staatliche Zentralinstanzen mit ihren Rechtsordnungen bilden; allmählich kristallisiert sich jenseits der ländlichen Bevölkerung eine herrschende Adelsklasse heraus, die einen eigenen Lebensstil entfaltet; mythische und magische Weltbilder werden sukzessive durch strenger geregelte Religionen abgelöst, die von institutionalisierter Kirche und Klerus getragen werden und das Medium der Schrift voraussetzen. In den traditionalen Gesellschaften findet damit ein gewisser Prozess der formalen Rationalisierung statt. Zugleich sitzen diese insularen Rationalisierungen weiterhin auf einer großflächig intakten Traditionalität der Lebenswelt des Alltags auf.

Die Kulturalisierung dieser traditionalen Gesellschaften findet in einer *triadischen Kultursphäre* statt, die sich aus den Segmenten der Religion/Kirche, der höfischen Gesellschaft/Hochkultur und der Volkskultur zusammensetzt, wie man sie beispielhaft im europäischen Mittelalter findet. Im Zuge der Ausdifferenzierung von Kirche und höfischer Gesell-

rika: Sue-Ellen Jacobs u. a. (Hg.), *Two-Spirit People. Native American Gender Identity, Sexuality, and Spirituality*, Urbana 1997.

116 Vgl. Durkheim, *Die elementaren Formen des religiösen Lebens*; Michel Leiris, *Die eigene und die fremde Kultur. Ethnologische Schriften 1*, Frankfurt/M. 1985; Turner, *Das Ritual.* Zum Totemismus auch Claude Lévi-Strauss, *Das Ende des Totemismus*, Frankfurt/M. 1965.

schaft lässt sich eine institutionelle Scheidung zwischen der hermeneutisch-narrativen und der ästhetischen Dimension der Kultur beobachten. Während die religiösen Praktiken der Weltreligionen komplexe Ontologien und Kosmologien, Spiritualität und formalisierte kollektive Rituale entwickeln, institutionalisieren die Hofkulturen Praktiken, die ausgefeilte Zivilität mit exzessiver ästhetischer Opulenz vereinen. In beiden – religiöser und aristokratischer Kultur – steht die Kultur unter der Direktive des Staates; sie ist zentral und hierarchisch organisiert. Die Volkskultur bewahrt sich jedoch eine gewisse Unabhängigkeit gegenüber beiden; vor allem im städtischen Kontext existiert teilweise eine komplizierte Übereinanderschichtung von Besonderheiten auf der Ebene von Kollektiven (zum Beispiel Gilden und Zünften). Auch einzelne Orte und ländliche Gemeinschaften können in den traditionalen Gesellschaften eine Besonderheit entfalten, die sie – von außen betrachtet – deutlich unterscheidbar macht und den Eindruck einer kulturellen Heterogenität vermittelt.

Es hat immer wieder Versuche gegeben, den Kern der traditionalen Kultursphäre in jeweils einem der drei Segmente der Kultur auszumachen – in der Religion etwa bei Max Weber, in der höfischen Gesellschaft bei Norbert Elias oder in der Volkskultur bei Michail Bachtin –, tatsächlich scheint aber gerade die Koexistenz aller drei Segmente für die traditionale Kultursphäre charakteristisch zu sein.[117] Sie ist durch eine Kombination aus *Singularisierung* und *Wiederholung* gekennzeichnet. In dieser Gesellschaftsform wird deutlich, dass Singularität und Innovation/Kreativität nicht zusammenfallen müssen. Die traditionale Kultursphäre ist vielmehr an solchen kulturellen Elementen orientiert, die *nicht* einem Regime des Neuen unterworfen, sondern als wertvoll anerkannter Gegenstand der Wiederholung sind. Dies gilt etwa für die kanonischen Texte und Riten der Religionen, für die klassizistische Kunst und Architektur, für den kodifizierten höfisch-zivilen Umgang miteinander sowie für die Feste der Volkskultur.

Ähnlich wie in den archaischen scheinen auch in den traditionalen Gesellschaften Singularisierungsprozesse auf der Ebene von Dingen prä-

117 Zu den traditionalen Religionssystemen vgl. Max Weber, *Gesammelte Aufsätze zur Religionssoziologie*, Tübingen 1988; auch Helmut von Glasenapp, *Die fünf Weltreligionen*, München 1986; zu den Hofkulturen Norbert Elias, *Die höfische Gesellschaft* [1969], Frankfurt/M. 1983; zur Volkskultur, Michail Bachtin, *Rabelais und seine Welt. Volkskultur als Gegenkultur* [1940/1965], Frankfurt/M. 1987.

senter zu sein als auf jener von Subjekten. Singuläre Subjekte können nur ausnahmsweise Anerkennung beanspruchen;[118] neben den religiösen Propheten gilt das am ehesten für Individuen mit Herrscherfunktionen. Die Singularisierung von Dingen findet vor allem in den beiden Feldern der Kirche und der höfischen Gesellschaft statt. Der Architektur kommt nun in Form von Repräsentationsbauten ein besonderer Stellenwert für die Singularitätsproduktion zu.[119] Die singulären Dinge erhalten damit einen festen Ort, wo sie eine »Aura« (im Sinne Walter Benjamins) entfalten können. Daneben führen die medientechnologischen Entwicklungen (Schrift, Bildtechniken) dazu, dass singuläre Objekte zunehmend auf der Ebene von Texten und Bildern verfertigt werden. Generell gilt innerhalb der traditionalen Kultursphäre in allen ihren Segmenten: Der Wert der singulären Entitäten – religiöse Texte, Adelspaläste, religiöse oder weltliche Kunst, Feste – ist im Wesentlichen sozial kodifiziert und wenig umstritten.

Bürgerliche Moderne: Die romantische Revolution des Einzigartigen

Der Bruch zwischen der traditionalen Gesellschaft und der Moderne in ihrer frühen Gestalt der bürgerlichen Moderne, die Ende des 18. Jahrhunderts entsteht und bis zum Beginn des 20. Jahrhunderts reicht, ist prägnant. Auf die technischen, kognitiven und normativen Rationalisierungsprozesse, die hier angeschoben werden, bin ich bereits eingegangen.[120] Das großflächige *doing generality*, das bereits die frühe Moderne über den Weg der industriellen Revolution, der Kapitalisierung, der Verwissenschaftlichung, des Nationalstaats oder der Globalisierung betreibt, ist wohlbekannt. Der Strukturwandel der Kulturalisierung ist jedoch ebenso bedeutend. Er bringt den Lebensstil der Bürgerlichkeit und das bürgerliche Kunstfeld hervor sowie die radikalästhetische Bewegung der Romantik. Die Moderne zeichnet sich damit schon in ihrer Frühphase

118 Dies ist ein vielschichtiges Thema, vgl. etwa Jan A. Aertsen, Andreas Speer (Hg.), *Individuum und Individualität im Mittelalter*, Berlin 1996.

119 Vgl. beispielhaft Gottfried Kerscher, *Architektur als Repräsentation. Spätmittelalterliche Palastbaukunst zwischen Pracht und zeremoniellen Voraussetzungen*, Tübingen u.a. 2000.

120 Vgl. Kap. I.1, S. 34ff.

nicht nur durch eine radikale soziale Logik des Allgemeinen aus, sondern auch durch eine historisch ebenso außergewöhnliche soziale Logik des Besonderen – freilich als untergeordnete *Gegentendenz.*

Kennzeichnend für die Lebensführung der Bürgerlichkeit ist die *Ambivalenz* zwischen dem Anspruch einer kulturellen *Allgemeinheit* und einer Orientierung am *Singulären,* verstanden als das Individuelle. Die bürgerliche Lebensform reklamiert dabei für sich emphatisch den Kulturbegriff.[121] Ästhetische Praktiken – Umgang mit der Kunst, Naturerleben etc. – und hermeneutisch-narrative Praktiken (Bildung durch den Umgang mit Texten) gehen in ihrem Lebensstil Hand in Hand. Die Bürgerlichkeit lebt dabei von der Idee der *allgemeinen* Geltung des als kulturell wertvoll Anerkannten. Der *Bildung* des Subjekts, seines Charakters und seiner allgemeinen Tugenden kommt die Bedeutung einer Enkulturation im starken Sinne zu. Innerhalb der Lebensführung geht es darum, eine Sphäre des Zweckfreien zu schaffen, des »interesselosen Wohlgefallens« (Kant) und der Bildung um ihrer selbst willen. Die bürgerliche Lebensführung findet dabei eine institutionelle Stütze in den Bildungsinstitutionen, aber auch im neu entstandenen Feld der Künste (Literatur, bildende Kunst, Theater, Musik).

Das moderne Kunstfeld, das sich um 1800 ausbildet, ist das erste soziale Feld der Moderne, das sich systematisch an der Fabrikation von Besonderheiten ausrichtet. Seine Kunstwerke treten mit Singularitätsanspruch auf, der sich in der Semantik der *Originalität* und des Künstlers als *Genie* kondensiert.[122] Tatsächlich unterscheidet sich die moderne Kunst darin grundsätzlich von der vormodernen: Ihr geht es nicht mehr im Sinne der Regelästhetik um Perfektionierung anerkannter Formen, sondern um Regelbruch und die immer wieder neue Kreation des Einzigartigen. Singularität wird so an ein *Regime des ästhetisch Neuen* gekoppelt. Auch der Künstler als Subjekt gewinnt in diesem Zusammenhang seine Faszina-

121 Vgl. Manfred Hettling, »Bürgerliche Kultur – Bürgerlichkeit als kulturelles System«, in: Peter Lundgreen (Hg.), *Sozial-und Kulturgeschichte des Bürgertums*, Göttingen 2000, S. 319-340; Thomas Nipperdey, *Wie das Bürgertum die Moderne fand*, Berlin 1988; Dieter Hein, Andreas Schulz (Hg.), *Bürgerkultur im 19. Jahrhundert. Bildung, Kunst und Lebenswelt*, München 1996.

122 Vgl. dazu Reckwitz, *Erfindung der Kreativität*, Kap. 2; auch Pierre Bourdieu, *Die Regeln der Kunst. Struktur und Genese des literarischen Feldes*, Frankfurt/M. 1999; Oskar Bätschmann, *Ausstellungskünstler. Kult und Karriere im modernen Kunstsystem*, Köln 1999.

tion durch radikale Singularität, durch »Individualität«: Er soll und will sich *expressiv* in seinem Werk verwirklichen. Das bürgerliche Kunstfeld vermag damit erstmals, einen Aufmerksamkeitsmarkt für kulturelle Singularitätsgüter zu institutionalisieren. Zugleich bemüht sich die bürgerliche Kultur um eine Einhegung der Einzigartigkeiten und um deren Anbindung an ein normatives Allgemeines, und zwar durch die Kopplung von Ästhetik an das genannte Ideal der Bildung.[123] In den Kunstwerken soll sich eine normative Allgemeinheit, ja Universalität (Humanität, Vernunft etc.) ausdrücken, und der Bildungsprozess verläuft über den Weg der Aneignung eines Kanons der allgemein als wertvoll anerkannten einzelnen Werke der Vergangenheit.

Diese komplizierte Synthese von Besonderem und Allgemeinem, die für die bürgerliche Kultur kennzeichnend ist, wird durch den *kulturrevolutionären Singularismus*, der sich mit der gegenkulturellen Bewegung der Romantik formiert, dynamisiert. Die Bedeutung der Romantik für die Kultur der Besonderheiten der Moderne kann gar nicht überschätzt werden.[124] Es handelt sich um die historisch erste radikal-singularistische kulturelle Bewegung. Einzigartigkeit wird dabei eng mit dem Ideal der Authentizität verbunden. Die Bedeutung der Romantik besteht zunächst darin, dass sie das menschliche *Subjekt* erstmals radikal an der Besonderheit ausrichtet, die unter der Semantik der »Individualität« verhandelt wird. Dieser dient anschließend eine umfassende Singularisierung *sämtlicher* Elemente der Welt. Auch hier spielt die Kunsterfahrung eine wichtige Rolle; in diesem Zusammenhang bildet sich auch ein radikal momentanistisches, ästhetisches Zeitbewusstsein aus. Aber auch die Erfahrung der Natur – nicht als mechanistisch verstandener Naturraum, sondern als Ensemble singulärer Landschaften begriffen –, das Erleben der pittoresken Orte, die Erfahrung des anderen Subjekts in Form der romantischen Freundschaft und Liebe, die singuläre Gestaltung der Dingwelt – etwa im Handwerk –, die Sensibilität für die Geschichte als Schauplatz der Narrationen und Erinnerungen, der Erfahrungsraum des Religiösen und die Identifikation mit den kollektiven Singularitäten der Völker und Na-

123 Vgl. Georg Bollenbeck, *Bildung und Kultur. Glanz und Elend eines deutschen Deutungsmusters*, Frankfurt/M. 1994.

124 Vgl. Reckwitz, *Das hybride Subjekt*, S. 204-230; auch Lothar Pikulik, *Romantik als Ungenügen an der Normalität. Am Beispiel Tiecks, Hoffmanns, Eichendorffs*, Frankfurt/M. 1979; Gerald N. Izenberg, *Impossible Individuality*, Princeton 1992; Isaiah Berlin, *Die Wurzeln der Romantik*, Berlin 2004; Taylor, *Quellen des Selbst*, S. 639ff.

tionen sind allesamt Bereiche, in denen die Romantik die Welt einem umfassenden Singularisierungsprozess unterwirft.

Es ist häufig festgestellt worden, dass die Romantik eine Wiederverzauberung der Welt erprobt. Treffender lässt sich dieser Prozess jedoch als eine Kulturalisierung der Welt beschreiben, in deren Folge potenziell *alles* von der Seite des Profanen auf jene des Sakralen überwechseln kann. Am Ende können selbst ein Paar Bauernschuhe oder das Muttermal des Geliebten von kulturellem Wert sein. Ermöglicht wird diese romantische Valorisierung der Welt durch deren umfassende Besonderung; die Welt wird als ein Raum faszinierender Eigenkomplexitäten entdeckt und in einen solche umgestaltet. Das Grundpostulat lautet: Ein Subjekt, das authentisch sein will, muss im Durchgang durch die Singularitäten der Welt seine authentischen Erfahrungen machen. In der Romantik ist der ausdrückliche Kampf gegen die Modernität des Allgemeinen – von der Aufklärungsphilosophie bis zur Industrialisierung – die konsequente Kehrseite der umfassenden Singularisierung der Welt. Diese romantische Besonderheitskultur wirkt sich von Anfang an in durchaus unberechenbarer Weise auf die um Balance bedachte Kultur der Bürgerlicheit aus.

Die nationalistischen Bewegungen des 19. Jahrhunderts schließlich knüpfen an *einen* Aspekt dieser romantischen Singularisierung und Kulturalisierung an: jenen der Kollektive, die nun Nation heißen. Mit den *imagined communities* der Nationen werden Kollektive offensiv als Singularitäten begriffen. Natürlich: Die Idiosynkrasien von sozialen Kollektiven, von Stämmen und Clans, von Dörfern und Fürstentümern existierten auch in traditionalen Gesellschaften. Aber erst die Moderne mit ihrer Politisierung der Kollektive forciert nicht nur das kollektive Allgemeine in »Freiheit und Gleichheit«, sondern auch ein Verständnis kollektiver und historischer Besonderheiten.[125] Diese entwickelt sich nicht nur in Europa, sondern auch in den globalen antikolonialen Nationalbewegungen (Indien, China, Naher Osten) seit dem Ende des 19. Jahrhunderts. Die Nationalismen bringen häufig einen genuinen *Kulturalismus* hervor, der Gesellschaften im Kern mit einer homogenen Kultur in ihrer Inkommensurabilität identifiziert.

125 Vgl. dazu Eric Hobsbawm, *Nations and Nationalism since 1780. Programme, Myth, Reality*, Cambridge 1992; Benedict Anderson, *Imagined Communities. Reflections on the Origin and Spread of Nationalism*, London 1991; speziell für den asiatischen Raum vgl. Pankaj Mishra, *Aus den Ruinen des Empires. Die Revolte gegen den Westen und der Wiederaufstieg Asiens*, Frankfurt/M. 2013.

Im Rückblick wird deutlich, inwiefern die frühe, bürgerliche Moderne entscheidende Weichen für eine moderne Kultur der Besonderheiten gestellt hat, die bis in die Gegenwart prägend wirkt. Die romantische Authentizitätskultur mit ihrem umfassenden Singularisierungsprojekt, die Modellierung der Kunst entlang eines Regimes ästhetischer Originalitäten, die Kulturorientierung der bürgerlichen Lebensführung sowie die Politisierung des Authentizitätsgedankens im Nationalismus sind hier gleichermaßen einflussreich.

Organisierte Moderne: Die Massenkultur

Die organisierte, industrielle Moderne, die von etwa 1920 bis Mitte/Ende der 1970er Jahre reicht, markiert einen Bruch innerhalb der Moderne. In ihrer staatssozialistischen Version ist sie offensiv antibürgerlich und antiromantisch. Langfristig weichenstellend ist jedoch ihre westliche, maßgeblich von den Vereinigten Staaten angetriebene Version in Gestalt der Kombination aus Fordismus und Amerikanismus. Die industrielle Moderne bildet einen Höhepunkt des modernen Prozesses der formalen Rationalisierung mit ihrer ausgreifenden sozialen Logik des Allgemeinen, wie wir sie bereits betrachtet haben.[126] Es wäre allerdings einseitig, sie darauf zu reduzieren, denn sie forciert ihren eigenen Kulturalisierungsschub, insbesondere in den Feldern des Konsums und der audiovisuellen Medien. Die bürgerlich-romantische Kultur des Besonderen verschwindet somit nicht, sie wird aber auch hier grundsätzlich der Logik des Allgemeinen untergeordnet, und zwar in einer Weise, welche sie aus der Sicht der Tradition bürgerlicher Kultur sogar als anti-individualistische Massengesellschaft hat erscheinen lassen.

Der Fordismus beruht auf der Massenproduktion wie dem Massenkonsum. Die Welt des Konsums entwickelt sich damit seit den 1920er Jahren zur neuen Kultursphäre, es findet eine Konsumrevolution statt:[127] Güter, die bisher primär instrumentellen Zwecken dienten, werden nun mehr und mehr kulturalisiert und erhalten einen narrativen, ästhetischen,

126 Vgl. Kap. I.1, S. 41-46.

127 Vgl. T. J. Jackson Lears, *Fables of Abundance. A Cultural History of Advertising America*, New York 1993; Janet Ward, *Weimar Surfaces. Urban Visual Culture in 1920s Germany*, Berkeley 2001.

expressiven oder ludischen Selbstzweck. Mit dem Konsum weitet sich jenseits von bürgerlicher Kunst und Bildung das Feld dessen, was Kultur sein kann und deren Valorisierungsprozessen unterliegt, deutlich aus. Zentral ist: Indem die Güter in einer kommerziellen Marktkonstellation um die Gunst des Konsumenten buhlen, wird Kultur nun nicht mehr an den Staat, sondern an die Ökonomie gekoppelt. In einzelnen Segmenten lassen sich hier bereits Mechanismen von kultureller Innovation und Differenzierung nach Art eines »Modezyklus« beobachten.[128] Allerdings gelten in der organisierten Moderne zwei Einschränkungen: Zum einen ist die Kulturalisierung der Güterwelt im Vergleich zur folgenden Spätmoderne begrenzt. Die meisten Güter sind weiterhin primär solche des zweckrationalen Gebrauchs oder aber versprechen den sozialen Nutzen des Statuserhalts. Zum anderen ist der Singularitätswert dieser Objekte häufig limitiert. Sie werden im Fordismus meistens standardisiert; es handelt sich in diesem Sinne um eine *Massenkultur*.[129] Auch das konsumierende Subjekt ist in der organisierten Moderne im Wesentlichen nicht auf Unverwechselbarkeit, sondern auf die Demonstration allgemeingültiger Normalität aus: das Ideal ist das Muster des »Keeping up with the Johnses«.[130]

Den audiovisuellen Medien kommt im Rahmen dieser postbürgerlichen Kultur ein spezifischer Stellenwert zu. Dies gilt insbesondere für den Kinofilm als Zentrum dessen, was man die Kulturindustrie genannt hat.[131] In ihm verschränkt sich das neue Feld des Konsums mit dem alten der Kunst. Filme sind eindeutig kulturalisierte Güter, sie machen narrativ-hermeneutische und ästhetische Offerten. Zugleich ist jeder Film dem Anspruch nach neu, unverwechselbar und anders, so dass sich ein umfassendes Valorisierungssystem ausbildet, welches sich um den Wert und den Reiz der Filme dreht. In der Sphäre des Films herrscht noch deutlicher als in der bürgerlichen Kunst das Regime des ästhetisch Neuen, somit der Anspruch auf immer wieder neue Originalität und Überraschung. Wegweisend ist das soziale Feld des Films darin, dass es seit den 1920er

128 Vgl. Georg Simmel, *Philosophie der Mode* [1905], in: *Gesamtausgabe*, Bd. 10, Frankfurt/M. 1995, S. 3-38.

129 Vgl. dazu Michael Makropoulos, »Massenkultur als Kontingenzkultur«, in: Harm Lux (Hg.), *… lautloses irren – ways of worldmaking, too …*, Berlin 2003, S. 151-173.

130 Vgl. dazu genauer Reckwitz, *Das hybride Subjekt*, S. 409-440, zum Konsum der Nachahmung Whyte, *Organization Man*, S. 312ff.

131 Horkheimer/Adorno (vgl. *Dialektik der Aufklärung*, S. 141ff.) reduzieren den Kinofilm allerdings auf einen Ort, an dem eine kommerzielle Logik des Allgemeinen wirke.

Jahren auf breiter Front einen hyperkompetitiven Markt um ein kulturelles Gut etabliert, dessen jeweiliger Wert unsicher und umstritten ist.

Die Kulturindustrie betreibt in Maßen auch eine Singularisierung von Subjekten, und zwar in Form der Stars (denen allerdings rasch vor dem Hintergrund von Maßstäben der bürgerlichen Kultur ihre »Fabriziertheit« vorgehalten wird).[132] Trotz aller Typisierung gilt: Wenn der Star Anziehungskraft ausüben will, muss er als einzigartig empfunden werden. Der Star beerbt hier in gewisser Weise das Künstlersubjekt: Hier wie dort wird subjektive Besonderheit gesellschaftlich anerkannt und glorifiziert – nun freilich keine Einzigartigkeit des Werks, sondern eine der Performance des Subjekts selbst und seines Glamours. Der Star bleibt freilich in der organisierten Moderne eine exklusive, nichtimitierbare Figur, die sich gegen eine umstandslose Übersetzung in die Realität der nivellierten Mittelstandsgesellschaft sperrt.

Die organisierte Moderne vollzieht damit ihren eigenen Kulturalisierungsschub. Ist die Kulturalisierung der bürgerlichen Gesellschaft eine der *Intensivierung* von Kultur in bürgerlichen und romantischen Praktiken der Kunst und Bildung, bedeutet die Kulturalisierung der organisierten Moderne eine der *Extensivierung* von Kultur, das heißt deren massenhafte Verbreitung durch Konsum und Massenmedien. Während sich die bürgerliche Intensivierung in erster Linie auf die Sensibilisierung der ästhetisch-hermeneutischen Innenwelt der Subjekte bezog, so richtet sich die fordistische Extensivierung der Kultur primär auf die visuellen Oberflächen der Subjekte und Objekte.

Spätmoderne: Kompetitive Singularitäten, Hyperkultur und Polarisierungen

Prozesse der Kulturalisierung und Singularisierung hat es also in verschiedenen Konstellationen in der gesamten Gesellschaftsgeschichte gegeben. In der Spätmoderne erlangen sie jedoch eine neue Quantität und Qualität. Um die Explosion des Besonderen zu veranschaulichen, kann man sich mit einem Bild behelfen und an die Satellitenbilder von Earth's City Lights der NASA denken, die Kontinente bei Nacht zeigen und auf denen sich die Großstädte in ihrer nächtlichen Beleuchtung hell abhe-

132 Vgl. Edgar Morin, *The Stars*, Minneapolis 2005.

ben. In ähnlicher Weise kann man sich die anerkannten Singularitäten vorstellen, also all jene einzigartigen Objekte, Subjekte, Orte, Ereignisse und Kollektive, die sich im Meer der sozialen Praktiken über den Globus verbreiten und aufgrund ihrer affektiven Hitze als hell strahlende Punkte und Pfade erscheinen. Würde man entsprechende Aufnahmen aus den Jahren 0, 1200, 1800, 1900, 1950, 1980 und 2010 machen, wären dann gewiss auch einzelne helle Punkte und Pfade zu sehen – die alten Riten und Magier, die Kirchen und Hofgesellschaften, die romantischen Gemeinschaften und bürgerlichen Theater, die Kinos und Stars –, aber ab 1980 würde man einer Helligkeitsexplosion gewahr: eine Ausdehnung immer aufdringlicher strahlender Singularitäten. Gewiss, nicht alles ist erleuchtet, denn der Hintergrund der Logik des Allgemeinen existiert weiter. Aber die bisherige Ausnahme hat sich zur Regel verkehrt – zur Gesellschaft der Singularitäten.

In der Spätmoderne wird die soziale Logik der Singularisierungen, die zugleich eine der Kulturalisierung und der Affektintensivierung ist, zu einer für die gesamte Gesellschaft strukturbildenden Form. Die Kultur des Besonderen, die seit Beginn der Moderne präsent, aber der Logik des Allgemeinen untergeordnet war, wird in der Spätmoderne, das heißt seit den 1970er oder 80er Jahren, selbst großflächig strukturbildend. Die formale Rationalisierung und ihre Logik des Allgemeinen ändern entsprechend ihren Status und ihre Form: Sie werden, wie schon mehrfach gesagt, mehr und mehr zu einer Hintergrundstruktur, einer allgemeinen Infrastruktur für Besonderheiten. Das *doing generality* der globalisierten Spätmoderne, vor allem in ihrer Ausbreitung globaler Märkte und Technologien, ist offensichtlich, aber in vieler Hinsicht stellt es sich bei genauerer Betrachtung als Ermöglichungsbedingung für die Prozesse und Arenen der Singularisierung dar.

Was sind die *Ursachen*, die zu diesem Primat der Logik der Singularitäten geführt haben? Die Transformation von der organisierten Moderne zur Spätmoderne verdankt sich einer historischen *Koinzidenz dreier Faktoren*, die sich ab den 1970er Jahren gegenseitig verstärken. Die drei Faktoren sind: die sozio-kulturelle Authentizitätsrevolution, getragen vom Lebensstil der neuen Mittelklasse; die Transformation der Ökonomie hin zu einer postindustriellen Ökonomie der Singularitäten; und die technische Revolution der Digitalisierung. Ihr Zusammenhang verdient genauere Betrachtung.

Seit den 1970er Jahren findet in den bisherigen Industriegesellschaf-

damentaler sozialstruktureller Wandel statt, der zugleich ein Wertewandel ist. In seinem Zentrum steht die *neue Mittel-* ihren Aufstieg der Bildungsexpansion verdankt und formal en Hochschulbildung und ein hohes kulturelles Kapital gekennzeichnet ist. Die neue Mittelklasse ist in diesem Sinne eine akademische Mittelklasse, die primär in der Wissens- und Kulturökonomie der entstehenden postindustriellen Gesellschaft tätig und deren wichtigste soziale Trägergruppe ist. Diese sozialstrukturelle Transformation geht mit einem Wertewandel einher, in dessen Verlauf die materialistischen sowie Pflicht- und Akzeptanzwerte, die in der Industriegesellschaft prägend waren, von postmaterialistischen Orientierungen an der Selbstverwirklichung und -entfaltung abgelöst werden.[134] Die leitenden Maßstäbe, an denen sich die Lebensführung orientiert, wechseln damit von denen des Allgemeinen und Funktionalen hin zu jenen des Besonderen und der Kultur. Die alten, rationalistischen Maßstäbe der Lebens*standards* werden in der neuen Mittelklasse von den Maßstäben der Lebens*qualität* überlagert. Die Authentizität des Selbst gewinnt für sie enorm an Signifikanz: Das eigene Selbst soll in seiner Besonderheit entfaltet werden, und die Suche nach entsprechenden authentischen Erfahrungen (im Beruf, im Privatleben, in der Freizeit) wird zum Leitmotiv. Darin genau besteht die spätmoderne *Authentizitätsrevolution*. Dieser Wertewandel knüpft an die Tradition der kulturell-ästhetischen Gegenbewegungen der Moderne an, die von der Romantik ausgehen und über die Lebensreformbewegungen bis hin zur Counter Culture der 1960er und 70er Jahre reichen. Die Counter Culture, die mit dem Etikett »1968« eher oberflächlich begriffen ist, markiert die historische Gelenkstelle zwischen der kulturellen Gegenbewe-

133 Die »neue Mittelklasse« wurde aus ganz unterschiedlichen theoretischen Richtungen diagnostiziert; aus der Richtung der Wissensgesellschaft etwa von Daniel Bell, *The Coming of Post-Industrial Society. A Venture in Social Forecasting*, New York 1973, oder von Peter Drucker, *Post-Capitalist Society*, Oxford 1994; aus der Richtung des Postfordismus z. B. von Lazzarato, »Immaterial Labor«, und von Yann Moulier Boutang, *Le capitalisme cognitif. La nouvelle grande transformation*, Paris 2007.

134 Vgl. Ronald Inglehart, *The Silent Revolution. Changing Values and Political Styles Among Western Publics*, Princeton 1977; Paul Leinberger, Bruce Tucker, *The New Individualists. The Generation after the Organization Man*, New York 1991; sehr luzide Daniel Bell, *The Cultural Contradictions of Capitalism*, New York 1976. Jüngst ist der Wertewandel für Deutschland noch einmal empirisch bestätigt worden, vgl. die Studie von Jutta Allmendinger u. a., *Das Vermächtnis. Die Welt, die wir erleben wollen*, WZB Berlin 2016.

gung der Romantik und der neuen Mittelklasse. Das umfassende Kulturalisierungs- und Singularisierungsprogramm der Romantik, das historisch nur ein subkulturelles Phänomen war, avanciert so erstmals zur Zentralkraft des Lebensstils eines gesellschaftlichen Leitmilieus.

Parallel zum und verflochten mit dem Aufstieg dieser neuen, an Authentizität interessierten Mittelklasse findet seit den 1970er Jahren ein Strukturwandel der kapitalistischen Ökonomie statt. Diese transformiert sich im Kern von einer Industrieökonomie in eine Wissens- und Kulturökonomie – eine Ökonomie der Singularitäten, deren Zentrum die *creative economy* bildet. Zugleich und damit verknüpft findet die technologische Revolution der Digitalisierung statt. Diese stellt erstmals in der Geschichte eine Infrastruktur zur Verfügung, welche die Fabrikation von Singularitäten und von Kultur systematisch und in nie zuvor dagewesenem Umfang ermöglicht. Zusammen bilden Ökonomie und Technologie einen globalen *kulturell-kreativen Komplex.* Während die Ökonomie und Technologie in der klassischen Moderne elementare Motoren der Rationalisierung und Standardisierung waren, wechseln sie damit nun gewissermaßen die Seite: Ihre Praktiken des Herstellens, Beobachtens und Bewertens avancieren zu Motoren der Fabrikation von kulturellen Einzigartigkeiten. Der Kulturkapitalismus und die Computernetzwerke betreiben damit eine umfassende Kulturalisierung von Ökonomie und Technik. Sie schaffen so die institutionelle Struktur, die dem ehemals romantischen, nun in der neuen Mittelklasse verankerten Wunsch nach der Singularisierung und Kulturalisierung der Welt aktiv *entgegenkommt* und freilich auch die Subjektformen und Lebensstile nicht unverändert lässt.

Die drei Faktoren, welche den Umbruch von der industriellen Moderne zur Spätmoderne bewirken, sind einerseits durch eine Eigendynamik und relative Autonomie gekennzeichnet, zugleich beeinflussen sie einander und verstärken sich gegenseitig. Die Genese der neuen Mittelklasse und ihr Wertewandel lassen sich zunächst auf die eigenständige Bildungsdynamik im 20. Jahrhundert sowie die Eigenlogik der kulturellen Bewegungen und Lebensstile seit Bürgertum und Romantik zurückführen. Auch der Aufstieg der postindustriellen und postfordistischen Ökonomie der Singularitäten folgt zunächst einer innerökonomischen Logik und ist als eine Reaktion auf die Sättigung der Märkte für Standardgüter Anfang der 1970er Jahre sowie die Automatisierung der Industrieproduktion und die grundsätzliche Krise der fordistischen Akkumulations- und

Erwerbslogik zu verstehen.[135] Die digitale Revolution schließlich begann auf dem innertechnischen (vor allem durch das Militär geförderten) Pfad der Entwicklung des Computers und der digitalen Netzwerke.[136]

Alle drei Faktoren verzahnen sich jedoch miteinander: Die neue Mittelklasse findet berufliche Beschäftigung in der Wissens- und Kulturökonomie, und sie verlangt zur Befriedigung ihres Authentizitätswunsches kulturelle Singularitätsgüter auf breiter Front und in enormer Varianz. Der Kulturkapitalismus reagiert nicht nur auf diese Nachfrage, sondern heizt dieses Begehren weiter an, wodurch sich der Pool der Singularitätsgüter und Valorisierungsdiskurse weiter vergrößert (etwa Bildung, Städte, Religion). Die Digitalisierung schließlich wird von den Kommunikations-, Präsentations- und Konsumwünschen der spätmodernen Subjekte sowie vom Kulturkapitalismus auf eine sehr spezifische Weise genutzt und weiterentwickelt; zugleich befördern die neuen technologischen Mittel die Singularisierung und Kulturalisierung der Subjekte sowie der Güter.

Indem sich die drei Faktoren auf diese Weise gegenseitig stützen, verändern sie ihre Gestalt: Die Ökonomie der Singularitäten, die digitale Kulturmaschine und die neue Mittelklasse mit ihrem Lebensstil der erfolgreichen Selbstverwirklichung gewinnen ihre charakteristische Form jeweils erst aus dieser Konstellation heraus. Ihre Koinzidenz ist dabei nicht ohne historische Ironie: Das romantische Bild der Kultur und ihrer Besonderheiten hatte suggeriert, dass diese nur außerhalb und *gegen* die großen Gleichmacher und Nützlichkeitsagenten der Ökonomie und der Technik existieren könnte. In der Spätmoderne wird diese romantische Singularitätsorientierung erstmals gesellschaftlich dominant, aber sie vermag dies nur, indem sie sich von expansiven ökonomischen und medientechnologischen Strukturen formen lässt. Im Zuge dieses Prozesses wandelt jedoch auch der Postmaterialismus seine Form.

Zusammen institutionalisieren der Kulturkapitalismus und die digitalen Computernetzwerke die Singularitäten in einer sehr spezifischen Konstellation, nämlich als *kulturelle Singularitätsmärkte*. Auf diesen Märkten konkurrieren Objekte, Subjekte, Orte und Ereignisse, teilweise auch Kollektive darum, als Güter mit kulturellem Einzigartigkeitswert erkannt und

135 Vgl. dazu nur Michael Piore, Charles Sabel, *The Second Industrial Divide. Possibilities for Prosperity*, New York 1984; David Harvey, *The Condition of Postmodernity. An Enquiry into the Origins of Cultural Change*, Oxford 1989, Kap. II.

136 Vgl. Paul Ceruzzi, *A History of Modern Computing*, Cambridge 2003.

anerkannt zu werden. Die Singularitäten gliedern sich so in eine Struktur *kompetitiver Singularitäten* ein. Es handelt sich um Märkte, die mit den Kriterien der Industriegesellschaft und ihrer Standardmärkte nicht zu erfassen sind. Nun suchen Performanzen nach Aufmerksamkeit und Sichtbarkeit, sie trachten danach, ihr Publikum zu affizieren und in Valorisierungsprozessen als singulär bewertet zu werden. Es handelt sich also im Kern um *Sichtbarkeits-, Valorisierungs- und Affizierungsmärkte*. Sie forcieren eine grundlegende und genuine *Kulturökonomisierung des Sozialen*, an der nicht nur die kommerzielle Wirtschaft und das digitale Netz, sondern die meisten gesellschaftlichen Felder (Medien, Bildung, Städte, Religion, Partnerschaften etc.) partizipieren. Diese Märkte sind, wie wir noch genauer sehen werden, *Attraktivitätsmärkte*, auf denen eine spezifische Akkumulation von *Singularitätskapital* stattfindet. Sowohl Objekte als auch Subjekte – aber auch Städte, Schulen, Religionsgemeinschaften etc. – arbeiten hier durchgängig an ihrem unverwechselbaren *Profil*, welches zu einer zentralen Form in der Kultur der Spätmoderne wird.

Die kulturellen Singularitätsmärkte sind nicht die einzige Version des Sozialen, in der sich in der Spätmoderne die Singularitäten bewegen. Zwei weitere, anders aufgebaute Formen des Sozialen entwickeln, wie wir noch sehen werden, ebenfalls eine singularistische Struktur: die *heterogenen Kollaborationen* und die *Neogemeinschaften*. Heterogene Kollaborationen arrangieren Singularitäten nicht in Form von Publikumsmärkten, sondern als eine *Pluralität von Singularitäten* der Teilnehmer (vor allem Subjekten, daneben Objekten), die in ihrer Verschiedenartigkeit Bündnisse, Komplizenschaften und Zusammenarbeit stiften. Dies gilt etwa für die Projekte und die Netzwerke als genuin spätmoderne Versionen des Sozialen. In Neogemeinschaften wird demgegenüber das gesamte Kollektiv zu einer Singularität, das heißt als ein relativ homogenes einzigartiges Gebilde geformt. Dies ist etwa in religiösen, politischen oder ethnischen Communities der Fall. Singularitätsmärkte, heterogene Kollaborationen und Neogemeinschaften greifen allesamt auf historisch traditionsreiche Formen des Sozialen zurück – Standardmärkte, Gemeinschaften und auch Netzwerke –, entwickeln sie aber so weiter, dass sie drei genuin *singularistische Formen des Sozialen* bilden, welche die Spätmoderne bevölkern. Sie widersprechen einander, verbinden sich aber auch immer wieder und auf überraschende Weise miteinander.

Der singularistische Lebensstil, der für die Kultur der Spätmoderne leitend ist, wird, wie gesagt, in erster Linie von der neuen Mittelklasse getragen. Seine Grundformel, in dem er sich von jenem der nun konformistisch erscheinenden nivellierten Mittelstandsgesellschaft der organisierten Moderne unterscheidet, ist die *erfolgreiche Selbstverwirklichung*. Hier wird der postmaterialistische Wert des entfalteten Selbst an das Motiv des sozialen Erfolgs und Prestiges gekoppelt. Die durchgreifende Singularisierung und Kulturalisierung aller Bestandteile des Lebens – Wohnen, Essen, Reisen, Körperkultur, Erziehung etc. –, die hier erfolgt, geht so Hand in Hand mit der Statusinvestition ins eigene Singularitätskapital und in die Darstellung des *besonderen* Lebens vor den Anderen. In gewisser Weise gilt hier die »Norm der Abweichung« oder positiv gewendet:[137] die Norm der performativen Authentizität, der sozialen Aufführung von Unverwechselbarkeit.

Insgesamt erhält Kultur in der neuen Mittelklasse die für die Spätmoderne insgesamt charakteristische Form der *Hyperkultur*: In der Hyperkultur kann potenziell *alles*, was die globale Gegenwart und die Geschichte bereithalten, flexibel als Kultur valorisiert werden. Ob Hoch- oder Populärkultur, ob Lokales oder Globales, Zeitgenössisches oder Historisches – alle potenziellen Elemente der Kultur bieten sich im Prinzip gleichberechtigt dar und werden zur potenziellen Quelle der Bereicherung des Lebensstils. Die Hyperkultur zeichnet sich durch einen Kulturkosmopolitismus aus, in dessen Rahmen die Elemente der Kultur unendlich kombinierbar erscheinen. Besonderheit folgt damit nun bevorzugt dem Muster *kompositorischer Singularität*: sie wird aus diversen, immer wieder anderen, immer wieder neuen Bestandteilen arrangiert und kuratiert. Tatsächlich ist es vor allem diese kompositorische Logik, die der spätmodernen Kultur die Fabrikation des massenhaft Besonderen ermöglicht.

Die Gesellschaft der Singularitäten bringt systematisch eine Reihe von neuen *sozialen und kulturellen Polarisierungen* hervor, die uns im Laufe der folgenden Kapitel ausführlich beschäftigen werden. Es ist entscheidend, dass diese Polarisierungen keine zusätzlichen, akzidentellen Eigenschaften, sondern eine unmittelbare Konsequenz der Singularisierungslogik sind, sobald diese die sozialen Nischen verlässt und gesamtgesellschaftlich strukturbildend wirkt. Sie sind ein Ergebnis der gesellschaftlichen Bewertungen dessen, *was* als eine wertvolle Einzigartigkeit zählt – und was nicht. Hier finden jene Prozesse der Valorisierung und Entwertung

137 Vgl. Marion von Osten (Hg.), *Norm der Abweichung*, Zürich 2003.

statt, welche die Spätmoderne prägen. Fünf Ebenen lassen sich unterscheiden:

Grundlegend ist die *Polarisierung der Güter* auf den Singularitätsmärkten, welche die Voraussetzung für alle anderen Polarisierungen bildet. Singularitätsmärkte haben als Aufmerksamkeits- und Valorisierungsmärkte eine Tendenz zu radikal asymmetrischen Mustern. Sie sind *Winner-take-all*-Märkte mit wenigen Gütern, die Sichtbarkeit, affektiven Reiz und anerkannten Wert in extremem Maße auf sich ziehen, und vielen Gütern, denen dies nicht gelingt. Kulturelle Singularitätsmärkte haben so gewissermaßen eine Neigung zur Belohnung wie zur Missachtung im Übermaß.

Dem entspricht auf einer zweiten Ebene die *Polarisierung der Arbeitsverhältnisse*, die zwei Aspekte enthält: Grundlegend ist nun ein Dualismus zwischen den hochqualifizierten Tätigkeiten in der Wissens- und Kulturökonomie einerseits, den einfachen Dienstleistungen sowie sonstigen standardisierten Tätigkeiten andererseits. Die qualifizierten Wissensberufe, die kulturelle Singularitätsgüter verfertigen, können in der Spätmoderne Legitimität, Status und Ressourcen beanspruchen, während die funktionalen, »profanen« Arbeiten an Legitimität, Status und Ressourcen verlieren. Zusätzlich finden sich Polarisierungstendenzen *innerhalb* des Feldes der hochqualifizierten Berufe: Dieses nimmt selbst Züge eines kulturellen Singularitätsmarktes an, auf dem Performances, Profile und Talente um ihre Anerkennung als außergewöhnlich zirkulieren, und neigt somit auf seine Weise zur Asymmetrie von *Winner-take-the-most*-Märkten.

Damit ergibt sich drittens eine *Polarisierung von Klassen und Lebensstilen*. Diese betrifft insbesondere die Relation zwischen der kulturell aufsteigenden neuen Mittelklasse auf der einen, der sozial und kulturell absteigenden neuen Unterklasse auf der anderen Seite. Während die neue Mittelklasse sich als kosmopolitischer Träger der Kulturalisierungs- und Singularisierungsprozesse verstehen kann, findet eine soziale und kulturelle Entwertung der neuen Unterklasse statt. Jenseits der nivellierten Mittelstandsgesellschaft ergeben sich damit mehr oder minder subtile Kulturkonflikte und soziale Segregationstendenzen, welche verschiedenste Felder von der Bildung über das Wohnen bis zur Gesundheit prägen.

Die Polarisierung der Güter, der Arbeitsformen und der Lebensstile mündet viertens in eine *Polarisierung der sozialen Räume*: Es bilden sich regional, national und global räumliche Attraktivitätsmärkte aus, die zu einer Auseinanderentwicklung zwischen »attraktiven« Orten und »abgehängten« Regionen führen. In Ersteren ballen sich die *creative economy* und die neue Mittelklasse, während Letzteren die Entwertung droht.

Schließlich kristallisiert sich in der Spätmoderne eine *politische Polarisierung* heraus, die sich in mancher Hinsicht als Reaktion auf die anderen Polarisierungsebenen interpretieren lässt. Auf der einen Seite findet sich das für die spätmoderne Politik dominante politische Paradigma eines apertistischen (öffnenden) und differenziellen (Unterschiede setzenden) Liberalismus, welcher auf eine Kombination von Wettbewerb und kultureller Vielfalt setzt. Ihm steht auf der anderen Seite ein ganzes Bündel von anti-liberalen (sub)politischen Kulturessenzialismen und -kommunitarismen (Ethnizität, Nationalität, religiöser Fundamentalismus, Rechtspopulismus) entgegen, die gegen die Hyperkultur und ihre Märkte nun kollektive Identitäten mobilisieren. Diese Identitätsbewegungen bewegen sich freilich *innerhalb* der Logik der Gesellschaft der Singularitäten: Auch sie setzen auf Kultur und Singularität, verorten diese jedoch nicht auf mobilen Märkten, sondern innerhalb besonderer – religiöser, nationaler, ethnischer, völkischer – Kollektive. Das Ergebnis sind für die Gesellschaft der Singularitäten überaus charakteristische Konflikte um die Kultur.

II.
Die postindustrielle Ökonomie der Singularitäten

Jenseits der Industriegesellschaft

Seit den 1980er Jahren transformiert sich die westliche Wirtschaft von einer Ökonomie der standardisierten Massengüter zu einer Ökonomie der Singularitäten. Diese Singularisierung bedeutet zugleich eine Kulturalisierung der Ökonomie, in deren Zentrum sich der Strukturwandel von den funktionalen Gütern zu jenen Gütern befindet, denen die Konsumenten primär einen kulturellen Wert und kulturelle Qualitäten zuschreiben. Die *creative economy* wird damit zur treibenden Kraft. Die Singularisierung und Kulturalisierung der Güter geht Hand in Hand mit jener der Märkte, der Arbeitsformen und des Konsums. Die Strukturmerkmale der Industrieökonomie und industriellen Moderne insgesamt, welche die westlichen Gesellschaften vom Ende des 19. Jahrhunderts bis in die 1970er Jahre hinein fast ein ganzes Jahrhundert lang prägten, werden damit abgelöst von jenen einer genuin postindustriellen Ökonomie.

Die Soziologie hat den großen Bruch von der klassischen Industriegesellschaft zur postindustriellen Gesellschaft häufig an der Transformation der Erwerbsstruktur festgemacht: der rapiden Schrumpfung der Zahl der Industriearbeiter und dem deutlichen Wachstum der Dienstleistungsberufe.[1] Diese Veränderung ist ein wichtiger Indikator für das Ende

1 Vgl. Daniel Bell, *The Coming of Post-Industrial Society. A Venture in Social Forecasting*, New York 1973; Hartmut Häußermann, Walter Siebel, *Dienstleistungsgesellschaften*, Frankfurt/M. 1995. So ist in (West-)Deutschland von 1950 bis 2013 der Anteil der in der Industrieproduktion beschäftigten Erwerbstätigen von 43 Prozent auf 25 Prozent gesunken, während jener der Dienstleistungsberufe von 32 Prozent auf 74 Prozent gestiegen ist, vgl. Statistisches Bundesamt, *Arbeitsmarkt. Erwerbstätige im Inland nach Wirtschaftssektoren*, ⟨https://www.destatis.de/DE/ZahlenFakten/Indikatoren/LangeReihen/Arbeitsmarkt/lrerw013.html⟩, letzter Zugriff am 15.03.2017. In den USA verzeichnet man zwischen 1952 und 2014 einen Rückgang der Industrie- und Agrarbeschäftigten von 47 Prozent auf 14 Prozent und eine Zunahme der Beschäftigten im Dienstleistungsbereich von 53 Prozent auf 70 Prozent, vgl. Richard Henderson, »Industry employment and output projections to 2024«, in: Monthly Labour Review, U. S. Bureau of Labour Statistics, ⟨https://www.bls.gov.opub/mlr/2015/article/in

der klassischen Industriegesellschaft. Daraus jedoch den Schluss zu ziehen, die postindustrielle Gesellschaft sei im Kern eine Dienstleistungsgesellschaft, kratzt nur an der Oberfläche. Das eigentlich *Postindustrielle* der spätmodernen Ökonomie ist vielmehr darin zu suchen, dass sich die *Form der Güter* (einschließlich der Dienstleistungen) und *damit* auch der Arbeitsformen, Zirkulation und Konsumtion auf breiter Front umgewälzt hat.[2] Die strukturellen Unterschiede zwischen der Ökonomie der industriellen Moderne und der postindustriellen Kultur- und Singularitätsökonomie betreffen vier Ebenen: *erstens* die Form der Güter selbst, *zweitens* ihre Produktionsweise und damit auch die Arbeits- und Organisationsformen, *drittens* die Form des Konsums und *viertens* die Märkte, auf denen diese Güter zirkulieren.

Mit Blick auf diese vier Ebenen können wir für die Ökonomie der industriellen Moderne festhalten:[3] Sie war *erstens* auf standardisierte und zugleich funktionale Massengüter ausgerichtet. Es handelte sich um eine »Ökonomie der großen Zahl« (Piore/Sabel), in deren Zentrum sich dingliche Güter befanden. *Zweitens* fand die Produktion überwiegend in hierarchisch und arbeitsteilig strukturierten Matrixorganisationen statt. Dabei handelte es sich größtenteils um technische Arbeit mit Dingen sowie um repetitive Routinearbeit. Die Angestellten und Arbeiter zeichneten sich durch standardisierte formale Qualifikationen aus, und die räumliche Lokalisierung der Produktion war weitgehend ortsindifferent und damit austauschbar. *Drittens* herrschte in der industriellen Moderne ein normativ regulierter, weitgehend standardisierter Konsum von vorgefertigten Gebrauchs- (oder auch Status-)Gütern. Er wurde von einer kulturell und finanziell verhältnismäßig homogenen Mittelklasse getragen. *Viertens* waren die Märkte, auf denen die industriellen Güter (und auch die Arbeiter und Angestellten) zirkulierten, sogenannte Standard-

dustry-employment-and-output-projections-to-2024.htm〉, letzter Zugriff am 14.06. 2017.

2 Neben den Theorien des Postindustrialismus (vgl. Krishan Kumar, *Prophecy and Progress. The Sociology of Industrial and Post-Industrial Society*, New York 1978) bieten vor allem die Theorien des Postfordismus ähnliche, wenngleich anders akzentuierte Ansätze, vgl. Ash Amin (Hg.), *Post-Fordism. A Reader*, Oxford 1996; Andrea Fumagalli, Stefano Lucarelli, »A Model of Cognitive Capitalism: A Preliminary Analysis«, in: *European Journal of Economic and Social Systems* 20/1 (2007), S. 117-133.

3 Zur klassischen Industriegesellschaft als organisierter Kapitalismus vgl. auch Scott Lash, John Urry, *The End of Organized Capitalism*, Cambridge 1987; und zu ihrem Nachfolger Scott Lash, John Urry, *Economies of Signs and Space*, London 1994.

märkte, auf denen diese im Wesentlichen um Leistungsfähigkeit und Preis miteinander konkurrierten. Diese Märkte waren verhältnismäßig stabil und wenig riskant, die Marktprozesse teilweise vorhersagbar und planbar.

Entscheidend ist: Auf allen vier Ebenen folgte die Ökonomie der industriellen Moderne einer sozialen Logik des Allgemeinen, ja sie war ihre Speerspitze. Das Primat der *Ökonomie des industriell Allgemeinen* wird seit den 1970er Jahren nun mehr und mehr von einem Primat der *Ökonomie des kulturell Besonderen* abgelöst, und zwar, wie gesagt, auf allen vier Ebenen:

Erstens: Die postindustrielle Ökonomie ist um Güter zentriert, die für die Konsumenten primär kulturelle Qualitäten und einen kulturellen Wert haben und zugleich einen Anspruch auf Einzigartigkeit (Authentizität, Originalität etc.) erheben.[4] Insofern handelt es sich um eine Ökonomie der Singularitäten und zugleich um einen *Kulturkapitalismus*. Diese Güter können den Charakter von Dingen und Objekten haben, mehr und mehr handelt es sich aber um Ereignisse, mediale Formate oder maßgeschneiderte Dienstleistungen. Es sind *Affektgüter*, die von ihren emotionalen Effekten und Identifikationsmöglichkeiten leben.

Zweitens: Die Produktion der kulturellen und singulären Güter erfordert Organisations- und Arbeitsformen, in denen der kulturellen, *kreativen Arbeit*, das heißt der Verfertigung immer neuer, nichtaustauschbarer kultureller Offerten, eine Schlüsselbedeutung zukommt. Es handelt sich um eine *kulturelle Produktion*. Die Ökonomie der Singularitäten beruht auf flexibler Spezialisierung, die unter anderem durch die digitalen Technologien ermöglicht wird. Für eine solche Arbeit sind Matrixorganisationen weniger geeignet als Projektteams, die in ihrer limitierten Zeitlichkeit, ihrer sozialen Zusammensetzung und ihrer emotionalen Dichte *singuläre* Sozialformen bilden. Die kulturelle Produktion ist zudem ortssensibel, das heißt, sie setzt eine lokale Verankerung voraus, vor allem im städtischen Raum. Entsprechend werden nun auch die Arbeitssubjekte singularisiert: Über standardisierte formale Qualifikationen hinaus sind sie in der Eigenheit ihres *Profils*, ihrer *Kompetenzen*, ihres *Talents* und ihrer *Per-*

4 In diesem engeren, auf die Güter bezogenen Sinne wird der Begriff der Ökonomie der Singularitäten bei Lucien Karpik verwendet, vgl. Lucien Karpik, *Valuing the Unique. The Economics of Singularities*, Princeton 2010 (dt.: *Mehr Wert. Die Ökonomie des Einzigartigen*, Frankfurt/M. 2011).

sönlichkeit, insgesamt in ihrer möglichst außergewöhnlichen *Performanz* gefragt und werden nach diesen Kriterien bewertet.

Drittens: Auch der Konsum der kulturellen Güter erhält eine singularistische Struktur: In ihren Konsumpraktiken arbeiten die spätmodernen Subjekte an ihrem als authentisch empfundenen und inszenierten, je besonderen Lebensstil. Die Massenkonsumtion wird von einer Pluralisierung der Konsummuster abgelöst. Der Konsum ist hier im Kern *kultureller Konsum*, das heißt ein Konsum von kulturellen Dingen, Diensten und Ereignissen. Der Konsument ist ein Kokreativer, der die Güter nicht mehr so sehr vernutzt, sondern sie auf je eigene Weise zusammenstellt und sich »kuratierend« aneignet.

Viertens: Die Standardmärkte für funktionale Massengüter werden von Singularitätsmärkten abgelöst. Sie sind durch die Überproduktion von immer neuen kulturellen Gütern mit Überraschungswert und damit durch eine *Hyperkompetitivität* geprägt, das heißt durch eine ausgeprägte, unberechenbare Konkurrenz um Beachtung und Wertschätzung von Einzigartigkeiten. Diese Märkte sind weniger Preis- oder Leistungsmärkte als hochgradig affektiv unterfütterte *Attraktivitätsmärkte*, die von der Aufmerksamkeitslenkung und kulturellen Valorisierung leben. Sie sind spekulativ und münden in radikale Asymmetrien nach dem Muster *The Winner takes it all.*[5]

Die Entgrenzung der *creative economy*

Im institutionellen Kern der Singularisierung und Kulturalisierung der spätmodernen Ökonomie befindet sich das, was man die *creative industries*, die *cultural economy* oder die *creative economy* nennt.[6] Die *creative*

5 Die Transformation der Güter und der Märkte wird in diesem Kapitel (II.1. und II.2) genauer behandelt, die Transformation der Arbeits- und Organisationsformen folgt im Kap. III. Die Transformation des Konsums wird im breiteren Rahmen der Lebensstile in Kap. V zum Thema.

6 Vgl. zu diesem Themenkreis Richard Caves, *Creative Industries: Contracts Between Art and Commerce*, Cambridge (Mass.) u. a. 2000; David Hesmondhalgh, Sarah Baker, *Creative Labour. Media Work in Three Cultural Industries*, London, New York 2011; Terry Flew, *The Creative Industries. Culture and Policy*, Los Angeles u. a. 2012; ders., *Global Creative Industries*, Cambridge 2013; Rosamund Davies, Gauti Sigthorsson, *Introducing the Creative Industries: From Theory to Practice*, Los Angeles 2013; John Howkins, *The Creative Economy. How People Make Money From Ideas*, London 2001.

economy ist die treibende Kraft der postindustriellen Wirtschaft. Man kann diese Begriffe zunächst auf bestimmte Branchen beziehen, die sich historisch an der Peripherie der industriellen Massenproduktion entwickelt haben und deren Wertschöpfung und Beschäftigtenzahl seit den 1980er Jahren absolut und relativ zur Gesamtökonomie signifikant angewachsen sind.[7] In einer engen Definition, die häufig auch in offiziellen Statistiken verwendet wird, umfassen die *creative industries* die Architektur, die Werbung, die Kunst, das Kunsthandwerk, die Musik, Film und Video, das Design, die Mode, die darstellenden Künste, Computerspiele, Softwareentwicklung und Computerdienste, schließlich Medien aller Art, ob Print, Hörfunk, Fernsehen oder Online. In einer etwas weiter gefassten Definition schließt die *creative economy* auch die Branchen des Tourismus und des Sports (Publikums- und Individualsport) ein. Sie geht darin in die sogenannte *experience economy* (Erlebnisökonomie) über.[8]

Für die *creative economy* in diesem immer noch vergleichsweise engen Sinn ließe sich eine alternative Wirtschaftsgeschichte der Moderne skizzieren, die nicht von den schwerindustriellen Zentren der Industrialisierung, sondern von den kreativen Nischen der Kulturproduktion ausgeht.[9] Man kann hier mehrere regionale, langfristig wirkungsmächtige Keimzellen kultureller Produktion ausmachen: die nord- und mittelitalienischen am Design orientierten Handwerksbetriebe, deren lokale Netzwerke von Kulturunternehmern seit den 1970er Jahren unter dem Titel »Terza Italia« eine überraschende Renaissance erlebt haben; die Modeszene im London der 1960er und 1970er Jahre als Geburtsort des Jugendkulturkapitalismus; die Start-up-Szene in Kalifornien, die sich seit den 1980er Jahren insbesondere aus der IT-Branche in atemberaubender Geschwindigkeit entwickelt hat.[10] Die spätmodernen *creative industries* sind jedoch längst diesen subkulturellen, lokalen Inkubationszentren entwachsen und zu etablierten Wirtschaftszweigen geworden, die sich auf globale

7 Vgl. dazu Davies, *Introducing the Creative Industries*, S. 8ff.

8 Vgl. dazu Flew, *Creative Industries*, S. 10 beziehungsweise Jens Christensen, *Global Experience Industries*, Aarhus 2009.

9 Vgl. Andreas Reckwitz, *Die Erfindung der Kreativität. Zum Prozess gesellschaftlicher Ästhetisierung*, Berlin 2012, S. 164-182.

10 Vgl. zu Terza Italia Sebastiano Brusco, »The Emilian Model: Productive Decentralisation and Social Integration«, in: *Cambridge Journal of Economics* 6/2 (1982), S. 167-182; zum Jugendkulturkapitalismus Angela McRobbie, *British Fashion Design: Rag Trade or Image Industry?*, London 1998; und zur IT-Szene Paul Freiberger, Michael Swane, *Fire in The Valley. The Making of the Personal Computer*, New York 1999.

Produktionsnetzwerke stützen. Dabei konzentriert sich die kulturell-kreative Produktion räumlich auf die miteinander vernetzten Metropolen und Metropolregionen Amerikas, Europas, Asiens und Australiens, während der Konsum ihrer kulturellen Güter global ist. Neben einer Vielzahl von Klein- und Mittelunternehmen umfasst die *creative economy* internationale Großkonzerne wie Apple, Google, TUI, Thomas Cook, Nike, Walt Disney, Time Warner, Bertelsmann, Nintendo, LVMH (Louis Vitton u. a.) oder Kering (Gucci, Yves Saint Laurent u. a.).[11]

Wichtig ist jedoch zu betonen: Der spätmoderne Kulturkapitalismus geht *weit* über diese abgegrenzten und herausgehobenen Branchen zwischen Softwaredesign und Filmindustrie hinaus. Die Kulturalisierung und Singularisierung der Ökonomie bedeutet vielmehr, dass auch Wirtschaftszweige, die sich in der organisierten Moderne der Produktion industrieller Gebrauchsgüter oder den klassischen Dienstleistungen widmeten, sich in Richtung kultureller Singularitätsgüter umformatieren. In anderen Worten: Die *gesamte* Güter- und Dienstleistungsproduktion der westlichen Ökonomie wird mehr und mehr *postindustrialisiert* und nimmt so Züge einer *creative economy* an. Sie wird auch über spezielle kulturaffine Branchen hinaus insgesamt zu einer Kultur- und Singularitätsökonomie. Auch die Landwirtschaft, die Automobil- oder Bauindustrie, die Produktion von funktionalen Gütern wie beispielsweise Uhren oder Laufschuhen oder traditionsreiche Dienstleistungen wie die Gastronomie oder die medizinische Behandlung verlassen immer mehr die alte Logik der Massenproduktion funktionaler Güter zugunsten der postindustriellen Logik der kulturellen Singularitätsgüter; sie gewinnen zunehmend ihr Profil beispielsweise über Bioprodukte mit Authentizitätsanspruch, Automarken mit Erlebnisqualitäten, über Zeitmesser oder Sportschuhe als Designobjekte, solitäre Architektur, gastronomische Originalität oder maßgeschneiderte Gesundheitspakete.[12]

Zu Recht hat John Howkins darauf hingewiesen, dass ein Indikator

11 Zu den globalen Großunternehmen der Kulturökonomie vgl. Christensen, *Global Experience Industries.*

12 Vgl. beispielsweise zur Landwirtschaft Klaus-Werner Brand (Hg.), *Die neue Dynamik des Bio-Markts*, München 2006; zum Automobil Mimi Sheller, »Automotive Emotions«, in: *Theory, Culture & Society* 21/4-5 (2004), S. 221-242; zur Uhr als Designobjekt Del Coates, *Watches Tell More Than Time. Product Design, Information, and the Quest for Elegance*, New York, London 2003; zum Sportschuh Elizabeth Semmelhack, *Out of the Box. The Rise of Sneaker Culture*, New York 2015.

für diese Ausdehnung der *creative economy* im internationalen Bedeutungszuwachs jener Güter zu finden ist, für die Fragen des Urheberrechts relevant werden.[13] Die Güter der Singularitätsökonomie haben in der Regel identifizierbare Urheber, sie haben (individuelle oder kollektive) *Autoren*, welche die Neuheit und Einzigartigkeit des Gutes in die Welt gesetzt haben und daraus komplizierte (und mittlerweile umstrittene) Rechtsansprüche herleiten – ob nun in Form des Copyright, des Patents, der Marke oder des Designs. Für die Güter der *creative economy* gilt, dass sich das klassische ökonomische Dreieck von Produzent, Produkt und Konsument nun in jene Trias von Autor, Werk und Rezipient/Publikum verwandelt hat, wie man sie aus dem Feld der Künste kennt.[14] So wie das Kunstwerk immer schon ein besonderes Gut dahingehend war, dass es Originalität, Einzigartigkeit und kulturellen Wert geltend machen konnte und eine Zuschreibung auf eine Autorfunktion stattfand, so erhalten auch die Güter der *creative economy* immer mehr den Charakter von *Werken* in einem weiteren Sinne. Das gilt für die Kreationen des Spitzenkochs ebenso wie für das Möbelstück des Designers, den Stil einer Fußballmannschaft oder die Solitärarchitektur.

Die Etablierung der postindustriellen Ökonomie hängt eng mit jenem Prozess zusammen, den die Soziologie häufig als Expansion der *Wissensökonomie* auf den Begriff gebracht hat. Kapitalismustheoretisch ist entsprechend vom kognitiven Kapitalismus, modernetheoretisch von der Wissensgesellschaft die Rede.[15] Zweifellos: Das Nachfolgemodell der Industriegesellschaft ist durch die Notwendigkeit einer höheren formalen Qualifikation vieler ihrer Arbeitnehmer, damit einer gesteigerten Relevanz von Expertise gekennzeichnet sowie dadurch, dass das Wissen, vor allem die Schaffung neuen Wissens, und entsprechend das »Humankapital« zu einer zentralen Produktivkraft geworden sind. Aus meiner Sicht zentral ist jedoch, dass die spezifischen Strukturen der postindustriellen Ökonomie erst dann deutlich werden, wenn man die Form der *Güter* in

13 Vgl. Howkins, *The Creative Economy*.

14 Vgl. dazu auch Maurizio Lazzarato, »Immaterial Labor««, in: Paolo Virno, Michael Hardt (Hg.), *Radical Thought in Italy: A Potential Politics*, Minneapolis 1996, S. 133-148.

15 Zur Wissensökonomie vgl. Peter Drucker, *Post-Capitalist Society*, New York 1993; Nico Stehr, Richard Ericson (Hg.), *The Culture and Power of Knowledge. Inquiries into Contemporary Societies*, Berlin, New York 1992; zum kognitiven Kapitalismus Isabell Lorey, Klaus Neundlinger (Hg.), *Kognitiver Kapitalismus*, Wien 2012.

den Blick nimmt. Die Güter sind von ganz neuer Art: sie werden singularisiert und kulturalisiert. Die Wissensökonomie *ist* also im Kern eine Kulturökonomie und eine Ökonomie der Singularitäten.[16] Sie lässt sich demnach nicht mehr angemessen in Begriffen des kognitiven Kapitalismus beschreiben, die zu sehr der sozialen Logik des Allgemeinen der Industriegesellschaft und ihrem Modell der Technifizierung und Verwissenschaftlichung verhaftet sind. Was in der postindustriellen Ökonomie produziert und konsumiert wird, sind nämlich in erster Linie *nicht* funktionales Wissen und kognitive Informationen, sondern kulturelle Güter in ihren Besonderheiten als Narrationen, Bedeutungen, Identitäten, Affekte und Emotionen, ästhetisches Erleben, ethische Güter, Spiele und Gestaltungen.

Das soziale Feld der *Künste*, das der traditionellen Wirtschafts- und Arbeitssoziologie höchstens eine Fußnote wert war, erweist sich für die Ökonomie der Singularitäten damit in vieler Hinsicht als modellhaft, ja, der Kulturkapitalismus des frühen 21. Jahrhunderts lässt sich von Strukturmerkmalen des Kunstfeldes prägen. Um den Modellcharakter der Kunst zu erkennen, muss jedoch ihre Idealisierung überwunden werden, zu der nicht zuletzt die philosophische Ästhetik neigt.[17] Als Modell eignet sich die Kunst wegen ihrer spezifischen Eigenschaft als soziales Feld: ihrer extremen Orientierung am Neuen und Überraschenden, die mit einer systematischen Überproduktion von Werken verbunden ist, von denen sich die allermeisten als Flops erweisen und sich nur sehr wenige durchsetzen; sie eignet sich zudem wegen der intrinsischen, am Ideal der Kreativität orientierten Arbeitsmotivation der Künstler wie auch aufgrund der unerbittlichen künstlerischen Wettbewerbslogik. Schließlich und vor allem: Wenn es in der modernen Gesellschaft ein soziales Feld gibt, das sich der Singularisierung von Objekten, der Arbeit an und der Wertschätzung von Eigenkomplexitäten und der Logik von Valorisierung und Entvalorisierung verschrieben hat, dann ist es das Kunstfeld.

Ist die Spätmoderne damit in ihrer Gesamtheit zur Ökonomie der Singularitäten geworden? Natürlich nicht. Letztere bildet zwar das expansive Zentrum der spätmodernen Wirtschaft und Gesellschaft, aber

16 Ich werde im Folgenden daher häufig die übergreifende Formel »Wissens- und Kulturökonomie« verwenden.

17 Vgl. dazu Pierre-Michel Menger, *Kunst und Brot. Die Metamorphosen des Arbeitnehmers*, Konstanz 2006.

daneben existieren weiterhin alte und auch neue Branchen, die einer industriellen Logik folgen und standardisierte Güter und Dienste produzieren: zum einen das trotz der Entindustrialisierung weiterbestehende, klassisch industrielle Segment der Förderung und Fertigung von Investitionsgütern (Maschinen etc.) und Rohstoffen; zum anderen die alten und vor allem neuen routinisierten und funktionalen Dienstleistungen (zum Beispiel Reinigung, Transport, Sicherheit).[18] Beide Bereiche folgen auf der Ebene der Güter, der Arbeitsformen, der Märkte und des Konsums im Wesentlichen der Logik der industriellen Moderne. Das Verhältnis zwischen der Kulturökonomie und der Industrieproduktion beziehungsweise den funktionalen Dienstleistungen ist eines der Komplementarität zwischen einer *Ökonomie des Besonderen* und einer *Ökonomie des Standardisierten*. Die Ökonomie des Standardisierten bildet gewissermaßen die notwendige Infrastruktur im Hintergrund, damit der Kulturkapitalismus mit seinen Singularitätsgütern im öffentlichkeitswirksamen Vordergrund florieren kann.[19]

1. Einzigartigkeitsgüter im Kulturkapitalismus

Die Kulturalisierung der Güter

In der spätmodernen Gesellschaft verlangen die Konsumenten verstärkt nach kulturell-singulären Gütern. Und der singularistische Lebensstil gewinnt seine Struktur, seinen Reiz und seinen Sinn dadurch, dass er sich solche Güter aneignet. Entsprechend verlegt sich das ökonomische Feld darauf, diese Form der Güter in hochgradig differenzierter Form anzubieten und das Begehren nach innen noch weiter anzustacheln. Die Singularisierung der ökonomischen *Objekte* (im weitesten Sinne) geht hier einher mit der Singularisierung der *Subjekte*: Wer von Objekten das Be-

18 Vgl. zu Letzterem etwa Friederike Bahl, *Lebensmodelle in der Dienstleistungsgesellschaft*, Hamburg 2014.

19 In der Ökonomie des Standardisierten setzt sich einerseits eine industriegesellschaftliche Tradition der Produktion fort, andererseits gibt die Ökonomie des Besonderen ihr aber auch einen neuen Schub, indem sie die genannten »einfachen« Dienstleistungen verstärkt nachfragt. Vgl. dazu Saskia Sassen, »Dienstleistungsökonomien und die Beschäftigung von MigrantInnen in Städten«, in: Klaus Schmals (Hg.), *Migration und Stadt. Entwicklungen, Defizite und Potentiale*, Opladen 2000, S. 87-114.

sondere erwartet, erwartet dies auch von Subjekten (einschließlich von sich selbst); wer selbst als Subjekt Besonderheit beansprucht, sucht nach Objekten, mittels deren sich diese ausdrücken und fortentwickeln lässt.

Was ist ein Gut? Was macht es zu einem kulturellen Gut? Und was zu einem singulären? Ganz allgemein zeichnen sich Güter dadurch aus, dass sie auf Märkten angeboten und von Konsumenten angeeignet werden. Güter können erstens *Dinge* sein, die man verwendet, vernutzt oder ausstellt (Nahrungsmittel, Bohrmaschinen, Gemälde, Häuser etc.). Sie umfassen zweitens *Dienstleistungen* (Haareschneiden, Therapiesitzungen, Finanzberatung etc.). Sie können drittens die Form von *Ereignissen* haben, in deren Rahmen Aktivitäten stattfinden (Urlaubsreise, Live-Konzert, Restaurantbesuch). Viertens kann es sich um *mediale Formate* handeln, die zwar auch einen dinglichen, häufig mittlerweile digitalisierten Träger haben, der jedoch gegenüber der Inhaltsseite der textuellen, bildlichen oder tonalen Zeichen in den Hintergrund rückt (journalistische Texte, Romane, Sachbücher, Filme, Musikstücke). Während der Begriff der *Ware* den Tauschwert – mithin auch den Preis – der ökonomischen Phänomene betont, hebt der Begriff des *Gutes* den Gebrauchswert hervor. Es bezeichnet, so George Shackle, »einen Gegenstand, der eine Performanz verspricht«.[20] Oder besser: Die Güter sind bereits selbst Performanz. Zudem gilt: Güter enthalten für den Konsumenten ein spezifisch *Gutes*, indem sie einen Zweck erfüllen oder einen Wert haben. In der industriellen Ökonomie der austauschbaren Massenprodukte fiel es leicht, den quantifizierbaren Tauschwert von Waren in den Vordergrund zu stellen und den Gebrauchsaspekt entsprechend abzublenden. Aber indem die spätmoderne Ökonomie eine beträchtliche Komplexität der Bewertung und des Erlebens der Qualität von Gütern entfaltet, gilt es nun, mit dem Begriff des Gutes den Performanz- und Wertcharakter der Waren in den Vordergrund zu rücken.[21]

20 George Shackle, *Epistemics and Economics. A Critique of Economic Doctrines*, London 1972, S. 178. Dazu auch Jens Beckert, Patrik Aspers (Hg.), *The Worth of Goods. Valuation and Pricing in the Economy*, Oxford 2011.

21 Der Begriff des Gutes lässt sich nicht nur auf die kommerzielle, geldvermittelte Ökonomie beziehen, sondern auch auf die Wettbewerbs- und Konsumkonstellationen, in denen die Güter Religionen mit ihren Spiritualitäten, wissenschaftliche Theorien mit ihren Wahrheiten, Wohnorte mit ihren Lebensgefühlen, politische Parteien mit ihren Identifikationsangeboten oder eben jene »Kulturgüter« sind, die beispielsweise die UNESCO als Weltkulturerbe prämiert.

Um zu verstehen, was ein Gut zu einem kulturellen Gut macht, müssen *funktionale* und *kulturelle* Güter voneinander unterschieden werden. Die Differenz zwischen beiden hat nichts mit objektiven Eigenschaften des Gutes selbst zu tun, sondern hängt vom Betrachter und Nutzer ab. Funktional ist ein Gut dann, wenn es in erster Linie einen praktischen Nutzen erfüllt; es folgt dann einer zweckrationalen Logik. Zu einem kulturellen wird ein Gut hingegen dann, wenn ihm vom Konsumenten ein eigenständiger Wert zugeschrieben wird und es darin kulturelle Qualität erlangt.[22] Der Konsument wird hier zum Rezipienten und das Gut zum Gegenstand einer Valorisierung. Während sein Nutzen emotionslos in Anspruch genommen wird, ist der Wert eines Gutes in der Regel affektiv aufgeladen. Kulturelle Güter affizieren die Subjekte, genauer: sie versprechen *positive* Affizierung (Freude, Spannung, Bereicherung des Selbst, das Gefühl, etwas Sinnvolles zu tun, etc.). Kurzum: Kulturelle Güter sind *Affektgüter*. Neben funktionalem Nutzen oder kulturellem Wert versprechen Güter häufig noch etwas Drittes, nämlich soziales Prestige. Da sowohl funktionale als auch kulturelle Güter Prestige verschaffen können, ist es wichtig, kulturellen Wert und sozialen Prestigefaktor nicht von vornherein in eins zu setzen.[23] Die kulturelle Qualität (so wie auch den funktionalen Nutzen) erfährt der Konsument durch die Inanspruchnahme des Gutes selbst, das soziale Prestige bezeichnet eine Wirkung auf Dritte.

Kulturelle Güter haben narrativ-hermeneutische, ästhetische, gestalterische, ethische und/oder ludische Eigenschaften und besitzen damit jene Qualitäten der Kulturpraxis, die wir oben herausgearbeitet haben.[24] Im Einzelnen:

Kulturelle Güter haben häufig eine *narrative und hermeneutische* Qualität, indem sie die Form von Erzählungen annehmen, die für den Rezipienten bedeutungsvoll sind. Dass kulturelle Güter nicht selten Geschichten erzählen, kann gar nicht genug betont werden.[25] Eine Narration

22 Siehe dazu oben, Kap. I.3, S. 75-83.

23 Anders als Pierre Bourdieu in *Die feinen Unterschiede. Kritik der gesellschaftlichen Urteilskraft*, Frankfurt/M. 1989. Dagegen zu Recht Jens Beckert, »The Transcending Power of Goods: Imaginative Value in the Economy«, in: Beckert/Aspers (Hg.), *Worth of Goods*, S. 106-130. Ich gehe unten auch auf das spezifische soziale Prestige von Authentizitätsgütern ein, siehe Kap. V.2, S. 303-308.

24 Vgl. Kap. I.3, S. 87-92.

25 Vgl. zu diesem Aspekt Rolf Jensen, *The Dream Society. How the Coming Shift from Information to Imagination Will Transform Your Business*, New York 2001; auch Petra Sammer, *Storytelling*, Köln 2014; Mark Gottdiener, *The Theming of America*, Boulder

kann direkt zu einem Gut werden – in Form eines Romans, eines Sachbuchs, eines Films oder eines journalistischen Artikels beispielsweise. Oder aber es entspinnt sich um das Gut ein komplexes *storytelling* (ob marketinggetrieben oder nicht): die Geschichte eines Designstils oder eines Designers, mit der ein bestimmtes Objekt assoziiert wird, oder die vielschichtige Geschichte einer Stadt, die sich bei deren Besuch erfahren lässt. Ein Gut kann auch zum Träger eines bestimmten bedeutungsvollen Stils werden, etwa von Coolness und Zeitgenossenschaft oder von Klassizität.[26] Kulturelle Güter können auch einen *ethischen* Wert repräsentieren. Sie erscheinen dann als Träger von etwas Gutem. Dies kann etwa im Bereich der Ernährung für Halal-Nahrungsmittel, die einem religiösen Kodex entsprechen, oder für Bio-Produkte gelten. Güter können einem Ethos der Gesundheit folgen, mit einem ökologischen Wert assoziiert werden oder als sozialverträglich gelten (regionale Produkte, Kleidung, die nicht in »Billigländern« hergestellt wurde).[27]

Kulturelle Güter haben eine *ästhetisch-sinnliche* Qualität, wenn sie die sinnliche Wahrnehmung auf befriedigende oder interessante Weise anregen.[28] Dies kann mittels der visuellen, auditiven, taktilen und olfaktorischen Eigenschaften eines einzelnen Dings, vom Oldtimer bis zur Symphonie auf der CD, vom Wein bis zum Kinofilm geschehen. Es kann aber auch die ästhetische Qualität eines Ereignisses betreffen, etwa eines Live-Konzerts, eines Festivals, einer Urlaubsreise oder eines Restaurantbesuchs. Kulturelle Güter haben eine *gestalterische* Dimension, wenn sie über ihre Machart im engeren Sinne hinaus dem Rezipienten einen Rahmen bieten, Materialitäten und Bedeutungen innerhalb seiner Lebensführung kreativ zu gestalten.[29] Dann haben sie einen aktivierenden Cha-

2001. An dieser Stelle wird deutlich, inwiefern auch Religionen und politische Weltanschauungen unter spätmodernen Bedingungen zu kulturellen Gütern werden.

26 Zum Zeichencharakter der Güter schon früh und bahnbrechend Jean Baudrillard, *Symbolic Exchange and Death* (1976), London 1993.

27 Zum ethischen Konsum vgl. James G. Carrier (Hg.), *Ethical Consumption. Social Value and Economic Practice*, New York 2015, und Jonas Grauel, *Gesundheit, Genuss und gutes Gewissen. Über Lebensmittelkonsum und Alltagsmoral*, Bielefeld 2013.

28 Dieser Aspekt ist als Ästhetisierung breit diskutiert, vgl. Gilles Lipovetsky, *L'esthétisation du monde. Vivre à l'âge du capitalisme artiste*, Paris 2013; auch Joseph B. Pine, James Gilmore, *The Experience Economy. Work is Theatre and Every Business is a Stage*, Boston 1999.

29 Vgl. dazu auch Tim Brown, *Change by Design. How Design Thinking Transforms Organizations and Inspires Innovation*, New York 2009.

rakter. Diese kreative Gestaltung kann zum Beispiel in Kursen und Therapien vermittelt werden, in denen Fähigkeiten oder Gefühlsstrukturen erworben oder transformiert werden. Es kann um die Gestaltung der Freizeit, der Wohnung oder um eine Neujustierung der gesamten Lebenssituation gehen. Kulturelle Güter haben häufig eine *ludische* Qualität. Spiele selbst können in diesem Sinne ein kulturelles Gut sein, und zwar sowohl solche, an denen der Rezipient selbst teilnimmt (ein Computerspiel, das Verwenden einer App auf dem Smartphone, eine Mannschafts- oder Extremsportart, ein Fantasy Game), als auch solche, denen er zuschaut (beim Publikumssport beispielsweise). Es ist auch möglich, dass Ereignisse oder Dienste Elemente des Spielerischen enthalten, das heißt einen *play*-Charakter haben, aber ohne die festen Regeln eines *game* (ein Aktivurlaub etwa).[30]

Der Strukturwandel der Güter von der industriellen zur postindustriellen Moderne bezeichnet sicherlich keinen absoluten Bruch, aber eine Verschiebung der Gewichte: Auch in der organisierten (und bürgerlichen) Moderne zirkulierten bereits kulturelle Güter, und auch in der Spätmoderne existieren solche mit primär funktionalem Charakter. In der spätmodernen Ökonomie nimmt der Umfang der kulturellen Güter nun jedoch nicht nur quantitativ enorm zu und prägt die ökonomische Produktion flächendeckend. Zentral ist, dass sich auch die gesellschaftlichen Bewertungen der Gütertypen umkehren. Die Unterscheidung zwischen Profanem und Sakralem, die für Kulturalisierungsprozesse allgemein gilt,[31] lässt sich auf die Güter beziehen. In der spätmodernen Gesellschaft sind die funktionalen Güter bloß *profan*. Sie sind einfach nur nützlich, gewissermaßen Wegwerfgüter und -dienste. Am schlagendsten gilt dies für die routinisierten Dienstleistungen. Die kulturellen Güter hingegen erscheinen als *sakral*, indem sie wert- und affekthaft aufgeladen sind. Während in der bürgerlichen und organisierten Moderne eine Ten-

30 Vgl. Nora Stampfl, *Die verspielte Gesellschaft. Gamification oder Leben im Zeitalter des Computerspiels*, Hannover 2012.

31 Siehe Kap. I.3, S. 66f. Funktionalität und Kulturalität von Gütern schließen einander im Einzelfall nicht unbedingt aus, sondern können kombiniert auftreten. Die Unterscheidung zwischen dem Kulturellen und der Kultur muss dabei beachtet werden: »Kulturell« in einem weiten Sinn sind auch funktionale Güter sowie die Unterscheidung zwischen Kultur und Funktionalität selbst, denn die Gebrauchsweise von Gütern hängt von kulturspezifischen Sinnzusammenhängen ab, die definieren, wie man was funktional verwendet. Kulturelle Güter im genuinen, engeren Sinne sind jene, denen aus Sicht des Rezipienten ein Eigenwert sowie die genannten Qualitäten zukommen.

denz bestand, im Namen der Sachlichkeit kulturelle Güter als dekadenten, »nutzlosen« Luxus zu diskreditieren,[32] kehrt sich damit in der Spätmoderne die Bewertung um: Die funktionalen Güter werden profanisiert, während die kulturellen Güter Wert beanspruchen und Faszinationskraft ausüben.

Die Kulturalisierung betrifft alle vier genannten Gütertypen: Dinge, mediale Formate, Dienste und Ereignisse. Gegen die Suggestion einer vollständig immateriellen Ökonomie der Dienste und Events muss betont werden, dass die Produktion und Konsumtion *dinglicher* Güter in der Spätmoderne zentral bleibt.[33] Kulturelle Güter haben häufig dinglichen Charakter, etwa im expansiven Bereich der Mode, der Innenarchitektur und der Unterhaltungselektronik. Das Werkzeug-Paradigma der Dingwelt wird hier von einem Fetisch- oder Kult-Paradigma verdrängt. Damit wird das *Design* der Dinge zentral, welches über die Gestaltung einer ansehnlichen Oberfläche hinaus die Konstruktion des gesamten Dings einschließt.[34] Dabei gewinnt auch das dreidimensionale Arrangement von Dingen in und als *Räume(n)* an Relevanz. In solchen kulturellen Räumen tritt die Funktion hinter ihre *Atmosphäre* zurück.[35] Die Inanspruchnahme oder Inszenierung räumlicher Atmosphären – sei es am Urlaubsort oder in der Bibliothek, in der eigenen Wohnung, im Laden oder im Restaurant – avanciert in der spätmodernen Kulturökonomie zu einem augenfälligen kulturellen Gut von besonderer Komplexität.

Zugleich haben die drei anderen Gütertypen enorm an Relevanz gewonnen. Der Bedeutungszuwachs der *Dienstleistungen* in der Spätmoderne ist häufig betont worden.[36] Nicht selten handelt es sich hier allerdings um funktionale, profane (»einfache«) Dienstleistungen, die, wie bereits gesagt, eine Ermöglichungs- und Hintergrundstruktur für den kulturellen Konsum bieten. Im Zentrum der Kulturalisierung stehen jedoch jene hochqualifizierten Dienste, die Beispiele für das liefern, was Shoshana

32 Man fand sie vor allem in der Aristokratie und in anderer Weise in der Bohème-Subkultur. Allerdings darf nicht unterschlagen werden, dass das Bürgertum – vor allem infolge von »Importen« aus der Aristokratie – seine kulturellen Güter pflegte.

33 Dazu auch Konrad Paul Liessmann, *Das Universum der Dinge. Zur Ästhetik des Alltäglichen*, Wien 2010.

34 Vgl. Guy Julier, *The Culture of Design*, London 2000.

35 Vgl. Gernot Böhme, *Atmosphäre. Essays zur neuen Ästhetik*, Frankfurt/M. 1995.

36 Vgl. Häußermann/Siebel, *Dienstleistungsgesellschaften*.

Zuboff *support economy* genannt hat.[37] Im Kern geht es dabei um die Vermittlung und Kreation von Stories, Images, Kompetenzen und Gefühlen. Hier ist an das weite Feld der psychologisch und pädagogisch, aber auch ästhetisch orientierten Beratungen zu denken, welche die Lebensveränderung des Klienten zum Ziel haben. Zum anderen sind die körperorientierten Dienstleistungen zu nennen, die um ästhetische Attraktivität und physisches Wohlbefinden kreisen.

Mediale Formate explodieren in der spätmodernen Ökonomie, auch infolge ihrer durch die digitale Revolution vereinfachten Herstellung und Verbreitung. Dies gilt für Bücher, Fernsehsendungen, Filme und Videos sowie Musikstücke, aber auch für die große Bandbreite von Text-, Audio- und Bildformaten, die im digitalen Netz (auch nichtkommerziell) zirkulieren.[38] Die quantitative Zunahme medialer Formate geht Hand in Hand mit einer expansiven Kulturalisierung der Medien. Gewiss können auch mediale Inhalte durchaus den Charakter funktionaler Güter haben, was sie in der Vergangenheit auch häufig waren. Die Differenz zwischen funktionalen und kulturellen Inhalten betrifft die Unterscheidung, ob die medialen Formate in erster Linie *Informationen* oder *Geschichten* bieten, also ob sie primär kognitiv oder primär narrativ (und ästhetisch) ausgerichtet sind. Der spätmoderne Zuwachs an medialen Formaten geht nun im Wesentlichen auf das Konto der narrativen und ästhetischen Medieninhalte. Dies betrifft fiktionale (oder musikalische) Formate, aber auch Sachbücher, Blogs, Talkshows oder sogar Nachrichten, die immer weniger Informationsmedien und immer häufiger *Affektmedien* sind.

Von außergewöhnlicher Bedeutung im Kulturkapitalismus sind die *Ereignisse* oder *Events*.[39] Dazu gehören beispielhaft die globalen Sportereignisse (Fußballweltmeisterschaft, Olympische Spiele etc.), die ihren Reiz aus der Einmaligkeit und der Ungewissheit ihres Verlaufs beziehen und denen ein großes, translokales Publikum beiwohnt. Daneben sind künstlerische Events zu nennen, die mit der Live-Erfahrung des Publi-

37 Vgl. Shoshana Zuboff, James Maxmin, *The Support Economy. Why Corporations are Failing Individuals and the Next Episode of Capitalism*, London 2004; Jacques de Bandt, Jean Gadrey (Hg.), *Relations de service, marchés de services*, Paris 1998.

38 Man kann hier von einer Medialisierung oder Mediatisierung sprechen, vgl. Andreas Hepp, Marco Höhn, Jeffrey Wimmer (Hg.), *Medienkultur im Wandel*, Konstanz 2010.

39 Zur Eventkultur vgl. Winfried Gebhardt, Ronald Hitzler, Michaela Pfadenhauer (Hg.), *Events. Soziologie des Außergewöhnlichen*, Opladen 2000.

kums punkten – Konzerte und Festivals der populären und klassischen Musik, Theaterfestspiele oder Filmfestivals mit anwesenden Stars – oder nur über einen begrenzten Zeitraum stattfinden, zum Beispiel Wechselausstellungen in Museen. Aber auch Events im kleinen Kreis, seien sie privat oder offiziell, zum Beispiel aufwändig zelebrierte Hochzeiten oder Abschlussfeiern, fallen hierunter. Vor allem schließlich lebt die global operierende Tourismusbranche davon, den Reisenden für eine gewisse Zeit mit Ereignissen zu versorgen, die als affektiv befriedigend erlebt werden. Ereignisse sind sozusagen *per definitionem* keine funktionalen, sondern kulturelle Güter: Sie werden von den Konsumenten nicht gesucht, um sie zu *benutzen*, sondern um sie (im Moment) zu *genießen*. Ereignisse sind kulturelle Affektgüter *par excellence*.

Singularitätsgüter: Originalität und Rarität

Die *kulturellen* Güter, die in der Spätmoderne fabriziert und angeeignet werden, sind überwiegend *singuläre* Güter. Natürlich: Jene kulturellen Güter, die massenhaft produziert und von der Masse als standardisierte genossen werden, hat es in der Moderne immer gegeben und gibt es immer noch. Doch sie sind in die Defensive geraten und herabgesunken in die Sphäre der Profanität.[40] Was aber macht ein kulturelles Gut zu einem singulären? Wie wird es in der Ökonomie des Besonderen singularisiert? Um einzigartig zu werden, kommen für ein Gut zwei Eigenschaften in Frage, die nicht aufeinander reduzierbar sind: *Originalität* und *Rarität*. Demgegenüber ist das standardisierte Gut, dem die Singularität abgesprochen wird, durch Gleichförmigkeit und Massenhaftigkeit charakterisiert.

Zunächst zur *Originalität*: Damit ein Gut als einzigartig gilt, muss es originell erscheinen. Dies umfasst zwei, uns bereits vertraute Eigenschaften:[41] das Gut muss nicht nur graduell, sondern in grundsätzlicher und qualitativer Hinsicht anders sein als andere Güter, und es muss seine eigene, innere Struktur besitzen. Also: Etwas wird originell, indem es *nach innen* Eigenkomplexität und kulturelle (narrative, ästhetische, ludische,

40 Umgekehrt können auch primär funktionale Güter zum Gegenstand einer maßgeschneiderten Besonderung, einer *customized production* werden. Einen besonderen Schub verspricht in dieser Hinsicht die *Maker*-Kultur, vgl. Chris Anderson, *Makers. The New Industrial Revolution*, New York 2012.

41 Siehe Kap. I.2, S. 51-54.

ethische, gestalterische) Dichte entwickelt und *nach außen* durch qualitative Andersheit charakterisiert ist. Originalität arbeitet immer mit beidem: eigenkomplexer Dichte und »absoluter« qualitativer Differenz. Es ist nicht verwunderlich, dass der Begriff der Originalität ursprünglich ab Ende des 18. Jahrhunderts in der Kunsttheorie entwickelt wurde.[42] Moderne Kunstwerke sind Singularitäten *par excellence*, die das Strukturmodell für alle anderen singulären Güter liefern. Das moderne Kunstwerk – sei es ein Roman oder ein Gemälde, ein Theater- oder Musikstück – beansprucht schließlich immer, jeweils *anders* als alle anderen Werke zu sein. Andersheit ist dabei nicht als eine beliebige, feine Differenz zu begreifen, sondern als eine absolute und qualitative. Diese Art der Differenz sorgt dafür, dass dem Werk bei seinem ersten Auftauchen mit dem Gefühl der Überraschung begegnet wird. Auch mit Blick auf die für Originalität notwendige eigene innere Struktur, die Eigenkomplexität, ist das moderne Kunstwerk paradigmatisch. Ihm gelingt es – metaphorisch gesprochen – eine eigene Welt aufzubauen. Das Kunstwerk ist als Werk ein System eigener Dichte, ein jeweils besonderes Ensemble von Plot und Erzählstil, Melodik, Harmonik und Rhythmik, Mimik, Gestik, Intonation, Bühnenbild etc.; und je dichter diese innere Struktur ist, umso eher ergibt sich der Eindruck der Einzigartigkeit.[43] Durch seine Eigenkomplexität scheint das kulturelle Gut irreduzibel und inkommensurabel. Während die Andersheit das kulturelle Gut *überraschend* macht, machen innere Dichte und Eigenkomplexität es *interessant*.

Während die Originalität ein qualitatives Merkmal darstellt, ist die *Rarität* streng genommen ein quantitatives Kriterium, das jedoch qualitativ aufgeladen wird. Die Quantität schlägt hier gewissermaßen in Qualität um: Ein kulturelles Gut wird auf dieser zweiten Ebene dadurch einzigartig, dass es *selten* und in extremis *einmalig* ist, nämlich dann, wenn es nur in einem einzigen Exemplar existiert, oder aber in einem einzigen Ereignis, das es vorher nie gegeben hat und das nie mehr wiederkehren wird. Demgemäß lässt sich eine Einmaligkeit der Objekte, Orte und

42 Vgl. Jens Häseler, »Original/Originalität«, in: Karlheinz Barck (Hg.), *Ästhetische Grundbegriffe*, Bd. 4, Stuttgart 2002, S. 638-655. Historisch wegweisend war hier Edward Young, *Conjectures on Original Composition* [1759], Manchester 1918; bereits Friedrich Schlegel hat eine Kritik an der Orientierung an der Originalität und am Interessanten formuliert, vgl. Friedrich Schlegel, *Über das Studium der griechischen Poesie* [1797], Paderborn 1982.

43 Siehe oben, Kap. I.2, S. 51-54.

Menschen von einer Einmaligkeit des Zeitpunktes, des Ereignisses unterscheiden.[44] Jenseits der extremen Ausformung von Rarität als Einmaligkeit existieren freilich Abstufungen des Seltenen: Etwas kann in nur wenigen Exemplaren oder in einem begrenzten Zeitraum existieren; oder es ist nur für einen ausgewählten Kreis von Rezipienten zugänglich. Ist Letzteres der Fall, erweist sich das Seltene als das *Exklusive*. Man sieht an dieser Stelle, in welcher spezifischen Weise Singularität und Exklusivität zusammenhängen *können*: Exklusiv wird ein Gut dadurch, dass es einem begrenzten sozialen Kreis vorbehalten bleibt, der bestimmte Voraussetzungen erfüllt (sozialer Status, finanzielle Voraussetzungen, Netzwerk, Bildung, *street credibility*).

Wie steht es um das Verhältnis zwischen Originalität und Rarität? Ich habe schon gesagt, dass sie voneinander unabhängig sind, gleich zweier Achsen in einem Koordinatensystem. Ich gehe allerdings auch davon aus, dass sie nicht den gleichen Stellenwert besitzen. Originalität ist aus meiner Sicht eine notwendige Bedingung für Singularität, Rarität hingegen lediglich ein Faktor, der hinzukommen kann, aber nicht muss. Wenn ein Gut nicht als originell wahrgenommen und erlebt wird, kann es nicht einzigartig werden. Umgekehrt ist Rarität eine Variable, die Einzigartigkeit zu beeinflussen vermag, aber ein singuläres Gut muss keineswegs zwingend selten oder gar einmalig sein. Das beste Beispiel dafür liefert wiederum der Kulturbetrieb mit seinen »Kunstwerken im Zeitalter ihrer technischen Reproduzierbarkeit«: Ein Film, ein Roman oder ein Musikstück zirkuliert in Tausenden oder gar Millionen von Kopien und Exemplaren; und viele Individuen eignen es sich immer wieder zu verschiedensten Zeitpunkten an. Das ändert nichts daran, dass ihm Originalität zugeschrieben und dadurch seine Singularität gesichert wird. Allerdings: Dadurch, dass die moderne Gesellschaft insgesamt die technische Reproduktion von Originalitäten *en masse* ermöglicht, kann das zweite, zusätzliche Kriterium der Rarität in der Spätmoderne erheblich mitbeeinflussen, was als singulär gilt.[45]

44 Es ist nicht verwunderlich, dass wiederum die Kunsttheorie der Moderne eine rege Debatte über den Einmaligkeitsanspruch von Kunstwerken geführt hat, wofür Walter Benjamin die Initialzündung lieferte, vgl. Walter Benjamin, »Das Kunstwerk im Zeitalter seiner technischen Reproduzierbarkeit« [1936], in: *Gesammelte Schriften*, Bd. I.2, Frankfurt/M. 1991, S. 471-507.

45 Dies gilt insbesondere für Luxusgüter neuen Typs, deren Wert auf rarer Historizität beruht, die Boltanski und Esquerre jüngst ausführlich als kennzeichnend für den post-

Dinge als Singularitätsgüter

Die Singularisierung der kulturellen Güter entlang der Kriterien von Originalität und Rarität gilt für alle Gütertypen: Dinge, Dienste, mediale Formate und Ereignisse. Originalität und Rarität nehmen in diesen vier Bereichen jedoch unterschiedliche Formen an. Zunächst zu den Dingen.

Die größte Herausforderung für den Prozess der Singularisierung ist die moderne Dingwelt. Denn schließlich manifestiert sich in der massenhaften Reproduktion und Standardisierung von Dingen die moderne Logik des Allgemeinen in besonders aufdringlicher Weise. Vor dem Hintergrund der Profanität massenhafter Güter in der Industriegesellschaft gewinnt die spätmoderne Singularisierung der Dingwelt ihre Markanz.[46] Originell im zuvor beschriebenen Sinne können Dinge nun werden, indem das sinnlich wahrnehmbare Material in besonderer Weise ästhetisch gestaltet und/oder narrativ-hermeneutisch eingebettet wird. Klassischerweise sind die (Bekleidungs-)Mode und das Design (von Alltagsgegenständen) die beiden Branchen, die intensiv an der originellen Gestaltung der sinnlich wahrnehmbaren Materialität der Dingwelt arbeiten.[47] Neben der Kunst entfalten Mode und Design damit für die postindustrielle Kulturökonomie eine strukturbildende Kraft.

Um Dinge zu singularisieren, bieten sich verschiedene Möglichkeiten. So kann Originalität auf der Ebene des *einzelnen* Gegenstandes in seiner sinnlichen, *ästhetischen* Wahrnehmbarkeit festgemacht werden: der Vespa-Motorroller, der Barcelona-Chair, das Chanel-Kostüm, Yves Kleins *Blue Monochrome*. Der originelle Gegenstand kann dabei durchaus technisch reproduziert, muss also keineswegs einmalig sein. Originalität kann alternativ oder gleichzeitig aber auch die Form eines originären ästhetischen *Stils* annehmen, der sich durch unterschiedliche Gegenstände hindurchzieht.[48] Als Individualstil wird dieser häufig mit dem *Namen* eines

industriellen Kapitalismus untersucht haben: Luc Boltanski, Arnaud Esquerre, *Enrichissement. Une critique de la marchandise*, Paris 2017.

46 Vgl. zu diesem Thema auch ein Handbuch aus dem ökonomischen Feld: Mario Pricken, *Die Aura des Wertvollen. Produkte entstehen im Unternehmen, Werte im Kopf. 80 Strategien*, Erlangen 2014.

47 Vgl. dazu nur Bonnie English, *A Cultural History of Fashion in the Twentieth Century. From the Catwalk to the Sidewalk*, Oxford 2007; Peter Dormer, *Design since 1945*, London 1993.

48 Zum Begriff des Stils vgl. Hans Ulrich Gumbrecht, Karl Ludwig Pfeiffer (Hg.), *Stil.*

Autors verbunden, wie im Fall der Gebäude von Rem Koolhaas oder der Teppiche von Jan Kath. Als Kollektivstil kann er sich auf eine Gruppe oder Zeitströmung beziehen – das Art déco, die Young British Artists, der Sneakers-Street-Style. Häufig wird der Kollektivstil durch eine *Marke* repräsentiert. Tatsächlich muss man die Kreation von kulturellen Marken mit ihrem jeweils besonderen Profil als eine besonders wirkmächtige Form spätmoderner Singularisierung verstehen. Das Design einer Marke wie Apple, Hugo Boss oder Ligne Roset umfasst dabei nicht nur die Gestaltung des ästhetischen Stils der konsumierbaren Dinge, sondern auch jene der Flagship Stores, der Webpräsenz oder der Form der Kundenansprache. Die jeweilige Marke steht dann für eine je eigene, narrativ-sinnliche Welt beziehungsweise Identität von erheblicher Komplexität, an welcher der Konsument qua iPad, Anzug oder Sofa partizipiert.

So wichtig die ästhetische Gestaltung der Dinge mit Blick auf ihre Singularisierung ist: Erst vermittels ihrer Situierung in einen im Prinzip grenzenlos ausdehnbaren *narrativen* Kontext – Erzählungen über historische oder lokale Herkünfte, über ausgefeilte Herstellungstechniken, prominente Nutzer und nicht zuletzt den Verweisungszusammenhang mit anderen Artefakten und Stilen – werden sinnlich doch verhältnismäßig beschränkte Güter wie Uhren, Weine oder Geräte der Unterhaltungselektronik in singuläre Güter verwandelt. So wird beispielsweise aus dem banalen Plastikstuhl erst durch die Situierung in die Biografie und das Gestaltungskonzept von Charles und Ray Eames sowie in die Geschichte des modernistischen Designs der Nachkriegszeit, ja in die Kulturgeschichte der Vereinigten Staaten insgesamt jener legendäre *Eames Plastic Chair*, dessen charakteristische Silhouette seit der Jahrtausendwende in großer Zahl die offenen Küchen der globalen Akademikerklasse zwischen Seattle, Amsterdam und Melbourne ziert.[49]

Eigenkomplexität wird zudem durch eine mögliche *ethische* Besetzung aufgebaut. Die Singularisierung der Dingwelt erfolgt in der spätmodernen Ökonomie in erheblichem Maße in der Form des sogenannten ethischen Konsums, am deutlichsten im Falle der Nahrungsmittel. Ethisch vorbildlich wird ein Nahrungsmittel aber erst durch den sinnhaften Kon-

Geschichten und Funktionen eines kulturwissenschaftlichen Diskurselements, Frankfurt/M. 1986.

49 Vgl. zu diesem Thema nur Pat Kirkham, *Charles and Ray Eames: Designers of the Twentieth Century*, Cambridge 1995.

text, vor allem die Geschichte, die über den Weg des Nahrungsmittels vom Tier oder der Pflanze über seine Verarbeitung bis hin zum Transport zum Abnehmer erzählt wird (artgerechte Haltung, natürliche Kultivierung, sozial faire Verarbeitung, lokale Produktion etc.). Kulturelle Dinge erlangen ihre Singularität also häufig über die Besonderheiten ihrer *Dingbiografie*.[50] Während ein funktionales Ding nach seiner anonymen Fabrikation vernutzt wird, hat das kulturelle Ding eine ganz eigene Geschichte, die möglicherweise auch gezielt in Szene gesetzt wird: Die Fritz-Hansen-Lampe und das Halal-Produkt werden durch ihre Biografien singulär.

Neben der Originalisierung der Dinge trägt ihre Rarifizierung zur Fabrikation von Singularitäten bei. Wir haben gesehen: Die extreme Ausformung des seltenen Dings ist das *Unikat*, die Einmaligkeit im strengen Sinne, wie sie paradigmatisch dem Kunstwerk zukommt, vor allem dem Gemälde oder der Skulptur. Die internationale Expansion des Kunstmarktes seit den 1990er Jahren belegt das ausgeprägte spätmoderne Interesse an diesen Unikaten (zumindest bei jenen, die sie sich leisten können).[51] Hier handelt es sich um für ein potenziell anonymes Publikum gefertigte Einzelstücke. Eine andere Möglichkeit der Singularisierung von Dingen via Rarität ist die personalisierte Einzelanfertigung, etwa von Einrichtungs- oder Bekleidungsgegenständen, die ihren Ursprung im vorindustriellen Handwerk hat.[52]

Rarifiziert werden Dinge zudem über zwei Umstände der Verknappung: einem *zeitlichen* und einem *topografischen*. Güter, die in der Vergangenheit hergestellt wurden, kommen ab einem gewissen Alter natürlicherweise nur in begrenzter Zahl vor (was wiederum Fälschungen und Imitate begünstigt). Es handelt sich um Antiquitäten im weitesten Sinne: alte, gebrauchte Möbel und Kunsthandwerk, aber auch Autos (Oldtimer), Brillen und Kleidung (sogenannte Vintage-Stücke), vor allem schließlich alte Wohnhäuser in ihrem historischen Stil. Gewiss gilt auch hier, dass

50 Vgl. auch Igor Kopytoff, »Biography of Things. Commoditization as Process«, in: Arjun Appadurai (Hg.), *The Social Life of Things. Commodities in Cultural Perspective*, Cambridge 1986, S. 64-91.

51 Vgl. zu diesem Thema auch Wolfgang Ullrich, *Siegerkunst. Neuer Adel, teure Lust*, Berlin 2016.

52 Auch die Herstellung von Einzelstücken durch 3-D-Drucker lässt sich hier einordnen (wenngleich ihr die handwerkliche und daher persönliche Note fehlt). Vgl. dazu Anderson, *Makers*.

dem Gut zunächst Originalität zugesprochen werden muss, um überhaupt wertvoll zu werden (dies unterscheidet die Antiquität vom Müll), aber hinzu kommt die natürliche Seltenheit der Antiquität. Auch die Limitation des Ortes rarifiziert die Güter. Dies ist insbesondere für Wohnhäuser auf dem seit den 1990er Jahren vor allem in den Metropolen heiß umkämpften Immobilienmarkt relevant: Häuser mit Meerblick in der San Francisco Bay Area sind ebenso natürlicherweise rar wie Wohnungen an der Place Vendôme in Paris, die alle Vorzüge des metropolitan-nostalgischen Lebens versprechen.[53] Schließlich ist an künstliche Rarifizierungen von Gütern zu denken, vor allem durch handwerkliche Verfahren sowie durch *limited editions*. Werden Güter von Hand gefertigt, noch dazu in einem bestimmten räumlichen Kontext – das Knüpfen von Teppichen durch eine bestimmte Weberei in Nepal beispielsweise –, bleibt ihre Menge relativ begrenzt (zudem kann es sich gegebenenfalls um personalisierte Güter handeln). Schließlich haben Designunternehmen den Trend entwickelt, bestimmte Güter von vornherein nur in begrenzter Stückzahl zu produzieren (oder sie nur eine Saison anzubieten oder nur zu bestimmten Zeitpunkten in bestimmten Läden). Die trivialste (aber immer noch wirksame) Rarifizierung von dinglichen Gütern ergibt sich schließlich über den Preis: das *Luxusgut* können sich nun mal nur wenige leisten.

Dienstleistungen, mediale Formate und Ereignisse als Singularitätsgüter

Auch Dienstleistungen, mediale Formate und Ereignisse werden in puncto Originalität und Rarität zum Gegenstand der Singularisierung. Die Ausgangssituation ist freilich eine andere: Während die spätmoderne Singularisierung der Dinge sich markant vom Hintergrund der exzessiven Standardisierung der Waren in der Industriemoderne abhebt, können die Dienste, medialen Inhalte und Ereignisse, die im Kulturkapitalismus florieren, stärker auf eine historische Kontinuität von Singularisierungspraktiken zurückgreifen.

Selbstverständlich lassen sich *Dienstleistungen* auch standardisieren,

53 Es kommen auch andere natürliche Rarifizierungen in Frage, etwa die Verwendung seltener Rohstoffe (von der Tibet-Wolle bis zum Parma-Schinken).

vor allem wenn sie anonymisiert vollzogen werden und rein funktional sind. Sobald sie jedoch ein persönliches Verhältnis zwischen Dienstleister und Kunden implizieren, eine *Dienstleistungsbeziehung* derart, dass aus dem Kunden ein Klient wird, enthalten sie ein Element des Besonderen.[54] Das Verhältnis zum Klienten kann auch eine emotionale Färbung annehmen, so dass Dienstleistungen der Prototyp dessen sind, was Arlie Hochschild »emotionale Arbeit« nennt.[55]

In der spätmodernen Ökonomie finden sich kulturelle Dienstleistungsbeziehungen vor allem in Diensten der Beratung, der Bildung und solchen, die auf den Körper bezogen sind, und sie sind grosso modo in drei Hinsichten singularisierbar. Die erste Hinsicht betrifft den *Stil* des Dienstleisters, der zugleich ein Kompetenzprofil enthält. Ein Therapeut oder Coach zum Beispiel wird dadurch originell, dass er einen besonderen Therapiestil entwickelt, ein Friseur über einen besonderen ästhetischen Stil. Hier geht es wiederum um Originalität qua Eigenkomplexität und Andersheit. Die zweite Hinsicht ergibt sich dadurch, dass der Dienstleister eine *Sensibilität* für die Besonderheit des Klienten entwickelt. Es handelt sich dann um einen maßgeschneiderten, personalisierten Dienst, der entsprechende Empathiefähigkeit voraussetzt. Zum Dritten kann das *Verhältnis* zwischen dem Dienstleister und der Klientin selbst zu einer persönlichen, nichtaustauschbaren, gar im strengen Sinne einmaligen Beziehung werden. Wie gesagt: In der spätmodernen (Dienstleistungs-) Ökonomie herrscht generell eine krasse Asymmetrie zwischen den kulturellen, hochqualifizierten und den funktionalen, einfachen Dienstleistungen. Allerdings lassen sich Letztere auf die genannte Weise kulturalisieren und singularisieren und können auf diesem Wege von der Seite des bloß Nützlichen (und Billigen) auf die Seite des Wertvollen überwechseln (das »seinen Preis wert« ist).[56]

54 Vgl. dazu de Bandt/Gadrey, *Relations de service*.

55 Vgl. Arlie Russell Hochschild, *Das gekaufte Herz. Die Kommerzialisierung der Gefühle*, Frankfurt/M. 2006.

56 Ein gutes Beispiel dafür ist das Friseurhandwerk. Es galt lange als ein standardisierter, funktionaler Dienst (der entsprechend eher niedrig entlohnt war), bis es einzelnen Friseuren gelang, durch die Entwicklung eines eigenen Stils das profane Standardgut des Haareschneidens in ein singuläres, kulturelles Gut zu verwandeln – und entsprechend an Prestige (und Einkommen) zu gewinnen. Zugleich gibt es jedoch auch gegenläufige Prozesse der Entsingularisierung von Gütern, insbesondere von Dienstleistungen, die entsprechend mit einer Abwertung des beruflichen Prestiges verbunden ist. Man denke etwa an die Entwertung des Passagierfliegens, das in den 1950er bis 1970er Jahren ein

Anders als die Theorie der Massenkultur der Zwischenkriegszeit meinte, welche den medialen Inhalten den Singularitätscharakter mit Verweis auf ihre massenhafte technische Reproduktion und ihre vermeintliche Konventionalität pauschal absprach,[57] sind *mediale Formate* in erheblichem Maße singularisierbar. Genau dies findet im spätmodernen Kulturkapitalismus auf breiter Front statt. Auf der Hand liegt dies bei Werken der fiktionalen Literatur, bei Kinofilmen und Musiktiteln. Aber auch Computerspiele, Software oder Apps bieten potenziell einzigartige Welten, das Gleiche gilt für Talkshowmoderatoren oder Comedians, für Blogger, Instagram-Fotos und journalistische Texte, auch für Serien im Fernsehen oder im Netz – überall geht es um die Performanz von Singularitäten, also von Gütern, die aus Sicht der *Fans* oder *User* nichtaustauschbar sind. Bei den medialen Formaten sieht man im Übrigen gut, inwiefern Rarität keine notwendige Bedingung der Singularisierung ist, denn mediale Inhalte sind das Gegenteil von selten, nämlich *massenhaft* produziert, *extrem weit* verbreitet und sogar im Erwerb ausgesprochen *billig* (wenn nicht gar gratis). In ihrem Falle speist sich die Besonderung, sofern sie gelingt, ganz aus ihrer Originalität.[58]

Daher verwundert es nicht, dass gerade diese Güterform ein spezielles Verhältnis zum Kunstfeld unterhält. So bilden jene medialen Güter, die als *Werk* eigener Komplexität anerkannt werden und häufig auf einen *Autor* zurückgeführt werden (Romane, Sachbücher, Filme, Blogs, YouTube-Videos), eine wichtige Teilmenge der medialen Formate. Dabei können auch mediale Formate ihren Anspruch auf Einzigartigkeit aus einem Individualstil beziehen, der nicht so sehr an einem einzelnen Gut hängt, sondern sich durch mehrere Güter durchzieht und in Summe einen ganz speziellen Stil einer Autorin oder eines Darstellers (oder eines Autor-Darstellers) erkennen lässt. Das kann etwa für die Musik von Adele oder von Tocotronic, für die Filme von Woody Allen oder Angela Schalenec, die Kolumnen von Harald Martenstein, aber auch für die Cary-Grant-Filme oder die mit Tilda Swinton, die Late-Night-Sendungen mit Jan Böhmer-

exklusives (und teures) Vergnügen war, inzwischen aber zum Massentransportwesen mit Billigfliegern geworden ist.

57 Vgl. Max Horkheimer, Theodor W. Adorno, *Dialektik der Aufklärung. Philosophische Fragmente* [1947], Frankfurt/M. 1988, S. 144-198.

58 Es bietet sich hier allerdings ein Ausweg: Wenn das mediale Format zum Live-Event wird und gewissermaßen in die Güterkategorie der Ereignisse überwechselt, kann es zeitliche Einmaligkeit beanspruchen.

mann oder die YouTube-Videos von XY gelten. Identifizierbare Individualstile können zur Ausbildung von *Stars* führen.

Sie überschneiden sich mit dem, was man *serielle Singularitäten* nennen kann, die insbesondere seit der Jahrtausendwende expandieren.[59] Dies mag widersprüchlich klingen: Sind *Serien*, bei denen sich schließlich in jeder einzelnen Episode das gleiche Personal, das gleiche Setting usw. wiederholt, nicht das exakte Gegenteil von *Einzigartigkeiten*? Die Antwort lautet nein. Vielmehr werden Fernsehserien wie *The Wire* oder *Downton Abbey* gerade als eigene Welten mit erheblicher und eigensinniger narrativ-ästhetischer Binnenkomplexität erfahren und auch als solche goutiert. Ihre Einzigartigkeit wird sozusagen immer wieder und über einen längeren Zeitraum hinweg aufgerufen und führt dadurch ein stabiles Identifikationspotenzial mit sich. Eine weitere Singularisierungsquelle für mediale Formate ergibt sich durch die Interaktivität des Mediennutzers, der selbst gestaltend in den Verlauf des medialen Prozesses eingreifen kann oder sogar muss. Diese *interaktiven Singularitäten* sind typisch für Computerspiele.[60] So ist *Assassin's Creed* für den Rezipienten eine eigene hochkomplexe narrativ-ästhetische Welt *par excellence*, die zudem jedes Mal, wenn man in sie eintaucht, andersartige, unvorhersehbare Erlebnisse bereithält. Computerspiele bilden in ihrer Kombination von narrativen, ästhetischen, gestaltenden und ludischen Qualitäten möglicherweise das paradigmatische kulturelle Gut im Bereich der medialen Formate der Spätmoderne.

Von allen Singularitätsgütern sind diejenigen aus dem Bereich der medialen Formate mit Blick auf ihre Einzigartigkeit am häufigsten umstritten. Hier stehen sich besonders unerbittlich die *Fans*, das heißt jene, die etwas als eigenkomplex und andersartig erleben, und die *Verächter*, die in dem gleichen Gegenstand nur billige Konfektionsware nach den immer gleichen Schemata erkennen, gegenüber.[61] Für den Fan der Serie *Breaking Bad*, der Beatles oder von Simon Beckett, der sich von der Dichte des filmischen, musikalischen oder textuellen Materials faszinieren lässt,

59 Zum Format der Serie und zur Serialität vgl. Frank Kelleter (Hg.), *Populäre Serialität. Narration – Evolution – Distinktion*, Bielefeld 2012; Olaf Knellessen u. a. (Hg.), *Serialität. Wissenschaft, Künste, Medien*, Wien, Berlin 2015.

60 Vgl. zu diesem Thema Claus Pias, *Computer-Spiel-Welten*, München 2002.

61 Zum Thema Fan siehe Mark Duffet, *Understanding Fandom. An Introduction to the Study of Media Fan Culture*, New York 2013; Cheryl Harris, Alison Alexander (Hg.), *Theorizing Fandom. Fans, Subculture and Identity*, Cresskill 1998.

handelt es sich bei den entsprechenden Gütern um Originalitäten, während andere darin nur vorhersagbare Machwerke zu sehen vermögen. Der Definitionskampf darum, ob dies oder jenes nun singulär oder standardisiert ist, ist konstitutiver *Bestandteil* der Ökonomie des Besonderen, und im Subsegment der medialen Inhalte wird dies paradigmatisch vorgeführt.

Kommen wir abschließend zu den *Ereignissen*, also jenen kulturellen Gütern, die, wie ich oben schon angedeutet habe, zur Singularisierung geradezu prädestiniert sind. Entscheidend dafür ist zunächst der Faktor der Rarität, der bei keinem anderen Gut derart dominant ist. Ereignisse – ob es sich um ein Fußballspiel oder um eine Erlebnisreise handelt – zeichnen sich durch Einzigartigkeit, ja Einmaligkeit aus. Während im Falle der Dinge die Einzigartigkeit abgestuft auftreten kann, mit dem Extremfall der Einmaligkeit in Form des Unikats, und sich die Originalität von Dienstleistungsbeziehungen indirekt über das individuelle Verhältnis zwischen Dienstleister und Klienten ergibt, ist die Einmaligkeit eine konstitutive Eigenschaft von Ereignissen, und dies qua ihrer zeitlichen Struktur: *Diese* Olympischen Spiele in Brasilien oder *diese* Ausstellung zu Antonionis Film *Blow up* im C/O Berlin, die ich gerade besuche, wird es nie mehr geben, ebenso wenig *diese* Israel-Rundreise, die ich vor fünf Jahren gemacht habe, oder die aufwändig organisierte Hochzeitsfeier meiner Freunde H. und G. Es gibt hier wiederum unterschiedliche Ausformungen von zeitlicher Einmaligkeit: Es kann sich um ein kollektives, öffentliches Ereignis handeln (Sportwettkampf, Ausstellung), das von mir und vielen anonymen Anderen auf ähnliche Weise erlebt wird,[62] um ein kollektives, privates Ereignis mit einem einzigartigen »Personal« und einzigartigem Verlauf (Hochzeitsfeier) oder um ein persönliches Ereignis, das sich daraus ergibt, dass ich zu einer bestimmten Zeit an einem bestimmten Ort bin (Urlaubsreise).

Allein: Die Einmaligkeit für sich genommen macht noch nichts singulär. Es bleibt dabei: Ohne Originalität im oben beschriebenen Sinn kommt kein als singulär anerkanntes Gut aus. Die Wertschätzung der Einmaligkeit des Ereignisses setzt also voraus, dass es als eines wahrgenommen wird, das Eindrücke und Bedeutungen mit besonderer Dichte evoziert. Allerdings sind Ereignisse strukturell auf eine Weise beschaffen, die ihnen sozusagen einen Originalitätsvorteil verschafft: Ihnen gegenüber ist die

62 Das *Spektakel* ist ein Sondertyp des Ereignisses: Hier handelt es sich um ein öffentliches kollektives Ereignis, das mit einer Opulenz der Atmosphären und Reize arbeitet.

Aufmerksamkeit entgrenzt und total, man begegnet dem Ereignis mit allen Sinnen, es ist gewissermaßen ein Gesamtkunstwerk, auch mit Blick auf seine räumliche Atmosphäre. Indem das Ereignis die sinnliche Wahrnehmung in ihrer Gesamtheit herausfordert, kann es sehr viel leichter als eigenkomplex begriffen werden. Denn in der Haltung der entgrenzten Aufmerksamkeit werden dermaßen viele miteinander vernetzte Elemente und Relationen wahrgenommen und assoziiert, dass sich mühelos eine Binnenkomplexität herauskristallisiert. Die Fülle und Vielfalt der Wahrnehmungen und Gefühle auf der Israel-Reise oder während des Konzerts von Simon & Garfunkel im New Yorker Central Park 1981 lassen diese für den Reisenden oder den Fan zu einer nichtaustauschbaren Erfahrung werden. Im Ereignis wirkt so das, was Hans Ulrich Gumbrecht eine »Ästhetik der Präsenz« nennt.[63] Es erscheint *in diesem Moment* wertvoll – oder wertlos. Das Ereignis hat zudem eine spezifische Zeitstruktur: Da es rein gegenwärtig, ein *Jetzt*-Gut ist, kann es *danach* nur im Medium der Erinnerung erhalten bleiben (und natürlich dort beträchtlich umgeformt werden). Das kulturelle Gut als Ereignis hat daher nicht nur einen ephemeren Gegenwartswert, sondern darüber hinaus einen gegebenenfalls enorm stabilen Erinnerungswert – und dieser ist es, der seine langfristige Wirkung ausmacht.

Merkmale singulärer Güter I: Authentizitätsperformanz

Während der Konsument von funktionalen Gütern erwartet, dass sie einen Nutzen erfüllen, erwartet er von kulturell-singulären Gütern *Authentisches*. Authentisch soll der Urlaubsort sein – und ebenso die Politikerin, der Yoga-Kurs, die Musik oder das Essen. Entsprechend ist der Prozess der Singularisierung der Güter zugleich immer ein Prozess der *Authentifizierung*, das heißt der Beobachtung, der Bewertung, Hervorbringung und Aneignung als authentisch. Die spätmoderne Ökonomie ist eine Ökonomie von *Authentizitätsgütern*.

Nun ist Authentizität ein vieldeutiger Begriff, der nicht zufällig aus dem semantischen Pool der Romantik stammt.[64] Bereits in diesem histo-

63 Vgl. Hans Ulrich Gumbrecht, *Präsenz*, Berlin 2012.

64 Vgl. dazu ideenhistorisch Lionel Trilling, *Sincerity and Authenticity*, Cambridge 1972; Charles Taylor, *Das Unbehagen an der Moderne*, Frankfurt/M. 1995, S. 34ff.

risch-kulturellen Kontext waren Einzigartigkeit und Authentizität eng miteinander verknüpft, wobei schon Jean-Jacques Rousseau einen Begriff des Authentischen formuliert hat, der im Grunde bis heute Geltung hat: Das Authentische erscheint als das Gegenteil des Künstlichen, es wird als das *Echte* (bei Rousseau auch als das *Natürliche*) prämiert und empfunden, wohingegen das Inauthentische bloßes *fake* ist, ein *So-tun-als-ob*. Gemünzt auf unsere Fragestellung lässt sich sagen: Ist einer sozialen Entität – sei es ein Mensch, eine Gruppe, ein Ort oder ein Ding – eine *besondere*, eigentümliche Struktur zu eigen, dann ist sie in den Augen des Betrachters authentisch, folgt sie dagegen nur den *allgemeinen* Regeln des Immergleichen, dann ist sie es nicht. Authentizität ist ein Affekt- und Erlebensbegriff: Etwas wird unmittelbar als authentisch erlebt und empfunden – es affiziert und erscheint als *echt*. Der Eindruck von Authentizität hat oft einen spontanen Charakter, aber dahinter verbirgt sich die Eigenkomplexität, Dichte und Andersheit einer Entität.

Das Authentische bezeichnet so ein extrem ausdeutungsfähiges Phänomen der Echtheit, das in der Kultur der Spätmoderne eine Art »leeren Signifikanten« bildet,[65] das heißt eine nahezu entleerte Zeichenform, die für sie insgesamt prägend wirkt.[66] Aus soziologischer Sicht basiert Authentizität dabei auf einer Paradoxie, denn im Raum des Sozialen ist ja alles *gemacht* und im strengen Sinne *fake* – nichts ist natürlich. Dies gilt auch und gerade für die Welt der ökonomischen Güter: Sie sind alle fabriziert und zirkulieren außerdem in der Regel auf Märkten. Authentizität ist damit in der sozialen (und erst recht der ökonomischen) Welt immer eine Authentizitätsperformanz und als eine solche zu analysieren: Sie ist nicht von Natur aus da, sie wird auf- und ausgeführt. Richard Peterson hat in diesem Sinne beispielhaft dargelegt, wie Rock- und Countrybands sich – über ihren Musikstil, ihre Bekleidung, ihren Veranstaltungsort etc. – *authentifizieren* und von ihren Hörern *authentifiziert* werden. Diese *Authentizitätsarbeit* lässt sich bezogen auf sämtliche Güter der Kulturökonomie beobachten.[67] Das

65 Vgl. zu diesem Begriff Ernesto Laclau, »Was haben leere Signifikanten mit Politik zu tun? Die soziale Produktion leerer Signifikanten«, in: ders., *Emanzipation und Differenz*, Wien 2010, S. 65-78.

66 Vgl. zur Authentizität in der Spätmoderne Phillip Vannini, Patrick J. Williams (Hg.), *Authenticity in Culture, Self and Society*, Farnham 2009; James H. Gilmore, Joseph Pine, *Authenticity: What Consumers Really Want*, Boston 2007.

67 Richard Peterson, »In Search of Authenticity«, in: *Journal of Management Studies* 42/5 (2005), S. 1083-1098.

Authentische enthält dabei sowohl eine ästhetische als auch eine ethische Konnotation, die miteinander verschränkt sind. In ästhetischer Perspektive kann Authentizität als immanente Stimmigkeit und zugleich als Stimmigkeit zwischen einer Entität und ihrem Kontext umschrieben werden; in ethischer als Vertrauens- und Glaubwürdigkeit. Man kann die Singularisierung von Gütern überhaupt als einen Prozess der Authentifizierung begreifen: *Wenn* es einem Gut gelingt, als singulär bewertet und erlebt zu werden, *dann* wirkt es authentisch. Und vice versa: Ein Gut, das die Kriterien zur Aufnahme in den Kreis der Singularitäten nicht erfüllt, gilt als unauthentisch.

In diesem Sinne kann sich beispielsweise die Destination einer Städtereise als unauthentisch erweisen, wenn dem Ort die erhoffte Eigentümlichkeit fehlt und er sich als Ansammlung von Lokalen und Straßenzügen herausstellt, wie es sie überall gibt. Oder eine neue Musikgruppe erweist sich als unauthentisch, da ihr »das gewisse Etwas« fehlt und sie Songs aus der Retorte fabriziert. Oder dem Coach, den man aufsucht, mangelt es an Authentizität, weil ihm Glaubwürdigkeit und das Empathievermögen fehlen, er nur vorgestanzte Phrasen von sich zu geben scheint. Das Authentische im weiteren Sinne kann dabei durchaus eine selbstbewusste Demonstration seiner eigenen Gemachtheit einschließen: Der postmoderne Pop-Musiker kann seine Echtheit auf der Bühne ironisch dekonstruieren (so die Bewegungen des Anti-Rockismus der 1980er Jahre), er gewinnt aber durch dieses souveräne Performativitätsspiel, so es gelingt, selbst eine Authentizität, die man als *Metaauthentizität* umschreiben kann.[68]

Erneut müssen wir den kulturellen Singularitätsgütern aus dem Feld der Kunst besondere Aufmerksamkeit schenken. Ihnen kommt, wie oben ausgeführt, für die Ökonomie der Singularitäten eine Modellfunktion zu, allerdings stellt sich die Frage, ob sich Kunstwerke im Zeitalter der allumfassenden Besonderung überhaupt noch grundsätzlich von anderen kulturellen Gütern unterscheiden lassen. Findet mit der Expansion des Kulturkapitalismus vielleicht sogar eine »Entkunstung der Kunst« (Adorno) in dem Sinne statt, dass der mit der Kunst verbundene Originalitätsanspruch nun auch von anderen Gütern in gleicher Weise erhoben wird? Kann potenziell jedes Objekt nicht nur kulturalisiert, sondern

68 Diedrich Diederichsen untersucht in luzider Weise diese Mechanismen und die Rolle des Authentischen für die Popkultur, vgl. Diedrich Diederichsen, *Über Pop-Musik*, Köln 2014.

auch »verkunstet« werden? Angesicht dessen, dass die Merkmale der Eigenkomplexität mit innerer Dichte und der Andersheit zwar auch, aber eben nicht nur künstlerischen Gütern zukommen, könnte man dies bejahen wollen. Dem steht jedoch entgegen, was ich *ambivalente Affizierung* durch das Kunstwerk nennen würde. Vieles spricht dafür, dass die Valorisierung und Aneignung von Werken innerhalb des künstlerischen Feldes in der Spätmoderne sich von jener anderer Güter durchaus unterscheiden. Jedes kulturelle Gut affiziert den Rezipienten, aber während sie im Kulturkapitalimus sonst typischerweise mit positiven Affekten arbeiten, sind die von Kunstwerken ausgehenden Affizierungen wesentlich widersprüchlich, denn sie lösen *auch* negative Affekte aus.

Für Kunstwerke gilt offenbar, dass sie sich nicht bruchlos in die spätmoderne Positivkultur der Affekte einfügen, sie vielmehr Unbehagen oder Zweifel evozieren, verstören, rätselhaft, auch sperrig oder schräg sein können. Das heißt nicht, dass es sich bei ihnen um negative Singularitäten handelt – sie werden ja (positiv) wertgeschätzt –, sondern vielmehr um *widersprüchliche Singularitäten.*[69] Für die – teilweise harmonistische und dem Schönen verpflichtete – Kunst der bürgerlichen Kultur mag dies so eindeutig nicht der Fall gewesen sein. In der radikal kulturalisierten Güter- und Konsumwelt der Spätmoderne kann das künstlerische Objekt jedoch durch ebendieses Merkmal den Unterschied markieren – dadurch dass es als Installation, Film, Musik oder Performance *verstört.* Das spätmoderne (und darin nun postmoderne) Kunstwerk ist von daher metaauthentisch: nicht eindeutig und homogen, sondern mehrdeutig und in kein Raster passend. Dass eine solche Rezeption und Valorisierung im Einzelfall hochgradig umstritten ist, liegt auf der Hand.

69 In ähnlicher Weise wird der Singularitätsbegriff bei Rebentisch und Lepecki auf die Kunst bezogen, vgl. Juliane Rebentisch, *Theorien der Gegenwartskunst*, Hamburg 2013, S. 106ff.; André Lepecki, *Singularities. Dance in the Age of Performance*, London 2016. Ein vergleichbares Kunstverständnis findet sich bei Jean-François Lyotard, »Das Erhabene und die Avantgarde«, in: *Merkur* 34/424 (1984), S. 151-164. Es ist allerdings nicht ausgeschlossen, dass auch andere Güter im Kulturkapitalismus einen Verstörungscharakter annehmen (z. B. eine bestimmte Architektur, selbst Bekleidungsmode).

Merkmale singulärer Güter II: Moment und Dauer

Singularitätsgüter besitzen eine eigentümliche Zeitstruktur, die sich von der funktionaler Güter grundsätzlich unterscheidet. Letztere werden vernutzt und abgenutzt, wodurch es im Laufe der Zeit zu einem *sukzessiven* Verlust des Gebrauchswertes kommt. Dies gilt für Dinge, Informationen und Dienstleistungen: Elektrogeräte sind irgendwann defekt, Informationen veralten und die Wohnung, die gestern geputzt wurde, muss nächste Woche erneut gereinigt werden. Ganz anders hingegen die temporale Struktur der kulturell-singulären Güter: Sie enthalten eine extrem *kurzfristige* Orientierung am Erleben im Moment und eine extrem *langfristige* Orientierung an einem bleibenden kulturellen Wert. Genau diese zeitliche *Doppelstruktur von Moment und Dauer* ist für die Welt der Kultur generell kennzeichnend. Während die Welt der instrumentellen Rationalität und der funktionalen Güter gewissermaßen eine Sphäre der temporalen Mittelfristigkeit ist, in der die Güter zwar eine Weile vorhalten sollen, aber sie langfristig verbraucht oder technisch überholt sein werden, basiert die Kultursphäre auf einer Verschwendung im Moment *und* einer Dauerhaftigkeit des Wertes.

Diese Kombination aus Kurz- und Langfristigkeit ist zunächst strukturell in der Differenzierung zwischen den Praktiken des *Erlebens* und den Praktiken der *Valorisierung* begründet, wie sie für die Fabrikation kulturell-singulärer Objekte kennzeichnend ist.[70] Erleben ist *per definitionem* ein leiblich-psychischer Akt im flüchtigen Moment der Gegenwärtigkeit. Indem jedes kulturelle Gut erlebt wird, hat seine Aneignung eine *momentanistische* Struktur. Am deutlichsten gilt dies für jene Affektgüter, die von vornherein den Charakter von Ereignissen haben, etwa das Erleben eines Konzerts, eines Baseballspiels oder einer Urlaubsreise.[71] Indem kulturelle Güter zugleich valorisiert werden, können sie sich jedoch auch durch eine ausgeprägte *Langfristigkeit* auszeichnen. Der einmal zugeschriebene Wert wird nicht verschlissen wie der Nutzen eines funktionalen Gutes, sondern lässt sich unter Umständen über Jahre oder Jahrzehnte bewahren und erneuern. Genau dies macht den Status des *Klassikers* aus.[72] Klas-

70 Siehe oben, Kap. I.2, S. 64-71.

71 Vgl. dazu klassisch auch Karl Heinz Bohrer, *Das absolute Präsens. Die Semantik ästhetischer Zeit*, Frankfurt/M. 1994.

72 Das Thema wurde bisher vor allem literatur- und kunstwissenschaftlich bearbeitet (vgl. etwa Ulrich Schulz-Buschhaus, »Klassik zwischen Kanon und Typologie. Probleme um

sisch werden in diesem Sinne können insbesondere dingliche Güter aufgrund ihrer materialen Beständigkeit, aber natürlich auch mediale Formate/Inhalte, Möbeldesigns, Altbauwohnungen, Städte und ganze Marken.

An dieser Stelle kommt jedoch eine Verkomplizierung ins Spiel. Zum einen kann dem Erleben kultureller Güter via individuelle *Erinnerung* und via kollektives Gedächtnis eine Langfristigkeit zweiter Ordnung zukommen. Zum anderen kann die Valorisierung auch extrem kurzfristig und wechselhaft sein, wie es bei *Moden* der Fall ist. Auch diesbezüglich gibt es übrigens einen Unterschied zwischen kulturellen und funktionalen Gütern: funktionale Güter sind frei von Erinnerungen und von Moden.

Grundsätzlich gilt: Indem kulturelle Güter nicht nur benutzt, sondern auch erlebt werden, werden sie erinnerbar. Erinnert wird schließlich nie der routinisierte Gebrauch, sondern allein das affektiv besetzte Erleben. Tatsächlich macht die Erinnerung an ein in der Vergangenheit erlebtes singuläres Ereignis häufig einen großen Teil seines empfundenen Wertes aus, so dass es langfristig nachwirken oder gar identitätsstiftend werden kann. Nicht selten ist die Erinnerung sogar komplexer als das ursprüngliche Erleben. In herausgehobenen Fällen öffentlicher Ereignisse mit großem Affizierungsvermögen – das Konzert in Woodstock 1969 oder die Fußballweltmeisterschaft in Deutschland 2006 – können die Ereignisse ins kollektive Gedächtnis eingehen und dort von Menschen gewissermaße nacherlebt werden, die gar nicht live zugegen waren.[73]

Umgekehrt garantiert die Valorisierung kultureller Güter nicht deren Langfristigkeit und Klassizität. Vielmehr ist das System kultureller Güter in erster Linie und in extremer Weise an einem Angebot *immer neuer, immer anderer* Singularitätsgüter orientiert. Die spätmoderne Ökonomie partizipiert in dieser Hinsicht am Kreativitätsdispositiv: einem System der Novitäten, das auf die kreative Produktion einer nie abreißenden Se-

einen Zentralbegriff der Literaturwissenschaft«, in: *Arcadia* 29/1 [1994], S. 67-77), ist nun aber soziologisch auszuweiten. Ich werde noch ausführlich darauf eingehen, vgl. Kap. II.2., S. 165-174.

73 Vgl. dazu klassisch Aleida Assmann, *Mnemosyne. Formen und Funktionen kultureller Erinnerung*, Frankfurt/M. 1993. Erinnerungstechnologien wie private Digitalfotografie oder öffentliche Filmaufnahmen erleichtern eine solche Erinnerungsleistung. Auch Dienstleistungsbeziehungen – eine Therapie, ein Workshop, ein Universitätsstudium – können über den Weg der Erinnerung weiterwirken.

quenz neuartiger Einzigartigkeitsgüter setzt.[74] Sofern diese tatsächlich als singulär erlebt und bewertet werden, handelt es sich aber zunächst auch auf der Valorisierungsseite um eine Wertzuschreibung von möglicherweise begrenzter Dauer. Verhältnismäßig rasch kann dann eine Entwertung folgen, sobald nämlich ein neues, in seiner Einzigartigkeit aufregendes kulturelles Gut die Aufmerksamkeit fesselt: der Roman dieses Herbstes oder die Theaterinszenierung der Saison, der neueste Popsong, aber auch das Urlaubsziel, das gerade en vogue ist. Genau dies ist charakteristisch für den Zyklus der Mode(n), der nicht nur für die Bekleidungsmode gilt.[75] Aus diesem Zusammenhang der kurzfristig wertvollen Güter gelingt es nur ausgewählten, zu Klassikern zu werden. Das heißt aber auch, dass (fast) jeder Klassiker einmal ein saisonaler Überraschungshit war, der langfristige kulturelle Wert also in der Regel auf einem kurzfristigen Überraschungshit der Vergangenheit aufbaut. Was heute Klassiker ist, war früher einmal revolutionär.

Merkmale singulärer Güter III: Zirkulation und Hyperkultur

Woher stammen nun all jene kulturellen und singulären Güter, die in der spätmodernen Ökonomie zirkulieren und die Lebensstile prägen? Natürlich: Die *creative economy* ist systematisch auf die Produktion von neuen kulturellen Gütern ausgerichtet. Trotzdem kann man sich nicht mit der Antwort zufriedengeben, diese Kreation geschehe gleichsam aus dem Nichts heraus. Woher also *bezieht* die Kulturökonomie die singulären Güter mit ihren narrativen, ästhetischen, ethischen, gestalterischen und ludischen Qualitäten? Zwei Antworten lassen sich geben, die beide mit der gesellschaftlichen *Zirkulation* von Singularitäten zu tun haben. Zum einen entstehen Singularitäten regelmäßig aus einer Übersetzung von Idiosynkrasien sowie von Elementen des Allgemein-Besonderen ins Register des Singulären. Zum anderen bezieht man sie aus vorökonomischen kulturellen Praktiken, die lokal und historisch verankert sind. Letzteres besagt: Die kulturellen Güter der Spätmoderne zirkulieren in einer globalen Hyperkultur.

74 Vgl. Reckwitz, *Erfindung der Kreativität.*
75 Vgl. Roland Barthes, *Die Sprache der Mode*, Frankfurt/M. 1985; Elena Esposito, *Die Verbindlichkeit des Vorübergehenden. Paradoxien der Mode*, Frankfurt/M. 2004.

Wir hatten gesehen, dass gesellschaftlich drei Populationen des Besonderen nebeneinander existieren: das Allgemein-Besondere, die Idiosynkrasien und die Singularitäten.[76] In der Moderne sind sie nicht gegeneinander abgeschottet, sondern es herrscht ein reger Grenzverkehr, und zwar auch und gerade mit Blick auf die Übersetzung vom Allgemein-Besonderen in die Singularitäten sowie auf die Übersetzung von Idiosynkrasien in Singularitäten. Das Reservoir der gesellschaftlich zirkulierenden Singularitäten füllt sich gewissermaßen immer wieder neu aus diesen beiden zusätzlichen Quellen auf, die der Kultur Material für in diesem Sinne frische Einzigartigkeiten zur Verfügung stellen.

Der Prozess, in dessen Verlauf sich Güter aus einer Ordnung des Allgemeinen in Singularitäten verwandeln, ist gleichbedeutend mit einem *doing culture* vormals funktionaler Güter, wie sie in der industriellen Moderne *en masse* zur Verfügung standen. Motorroller, Armbanduhren oder Gebäude des International Style können so mit Hilfe einer entsprechenden narrativ-ästhetischen Einbettung singularisiert werden. Ein gutes Beispiel hierfür ist die Geschichte der Vespa, eines in Italien hergestellten Motorrollers, der erstmals 1946 auf den Markt kam und dem durch die nostalgische narrative Einbettung in die Geschichte der *italianità* in den 1990ern eine Singularisierung gelingt.[77] Auch Gebäude des eher schmucklosen International Style zwischen Berlin, Rom und Brasilia, die eigentlich Beispiele für eine rigide Standardisierung der Architektur lieferten, können für den spätmodernen Architekturliebhaber und Städtetouristen über ein entsprechendes narratives Reframing zu baulichen Einzigartigkeiten von hoher Komplexität und Andersartigkeit avancieren.

Die Singularisierung von Idiosynkrasien ist weit verbreitet. Die wertlose, unbeachtete Besonderheit wird hier in eine wertvolle Einzigartigkeit transformiert. Wie schon mehrfach erwähnt: Im Extrem kann das, was vorher lediglich als Verschrobenheit oder gar als wertloses Zeug galt, plötzlich zum Kunstwerk avancieren. Gerade im Bereich der bildenden Kunst, der Musik und der Literatur finden sich dafür zahlreiche Beispiele, man denke nur an das Feld der Art Brut.[78] Das beste und ökonomisch

76 Siehe Kap. I.2, S. 48-57.

77 Vgl. dazu im Detail Davide Ravasi u. a., »Valuing Products as Cultural Symbols. A Conceptual Framework and Empirical Illustration«, in: Beckert/Aspers (Hg.), *Worth of Goods*, S. 297-318.

78 Zur Art Brut Michel Thévoz, *Art Brut. Kunst jenseits der Kunst*, Aarau 1990. Michael Thompson arbeitet diesen Prozess einer kulturellen Aufwertung, einer Valorisierung

wohl wirkungsmächtigste Beispiel für eine Verwandlung von Idiosynkrasien in Singularitäten ist allerdings die Aufwertung von Altbauwohnungen und -häusern, die seit den 1970er Jahren in den westlichen Metropolen stattgefunden hat (und dort den Immobilienmarkt anheizt): Häuser und Wohnungen aus der viktorianischen Ära oder der Gründerzeit, die in der Nachkriegszeit als unmodern und überholt galten und daher nicht selten verwahrlosten, gelten nun als originell und wertvoll.

Aus den Bereichen des zweckrationalen Allgemein-Besonderen und den bisher unbeachteten Idiosynkrasien erhält die Sphäre der kulturellen Singularitätsgüter der spätmodernen Ökonomie damit permanenten Nachschub. Viele Singularitäten nehmen jedoch nicht diesen Umweg, sondern stammen aus der Sphäre der Kultur selbst – allerdings der vorökonomischen, der nichtmarktförmigen. Hier braucht also keine Kulturalisierung stattzufinden, die Transformation betrifft vielmehr den sozialen Rahmen, in dem Kulturobjekte sich bewegen. Konkret heißt dies: Eine kulturelle Singularität, die einmal ausschließlich fester Bestandteil bestimmter lokal und historisch verankerter Praktiken war, wird aus diesem Kontext herausgelöst und zu einem global zirkulierenden kulturellen Gut, das nun in Wettbewerb mit anderen Gütern gerät und von Konsumenten in pluralen Kontexten mit Kennerschaft angeeignet wird.[79] Daraus ergibt sich eine für die Spätmoderne charakteristische Form der Kultur, die ich *Hyperkultur* nenne. In der Hyperkultur kann potenziell alles – gleich ob volks-, populär- oder hochkultureller Herkunft, gleich ob gegenwärtig oder historisch, gleich welchen lokalen Ursprungs – den Wert der Kultur erlangen. In der Hyperkultur verlässt das Gut seinen Entstehungskontext, es zirkuliert – häufig global oder zwischen den Milieus – und kann dann in der wahrgenommenen Andersheit in Differenz zu anderen Gütern als singuläres gelten und in anderen Kontexten neu angeeignet werden.

Dies gilt für viele der Güter der spätmodernen Ökonomie. Das *world food* der italienischen und chinesischen, der mexikanischen und afrikani-

bisheriger Idiosynkrasien detailliert an Beispielen aus dem Kunsthandwerk und der Architektur heraus. Siehe dazu *Rubbish Theory. The Creation and Destruction of Value,* Oxford 1979. Zu diesen Mechanismen anders auch Boris Groys, *Über das Neue. Versuch einer Kulturökonomie,* Frankfurt/M. 1999.

79 Zu diesem Zusammenhang vgl. George Yudice, *The Expediency of Culture: Uses of Culture in the Global Era,* Durham 2003; zur globalen Zirkulation kultureller Güter generell auch Lash/Lury, *Global Culture Industry.*

schen Restaurants in den globalen Metropolen beispielsweise war zunächst das alltägliche Essen der Einheimischen in ihren spezifischen Regionen. Die *world music* der Sänger und Bands aus Mosambik, Brasilien oder Kuba war zunächst eine örtlich verankerte subkulturelle Musik, zum Beispiel innerhalb lokaler Jugendkulturen. Diese kulturellen Objekte und Praktiken existierten also zunächst vollkommen unabhängig vom kulturellen Kapitalismus. Ihre Ökonomisierung und Verwandlung in merkantible Güter bedeutet gewiss eine Kommerzialisierung: das Essen in der Familie oder die Musik von Jugendlichen füreinander verwandeln sich in Waren mit Tauschwert (zum Restaurantessen, zur CD, zum Konzertbesuch). Sie bedeutet aber auch in einem abstrakteren Sinne, dass sich kulturelle Objekte aus diversen Herkunftskontexten unterschiedslos zur Konsumtion anbieten: Man wählt zwischen ihnen, kann sie annehmen oder ablehnen und im Lebensstil miteinander kombinieren. Genau diese Haltung der Wahl ist typisch für die spätmoderne Hyperkultur.

Entscheidend ist, dass sich damit die Form dessen verändert, was Kultur ausmacht. Die Objekte und Praktiken der Kultur erfahren in der Hyperkultur eine folgenreiche *Dekontextualisierung*. Indem sie nämlich aus ihrem lokalen und historischen Entstehungskontext herausgelöst und in eine translokale und transhistorische Zirkulation eingespeist werden, wird dem Rezipienten ihre qualitative *Andersheit* gegenüber anderen kulturellen Objekten und Praktiken erst sichtbar. Das kreolische Essen, das in der Karibik selbst zunächst alternativloser Teil des Alltags war, wird so zu einer kulinarischen Spezialität neben anderen; erst jetzt wird seine Besonderheit etwa gegenüber südeuropäischem Essen deutlich. Das bedeutet: Die globale Dekontextualisierung der kulturellen Objekte sensibilisiert für Vergleichsmöglichkeiten und *macht* sie damit erst zu Singularitäten, deren bereits vorhandene Eigenkomplexität – beispielsweise des Geschmacks und der Geschichte im Falle des Essens – nun mittels des neu etablierten Sensus für ihre Andersheit erkannt und gewertschätzt wird.[80] Aus der Sicht einer globalen Hyperkultur-Ökonomie ist damit buchstäblich die ganze Welt, die Geschichte und Gegenwart sämtlicher Lebensformen aller Zeiten und Räume zu einer *kulturellen Ressource* geworden – einer Ressource für die Generierung von Singularitätsgütern.

80 Anders, nämlich als Nivellierung über Äquivalenzsetzung, wird dieses Phänomen von Byung-Chul Han interpretiert in *Hyperkulturalität. Kultur und Globalisierung*, Berlin 2005.

Insgesamt gilt: Dass die postindustrielle Ökonomie sich von funktionalen Massengütern auf kulturelle Singularitätsgüter umstellt, ist nicht nur eine Frage der Wirtschaft, sondern betrifft das Weltverhältnis des spätmodernen Subjekts und damit die Kultur der Spätmoderne als Ganze. Das Subjekt in der Gesellschaft der Singularitäten ist ununterbrochen von einer Fülle von Dingen, Räumen, Ereignissen, medialen Formaten und Diensten umgeben, die mit dem Anspruch des Singulären, mit narrativen, ästhetischen oder ludischen Qualitäten und affektivem Reiz auftreten. Es lernt daher, dass dies der Normalfall des Sozialen sein muss: Etwas gilt (nur dann) in der Welt, wenn es interessant und wertvoll ist, und das heißt: wenn es singulär ist, wenn es affektiv anspricht und authentisch scheint. Konsequenterweise erwartet das spätmoderne Subjekt diese Einzigartigkeit auch von den anderen Subjekten – und von sich selbst.

2. Kulturelle Singularitätsmärkte

Attraktivitätsmärkte als Aufmerksamkeits- und Valorisierungsmärkte

Im Zuge der Transformation von der Ökonomie des Allgemeinen der industriellen Moderne zur Ökonomie der Singularitäten findet auch ein tiefgreifender Strukturwandel der Märkte statt, auf denen die Güter zirkulieren. Die Standardmärkte werden mehr und mehr durch *kulturelle Märkte* abgelöst, auf denen die Güter darum konkurrieren, als singulär anerkannt zu werden. Auf diesen *Singularitätsmärkten* finden in einem spezifischen Sinne Attraktionswettbewerbe statt. Sie sind *Attraktivitätsmärkte.*

Das Verhältnis zwischen dem Ökonomischen und den Märkten ist generell komplizierter, als es zunächst den Anschein haben mag. Man muss sich von dem Gedanken frei machen, *die* Ökonomie und *der* Markt seien überzeitliche Entitäten mit unveränderlicher Struktur, die etwa einer universalen Logik des Tausches oder der Arbeit folgen würden. Das Ökonomische und das Marktförmige sind vielmehr durch und durch historische und soziokulturelle Phänomene. »Das Ökonomische« ist eine transformative Praxis: Handlungen, Dinge, Menschen, Zeitlichkeiten und Räume können *ökonomisiert werden* (so wie sie auch kulturalisiert, ästhetisiert, politisiert etc. werden können). Und Ökonomisieren muss nicht zwangsläufig Vermarktlichen bedeuten. In bestimmten historischen Zusammenhängen – Fabian Muniesa weist zu Recht darauf hin – war es in erster Linie zum Beispiel mit Praktiken des Kalkulierens, Standardisierens, Verpreislichens und Investierens verknüpft.[81] In der vom Kulturkapitalismus dominierten Spätmoderne erlangt das Ökonomische nun jedoch eine besondere Struktur. Im Kern des Ökonomischen steht nun tatsächlich die soziale Form des Marktes, aber in einer *hochspezifischen* Version, deren Name schon gefallen ist: jener der Attraktivitätsmärkte im Rahmen der Ökonomie der Singularitäten. Diese haben die Struktur von unberechenbaren, affektiv grundierten Wettbewerben um die *Aufmerksamkeit* für und die *Anerkennung* von kulturellen Gütern. Die Elemente dieser Strukturform erlangen erst in der Spätmoderne auf breiter Front ihre Ausprägung, die ich *Kulturökonomisierung* nennen will.[82]

Es ist vor dem Hintergrund seiner Theorie formaler Rationalisierung keine Überraschung, dass im Gegensatz dazu Max Weber das beherrschende Strukturmerkmal des Marktes – einer langen Tradition folgend – primär im Tausch als einer zweiwertigen Relation zwischen Anbieter und Käufer sah, die durch und durch standardisiert ist und von den rationalen, kalkulierbaren finanziellen Interessen der Beteiligten angeleitet wird. Der Markt war bei Weber unpersönlich und ephemer, das heißt, er wirkt nur im kurzen Moment des Tausches.[83] Dieses Verständnis war für die Standardmärkte funktionaler Güter, wie sie die industrielle Moderne dominierten, treffend. Der Attraktionswettbewerb der Spätmoderne wird jedoch von einer dreiwertigen Relation geprägt: Mindestens zwei Wettbewerber konkurrieren miteinander um die Gunst eines Dritten, der die

81 Vgl. Fabian Muniesa, »A Flank Movement in the Understanding of Valuation«, in: Lisa Adkins, Celia Lury (Hg.), *Measure and Value*, Malden 2012, S. 38-41.

82 Zu einer Soziologie von Märkten und Wettbewerb allgemein vgl. Klaus Kraemer, *Der Markt der Gesellschaft. Zu einer soziologischen Theorie der Marktvergesellschaftung*, Opladen 1997; Dietmar Wetzel, *Soziologie des Wettbewerbs. Eine kultur- und wirtschaftssoziologische Analyse*, Wiesbaden 2013; Frank Nullmeier, »Wettbewerbskulturen«, in: Michael Müller, Thilo Raufer, Darius Zifonun (Hg.), *Der Sinn der Politik. Kulturwissenschaftliche Politikanalysen*, Konstanz 2002, S. 157-176. Die Geschichte der Märkte ist ein klassisches Thema, vgl. dazu Fernand Braudel, *Sozialgeschichte des 15.-18. Jahrhunderts*, Bd. 2: *Der Handel*, München 1986. In der neueren Wirtschaftssoziologie ist die Transformation der Märkte durch die Kulturalisierung der Güter eine wichtige Frage, vgl. nur Beckert/Aspers (Hg.), *The Worth of Goods.*

83 Vgl. Max Weber, *Wirtschaft und Gesellschaft. Grundriß einer verstehenden Soziologie*, Tübingen 1980, S. 382-385.

Stellung eines Publikums hat.[84] Diese *ménage à trois* ändert alles. Anders als im Modell des Marktes als rationaler *Tausch* wird nun für den Markt tatsächlich eine Konstellation der *Konkurrenz* unter mehreren Gütern prägend.

Es handelt sich allerdings um einen sehr spezifischen Wettbewerb. Denn was ist die knappe Größe, um die man hier konkurriert? Die Antwort lautet (wie schon oben angedeutet): *Aufmerksamkeit* und *Anerkennung* seitens des Publikums. Auf den kulturellen Märkten stehen die narrativen, ästhetischen, gestalterischen, ethischen und ludischen Güter im Wettbewerb darum, sichtbar zu werden und die Aufmerksamkeit des Publikums auf sich zu ziehen. Zugleich konkurrieren sie um dessen Anerkennung als wertvolle Güter mit Einzigartigkeitscharakter. Viele Güter gehen dabei als Verlierer vom Platz, das heißt, sie werden nicht als besonders anerkannt, sondern gelten als Wiederholung des Immergleichen. Gewinner sind allein jene Güter, denen es gelingt, sich als singulär zu etablieren. Kurzum: Singularitätsmärkte sind Attraktivitätsmärkte, und diese haben die doppelte Struktur von *Aufmerksamkeitsmärkten*, die um das Problem der Sichtbarkeit zentriert sind, und *Valorisierungsmärkten*, die um das Problem der Bewertung der Qualität von kulturellen Einzigartigkeiten kreisen. Die Attraktionswettbewerbe haben damit einen im starken Sinne performativen Charakter, so dass man sagen kann: Die Ökonomie der Singularitäten ist eine *performative Ökonomie*,[85] mit Gütern als anziehenden Aufführungen vor einem Publikum.[86]

Die Position, in der sich die Konsumenten auf den kulturellen Märkten befinden, ist die eines *Publikums*.[87] Es bildet sich eine Öffentlichkeit von Zuschauern oder Betrachtern, die Aufmerksamkeit und Anerkennung gewähren oder entziehen. Die Konsumenten sind hier *Rezipienten*,

84 Vgl. auch Georg Simmel, »Soziologie der Konkurrenz« [1903], in: ders., *Aufsätze und Abhandlungen 1901-1908*, Bd. 1, Frankfurt/M. 1993, S. 221-246.

85 Vgl. zu diesem Begriff in engerer Bedeutung auch Sieghard Neckel, *Flucht nach vorn. Die Erfolgskultur der Marktgesellschaft*, Frankfurt/M., New York 2008. In anderer Bedeutung wird der Begriff von Michel Callon und seiner Arbeitsgruppe verwendet, vgl. die Beiträge in Michel Callon (Hg.), *Laws of the Markets*, Oxford 1998.

86 In einem sehr allgemeinen Sinne wirken natürlich alle Güter performativ, versprechen eine bestimmte Performanz oder sind bereits selbst eine (z. B. eine Dienstleistung). Auf den Attraktivitätsmärkten wirken die Güter jedoch als *performances* in einem starken Sinne, der die kultur- und theaterwissenschaftliche Konnotation des Begriffs bewahrt.

87 Zum Begriff des Publikums systemtheoretisch enger Rudolf Stichweh, *Inklusion und Exklusion. Studien zur Gesellschaftstheorie*, Bielefeld 2005, S. 13ff.

die sich den miteinander konkurrierenden Singularitätsgütern gegenüber in einer Konstellation der Wahl befinden, bei der kulturelle Kriterien von Erleben und Wert angelegt werden. Diese Märkte sind nicht – oder höchstens auf einer nachgeordneten Ebene – durch jene Affektneutralität und kühle Preiskalkulation gekennzeichnet, die Weber ihnen zuschreibt. Vielmehr handelt es sich bei ihnen um affektiv hochgradig aufgeladene Veranstaltungen: Das Verhältnis zwischen Gütern und Publikum ist hier durch mehr oder minder intensive Formen der Affizierung (Freude, Spannung, Abenteuer, Genuss, Selbstbildung, moralische Befriedigung, Sicherheit) geprägt, die sich zur Attraktion beziehungsweise Attraktivität zuspitzen lässt – daher auch die Rede von Attraktionswettbewerben und Attraktivitätsmärkten. Als *Attraktion* wird umgangssprachlich häufig eine kurzlebige und oberflächliche Quelle der Anziehung bezeichnet, während mit *Attraktivität* meist physische Anziehungskraft gemeint ist. In unserem Zusammenhang soll Attraktion jedoch grundsätzlicher auf die positive Affizierungskraft von Gütern bezogen werden. Attraktivität bezieht sich dann entsprechend auf die spezifische Anziehungs*kraft* dieser Güter – auf ihre Fähigkeit, zu affizieren und zur Attraktion zu werden. Attraktivitätsmärkte sind somit Märkte, auf denen die Güter sich in ihrer Attraktivität voneinander unterscheiden und danach beurteilt werden.[88]

Die Kulturökonomisierung von Wirtschaft und Gesellschaft

Wie gesagt: Das Ökonomische erfährt in der Spätmoderne einen spezifischen Strukturwandel, den ich oben als Kulturökonomisierung bezeichnet habe. Bei genauerem Hinsehen muss man jedoch feststellen, dass diese nicht auf den Bereich des Ökonomischen beschränkt ist. Tatsächlich finden zwei Prozesse statt, die parallel ablaufen und miteinander verwoben sind: der eine im *ökonomischen Feld* im engeren Sinne, der andere in der *Gesellschaft* insgesamt.

Versteht man das moderne ökonomische Feld als ein Ensemble der geldvermittelten Produktion, Zirkulation und Konsumtion von Gütern,

88 In der Literatur wurde Attraktivität bislang fast ausschließlich auf körperlich-erotische Anziehung bezogen, vgl. Gillian Rhodes, Leslie Zebrowitz (Hg.), *Facial Attractiveness. Evolutionary, Cognitive, and Social Perspectives*, Westport 2002; interessanterweise scheint sich das aber neuerdings zu ändern, siehe etwa James Valentine, *Attractiveness of New Communities to Industries and Workers*, Saarbrücken 2012.

dann wirkt sich der genannte Strukturwandel hin zu Attraktivitätsmärkten hier in zwei Hinsichten aus. Zum einen findet eine umfassende *Vermarktlichung der Ökonomie* statt, das heißt eine Expansion marktförmiger Strukturen innerhalb der Wirtschaft, zum anderen wälzt sich die *Form* des Marktes um. Das heißt: die Vermarktlichung ist in der Spätmoderne im Wesentlichen *durch* die kulturellen Märkte angetrieben und geprägt! Diese Aussage mag zunächst irritieren: Hat die moderne – zumindest die kapitalistische – Ökonomie nicht zwangsläufig die Form von Märkten? Dem ist jedoch entgegenzuhalten, dass das Ökonomische historisch gesehen und auch innerhalb der Moderne nicht zwingend auf eine radikale Marktlogik festgelegt ist. Gerade für die industrielle, fordistische Moderne gilt, dass dort zwar *auch* marktförmige Strukturen der Güterzirkulation vorkamen, aber einflussreiche alternative Logiken normativer Regulierung existierten, die sich von Marktstrukturen *abschirmten*.[89] Für funktionale Güter in der organisierten Moderne waren die Märkte häufig reguliert, es gab Oligopole, Monopole oder direkte staatliche Versorgung.[90] Eine solche Regulierung der Gütermärkte ging Hand in Hand mit einer bürokratischen Organisation der Arbeitswelt, die sich staatliche Institutionen zum Vorbild nahm. Möglich war diese relative Abkopplung der Binnenstruktur des fordistischen Produzierens von der Marktlogik (auf die Spitze getrieben im Staatssozialismus), weil die Organisationen von der Berechenbarkeit und Reguliertheit der Märkte für funktionale Massengüter ausgehen konnten. Standardmärkte für funktionale Güter sind durch die Form ihrer Güter von vornherein in ihrer Grundstruktur weniger kompetitiv als Singularitätsmärkte.[91]

Seit den 1980er Jahren werden allerdings Marktkonstellationen in der Zirkulation, Produktion und Konsumtion der Güter *ubiquitär*. Marktsituationen sind nun nicht mehr nur in den kurzen Momenten des Tausches, sondern für Produzenten und Konsumenten fast ständig präsent.

89 Vgl. dazu Lash/Urry, *End of Organized Capitalism*; Peter Wagner, *Sociology of Modernity. Liberty and Discipline*, London 1994, S. 73ff.

90 Dies galt für weite Bereiche wie die Energieversorgung und den Verkehr, aber auch für die Massenmedien (staatliches Rundfunkmonopol) und für Wohnungen (sozialer Wohnungsbau).

91 Spiegelbildlich galt dies auch für die Konsumenten: Der Mittelklasse-Konsument der organisierten Moderne war relativ stark von sozialen Normen des *richtigen* und *standesgemäßen* Konsums beeinflusst, so dass er sich nur begrenzt in Marktsituationen bewegte, da ihm die Entscheidungen von den akzeptierten Normalitätsstandards abgenommen wurden.

Vordergründig wird dies in der Deregulierung der Gütermärkte selbst deutlich, etwa in der Vermarktlichung der Massenmedien oder des Wohnens (die beide nicht zufällig treibende Kräfte des globalen Kulturkapitalismus sind). Aber es gilt ganz grundsätzlich: In der Spätmoderne findet eine Vermarktlichung der Ökonomie, gewissermaßen eine Ökonomisierung des Ökonomischen statt. Deren treibende Kraft ist jedoch ihre Kulturalisierung, das heißt die Kulturökonomisierung. Denn erst die Märkte für kulturell-singuläre Güter entfalten eine extreme Struktur der Hyperkompetitivität, die in dieser Form für die vergleichsweise regulierten Märkte für funktionale Güter in der organisierten Moderne nicht existieren konnte. Vor diesem Hintergrund prägen die Anforderungen der versatilen Märkte für Singularitätsgüter die Organisationen in Richtung einer Haltung des »Unternehmerischen« um: sie sind gehalten, sich über eine permanente Innovation neuer Güter und neuer Arbeitsformen und über permanente Marktbeobachtung am immer wieder neu zu erkämpfenden Markterfolg zu orientieren.[92] Wie wir noch sehen werden, betrifft die radikale Vermarktlichung qua Kulturalisierung der Ökonomie ebenso die Position der Konsumenten wie der Arbeitssubjekte: Erstere bewegen sich in der Position des Wählenden permanent auf Attraktivitätsmärkten von Gütern, Letztere auf dem Markt der beruflichen Profile und Performanzen.[93]

Parallel zur Kulturökonomisierung der Ökonomie findet jedoch eine *Kulturökonomisierung des Sozialen* und der Gesellschaft insgesamt statt. Die hochspezifische Struktur von Singularitätsmärkten als Wettbewerbe um Sichtbarkeit und Anerkennung kultureller Güter prägt nicht nur das ökonomische Feld, sondern wirkt in mehr und mehr Segmenten der spätmodernen Gesellschaft strukturbildend. Beispielhaft findet man diese Tendenz im Bereich der *Bildung*: Kindergärten, Schulen und Hochschulen sind zu kulturellen Singularitätsgütern geworden beziehungsweise bieten solche an, und sie bewegen sich auf lokalen, überregionalen oder auch internationalen Attraktivitätsmärkten. Der Bildungsmarkt löst hier mehr und mehr die staatliche Zuweisung von Plätzen im Rahmen eines

92 Vgl. zur Transformation der Ökonomie zur Innovationsökonomie generell Tom Burns, George M. Stalker, *The Management of Innovation*, Oxford 1994; zur kulturellen Innovation im Bereich des Designmanagements siehe beispielhaft Roberto Verganti, *Design Driven Innovation. Changing the Rules of Competition by Radically Innovating What Things Mean*, Boston 2009.

93 Vgl. dazu Kap. V und Kap. III.

regulierten Bildungssystems ab. Aber auch im Bereich der persönlichen Beziehungen nimmt die Anbahnung von *Partnerschaften* und Ehen (oder auch von sexuellen Begegnungen) über digitale Partnerschaftsplattformen seit der Jahrtausendwende die Struktur eines überregionalen Singularitätsmarktes an – in einem vordergründig physischen, aber mehr noch in einem allgemeineren Sinne der Konkurrenz zwischen Persönlichkeiten, die um Sichtbarkeit und Anerkennung als wertvoll und einzigartig ringen.[94]

Die Struktur eines Wettbewerbs zwischen kulturellen Singularitätsgütern prägt darüber hinaus den boomenden lokalen und internationalen Markt der *Religionen*, auf dem religiöse Bekenntnisse, spirituelle Praktiken und Glaubensgemeinschaften konkurrieren, und der wirksam wurde, weil die enge Bindung von Glaubensgemeinschaft und Herkunftsmilieu seit den 1970er Jahren in den westlichen Gesellschaften brüchig geworden ist. Eine ähnliche Struktur findet sich in den regionalen, nationalen und globalen Singularitätswettbewerben zwischen *Städten* und Regionen um Bewohner und Arbeitnehmer, die sich in dem Maße intensivieren, in dem vor allem die neue Mittelklasse an räumlicher Mobilität gewonnen hat. Schließlich verwandelt sich auch das Feld der *Politik* zunehmend in einen Markt politischer *als* kultureller Güter (Parteien, Kandidaten, soziale Bewegungen), die um Sichtbarkeit und Valorisierung konkurrieren und in einer in Europa nach 1990 breit aufgefächerten Parteienlandschaft narrativ-hermeneutische, ethische und ästhetische Identifikationsangebote liefern. Dieser Wandel wurde dadurch eingeleitet, dass die normativen Bindungen von Parteien an Milieus als Interessensgemeinschaften, wie sie für die organisierte Moderne charakteristisch waren, erodiert sind.[95]

Um es noch einmal zu betonen: Es wäre zu oberflächlich, den Strukturwandel aller dieser Bereiche (einschließlich der Wirtschaft selbst) als eine allgemeine »Ökonomisierung des Sozialen« zu beschreiben, zu der manche Kommentatoren neigen. Die Ökonomisierung der Spätmoderne nimmt vielmehr die Form einer sehr spezifischen Vermarktlichung im Sinne des beschriebenen Attraktionswettbewerbs um kulturelle und singuläre Güter an, eben die Form einer Kulturökonomisierung. *Alle* die-

94 Siehe dazu Eva Illouz, *Warum Liebe weh tut. Eine soziologische Erklärung*, Berlin 2011.

95 Zur Religion Hartmut Zinser, *Der Markt der Religionen*, München 1997; zu den Regionen Richard Florida, *Creative Cities and the Creative Class*, New York 2005; zur Politik Franz Walter, *Im Herbst der Volksparteien? Eine kleine Geschichte von Aufstieg und Rückgang politischer Massenintegration*, Bielefeld 2009.

se Güter, die außerhalb (wie innerhalb) des wirtschaftlichen Feldes im engeren Sinne verhandelt werden, sind *keine* funktionalen Massengüter, sondern kulturelle Singularitätsgüter – dies gilt für die Bildung wie für die Partner, für die Glaubensgemeinschaften wie für die Wohnorte, schließlich für die politischen Parteien und ihre Kandidaten.

Die Kulturökonomisierung des Ökonomischen und des Sozialen lässt sich somit auch nicht allein auf eine neoliberale Politik reduzieren.[96] So treffend die Diagnose ist, dass der Neoliberalismus zwischen 1979 und 2008 über Deregulierungen von Märkten (Medien, Finanzsektor), Rückbau sozialstaatlicher Standards und Simulation von Wettbewerben (Bildung, Kultur) zur Vermarktlichung von Ökonomie und Gesellschaft *beigetragen* hat – er allein vermag die besondere, radikale Form der durchgreifenden Vermarktlichung, welche die spätmoderne Gesellschaft erfasst hat, weder hinreichend zu beschreiben noch zu erklären. Dies gelingt nur, wenn man erkennt, dass wir es in der Spätmoderne mit einer sehr spezifischen Version der Marktlogik zu tun haben, deren Herzstück die breitflächige Institutionalisierung von Aufmerksamkeits- und Valorisierungsmärkten ist, die sich um singuläre Güter versammeln. Das Kraftzentrum der Kulturökonomisierung sind affektiv aufgeladene Märkte der Sichtbarkeit und Anerkennung durch ein Publikum, das sich von den Gütern affizieren lässt (oder nicht) und das Wert zuschreibt (oder nicht). Ökonomie und Kultur als Antipoden zu denken – Kommerz versus Wert, Effizienz versus Gefühl, Bourgeoisie versus Künstlerbohème – war ein Gemeinplatz der Moderne. In der spätmodernen Ökonomie der Singularitäten bilden Kulturalisierung und Ökonomisierung jedoch keinen Gegensatz mehr, sondern gehen eine machtvolle Synthese ein. Die Kulturalisierung ist in ihrer dominanten Form mit einer spezifischen Vermarktlichung aufs Engste verzahnt, und die Prozesse der Vermarktlichung enthalten Prozesse der Kulturalisierung.[97] In der Kulturökonomisierung ergibt sich so die Konstellation der *kompetitiven Singularitäten*.

96 Zu diesem Thema vgl. nur Ulrich Bröckling, Susanne Krasmann, Thomas Lemke (Hg.), *Gouvernementalität der Gegenwart. Studien zur Ökonomisierung des Sozialen*, Frankfurt/M. 2000; Colin Crouch, *Das befremdliche Überleben des Neoliberalismus. Postdemokratie II*, Berlin 2011. Vgl. grundsätzlich Michel Foucault, *Die Geburt der Biopolitik. Geschichte der Gouvernementalität II*, Frankfurt/M. 2004.

97 Das heißt umgekehrt: Es gibt natürlich durchaus Vermarktlichungen, die nicht oder kaum mit Kulturalisierung und Singularisierung verbunden sind, man denke etwa an klassische Deregulierungen von Industriemärkten, etwa Energiemärkten.

Überproduktion und *Winner-take-all*-Wettbewerbe

Singularitätsmärkte sind anders. Sie unterscheiden sich von den Standardmärkten funktionaler Güter. Hier liefert erneut die Kunst das Strukturmodell – zunächst für die *creative industries*, dann für die *creative economy* im weitesten Sinne und schließlich auch für die Attraktivitätsmärkte, wie sie die gesamte spätmoderne Gesellschaft prägen. Die These, dass das Kunstfeld zur strukturellen Blaupause der spätmodernen Ökonomie avanciert, mag zunächst Kopfschütteln hervorrufen, und zwar sowohl von Seiten der Ökonomen und Soziologen wie von Seiten der Kunstphilosophen. Die Wirtschaftswissenschaft sowie die Wirtschafts-, Organisations- und Arbeitssoziologie konnten lange Zeit die Kunst und selbst die Kulturindustrie als exotische Marginalien abtun, denen die harte Realität der Industriemärkte und -produktion im Herzen des modernen Kapitalismus fremd ist. Diese Annahme war für die klassische Industriegesellschaft sicherlich korrekt, mit der Kulturalisierung und Singularisierung der Ökonomie in der Spätmoderne hat sich das Bild jedoch umgekehrt. Da die Soziologie und die Wirtschaftswissenschaft mit der Entstehung der industriellen Moderne sehr eng verwoben sind, fällt es ihnen jedoch nicht ganz leicht, die Blickrichtung zu ändern, um zu erkennen, dass die Merkmale narrativ-ästhetischer Güter einschließlich ihrer Markt- und Produktionsformen aus dem Feld der Kunst in der Ökonomie der Singularitäten strukturbildend wirken.[98]

Noch heftigeres Kopfschütteln ist von den Kunstphilosophen zu erwarten. Denn seit dem deutschen Idealismus ist eine Denktradition prägend, die das Kunstwerk und die Kunst insgesamt zum Anderen der Moderne erhebt, zu einer Gegenkraft der kapitalistischen Ökonomie. Aus soziologischer Sicht muss man in dieser Perspektive jedoch eine Mystifizierung der Kunst erkennen.[99] Tatsächlich ist es genau umgekehrt: Wenn es in der Moderne einen gesellschaftlichen Bereich gibt, der schon sehr

98 Vgl. hingegen die in dieser Hinsicht bahnbrechenden Arbeiten von Pierre-Michel Menger, *Kunst und Brot* sowie *The Economics of Creativity. Art and Achievement under Uncertainty*, Cambridge 2014. Indirekt haben auch Boltanski und Chiapello auf diese Schrittmacherfunktion des Kunstfeldes hingewiesen, vgl. Luc Boltanski, Ève Chiapello, *Der neue Geist des Kapitalismus*, Konstanz 2003.

99 Die Kunstsoziologie hat dieser Perspektive von Anfang an widersprochen. Neben Howard S. Becker, *Art Worlds*, Berkeley 1984, ist hier Pierre Bourdieus *Die Regeln der Kunst. Struktur und Genese des literarischen Feldes*, Frankfurt/M. 1999, wichtig.

früh, namentlich seit dem Ende des 18. Jahrhunderts, die Strukturmerkmale einer Ökonomie der Singularitäten entfaltet hat, dann ist es das Feld der Künste. Die Kunst brauchte *nicht* erst nachträglich – etwa durch die Kulturindustrie seit den 1920er Jahren oder den globalen Kunstmarkt seit den 1990ern – ökonomisiert werden, sie *war* von Anfang an in einer Drastik vermarktlicht, das heißt kulturökonomisiert, wie kein anderes Feld der modernen Gesellschaft.[100]

Ob in der Kunst, in den *creative industries*, der allgemeinen *creative economy* oder in nichtökonomischen Feldern – kulturelle Märkte zeichnen sich in einem ersten Schritt durch ein Charakteristikum aus, das sie von den funktionalen Standardmärkten grundsätzlich unterscheidet: durch eine *Überproduktion von Gütern.*[101] Ganz gleich um welche Güter es sich handelt – ob um Romane oder Smartphone-Apps, um Kinofilme oder Reiseziele, um wissenschaftliche Theorien, Bekleidungsmode oder spirituelle Praktiken –, Überproduktion heißt: Es werden immer sehr viel mehr neuartige kulturelle Güter mit Besonderheitsanspruch kreiert und auf den Markt gebracht, als schlussendlich vom Publikum mit Interesse wahrgenommen und als Besondere anerkannt werden. Den meisten produzierten neuen Gütern bleibt der Singularitätsstatus versagt – sei es, dass sie als uninteressant, konventionell oder belanglos erscheinen, sei es, dass sie von vornherein durch das Raster der Aufmerksamkeit fallen. Die kulturellen Märkte kennen damit in diametralem Gegensatz zur klassischen Ökonomie das Problem der Knappheit nicht mehr, jedenfalls nicht auf der Ebene der Güter selbst. Auf den kulturellen Märkten herrscht kein Mangel, sondern *Überfluss. Verschwendung* ist damit für Singularitätsmärkte nicht pathologisch, sondern konstitutiv.[102]

Die Überproduktion ist eng verknüpft mit dem ausgeprägten sozialen

100 Vgl. auch Reckwitz, *Erfindung der Kreativität*, S. 54ff. Diese Vermarktlichung der Kunst im weiten Sinne herrschte im Übrigen unabhängig davon, ob die Kunstwerke kommerzielle Waren oder ihre Produktion staatlich reguliert waren, ob sie ins populäre und unterhaltende oder ins elitäre und seriöse Fach fielen, ob sie den Maßstäben des Klassischen folgten oder als Avantgarde auftraten. Vgl. etwa Martha Woodmansee, *Author, Art, and Market. Rereading the History of Aesthetics*, New York 1994; Oskar Bätschmann, *Ausstellungskünstler. Kult und Karriere im modernen Kunstsystem*, Köln 1997.

101 Vgl. dazu Caves, *Creative Industries.*

102 Wohlgemerkt: Die Überproduktion bezieht sich damit nicht auf ein Zuviel der produzierten Anzahl identischer Güter (wie im Falle der »Butterberge« und »Milchseen« der 1970er Jahre), sondern auf ein Übermaß der *Varianz* neuartiger Güter.

Regime des Neuen, das in der Ökonomie der Singularitäten herrscht, dem Dispositiv der Kreativität.[103] Es ist ein Systemmerkmal kultureller Märkte, dass sie in unvergleichlicher Radikalität fortwährend *neuartige* Güter hervorbringen. Dies heißt durchaus nicht, dass althergebrachte Güter notwendig verschwinden – im Falle der Valorisierung von Klassikern bleiben sie sogar über lange Zeiträume erhalten. Grundsätzlich herrscht jedoch jener radikale und antitraditionalistische Imperativ der kulturellen Novitäten, so dass die Singularität der kulturellen Güter von vornherein mit deren Neuheit verknüpft ist. Das kulturelle Gut beansprucht, auf *neue* Weise *singulär* zu sein, das heißt eine nie dagewesene Einzigartigkeit zu bieten.

Warum aber wird überhaupt – teilweise mit großer Mühe – eine derartige Überfülle kultureller Güter in die Welt gesetzt, wenn doch am Ende den meisten die Anerkennung versagt bleibt? Die Antwort lautet: Neue Singularitätsgüter haben die bemerkenswerte Eigenschaft, dass ihre Anerkennung grundsätzlich unberechenbar ist. Sie sind diesbezüglich hochgradig riskant. Wenn man genau wüsste, welche Apps, Filme, Restaurants oder Therapien Resonanz finden und als singulär anerkannt werden, würden möglicherweise nur genau diese entwickelt. Man weiß es jedoch nicht: Singularitätsgüter sind im Prinzip *ungewisse Güter* und kulturelle Märkte *Nobody-knows*-Märkte.[104]

Der Grund für diese Ungewissheit liegt zunächst im radikalisierten Regime des Neuen begründet. Ein neues Gut muss grundsätzlich immer erst seine Interessenten finden. Insofern sind Märkte, die im Kern auf altbewährte Güter setzen, welche auf einen angestammten Konsumentenstamm vertrauen können, sehr viel berechenbarer als Novitätsmärkte. Allerdings macht es in Bezug auf die Neuheit eines Gutes zudem einen entscheidenden Unterschied, ob es standardisiert oder singulär ist. Neue funktionale Güter können als technisch-sachliche *Innovation* auftreten. Sie beanspruchen einen allgemeingültigen Fortschritt durch die Technik, so dass sie hinsichtlich ihres Markterfolgs weniger riskant sind. Kulturelle Kreationen hingegen spielen nicht auf der Klaviatur des Allgemeinen, sondern auf jener des Besonderen. Sie beanspruchen eine narrative,

103 Vgl. Reckwitz, *Erfindung der Kreativität.*

104 Vgl. Caves, *Creative Industries*; Hesmondhalgh/Baker, *Creative Labour*. Die Formulierung »nobody knows anything« in Bezug auf diese Märkte soll ursprünglich vom amerikanischen Regisseur William Goldman stammen.

ästhetische, gestalterische und/oder ludische Originalität, die den Rezipienten affiziert und von ihm als wertvoll anerkannt wird. Sie müssen *überraschen*. Die Anerkennung des Eigenwertes von neuen Singularitäten ist jedoch ebenso wie ihre affektive Kraft grundsätzlich ungewiss – *per definitionem* lässt sie sich nicht aus bereits vorhandenen kulturellen Schemata, aus bereits vertrauten Valorisierungen und Affektkulturen ableiten. Wer kann schon zuverlässig vorhersagen, welcher Roman Begeisterungsstürme hervorruft und welcher gelangweilt beiseitegelegt wird, welches Computerspiel bewegt und welches kaltlässt? Die spätmoderne Ökonomie ist eine *Überraschungsökonomie*.

Hinzu kommt: Die schiere Menge der neuen kulturellen Güter mit Singularitätsanspruch ist in der spätmodernen Ökonomie extrem hoch und wird noch potenziert durch die digitalen Technologien. Dieser quantitative Tatbestand wirft das zusätzliche Problem auf, welche Güter auf dem Bildschirm der begrenzten Aufmerksamkeit des Publikums sichtbar werden. Denn das, was unbeachtet bleibt, hat natürlich gar keine Chance, zu affizieren und wertvoll zu werden. Die schiere Quantität der Varianz hat also einen erheblichen Einfluss auf das System der Aufmerksamkeit. Singularitätsmärkte müssen generell als *Aufmerksamkeitsmärkte* verstanden werden, als soziale Räume, in denen die ungewisse Mobilisierung der Aufmerksamkeit des Publikums eine strukturbildende Herausforderung darstellt.[105] Und da Wahrnehmung zwangsläufig selektiv ist, wirken soziale Praktiken und Ordnungen immer als Aufmerksamkeitsregime, das heißt als Formen des Lenkens, Intensivierens und Filterns der Aufmerksamkeit. Für die Singularitätsmärkte ist nun eine historisch außergewöhnliche Dynamisierung und Streuung der Aufmerksamkeit kennzeichnend, deren exakte Verteilung im Einzelnen nicht vorhersagbar ist: Hier wird die Aufmerksamkeit des Publikums zu einer knappen Ressource. Generell gilt: Wenn in der Spätmoderne Knappheit herrscht, dann nicht mehr auf der Ebene der Güter, sondern jener der Aufmerksamkeit (und der Wertschätzung).

Es wäre nun prinzipiell denkbar, dass die große Zahl der kulturellen Güter das Interesse jeweils kleiner Publika auf sich zieht, die Aufmerk-

105 Vgl. zur Aufmerksamkeit generell Jonathan Crary, *Aufmerksamkeit. Wahrnehmung und moderne Kultur*, Frankfurt/M. 2002; in Bezug auf die Moderne Georg Franck, *Ökonomie der Aufmerksamkeit. Ein Entwurf*, München 1998; Markus Schroer, »Soziologie der Aufmerksamkeit. Grundlegende Überlegungen zu einem Theorieprogramm«, in: *Kölner Zeitschrift für Soziologie und Sozialpsychologie* 66 (2014) S. 193-218.

samkeiten also jeweils schwach, aber gleichmäßig verteilt sind. Ein solcher perzeptiver Egalitarismus entspricht jedoch nicht der Realität. Singularitätsmärkte sind vielmehr durch einen bemerkenswerten Umstand gekennzeichnet: Wenn auf der einen Seite eine Überfülle der neuen (und alten) kulturellen Güter – der Kinofilme und Urlaubsziele, der Möbel und Friseure – existiert und auf der anderen Seite ein lokales, nationales oder gar globales Publikum, dann ist zwar ungewiss, *welcher* neue Film etc. die Aufmerksamkeit des Publikums für sich gewinnt, aber es ist wahrscheinlich, dass es zu einer in hohem Maße ungleichen, radikal *asymmetrischen* Verteilung kommen wird. Die hyperkompetitiven Märkte wirken extrem polarisierend.[106] Einige wenige der neuen kulturellen Güter ziehen ein enormes Maß an Aufmerksamkeit auf sich, die meisten anderen bleiben hingegen weitgehend unbeachtet. Von all den Spielfilmen beispielsweise, die jedes Jahr gedreht werden, kommen nur wenige in die Kinos und noch weniger halten sich über mehrere Wochen beziehungsweise gewinnen einen prestigeträchtigen Preis; die allermeisten erweisen sich als Flops, die schnell wieder vergessen werden. Quantitative empirische Untersuchungen haben wiederholt ermittelt, dass sich stets und ganz unabhängig davon, um welches Singularitätsgut es sich handelt, eine sogenannte *Pareto-Verteilung* ergibt: 20 Prozent der Offerten vereinen 80 Prozent der Nachfrage des Publikums auf sich,[107] die restlichen 80 Prozent der Offerten treffen auf eine Nachfrage von 20 Prozent, viele davon gehen so gut wie leer aus.[108]

Aufgrund dieser extremen Asymmetrie sind die Aufmerksamkeits-

106 Es gibt jedoch eine Alternative zu einer solchen radikalen Asymmetrie, auf die Chris Andersen im Zusammenhang mit der Digitalisierung der Ökonomie unter dem Schlagwort »long tail« hingewiesen hat (vgl. Chris Anderson, *The Long Tail. Nischenprodukte statt Massenmarkt: Das Geschäft der Zukunft, München 2011*): Da in digitaler Form auch jene Güter präsent gehalten werden können, die keine große Aufmerksamkeit und Anerkennung auf sich ziehen, können zumindest einige von ihnen zu Nischenprodukten werden, die in kleinen, aber stabilen Fangruppen wertgeschätzt werden. Es ergibt sich damit ein *long tail* von moderat erfolgreichen Nischenprodukten.

107 Gemessen in verkauften Exemplaren, wissenschaftlichen Zitationen, Einschaltquote etc.

108 Vgl. dazu Menger, *Economics of Creativity*, Kap. 4. Untersuchungen innerhalb der Wissenschaftssoziologie haben schon früh noch drastischere Asymmetrien ergeben: So bestätigte sich hier das sog. Lotka-Gesetz, dem zufolge winzige 3,2 Prozent aller wissenschaftlichen Publikationen für ganze 50 Prozent der wissenschaftlichen Zitationen verantwortlich sind. Vgl. Derek J. de Solla Price, *Little Science, Big Science*, New York 1963.

märkte der Ökonomie der Singularitäten exemplarisch für das, was Robert Frank und Philipp Cook *Winner-take-all-Märkte* (oder zumindest »winner-take-the-most«) nennen:[109] polarisierende Märkte mit einer Asymmetrie zwischen einigen wenigen Gewinnern mit großem Erfolg und dem Gros jener mit recht geringem Erfolg. Man kann hier auch von einer *Superstar-Ökonomie* sprechen. Sie folgt dem Muster einer *Starifizierung* des Ökonomischen und der spätmodernen Kultur insgesamt, das man schon früh aus der Kunst, später aus der Kulturindustrie und dem Sport kennt.[110] Nicht nur ein Subjekt, auch ein anderes kulturelles Gut – sei es ein Ding, eine Dienstleistung, ein mediales Format oder ein Ereignis – kann dabei den Charakter eines Stars erhalten, indem es überragende Aufmerksamkeit auf sich zieht. Einzelne YouTube-Clips können dann genauso zu Stars werden wie das Smartphone einer gewissen Firma oder ein In-Restaurant. In einem zweiten Schritt kann dann eine ganze Marke oder auch eine Institution wie ein weltberühmtes Museum oder ein prominenter Fußballverein Starqualität entwickeln, und ebenso die Person, welche die Idee zu dieser Entwicklung hatte: einzelne Stararchitekten, Starautoren, Starköche etc. Die Starifizierung ist konstitutiv für die Ökonomie der Singularitäten.

Buzz-Effekt und der Kampf um Sichtbarkeit

Grundsätzlich sind kulturelle Märkte durch extrem hohe *Risiken* und die Notwendigkeit der *Spekulation* gekennzeichnet. In Sachen Risiken wäre es zu undifferenziert, sie generell auf die moderne Vermarktlichung zurückzuführen. Es sind eindeutig die *kulturellen* Märkte mit ihren sehr speziellen Gütern, es ist der postindustrielle Singularitätskapitalismus im Unterschied zum sehr viel berechenbareren Industriekapitalismus, der eine besonders ausgeprägte Struktur von nicht eliminierbaren Ungewissheiten hervorbringt. Attraktivitätsmärkte sind grundsätzlich riskante Märkte, da sie singuläre *Ungewissheitsgüter* anbieten – mit allen Auswirkungen, die dies nicht nur für die Güter und die Wirtschaftsorganisatio-

109 Vgl. Robert Frank, Philipp Cook, *The Winner-Take-All Society. Why the Few on the Top Get so Much More Than the Rest of Us*, New York 2010.

110 Vgl. Sherwin Rosen, »The Economics of Superstars«, in: *American Economic Review* 71/5 (1981), S. 845-858.

nen hat, sondern auch für die Berufstätigen und die Struktur der spätmodernen Arbeit. Während die Industriegesellschaft durch die Einhegung der Marktförmigkeit und die funktionale Standardisierung der Güter und Arbeitsformen im ökonomischen Feld ein relativ hohes Maß an Sicherheit, Berechenbarkeit und Ungewissheitsabsorption herzustellen vermochte, wird die Spätmoderne gerade durch die Kulturalisierung und Singularisierung der Gütermärkte zu einer riskanten Gesellschaft:[111] Aufmerksamkeitsströme, gelungene Überraschung und Wertzuschreibung von Originalitäten entziehen sich einer Planung und Steuerung im strengen Sinne – was entsprechende Risikobewältigungsstrategien auf den Plan ruft.

Diese Risikostruktur der kulturellen Märkte verleiht ihnen eine ausgeprägte *spekulative* Struktur. Die Spekulation als Handlungsstrategie, die mit Ungewissheit spielt und auf etwas setzt, was möglich, aber nicht sicher ist und ausbleiben oder scheitern kann, kennt man in der Ökonomie zunächst aus ausgewählten Segmenten wie den Finanzmärkten und der Börse.[112] Sie ist für die Singularitätsmärkte jedoch generell strukturbildend: Jedes neue Musikstück, jedes neue Restaurant, jede neue App ist eine spekulative Wette auf die Zukunft – darauf, dass das, was überraschend und andersartig ist, vom Publikum als solches erkannt und wertgeschätzt wird. Zugleich ist das Risiko hoch, dass diese Wette verloren wird. Das heißt: Spekulation ist nicht mehr nur eine subjektive Haltung einiger findiger (Börsen-)Spekulanten gegen die Masse, sondern darüber hinaus und vor allem derart Teil der Struktur der spätmodernen Singularitätsmärkte geworden, dass *jede* Offerte eines attraktiven Überraschungsgutes einen spekulativen Zug enthält.

Der Prozess, in dem ein kulturelles Gut auf dem Markt der Singularitäten reüssiert oder nicht, ist vielschichtig. Das prinzipiell hohe Maß an Ungewissheit sowohl auf Seiten der Produzenten (bezüglich des voraussichtlichen Erfolges) als auch auf Seiten der Konsumenten (mit Blick darauf, welches Gut die Aufmerksamkeit verdient) führt zur Ausbildung spezifischer sozialer Muster: Konsumenten lassen ihre Aufmerksamkeit

111 Vgl. allgemein Wolfgang Bonß, *Vom Risiko. Unsicherheit und Ungewißheit in der Moderne*, Hamburg 1995.

112 Vgl. dazu Urs Stäheli, *Spektakuläre Spekulationen. Das Populäre der Ökonomie*, Frankfurt/M. 2007. Aus diesem Grund konnte die Börsen- und Finanzspekulation wohl in den 1990er Jahren eine kulturelle Faszination entfalten: sie erscheint modellhaft für die spätmoderne Ökonomie insgesamt.

regulieren, Produzenten versuchen, Risiken zu minimieren. Zentral ist dabei, dass Singularitätsgüter immer *zwei* Filter passieren müssen, die zwar hintereinander geschaltet, jedoch real teilweise eng miteinander verbunden sind: den Filter der *Aufmerksamkeit* und den Filter der *Valorisierung*. Es liegt ja auf der Hand: Wenn etwas keine Aufmerksamkeit auf sich zieht, kann es auch nicht positiv valorisiert werden. Allerdings zieht ein Aufmerksamkeitserfolg nicht automatisch eine positive Valorisierung nach sich, schon gar nicht eine *langfristige*.

Grundsätzlich sind die kulturellen Güter aufgrund des Faktums der Überproduktion sowie der Attraktivitätsunsicherheit bezüglich neuer kultureller Offerten aufmerksamkeitssoziologisch gegenüber bewährten und funktionalen Gütern im Nachteil. Dieser wird jedoch in einer bestimmten Hinsicht durch einen überragenden Vorteil auf dem Aufmerksamkeitsmarkt wettgemacht, nämlich die Tatsache, dass Affektgüter sozusagen »ansteckend« wirken. Wenn ein Gut – ein Film, ein Restaurant, eine Musikgruppe, ein Reiseziel, eine Comedy-Show – erst einmal bei einigen Rezipienten Enthusiasmus hervorgerufen hat, dann wird es *ebendadurch* attraktiv und zieht leicht weitere Interessenten an – jedenfalls soweit soziale und medientechnologische Kanäle existieren, in denen sich der Enthusiasmus verbreiten kann. Dies ist die *Attraktivität des Attraktiven*. Man spricht hier von einem *Buzz-Effekt*, wie ihn nur Singularitäten auszulösen vermögen.[113] Und dieser Buzz (Rummel) liefert auch die Erklärung für die asymmetrische Aufmerksamkeitsverteilung. Die wenigen kulturellen Güter, die im Meer der Überproduktion überhaupt sichtbar werden und affizierend wirken, können so häufig sehr rasch immer mehr Aufmerksamkeit auf sich ziehen. Es kommt gewissermaßen zu einer Potenzierung der positiven Affekte, zu einer Art Massenattraktion, zu einem zumindest *kurzfristigen Matthäus-Effekt*. Wer Aufmerksamkeit hat, dem wird Aufmerksamkeit gegeben; hat ein YouTube-Clip erst einmal 500 000 Klicks eingesammelt, sind die nächsten 500 000 ein Kinderspiel.

Damit wird auch deutlich, wie karriereentscheidend die Anfangsphase eines Singularitätsgutes ist, also die Phase kurz nach seinem ersten Erscheinen auf dem Markt. In dieser Phase geht es in aller Regel »ums Ganze«: Das kulturelle Gut befindet sich in einem extremen *Kampf*

113 Vgl. Emanuel Rosen, *The Anatomy of Buzz. How to Create Word-of-Mouth Marketing*, New York 2002.

um Sichtbarkeit, wobei Sichtbarkeit – natürlich nicht im engen, rein auf das Visuelle beschränkten Sinne – ganz generell eine zentrale Kategorie der Gesellschaft der Singularitäten ist. Sichtbar ist ein Singularitätsgut (ein Objekt, ein Kollektiv, ein Ereignis usw.), wenn es ihm gelungen ist, die Aufmerksamkeit anderer auf sich zu ziehen. Wer beziehungsweise was hingegen kein Publikum findet, bleibt unsichtbar – dies bedeutet den sozialen Tod.[114] In der Anfangsphase einer Novität geht es also gewissermaßen um eine »ursprüngliche Akkumulation« von Aufmerksamkeit, um eine *Anfangssingularisierung*. Diese kann sich auf das einzelne Gut beziehen, aber auch auf die es produzierende Organisation – klassisch mittlerweile die Gründungsphase eines Unternehmens (Start-ups, »Garagenfirma«) oder schließlich – wie in der Kunst, aber auch in anderen Zweigen der Kreativwirtschaft – auf den *Namen* des Newcomers, der das Gut kreiert hat: des Autors, des Regisseurs oder des Designers. In der Anfangsphase sind die Güter, Organisationen und Namen unbeschriebene Blätter. Alles scheint möglich. Zugleich ist dieser Phase in der Regel in Bezug auf die Aufmerksamkeitssteuerung eine bemerkenswerte Irreversibilität eigen: Je nach Feld kann diese Phase etwas kürzer oder länger andauern – aber nur in dieser begrenzten Zeit hat das neue Gut oder der neue Name die Chance, Aufmerksamkeit auf sich zu ziehen. Danach beginnt entweder der (möglicherweise kometenhafte) Aufstieg infolge des *Buzz*-Effektes – oder die Chance ist unwiederbringlich vertan.[115]

Der Grund für diese Irreversibilität des initialen Aufmerksamkeitserfolges liegt in den Strukturmerkmalen des Kreativitätsdispositivs. Dieses richtet das Interesse des Publikums grundsätzlich an Novitäten aus. Die Konsequenz lautet: Nichts ist hier uninteressanter als der Ladenhüter der letzten Saison. Für das aussortierte Gut von gestern gibt es daher in der Regel keine zweite Chance auf einen *Buzz*-Effekt. In Bezug auf einzelne kulturelle Güter mag dies zu verschmerzen sein; hier gilt gewissermaßen das Prinzip »Neues Spiel, neues Glück«. In Bezug auf ganze Organisationen kann die Situation jedoch bereits schwieriger sein, denn wenn der Schub der Gründungsphase ausbleibt, mag der Markterfolg grundsätzlich in Frage stehen. Am Existenziellsten ist die Irreversibilität für die Na-

114 Vgl. zum Begriff der Sichtbarkeit Andrea Mubi Brighenti, *Visibility in Social Theory and Social Research*, Basingstoke 2010; Markus Schroer, »Visual Culture and the Fight for Visibility«, in: *Journal for Theory of Social Behaviour* 44/2 (2013), S. 206-228.

115 Vgl. dazu auch Menger, *Economics of Creativity*, S. 179ff.

men, das heißt für Güter, die von vornherein mit Autor-Funktionen verknüpft sind. Der Misserfolg des Debütanten ist ein lebenslanger Makel. Die erfolglosen Nachwuchstalente von gestern müssen sich zurückziehen oder sich in das zweifelhafte Schicksal des »ewigen Talents« fügen.

Umgekehrt bedeutet die extreme Ungewissheit der Anfangsphase aber auch: *Wenn* es zu einer rasanten ursprünglichen Akkumulation von Aufmerksamkeit kommt, kann das kulturelle Gut, das Start-up oder der Name einen außerordentlichen Aufstieg erleben (den man selbst singulär nennen könnte). Entsprechend wird die Anfangsphase eines kulturellen Gutes zum Gegenstand eines in der Gesellschaft der Singularitäten vertrauten Alltagsmythos: Bekannte Elemente sind die *garage band* oder *garage firm*, der Shooting Star, das »Entdecktwerden« und das »Groß Rauskommen«. Es handelt sich hierbei auf den ersten Blick um Pendants des *self made man* der bürgerlichen Gesellschaft, des sprichwörtlichen Tellerwäschers, der es zum Millionär gebracht hat (*rags to riches*) – jedoch mit bezeichnenden Unterschieden.[116] Während das Narrativ des *self made man* auf der Vorstellung aufbaute, dass durch harte Arbeit und eine kontinuierliche Leistungssteigerung ein sozialer Aufstieg möglich ist, ist der Shooting-Star-Mythos durch die Publikumskonstellation des Attraktivitätsmarktes charakterisiert. Hier findet über den *einen* Hit, den einen großen Auftritt, das eine YouTube-Video oder die eine enthusiastisch aufgenommene Kollektion ein plötzlicher Durchbruch statt, das heißt: Der Aufstieg ist nicht langsam und schrittweise, sondern diskontinuierlich und abrupt, und entscheidend sind nicht die sachliche Leistung oder der Arbeitseifer, sondern der plötzliche Erfolg und der Überraschungseffekt auf dem Attraktivitätsmarkt.

Ob es einem kulturellen Gut gelingt, in der Anfangsphase Aufmerksamkeit auf sich zu ziehen und einen Buzz-Effekt auszulösen, ist in vieler Hinsicht vom schieren *Zufall* abhängig. Zugleich existieren Strukturen und Instanzen, die versuchen, die Sichtbarkeit zu beeinflussen. Sie unterscheiden sich je nachdem, um welches kulturelle Gut es sich handelt und an welches Publikum es sich richtet – ein lokales, nationales oder globales; ein Fachpublikum oder die breite Masse oder eine Kombination aus beidem. Eine entscheidende Rolle bei der Strukturierung und Beeinflussung der Aufmerksamkeit kommt ohne Zweifel den Medientechnolo-

116 Vgl. dazu etwa Horst H. Kruse (Hg.), *From Rags to Riches. Erfolgsmythos und Erfolgsrezepte in der amerikanischen Gesellschaft*, München 1973.

gien – vor allem den digitalen – zu; ein Zugang zu den geeigneten Medien kann die Anfangsaufmerksamkeit für ein kulturelles Gut erheblich beeinflussen. Diesbezüglich ebenfalls von großer Bedeutung sind soziale Netzwerke – professioneller, privater oder professionell-privater Natur. Singularitätsmärkte sind »social networks markets«:[117] Kulturelle Güter werden via Mund-zu-Mund-Propaganda (Worth-of-Mouth) verbreitet, sowohl als Empfehlungen von Bekannten und Kollegen als auch durch die Medien. Nicht zu unterschätzen ist dabei der Einfluss von Gatekeepern, sei es in den Massenmedien, sei es professioneller Art. Im Falle von Gütern, die von vornherein auf institutionelle Vermittlungsinstanzen angewiesen sind – Plattenfirmen bei Musiktiteln, Galerien bei Gemälden, Verlage bei Büchern, aber in gewisser Weise auch städtische Bühnen oder Agenturen bei Schauspielern –, kann die Reputation dieser Vermittlungsinstanz, die wiederum auch den Weg in die Massenmedien ebnet, die Sichtbarkeit erhöhen.[118]

Valorisierungstechniken und Reputation

Die Mechanismen der Aufmerksamkeitsfokussierung und jene der Valorisierung von Singularitätsgütern sind häufig eng miteinander verknüpft.[119] Bereits in der Anfangsphase der Aufmerksamkeitsakkumulation ist die Sichtbarkeit eines Gutes nicht wertneutral. Für einen neuen Film oder ein neues Museum etwa wird Aufmerksamkeit über den Weg von Rezensionen in Online- oder Print-Medien mobilisiert, welche

117 Vgl. Jason Potts u. a., »Social Network Markets: A New Definition of the Creative Industries«, in: *Journal of Cultural Economics* 32/3 (2008), S. 167-185.

118 Vgl. Alexandra Manske, »Zum ungleichen Wert von Sozialkapital. Netzwerke aus einer Perspektive sozialer Praxis«, in: Jörg Lüdicke, Martin Diewald (Hg.), *Soziale Netzwerke und soziale Ungleichheit*, Wiesbaden 2007, S. 135-162; auch Mark Lutter, »Soziale Strukturen des Erfolgs. Winner-take-all-Konzentrationen und ihre sozialen Entstehungskontexte auf flexiblen Arbeitsmärkten«, in: *Kölner Zeitschrift für Soziologie und Sozialpsychologie* 65/4 (2013), S. 597-622.

119 Zu den Prozessen der Valorisierung auf kulturellen Märkten vgl. generell Beckert/Aspers (Hg.), *Worth of Goods*, und Jens Beckert, Christine Musselin (Hg.), *Constructing Quality. The Classification of Goods in Markets*, Oxford 2013. Hilfreich in diesem Zusammenhang finde ich Arbeiten aus dem Kontext der *valuation studies*, z. B. Fabian Muniesa, Claes-Fredrik Helgesson, »Valuation Studies and the Spectacle of Valuation«, in: *Valuation Studies* 1/2 (2013), S. 119-123. Grundlegend natürlich Karpik, *Valuing the Unique*.

die Novität sichtbar machen *und* zugleich deren Qualität bewerten. Hohe Aufmerksamkeit ist hier in der Regel mit starker Affizierung verbunden, meist positiver Art wie im Falle des *Buzz*-Gutes, so dass etwas zu einem *must see* oder *must have* wird. Möglich ist allerdings auch die überragende Aufmerksamkeit für etwas, was extrem negativ bewertet, degradiert und skandalisiert wird.

Auch wenn bereits die Anfangsaufmerksamkeit mit Valorisierungen verknüpft ist, ist bei vielen kulturellen Gütern die kurzfristige von einer langfristigen Valorisierung zu unterscheiden. Man kann unter diesem Aspekt drei Typen von Gütern differenzieren: Erstens solche, deren Märkte von vornherein auf Kurzfristigkeit angelegt sind; dies gilt etwa für Zeitungsartikel oder Nachrichtenartikel in den digitalen Medien, für YouTube-Clips oder auch für einmalige Fernsehsendungen. Generell favorisiert das Internet eine kurzfristige Aufmerksamkeit. Zweitens gibt es Güter, die auf Märkten unterwegs sind, bei denen sowohl Kurz- als auch Langfristigkeit eine Rolle spielen; dies gilt etwa für Kinofilme oder Bekleidungsmode. Diese Gütermärkte sind zunächst auf den kurzfristigen Erfolg zum Beispiel der wöchentlich neuen Filmstarts oder der saisonal wechselnden Mode ausgerichtet, zugleich findet eine dauerhafte Anerkennung etwa von ausgewählten Filmen, Regisseuren, Schauspielern oder Designern statt. Schließlich existieren drittens kulturelle Güter, deren Märkte von vornherein stark auf Langfristigkeit ausgerichtet sind, so dass der kurzfristige Erfolg zweitrangig ist; dies gilt beispielsweise für Bauwerke, wissenschaftliche Publikationen, Restaurants, Museen und Therapeuten, auch für ganze Städte.[120]

In der Unterscheidung von Kurz- und Langfristigkeit der Bewertung manifestiert sich die spezifische Zeitstruktur kultureller Märkte, der wir bei der Betrachtung der einzelnen Güter bereits in der Differenz von Moden und Klassikern begegnet sind.[121] Bei Singularitätsgütern gibt es immer zwei Möglichkeiten: Entweder sind sie eine *kurzfristige Attraktion* oder sie entwickeln eine *langfristige Attraktivität*, welche dann in der Lage ist, immer wieder neue Attraktionen zu generieren. In einer Ökonomie

120 Die Bildung und Reproduktion von Marken und Namen in der *creative economy* ist generell ein Weg, der langfristig Aufmerksamkeit und Wertzuschreibung sichert; auf diese Weise kann dann selbst in digitale *news*, Fernsehsendungen oder YouTube-Clips bestimmter Autoren, wenn sie einmal namhaft geworden sind, die Langfristigkeit Einzug halten.

121 Siehe Kap. II.1, S. 141-143.

der Singularitäten existieren beide Modi der Aufmerksamkeit und des Wertes nebeneinander. Die langfristige Attraktivität ist innerhalb dieses kulturellen Rahmens jedoch die wertvollere, da der Aufmerksamkeitserfolg hier nachhaltig ist. Die langfristige Attraktivität setzt voraus, dass die Güter im Laufe der Zeit eine (positive) *kulturelle Reputation* erlangen, sie gewissermaßen kulturelles Kapital bilden – *Singularitätskapital*, das dann langfristig akkumuliert und immer wieder eingelöst werden kann, so dass sie den Status von *Klassikern*, anerkannten *Namen* oder *Marken* erhalten. Reputation bedeutet, dass die Qualität des kulturellen Guts langfristig als wertvoll gelten und es selbst auf Dauer als einzigartig anerkannt werden muss. Im Vergleich zur Evaluierung von funktionalen Gütern ist diese Valorisierung von Singularitätsgütern *aufwändig*. Sie war es von Anfang an im Kunstfeld und bleibt es erst recht im Rahmen der Expansion der Ökonomie der Singularitäten und der parallelen Expansion der digitalen Medien, die neue Plattformen und Instrumente für solche Valorisierungen zur Verfügung stellen.[122]

Während sich der Nutzen eines Standardguts in der Regel mittels quantitativer (mehr/weniger) und qualitativer (besser/schlechter) Kriterien verhältnismäßig einfach ermitteln lässt, ist die Bewertung eines Singularitätsgutes auf komplizierte Valorisierungsdiskurse und -techniken der Qualifizierung angewiesen.[123] Mit Blick auf das Kunstfeld waren die Kunstkritik und die sich daran anschließende Kunstwissenschaft die klassischen Orte, an denen solche Valorisierungen vollzogen wurden. Nun sind die Güter der Ökonomie der Singularitäten deutlich variabler als die der Kunst – und so auch ihre Valorisierungsformen. Letztlich bleibt jedoch das klassische Genre der *Rezension*, auch in generalisierter und popularisierter Form, leitend, ja, sie entpuppt sich als ein mediales Schlüsselformat der Ökonomie der Singularitäten. Rezensiert werden nämlich nicht mehr bloß Bücher oder Opernaufführungen, sondern auch Restaurants und Hotels, Städte, Apps und Computerspiele, Reiseanbieter und

122 Zur Frage der Reputationsakkumulation von kulturellen Gütern vgl. Pierre Bourdieu, »Der Markt der symbolischen Güter«, in: ders., *Kunst und Kultur. Schriften zur Kultursoziologie*, Bd. 4, Konstanz 2011, S. 15-96; Georg Franck, *Mentaler Kapitalismus. Eine politische Ökonomie des Geistes*, München 2005; klassisch in Bezug auf die Wissenschaft: Robert K. Merton, *The Sociology of Science. Theoretical and Empirical Investigations*, Chicago 1998; in Bezug auf die Kunst: Becker, *Art Worlds*.

123 Vgl. dazu Michel Callon, Cécile Méadel, Vololona Rabeharisoa, »The Economy of Qualities«, in: *Economy and Society* 31/2 (2002), S. 194-217.

Zahnärzte.[124] Die Ökonomie der Singularitäten läuft gewissermaßen im *Modus der Dauerrezension*. Während die klassische Kunstrezension unter der Ägide einiger weniger Spezialisten stand, die exklusiven Zugang zu herausgehobenen medialen Plattformen hatten, ist durch die digitalen Medien die Kompetenz zur Valorisierung von kulturellen Gütern erheblich diffundiert. Sie hat sich – je nach Perspektive – demokratisiert oder nivelliert.

Hinsichtlich der Valorisierungsinstanzen ergibt sich damit allerdings ein Bewertungs- und Aufmerksamkeitsproblem zweiter Ordnung: Welche Bewertungsinstanz ist zuverlässig und verdient es, dass man ihr ihrerseits Aufmerksamkeit schenkt? Hier existieren ebenfalls solche mit höherer oder geringerer Reputation und solche mit höherer oder niedrigerer Aufmerksamkeit. Die klassische Unterscheidung zwischen *Experten* und *Laien* ist auch für die Unterscheidung von Valorisierungsinstanzen in der Ökonomie der Singularitäten von Relevanz, aber in neuer Form, denn der Laie ist nicht mehr jemand, dem Expertise und Wissen fehlen. Der Unterschied zwischen dem Laien und dem Experten liegt vielmehr offenbar in ihrer Herangehensweise an die Singularität des zu bewertenden kulturellen Gutes, die wiederum damit zu tun hat, dass Singularitäten, wie gesehen, dadurch charakterisiert sind, dass sie erlebt *und* valorisiert werden.[125] Laien- und Expertenbewertung divergieren in der Gewichtung dieser beiden Elemente.

Der Laie bewertet die Eigenkomplexität des Gutes primär auf der Grundlage seines Erlebens. Infolgedessen geht aus seinen Valorisierungen häufig hervor, wie er ein kulturelles Gut *erlebt* hat und dadurch *affiziert* wurde. Ganz anders, jedenfalls in der Tendenz, der Experte: Er hält Abstand zur Erlebenskomponente (auch wenn die davon ausgehende Affizierung nie völlig verschwindet) und wählt einen analytischen Zugriff auf die einzelnen Elemente und Relationen, der die Eigenkomplexität und die Andersheit des Gutes herausarbeitet, und zwar häufig mit dem Mittel des Vergleichs: Die Besonderheit *dieser* Musik, *dieser* Inszenierung, *dieses* Ortes lässt sich erst dann wirklich abschätzen, wenn man andere Stücke, Inszenierungen, Orte kennt. Die Kunst des qualitativen Vergleichs besteht darin, die Eigenkomplexität der Singularitäten dabei nicht (übermäßig) zu reduzieren, sondern zu bewahren. Diese Intellektualisie-

124 Vgl. dazu ausführlich Karpik, *Valuing the Unique*.
125 Siehe Kap. I.2, S. 64-72.

rung der Bewertung kennzeichnet die Expertenvalorisierung in Bezug auf beliebige kulturelle Güter, auch jenseits der alten Hochkultur. Experten finden sich dabei nicht mehr nur in klassischen Medien oder akademischen Institutionen, sondern auch in den digitalen Medien: Experte ist man nicht qua Status, man wird es durch das hohe Vertrauen der Rezipienten.

Singularitätskapital

Sobald kulturelle Güter in der Fortsetzungsphase ihrer Karriere zum Gegenstand von Laien- und vor allem von Experten-Valorisierungsdiskursen werden, besteht die Möglichkeit, dass ihnen ein kultureller Wert zugeschrieben wird, der zeitlich über den Aufmerksamkeitserfolg der Anfangsphase hinausreicht. Dieser Wert kann sich stabilisieren und so immer neue Aufmerksamkeit sichern. Genau dies meint der Prozess einer langfristig wirkenden Singularisierung: Ein valorisiertes Gut akkumuliert Singularitätskapital, das (möglichst) langfristig wirkt. Dies gelingt ausgewählten Gütern, während die vielen anderen nach der kurzen Erstaufmerksamkeit (wenn diese überhaupt eintrat) dem Vergessen anheimfallen. Als Resultat einer langfristigen Singularisierung können Güter zu modernen *Klassikern*, zu *Marken* und zu *Namen* avancieren.[126] Dies gilt im Bereich der Designermöbelstücke oder der Bekleidungsmode, aber auch Häuser und Wohnungen in bestimmtem Stil und bestimmter Lage können zu Klassikern in diesem Sinne werden, ebenso mediale Formate wie Romane oder Sachbücher, Musikstücke (ob aus Klassik oder Pop), Filme und Reiseziele. Auch Festivals oder immer wiederkehrende Sportereignisse, Universitäten oder Museen können zu »Klassikern« werden. Ebenso gilt dies für Marken diverser Art.[127]

126 Im Einzelfall kann die Karriere eines singulären Gutes komplizierter verlaufen. Zum einen kann es durchaus zu einer langfristigen *Entwertung* eines einstmaligen Klassikers kommen. Zum anderen sind *Wiederentdeckungen* möglich, der plötzliche Umschlag der Bewertung von etwas lange Übersehenem oder negativ Beurteiltem ins Positive.

127 Zum Thema »Marke« vgl. Hanna Busemann, *Das Phänomen Marke. Betrachtung und Analyse aktueller markensoziologischer Ansätze*, Saarbrücken 2007, sowie Jeannette Neustadt, *Ökonomische Ästhetik und Markenkult. Reflexionen über das Phänomen Marke in der Gegenwartskunst*, Bielefeld 2011.

Die eindeutige Trennung zwischen dem populären und dem hochkulturellen Subfeld, die Pierre Bourdieu beispielhaft für das Feld der Literatur des 19. Jahrhunderts herausgearbeitet hat, scheint für die Ökonomie der Singularitäten so nicht mehr zu gelten.[128] Im Kulturkapitalismus der Gegenwart lässt sich ein hochdynamisches Wechselspiel zwischen breiter Aufmerksamkeit und Expertenurteil beobachten, die einander nicht mehr ausschließen, sondern sich im Gegenteil häufig gegenseitig verstärken. Grundsätzlich gilt, dass in der Kultursphäre der Spätmoderne die strikte Trennung einer hochkulturellen und einer volkstümlichen Sphäre mit je unterschiedlichen Sorten von Gütern und gänzlich unterschiedlichen Bewertungsmechanismen (Expertenurteil hier, Popularität dort) porös geworden ist.

Diese Entdifferenzierung geht von beiden Seiten aus: Sie ergibt sich aus einer *Popularisierung des Hochkulturellen* und aus einer gleichzeitigen *Intellektualisierung des Populären.* Seit den 1990er Jahren erlangen auch Objekte und Ereignisse der klassischen Hochkultur – man denke an das Museum, das klassische Konzert oder Kunstereignisse – im Zuge von Eventifizierung und Festivalisierung gewissermaßen populäre Qualitäten: Ihr Affekt- und Authentizitätswert drängen sich in den Vordergrund. Umgekehrt werden Gegenstände der vermeintlich populären Kultur zum Gegenstand expertenhafter, quasiintellektueller Valorisierung. Blockbuster wie *Der Herr der Ringe* oder *Harry Potter*, neueste Entwicklungen der Popmusik, der Comics und der Games werden auf subtile Weise kulturwissenschaftlich seziert. Damit wird das Feld der kulturellen Güter *insgesamt* zum Gegenstand von populären Aufmerksamkeitsdynamiken (sowie kurzfristig wirksamen Valorisierungen) *und* expertenhaften, langfristig wirksamen Valorisierungen. Das Populäre und das Expertenhaft-Hochkulturelle bezeichnen damit nicht mehr zwei getrennte Klassen von Gütern, sondern haben sich in zwei verschiedene Formen der Bewertung verwandelt, die zudem bei den meisten Gütern beide angelegt werden und sich sogar miteinander verzahnen.

Man kann hier von einem für die spätmoderne Kultur charakteristischen *Spill-over-Effekt der Aufmerksamkeit und Bewertung* sprechen: Ein Boom an populärer Aufmerksamkeit gegenüber einem kulturellen Gut gibt häufig den entscheidenden Anstoß für die Experten-Valorisie-

128 Vgl. Bourdieu, *Regeln der Kunst.*

rung. Natürlich: Die Aufmerksamkeit *muss* sich nicht in ein positives Expertenurteil übersetzen. Aber meistens führt sie dazu, dass auch die Experten nicht umhinkommen, sich mit dem »Phänomen« zu beschäftigen und die Valorisierungsmaschinerie in Gang zu setzen. So kann etwa die Kunstkritik populäre, das heißt medial interessante und zudem hochpreisig gehandelte (Werke von) Künstler(n) wie Damien Hirst oder Jeff Koons nicht ignorieren. Erst recht gilt dies für jene kulturellen Güter, die aus der Populärkultur stammen – wie etwa Fernsehserien – und die nun ihrerseits zum Gegenstand von Expertenvalorisierungen werden. Umgekehrt können jedoch auch positive Expertenvalorisierungen der Aufmerksamkeit einen Schub geben. Dies gilt vor allem in der öffentlichkeitswirksamen Form der nicht selten massenmedial inszenierten Wettbewerbe und Preisverleihungen.[129] Diese lassen sich als *Valorisierungsspektakel* verstehen, an deren Ende Fachjurys Gewinner prämieren. Paradigmatisch sind hier die prestigeträchtigen Filmpreise (Oscar, Golden Globe, Berlinale etc.), deren Verleihungen als globale Medienereignisse zelebriert werden. Die Valorisierung wird hier selbst zu einem Event. Die Preisverleihung kann dann nicht nur etablierten Singularitäten zu einer weiteren Steigerung ihrer Reputation verhelfen, sondern auch Novitäten eine außergewöhnliche Sichtbarkeit verleihen. Dadurch steigt die Wahrscheinlichkeit, dass sich die anerkannte Attraktivität in eine populäre Attraktion übersetzt.[130] Interessanterweise kann die Kategorie des »Umstrittenen« diesen Prozess durchaus befördern. Innerhalb der Ökonomie der Singularitäten ist es nicht nötig, dass ein kulturelles Gut von Experten eindeutig positiv evaluiert wird. Im Gegenteil: In mancher Hinsicht ist es vorteilhafter, zu den Umstrittenen zu zählen, denn in der Strittigkeit entfaltet das Gut seine Eigenkomplexität und wird darum noch interessanter. Umstritten sind jene Güter, bei denen große Aufmerksamkeit und kontroverse Valorisierung zusammenfallen. Der *Strittigkeitsvorteil* heizt

129 Vgl. hierzu Markus Tauschek (Hg.), *Kulturen des Wettbewerbs, Formationen kompetitiver Logiken*, Münster 2012; James F. English, *The Economy of Prestige. Prizes, Awards, and the Circulation of Cultural Value*, Cambridge 2005. Für die Genealogie des Wettbewerbs als Valorisierungsspektakel ist die erstmalige Verleihung des Academy Award of Merit (»Oscars«) der Academy of Motion Picture Arts and Sciences im Jahre 1929 ein Meilenstein.

130 Natürlich gilt dies nicht immer; es gibt weiterhin die rein Populären und die rein Wertvollen, aber nur mehr als Extreme, während sich in der breiten Mitte beides mischt.

den Valorisierungsdiskurs weiter an und führt weitere Aufmerksamkeit zu.[131]

Ich fasse zusammen: Insgesamt ist die *kulturelle Kapitalisierung* sowohl von Aufmerksamkeit als auch von Reputation charakteristisch für die Attraktivitätsmärkte kultureller Güter.[132] Auf diese Weise kann *Singularitätskapital* entstehen und fundamentale Bedeutung erlangen. Der Kulturkapitalismus ist ein Kapitalismus in einem sehr elementaren Sinne. Noch bevor sich die Frage der Kommerzialisierung und des finanziellen Profits stellt, wird die Einzigartigkeit selbst kapitalisierbar, das heißt, sie kann zum akkumulierbaren Kapital werden, das Erträge ganz ohne zusätzliche Arbeit abwirft. Singularität wird auf diesen Märkten unter der Bedingung zum Kapital, dass das fragliche Gut über die einzelne temporäre Attraktion hinaus das Merkmal dauerhafter Attraktivität erhält. Singularitätskapital ist so gesehen als *Kombination von Aufmerksamkeits- und Reputationskapital* das kulturelle Kapital des als einzigartig Geltenden. Der Kulturkapitalismus ist ein *Singularitätskapitalismus*, indem die Singularität eines Gutes zu dessen Kapital wird.

Aufmerksamkeitskapital bedeutet, dass einem Gut bisher so viel Aufmerksamkeit zuteilwurde, dass es allein aufgrund dieses Tatbestands weitere Aufmerksamkeit auf sich zieht. Weil ein Gut aufgrund seiner Besonderheit berühmt ist, interessiert man sich für es – und macht es dadurch noch berühmter. Dazu trägt bei, dass die Konsumenten in einer Konstellation verstreuter Aufmerksamkeit geneigt sind, sich an das zu halten, was bekannt ist. Aufmerksamkeit lässt sich so gewissermaßen akkumulieren. Hier existiert nicht nur ein kurzfristiger, sondern auch ein langfristiger Matthäus-Effekt. So wie jedes Kapital sichert auch das Aufmerksamkeitskapital leistungsloses Einkommen und lässt sich idealerweise jederzeit realisieren, das heißt in Ertrag umwandeln: Das singuläre Gut muss gar nichts mehr leisten – es reicht, dass es in seiner berühmten Einzigartigkeit einfach da ist; allein dies verschafft ihm bereits weitere Aufmerksamkeit, möglicherweise gar im Übermaß.

131 Beispielhaft für diesen Sachverhalt ist die Prominenz der dekonstruktiven Architektur seit den 1990er Jahren, wie sie detailliert von Georg Franck (in *Mentaler Kapitalismus*) unter die Lupe genommen wird. Dort sind Aufmerksamkeitserfolg und Expertenvalorisierung aufs Engste miteinander verwoben.

132 Man kann und muss hier Bourdieus klassische Überlegungen zum kulturellen Kapital von Subjekten für kulturelle Güter (inklusive der Namen) weiterführen. Vgl. dazu erneut und ausführlich Franck, *Mentaler Kapitalismus*.

Reputationskapital bedeutet, dass ein Gut bisher so viel Reputation über (Experten-)Valorisierungen zuteilwurde, dass es allein deswegen weitere Reputation auf sich zieht. Das Singularitäts- als Reputationskapital lässt sich so akkumulieren. Wer – als Architekt, Schauspieler, Designer, Musiker, Intellektueller etc. – beispielsweise bereits eine Auszeichnung verliehen bekommen hat, erhält mit hoher Wahrscheinlichkeit weitere Preise. Damit wird es möglich, dass auch jenseits der genaueren Kenntnis des Werks in seiner ganzen Komplexität allein die Tatsache, dass jemandem von den maßgeblichen Kreisen einzigartige Bedeutung zugeschrieben wird, dazu führt, dass weitere ihn ebenfalls wertschätzen. Auch auf der Ebene der Reputation ergibt sich damit ein langfristiger Matthäus-Effekt.[133] Und auch hier gilt: Das Reputationskapital kann zu einem leistungslosen Einkommen werden. Der vergangene Ruf kann fortwirken und braucht häufig nurmehr verwaltet werden (allerdings kann er auch verblassen, wenn gilt, dass »x offenbar seine besten Tage hinter sich hat« und ein(e) »Mann/Frau der Vergangenheit« ist).

Reputationskapital lässt sich meist in Form von immer neuen Aufmerksamkeiten der Rezipienten realisieren. Besonders erfolgreich sind dabei die *lebenden Klassiker*, da sie in der Regel weitere neue kulturelle Güter hervorbringen und sich damit innerhalb des Kreativitätsdispositivs bewegen. Die lebenden Klassiker sind so präsent mit ihren vergangenen Gütern *und* mit ihren aktuellen. Ihre neuen Werke haben auf dem Attraktionsmarkt daher einen ziemlich großen, ja kaum einholbaren Startvorteil, weil die Rezipienten ihre Aufmerksamkeit im Feld des Neuen in der Regel auf die Novitäten der *bekannten* und anerkannten (einschließlich und besonders der umstrittenen) Namen und Marken richten – der neue Film des bekannten Regisseurs X, das neue Produkt der bekannten Marke Y, das neue Museum in der bekannten Metropole Z.

Die Klassiker und lebenden Klassiker mit ihrem Reputationskapital können dieses also in einen *doppelten* aufmerksamkeitssoziologischen Vorteil ummünzen: Zum einen absorbieren ihre bereits in der Vergangenheit verfertigten kulturellen Güter auch in der Gegenwart einen mehr oder weniger erheblichen Anteil der Aufmerksamkeit und Anerkennung

133 Zum Matthäus-Effekt auf den Märkten für kulturelle Güter vgl. klassisch für die Wissenschaft Robert K. Merton, »The Matthew Effect in Science«, in: *Science* 158/3810 (1968), S. 56-63.

innerhalb des kulturellen Feldes.[134] Zum anderen haben die lebenden Klassiker auch im Feld der Novitäten den genannten Startvorteil des Bekannten und Anerkannten unter dem Neuen, weil das Neue, das von ihnen hervorgebracht wird, die mit Singularitäten strukturell verbundene Enttäuschungsanfälligkeit zu verringern mag. Die lebenden Klassiker versprechen als solche Qualität, weshalb ihnen gewissermaßen ein *Aufmerksamkeits- und Valorisierungsvorschuss* gewährt wird. Wie gesagt: Unter den Bedingungen des Singularitätskapitalismus treten beide Formen des Singularitätskapitals, das Aufmerksamkeits- und das Reputationskapital, meist miteinander *kombiniert* auf. Bezieht man es unmittelbar auf die Namen: Während das bürgerliche Kunstfeld in der Regel nur entweder Popularität zu Lebzeiten *oder* Ehre im Alter (oder gar posthum) bieten konnte, sind in der Ökonomie der Singularitäten jene die Gewinner, die Ruhm *und* Ehre im Hier und Jetzt vereinen. Dies gilt für die Starliteraten und Stararchitekten, die Stardesigner und Schauspielstars, die Kunststars und Starköche, die Starmoderatoren etc., etc. und damit für die oberste Etage der *creative economy*.[135]

Quantifizierungen des Besonderen

Die Valorisierung kultureller Güter ist als Prozess der Singularisierung einer der *Qualifizierung*, das heißt der Feststellung und Wertschätzung von Qualität. Dies bedeutet jedoch nicht, dass die *Quantifizierung* als strukturbildende Kraft aus Ökonomie und Gesellschaft verschwunden wäre. Im Gegenteil: Paradoxerweise bringen gerade die Attraktivitätsmärkte mit ihren vorgeblich unvergleichlichen Singularitätsgütern aufwändige *Techniken der Quantifizierung* hervor. Seit den 1990er Jahren, vor allem infolge der digitalen Revolution, kann man beobachten, wie sich quantitative Vergleichsindizes und Messverfahren ausbreiten, die häufig die Form von Rankings oder Quoten annehmen.[136]

Nun sind quantitative Technologien des Sozialen seit der zweiten Hälf-

134 Viele Musikfans beispielsweise hören allein die anerkannten und einmal für wertvoll befundene Popmusik der 1960er und 1970er Jahre und kümmern sich gar nicht um die Neuerscheinungen; viele Restaurantbesucher in Paris mögen ihre Stammlokale oder das Bewährte bevorzugen und lassen sich nicht auf Neues ein etc.

135 Vgl. zu den Stars Chris Rojek, *Celebrity*, London 2001.

136 Vgl. zu diesem Thema allgemein Jan-Hendrik Passoth, Josef Wehner (Hg.), *Quoten,*

te des 19. Jahrhundert ein zentrales Instrument der formalen Rationalisierung und ihrer Logik des Allgemeinen. Staatliche Stellen arbeiten mit Statistiken, um Informationen über die Bevölkerung zu erhalten, Wirtschaftsorganisationen betreiben im Zeichen der betrieblichen Buchführung ein Selbst-Monitoring ihrer inneren Prozesse. Angesichts dieses Nexus zwischen Rationalisierung und Quantifizierung mag es zunächst überraschen, dass die Singularisierungsökonomie quantitativen Messverfahren einen neuen Schub gibt. Entscheidend ist nun jedoch, dass hierbei keine Quantifizierung allgemeiner Merkmale und ihrer Verteilung stattfindet, sondern *quantitative Techniken zur Repräsentation von Besonderheiten* entwickelt und verbreitet werden. Auch hier – wie generell in der Gesellschaft der Singularitäten – können wir einen Strukturwandel der Zweckrationalität beobachten: Sie wird zu einer allgemeinen Infrastruktur für Besonderheiten.

Wie und warum ist das möglich? Die Quantifizierung von Besonderheiten lässt sich als eine rationalistische Antwort auf das Problem des *Vergleichens* von Singularitäten verstehen.[137] Streng genommen lassen sich Singularitäten nicht vergleichen – *trotzdem* ergibt sich innerhalb der Ökonomie der Singularitäten eine pragmatische Notwendigkeit des Vergleichs, und zwar sowohl aus Sicht der Produzenten als auch der der Konsumenten: Beide haben ein Interesse daran, vergleichende Informationen sowohl zur Aufmerksamkeitsdynamik als auch zur Wertzuschreibung zu erhalten. Man will wissen, welches Gut wirklich singulär ist, ohne im Einzelfall – als Produzent oder Konsument – Zeit oder Geld zu haben, um dies für sich auszuprobieren. Der Vergleich des vorgeblich Unvergleichlichen, nämlich zwischen den kulturellen Gütern, ist damit für die spätmoderne Ökonomie der Singularitäten eine zentrale, aber zugleich nicht einfach zu bewältigende Aufgabe. Der Vergleich des Unvergleichbaren bedeutet, dass die Eigenkomplexität der Singularitäten nicht mehr als solche im Vordergrund stehen kann, sondern sie entlang bestimmter, ausgewählter Vergleichsparameter in den Blick genommen und damit (notgedrungen) *reduziert* wird.

Kurven und Profile. Zur Vermessung der sozialen Welt, Wiesbaden 2013; Steffen Mau, *Das metrische Wir. Über die Quantifizierung des Sozialen*, Berlin 2017.

137 Zum Vergleichen als soziale Praktik generell vgl. Bettina Heintz, »Numerische Differenz. Überlegungen zu einer Soziologie des (quantitativen) Vergleichs«, in: *Zeitschrift für Soziologie* 39/3 (2010), S. 162-181.

Vergleiche zwischen kulturellen Gütern nach Art eines Kulturvergleiches von Inkommensurabilitäten sind auf einer qualitativen und nichtkompetitiven Ebene so alt wie die Singularitätsmärkte selbst. Nicht anders verfuhr die Kunstkritik oder Kunstwissenschaft, wenn sie Ende des 18. Jahrhunderts künstlerische Stile einander gegenüberstellte. Ein solcher *qualitativ-relationaler* Vergleich platziert das zu Vergleichende jedoch auf der Ebene von Gleichwertigkeiten und nimmt ausdrücklich keine Hierarchisierung vor. Es geht darum, das Einzelne besser zu verstehen, wenn man es im Lichte des Anderen sieht, und dabei möglichst die Eigenkomplexität und Andersheit zu bewahren. Davon zu unterscheiden sind *qualitativ-kompetitive* Vergleichsverfahren, die mit Ranglisten oder Gewinnern/Verlieren arbeiten. Maßgeblich für dieses Verfahren sind die oben genannten Wettbewerbe und Preisverleihungen, die sich auf dem Markt der kulturellen Güter entwickelt haben.

Das Verfahren des Vergleichs im Rahmen der Singulartitätswettbewerbe setzt eine grundsätzliche Uminterpretation des Status von Besonderheiten voraus: Singularitäten werden hier in Exemplare des Allgemein-Besonderen überführt. Ich hatte bereits erwähnt, dass zwischen den drei gesellschaftlich möglichen Ausformungen von Besonderheiten, den Singularitäten, den Idiosynkrasien und dem Allgemein-Besonderen, unter den Bedingungen der (Spät-)Moderne erhebliche Zirkulationsprozesse stattfinden.[138] Im Zuge der Vergleichstechnologien wird die Singularität nun gewissermaßen temporär suspendiert und in das Register des Allgemein-Besonderen übersetzt. Jetzt haben nicht nur einzelne kulturelle Güter isoliert betrachtet Wert, sondern das eine Gut erscheint entlang bestimmter Kriterien dazu noch als *wertvoller* als das andere, wodurch sich eine Rangfolge der Qualitäten (höher/niedriger) ergibt und der Komparativ Einzug hält: Etwas kann origineller, komplexer, bahnbrechender als etwas Anderes erscheinen. Die Valorisierungen zielen hier darauf ab, Qualität nicht nur zu bestimmen und zu verstehen, sondern vergleichend zu skalieren.

Die *qualitativen* Skalierungen in Form der Wettbewerbe können in einem nächsten Schritt *quantifiziert* werden – genau dies findet seit den 1990er Jahren auf breiter Front in den *Rankings* statt. Eine wegweisende Form der quantitativen Übersetzung einer qualitativen Skalierung war

138 Siehe Kap. I.2, S. 48-57.

die Einführung der Michelin-Sterne für die Spitzengastronomie bereits im Jahre 1926. Die qualitativen Unterschiede zwischen den Restaurants werden nun nicht nur einfach benannt, sondern auch in eine Differenz nach Punkten (Sternen) übersetzt. Diese Schematisierung erleichert den Vergleich sowie die qualitative Gruppenbildung.[139] Während die Michelin-Sterne eine Bewertungsinstanz von hoher Reputation darstellen und die Sterne dort von Experten vergeben werden, lassen sich in einem letzten Schritt Rankings mit Häufigkeitszählungen kombinieren. Es handelt sich dann um *quantitativ gewichtete Rankings*. Diese werden häufig eingesetzt, wenn Laien die Bewertung vornehmen und man durch die Häufigkeitsgewichtung einzelne Bewertungsabweichungen nach oben oder unten ausgleichen will. Genau eine solche Kombination von Ranking und Häufigkeitsverteilung ist charakteristisch für die Bewertung kultureller Güter auf vielen digitalen Plattformen.[140] Hier werden durchschnittliche Punktwertungen pro Produkt berechnet, so dass sich Ratings der Durchschnitte ergeben.

Neben den Rankings als quantitativen Übersetzungen von qualitativen *Valorisierungen* gibt es andere, einfachere Quantifizierungsverfahren zur Messung der *Aufmerksamkeitsverteilung* von kulturellen Gütern. Während Valorisierungen kompliziert von der Qualität in die Quantität übersetzt werden müssen, ist die Quantifizierung auf der Ebene von Aufmerksamkeiten verhältnismäßig simpel, weil sich Aufmerksamkeiten entlang einfacher Parameter messen lassen. In der Regel wird dabei allerdings nicht die reale Aufmerksamkeit der Rezipienten selbst bestimmt, sondern man zieht dafür äußere Indikatoren heran. Das einfachste Verfahren ist hier das Abzählen der Menge, in der ein kulturelles Gut nachgefragt wird: die Menge der verkauften Bücher, die Anzahl der Kinogänger in Bezug auf einzelne Filme, die Einschaltquote einzelner Fernsehsendungen. Durch die Digitalisierung lässt sich die Quantifizierung von Aufmerksamkeiten automatisieren und wird ubiquitär. Die Anzahl der Aufrufe eines Nachrichtenartikels einer Online-Zeitung, eines YouTube-Videos, einer Facebook- oder Instagram-Seite oder eines Wikipedia-Eintrags, schließlich die Menge aller *Einträge* im Netz bezüglich des Namens eines Stars (oder eines Unternehmens oder eines einzelnen kulturellen Gutes) und

139 Vgl. dazu Beckert/Musselin, *Constructing Quality*.
140 Man denke an das Ranking von Büchern, Musiktiteln oder Filmen auf der Verkaufsplattform Amazon.

die Menge der *Aufrufe* aller dieser Einträge durch die Nutzer werden routinemäßig gemessen.[141]

Der Effekt dieser quantitativen Techniken zur Repräsentation von Besonderheiten ist nun jedoch, dass bereits auf der Ebene der Aufmerksamkeiten die Quantifizierungen die genannte Ausbildung extremer Aufmerksamkeitsasymmetrien noch *verschärfen*. Indem die bisherige ungleiche Aufmerksamkeitsverteilung selbst *sichtbar* wird – sei es durch Listen oder durch Visualisierungen –, wird es den Konsumenten noch mehr erleichtert, dem, was bisher bereits ein Publikum erreichte, noch weitere Aufmerksamkeit zu schenken und damit den Matthäus-Effekt in Gang zu setzen: Man liest, was auf den Bestsellerlisten Spitzenpositionen erhält, man hört, was in den Hitparaden Nummer 1 ist, man schaut im Netz jene Artikel und Clips an, die bereits viele Aufrufe erhalten haben (vor allem unter den »Freunden«). Einen ähnlichen selbstverstärkenden Effekt haben die skalierenden Valorisierungstechniken: Man besucht das Restaurant, das mit zwei Sternen prämiert wurde, oder geht in die Filme, die in Cannes oder Berlin ausgezeichnet wurden. Der Markt der kulturellen Güter ist schließlich nicht nur aus Sicht der Produzenten ein Ungewissheitsmarkt,[142] sondern auch aus Sicht der Konsumenten, die nie sicher sein können, ob sie von der neuen Musik oder dem neuen Lokal affiziert werden und ob es qualitativ wertvoll ist. Über die einzelne Valorisierung hinaus sind die vergleichend-quantifizierenden Valorisierungen und die sichtbaren quantitativen Aufmerksamkeitsverteilungen damit probate Mittel, die den Rezipienten die Entscheidung erleichtern.

Die Aufmerksamkeitsmessungen und Qualitätsrankings verwandeln sich damit in Instrumente, die der weiteren Kapitalisierung von Aufmerksamkeit und von Reputation Vorschub leisten. Paradoxerweise tragen damit die quantitativ-vergleichenden Repräsentationen des Besonderen, die mit dem Mittel der *Gradualisierung* arbeiten, dazu bei, dass sich die *ab-*

141 Ein Sonderfall sind wissenschaftliche Zitationsindizes. Diese sind Kombinationen aus Aufmerksamkeitsmessungen und Qualitätsrankings: Gemessen wird, wie häufig *andere Wissenschaftler*, also nicht irgendwelche Leser, auf einzelne Texte referieren (und sie damit als wertvoll anerkennen). Vgl. dazu Merton, *Sociology of Science*.

142 Auch auf der Seite der Produzenten führen die Quantifizierungen häufig zu selbstverstärkenden Effekten: Ein Thema, das auf einem News-Portal viele Aufrufe bekommen hat, kann in Zukunft in etwas anderer Weise wieder »gebracht« werden; eine Musikgruppe oder ein Autor mit Anfangserfolg werden von den Plattenlabels oder Verlagen erst recht gepusht etc.

soluten Differenzen zwischen den Stars (und späteren Klassikern) und dem Meer des kaum Beachteten noch vertiefen. Hier findet gewissermaßen eine doppelte Übersetzung statt: Quantitative Vergleichsverfahren wie Rankings und Quoten transformieren zunächst die *absoluten* qualitativen Differenzen zwischen einzigartigen singulären Gütern in *graduelle* qualitative oder quantitative Differenzen. Aber indem diese Gradualisierung auf den kulturellen Märkten die extrem polarisierte Form der Attraktivitätsmärkte annimmt und die Akkumulation von Aufmerksamkeits- wie Reputationskapital fördert, verwandelt sie die graduellen Differenzen wieder in *absolute* Differenzen, wenn auch auf einer anderen Ebene. Denn am Ende entsteht jene faktisch absolute Differenz zwischen den extrem sichtbaren und den quasi unsichtbaren Gütern, jene zwischen den wenigen Stars beziehungsweise Klassikern und den vielen Gütern, denen der Status der Singularität gar nicht zuerkannt wird und die rasch vergessen werden.

Insgesamt ist entscheidend: Der Prozess der Singularisierung und Valorisierung von Gütern ist keine rein immanente Angelegenheit dieser ökonomischen Märkte oder anderer, mittlerweile ähnlich strukturierter Felder wie des Wettbewerbs der Bildungsinstitutionen, der Städte oder der politischen Parteien. Dadurch, dass die Aufmerksamkeitsmobilisierungen, die routinisierten Valorisierungen in Rezensionsform oder quantifizierter Form und die Valorisierungsspektakel medial vermittelt öffentlich sichtbar sind, vermögen sie weit darüber hinaus den Habitus der Subjekte und die Kultur der Spätmoderne insgesamt zu prägen. Auf den kulturellen Märkten der Singularitätsgüter, auf denen sich das Subjekt zumindest als Konsument (wenn nicht auch als Produzent) beständig bewegt, lernt es, dass genau dies die Normalität des Sozialen unter den Bedingungen der Gegenwart ist: Objekte und Subjekte sind wertvoll und singulär, wenn es ihnen gelingt, im endlosen Aufmerksamkeits- und Valorisierungswettbewerb Sichtbarkeit zu generieren und affizierend zu wirken. Nicht nur also, dass die Konsumenten für das Arrangement ihrer Lebensstile nun bevorzugt auf kulturell-singuläre *Güter* zurückgreifen – die Singularitäts*wettbewerbe*, die sich um diese Güter herum organisieren, prägen die spätmoderne Kultur ebenso sehr und vielleicht noch tiefgreifender.

III.
Die Singularisierung der Arbeitswelt

Die Kulturökonomisierung der Arbeit und ihre Polarisierung

In der postindustriellen Ökonomie transformiert sich im Zuge des Strukturwandels der Güter und der Märkte auch die Arbeitswelt. Betroffen davon sind die Praxis des Arbeitens selbst, die Art und Weise, in der Organisationen aufgebaut sind, sowie die Kompetenzen, Wünsche und Anforderungen der arbeitenden Subjekte. Auf allen diesen Ebenen findet eine Kulturalisierung und Singularisierung der Arbeitsformen statt, die sich von den Strukturen standardisierter Arbeit der industriellen Moderne lösen.

Die Erosion der industriellen Logik der Arbeitswelt hat die Soziologie in den vergangenen 20 Jahren mit unterschiedlichen Leitbegriffen herausgearbeitet: Der Begriff der *immateriellen Arbeit* weist darauf hin, dass vielfach weniger an materiellen Gütern denn an Kommunikation, Zeichen und Affekten gearbeitet wird; die Rede von der *flexiblen Spezialisierung* hebt hervor, inwiefern sich die Produktionsweise gegenüber der Massenproduktion verändert hat; die Diagnose der *Subjektivierung der Arbeit* betont die Relevanz nichtformalisierter subjektiver Eigenschaften der Arbeitnehmer, so dass im Zuge einer *Entgrenzung von Arbeit* auch die Trennlinie zwischen Arbeit und Privatsphäre fragil wird; auch der besondere Stellenwert der Organisationsform des *Projekts* in der Wissensarbeit ist wiederholt herausgestellt worden. Schließlich wurde darauf hingewiesen, dass und inwiefern die spätmodernen *Arbeitskraftunternehmer* und *unternehmerischen Selbste* sich in einer permanenten Wettbewerbssituation befinden und sie entsprechend gelernt haben, an ihrer Arbeitsmarktfähigkeit (*employability*) zu feilen.[1] Diese Analysen der postfordistischen

1 Vgl. Maurizio Lazzarato, »Immaterial Labor«, in: Paolo Virno, Michael Hardt (Hg.), *Radical Thought in Italy: A Potential Politics*, Minneapolis 1996, S. 133-148; Manfred Moldaschl, Günter Voß (Hg.), *Subjektivierung von Arbeit*, München, Mering 2002; Luc Boltanski, Ève Chiapello, *Der neue Geist des Kapitalismus*, Konstanz 2003; Michael J. Piore, Charles F. Sabel, *The Second Industrial Divide: Possibilities for Prosperity*, New York 1984; Hans Pongratz, Günter Voß, *Arbeitskraftunternehmer. Erwerbsorientierungen in entgrenzten Arbeitsformen*, Berlin 2003; Nick Kratzer, *Arbeitskraft in Entgren-*

Arbeitsformen sind aus meiner Sicht allesamt zutreffend, ich möchte sie jedoch bündeln und zuspitzen, indem ich den übergreifenden Strukturwandel als eine *Singularisierung der Arbeitswelt* deute: eine Umstrukturierung der Arbeitsverhältnisse, in der eine für die moderne Berufswelt ungewöhnliche Orientierung an Einzigartigkeiten prägend wirkt. Diese Singularisierung fällt zusammen mit einer Kulturalisierung oder präziser: einer *Kulturökonomisierung der Arbeitsformen.* Das heißt, dass die Arbeitswelt mehr und mehr Züge der *creative economy* annimmt, in der an singulären Gütern für kulturelle Märkte gearbeitet wird, und die Arbeitskraft *ihrerseits* zu einem Singularitätsgut auf einem kulturellen (Arbeits-)Markt wird.

Die Singularisierung des Arbeitens in der Wissens- und Kulturökonomie umfasst verschiedene Aspekte: Indem die Praktiken des Arbeitens nicht länger auf standardisierte Güter und Dienste ausgerichtet sind, sondern sich auf die Verfertigung immer wieder neuer (oder alter) singulärer, attraktiver Güter umstellen, avanciert Arbeit im Kern zur *kulturellen Produktion* und wird zur *Kreativarbeit.* Singularisierung des Arbeitens heißt hier: Arbeit *an* Singularitäten. Auch auf der organisatorischen Ebene wird eine Überlagerung der Logik des Allgemeinen durch eine Logik des Besonderen sichtbar, indem hierarchisch-arbeitsteilige Matrixorganisationen von Projektstrukturen und Netzwerken verdrängt werden. Schließlich ist das Arbeits*subjekt* ein herausgehobener Gegenstand der Singularisierung – durch sich selbst und durch andere: Das Erfordernis allgemeiner formaler Qualifikationen wird überlagert durch die Entwicklung eines einzigartigen *Profils* von Kompetenzen und Potenzialen. Das spätmoderne Arbeitssubjekt soll und will einzigartig sein – ein Bündel von Fähigkeiten und Talenten, dessen Performanz nicht austauschbar, sondern möglichst außergewöhnlich ist. Die Singularisierung lädt damit die vermeintlich versachlichte Arbeitswelt der Moderne enorm mit Kultur und Affektivität auf.

Die Singularisierung und Kulturalisierung betrifft zu Beginn des 21. Jahrhunderts natürlich nicht sämtliche Arbeitsverhältnisse. Immaterielle oder kreative Arbeit leistet in erster Linie das Segment der besonders

zung. Grenzenlose Anforderungen, erweiterte Spielräume, begrenzte Ressourcen, Berlin 2003; Peter Kalkowski, Otfried Mickler, *Antinomien des Projektmanagements. Eine Arbeitsform zwischen Direktive und Freiraum*, Berlin 2009; Ulrich Bröckling, *Das unternehmerische Selbst. Soziologie einer Subjektivierungsform*, Frankfurt/M. 2007.

qualifizierten Tätigkeiten mit höherer, in der Regel akademischer Ausbildung in der Wissens- und Kulturökonomie. Diese Akademikerklasse macht etwa ein Drittel der Erwerbstätigen aus, mit steigender Tendenz. Maurizio Lazzarato spricht zu Recht von einer »Massenintelligenz«,[2] die infolge der Bildungsexpansion seit den 1970er Jahren entstanden ist und die wachsende Kernbelegschaft der *creative economy* ausmacht. Neben der expandierenden Wissens- und Kulturökonomie existieren die industrielle Produktion von Investitionsgütern und Rohstoffen sowie – nun neu und in verstärktem Maße – die einfachen, routinisierten Dienstleistungen freilich weiter. Zugleich sind auch *innerhalb* der Kulturökonomie nicht sämtliche Tätigkeiten solche einer singularisierten Arbeit, sondern auch hier – wenn auch immer mehr automatisiert – industrielle Produktion und unterstützende Dienstleistungen nötig. Anders als Daniel Bell und andere, die große Hoffnungen in eine zukünftige Wissensgesellschaft setzten,[3] bedeutet die Umwälzung von der industriellen zur postindustriellen Gesellschaft somit nicht, dass sich die Arbeitsverhältnisse uniform in die Richtung von qualifizierter Wissensarbeit fortentwickelt hätten. Die postindustrielle Ökonomie und ihre Arbeitsverhältnisse sind vielmehr sehr heterogen, freilich mit einer Tendenz zur *Polarisierung der Arbeitswelt* zwischen der Kultur- und Wissensarbeit der Hochqualifizierten einerseits, den routinisierten Dienstleistungen jener, die häufig als neue Dienstleistungsklasse *(service class)* umschrieben werden, andererseits.[4] Wie es die Wirtschaftswissenschaftler Maarten Goose, Alan Manning und Anna Salomons ein wenig flapsig formulieren: In der postindustriellen Ökonomie stehen *lovely jobs* und *lousy jobs* einander antipodisch gegenüber.[5]

2 Vgl. Lazzarato, »Immaterial Labour«, S. 133; zur Bildungsexpansion vgl. Paul Windolf, *Expansion and Structural Change. Higher Education in Germany, the United States and Japan, 1870-1990*, Boulder u. a. 1997.

3 Vgl. Daniel Bell, *Post-Industrial Society. The Coming of Post-Industrial Society: A Venture in Social Forecasting*, New York 1973.

4 Vgl. zu dieser Polarisierung David H. Autor u. a., »The Polarization of the U.S. Labor Market«, in: *American Economic Review* 96/2 (2006), S. 189-194; Maarten Goose, Alan Manning, Anna Salomons, »Job Polarization in Europe«, in: *American Economic Review* 99/2 (2009), S. 58-63, und mit global-gesellschaftstheoretischem Bezug Allen Scott, *A World in Emergence. Cities and Regions in the 21st Century*, Cheltenham 2012, S. 95-121; grundsätzlich auch Gøsta Esping-Anderson, *Changing Classes. Stratification and Mobility in Post-Industrial Societies*, London 1993.

5 Goose, Manning, Salomons, »Job Polarization«.

Man muss betonen: Es handelt sich hier nicht um bloß graduelle Unterschiede verschiedener Ausbildungsniveaus, sondern um einen Antagonismus zwischen zwei Formen und Bewertungen der Arbeit, welcher die spätmoderne Gesellschaft prägt. Diese Polarität der *Arbeitsformen* spiegelt jedoch letztlich den Dualismus zwischen den kulturell-singulären und den funktional-standardisierten *Gütern* wider. Wir hatten bereits gesehen, dass die Differenz zwischen diesen beiden Gütertypen in der Ökonomie der Singularitäten eine Differenz des Wertes ausdrückt:[6] Singuläre Güter (inklusive Dienste und Ereignisse) erscheinen von Wert und Qualität, standardisierte Güter (und Dienste) hingegen als bloß profane Güter, die lediglich mit Nutzen aufwarten. Entscheidend ist, dass die Polarität zwischen diesen beiden Gütertypen sich auch auf die ihnen entsprechenden Arbeitsformen auswirken. Die Verfertigung von kulturellen Einzigartigkeitsgütern erfordert einen anderen Arbeitstypus: die *kreative*, am Neuen und an kulturellen Elementen orientierte, meist projekthafte Arbeit mit starker intrinsischer Motivation, welche die *ganze Persönlichkeit* fordert. Die einfachen Dienstleistungen und industriellen Tätigkeiten hingegen sind konträr strukturiert: Es handelt sich in der Regel um repetitive und standardisierte, darin funktionale Tätigkeiten mit schwacher intrinsischer Motivation und ohne Persönlichkeitsanteil. Insbesondere die einfachen Dienstleistungen sind im Kern *Normalisierungsarbeit*, das heißt, es geht um das Aufrechterhalten eines Status quo, so dass sie idealerweise unsichtbar sind.[7] Die Kreativarbeit ist hingegen vehement darauf ausgerichtet, sichtbar zu sein und einen *Unterschied zu machen*.

Diese strukturelle Polarität zwischen den Arbeitsformen übersetzt sich in ihre konträre gesellschaftliche und subjektive Bewertung: Die hochqualifizierte, kreative und singuläre Arbeit hat sowohl in den Augen der spätmodernen Gesellschaft als auch in der Selbstwahrnehmung ihrer Arbeitssubjekte den Nimbus einer sozial wertvollen sowie subjektiv befriedigenden Tätigkeit, während die standardisierte, routinisierte Tätigkeit nurmehr als profanes Arbeiten gesehen wird und geringe Befriedigung verspricht. In der nun gängig gewordenen hierarchischen Unter-

6 Siehe oben, Kap. II.1, S. 119-126.

7 Vgl. zu diesem Begriff Stephan Voswinkel, *Welche Kundenorientierung? Anerkennung in der Dienstleistungsarbeit*, Berlin 2005. Vgl. zur Arbeit in der Dienstleistungsklasse nur Friederike Bahl, *Lebensmodelle in der Dienstleistungsgesellschaft*, Hamburg 2014. Ich werde in Kap. V.3 auf die Dienstleistungsklasse näher eingehen.

scheidung stehen die »Hochqualifizierten« den »Geringqualifizierten« gegenüber.[8] Kreative Wert-Arbeit und repetitive Nutzen-Jobs sind entsprechend mit entgegengesetztem Sozialprestige und Selbstwertgefühl ausgestattet. So stellt der Arbeitssoziologe Stephan Voswinkel dar, dass die alte Anerkennungsstruktur der Industriearbeit, die auf der Würdigung der Anstrengung und Leistung beruhte, mehr und mehr durch einen ganz anderen Anerkennungstypus abgelöst wird, in der jener Arbeit »Bewunderung« gezollt wird, die sich durch außergewöhnliche Performanz auszeichnet.[9] Dieser Differenz entspicht der Antagonismus von routinisierter, lediglich nützlicher Arbeit und kreativer, wertschaffender Arbeit. Plakativ gesagt: Die Arbeit ist profan, wenn der Arbeitnehmer austauschbar ist (und sich auch selbst so wahrnimmt), und sie ist singulär, wenn das nicht der Fall ist. Diese Nichtersetzbarkeit manifestiert sich am deutlichsten an der Spitze der Arbeitshierarchie, wo die Kreativstars zu finden sind. Karl Marx hatte mit der Position, dass die Industriearbeiterschaft die eigentliche Quelle von gesellschaftlicher Produktivität und (ökonomischem) Wert bildet, ein Selbstverständnis der Industriegesellschaft formuliert, das mit der Ökonomie der Singularitäten eine Umkehrung erfährt: Die singulären Güter erscheinen nun als der eigentliche Ort von (kulturellem) Wert, und die »kreative Klasse« der Hochqualifizierten – ein Begriff der nicht zufällig ein Element der Selbstglorifizierung enthält – als ihr produktiver Träger.

Das Feld der Wissens- und Kulturarbeit der erweiterten *creative economy* ist allerdings selbst durch eine erhebliche Heterogenität gekennzeichnet. Nimmt man zunächst allein die *creative industries* im engeren Sinne in den Blick, so ist regelmäßig darauf hingewiesen worden, dass hier eine »Stundenglas-Struktur« kennzeichnend ist:[10] Auf der einen Seite befinden sich die wenigen, aber großen, häufig auch multinationalen Korpo-

8 Ubiquitär werden seit den 1990er Jahren auch in den Massenmedien Statistiken, in denen Subjekte mit unterschiedlichen Qualifikationsniveaus hierarchisiert werden (mit Hochschulabschluss, mittlerer Reife etc.), wobei die Bewertung à la besser/schlechter implizit bleibt. Dazu passt, dass die Steigerung des Anteils der Hochschulabsolventen (in der Gesamtbevölkerung, in einer Stadt, in einer bestimmten Gruppe, etwa bei Migranten) dann von politischer Seite *per se* als ein Erfolg betrachtet wird.

9 Vgl. Stephan Voswinkel, »Anerkennung der Arbeit im Wandel«, in: Ursula Holtgrewe, Stephan Voswinkel, Gabriele Wagner (Hg.), *Anerkennung und Arbeit*, Konstanz 2000, S. 39-61.

10 Vgl. David Hesmondhalgh, *The Cultural Industries*, Los Angeles u. a. 2013; Andy Pratt, »Creative Cities. Cultural Industries and the Creative Class«, in: *Geografiska Annaler:*

rationen (von Google bis Bertelsmann), die feste Mitarbeiter häufig auf vergleichsweise hohem Einkommensniveau beschäftigen; auf der anderen Seite gibt es die vielen Kleinunternehmen inklusive der Start-ups mit wenigen Mitarbeitern sowie die Soloselbständigen und Freiberufler.

Die Kulturalisierung und Singularisierung der Ökonomie reicht allerdings über die *creative industries* hinaus und umfasst die ganze Bandbreite der hochqualifizierten Wissensarbeit von »Symbolanalysten«, wie Robert Reich es formulierte.[11] Weitet man den Blick derart, verändert sich die Diagnose: Es kommen nicht nur weitere Großkorporationen hinzu, auch die in den *creative industries* schmale Mitte der mittelständischen Organisationen mit festen Mitarbeitern verbreitert sich. Für die gesamte Wissens- und Kulturökonomie ist damit weniger ein Dualismus als eine triadische Struktur prägend: erstens die Großkorporationen, häufig internationaler Art; zweitens die mittelständischen, häufig regional vernetzten Organisationen; drittens die Kleinunternehmer und Freelancer. In der *creative economy* herrscht somit ein Nebeneinander von extrem erfolgreichen und prestigeträchtigen Beschäftigungen mit internationaler Strahlkraft, von mittellagigen Berufsformen in Weiterentwicklung des akademischen Normalarbeitsverhältnisses sowie von einkommensschwächeren und teilweise prekären Arbeitsverhältnissen. Auch *innerhalb* der Gruppe der Hochqualifizierten ist die spätmoderne Arbeitswelt damit stratifiziert.

1. Praktiken des Arbeitens und Organisierens in der *creative economy*

Kulturelle Produktion als kreative Arbeit

Modernes Arbeiten ist ein zweckrationaler Prozess, der in der Regel (wenn auch wie im Falle der Soloselbständigen nicht immer) im Rahmen von Organisationen stattfindet. Dies gilt auch für die Arbeit an den singulären, kulturellen Gütern in der *creative economy*. Auch sie unterliegt einer formalen Rationalisierung, ist die zweckvolle, systematische Form,

Series B – Human Geography 90/2 (2008), S. 107-117. Zur Unterscheidung von *creative industries* und *creative economy* vgl. S. 114-119.

11 Vgl. Robert Reich, *The Work of Nations. Preparing Ourselves for 21st-Century Capitalism*, New York 1991, S. 171-240.

in der singuläre Güter verfertigt werden, und bleibt vom klassisch-modernen Optimierungsimperativ geprägt. Diese weiterhin existierende soziale Logik des Allgemeinen bildet den Hintergrund für die Kreation kultureller Singularitätsgüter. Im Zuge der Transformation der industriellen Produktion zu dem, was ich *kulturelle Produktion* nennen will, verändert die Arbeit jedoch ihre Form: Es bildet sich der Typus des kreativen Arbeitens, der Kreativarbeit aus.[12]

Von Seiten der spätmodernen Arbeitssubjekte selbst ist der Begriff des *kreativen* Arbeitens eindeutig positiv und normativ besetzt: Kreativ zu sein, sich in der Arbeit schöpferisch entfalten zu können, ist ein Ideal der postindustriellen Arbeitskultur, die vom postmaterialistischen Wertewandel beeinflusst ist.[13] Im Gegensatz zur »unkreativen« Arbeit der nun minderwertig erscheinenden Routinetätigkeiten erhält kreative Arbeit für die Arbeitssubjekte damit einen Eigenwert, sie ist primär intrinsisch motiviert – selbst wenn sie *auch* immer Mittel zum Zweck des Lebensunterhalts ist: Die Hochqualifizierten der Spätmoderne erwarten von ihrer Arbeit mehr als nur Broterwerb. Kreative Arbeit wird damit zu einer Kulturpraxis im Sinne des starken Kulturbegriffs –[14] sei es, dass sie den Arbeitenden einen hermeneutisch-narrativen Sinn (sinnvolle und interessante Tätigkeit), sei es, dass sie ästhetische Sinnlichkeit (das Erleben des Flow der Kreation) verspricht, sei es, dass in ihr spielerische Qualitäten entfaltet werden oder ihr ein ethischer Eigenwert zugeschrieben wird (»etwas verändern können«) oder durch den Akt der Gestaltung von Neuem, das in ihr zum Ausdruck kommt.

Kreative Arbeit ist Arbeit am kulturell Neuen und am Singulären von Dingen, medialen Formaten, Dienstleistungsbeziehungen oder Ereignissen. Der kulturellen Produktion geht es zwar nicht ausschließlich um die

12 Zur Form der kreativen Arbeit ist in den letzten Jahren eine Reihe interessanter Studien entstanden, die sich in erster Linie auf die *creative industries* beziehen, vgl. nur David Hesmondhalgh, Sarah Baker, *Creative Labour. Media Work in Three Cultural Industries*, London, New York 2011; Mark Deuze, *Media Work*, Cambridge u. a. 2007; Mark Banks, *The Politics of Cultural Work*, New York 2007; Angela McRobbie, *Be Creative. Making a Living in the New Culture Industries*, Cambridge 2016; Hannes Krämer, *Die Praxis der Kreativität. Eine Ethnographie kreativer Arbeit*, Bielefeld 2014; Alexandra Manske, *Kapitalistische Geister in der Kultur- und Kreativwirtschaft. Kreative zwischen wirtschaftlichem Zwang und künstlerischem Drang*, Bielefeld 2016.

13 Vgl. dazu bereits Martin Baethge, »Arbeit, Vergesellschaftung, Identität. Zur zunehmenden normativen Subjektivierung der Arbeit«, in: *Soziale Welt* 42/1 (1991), S. 6-19.

14 Siehe Kap. I.3, S. 87-92.

Fabrikation von Novitäten, sondern auch immer wieder um die langfristige Pflege vertrauter Klassiker und Marken. Trotzdem ist die *permanente Innovation* ihre zentrale Aufgabe. Anders als der Begriff der Innovation es suggeriert, geht es in der *creative economy* freilich nicht mehr primär um das technisch-sachliche Neue, das Allgemeingültigkeit beansprucht, sondern um das kulturell Neue als das Einzigartige. Das Grundproblem des kreativen Arbeitens lautet: Wie kommt das Neue in die Welt? Wie kann etwas Originelles und Überraschendes erarbeitet werden, das zugleich die Rezipienten anspricht? Die kulturelle Produktion ist sozusagen *bifokal*: Sie schaut zum einen auf die Güter (Dinge, Texte/Bilder/Töne, Dienstleistungen, Ereignisse) in ihrer offenen, zu gestaltenden Struktur und nimmt zum anderen das Publikum in den Blick, das mit diesen Objekten umgehen und sich durch diese beeindrucken lassen soll. Im weitesten Sinne ist kreative Arbeit damit *Designarbeit*, ja, der Begriff des Designs verweist genau auf diesen Zusammenhang,[15] nämlich die offene und zugleich durch das Material gebundene Singularisierung von Objekten und Ereignissen im Lichte der Rezipienten.

Aufgrund dieser Struktur unterscheidet sich die kreative signifikant von der standardisierten Tätigkeit in der Industriegesellschaft. Objekte – Dinge, Medien, Dienste, Ereignisse – avancieren im kreativen Arbeiten gewissermaßen zu »epistemischen Objekten«,[16] sie sind keine stabilen Entitäten so wie die standardisierten Dinge und Dienste, sondern offene, der Gestaltung zugängliche Kulturgebilde, die durch die Arbeit singularisiert werden. Neue Singularitäten – seien es Fernsehsendungen oder Studiengänge, Meditationstechniken oder Schreibtischlampen, Partyevents oder Romane, Persönlichkeitscoachings, Entwicklungsprojekte oder Museen – in die Welt zu setzen, erfordert dabei ein Entdecken und Ausprobieren von Möglichkeiten, eine experimentelle Praxis, in der Prototypen realisiert werden, deren Resonanz getestet wird.[17] Zentral für die

15 Vgl. zur Ausweitung des Designbegriffs Guy Julier, *The Culture of Design*, London u. a. 2000; zur Designarbeit vgl. Tim Brown, *Change by Design. How Design Thinking Transforms Organizations and Inspires Innovation*, New York 2009.

16 Vgl. zu diesem Begriff Hans-Jörg Rheinberger, *Experiment, Differenz, Schrift. Zur Geschichte epistemischer Dinge*, Marburg 1992.

17 Vgl. zu dieser Praxis genauer Rob Austin, Lee Devin, *Artful Making. What Managers Need to Know About How Artists Work*, Upper Saddle River 2003; Roberto Verganti, *Design Driven Innovation. Changing the Rules of Competition by Radically Innovating What Things Mean*, Boston 2009.

Kreativarbeit ist, dass sie über vielfältige und reichhaltige Zugänge zur kulturellen Welt verfügen muss, aus der sie die Ideen und Anstöße zum Andersartigen bezieht. Denn das Andersartige entsteht nicht *ex nihilo*. Ich hatte darauf hingewiesen, dass neue singuläre Güter häufig Übersetzungen von Idiosynkrasien und Standardisierungen sowie Ergebnis einer Umwandlung von nichtmarktförmigen kulturellen Objekten oder Praktiken aus den globalen und historischen Lebenswelten sind.[18] Die Kreativteams sind daher darauf angewiesen, dass sie direkt oder indirekt Zugang zu diesen kulturellen Welten haben. Kreativarbeit als kulturelle Arbeit hat damit immer den Charakter von Forschung in einem weiten Sinne: Es geht darum, Neues herauszufinden, Traditionen freizulegen, bestimmte Zusammenhänge zu begreifen oder Bedürfnisse zu eruieren.

In einzelnen Fällen – klassisch bei Autoren, Malern oder Komponistinnen – ist Singularitätsarbeit die Arbeit nur einer Person an nur einem Projekt. Der Großteil der Arbeit in der *creative economy* wird jedoch von Kreativteams geleistet, die eine andere Interaktions- und Emotionsstruktur besitzen als die klassische, arbeitsteilige Belegschaft des Industriebetriebs. So haben Rob Austin und Lee Devin exemplarisch herausgearbeitet, wie man in den Teams der kulturellen Produktion versucht, die Praxis des Erkundens (*exploring*) zu institutionalisieren, und zwar indem man das gezielte Öffnen von Frei- und Spielräumen (*release*) mit einer Form der Zusammenarbeit, in der man sich nicht gegenseitig zensiert, sondern wechselseitig als Impulsgeber für weitere Ideen behandelt (*collaboration*) und dabei einen kollektiven Mehrwert schafft (*ensemble*), sowie mit einer Haltung des Spielerischen (*play*) kombiniert.[19]

Das Kreativteam ist so kein System von austauschbaren Rollenträgern mit allgemeinen Qualifikationen, wie man es aus der industriellen Matrixorganisation kennt, sondern bildet gewissermaßen eine *Pluralität von Singularitäten*. Von den Mitarbeitern der Teams wird *Diversität* gefordert,[20] was bedeutet, dass sie möglichst unterschiedliche kulturelle Ressourcen (aus verschiedenen Disziplinen, Herkunftsgemeinschaften etc.) und Persönlichkeitsmerkmale in das Team einbringen sollten, die einander produktiv ergänzen und genügend Reibungsfläche bieten. Denn Di-

18 Siehen Kap. II.1, S. 143-147.

19 Vgl. Austin/Devin, *Artful Making*.

20 Vgl. Monika Salzbrunn, *Vielfalt/Diversität*, Bielefeld 2014; dazu auch unten, in diesem Kap., S. 193f.

versität erhöht die Chance, dass in der Kollaboration neuartige Ideen entstehen. Die Arbeitssubjekte des Teams sollen also ihrerseits singulär sein, so dass im Kreativteam einzigartige Persönlichkeiten zusammenarbeiten, ohne dabei ihre Besonderheit aufzugeben. Das idealtypische Management sieht seine Aufgabe entsprechend nicht mehr darin, einer hierarchisch gegliederten Organisation den Takt vorzugeben und sie zu *führen*, sondern konzentriert sich darauf, ein Team mit überraschungsfreundlicher Diversität zusammenzustellen und es zu *betreuen*.[21]

Die Entwicklung einzigartiger kultureller Güter in der Kreativarbeit ist ohne Technologien nicht denkbar. Es wäre daher verfehlt, im Sinne des traditionsreichen Antagonismus von Kultur und Technik zu meinen,[22] dass die technologische Innovationsorientierung der Industriegesellschaft in der kulturellen Produktion durch eine rein immaterielle Fabrikation von Bedeutungen, Narrationen und Erfahrungen abgelöst würde, im Gegenteil: Die Kreativarbeit greift in erheblichem Maße auf Technologien zurück, darunter nicht zuletzt auf die digitalen Medien- und Computertechnologien.[23] Auch Informatiker, Ingenieure oder andere technische Spezialisten sind integrale Mitglieder der kreativen Arbeitspraxis und in manchen Branchen sogar ihre Speerspitze. Technologien liefern der kulturellen Produktion dabei keine vorgegebenen Rahmenbedingungen, sie bilden vielmehr Artefaktsysteme, die *Möglichkeitsspielräume* eröffnen, beispielhaft in der Computertechnologie. Darüber hinaus zeigen sie den Ideen Grenzen der Realisierbarkeit auf (etwa in der Architektur), die allerdings immer wieder neu auszuhandeln sind. Das Modell des Designs, das immer schon Kultur und Materialität zusammengedacht hat, erscheint damit wegweisend für die kulturelle Produktion insgesamt.

Das Erkunden und Entwickeln neuer, besonderer Objekte und Ereignisse bezeichnet die *eine* Seite der Singularitätsarbeit; die *andere* betrifft den Umgang mit und die Adressierung der Rezipienten und Konsumenten – des Publikums. Da singuläre Güter erst einzigartig werden, indem die Rezipienten sich affizieren lassen und sie von diesen – laien- oder expertenhaft – valorisiert werden, muss die kulturelle Produktion die Perspektive des Publikums in einer Weise zu antizipieren versuchen, wie es für

21 Vgl. Chris Bilton, *Management and Creativity. From Creative Industries to Creative Management*, Malden u. a. 2006.

22 Dieser prägt die Kulturkritik des 19. Jahrhunderts, vgl. etwa Matthew Arnold, *Culture and Anarchy*, Cambridge 1946.

23 Vgl. dazu Verganti, *Design Driven Innovation;* Deuze, *Media Work.*

die traditionelle industrielle Produktion gar nicht nötig war. Die Kreativteams sind damit notwendig auch Kulturunternehmer (*culturepreneurs*), und die Erforschung und Mobilisierung des Publikums nimmt einen erheblichen Teil der Arbeit der kulturellen Produktion in Anspruch.[24] Nicht nur dass ein Aufmerksamkeitsmanagement betrieben wird – der potenzielle Rezipient erscheint bereits im Prozess der Entwicklung der Güter auf dem Monitor der Kreativarbeit, zum Beispiel via Trendscouts und Coolhuntings.[25] In Relation zum Publikum sind dabei prinzipiell drei unterschiedliche Strategien möglich: Man kann ihm folgen, ihm vorangehen oder mit ihm kooperieren. Dem Publikum zu folgen, die *Trendstrategie*, bedeutet, die besonderen Wünsche und Ideen der Konsumenten – die sich etwa über digitale Big Data oder über Trendscouts eruieren lassen – aufzunehmen und sie in populäre und kundennahe Güter zu verwandeln. Die Strategie, den Rezipienten voranzugehen, die *Avantgardestrategie*, besteht darin, selbstbewusst auf eine eigene Vision zu setzen, um mit ihr das möglicherweise zunächst skeptische Publikum zu provozieren – und damit entweder zu scheitern oder in besonderem Maße zu reüssieren. Die Strategie, mit den Rezipienten zu kooperieren, die *Kollaborationsstrategie*, bedeutet schließlich, dass Kreative und Kunden gemeinsam ein maßgeschneidertes Gut entwickeln. Der Rezipient wird so zum *Kokreativen*. Trend-, Avantgarde- und Kollaborationsstrategie sind drei Weisen, mit der Ungewissheit der Singularitätsmärkte umzugehen.

Projekte als heterogene Kollaborationen

Die Arbeit in der Wissens- und Kulturökonomie findet in der Regel in Projekten statt. Diese werden von individuellen Kreativen verfolgt, vor allem aber von Kreativteams. Seit Luc Boltanskis und Ève Chiapellos

24 Vgl. dazu auch Tom Kelley, *The Art of Innovation. Lessons in Creativity from IDEO. Americas Leading Design Form*, New York 2001.

25 Es ist nicht verwunderlich, dass das *design thinking* der Kulturökonomie es zur Direktive erklärt, bei jedem Gut vom Konsumenten her zu denken und zu fragen, inwiefern es von diesem auf eine einzigartige Weise erfahren und erlebt wird: Nicht das Fahrrad ist dann beispielswiese das Gut, sondern das Fahrraderleben/Fahrerlebnis, nicht das Hotel, sondern das Hotelerleben, nicht das Museum, sondern das Museumserleben etc. Vgl. dazu Brown, *Change by Design*.

Skizze der projektorientierten Sozialität, die sie als Charakteristikum des spätmodernen Geistes des Kapitalismus interpretieren, und der Fülle von arbeitssoziologischen Untersuchungen zur Projektarbeit in der Wissens- und Kulturökonomie hat sich ein Bewusstsein für die Merkmale und Herausforderungen dieser Form des Sozialen herauskristallisiert, welche in der Ökonomie der Singularitäten, aber auch in anderen Feldern (politische Projekte, soziale Projekte, Bildungsprojekte, persönliche Beziehungen als Projekte) auf dem Vormarsch ist.[26] Wenn die hierarchisch-arbeitsteilige Matrixorganisation mit ihren festen Stellen, Rollen, Zuständigkeiten und spezialisierten Routinen der zentrale Manifestationsort der klassischen Industriegesellschaft war, dann sind die Projekte der geradezu emblematische soziale Ort, an dem sich die Ökonomie, ja die gesamte Gesellschaft der Singularitäten auf der Organisationsebene realisiert.

Der exakte Stellenwert von Projekten kann je nach Arbeits- und Organisationsform sehr unterschiedlich sein: Eine Soloselbständige kann ein einziges, eigenes Projekt verfolgen oder ebenso gut an mehreren eigenen Projekten arbeiten, sie kann an einem oder mehreren (kollektiven) Projekten von einer oder mehreren Organisationen partizipieren. Ein Kleinunternehmen kann mit einem einzelnen Projekt völlig ausgefüllt sein. In großen Korporationen existieren hingegen typischerweise viele verschiedene Projekte sowohl nebeneinander als auch vernetzt, wobei neben den Projektstrukturen noch eine gewisse formale, wenn auch vergleichsweise flache hierarchische Organisationsstruktur fortbesteht. Projekte können in bereits bestehenden Organisationen angesiedelt sein, aber auch mit der Neugründung von Unternehmen in einem komplett neuen Kontext initiiert werden. Für die *creative economy* ist generell charakteristisch, dass sie in wesentlichem Umfang immer wieder unternehmerische Neugründungen, *Start-ups*, hervorbringt.

Richard und Lawrence Goodman verstehen ein Projekt organisationssoziologisch als ein temporäres System, das man »als eine Gruppe von Menschen mit unterschiedlichen Fähigkeiten definieren kann, die über einen begrenzten Zeitraum gemeinsam an einer komplexen Aufgabe ar-

26 Vgl. Boltanski/Chiapello, *Geist des Kapitalismus*, S. 152- 176; Ricarda Wildförster, Sascha Wingen, *Projektmanagement und Probleme*, Heidelberg 2001; Kalkowski/Mickler, *Antinomien des Projektmanagements*; Christiane Funken u. a., *Vertrackte Karrieren. Zum Wandel der Arbeitswelten in Wirtschaft und Wissenschaft*, Frankfurt/M. 2015; allgemeiner Markus Krajewski (Hg.), *Projektemacher. Zur Produktion von Wissen in der Vorform des Scheiterns*, Berlin 2004.

beiten«.[27] Aus unserer Sicht kann man feststellen: Projekte bilden damit eine *singularistische* Form des Sozialen *par excellence*, welche die bürokratische Struktur der Matrixorganisation mit ihrer sozialen Logik des Allgemeinen verdrängt. Dieser Singularismus betrifft die Ebene der Zeit, der Subjekte und des Kollektivs selbst, und alle drei Ebenen verdienen eine genauere Betrachtung.

Während die klassische Organisation auf Dauer und Reproduktion ausgerichtet ist, ist das herausstechende Merkmal der Projekte ihre *zeitliche Begrenztheit*. Projekte sind Episoden mit einem Anfang und einem Ende und haben damit im weiten Sinne des Begriffs den Charakter eines *Ereignisses*. Daneben enthält das Projekt ein hohes Maß an Offenheit für Neues und Unerwartetes (aber auch für Leerlauf und Sackgassen), und es baut einen narrativen Spannungsbogen auf: Das Projekt beginnt mit einer explorativen Anfangsphase, setzt sich in einer Phase der Forschung und Erprobung mit Feedback-Schleifen fort und endet mit einer besonders intensiven Schlussphase. Danach folgen kollektive Erleichterung, die Präsentation des Projektergebnisses und möglicherweise eine euphorisch-erschöpfte Postproduktionsphase.[28] Die Teilnehmer erleben das Projektgeschehen häufig in jeder seiner Phasen bewusst in der jeweiligen *Gegenwärtigkeit*. Trotz aller Routinisierungen und Typisierungen, die natürlich in jedem Projekt auftauchen, ist das Projektgeschehen damit in jedem Projekt anders und wird als hochgradig eigenkomplex wahrgenommen. Die spezifische narrative Struktur von Anfang, Höhepunkt und Ende verleiht ihm aus der Perspektive seiner Teilnehmer dabei affektive Dichte. Eine einseitige Glorifizierung des Enthusiasmus, welche die Projektarbeit im Unterschied zur Monotonie der Routineorganisation auszeichnet, ist sicherlich fehl am Platze. Die Affektivität ist hier vielmehr widersprüchlich: Projekte können zweifellos Phasen kollektiver oder individueller Begeisterung enthalten, sie bilden aber auch den Ort sozialer Dramen, von subtilen oder offenen Konkurrenzkämpfen und von Gefühlen des Scheiterns und Ungenügens.

Die singularistische Struktur der Projekte setzt sich auf der Ebene der *Subjekte* und des *Kollektivs* fort. Wie gesagt: Projekte sind Gebilde von

27 Vgl. Richard A. Goodman, Lawrence P. Goodman, »Some Management Issues in Temporary Systems: A Study in Professional Development and Manpower – The Theater Case«, in: *Administrative Science Quarterly* 21/3 (1976), S. 494.

28 Vgl. zu diesen Phasen Davies/Sigthorsson, *Creative Industries*, S. 138ff.

»Menschen mit unterschiedlichen Fähigkeiten«, die als Kreativteams eine Pluralität von Singularitäten bilden. Gegen die alte Logik der Arbeitsteilung bearbeiten Projekte eine komplexe Aufgabe ganzheitlich »in einer Hand«. Dafür sind sie auf ein Ensemble verschiedenartiger, einander ergänzender oder sich in produktiver Spannung befindlicher Persönlichkeiten mit diversen kulturellen und psychischen Ressourcen angewiesen. Dass im Projekt die Subjekte nicht als Funktions- und Rollenträger, sondern als Singularitäten agieren, ist auch der Tatsache geschuldet, dass sie hier nicht nur als Träger formaler Qualifikation, sondern als *ganze Persönlichkeiten* mit ihren kulturellen, sozialen und emotionalen Kompetenzen und Erfahrungen auftreten. Die Pluralität der Singularitäten ist nun keine bloße Addition von subjektiven Einzelmerkmalen, sie ist eine kooperative oder besser: eine *kollaborative Pluralität.* Die Mitarbeiter verfolgen eine gemeinsame Aufgabe. Die Projekte liefern damit ein Beispiel für eine Form des Sozialen, die ich *heterogene Kollaboration* nennen will.[29] Sie ist für die Kultur der Spätmoderne insgesamt bedeutsam. Der Begriff der Kollaboration meint eine gemeinsame Praxis, in der zielgerichtet *und* zugleich mit kulturellem Eigenwert und affektiver Dichte zusammengearbeitet wird. Kollaboration, verstanden als Praxis des *Zusammenwirkens,* ist damit ein stärkerer und spezifischer Begriff als soziologisch traditionsreiche Konzepte wie Interaktion, Kommunikation oder Kooperation.[30] Projekte sind einerseits temporäre Zweckverbände, die in der Regel auf ein Ziel hinarbeiten. Zugleich haben sie für ihre Teilnehmer im Moment des Tuns einen Wert an sich: Sie bilden eine im starken Sinne kulturelle Praxis mit narrativen, gestalterischen, ethischen, ludischen und auch ästhetischen Qualitäten. Als *heterogene* Kollaboration ist das Projekt jedoch auf die Heterogenität der einzelnen Mitglieder angewiesen, auf die Plu-

29 Der Begriff der Kollaboration oder verwandte Begriffe zur Beschreibung von nichtgemeinschaftlichen Kollektiven werden in der zeitgenössischen Theoriediskussion verstreut und eher vage definiert verwendet. Hier soll es daher um eine theoretische Zuspitzung gehen. Vgl. ansonsten Richard Sennett, *Zusammenarbeit. Was unsere Gesellschaft zusammenhält*, Berlin 2012; etwas anders das »Konnektiv« bei Bruno Latour (in: *Eine neue Soziologie für eine neue Gesellschaft. Einführung in die Akteur-Netzwerk-Theorie*, Frankfurt/M. 2007) und das »Mit-Teilen des Getrenntseins« in Jean-Luc Nancy, *Die undarstellbare Gemeinschaft*, Stuttgart 1988; pragmatischer hingegen Gesa Ziemer, *Komplizenschaft. Neue Perspektiven auf Kollektivität*, Bielefeld 2013.

30 Interaktion und Kommunikation bezeichnen sehr allgemeine und neutrale Phänomene, denen die Zielgerichtetheit fehlt. Kooperation enthält zwar genau diese Zielgerichtetheit, aber es fehlt die Konnotation des kulturellen Eigenwertes.

ralität der Singularitäten. Heterogene Kollaborationen spielen gewissermaßen mit der Einzigartigkeit und Diversität ihrer temporären Mitglieder.

Das Projekt ist also auch dadurch singularistisch strukturiert, dass es als *kollektive* Einheit *selbst* singulär wird. Es ist dezidiert mehr als die Summe seiner Teile, das heißt mehr als die Addition der Menschen (und Dinge), die an ihm teilnehmen. Diese kollektive Besonderheit lässt sich mit dem aus dem Theater entlehnten Begriff des *Ensembles* umschreiben.[31] Ein Ensemble setzt sich aus ganz unterschiedlichen Persönlichkeiten zusammen, zugleich ist das, was sie erarbeiten, eine einzigartige Leistung der spezifischen Zusammenarbeit zwischen ihnen. In der Kollaboration entsteht ein Drittes, eine emergente Ebene des Sozialen in Form der Praxis, die selbst so einzigartig ist wie das Zusammenspiel *dieser* Individuen zu *diesem* Zeitpunkt. Das Projekt ist gewissermaßen eine Ensembleleistung mit einem Ensembleerleben.[32] Natürlich: Projekte sind immer der Gefahr ausgesetzt, den Kriterien der sozialen Logik des Besonderen nicht zu genügen. Wie Objekten, Menschen oder Orten droht ihnen die Entsingularisierung. Wenn sie nicht mehr singulär erscheinen, verlieren sie ihren Wert, sie werden entvalorisiert und sind höchstens noch von Nutzen. Sie sind dann keine Projekte mehr, sondern bloße formal-rationale Zweckverbände. Eine solche Entsingularisierung kann auf allen drei Ebenen stattfinden: dadurch, dass die zeitliche Struktur des Projekts zu routinisiert und spannungsarm und damit monoton wird; dadurch, dass die Subjekte von vornherein zu ähnlich sind oder durch Gruppendenken konformistisch werden; schließlich dadurch, dass sich auf der Ebene des Kollektivs unintendiert doch wieder eine allgemeine Organisationsstruktur mit festen Arbeitsteiligkeiten und Hierarchien durchsetzt.

31 Vgl. dazu Austin/Devin, *Artful Making*.

32 Insofern vermögen Projekte durchaus eine kollektive Identität zu entwickeln – jedoch nicht im Sinne einer homogenen Gemeinschaft, sondern einer Identität als kollaborative Pluralität von Singularitäten. Projekte haben als affektiv beeindruckende Praxis auch einen beträchtlichen Erinnerungswert für ihre Teilnehmer.

Mit der Analyse der Projekte als heterogenen Kollaborationen haben wir in unserer Untersuchung des ökonomischen Feldes einen wichtigen Punkt erreicht. Denn ganz grundsätzlich stellt sich ja die Frage, welche Form *das Soziale* in einer Gesellschaft annimmt, die sich singularisiert. Mit den Singularitätsmärkten haben wir auf diese Frage eine erste Antwort erhalten, mit den Projekten eine zweite. Wir haben gesehen, dass und inwiefern Aufmerksamkeits- und Valorisierungsmärkte vor einem Publikum sich als genuine soziale Plattformen für Singularitäten interpretieren lassen. Und wir haben die Projekte kennengelernt, die zu einer zweiten, jedoch anders aufgebauten Kategorie einer singularistischen Form des Sozialen gehören, nämlich den heterogenen Kollaborationen. Auch heterogene Kollaborationen sind soziale Plattformen, auf denen sich Singularitäten bewegen, sie tun das dort allerdings in anderer Weise: nicht im Modus des Wettbewerbs um Aufmerksamkeit, sondern im Modus der Zusammenarbeit. Hinzu kommt, dass anders als im Falle der anonymen Märkte bei den Projekten als heterogene Kollaborationen die soziale Einheit ihrerseits die Form des Besonderen annimmt. Sie sind nicht nur Plattformen *für* Singularitäten, sondern *selbst* solche, indem sie sich als Ensembles zu etwas Einzigartigem formen und als solche einen kulturellen und affektiven Identifikationswert besitzen.[33]

Diesseits und jenseits des ökonomischen Feldes bilden damit Attraktionsmärkte und heterogene Kollaborationen zwei alternative Typen einer singularistischen Form des Sozialen. Sie stehen nicht notwendig im Widerspruch zueinander, sondern sind im ökonomischen Feld (und darüber hinaus, etwa auch im politischen Feld) miteinander verzahnt. Denn die aus den Projekten hervorgegangenen singulären Güter bewe-

33 Märkte werden nur in bestimmten, interessanten Fällen als Ganze überhaupt sozial sichtbar. Zu denken ist hier einmal an die Valorisierungswettbewerbe, zu denen zum Beispiel der European Song Contest oder die Casting Shows, aber auch politische Wahlkämpfe gehören. Eine besondere Bedeutung kommt daneben den Sportwettkämpfen zu, offenbar weil sie die in der Gesellschaft allgegenwärtige abstrakte Wettbewerbskonstellation dramatisch zuspitzen und erlebbar machen (vgl. dazu Alain Ehrenberg, *Le culte de la performance*, Paris 1991). Ein anderer Fall der Repräsentation von Märkten als Ganze ist die Finanzökonomie, die mit Visualisierungen auf dem Bildschirm arbeitet (vgl. dazu Karin Knorr-Cetina, Urs Bruegger, »Traders' Engagement with Markets. A Postsocial Relationship«, in: *Theory, Culture & Society* 19/5-6 [2002], S. 161-185).

gen sich häufig auf Attraktionsmärkten. Meistens haben Projekte gegenüber den Märkten eine ambivalente Relation: Nach innen sind sie aufgrund ihrer Struktur der affektiv dichten Zusammenarbeit gegenüber den Märkten relativ autonom; als Teil von Organisationen, für die sie neue Singularitätsgüter herstellen, präsentieren sie ihre kulturellen Güter jedoch auf Märkten, auf denen die Güter um Aufmerksamkeit und Valorisierung konkurrieren. Zugleich beziehen sie ihre Mitarbeiter aus den Arbeitsmärkten, die selbst den Charakter von Profilwettbewerben angenommen haben. Die Proliferation der Welt der heterogenen Kollaborationen ändert nichts daran, dass diese, wie gesagt, auch in der spätmodernen Wissens- und Kulturökonomie meistens in den Rahmen von Organisationen eingebettet sind. Der Stellenwert der bürokratischen Strukturen von Organisationen hat sich allerdings gewandelt. Sie bilden nurmehr eine institutionelle Hintergrundstruktur, die etwa den Projektteams finanzielle, räumliche und personelle Ressourcen zur Verfügung stellt sowie Kontakte nach außen und administrative Unterstützung bietet. Die institutionelle Logik des Allgemeinen ist hier eine Ermöglichungsbedingung dafür, dass die Logik des Besonderen florieren kann.[34]

Neben den kulturellen Singularitätsmärkten und den Projekten kann man noch zwei weitere Varianten der singularistischen Formen des Sozialen beobachten, die sich in der spätmodernen Ökonomie verbreiten: Es findet eine *Kulturalisierung der Organisationen* selbst statt, was sowohl ihre Organisationskultur im engeren Sinne als auch ihre Ortsbindung betrifft. Des Weiteren gibt es neben den Projekten noch einen zweiten Subtypus heterogener Kollaborationen, der besondere Beachtung verdient: die *Netzwerke.*

Organisationen versuchen sich in der Spätmoderne *selbst* zu kulturalisieren und zu singularisieren – und zwar nicht nur nach außen, das heißt über die Pflege von Marken, sondern auch nach innen, also in ihrer eigenen Praxis und für ihre Mitarbeiter. Sie entwickeln das, was der Managementdiskurs seit den 1980er Jahren unter dem Begriff der *Organisationskultur* zusammenfasst.[35] Auch wenn »Organisationskultur« häufig als

34 Vgl. zum Verhältnis von Projekten und spätmodernen Organisationen Gernot Grabher, »Ecologies of Creativity. The Village, the Group, and the Heterarchic Organisation of British Advertising Industry«, in: *Environment and Planning A*, 33/2 (2001), S. 351-374; Bilton, *Management and Creativity.*

35 Vgl. Martin Parker, *Organizational Culture and Identity. Unity and Division at Work*, London u.a. 2000; Julier, *Culture of Design*, S. 191ff.

nurmehr plakativer Slogan daherkommt, dürfen doch die realen Verfahren nicht übersehen werden, in denen spätmoderne Organisationen versuchen, sich als singuläre Gebilde mit spezifischem Identifikationspotenzial zu modellieren. Über gemeinsame Rituale oder außergewöhnliche Events, durch die Kultivierung eines kulturellen Gedächtnisses und eines entsprechenden *storytellings* über das Unternehmen, seine herausragenden Figuren und seine Geschichte, aber auch durch die ästhetische Gestaltung seiner Räumlichkeiten, durch spezifische Coaching- und Weiterbildungsangebote der Mitarbeiter, *diversity management*, die Gewährung von freier Zeit für eigene kreative Projekte etc., etc. führen sich Organisationen für ihre Mitarbeiter nach innen als einzigartige auf, auf dass ihnen ein intrinsischer Wert zugeschrieben wird.[36]

Darüber hinaus wirkt die *Ortsbindung* auf die spätmoderne Organisationskultur singularisierend. Während industrielle Großbetriebe in der Regel weder an einen konkreten Ort gebunden noch auf ihn sinnhaft bezogen waren, sind die Organisationen der Wissens- und Kulturökonomie sehr viel stärker an bestimmten Orten verankert. Die Nichtaustauschbarkeit des Ortes betrifft die Besonderheit des *creative cluster* als örtlichen Arbeitszusammenhang verschiedener Organisationen ebenso wie den Bezug zur jeweiligen Stadt und Region selbst, zu ihren Szenen und Milieus, auch ihren staatlichen Einrichtungen (Bildung, Kulturinstitutionen) und ihrer geografischen Lage.[37] Die kreativen Cluster bilden hier ortsspezifische Kommunikationszusammenhänge für Kulturunternehmer und stellen zugleich strategische Räume dar, in denen vor Ort verschiedene Büros miteinander kooperieren, man Zugang zu Gatekeepern hat oder immer wieder neue, möglicherweise ertragreiche Kontakte geknüpft werden. Schließlich hängt das kreative Potenzial der Wissens- und Kulturökonomie entscheidend davon ab, dass sie die relevanten kulturellen Ströme, die in der Gesellschaft zirkulieren, produktiv anzapft; diese Ströme ballen sich wiederum in bestimmten Metropolregionen. Die Singularität des Ortes ist damit fester Bestandteil der Identität und der Arbeitsweise der *creative economy*.

36 Vgl. dazu Paul du Gay, *Consumption and Identity at Work*, London 1996; Nigel Thrift, *Knowing Capitalism*, London u. a. 2005.

37 Siehe Bas van Heur, *Creative Networks and the City. Towards a Cultural Political Economy of Aesthetic Production*, Bielefeld 2010; beispielhaft für New York Elizabeth Currid, *The Warhol Economy. How Fashion, Art, and Music Drive New York City*, Princeton 2007.

Mit den kreativen Clustern ist eine weitere Form des Sozialen angesprochen, die für die Ökonomie und Gesellschaft der Singularitäten überaus zentral ist: die *Netzwerke*. Verschiedene soziologische Analysen haben herausgearbeitet, dass Netzwerke als eine eigenständige Form der Sozialität behandeln werden sollten, die sich von Formen der bürokratischen Hierarchie und des Marktes grundsätzlich unterscheidet und in der spätmodernen Gesellschaft enorm an Bedeutung gewinnt, nicht zuletzt im Rahmen der postfordistischen Ökonomie.[38] Netzwerke lassen sich nun, wie gesagt, als eine weitere Variante heterogener Kollaborationen interpretieren, sind aber anders akzentuiert als die Projekte. In der Ökonomie der Singularitäten spielen Netzwerke vor allem auf zwei Ebenen eine Rolle: als Netzwerke von Organisationen und als Netzwerke von Arbeitssubjekten. Es ist häufig festgestellt worden, dass die Organisationen und Projekte der Spätmoderne nicht isoliert auftreten, sondern in komplexe Unternehmensnetzwerke oder institutionelle Netzwerke eingebunden sind, die miteinander in verschiedener Weise kooperieren.[39] Soziale Netzwerke sind zudem ebenso für Soloselbständige und individuelle Kreativunternehmer wie für angestellte Mitarbeiter mit Wechselaspirationen wichtig. Sie sind Gefüge von Beziehungen des Kennens und Wertschätzens, die potenziell mobilisiert werden können, wenn es um die Mitarbeit in neuen Projekten geht.[40] Projekte profitieren sowohl von den Netzwerken der ganzen Organisation als auch den Netzwerken der einzelnen Mitarbeiter. Netzwerke als Form des Sozialen haben damit mehrere spezifische Eigenschaften: Es handelt sich um Kooperationsbeziehungen zwischen verschiedenen Einheiten (Subjekte, Organisationen), die den Charakter der Potenzialität haben. Sie *können* aktualisiert werden, müssen es aber nicht. Hier herrscht die berühmte »Stärke der schwachen Beziehungen« (»the

38 Vgl. generell zu den Netzwerken Latour, *Eine neue Soziologie*; zu Netzwerkorganisationen Walter W. Powell, »Neither Market nor Hierarchy. Network Forms of Organization«, in: *Research in Organizational Behaviour* 12 (1990), S. 295-336; zu Netzwerken in der Spätmoderne Manuel Castells, *The Rise of the Network Society*, Cambridge 1996; Henning Laux, *Soziologie im Zeitalter der Komposition. Koordinaten einer integrativen Netzwerktheorie*, Weilerswist 2014.

39 Vgl. Arnold Picot u. a., *Die grenzenlose Unternehmung. Information, Organisation und Management*, Wiesbaden 1996, auch Hartmut Berghoff, Jörg Sydow (Hg.), *Unternehmerische Netzwerke. Eine historische Organisationsform mit Zukunft?*, Stuttgart 2007.

40 Vgl. dazu Andreas Wittel, »Toward a Network Sociality«, *Theory, Culture & Society* 18/6 (2001), S. 51-76.

strength of weak ties«),[41] das heißt, es existieren lose Verbindungen, die aber enorm wirksam werden können. Netzwerke zeichnet eine Dynamik und Unabschließbarkeit aus: Sie können sich leicht verändern, indem neue Teilnehmer hinzukommen (und andere an Bedeutung verlieren) oder potenzielle in aktuelle Kooperationen umgewandelt werden. Die Beziehungen sind nichtexklusiv und die Relationen zwischen den Knotenpunkten sind als kooperative im Prinzip nichthierarchisch.

Es wird damit deutlich, inwiefern Netzwerke eine Form des Sozialen bilden, die in zweifacher Hinsicht singularistisch strukturiert ist. Zum einen handelt es sich um eine Form heterogener Kollaboration, zum anderen um eine Hintergrundstruktur für Singularitäten. Soziale Netzwerke erlangen ihre Bedeutung gerade dadurch, dass die Elemente, die sich hier miteinander verbinden, nicht Exemplare einer allgemeingültigen Struktur, sondern einzigartig sind – nur deshalb sind sie als potenzielle Netzwerkpartner interessant. Die sozialen Netzwerke basieren damit essenziell auf der Diversität ihrer Teilnehmer. Jede Organisation oder jedes Arbeitssubjekt stellt darüber hinaus ihr oder sein eigenes Netzwerk zusammen, von dem es so kein zweites gibt. Auch deshalb qualifizieren sich Netzwerke als eine Spielart heterogener Kollaborationen, denn auch bei ihnen – wie bei Projekten – sind es Elemente in ihrer anerkannten Einzigartigkeit, die miteinander kooperieren. Auch hier kombinieren sich zudem instrumentelle Zweckrationalität und kultureller Eigenwert. Netzwerke unterscheiden sich aber insofern von Projekten, als sie verglichen mit diesen affektiv dünner sind und die Aufmerksamkeit weniger beanspruchen. Dies hat eine wichtige Konsequenz: Während die Projekte auf kollektiver Ebene selbst Singularitäten *sind*, Einheiten des Besonderen, die von den Teilnehmern als solche empfunden werden, fehlt den Netzwerken meist die kollektive Identifikation und Identität, um selbst zu einer kollektiven Singularität zu werden. Sie bilden vielmehr *Hintergrundstrukturen für die Ausbildung von Singularitäten*,[42] das heißt, sie sind Infrastrukturen für besondere Projekte, Subjekte oder Güter.

41 Vgl. Mark S. Granovetter, »The Strength of Weak Ties«, in: *American Journal of Sociology* 78/6 (1973), S. 1360-1380.

42 In bestimmten Fällen können auch Netzwerke repräsentiert und damit als Ganze sichtbar werden. Man denke an die Liste der »Freunde« auf der Facebook-Seite.

2. Die Selbst- und Fremdsingularisierung der Arbeitssubjekte

Jenseits der Formalisierung der Arbeit

In der Wissens- und Kulturökonomie mit ihrer projektförmigen Arbeit findet ein grundsätzlicher Wandel der Strukturen statt, in denen das Arbeitssubjekt sich formt und geformt wird.[43] Einen wichtigen Aspekt haben wir bereits benannt: Die Arbeit ist nun mit starker intrinsischer Motivation verbunden; mehr noch: das Subjekt *soll* eine solche ausbilden. Die (hochqualifizierte) Arbeit erhält damit in der Spätmoderne aus der subjektiven Perspektive erhebliches Identifikationspotenzial: Man erwartet mehr als nur Broterwerb, sondern eine spezifische Qualität des Arbeitens.[44] Die intrinsische Motivation ist dabei keine Privatsache des einzelnen Mitarbeiters, die kulturalisierte Arbeit setzt sie vielmehr voraus und baut sie in sich ein. Sie überlagert die klassische, für die Industriegesellschaft charakteristische extrinsische Motivation zur Arbeit als Mittel zum Zweck – Einkommen, Sicherheit und Status –, die aber natürlich weiterhin gegeben ist.[45] Neben diesem Wandel der motivationalen Struktur der Arbeit lässt sich eine grundsätzliche Transformation des Systems der Subjektivierung beobachten. Das industriegesellschaftliche *System der Formalisierung* wird mehr und mehr von einem *System der Singularisierung von Arbeitssubjekten* verdrängt. Kurz gesagt: Während das industrielle Arbeitssystem auf den Elementen der Qualifikation, Leistung und Stelle/Funktionsrolle beruhte, basiert das postindustrielle Arbeitssystem auf den Kriterien von Kompetenz/Potenzial, Profil und Performanz.

43 Mit »Subjekt« ist hier keine autonome Subjektivität gemeint, sondern die Art und Weise, in der das Individuum durch die Arbeitskultur subjektiviert wird, das heißt, sich spezifische soziale Normen, Habitusformen und psychische Dispositionen aneignet und sie zu seinen eigenen macht.

44 Wir werden sehen, dass sich die Arbeitskultur der Hochqualifizierten in dieser Hinsicht von der der Geringqualifizierten drastisch unterscheidet, vgl. S. 352f., Kap. V.3.

45 Am deutlichsten ist das postmaterialistische Arbeitsethos in den *creative industries* im engeren Sinne. Hier wirkt das Ich-Ideal des Kreativen, das Spuren des klassisch-modernen Ideals des Künstlers aufweist. Vgl. Cornelia Koppetsch, *Das Ethos der Kreativen. Eine Studie zum Wandel von Arbeit und Identität am Beispiel der Werbeberufe*, Konstanz 2006.

Die formale Rationalisierung der Arbeitswelt, die vom Beginn des 20. Jahrhunderts bis in die 1970er Jahre leitend war, hat die Grundstrukturen dessen geprägt, was ein Subjekt der Arbeit, einen *Arbeitnehmer* im Sinne der klassischen Moderne, ausmacht. Es handelt sich um ein umfassendes System des formalisierten und standardisierten Arbeitens. Zentral für die Platzierung des Einzelnen im Rahmen einer industriegesellschaftlichen Organisation ist seine *formale Qualifikation.* Ausschreibungen und Einstellungen erfolgen auf dieser Grundlage, maßgeblich sind Abschlüsse oder Diplome von Schulen, Hochschulen oder Ausbildungsstätten mit entsprechenden Bewertungen in Form von Noten. Der zentrale Filter, die Schwelle, die der Arbeitnehmer hier überwinden muss, ist damit dem Eintritt in die Arbeitswelt vorgeschaltet: Es ist die *Prüfung*, welche die Qualifikation attestiert.

In den Organisationen besetzen die Arbeitssubjekte dann feste *Stellen*, für die sie ihre Ausbildung formal qualifiziert. Diese umfassen eindeutige und in der Regel feste Arbeitsaufgaben. Der Arbeitnehmer übernimmt hier eine *Funktionsrolle*, die im Prinzip auch von anderen formal gleich Qualifizierten ausgefüllt werden könnte, so dass sich die prinzipielle *Austauschbarkeit* des jeweiligen Rollenträgers ergibt. Die *Leistungen* sind unabhängig von den Besonderheiten des Individuums als sachliche Arbeitsresultate (Produkte, Dienste etc.) zu verstehen. In der klassischen »Leistungsgesellschaft« erfolgen Bewertung und Vergütung der Leistungen in gradueller Form: höhere Qualifikation, bessere Leistung beziehungsweise größerer Output werden entsprechend honoriert. Die Arbeitsbiografie erhält vor diesem Hintergrund die zeitliche Form einer verhältnismäßig berechenbaren *Laufbahn*: Nach der Ausbildung findet ein – abhängig von der Leistung – mehr oder weniger stetiger, in der Regel formalisierter Aufstieg via *Positionen* statt.

Im System der standardisierten und formalisierten Arbeit manifestiert sich die soziale Logik des Allgemeinen der Moderne in nachgerade modellhafter Weise. Das Arbeitssubjekt erfüllt in diesem Rahmen die allgemeinen Vorgaben der Qualifikation und Stelle. Grundsätzlich geht man davon aus, dass man bei gleicher Qualifikation und gleichem Arbeitsaufwand das gleiche Arbeitsergebnis erhält. Die Unterschiede zwischen den Arbeitssubjekten sind in diesem Rahmen gradueller Natur. Natürlich: Das System des standardisierten Arbeitens der »Leistungsgesellschaft« ist ein Idealtypus. Auch zur Hochzeit des Fordismus im Westen und des Staatssozialismus im Osten war die Realität in den Organisationen vielschichtiger.[46] Trotzdem kann man davon ausgehen, dass dieses Arbeitssystem ein Grundgerüst der klassischen Moderne bildete. In der nivellierten Mittelstandsgesellschaft war es die Grundlage beruflichen Leistungsstolzes auf *jeder* Ebene sowie einer Gradualisierung von Ungleichheiten.

Ganz anders stellt sich demgegenüber das System der singularisierten Arbeit der Spätmoderne dar, wie es sich seit den 1980er Jahren in der Wissens- und Kulturökonomie und damit dem gesamten Feld hochqualifizierter Arbeit mehr und mehr durchsetzt. In diesem neuen Bewertungssystem wird das Arbeitssubjekt nun in seiner Besonderheit sichtbar, es formt sich selbst in seiner Einzigartigkeit und wird von den Organisationen und den Netzwerken als solches geformt. Aus dem Arbeitnehmer ist ein *Mitarbeiter* geworden, der als besondere Persönlichkeit valorisiert und in Anspruch genommen wird. Besonderheit ist nun keine Störquelle mehr oder ein mit Indifferenz übergangener Umstand, sondern sie wird systematisch *kultiviert*. Man erwartet nicht Pflichterfüllung oder Durchschnitt, sondern die außergewöhnliche Performanz, die »einen Unterschied macht«. Die Singularisierung geht einerseits von den Organisationen, Projekten, Netzwerken und Märkten aus. Als Mitarbeiter singulär zu sein und Außerordentliches zu leisten, wird hier zum Fluchtpunkt eines umfassenden gesellschaftlichen Anforderungskatalogs. Andererseits wird die Singularisierung von den spätmodernen Arbeitssubjekten häufig gewünscht und daher auch von ihnen selbst vorangetrieben: Sie wollen nicht mehr bürokratische Angestellte, eben Arbeitnehmer sein, sondern kreative Individuen, die ihr Potenzial ausschöpfen und ausleben. *Fremdsingularisierung* und *Selbstsingularisierung* verzahnen sich so miteinander.

Das Profil-Subjekt: Kompetenzen und Talente

Im System des singularisierten Arbeitens kann man einen Bedeutungsverlust formaler Qualifikationen zugunsten dessen beobachten, was im spätmodernen Arbeitsdiskurs häufig als *Kompetenzen* umschrieben

46 So hat die Organisationssoziologie herausgearbeitet, wie auch die klassischen Organisationen sich nicht in formaler Leistungszuschreibung erschöpften, sondern dort immer auch Mikropolitik und Vertrauensmanagement, *impression management* und informelle Exit-Strategien herrschten.

wird.[47] Sicherlich spielen formale Qualifikationen nach wie vor eine Rolle, und bestimmte von ihnen (Hochschulreife, Studienabschluss) werden für viele Tätigkeiten in der Wissens- und Kulturökonomie erwartet. Jedoch sind sie zu einer lediglich *notwendigen* Bedingung mutiert, auf deren Grundlage eine erste Selektion stattfindet. Eine hinreichende Bedingung sind sie nicht, denn den eigentlichen Unterschied für die Anstellung, den Status und den Erfolg macht die Besonderheit der *informellen Kompetenzen* des Einzelnen aus. Grundlegend ist die Annahme, dass die für die Projektarbeit *eigentlich* bedeutsamen Fähigkeiten über die formal attestierbaren Eigenschaften hinausgehen. Dazu zählen etwa soziale oder emotionale Kompetenz, zu der neben Kooperationsfähigkeit auch Begeisterungsfähigkeit für Neues gehört, unternehmerische Kompetenz, das heißt ein Gespür für günstige Gelegenheiten und Chancenspekulation, oder kreative Kompetenz. Über allgemeine »Schlüsselkompetenzen« hinaus, wird vom einzelnen Arbeitssubjekt auf der Kompetenzebene eine Besonderung erwartet. Es muss ein einzigartiges *Kompetenzbündel* sein, das diverse wertvolle Fähigkeiten auf eine besondere Weise miteinander kombiniert, mit anderen Worten: Es muss ein nichtaustauschbares, sichtbares *Profil* entwickeln.[48]

Das Format des Profils ist für die Subjektivierung des spätmodernen Selbst generell grundlegend.[49] Auch und gerade die Subjekte der Ökonomie der Singularitäten sind *Profil-Subjekte*. Das »Profil« ist eine physiognomische Metapher: Als Träger eines Profils ist ein Subjekt so eindeutig und scharf konturiert wie die Silhouette seines Gesichts, wenn man es von der Seite betrachtet. Das Profil im hier gemeinten, übertragenen Sinne bezeichnet so die einzigartige Kombination der verschiedenen Eigenschaften eines Individuums, die zugleich ein identifizierbares Ganzes ergeben. Also: Das Profil hat nach innen eine hohe Eigenkomplexität und

47 Vgl. dazu Marcelle Stroobants, *Savoir-faire et compétence au travail. Une sociologie de la fabrication des aptitudes*, Brüssel 1993; Pierre-Michel Menger, *Kunst und Brot. Die Metamorphosen des Arbeitnehmers*, Konstanz 2006, S. 83ff.; ders., *The Economics of Creativity. Art and Achievement under Uncertainty*, Cambridge 2014, S. 143ff.; Thomas Kurtz, Michaela Pfadenhauer (Hg.), *Soziologie der Kompetenz*, Wiesbaden 2010.

48 Vgl. dazu Davies/Sigthorsson, *Creative Industries*, S. 107ff.; Charles B. Handy, *The Age of Unreason*, London u.a. 1989, redet in diesem Zusammenhang vom »Portfolio«-Arbeitssubjekt. Bezeichnend ist der entsprechende Beratungsdiskurs, etwa Jürgen Salenbacher, *Creative Personal Branding*, Amsterdam 2013.

49 Wir werden dies in der Analyse der Digitalisierung weiter verfolgen, siehe Kap. IV.2, S. 248-253.

sichert nach außen Andersheit und Unterscheidbarkeit – es enthält damit die Merkmale des Singulären. Das Profil ist damit immer ein Produkt sozialer Zuschreibung, und zwar sowohl der Fremd- als auch der Selbstzuschreibung. Damit es als singuläres anerkannt wird, müssen die Kompetenzen zwei gegenläufige Eigenschaften zugleich haben: *Vielseitigkeit* und *Kohärenz*. Umgekehrt heißt dies, dass ein Profil in der spätmodernen Arbeitswelt seine Entsingularisierung riskiert, wenn es entweder zu einseitig ist oder inkohärent.

Vielseitigkeit ist eine zentrale Anforderung an die Kompetenzen des Arbeitssubjekts – und zugleich etwas, was es vor dem Hintergrund postmaterialistischer Werte, in denen sich Spuren der idealistischen ganzheitlichen Persönlichkeit finden, selbst schätzt und anstrebt. Vielseitigkeit bezieht gewissermaßen die Anforderung der Diversität, welche die Organisationskultur erhebt, auf die Binnenstruktur des Subjekts. Erst wenn das Subjekt mehr ist als ein Träger formaler Qualifikationen, nämlich eine Bandbreite informeller Kompetenzen in sich aufnimmt, kann sich eine solche Vielseitigkeit ergeben. Nachteilig scheint umgekehrt, wenn der Mitarbeiter sich als eindimensional herausstellt, er ein *flat character* ist. Ein Mitarbeiter, der dem industriegesellschaftlichen Modell des Arbeitnehmers folgte, würde in diese Einseitigkeitsfalle tappen und erschiene als zwar formal qualifizierter, aber uninspirierter »Fachidiot«.

Das Kompetenzbündel hingegen vereint in sich idealerweise verschiedenartige Facetten kognitiver, sozialer, kreativer, unternehmerischer und kultureller Kompetenz in einer einzigartigen Form. Auch eine bestimmte kognitive Expertise – die Kenntnis der japanischen Sprache, das souveräne Verfügen über die Kunstgeschichte oder eine bestimmte subkulturelle Expertise etwa – kann im Rahmen des Gesamtprofils durchaus Signifikanz entwickeln: als ein zusätzlicher, möglichst *ungewöhnlicher* Bestandteil des Kompetenzbündels. Solche Fähigkeiten erwirbt das Arbeitssubjekt meist nicht über über die formale Ausbildung, sondern über eine bestimmte Praxis und reale Erfahrungen – außerhalb und innerhalb der Arbeit (*training on the job*). Zur Profilbildung werden damit entsprechende Praxisstationen und eine ganze Palette möglichst interessanter und/oder intensiver beruflicher, aber auch außerberuflicher Erfahrungen essenziell. Sie bevölkern die Lebensläufe der High Potentials der spätmodernen Arbeitskultur und verleihen dem Profi unter Umständen etwas Außergewöhnliches und ein »Alleinstellungsmerkmal«. Profilbildend in diesem Sinne können etwa frühere Projekte in unterschiedlichen beruflichen

Kontexten ebenso sein wie Studien- oder Praxisaufenthalte im Ausland, soziales Engagement oder spezielle, aktiv betriebene Hobbys. All diese Aktivitäten und die damit verbundenen Erfahrungen tragen dazu bei, dass die Persönlichkeit des Arbeitssubjekts sich rundet. Sie waren für den *organization man* der Industriegesellschaft von keiner oder nur minderer Bedeutung; für das Subjekt der Gesellschaft der Singularitäten sind sie unverzichtbar.

Vielseitigkeit allein reicht allerdings nicht aus. Damit ein Profil als singulär anerkannt wird, muss es zusätzlich über wahrnehmbare *Kohärenz* verfügen. Ansonsten hat man es nämlich womöglich mit einem Subjekt zu tun, das sich leicht verzettelt, das sprunghaft und beliebig ist – mit einem Mitarbeiter, den man nicht richtig einschätzen kann und dem vielleicht auch die Zielstrebigkeit fehlt. Fügen sich hingegen die heterogenen Bestandteile des Kompetenzbündels zu einem kohärenten Ganzen, wird das Profil der Persönlichkeit überhaupt erst als solches identifizierbar und aus Sicht der Organisation geeignet erscheinen, ihr einen wichtigen, ja *den* entscheidenden Impuls zu geben. Anders gesagt: Im singulären Arbeitssubjekt muss ein »roter Faden« erkennbar sein – zum Beispiel in Gestalt einer persönlichen Vision, eines Lebensthemas oder eines ultimativen Antriebs.

In der spätmodernen Arbeitskultur der Hochqualifizierten herrscht nicht nur ein Wettbewerb der Kompetenzen, sondern auch der *Talente*. Über die Fähigkeiten hinaus wird das Subjekt hier zum Singulären durch das *Potenzial*, das man in ihm zu entdecken meint. Der Begriff des »Talents« war zunächst vor allem im Feld der Kunst gebräuchlich. Es hat sich in der Ökonomie der Singularitäten aber zu einer generellen Kategorie entwickelt, mit der man Subjekte nicht nur unter dem Aspekt ihrer gegenwärtigen Fähigkeiten abtastet, sondern auch unter dem ihres Entwicklungspotenzials, in der Zukunft Außergewöhnliches zu leisten. Die spätmoderne Ökonomie der Hochqualifizierten ist so in vieler Hinsicht eine *Talentökonomie*.[50] Während die Vorstellungen von Talent und Po-

50 Vgl. dazu Nigel Thrift, »A Perfect Innovation Engine. The Rise of the Talent World«, in: Jacqueline Best, Matthew Paterson (Hg.), *Cultural Political Economy*, New York, London 2010, S. 197-222; wiederum auch Menger, *Creativity*, 142ff.; zur Bedeutung von Potenzialentwicklung im Projektalltag vgl. Funken u.a., *Vertrackte Karrieren*; Uwe Vormbusch, »Taxonomien des Flüchtigen. Das Portfolio als Wettbewerbstechnologie der Marktgesellschaft«, in: Jan-Hendrik Passoth, Josef Wehner (Hg.), *Quoten, Kurven und Profile*, Wiesbaden 2013, S. 47-68. Ökonomisch stammt der Potenzialbe-

tenzial der Arbeitswelt der Industriegesellschaft exzentrisch erscheinen mussten, hält in die Ökonomie der Singularitäten nicht nur die Rhetorik des Talents – Tom Peters spricht von einem dann vielzitierten »Krieg der Talente« (»war of talents«) –[51] und des Potenzials (»high potential«) Einzug. Dieser Diskurs hängt auch eng mit einer potenzialorientierten Subjektivierungspraxis zusammen, die in einer Ökonomie, die auf immer neue, überraschende singuläre Güter und daher immer neue Projekt- und Kreativteams in einer offenen Zukunft ausgerichtet ist und immer wieder junges Personal rekrutiert, nur konsequent ist.

Profilbildung und Potenzialentfaltung haben damit beide eine Doppelstruktur aus Selbst- und Fremdsingularisierung. Die Arbeitssubjekte *entwickeln* auf dem Arbeitsmarkt, in den Netzwerken und den Projekten des Kulturkapitalismus ein Profil, weil sie nur so die Chance sehen, als einzigartig wahrgenommen zu werden und damit der Anforderung der *employability* zu entsprechen. Sie tun dies häufig auch, weil sie – vor dem Hintergrund des postmaterialistischen Arbeitsethos – den Wunsch haben, Erfahrungen zu machen und Fähigkeiten zu erwerben, in denen sie sich generell als Persönlichkeit verwirklichen. Auf der anderen Seite *erwarten* die Organisationen der Wissens- und Kulturökonomie von ihren Mitarbeitern solche besonderen Profile und Potenziale. Dabei kann die Profilerwartung der Organisationen im Einzelfall offener sein (jemand, der der Kreativität der Arbeit einen entscheidenden Impuls gibt – »aber brillant muss er/sie sein«) oder spezifischer (jemand, der genau diese drei Fähigkeiten überzeugend in sich vereint). Es herrscht so ein Wettbewerb sowohl zwischen den unterschiedlichen Profilen als auch darum, wer einer komplexen Profilanforderung am meisten entspricht. Die hochqualifizierten Arbeitssubjekte haben damit gar keine andere Wahl als *Singularitätskapital* anzuhäufen, wenn sie am Arbeitsmarkt erfolgreich sein wollen.[52]

griff aus Gary Beckers Humankapitaltheorie, psychologisch greift er weiter zurück auf die Selbstwachstumspsychologie.

51 Vgl. Thomas Peters, Robert Waterman, *In Search of Excellence: Lessons from America's Best Run Companies*, New York 1982.

52 Analog zum Singularitätskapital der Güter, vgl. Kap. II.2, S. 169-174.

Profil/Kompetenzbündel und Potenzial/Talent sind in der singularistischen Arbeitskultur mit der Erwartung verknüpft, dass sie umgesetzt werden – in Performanz. Was in der formalisierten Logik die sachliche *Leistung* des Arbeitssubjekts auf einer festen Stelle war, ist in der singularistischen Logik die *Performanz* in ihrer Besonderheit. Die Semantik der Performanz ist in der spätmodernen Ökonomie ubiquitär: Märkten – zum Beispiel Finanzmärkten – wird ebenso Performanz zugeschrieben wie Unternehmen, Projekten und schließlich Arbeitssubjekten.[53] Die Praxis der spätmodernen Arbeitskultur ist zumindest für die Hochqualifizierten in der Wissens- und Kulturökonomie tatsächlich immer mehr am Format der Performanz anstelle der sachlichen Leistung ausgerichtet. Im Modell der Leistung konnten die Resultate der Arbeit scheinbar objektiv entlang von Kriterien der sachlichen Korrektheit, Quantität oder Qualität klassifiziert werden, ein wie auch immer geartetes Publikum spielte diesbezüglich keine Rolle. Man ging von einem direkten Zusammenhang zwischen dem Ergebnis der Arbeit und dem Prozess seiner Erarbeitung aus – etwa in Form von Arbeitsstunden, einer Methodik der notwendigen Schritte, der physischen oder psychischen Verausgabung –, der die Arbeiten vergleichbar macht. Die Leistung gehörte zur Logik des Allgemeinen.

Anders das Modell der Arbeit als Performanz.[54] Sie wird nicht am Maßstab der sachlichen Korrektheit gemessen, sondern nach ihrem Gelingen bewertet. Sie gehört zur sozialen Logik des Besonderen. Was die gelungene Performanz zu einer solchen macht, ist, wie wir bereits im Falle der singulären Güter gesehen haben, ihre positive Valorisierung durch ein *Publikum*.[55] Dies gilt in ähnlicher Weise für das spezifische Gut der Arbeitskraft. In der Performanz wird etwas im weitesten Sinne vor einem Publikum *aufgeführt*; dieses klassifiziert nicht, sondern es lässt sich affi-

53 Vgl. Aldo Legnaro, »Performanz«, in: Ulrich Bröckling, Susanne Krasmann, Thomas Lemke (Hg.), *Glossar der Gegenwart*, Frankfurt/M. 2004, S. 204-209; zum allgemeineren Begriff einer Performanzökonomie Fabian Muniesa, *The Provoked Economy. Economic Reality and the Performative Turn*, London 2014.

54 Vgl. dazu allgemein Sighard Neckel, *Flucht nach vorn. Die Erfolgskultur der Marktgesellschaft*, Frankfurt/M. 2008, S. 80ff.; in Bezug auf die Praxis der Projektarbeit Funken u. a., *Vertrackte Karrieren*.

55 Siehe Kap. II.2, S. 149f.

zieren und schreibt Wert zu. Die in diesem Sinne gelingende, weil vor dem Publikum *erfolgreiche* Performanz ist in dessen Augen singulär. Eine Leistung kann gut, ja sogar überdurchschnittlich gut sein – eine Performanz hingegen kann einzigartig und darin *außergewöhnlich* erscheinen. Die Valorisierung der besonderen, sogar außergewöhnlichen Performanz hat als Kehrseite die Entwertung des lediglich Durchschnittlichen.

Das Publikum als Valorisierungsinstanz ist im Falle der Arbeitsperformanz so unberechenbar wie im Falle der Märkte für (andere) singuläre Güter. Es tritt nicht als neutrale Instanz auf, es streut seine Aufmerksamkeit asymmetrisch, es valorisiert Besonderheiten auf der Grundlage häufig impliziter Kriterien und nicht zuletzt *erlebt* es die Performanz als ein sinnlich-affektives Ereignis. Man kann idealtypisch zwei Konstellationen unterscheiden: In der einen ist das ökonomische Gut identisch mit der singulären Performanz des Arbeitssubjekts. Schauspieler, Sängerinnen, Therapeuten und im Grunde auch Schriftsteller und Architektinnen sind in diesem Sinne *Performanzarbeiter*; ihre Arbeit besteht im Kern in einer anerkannten Performanz vor dem Publikum, das hier unmittelbar Nachfrager und Konsument ist. Bei der anderen Extremform bleibt die Performanz im Innern einer Organisation: Das Publikum setzt sich zusammen aus den Kolleginnen und Kollegen, es schaut nicht bloß zu, sondern ist gewissermaßen Mitspieler. Alle performen vor- und miteinander. Das Publikum der Performanz muss also keinesfalls unbedingt der Konsument sein, was die Sache jedoch nicht einfacher macht. Wie Christiane Funken, Jan-Christoph Rogge und Sinje Hörlin einleuchtend herausarbeiten, konfrontiert gerade die Projektarbeit im Innern der Organisation das Arbeitssubjekt mit erheblichen Performanzanforderungen:[56] In den Projekten muss die Einzelne zeigen, welche Kompetenzen sie wirklich besitzt, welches Potenzial in ihr steckt und welchen Impuls sie der gemeinsamen Arbeit zu geben vermag.

In der Performanz manifestiert sich grundsätzlich das ganze Bündel von Kompetenzen und Potenzialen, welches das Arbeitssubjekt ausmacht. Damit sie gelingt, muss aber häufig noch etwas hinzukommen, nämlich eine Eigenschaft die, wie wir oben gesehen haben, auch bei den singulären Gütern wichtig ist: Authentizität. Das spätmoderne Arbeitssubjekt muss das Bild einer authentischen Persönlichkeit vermitteln, muss den Eindruck von Echtheit, von »er/sie selbst sein« transportieren. Kurzum:

56 Vgl. Funken u. a., *Vertrackte Karrieren.*

Damit die Performanz gelingt, muss sie als stimmige Besonderheit *erlebt* werden. Zwar ist jede Performanz Inszenierung, sie darf aber nicht wie eine solche wirken. Wie schon beim Profil erweisen sich auch bei der Performanz Einseitigkeit und Inkohärenz als kontraproduktiv. Spätestens hier wird deutlich, dass in die Performanz des authentischen Arbeitssubjekts auch eine Fülle von Persönlichkeitsmerkmalen eingehen, die das private Selbst ausmachen – natürlich in der Regel nur jene, die allgemein positiv bewertet werden: Charme und Schlagfertigkeit, ansprechendes Äußeres, Zuhörenkönnen und Gastfreundschaft, gewinnende Art, Toleranz und Begeisterungsfähigkeit etc., etc. In der spätmodernen Arbeitswelt werden so Persönlichkeitsmerkmale und Charaktereigenschaften zu professionellen Assets.[57]

Bei der Auswahl neuer, junger Mitarbeiter durch die Organisation erlangt Performanz geradezu schicksalhafte Bedeutung. Dies ist die – in der spätmodernen Kultur allgegenwärtige – *Konstellation des Castings.*[58] Der Begriff, der ursprünglich aus der Filmbranche stammt, ist zur Charakterisierung des Auswahlverfahrens der Wissens- und Kulturökonomie wesentlich besser geeignet als der klassische Begriff der Prüfung. Während in der Prüfung Wissen unter Beweis gestellt wurde, hat das Casting gewissermaßen die Form einer Probeperformanz unter den Bedingungen einer extremen Wettbewerbskonstellation. Der potenzielle Mitarbeiter befindet sich nun gemeinsam mit seinen Konkurrenten »auf dem Laufsteg« der Organisation, auf dem er seine Einzigartigkeit unter Beweis zu stellen hat. Während das Ergebnis einer Prüfung vergleichsweise objektiv ermittelbar ist, hängt die Beurteilung der Performanz viel stärker von impliziten und subjektiven Kriterien, ja von gänzlich fachfremden Bauchgefühlen (also von intuitivem und emotional gefärbtem Wissen) der »Jury« ab. Eine Person hat dann »das gewisse Etwas« oder »geht gar nicht«. Im Casting präsentiert sich nicht nur eine Persönlichkeit, das

57 Vgl. zu Letzterem Davies/Sigthorsson, *Creative Industries*, S. 116ff. Die Relevanz solcher »Charaktereigenschaften« für den beruflichen Erfolg wird auch von der Psychologie zunehmend erkannt, vgl. etwa Angela Duckworth u. a., »Grit: Perseverance and Passion for Long-term Goals«, in: *Journal of Personality and Social Psychology* 92/6 (2007), S. 1087-1101.

58 Vgl. dazu Bilton, *Management and Creativity*, S. 28ff. Zum Casting allgemein vgl. Bernhard Pörksen, Wolfgang Krischke (Hg.), *Die Casting-Gesellschaft. Die Sucht nach Aufmerksamkeit und das Tribunal der Medien*, Köln 2010; André Pradtke, *Casting Shows als Märkte für Marktpotenziale*, Marburg 2014.

persönliche Erleben der Entscheider angesichts der Bewerber wird entscheidend.[59]

Die sachliche Leistung war an eine Arbeitsstelle gebunden, mit definierten Tätigkeiten und Aufgaben, mit (tariflich) festgelegter Arbeitszeit sowie einem festen Arbeitsort. Diese Arbeitsstelle wird in der *creative economy* von der Performanz ersetzt. Nicht mehr das Ausfüllen einer klar umschriebenen Position wird verlangt, sondern ein überzeugendes, möglichst außergewöhnliches Resultat. Das passt nicht zu einer starren Liste von Tätigkeiten, die das Arbeitssubjekt zu leisten habe, das entsprechend aufgefordert ist, selbstverantwortlich festzulegen, auf welchem Wege vorzugehen ist. Das klassische Format eines *Berufs* verliert so an Bedeutung gegenüber sehr allgemeinen, variablen und ergebnisorientierten Tätigkeitsbeschreibungen. Auch die Arbeitszeit büßt ihre Funktion ein: Wann, wo und wie lange gearbeitet wird, war eine zentrale Frage der alten Leistungslogik. Für das Gelingen der Performanz ist es hingegen im Grunde irrelevant, ob in Nachtsitzungen oder im Ferienresort, in schier unglaublicher Effizienz oder in überlangen Arbeitszeiten gearbeitet wurde.

Indem sich die spätmoderne Arbeitskultur an Performanz ausrichtet, ist sie damit, wie Sighard Neckel zu Recht festgehalten hat, immer weniger eine Kultur der »Leistung« und wird mehr und mehr zu einer Kultur des »Erfolgs«.[60] In unserem Zusammenhang ist jedoch entscheidend: Diese Umdeklinierung von Leistungskriterien zu solchen des Erfolgs ist im Wesentlichen ein Ergebnis der Kulturökonomisierung der Arbeitswelt, ihrer Modellierung als eine Ökonomie der Singularitäten. *Erfolg* bedeutet generell, dass etwas schlichtweg vom und auf dem Markt honoriert wird – aus welchen Gründen auch immer und nicht abhängig von sachlicher Leistung. Im Kontext der Kulturökonomisierung heißt Erfolg zu haben, dass eine Performanz vom Publikum (außerhalb und innerhalb der Organisation) als singulär gewertschätzt wird.

Es ist keine Überraschung, dass mit dem Übergang von der Leistungsgesellschaft zur Erfolgsökonomie auch eine Transformation des Arbeitsmarktes einhergeht, die ähnlich vonstattengeht wie der oben beschriebene Strukturwandel von den funktionalen zu den singulären Gütern.

59 Sehr schön dazu der Dokumentarfilm *Die Prüfung* (2016) von Till Harms zum Castingprozess einer Schauspielschule.

60 Siehe Neckel, *Die Flucht nach vorn*; ähnlich Pierre Rosanvallon, *Die Gesellschaft der Gleichen*, Hamburg 2013.

In der industriellen Moderne konnte die Einstellung von Arbeitnehmern aufgrund von formalen Qualifikationen häufig bürokratisch erfolgen, und innerhalb der Organisationen war das Erfüllen der Dienstaufgaben *durch* jeden Einzelnen einer Wettbewerbslogik *zwischen* ihnen in der Regel entzogen. Infolge der Ausdifferenzierung unendlich vieler singulärer Profile ergibt sich jedoch sukzessive die hyperkompetitive Konstellation eines Kampfs um Sichtbarkeit und Wertschätzung auch auf dem Arbeitsmarkt: Welches Profil, welche Persönlichkeit positiv valorisiert wird und reüssiert, wird unberechenbarer, und das Setzen auf ein bestimmtes Profil – von Seiten des Arbeitssubjekts *und* von Seiten der Organisation – erhält ein Element des Spekulativen. Die Frage »Hat dieser Beruf, hat diese Kompetenz, dieses Profil Zukunft?« ist für die Industriegesellschaft ebenso untypisch, wie sie für die Ökonomie der Singularitäten charakteristisch ist.[61] Zugleich sorgt die Orientierung an der Performanz des Arbeitssubjekts innerhalb der Organisation dafür, dass auch dort die Wettbewerbskonstellation auf Dauer gestellt wird: Niemand kann sich mehr auf seinen Qualifikationen ausruhen, wenn immer wieder neu die Besonderheit der Performanz gefragt ist. Diese Ungewissheit reduziert sich höchstens bei jenen, die sich bereits einen *Namen* gemacht haben. Denn für die Performanz der Arbeitssubjekte gilt, was auch für jene der kulturellen Güter gilt: Vergangene Performanz kann zum Aufbau einer Reputation und eines Namens beitragen. Eine als einzigartig anerkannte Performanz eines namhaften Urhebers suggeriert seine *Nichtersetzbarkeit*.

Singularisierungstechniken der Arbeit

Die spätmoderne Arbeitskultur bildet spezifische Singularisierungstechniken aus, die versuchen, eine praktische Antwort auf zwei ihrer Grundprobleme zu bieten. Erstens: Auf welcher Grundlage wird die Qualität ihrer Arbeitssubjekte bewertet? Zweitens: Auf welchem Wege lässt sich die wertgeschätzte Singularität der Arbeitssubjekte noch perfektionieren? Schauen wir uns an, welche sozialen Praktiken und Strukturen sich ausbilden, um diese beiden Probleme zu lösen.

Eine wichtige Rolle spielen in diesem Zusammenhang die bereits

61 Vgl. zu solchen Prognosen von Tätigkeiten, die zukunftsträchtig erscheinen, etwa Lynda Gratton, *The Shift. The Future of Work is Already Here*, London 2011.

erwähnten *sozialen Netzwerke*, die selbst als eine Singularisierungstechnologie wirken.[62] Das notorische Problem der Ungewissheit, das die Kompetenzen und das Potenzial möglicher Mitarbeiter charakterisiert, wird für Organisationen und Projekte bearbeitbar, wenn über persönliche Empfehlungen der Netzwerke Vertrauen in die Fähigkeiten eines Arbeitssubjekts aufgebaut werden kann. Die Netzwerke wissen um die Einzigartigkeit des Arbeitssubjekts – jedenfalls soweit dieses gut vernetzt ist. In sozialen Netzwerken kann es sich singularisieren, indem es Reputation aufbaut, und Projektleiter und Organisationen können auf Mitarbeiter zurückgreifen, die sich bereits anderweitig bewährt haben. Der normative Wandel, dem soziale Netzwerke von beziehungsweise für Mitarbeiter(n) seit den 1980er Jahren unterliegen, ist eklatant. In der spätmodernen Arbeitskultur hat die Pflege der Netzwerke, das *networking*, den Ruch der »Hinterzimmerpolitik« verloren und wird als notwendig und bedeutsam anerkannt, um des Problems der Ungewissheit Herr zu werden, wenn es darum geht zu entscheiden, welcher Mitarbeiter wirklich passt. Ja, die Netzwerkarbeit erweist sich selbst als eine unverzichtbare Kompetenz des spätmodernen Arbeitssubjekts, das darauf angewiesen ist, an seiner Sichtbarkeit und Reputation zu feilen.

Ebenfalls eine wichtige Rolle spielt in der singularistischen Arbeitskultur ein Faktor, der gleichermaßen informell ist und den Prinzipien der klassischen Leistungslogik noch eklatanter entgegensteht: das *inkorporierte kulturelle Kapital*.[63] Wenn für den Erfolg des spätmodernen Arbeitssubjekts seine authentische und zugleich vielseitige Persönlichkeit jenseits formaler Bildungsabschlüsse zentral ist, dann stellen sich zwei Fragen: Unter welchen Bedingungen *erwerben* die Subjekte die Persönlichkeitseigenschaften, die sie für Singularität prädestinieren? Und wann *gelten* sie dem Organisations- und Projektpublikum als profiliert und authentisch? Mit der ersten Frage ist ein Zentralthema der Bildungssoziologie angesprochen, die seit langem intensiv erforscht hat, inwiefern selbst in den Erwerb formaler, etwa schulischer Qualifikationen Voraussetzungen eingehen, die ihrerseits vom Herkunftsmilieu geprägt sind.[64] Noch kras-

62 Vgl. Davies/Sigthorsson, *Creative Industries*, 104ff.; Wittel, »Toward a Network Sociality«.

63 Dieser Aspekt wird in der Literatur nur vorsichtig thematisiert, vgl. Davies/Sigthorsson, *Creative Industries*, S. 114ff.

64 Vgl. nur als ein Beispiel unter vielen: Pierre Bourdieu, Jean-Claude Passeron, *Die Erben. Studenten, Bildung und Kultur*, Konstanz 2007.

ser gilt diese Herkunftsabhängigkeit allerdings offenbar für jene anspruchsvollen Persönlichkeitseigenschaften, welche eine Singularisierung ermöglichen – zwischen emotionaler Kompetenz und Originalität, zwischen breiter Interessiertheit, Weltoffenheit und unternehmerischem Gespür –, die die Anforderungen der Hochqualifizierten in der Wissens- und Kulturökonomie prägt. Es ist davon auszugehen, dass – neben den Zufällen und Idiosynkrasien der individuellen Psyche – diese Schlüsselkompetenzen und Authentizitätsperformanz zu großen Teilen auf das zurückzuführen sind, was Pierre Bourdieu »inkorporiertes kulturelles Kapital« nannte,[65] welches in erster Linie durch das Herkunftsmilieu geprägt ist, das neben der Familie auch die adoleszenten und postadoleszenten Peer Groups einschließt.

Es ist diese Art des kulturellen Kapitals, das vor allem im Akademikermilieu reichlich vorhanden ist,[66] welches beispielsweise die Entwicklung zu einer anerkannt vielseitigen Persönlichkeit mit Auslandsaufenthalten, sozialem Engagement und popkulturellen Interessen ermutigt und jene fragile Balance zwischen Konzentration und Lässigkeit (frei von Unsicherheit, Verbissenheit oder gar Unverschämtheit) herzustellen hilft, das die *creative economy* in vielen Branchen schätzt und voraussetzt – also jene raffinierte Mischung aus Selbstbewusstsein und Sichinfragestellen, aus Experimentierfreudigkeit und subtilem Profilierungsinteresse, welche die Performanzökonomie erwartet. Mit dem entsprechenden inkorporierten kulturellen Kapital ausgestattet, vermag sich das Arbeitssubjekt in der Wissens- und Kulturökonomie mit einer Selbstverständlichkeit zu bewegen, die es für die Organisationen und Projekte erst interessant macht. Die positive Valorisierung und Authentizitätserfahrung werden wahrscheinlicher, wenn man den gleichen kulturellen Erfahrungshintergrund teilt: »Hier stimmt die Chemie.« Man mag die Singularität des Mitarbeiters schätzen – aber es muss eben eine *akzeptable* und als wertvoll betrachtete Einzigartigkeit sein, eine, die anschlussfähig erscheint

65 Pierre Bourdieu, »Ökonomisches Kapital, kulturelles Kapital, soziales Kapital«, in: Reinhard Kreckel (Hg.), *Soziale Ungleichheiten* (Soziale Welt, Sonderband 2), Göttingen 1983, S. 183-198.

66 Ich werde in Kap. V auf die spezifische sozial-kulturelle Gestalt dieser neuen, akademischen Mittelklasse näher eingehen. In noch anderer Weise ist der »Stallgeruch« an der Spitze des höheren Managements entscheidend, vgl. dazu Michael Hartmann, *Der Mythos von den Leistungseliten*, Frankfurt/M., New York 2002.

an den Kontext des Museums, der Werbeagentur, der Universität, des IT-Unternehmen, des Spitzenrestaurants etc.

Neben diesen informellen Singularisierungstechniken hat die Arbeitskultur der Spätmoderne auch hochgradig rationalisierte und reflexive Singularisierungsmethoden zu bieten. Wie gesagt: Auch die spätmodernen Organisationen sind und bleiben Gegenstände und Agenturen einer dezidierten formalen Rationalisierung, das heißt einer Optimierung von Prozessen und Kompetenzen. Diese Optimierung richtet die Organisation auf sich, auf ihre Mitarbeiter und Prozesse, aber auch die Subjekte streben nach Optimierung, und zwar ihrer selbst. Auch hier gilt jedoch, dass die Zweck-Mittel-Rationalität ihre Form verändert. Sie dient nicht mehr der Hervorbringung gleichförmiger Arbeitssubjekte, sondern ist zu einer allgemeinen Infrastruktur zur Förderung und Identifizierung von Besonderheiten geworden. Beispielhaft ist hier das Format des *Human Resource Management* (HRM). Es handelt es sich um eine Managementtechnik, die von der Idee des Humankapitals ausgeht und in deren Fokus sowohl aktuelle als auch potenzielle Mitarbeiter stehen.[67] Man bedient sich dabei einer Kombination aus qualitativen und quantitativen Verfahren, um kontinuierlich Kompetenzen und Potenziale jedes Einzelnen abzuschätzen, zu fördern und die Weiterentwicklung zu kontrollieren. Das HRM ist insofern eine Singularisierungstechnik, als es zwei Problematisierungsformen miteinander kombiniert: Zum einen handelt es sich um eine strategisch-technische Förderung von Mitarbeitern als einzigartige Bündel von Kompetenzen und Talenten. Zum anderen wird das Register der Singularitäten überführt in das Register des Allgemein-Besonderen: Das Kompetenzbündel wird aufgeschnürt in diskrete und vorgegebene Fähigkeiten (zum Beispiel: unternehmerisches Handeln, sozialkommunikative Fähigkeiten), bei denen man dann ein »Mehr« oder »Weniger« differenzieren kann.

Eine zweite reflexive Technik der Singularisierung betrifft die Selbststeuerung des Arbeitssubjekts in Form des *persönlichkeitsorientierten Coachings*.[68] Diesem geht es nicht mehr nur um allgemeine Rezepte des Selbstmanagements, sondern um eine Analyse der komplexen Fähigkeiten und

67 Vgl. dazu ausführlich Uwe Vormbusch, »Karrierepolitik. Zum biografischen Umgang mit ökonomischer Unsicherheit«, in: *Zeitschrift für Soziologie* 38/4 (2009), S. 282-299.

68 Vgl. dazu Boris Traue, *Das Subjekt der Beratung. Zur Soziologie einer Psycho-Technik*, Bielefeld 2010.

Wünsche der einzelnen Persönlichkeit, um das Entdecken ungenutzter Potenziale, die Präzisierung und Entwicklung einer persönlichen Vision, um das Ausloten von Alternativen, Chancen und Risiken und das Entwerfen einer Karrierestrategie. Das persönlichkeitsorientierte Coaching mit seinem Empowerment steht dabei immer im Spannungsfeld einer – begrifflich von der humanistischen Psychologie beeinflussten – Förderung des Selbstwachstums der Persönlichkeit und einer strategischen Planung des Erfolgs. Generell gilt, dass in der spätmodernen Arbeitskultur die planbare, stufenförmige Laufbahn durch die *Karriere* abgelöst wird – im Sinne von »Karriere machen« oder im Sinne einer nicht geradlinigen Sequenz voller Unterbrechungen und Umwege. Entscheidend für die Karriereförmigkeit der spätmodernen Arbeitsbiografie ist die Unvergleichlichkeit des Weges, wie man sie zuvor am ehesten aus dem Kunstfeld und dem Showbusiness kannte. Die Karriere ist das kontingente Ergebnis des Matchings von Profil, Potenzial, Entscheidungen, Marktkonstellation, Vernetzung, Performanz und Zufällen.[69] Das Coaching setzt hier an und versucht, dem Individuum zur Gestaltung des Unplanbaren Strategien an die Hand zu geben.

Spannungsfelder hochqualifizierter Arbeit: Zwischen Künstlerdilemma und Superstarökonomie

Die singularistische Arbeitskultur, welche die hochqualifizierten Tätigkeiten zu Beginn des 21. Jahrhunderts prägt, hat eine Reihe von Paradoxien, Widersprüchen und Spannungen zur Folge. Eine erste und entscheidende Spannung ist die zwischen dem Anspruch des kreativen Arbeitens auf einen intrinsischen Wert und der Einbettung dieses Anspruchs in hyperkompetitive Marktstrukturen.[70] Indem die spätmoderne Arbeitswelt den zuvor beschriebenen Prozess der Kulturökonomisierung durchläuft, befindet sie sich an einer Stelle, wo sich eine historisch einmalige Kulturali-

69 Vgl. dazu allgemein Ronald Hitzler, Michaela Pfadenhauer (Hg.), *Karrierepolitik. Beiträge zur Rekonstruktion erfolgsorientierten Handelns*, Opladen 2003; spezifischer Joanna Grigg, *Portfolio Working. A Practical Guide to Thriving in the Changing Workplace*, London 1997; Vormbusch, »Karrierepolitik«.

70 Siehe dazu beispielhaft Hesmondhalgh, *Creative Industries*, und die Beiträge in *Polar. Zeitschrift für politische Philosophie und Kultur* 4 (2008) (*Tun und Lassen. Über Arbeiten*).

sierung *und* eine in dieser Intensität ebenso außergewöhnliche Vermarktlichung kreuzen. Erst mit der Ökonomie der Singularitäten konnte sich ein postmaterialistisches Ethos von Arbeit als Selbstverwirklichung etablieren und kreatives Arbeiten in größerem Umfang möglich werden. Wir haben aber auch gesehen, dass die Arbeitssubjekte, die in die Wissens- und Kulturökonomie drängen beziehungsweise sich dort zu bewähren versuchen, hochgradig unberechenbaren Märkten und Publika gegenüberstehen.

Die Arbeit und das Profil der Subjekte sind somit in einem *double bind* gefangen: Die Arbeit ist für sie von eigenem Wert und soll als autonome Tätigkeit Befriedigung verschaffen – aber zugleich ist sie nur erfolgreich, wenn sie den schwankenden Erfordernissen der Märkte und den wechselnden Erwartungen des Publikums folgt. Die Entwicklung seiner Kompetenzen und Potenziale bedeutet für das Arbeitssubjekt Persönlichkeitsentfaltung – und zugleich ist es gehalten, ein Profil mit Alleinstellungsmerkmalen zu entwickeln, mit dem es in den Organisationen und auf dem Markt zu punkten vermag. Das Verhältnis der Arbeitssubjekte zueinander ist entsprechend von der Spannung zwischen Zusammenarbeit und Wettbewerb gekennzeichnet: Einerseits fördern die Teamkultur der Projekte sowie die sozialen Netzwerke eine Kultur der intensiven Kollaboration und Kooperation, zugleich jedoch herrscht zwischen den Arbeitssubjekten ein mitunter gnadenloser Profilierungswettbewerb.

Letztlich ist die spätmoderne Wissens- und Kulturökonomie damit in modernisierter Form von jenem *Künstlerdilemma* geprägt, das sich im 19. Jahrhundert im Kunstfeld ausgebildet hat.[71] Die Entstehung des modernen, autonomen Künstlers und die Ausbildung eines anonymen Publikums fanden gleichzeitig statt. Das Künstlersubjekt entwickelte daher zwei widerstreitende Orientierungen: am Werk an sich und an der Bewertung durch den Markt. Zudem war auch das Verhältnis der Künstler untereinander von Anfang an sowohl von gegenseitiger Inspiration als auch von heftiger Konkurrenz geprägt. Die Arbeitskultur der *creative economy* hebt nun das Künstlerdilemma auf eine allgemeinere Stufe. Regelmäßig ergibt sich hier ein Paradox: Die Kompetenzen, die dem Subjekt selbst im Grunde seines Herzens wichtig sind, sind möglicherweise nicht dazu geeignet, sich zu einem marktgängigen Profil zu fügen, und

71 Vgl. Andreas Reckwitz, *Die Erfindung der Kreativität. Zum Prozess gesellschaftlicher Ästhetisierung,* Berlin 2012, S. 54ff.

umgekehrt mag die Ausbildung eines solchen Profils zwar Status und Erfolg sichern, aber den Zweifel nähren, dass man damit hinter den eigentlichen Potenzialen zurückbleibt. Auf das Verhältnis zwischen den Arbeitssubjekten bezogen: Ist die Zusammenarbeit zu uneigennützig, leidet die Profilierung, ist die Profilierung zu aggressiv, leiden die Zusammenarbeit und damit das gesamte Projekt.[72] Offen ist allerdings, ob diese Spannung zwangsläufig von den Arbeitssubjekten als solche wahrgenommen werden muss oder sich in der Arbeitskultur des 21. Jahrhunderts hybride Formate herausbilden, die Selbstwert und Markt gewissermaßen unter einen Hut bringen. Denkbar ist, dass sich soziale Netzwerke und Projekte als Felder der Zusammenarbeit *und* des Wettbewerbs und damit als Praxis einer *Koopetition* formen, die den traditionellen Gegensatz zwischen Kooperation und Kompetition hinter sich lässt. Auch der Umstand, dass Güter einen Konsumenten adressieren, muss nicht zwangsläufig als Entfremdung autonomer Expressivität wahrgenommen werden. Das Modell der *Designarbeit* basiert vielmehr von vornherein auf dem Muster einer nicht freien, sondern *gebundenen Kreativität*, die mit dem Rezipienten und Nutzer kooperiert.[73]

Unintendierte Folgen und offene Fragen ergeben sich nicht nur aus dem Verhältnis von Kulturalisierung und Vermarktlichung, sondern auch aus der inneren Logik jedes dieser beiden Prozesse. Die Kulturalisierung der Arbeit mit ihrer identifikatorischen Aufladung als Hauptquelle von Lebenssinn und Befriedigung, steigert nicht nur die intrinsische Arbeitszufriedenheit, sondern bewirkt zugleich eine typisch spätmoderne Tendenz zur *Selbstausbeutung*.[74] Diese schlägt sich in der qualitativen

72 Das Ideal der spätmodernen Arbeitskultur verbindet freilich auf perfekte Weise eine Arbeit, die Kreativität und Persönlichkeitsentfaltung ermöglicht, mit einem Aufmerksamkeits- und Valorisierungserfolg auf dem Markt. Der Typus des »erfolgreichen Künstlers« (Designers, Architekten etc.) verkörpert dieses Ideal. Vgl. exemplarisch Sarah Thornton, *33 Künstler in 3 Akten*, Frankfurt/M. 2015. McRobbie (in: *Being Creative*, S. 87ff.) weist auf den *gender*-Aspekt hin: Das Ideal der kreativen Person in der Spätmoderne gilt nicht nur für Männer, sondern in besonderem Maße für Frauen.

73 Zur Koopetition vgl. Stephan A. Jansen, Stephan Schleissing (Hg.), *Konkurrenz und Kooperation: interdisziplinäre Zugänge zur Theorie der Co-opetition*, Marburg 2000.

74 Vgl. dazu in unterschiedlicher Weise Arlie Russel Hochschild, *Keine Zeit. Wenn die Firma zum Zuhause wird und zu Hause nur Arbeit wartet*, Opladen 2002, und Diedrich Diederichsen, »Kreative Arbeit und Selbstverwirklichung«, in: Christoph Menke, Juliane Rebentisch (Hg.), *Kreation und Depression. Freiheit im gegenwärtigen Kapitalismus*, Berlin 2010, S. 118-128. Siehe auch Svenja Flaßpöhler, *Wir Genussarbeiter. Über Freiheit und Zwang in der Leistungsgesellschaft*, München 2011.

und quantitativ-zeitlichen Expansion der Arbeit ins Privatleben nieder. Auch hieran wird die Differenz zum klassischen Normalarbeitsverhältnis deutlich, dessen Primat der extrinsischen Motivation durch Status und Einkommen im Rückblick zwar als kulturell und emotional reduziert erscheint, aber den Vorteil hatte, dass die Arbeitsintensität begrenzt und eine Distanz zur Arbeit möglich war. Beziehungsweise: Der Vorteil der intrinsischen Befriedigung durch Arbeit birgt zugleich das Risiko, dass die Arbeit selbst keine Grenze mehr kennt und dem Selbst aufgrund der mangelnden Distanz zwischen beruflicher Selbstverwirklichung und persönlicher Identität kein Rückzugsraum mehr bleibt.

Aber auch die Logik der radikalen Verwettbewerblichung, welche die Performanzökonomie kennzeichnet, ist spannungsreich. Sie erzeugt nämlich ein in hohem Maße asymmetrisches Verteilungsmuster von Prestige und Einkommen zwischen den hochqualifizierten Arbeitssubjekten. Wir hatten bereits im Bezug auf den Markt kulturell-singulärer Güter von der Logik eines *Winner-take-all*-Wettbewerbs gesprochen. Die entsprechende Wettbewerbslogik einer *Superstarökonomie* findet sich auch in Bezug auf die Arbeitssubjekte, je nach Branche in drastischer oder in abgemilderter Form. Hier bilden sich mehr oder minder radikale Asymmetrien zwischen den wenigen äußerst erfolgreichen Individuen – im Extrem: Stars – und den vielen weitgehend austauschbaren Anderen aus, die entweder in der Organisation eine mittlere Position erreichen oder gar prekär beschäftigt sind.[75] Am ausgeprägtesten ist diese Superstarökonomie in der Kunst, im Showbusiness und im Sport, und damit in zwar kleinen, aber öffentlichkeitswirksamen Bereichen. Die Asymmetrien der Singularitätsökonomie finden sich jedoch keineswegs nur in jenen herausgehobenen Fällen von öffentlich sichtbaren Performanzen Einzelner – vom Fußballspieler über den Manager bis zum Filmregisseur –, sondern auch in der Polarisierung zwischen *Organisationen* – mit den global operierenden Unternehmen und Eliteinstitutionen der jeweiligen Branche an der Spitze – sowie in Bezug auf die Performanz- und Statusdifferenzen zwischen ähnlich qualifizierten Mitarbeitern *innerhalb* einer Organisation

75 Vgl. zu dieser Struktur ausführlich Menger, *Kunst und Brot*; Jean-Paul Fitoussi, Pierre Rosanvallon, *Le nouvel âge des inégalités*, Paris 1996, Kap. 2; zum Begriff des Stars: Sherwin Rosen, »The Economics of Superstars«, in: *American Economic Review* 71/5 (1981), S. 845-858.

mit ihren Asymmetrien zwischen »High Potentials« und »Wasserträgern«.[76]

Aus der Perspektive der Gerechtigkeitsnormen der industriellen Leistungsgesellschaft scheint die Performanz- und Superstarökonomie mit ihrer übermäßig scheinenden Belohnung von singulären Performanzen irritierend oder gar skandalös, und zwar aus drei (zum Teil schon genannten) Gründen: Erstens können nun verschiedene Individuen trotz gleicher formaler Qualifikation (zum Beispiel aus den gleichen Berufen wie Informatiker, Anwälte, Journalisten, Architekten, Künstler) drastisch unterschiedliche Markterfolge verbuchen. Daraus ergeben sich Fälle von Statusinkonsistenz, zum Beispiel Personen mit geringem Einkommen. Es findet zweitens eine Entkopplung von Arbeitserfolg und objektivem Arbeitseinsatz (Arbeitsstunden, Arbeitsmühe etc.) statt. Ein wenig überspitzt: wer Talent (überragendes Potenzial und Kompetenz) und Glück (die richtige Nische auf dem Markt) hat, kann leicht viele andere (ebenfalls) hart Arbeitende überflügeln. Schließlich und drittens: Für den neutralen Beobachter sieht es so aus, als setzten sich in der Singularitätsökonomie nur graduelle und damit subtil erscheinende Unterschiede in der Performanz in eine absolute, qualitative Polarität zwischen Gewinnern und Verlierern um.

Allerdings: Die Ausrichtung der Ökonomie der Singularitäten am Erfolg der Performanz ist in ihrer Binnenlogik völlig konsequent.[77] Entscheidend ist, dass es sich bei der Performanz anders als bei der Leistung um eine Publikumsrelation handelt. *Für das Publikum* aber sind die neutral betrachtet bloß graduellen Differenzen zwischen A und B ja gerade *keine* graduellen, sondern eben Unterschiede ums Ganze, die über Wert

76 Man kann hier an Stinchcombes Unterscheidung zwischen zwei Arbeitslogiken anknüpfen: Ihm zufolge gibt es auf der einen Seite *star jobs*, bei denen feine Unterschiede im Output überproportionale Unterschiede in Performanz, Aufmerksamkeit, Valorisierung und Erfolg für die Organisation bewirken und entsprechend honoriert werden, und standardisierte Tätigkeiten auf der anderen Seite, bei denen diese feinen Unterschiede für die Organisation weitgehend folgenlos sind. Vgl. Arthur L. Stinchcombe, »Some Empirical Consequences of the Davis-Moore Theory of Stratification«, in: *American Sociological Review* 28/5 (1963), S. 805-808.

77 Vgl. für eine genauere Analyse dieses Phänomens und konkurrierende Deutungen Menger, *Creativity*, S. 142ff., auch ders., *La différence, la concurrence et la disproportion. Sociologie du travail créateur*, Paris 2014. Eine andere, interessante Perspektive auf die Frage der Einzigartigkeitslogik und ihrer Gerechtigkeit entwickelt Gerald Raunig mit Verweis auf Franz Kafkas *Josefine, die Sängerin oder Das Volk der Mäuse*, vgl. Gerald Raunig, *Fabriken des Wissens*, Zürich 2012, S. 7ff.

und Affiziertheit entscheiden. Für das Publikum ist die Singularität der Performanz das Einzige, was interessiert – die formale Qualifikation oder der Arbeitseinsatz sind aus seiner Perspektive nebensächlich. Veranschaulichen lässt sich diese Beurteilungslogik besondern gut am extremen Beispiel des Kunstfeldes. Im Rahmen einer rationalistischen Leistungslogik mögen die Differenzen zwischen den Werken hochgeachteter Künstler wie Wolfgang Amadeus Mozart, Gustave Flaubert, Michelangelo Antonioni, Neo Rauch oder Jonathan Franzen auf der einen und den vielen anderen Komponisten, Schriftstellern, Filmemachern und Malern, die nicht zu Superstars geworden sind, auf der anderen Seite lediglich graduell sein. Aus der Perspektive der Logik der Singularitäten erscheinen die Originalität der Superstar-Werke, ihre Affizierungsfähigkeit und die Faszination, die von ihnen ausgeht, jedoch so grundsätzlich *anders* und den anderen Werken überlegen, dass sich *zu Recht* eine extrem ungleiche Verteilung der Publikumsaufmerksamkeit und -anerkennung ergibt. An der Aufmerksamkeits- und Valorisierungslogik der Singularitäten zerschellt damit jede Vorstellung von Voraussetzungs- oder Aufwandsgerechtigkeit.[78]

Die Superstarökonomie hat Konsequenzen für die Struktur der Emotionen und Affekte. Es ist zwar häufig und richtigerweise die positive Affektivität der singularistischen Arbeitskultur betont worden, das heißt ihre Förderung von Begeisterung und Selbstverwirklichung durch kreative Arbeit und die Intensität der Projekte. Allerdings stärken die Unberechenbarkeit der Performanzökonomie und ihre Tendenzen zu asymmetrischen Verteilungen auch negative oder ambivalente Emotionen, die von der klassischen Leistungsökonomie weniger stark gefüttert wurden: Eitelkeit angesichts des eigenen Erfolgs, Neid wegen des Erfolgs anderer, Minderwertigkeitsgefühle sowie das Gefühl, nicht genug Anerkennung zu erhalten oder vollständig versagt zu haben.[79] Die Potenzierung von Enttäuschungserfahrungen in der spätmodernen Arbeitswelt verstärkt sich

78 Das zeigt sich z. B. darin, dass nun auch Lehrer einen Unterschied durch »begeisternden« Unterricht machen sollen oder dass nur bestimmte IT-Produkte »einen Nerv treffen«.

79 Eine Soziologie der Eitelkeit gibt es bisher nicht, am ehesten ist an die Arbeiten zum Narzissmus zu denken, die jedoch zur Pathologisierung neigen, vgl. klassisch Christopher Lasch, *The Culture of Narcissism. American Life in an Age of Diminishing Expectations*, New York, London 1973. Auch die Historizität des Neides ist sträflich vernachlässigt, siehe aber Frank Nullmeier, *Politische Theorie des Sozialstaats*, Frankfurt/M. u. a. 2000. Zum Scheitern vgl. Matthias Junge, Götz Lechner (Hg.), *Scheitern. Aspekte eines sozialen Phänomens*, Wiesbaden 2004.

dadurch, dass die klassischen Leistungsanforderungen keineswegs völlig außer Kraft gesetzt sind. So ist die Arbeit an den eigenen Kompetenzen, an Profil und Potenzial als Singularisierungsanforderung eine hochkomplexe *Leistung*, die vom Arbeitssubjekt im Sinne einer Selbstoptimierung erwartet wird. Die Suggestion ist: Wer die Arbeit an der eigenen Einzigartigkeit perfektioniert, kann entsprechend mit Anerkennung rechnen. Eine Garantie darauf gibt es in der Performanzökonomie jedoch nicht, und dies umso weniger, als immer mehr Arbeitssubjekte gleichermaßen an ihrer beruflichen Singularität feilen und damit der Performanzwettbewerb härter wird.

Eine letzte potenzielle Spannungszone der spätmodernen Arbeitswelt ergibt sich aus der *Informalisierung*, *Personalisierung* und *Akzidentalisierung* (das heißt Zufallsabhängigkeit) der Kriterien, auf deren Grundlage nun Chancen verteilt werden und Anerkennung gezollt wird. Während das Bildungssystem nach wie vor mit formalen Qualifikationen arbeitet und damit klassische Vorstellungen von Leistung gesellschaftlich verbreitet, ist der Erfolg in der Performanzökonomie in hohem Grade von anderen Faktoren abhängig – ebensolchen, die man in der Welt der industriellen Moderne als *informell*, *persönlich* und *zufällig* bezeichnet hätte. Ich hatte bereits ausführlich eine Reihe von Faktoren behandelt, die hier eine Rolle spielen: die gewachsene Bedeutung sozialer Netzwerke für den Erfolg, die hohe Relevanz des im Herkunftsmilieu vermittelten kulturellen Kapitals, die Abhängigkeit der Performanzvalorisierungen von den durchaus wechselhaften Bewertungsformen und Affizierbarkeiten des Publikums; und schließlich die Abhängigkeit des Erfolgs von den unberechenbaren Auslösern und Konjunkturen auf den Aufmerksamkeits- und Valorisierungsmärkten für singuläre Güter. Angesichts dessen wird in der spätmodernen Arbeitskultur geschickte Spekulation auf zukünftige Chancen – eines Profils, eines Gutes oder einer ganzen Branche – zu einer fundamentalen Fähigkeit. Es handelt sich allerdings um eine Spekulation, die naturgemäß nicht immer aufgeht.

Natürlich: Ob und inwiefern die singularistische Arbeitskultur als problematisch wahrgenommen wird, hängt von den kulturellen Bewertungskriterien für die Zuteilung von Anerkennung und Status ab.[80] Was die Kriterien der alten Prüfungs- und Leistungsgesellschaft als irrational

80 An dieser Stelle könnte eine normative Gerechtigkeitsdiskussion einhaken, vgl. dazu etwa Neckel, *Flucht nach vorn*, S. 80ff.

abtun mögen, erscheint innerhalb der Logik einer Performanzökonomie völlig konsequent: Informalisierung und Personalisierung sind in diesem Kontext nachvollziehbare Mechanismen, um erfolgreiches kreatives Arbeiten zu ermöglichen, und die Unberechenbarkeit von Singularitätsmärkten scheint nicht eliminierbar. Zweifellos kreieren die Entformalisierung und Kulturökonomisierung der spätmodernen Arbeitskultur für jene, die auf der Klaviatur des Informellen, Persönlichen und Spekulativen virtuos spielen, neue Chancen. Sie geben damit jedoch die durchaus wohlwollende Neutralität gegenüber dem Persönlichen und Informellen auf, welche die industrielle Moderne mit ihrer Herrschaft der formalen Qualifikationen und der Unpersönlichkeit pflegte. Die Ökonomie der Singularitäten *verlangt* massiv die Einzigartigkeit der Arbeitspersönlichkeiten. Die industrielle Leistungsgesellschaft war gegenüber den Idiosynkrasien hingegen indifferent, man könnte auch sagen: Sie hat sie *toleriert*. Dadurch hat sie auch solchen Besonderheiten, die in der Spätmoderne als nicht markt-, performanz- und kompetenzkonform aussortiert werden – den sozial wenig Kompetenten und Netzwerkunfähigen, den Introvertierten und Aufbrausenden, den Uncharmanten und Provinziellen –, einen Raum der Anerkennung eröffnet, solange die Subjekte nur ihre Arbeit taten.

IV.
Digitalisierung als Singularisierung: Der Aufstieg der Kulturmaschine

Von der industriellen Technik zur digitalen Technologie

Wie in einer Gesellschaft gehandelt und gefühlt, wie produziert, geherrscht, kommuniziert und imaginiert wird, ist entscheidend von den Formen der Technik und Technologie beeinflusst, über die sie verfügt. Natürlich determiniert die Technik soziale Strukturen nicht in einem strengen Sinne. Vielmehr sind die technischen Artefakte immer mit sozialen Praktiken verknüpft, welche sie sich auf eine spezifische Weise zu eigen machen. Artefakte und Artefaktsysteme – vom Rad bis zu Schrift und Buchdruck, vom einfachen Werkzeug bis zur industriellen Produktion, von der Biotechnologie bis zur Computersoftware – stellen materielle *Angebotsstrukturen* dar, die einen Spielraum vielfältiger, aber nicht beliebiger Verwendungsweisen bieten.[1]

Zu Recht gilt die moderne Gesellschaft im historischen Vergleich als eine genuin »technische Kultur«.[2] Es ist nicht verwunderlich, dass die Modernität der Moderne – ob im Zeitalter der Aufklärung, im bürgerlichen 19. Jahrhundert oder im Sozialismus – von den Zeitgenossen häufig sogar mit ihrer avancierten Technik gleichgesetzt worden ist. Diese durchgreifende Technisierung des Sozialen war einerseits in der Industrialisierung begründet, sie schloss jedoch darüber hinaus die *technische*

1 Angebotsstruktur (*affordance*) ist im Sinne von Bruno Latour, *Eine neue Soziologie für eine neue Gesellschaft. Einführung in die Akteur-Netzwerk-Theorie,* Frankfurt/M. 2007, S. 124, gemeint. Zum Begriff der Technik allgemein vgl. Don Ihde, *Technology and Lifeworld. From Garden to Earth*, Bloomington u. a. 1996. Zu einem praxeologischen Verständnis von Artefakten, vgl. Andreas Reckwitz, »Der Ort des Materiellen in den Kulturtheorien. Von sozialen Strukturen zu Artefakten«, in: ders., Unscharfe Grenzen. Perspektiven der Kultursoziologie, Bielefeld 2008, S. 131-156.

2 Vgl. Siegfried Giedion, *Die Herrschaft der Mechanisierung. Ein Beitrag zur anonymen Geschichte*, Hamburg 1994. In verschiedenen Versionen finden sich Theoretisierungen der technischen Kultur der Moderne bei Hans Blumenberg, Martin Heidegger und Günther Anders. Siehe zu diesem Thema auch Jan-Hendrik Passoth, *Technik und Gesellschaft. Sozialwissenschaftliche Techniktheorien und die Transformation der Moderne*, Wiesbaden 2008.

Rationalität der Systeme zweckrationaler Handlungskoordination in der gesamten Gesellschaft ein. Seit den 1980er Jahren wälzt sich nun die technische und technologische Struktur der Gesellschaft in einer derart grundsätzlichen Weise um, wie es seit der Industrialisierung nicht der Fall war. In ihrem Zentrum befindet sich ein Komplex, der sich aus dem Zusammenspiel algorithmischer Verfahren des Computing, der Digitalisierung medialer Formen und des Kommunikationsnetzwerks des Internets ergibt. Diese drei Komponenten zusammenfassend, kann man von den *Technologien des digitalen Computernetzes* oder einfach des digitalen Netzes sprechen.[3] Die Transformation von der industriellen Moderne zur Gesellschaft der Singularitäten ist nicht nur im – in den letzten Kapiteln ausführlich erläuterten – ökonomischen Strukturwandel hin zu einer Ökonomie der Singularitäten begründet, sondern auch im Strukturwandel der technologischen Systeme hin zu Digitalisierung, Computerisierung und Vernetzung. Beide Prozesse haben ihre Eigendynamik, sind aber miteinander verknüpft.

Was ist nun jedoch das Neue und Andersartige der spätmodernen Schlüsseltechnologien? Eine Antwort auf diese Frage wird dadurch erschwert, dass wir uns in einem noch laufenden Umbruchprozess befinden. Trotzdem herrscht an utopisch überhöhten (»neue globale Demokratie«, »intelligente Umgebung«) oder dystopisch zugespitzten (»Überwachungsmedien«, »Aufmerksamkeitskatastrophe«) Deutungen der Digitalisierung kein Mangel.[4] Um die gesellschaftliche Transformation, die sie bedeutet, zu begreifen, bedarf es aber mehr als solcher pauschaler Fortschritts- oder Verfallsnarrative. Wenn wir versuchen, gegenüber dem Phänomen mehr Distanz über den Weg des historischen Vergleichs einzunehmen, ergibt sich vielmehr die Diagnose eines grundsätzlichen Bruchs zwischen der alten Technik der Industrialisierung und der neuen Technologie des digitalen Computernetzes, der sich so beschreiben lässt: Während die industrielle Technik die Welt nur zu mechanisieren und standardisieren vermochte, forciert die digitale Technologie eine Singularisierung des Sozialen, der Subjekte und Objekte. Während die Industrietechnik ein Motor der funktionalen Rationalisierung und Versachlichung war, ist das digitale

3 Ich erläutere unten die einzelnen Bestandteile dieser Trias, vgl. S. 229-233.

4 Vgl. für den optimistischen Diskurs: Clay Shirky, *Here Comes Everybody*, London 2008; Eric Schmidt, Jared Cohen, *Die Vernetzung der Welt*, Reinbek 2013, und für den kritischen Diskurs: Byung-Chul Han, *Im Schwarm. Ansichten des Digitalen*, Berlin 2013; Frank Schirrmacher (Hg.), *Technologischer Totalitarismus*, Berlin 2015.

Netz ein Generator der gesellschaftlichen Kulturalisierung und Affektintensivierung.

Obwohl man die frühen Computer in den 1970er und 80er Jahren noch leicht im Sinne der klassischen Kybernetik als Perfektionierung industrieller Kontrolllogik wahrnehmen konnte, wird zu Beginn des 21. Jahrhunderts eine Struktur immer deutlicher, die diesem ersten Eindruck widerspricht: Der technologische Komplex aus Computern, Digitalität und Internet ermöglicht und erzwingt eine fortdauernde Fabrikation von Subjekten, Objekten und Kollektiven als *einzigartige*. Auf den ersten Blick ganz unterschiedliche Eigenheiten der digitalen Kultur lassen sich bei genauerer Betrachtung als Ausprägungen einer solchen *technologisch angeregten Singularisierung* dechiffrieren: Sie reichen von den um Originalität und Sichtbarkeit konkurrierenden Profilen in den sozialen Netzwerken über das *data tracking* des »digitalen Fußabdrucks« des Nutzers, der eine Personalisierung des Netzzugangs erlaubt, bis zu den partikularen Web-Communities, die digitalen »Stämme«, die jeweils ihre eigene, in sich abgeschlossene Weltsicht teilen.

Die technologisch angeregte Singularisierung des Sozialen ist mit einer *Kulturalisierung des Technologischen* verbunden, die zugleich herausfordert, was unter digitalen Bedingungen Kultur bedeutet. Im Verhältnis zur alten Technik der Industriegesellschaft, die der Sphäre der Kultur in vielen Hinsichten entgegengesetzt schien, forcieren die Digitalität und das Internet eine Kulturalisierung des Sozialen. Das heißt: Im Zentrum der gesellschaftlich leitenden Technologie befindet sich in der Spätmoderne nicht mehr die Produktion von Maschinen, Energieträgern und funktionalen Gütern, sondern die expansive und den Alltag durchdringende Fabrikation von Kulturformaten mit einer narrativen, ästhetischen, gestalterischen, ludischen, moralisch-ethischen Qualität, also von Texten und Bildern, Videos und Filmen, phatischen Sprechakten und Spielen. Damit wird die moderne Technologie in ihrem Herzen erstmals zur *Kulturmaschine*.

In der Spätmoderne kehrt sich also die Ausrichtung dessen um, was Technik bedeutet. Gilbert Simondon deutet diese Differenz an, wenn er die »geschlossenen Maschinen« der alten, neuzeitlichen *Technik* den kybernetischen »offenen Maschinen« der hochmodernen *Technologie* gegenüberstellt.[5] Oder in unserer Begrifflichkeit: Die industriell-mechani-

5 Siehe Gilbert Simondon, *Die Existenzweise technischer Objekte*, Zürich 2012, S. 9ff. Ich

sche Technik, welche die Moderne von der zweiten Hälfte des 18. Jahrhunderts bis zur Mitte des 20. Jahrhunderts dominierte, war der Motor der sozialen Logik des Allgemeinen und der sachlichen Logik des Funktionalen. Dies gilt für alle gesellschaftsprägenden technischen Paradigmen seit 1780: für die Industrielle Revolution im engeren Sinne, für das Paradigma von Dampfmaschine und Eisenbahn, jenes von Stahl, Elektrizität und Schwerindustrie und für jenes des Öls, des Automobils und der Massenkonsumgüterproduktion.[6] Durchgängig handelte es sich hier um industrielle Techniken der Mechanisierung, der effizienten Arbeitsteilung, der Energiegewinnung und der Standardisierung. Sie zogen einen entsprechenden, gesellschaftlich prägenden technischen Habitus nach sich, ein berechenbares, affektreduziertes, die Zukunft planendes Verhalten, dessen emblematische Sozialfigur der Ingenieur war.

Seit dem Ende des 20. Jahrhunderts wechselt die avancierteste Technologie der Epoche nun jedoch gewissermaßen die Seite und verkehrt sich von einem Transformationsriemen der Rationalisierung in einen der Kulturalisierung, von einem Motor der Standardisierung in einen der Fabrikation von Singularitäten. Die Technologie wird nun in einer speziellen Weise zu einer Förderin dessen, was sie zuvor zu eliminieren trachtete: der Einzigartigkeiten und der Kultur. Es findet eine basale technologische Umkehrung statt: von der *technischen Kultur* der industriellen Moderne zur *Kulturmaschine* der Spätmoderne. Das technologische Paradigma der Information und Kommunikation, das in der Technikgeschichte der Moderne seit etwa 1980 auf die vier anderen, zuvor genannten folgt, würde also gründlich missverstanden werden, wenn man in ihm lediglich eine weitere Steigerung beziehungsweise Fortsetzung der alten, industriellen Paradigmen sähe. Wie gesagt: Wir haben es mit einem grundsätzlichen Bruch zu tun, denn es wird historisch erstmals ein technologischer Komplex gesellschaftlich leitend, welcher auf die Verfertigung, Zirkulation und Rezeption von Kulturformaten zentriert ist. Zugleich handelt es sich um die erste Schlüsseltechnologie in der Ge-

kombiniere hier Simondons Terminologie mit der Unterscheidung zwischen Technik und Technologie bei Serge Moscovici, *Versuch über die menschliche Geschichte der Natur*, Frankfurt/M. 1982. Zu diesem Problemkomplex auch Erich Hörl, »Die technologische Bedingung. Zur Einführung«, in: ders. (Hg.), *Die technologische Bedingung. Beiträge zur Beschreibung der technischen Welt*, Berlin 2011, S. 7-53.

6 Vgl. Carlota Perez, »Technological Revolutions and Techno-Economic Paradigms«, in: *Cambridge Journal of Economics* 34/1 (2010), S. 185-202.

schichte der Moderne, welche eine Singularisierung von Objekten und Subjekten ermöglicht, anregt und sogar erzwingt. So wie die alte industrielle Technik zieht auch die neue digitale Technologie einen ihr entsprechenden Habitus samt Sozialfigur heran: den mobilen Nutzer (User) von Computer-Bildschirmen, der stets auch Publikum ist, sich von den neuen, auf ihn (insgeheim) abgestimmten Texten und Bildern affizieren lässt und der zugleich selbst unablässig seine eigenen Kreationen und Selbstdarstellungen in dieses digitale Kulturuniversum einspeist.

1. Die Technologie der Kulturalisierung

Algorithmen, Digitalität und das Internet als Infrastrukturen

Die Einsicht in diesen Strukturbruch wird allerdings erschwert. Zum einen sind wir es seit der frühen Moderne gewohnt, Technik im Rahmen des industriell-mechanischen Paradigmas der Standardisierung und damit auch der Disziplinierung und Kontrolle zu denken. Zum anderen forciert auch das digitale Computernetz auf einer *ersten* Ebene *tatsächlich* das Paradigma des Allgemeinen, der Rechenhaftigkeit, Gleichförmigkeit und Universalität, ja radikalisiert es. Allerdings ermöglicht gerade diese Radikalisierung der Logik des Allgemeinen der digital-algorithmischen Welt paradoxerweise eine Singularisierung von Subjekten, Objekten und Kollektiven. Um diesen Zusammenhang verständlich zu machen, will ich erneut den Begriff der Infrastruktur verwenden.[7] Die digitalen Technologien nehmen den Stellenwert einer *allgemeinen Infrastruktur zur Fabrikation von Singularitäten* an. Das heißt: Im Innern des technologischen Systems herrschen (auch) Verfahren und Formate der Standardisierung und Universalisierung, aber diese bilden die Hintergrundstruktur für die Fabrikation von Singularitäten. Als Infrastruktur erhält die Logik des Allgemeinen damit einen instrumentellen Stellenwert. Sie ist eine Funktion der (maschinellen und kulturellen) Singularisierung und der Etablierung einer globalen Kulturmaschine.

7 Vgl. zu diesem Konzept Susan Leigh Star, »The Ethnography of Infrastructure«, in: *American Behavioral Scientist* 43/3 (1999), S. 377-391; Brian Larkin, »The Politics and Poetics of Infrastructure«, in: *Annual Review of Anthropology* 42/1 (2013), S. 327-343.

Inwiefern forcieren die neuen Technologien nun auf einer ersten Ebene eine soziale und technische Logik des Allgemeinen? Um diese Frage zu beantworten, müssen die drei zentralen Verfahren, aus denen sich der neue technologische Komplex zusammensetzt, genauer betrachtet werden. Ich habe sie schon genannt: das Computing, die Digitalisierung medialer Formate und die Ausbildung eines globalen kommunikativen Netzes, des Internets.[8] Jedes dieser Verfahren betreibt ein *doing generality*, und zwar in den drei relevanten Hinsichten der Berechenbarkeit, der Formalisierung und der universalen Generalisierung.[9]

Beginnen wir mit dem *Computing*, dessen Verfahren solche einer universalen Rechenmaschine sind, wie sie Charles Babbage als analytische Apparatur im 19. Jahrhundert ersann, wie sie Alan Turing 1937 in die Tat umsetzte und John von Neumann anschließend im Sinne der universalen Turingmaschine perfektionierte. Mit den tragbaren Computern und mobilen Smartphones der Spätmoderne haben diese Rechenmaschinen eine außergewöhnliche Leistungsfähigkeit erhalten. Sie besitzen aber weiterhin jene Struktur der Computerizität, wie sie die Turing-Maschine auszeichnet: Es handelt sich um zeichenlesende Maschinen, die Algorithmen ausführen. Algorithmen sind nichts anderes als technische Verhaltensanweisungen, die – in jedem Sinn des Wortes – berechenbar sind. Via Algorithmus wird ein Input in einer endlichen Zahl von Schritten in einen Output überführt. Diese Verhaltensanleitungen sind formalisiert und eindeutig. Sie haben sich im Laufe der Zeit immer mehr von einfachen zu dynamisch-selbstlernenden, sich selbst perfektionierenden Algorithmen entwickelt und ermöglichen eine Automatisierung von Operationen.[10] Die Computerizität, das Prozessieren von Algorithmen bildet damit zweifellos einen Höhepunkt an formaler Rationalität im Sinne von zweckrationaler Berechenbarkeit. Die Rechenmaschine und ihre Anweisungen sind in ihrer mathematisierten und automatisierten Form allgemeingültige Prozeduren. Zugleich wird deutlich, dass die *soziale* Logik des Allgemeinen hier eine rein innermaschinelle, eine insofern *technische*

8 Wenn ich im Folgenden von digitalen Technologien, dem Netz, der Computerkultur, der digitalen Kultur etc. spreche sind *immer alle drei* Strukturelemente – Algorithmik, Digitalität und Internet – gemeint. Der einzige Begriff, der alles drei gleichberechtigt umfasst, ist »digitales Computernetz«, den ich aufgrund seiner Schwerfälligkeit nur dosiert verwende.

9 Siehe Kap. I.1, S. 34-36.

10 Zu den Algorithmen auch Felix Stalder, *Kultur der Digitalität*, Berlin 2016, S. 164ff.

Logik im engeren Sinne ist, denn es geht hier nicht um die Koordination von Handlungen zwischen menschlichen Subjekten, sondern um die Berechenbarkeit der automatisierten Operationen in der Binnenstruktur der Artefaktsysteme.

Mit Lev Manovich kann man feststellen, dass die Computertechnologie aus der Konvergenz zweier sich zunächst unabhängig voneinander entwickelnder Verfahren entstanden ist: dem eben beschriebenen Computing mit seinen Algorithmen einerseits und der *Digitalisierung medialer Formate* andererseits.[11] *Computing meets media.* Digitalisierung bedeutet bekanntlich: Beliebige mediale Formate setzen sich aus *digitalen* (sowohl zeit- als auch wertediskreten) Signalen zusammen, die in der Praxis gewöhnlich zwei Zustände kennen: 0 und 1. Anstelle kontinuierlicher liegen damit numerische, diskontinuierliche Repräsentationen vor. Diese Binärlogik, die Boole Mitte des 19. Jahrhunderts theoretisch entwickelte, konnte von der Turing-Rechenmaschine auf alle medialen Formate angewandt werden. Die universelle Turing-Maschine wurde nun nach 1940 gewissermaßen ihrerseits universalisiert, denn sie ist in der Lage, als Input ihrer Algorithmen auch Texte oder Bilder zu akzeptieren und umgekehrt solche Texte oder Bilder als Output ihrer Algorithmen hervorzubringen. Das Zusammenführen von Medientechnologien und Computermaschine ermöglicht damit eine programmgesteuerte Gestaltung, Umgestaltung, Reproduktion und Übertragung sämtlicher medialer Formate. Auch hier ergibt sich die Konsequenz, dass die Digitalisierung von medialen Formaten auf ihre Weise ein *doing generality* betreibt, ja zunächst sogar eine ausgesprochene Entsingularisierung, die gelegentlich kulturkritisch beklagt wurde. In der vordigitalen Kultur waren Bilder, Texte und Töne jeweils von ganz eigenständiger, nicht ineinander übersetzbarer Materialität und Qualität. Nun bewegen sich alle Medien zumindest technisch gesehen in derselben gleichförmigen Struktur. Auch hier gilt: Die Formalisierung ist keine, die Subjekte den Objekten oder Vorstellungen aufgedrückt haben, sondern es handelt sich um automatische Formalisierungen *innerhalb* des technologischen Systems.

Algorithmen und die Digitalisierung verknüpfen sich mit einem dritten, wiederum zunächst autonomen Faktor, der mittlerweile die ersten beiden überformt: jener der *kommunikativen Vernetzung* zwischen den

11 Vgl. Lev Manovich, *The Language of New Media*, Cambridge 2001. Manovich liefert immer noch die fundierteste Theorie der Computermedien – freilich ohne das Internet.

Computern (sowie anderer Apparate). Er umfasst in seinem Kern das Internet, aber auch die Kommunikation zwischen anderen Geräten im Rahmen eines »Internet der Dinge«.[12] Während Computer zunächst autistische Maschinen waren, wird seit den 1960er Jahren eine allseitige und uneingeschränkte Datenübertragung und damit kommunikative Vernetzung möglich. Mit der Etablierung eines allgemeingültigen und offenen sogenannten (IP-)Basisprotokolls im Jahr 1973 wurde die technologische Grundlage dafür gelegt, dass ein *einziges* umfassendes *Netz* entstehen konnte. Dieses Internet verknüpft nicht nur die Computer miteinander, sondern präsentiert sich im Zentrum als World Wide Web, als gigantische Plattform von miteinander verlinkten Webseiten, in denen wiederum unterschiedliche mediale Formate – Text, Bild, Ton – miteinander kombiniert sind.[13] Auch das Internet forciert damit auf seine Weise zunächst ein *doing generality*, und zwar auf der Ebene der globalen Konnektivität. Das Netz setzt die Algorithmizität und Digitalität als Verallgemeinerungsverfahren voraus, geht aber dann über sie hinaus, indem es mit Hilfe des allgemeingültigen Basisprotokolls (TCP/IP bzw. HTTP) eine *universale*, im Prinzip grenzen- und schrankenlose Kommunikation und Kooperation zwischen allen Netzteilnehmern ermöglicht. Das Verallgemeinern des Netzes nimmt damit die Form einer Universalisierung der Kommunikation an, die im Rahmen des Internets der Dinge mittlerweile auch nichtmenschliche Teilnehmer einschließt. Seine kommunikative Vernetzung etabliert ein globales, allgemeines Publikum und zugleich eine globale Teilnehmerschaft.

Soweit zu jener ersten Ebene, auf der die Computer mit den Algorithmen, die Digitalisierung des Medialen und das Internet mit seinem allgemeingültigen Basisprotokoll eine soziotechnische Logik des Allgemeinen forcieren. Es ist an dieser Stelle allerdings wichtig, auf den *Ort* dieser Generalisierungsprozeduren hinzuweisen: Sie arbeiten *innerhalb* der Technologien des digitalen Computernetzes;[14] das *doing generality* findet im

12 Vgl. zu diesem Thema Martin Warnke, *Theorien des Internet*, Hamburg 2011.

13 Vgl. Ted Nelson, *Literary Machines*, Sausalito 1981.

14 Luciano Floridi unterscheidet auf einleuchtende Weise zwischen solchen Technologien, die auf Mensch-Natur- bzw. Mensch-Maschine-Interaktionen beruhen, und jenen, in denen die Maschinen sich automatisieren und gewissermaßen untereinander selbständig agieren (Maschine-Maschine-Interaktionen). Mit den digitalen Technologien haben wir nun letztere Stufe erreicht. Vgl. Luciano Floridi, *Die 4. Revolution. Wie die Infosphäre unser Leben verändert*, Berlin 2015.

Wesentlichen innerhalb dieser Maschine-Maschine-Interaktionen statt. Die neuen Technologien sind aber nicht nur maschinelle Systeme, sie sind eingebettet in die sozialen Praktiken, in denen menschliche Subjekte mit ihnen umgehen. Erst dadurch vermögen sie, soziale Prägekraft zu entfalten. Um nachzuvollziehen, inwiefern sie vor dem Hintergrund ihres innermaschinellen *doing generality* tatsächlich eine Singularisierungstechnologie bilden, müssen wir uns zunächst der Frage widmen, inwiefern sie zur Kulturalisierung des Sozialen beitragen.

Die digitale Kulturmaschine und die Ubiquität der Kultur

Inwiefern betreiben die digitalen Technologien, welche die Alltagspraxis spätmoderner Subjekte – ihre berufliche Tätigkeit und ihre private Kommunikation, die Art und Weise, wie sie konsumieren und wie sie verreisen, die Anbahnung ihrer Partnerschaften und ihr persönliches Entertainment – mehr und mehr prägen, eine Kulturalisierung des Technologischen und des Sozialen? Wie ändert sich dadurch die Form dessen, was in der Spätmoderne »Kultur« bedeutet? Sicherlich ist die Kultur der Spätmoderne nicht identisch mit der Kultur des Digitalen. Ein großer Teil der sozialen Praxis ist weiterhin – und als Gegenreaktion gegen die Digitalisierung manchmal recht offensiv – analog strukturiert.[15] Allerdings sind auch diese analogen Praktiken mittlerweile größtenteils mit den digitalmedialen Praktiken und Apparaten verknüpft und damit durch diese mitstrukturiert – von der Auswahl der Konsumgüter auf den Webpages bis hin zu den digitalen Fotos, welche die Events und die Urlaubsreisen dokumentieren und sogleich in die sozialen Medien eingespeist werden. Ohne also in eine Totalisierung der digitalen Welt zu verfallen, kann man feststellen, dass sie zur Transformation der Kultursphäre in entscheidender Weise beiträgt.

Warum ist hier die Rede von Kultur? Das erste und grundlegendste Merkmal der neuen Technologien ist so elementar, dass man es leicht übersieht oder missdeutet: Mit dem digitalen Computernetz werden nicht nur Daten und Informationen, sondern auch Kulturobjekte und Kulturformate – im Sinne des starken Kulturbegriffs – ubiquitär.[16] Das digitale

15 Vgl. dazu Kap. V.2, S. 308-335.
16 Vgl. dazu Kap. I.3, S. 75-92.

Computernetz ist eine *Kulturmaschine*, das heißt: Es handelt sich um Technologien, in deren Zentrum die Produktion, Zirkulation und Rezeption von – narrativen, ästhetischen, gestalterischen, ludischen – Formaten der Kultur steht. Wir kennen die These, der zufolge die Computer und das Internet eine Informations- oder Wissensgesellschaft hervorbringen und eine Explosion von Informationen und Daten stattfindet.[17] Diese These ist jedoch noch zu sehr der Denktradition der Industriegesellschaft und ihrer technischen Kultur der Sachlichkeit verhaftet. Sie dringt nicht zum eigentlich wirkungsmächtigen Merkmal der Computerrevolution vor: dass sie die Allgegenwärtigkeit von Kultur und damit von *Affektivität* forciert.

Zwischen Daten, Informationen und Kulturformaten muss nämlich deutlich unterschieden werden. Allen dreien begegnen wir in den digitalen Medien. Als *Daten* lassen sich Systeme von Unterscheidungen begreifen, die innerhalb maschineller Prozesse (Binärcodes, Algorithmen) vorkommen und damit unabhängig vom Wissen der Subjekte wirken.[18] Anders als die Daten bilden Informationen und Kulturformate Sinnzusammenhänge, mit denen menschliche Subjekte hantieren. Während die *Information* jedoch eine instrumentelle Funktion hat, haben die *Kultur*formate aus Sicht der Teilnehmer schon für sich genommen einen Wert. Informationen haben den Status des Kognitiven, sie sind nützliches Wissen, um bestimmte Zwecke zu erreichen. Kulturformate sind stattdessen für die Teilnehmer intrinsisch motiviert, gerade *indem* sie affizieren – sie haben, wie schon mehrfach gesagt, eine narrative, ästhetische, ludische, gestalterische oder ethische Qualität. Die Grenze zwischen Information und Kultur ist nicht immer leicht zu ziehen, nicht zuletzt deswegen, weil Texte und Bilder sowohl als Träger von Informationen wie auch von Kulturformaten in Frage kommen. Trotzdem lässt sich die Differenz häufig bestimmen: Ein entscheidendes Indiz für den Kulturcharakter von Texten und Bildern besteht darin, dass sie mit *Affekten* aufgeladen sind, wohingegen Informationen prinzipiell »sachlich« und affektarm sind.

Das Internet ist zu erheblichen Teilen eine *Affektmaschine*. Seine zir-

17 Vgl. Manuel Castells, *The Internet Galaxy. Reflections on the Internet, Business, and Society*, Oxford u. a. 2003; Darin Barney, *The Network Society*, Cambridge 2004.

18 Dies gilt auch für organische Prozesse, etwa auf der Ebene der DNA. Floridi nennt dies bereits Information (vgl. Luciano Floridi, *Information. A Very Short Introduction*, Oxford 2010). Ich reserviere den Begriff Information hingegen dafür, was Floridi im speziellen »semantische Information« nennt.

kulierenden Bestandteile erregen, unterhalten, stimmen freudig, entspannen, hetzen auf oder bewirken, dass man sich angenehm aufgehoben fühlt. Man übersieht es im Kielwasser der These von der Wissensgesellschaft leicht: Die digitalen Objekte, welche Rezipienten und Produzenten in ihren Bann ziehen, haben zu großen Teilen keinen bloß kognitiven, sondern einen narrativen, ästhetischen, gestalterischen oder ludischen Charakter.[19] Dies gilt für Bilder und Filme, für Texte, für Klänge und Töne und für Spiele.

Bilder, vor allem in Form von Fotografien und Videos, sind ein primärer medialer Träger, der im Internet kreiert, dort zirkuliert und betrachtet wird. Die digitale Kultur ist in erheblichem Maße eine Kultur der Visualität.[20] Man sieht das nicht nur an Plattformen wie YouTube und Instagram, sondern auch daran, dass andere soziale Medien, zum Beispiel Facebook und Twitter, mehr und mehr auf Bilder umgestellt haben. Bilder dominieren die Nachrichten aus Politik, Sport und Unterhaltung, pornografische Darstellungen werden in großer Zahl präsentiert, aber auch das Streaming von Fernsehsendungen und Filmen ist hier zu nennen. Diese Bilder haben nur sekundär einen Informations-, primär hingegen einen Affektcharakter, das heißt eine ästhetische oder narrative Form. Insbesondere der Einfluss der Digitalfotografie auf die Ästhetisierung der Netzkultur ist massiv.[21] Die allgegenwärtige Kamera transformiert den ganz normalen Alltag in »Szenen«, die um ihrer selbst willen und auch außerhalb ihres Entstehungskontextes betrachtenswert scheinen.

Gegenüber dieser omnipräsenten Visualität rücken (schrift-)sprachliche *Texte* im Internet an die zweite Stelle. Aber auch mit Blick auf Texte findet nun der Tendenz nach eine Entinformationalisierung und *Emotionalisierung* statt. Vermehrt werden Texte mit affektivem Gehalt verfertigt. Selbst alltägliche Gebrauchstexte entwickeln affektive Qualitäten. Die Texte in den sozialen Medien haben primär den Charakter einer phati-

19 Dabei sind die Grenzen zwischen den »neuen« und den »alten« (Print- und audiovisuellen) Medien fließend geworden: Die neuen Medien nehmen im Sinne eines Hypermediums die alten Medien in sich auf oder sind mit ihnen vernetzt; auch beeinflussen sie die Darstellungsweisen der alten Medien.

20 Zu diesem Thema insgesamt Nicholas Mirzoeff, *An Introduction to Visual Culture*, London u.a. 1999; Martin Lister, *New Media. A Critical Introduction*, London 2009, S. 97ff.

21 Vgl. Martin Hand, *Ubiquitous Photography*, Cambridge 2012.

schen Kommunikation:[22] Ihre Informationsfunktion rückt in den Hintergrund zugunsten einer Kommunikation um der Kommunikation willen, bei der es um das Herstellen eines Gefühls von Gemeinsamkeit geht. Auch eine Mikroblogging-Plattform wie Twitter ist nicht allein durch den Informationsgehalt der Kurznachrichten charakterisiert, sondern eben auch dadurch, dass hier immer neue, aktuelle Aufreger verfertigt werden. Blogs oder ganze Nachrichtenportale haben für die Teilnehmer ebenso einen übergreifenden narrativen Wert und zugleich moralisches Erregungspotenzial: Sie weben in ihren Texten an einer ganzen politisch-gesellschaftlichen »großen Erzählung«, die für die Nutzer Identifikationskraft hat. Der spätmoderne Journalismus im Netz ist so nicht nur eine Informations-, sondern auch eine Narrationsmaschine mit erheblichen affektiven Wirkungen.[23]

Neben Bildern und Texten zirkulieren in der digitalen Welt in prominenter Weise *Klänge und Töne*, vor allem in musikalischer Form.[24] Durch die Digitalisierbarkeit wird Musik ubiquitär. Sie ist per definitionem keine Information, sondern ästhetisches Objekt und darin von affektiver Intensität. Schließlich sind die ludischen Praktiken von hoher Relevanz, insbesondere in Form der *Computerspiele*.[25] Diese stellen gewissermaßen interaktive Gesamtkunstwerke dar, indem sie artifizielle räumliche Atmosphären kreieren, die zugleich den Charakter von Events haben. Die Teilnehmer werden hier selbst gestalterisch und strategisch aktiv. Computerspiele – in Genres wie Science Fiction, History, Horror oder Adventure – sind Räume einer umfassenden ästhetischen und narrativen Immersion. In ihnen wird auf eine Weise gehandelt, welche die Grenze zwischen Strategik und Ästhetik überschreitet. Das wichtigste Merkmal dieses Handelns ist es, dass es vom Spieler affektiv erlebt wird. Auch die Fülle von digitalen ludischen Praktiken jenseits der Computerspiele, die unter der Überschrift »Gamification« zusammengefasst werden, tragen zur weiteren Ästhetisierung der Computerpraktiken bei.[26]

Auf der Ebene der Bilder, der Texte, der Klänge und der Spiele – über-

22 Vgl. Vincent Miller, *Understanding Digital Culture*, Los Angeles u. a. 2011, S. 203ff.
23 Vgl. zu diesem Aspekt Stefan Schulz, *Redaktionsschluss. Die Zeit nach der Zeitung*, München 2016.
24 Vgl. etwa Michael Bull, *Sound Moves. iPod Culture and Urban Experience*, London, New York 2007.
25 Vgl. dazu GamesCoop, *Theorien des Computerspiels*, Hamburg 2012.
26 Vgl. Mathias Fuchs u. a. (Hg.), *Rethinking Gamification*, Lüneburg 2014.

all ist das Netz Kulturmaschine. Auch hier hat die Praxis der Kultur jene Form, die wir oben herausgearbeitet haben: eine Struktur von Performativität und Erleben.[27] Die digitalen Bilder, die Texte, die Klänge und Spiele – sie alle werden *performed*, und zwar vor einem Publikum im weiteren Sinne, das selbst zum Mitspieler werden kann. Dieses Publikum befindet sich gegenüber den digitalen Performances im Zustand eines *Dauererlebens*. Die Kulturalisierung, welche die digitalen Technologien forcieren, ist nun *ubiquitär* geworden. Diese ihre Allgegenwart lässt sich präzise bestimmen: Es gibt *mehr* Kulturelemente, (nahezu) *alle* Kulturelemente sind betroffen, sie sind *ständig* und *überall* präsent und zeichnen sich durch soziale *Grenzüberschreitungen* aus.

Dass die digitale Revolution ein extremes Wachstum der Gesamtmenge an Texten, Bildern, Klangsequenzen und Spielformaten bewirkt hat, ist bekannt. Kulturalisierung bedeutet hier schlichtweg eine massive quantitative Zunahme von Kulturformaten. Hinzu kommt: Während die alten Medientechnologien sich jeweils auf ein bestimmtes Format spezialisiert haben und auch die Produktion von Neuem sowie die Speicherung von Altem häufig getrennte Aufgabenfelder waren, führt die digitale Kulturmaschine sämtliche Formate zusammen. Hier wird nahezu der gesamte Korpus kreierter Bilder, Texte und Töne versammelt, gespeichert und verfügbar gehalten. Im Extrem bewahrt diese Kulturmaschine alles auf, was jemals von Menschen als Kulturformat produziert wurde. Mit den mobilen Geräten sind diese zugleich zeitlich prinzipiell ständig und räumlich prinzipiell überall verfügbar.[28] Während die alten Medien die Kulturrezeption meist in besonderen Kontexten stattfinden ließ – das Lesen eines Buches in der Bibliothek, das Betrachten eines Films im Kino –, werden die Subjekte der Spätmoderne via Smartphones und andere tragbare Geräte permanent von Texten, Bildern, Tönen und Spielen begleitet. Technik ist immer weniger ein Werkzeug, sondern wird immer mehr zu einer technologischen Umwelt, in der sich die Subjekte bewegen. Bei dieser Umwelt handelt es sich im Kern um eine *kulturelle Umwelt*, welche die Subjekte immerfort affiziert.[29]

27 Vgl. Kap. I.2, S. 70-73.

28 Vgl. dazu Jordan Frith, *Smartphones as Locative Media*, Cambridge 2015.

29 Vgl. zu diesem Begriff der Umwelt Mark Hansen, »Medien des 21. Jahrhunderts, technisches Empfinden und unsere originäre Umweltbedingung«, in: Hörl (Hg.), *Die technologische Bedingung*, S. 365-409. In eine ähnliche Richtung weisen die Begriffe *web-augmented reality*, *ambient intelligence* und *online experience*.

Die Kulturalisierung der digitalen Technologie gewinnt ihre Intensität schließlich durch ihre sozialen Grenzüberschreitungen. Dies betrifft die Grenzen zwischen dem Öffentlichen und dem Privaten sowie jene zwischen dem Medialen und dem Realen. Etwas grob formuliert: Die neuen Medien verwandeln das Persönliche und Private in etwas Öffentliches oder zumindest Halböffentliches. Zugleich werden immer mehr Elemente der Lebenswelt des Alltags der digital-medialen Beobachtung zugänglich. Dies betrifft nicht zuletzt das Reale des menschlichen Körpers, das Aussehen von Menschen, ihre Stimme und die Art und Weise, wie sie sich bewegen. Durch die mobilen Kameras und Mikrofone verwandeln sich die physischen Aspekte von Realitäten der pragmatischen Alltagspraxis in einen Gegenstand der Betrachtung, der narrativ-semiotischen und ästhetischen Perspektivierung. Die Akte des menschlichen Körpers transformieren sich damit – ob freiwillig oder unfreiwillig – in eine Performanz vor einem Publikum, das sich ihnen gegenüber in der Haltung eines schauenden Erlebens befindet.

Kultur zwischen Überproduktion und Rekombination

Die digitale Kulturmaschine ist durch fünf wichtige Merkmale charakterisiert, in denen sie die bürgerliche Hochkultur und die Massenkultur der organisierten Moderne hinter sich lässt. Sie fügt damit dem, was ich oben die »Hyperkultur« der Spätmoderne genannt habe, einige weitere Aspekte hinzu:[30]

Erstens: Die Kulturmaschine bringt ganz generell eine strukturelle Asymmetrie zwischen einer *extremen Überproduktion von Kulturformaten* (und Informationen) und einer *Knappheit der Aufmerksamkeit* der Rezipienten hervor. Auf der einen Seite wird im Netz eine enorme Zahl von Bildern und Texten in die Welt gesetzt und öffentlich gemacht, und zwar von immer wieder neuen und anderen Bildern und Texten, ohne dass die alten verschwänden. Auf der anderen Seite ist die Aufmerksamkeit der Rezipienten nicht beliebig steigerbar. Dies führt dazu, dass in der Kulturmaschine gewissermaßen Kultur im Überfluss vorhanden ist. Während die industrielle Technik um Probleme der Knappheit zentriert war, ist die digitale Technologie eine *Überflusstechnologie*. Wir haben es somit

30 Vgl. Kap. II.1, S. 145f.

mit einer Konstellation zu tun, wie wir sie bereits in Bezug auf die kulturellen Güter der Ökonomie kennengelernt haben:[31] So wie die Ökonomie der Singularitäten durch eine strukturelle Verschwendung dergestalt charakterisiert ist, dass sie sehr viel mehr Güter in die Welt setzt, als diese Aufmerksamkeit und Wertschätzung auf sich ziehen können, so forciert auch das Internet eine Überproduktion kultureller Elemente, die um die Aufmerksamkeit der Nutzer konkurrieren. Auch hier herrscht folglich ein *Kampf um Sichtbarkeit* in extremer Form.

Bei der Ökonomie der Singularitäten und den digitalen Medientechnologien handelt es sich wohlgemerkt zunächst um zwei *eigenständige* Strukturen kultureller Überproduktion. Im Zuge der großflächigen Implementierung eines Sichtbarkeits- und Attraktivitätswettbewerbs zwischen Singularitäten *verstärken* sie sich jedoch gegenseitig. An dieser Stelle wird auch deutlich, *warum* die digitalen Medien es nicht bei der Zirkulation von Informationen belassen können, sondern sich auf die Zirkulation kultureller Formate umstellen. Kultur hat gegenüber Information auf dem Aufmerksamkeits- und Valorisierungsmarkt einen entscheidenden Vorteil: Sie mobilisiert Affekte. Der Kampf um die Aufmerksamkeit der Rezipienten wird im Zweifelsfall eher durch affizierend wirkende – unterhaltende, empörende, faszinierende etc. – Texte, Bilder und Spiele gewonnen als durch affektarme Informationen. Und kurzfristig erlebt sowie langfristig wertgeschätzt wird nicht das Nützliche, sondern werden die Formate der Kultur. Die Kombination aus Überproduktion und Aufmerksamkeitsknappheit setzt also eine Dynamik in Gang, welche die digitale Welt über die Informationsmaschine hinaus (die sie natürlich weiterhin auch ist) immer mehr zur Kultur- und Affektmaschine werden lässt.

Zweitens: Der Dualismus zwischen Kulturproduzenten und Publikum schwächt sich ab, so dass eine *Generalisierung der Rolle des Kulturproduzenten* wie auch eine *Generalisierung der Rolle des Publikums* stattfindet. Sowohl die bürgerliche Hochkultur als auch die Massenkultur der industriellen Moderne basierten darauf, dass *wenige* Produzenten *vielen* Rezipienten gegenüberstanden. In der digitalen Spätmoderne ändert sich das grundlegend, denn jeder Rezipient kann nun zum Produzenten werden, und sei es auch nur im Kleinen, indem er etwa seine privaten Urlaubsfotos ins Internet stellt oder Bücher auf den entsprechenden

31 Siehe Kap. II.2, S. 155-160.

Plattformen rezensiert.[32] Diese Egalisierung der Kulturproduktion ist mitverantwortlich für die gewaltige Überproduktion von digitalen Kulturelementen. Interessanterweise geht damit jedoch nicht der »Tod des Publikums« einher.[33] Im Gegenteil: Auch die Publikumsrolle generalisiert sich, und zwar über den Bildschirm als *die* Schnittstelle zur Welt, die – vor allem seit sie mobil geworden ist – dafür sorgt, dass das Subjekt ständig in die Position des Publikums versetzt wird. Extensiver als je zuvor ist das spätmoderne Subjekt via Bildschirm zum Betrachter und Leser geworden.[34]

Drittens: Die Kulturmaschine forciert die *Enthierarchisierung der Kulturformate*. Während die klassische Moderne eine klare Hierarchie zwischen Hochkultur und Massen- beziehungsweise Populärkultur sowie zwischen öffentlicher und privater Kultur sah und kultivierte, bauen sich diese Hierarchien in der digitalen Welt der Spätmoderne ab. Sämtliche Kulturelemente sind nun auf die *gleiche* Weise zugänglich und unterliegen den selben Mechanismen der Aufmerksamkeits- und Valorisierungsmärkte. In der digitalen Welt befinden sich die Kulturformate *alle auf einer Ebene*, die hochgradig plural ist; nur wenige Klicks führen die Rezipienten aka User von ihren privaten Urlaubsfotos zu Klassikern der Filmgeschichte, von den Nachrichten ihrer Freunde zum Bericht vom Parteitag, vom Porno zu Shakespeares *The Tempest* oder Innenansichten der Suiten eines Pariser Nobelhotels.[35] Zugleich konkurrieren diese Kulturformate gewissermaßen objektiv auf der gleichen Ebene miteinander: Es findet ein Wettbewerb um Sichtbarkeit und Anerkennung statt, konkretisiert in der Anzahl der Klicks und der Verlinkungen, der Likes und

32 Dieses Strukturmerkmal ist schon früh – auch unter den Begriffen *produser* bzw. *prosumer* – herausgestellt worden, vgl. Mark Poster, *The Second Media Age*, Cambridge 1995; Axel Bruns, *Blogs, Wikipedia, Second Life, and Beyond. From Production to Produsage*, New York 2008.

33 Vgl. Sonia Livingstone, Ranjana Das, »The End of Audiences? Theoretical Echoes of Reception Amidst the Uncertainties of Use«, in: John Hartley u. a. (Hg.), *A Companion to New Media Dynamics*, Oxford 2013, S. 104-121.

34 Zum Bildschirm als Schnittstelle vgl. Manovich, *Language of New Media*, S. 94ff. Mit dem Touchscreen kann man nun zugleich in den Bildschirm »eingreifen«.

35 Die formale Gleichheit der Kulturelemente geht mit ihrer Entkontextualisierung einher. Klassische Kulturhierarchien wurden auch über die eindeutige Differenzierung zwischen Kontexten – räumlichen, zeitlichen, medial-apparativen, milieuförmigen – stabilisiert: Bücher in der Bibliothek, Nachrichten im Fernsehen, klassische Musik im Konzerthaus, private Mitteilungen im Brief oder am Telefon. Nun sind jedoch alle diese heterogenen Kulturformate über den »gleichen Kanal« zugänglich.

der Rangfolge, den die Suchmaschinen ihnen zuordnen. In diesem Wettbewerb stehen die Urlaubsfotos ebenso wie die Shakespeare-Sonette, das Hotel, der Parteitag oder der Tweet in gleicher Weise. Enthierarchisierung heißt natürlich nicht, dass alles gleich viel wert wäre, im Gegenteil: Mit Blick auf ihr Aufmerksamkeitsprestige sowie ihre valorisierte Qualität unterscheiden sich die Kulturformate drastisch voneinander. Den wenigen äußerst sichtbaren Elementen steht die große Masse der nahezu unsichtbaren gegenüber. Wie in der Ökonomie der Singularitäten[36] herrscht auch im Internet eine ausgeprägte Sichtbarkeitsasymmetrie; und beide Asymmetrien, die ökonomische und die medientechnologische, verzahnen sich miteinander.

Viertens: Es findet eine radikale *Verzeitlichung der Kulturformate* statt. Im Internet regieren Gleichzeitigkeit, Neuartigkeit und Aktualisierung.[37] Die Kulturformate im Netz enthalten so ihre eigene Zeitlichkeit. Anders als Bücher oder Filme in der alten Medienkultur sind sie keine stabilen, sondern *prozessuale* Objekte, also Performanzen, die sich in der Zeit ständig zumindest teilweise verändern. Zudem prozessiert eine schier unermesslich große Anzahl von digitalen Performanzen – Newsseiten, Blogs, Facebook-Profile, Tweets, Fernsehstreamingdienste etc. – gleichzeitig. Aus Sicht des Nutzers findet damit eine Entgrenzung jener Live-Erfahrung statt, die bereits in der klassischen Fernsehkultur zumindest für bestimmte Formate erfunden wurde. Indem der digitale Kulturraum in Echtzeit prozessiert, ergibt sich der Effekt der Aktualität: Die kulturelle Umwelt ist so, wie sie ist, nur in diesem Moment; und sie wird im nächsten bereits eine andere sein.

Das Netz ist dabei von einem sozialen Regime des Neuen geleitet. Zum einen werden immer neue Texte, Bilder etc. öffentlich gemacht, welche die alten Texte, Bilder etc. zu großen Teilen verdrängen und zumindest rudimentär den Anspruch erheben, originell und interessant zu sein. Zum anderen sind viele digitale Objekte schon binnenstrukturell veränderlich; das gilt zum Beispiel für den Blog einer Person oder ihr Facebook-Profil;[38] auf dieser Ebene nimmt das Regime des Neuen die Form der Aktualisierung an. Gleichzeitigkeit, Novitätsorientierung und Aktua-

36 Vgl. Kap. II.2, S. 155-179.

37 In dieser Hinsicht stellen die digitalen Medien eine machtvolle Stütze für das spätmoderne Kreativitätsdispositiv dar.

38 Vgl. dazu Dirk von Gehlen, *Eine neue Version ist verfügbar. Wie die Digitalisierung Kunst und Kultur verändert*, Berlin 2013.

lisierung bewirken, dass sich das Verhältnis des Rezipienten (und Produzenten) zur Kultur *momentanisiert*: Die Kultur gewinnt einen Momentcharakter und wird im Moment *erlebt*. Bezüge zur Vergangenheit und zur Zukunft werden abgeschwächt, was zählt, ist das, was in diesem Moment neu und aktuell ist.

Fünftens: Im digitalen Netz herrscht eine Kultur der *Rekombination*. Infolge der digitalen Verfügbarkeit der Texte, Bilder etc. kann man sich ihrer mit Leichtigkeit bedienen und mit ihnen arbeiten.[39] Das führt dazu, dass die Novitäten häufig Remixes aus bereits Gegebenem sind. Als neu zählt dann nicht mehr nur das nie Dagewesene, das, was nach Art der Avantgarden den Bruch mit dem Alten markiert, sondern es entsteht *relativ* Neues als Ergebnis von Techniken der Rekombination und Rekontextualisierung (*mash up*). Infolgedessen senkt sich die Messlatte des Neuen ab und der Gegensatz zwischen *Original* und *Kopie(n)* wird fragil. Die Möglichkeit der *Verlinkung* trägt zu dieser rekombinativen Form von Kultur bei. Die Kultur avanciert in der Kulturmaschine entsprechend zu einem System *kultureller Ressourcen*.[40]

Alle fünf genannten Merkmale der Kulturmaschine haben einen übereinstimmenden Effekt: sie tragen zur Auflösung des Allgemeinheitsanspruchs der Kultur bei, der in der klassischen Moderne existierte. Charakteristisch war er für die bürgerliche Hoch- und Bildungskultur. Was in ihr als Kultur galt, galt – jedenfalls innerhalb des Bürgertums – für alle in gleicher Weise. Die eindeutige Differenzierung zwischen Kulturproduzenten und -rezipienten, die Orientierung an »klassischen« Kulturobjekten sowie ihre Hierarchisierung, die kontextuelle Festlegung von Kulturpraktiken (Theater, Konzertsaal, Lesezimmer etc.) sowie die eindeutige Scheidung zwischen Alt und Neu, welche die bürgerliche Kultur prägten – all dies trug dazu bei, einen allgemeingültigen, sich moderat erneuernden Kanon zu etablieren. Im Vergleich dazu war die Massenkultur der organisierten Moderne, die bis in die 1980er Jahre dominierende Film-, Rundfunk- und Fernsehkultur, schon wesentlich radikaler von einem Regime des Neuen, der Moden und Hits, beherrscht. Aber auch sie ermöglichte und erzwang eine – nun nicht mehr exklusiv hochkultu-

39 Siehe dazu klassisch George Landow, *Hyper-Text-Theory*, Baltimore 1994; aktueller Dirk von Gehlen, *Mashup. Lob der Kopie*, Berlin 2011, sowie Florian Mundhenke u. a. (Hg.), *Mashups. Neue Praktiken und Ästhetiken in populären Medienkulturen*, Wiesbaden 2015.

40 Siehe auch Kap. II.1, S. 145f.

relle, sondern populäre – Allgemeinheit der Kultur. Nach wie vor stand den wenigen Kulturproduzenten die große Menge des Publikums gegenüber, nach wie vor waren Kulturpraktiken kontextualisiert (Kinosaal, Wohnzimmer), die Kulturobjekte stabil (der einzelne Film beispielsweise) und die Differenz zwischen Alt und Neu intakt und einflussreich. Ganz anders nun die spätmoderne Kultur der Digitalität, die aufgrund der zuvor genannten Merkmale einen kulturellen Raum entstehen lässt, der »übervoll«, plural und in ständiger Veränderung begriffen ist und das Strukturmodell einer allgemeingültigen Kultur sprengt. Stattdessen bietet er Platz für vielfältige Formen der Singularisierung.

2. Kulturelle und maschinelle Singularisierungsprozesse

Es ist verblüffend zu sehen, wie sich auf den ersten Blick sehr unterschiedliche Phänomene der digitalen Technologien bei näherer Betrachtung als Prozesse entziffern lassen, in denen systematisch Einzigartigkeiten hervorgebracht und prämiert werden. Wie ich oben schon angedeutet habe, fügen sich die technischen Basiskomponenten der digitalen Netze – die Algorithmen, die Digitalität, die Universalität des Internets – zu einer Infrastruktur zusammen, welche die Singularisierung von Subjekten, Objekten und Kollektiven forciert.[41] Dabei ist zwischen *kulturellen* und *maschinellen* Singularisierungen zu unterscheiden.

Auf der einen Seite beobachten wir *kulturelle* (und affektive) Singularisierungsprozesse, die sich aus der Interaktion zwischen Subjekten und Maschinen ergeben beziehungsweise zwischen Subjekten, die sich der Maschine bedienen. Beispiele wären die Profile in den sozialen Medien mit ihrem Anspruch auf und ihrem Wettbewerb um Originalität, die singulären Bilder, Texte und Dinge, welche durch die Software und die 3-D-Drucker ermöglicht werden, und die Communities von Gleichgesinnten, die sich auf den Internetplattformen bilden. Die Einzigartigkeit des Subjekts, des Objekts oder des Kollektivs wird hier in der sozialen Praxis von Sichtbarkeitsmärkten, Valorisierungsprozessen, Gemeinschaftsbildung und Netzwerken verhandelt.

Auf der anderen Seite beobachten wir *maschinelle* Singularisierungs-

41 Auch Zeitlichkeiten und Räumlichkeiten werden durch die digitalen Netze singularisiert (etwa die Lokalisierung des Ortes).

prozesse, die rein auf der Ebene der Maschine-Maschine-Interaktion stattfinden und zunächst ganz unabhängig davon ablaufen, dass Subjekte sie zur Kenntnis nehmen oder gar interpretieren. Es wird damit deutlich: Meine obige Feststellung, dass die Computertechnologie ein *doing generality* betreibt, war noch nicht die ganze Wahrheit, denn tatsächlich gehen auch aus der Maschine-Maschine-Interaktion Singularitäten hervor, ja, die digitale Technologie ist immer mehr darauf ausgerichtet, systematisch Einzigartigkeiten zu beobachten und mit diesen maschinell zu arbeiten. Musterbeispiel für eine solche maschinelle Singularisierung ist das weithin betriebene *data tracking*, mit dessen Hilfe die Konsum- und Interessenprofile der Nutzer erstellt und à jour gehalten werden. Aus Massen von Daten und Massendaten – Big Data – lassen sich damit via *allgemeine* Algorithmen *besondere* Profile einzelner Personen erstellen beziehungsweise und mutmaßlich: das besondere Profil jedes Einzelnen. Hinsichtlich des Verhältnisses zwischen der sozial-technologischen Logik des Allgemeinen und des Besonderen sind die digitalen Technologien also durch drei Ebenen charakterisiert: 1. die kulturelle Singularisierung von Subjekten, Objekten und Kollektiven in der sozialen Praxis der Computernutzung, 2. die innertechnische, maschinelle Singularisierung von Subjekten und Objekten, 3. das innertechnische *doing generality* durch Algorithmen, Digitalität und Datenübertragung, welches die Hintergrundstruktur für die erste und zweite Ebene liefert.

Das digitale Subjekt: Performative Authentizität und Sichtbarkeit

Die digitalen Technologien transformieren, was es heißt, ein Subjekt zu sein.[42] Sie unterwerfen das spätmoderne Selbst einer spezifischen Form von Singularisierung, die es zugleich selbst aktiv betreibt. Das Subjekt arbeitet nun an sich selbst als etwas Einzigartigem, und es wird von außen als potenziell Singuläres betrachtet. Zwei Formen der digitalen Singularisierung des Subjekts sind voneinander zu unterscheiden: die kulturelle Singularisierung seiner öffentlichen Darstellung, die von einem Publikum zertifiziert wird, und die maschinelle Singularisierung des Subjekts, die gewissermaßen »hinter seinem Rücken« abläuft. In beiden Prozedu-

42 Vgl. zum Thema Subjekt bzw. Subjektivierung Andreas Reckwitz, *Subjekt*, Bielefeld 2008.

ren werden Subjekte als einzigartige fabriziert, und zwar als eine *modularische* oder *kompositorische Singularität*, die sich dadurch ergibt, dass es aus einzelnen unterschiedlichen Elementen – Modulen – *zusammengesetzt* wird. In dieser Komposition einzelner Module wird das *Profil* des Subjekts verfertigt. Wir werden genauer sehen, inwiefern das Subjekt der Spätmoderne in den digitalen Technologien im Kern ein *Profil-Subjekt* ist.

Zunächst soll es um die öffentliche Singularisierung des Subjekts im Netz gehen, um die Arbeit an der sichtbaren Einzigartigkeit. Es ist ein außergewöhnliches Merkmal des Internets, dass jeder Mensch dort potenziell *selbst vorkommt*, und zwar nicht bloß als Durchschnitt oder Typus, sondern als Individuum mit seinem Namen, seinem Gesicht und seinen persönlichen Eigenschaften. Jenseits von Klasse und Stand hat jedes spätmoderne Subjekt das historisch neue Privileg (unterliegt aber zunehmend auch dem Zwang), sich in der Kulturmaschine darzustellen und beständig an seiner Selbstrepräsentation zu arbeiten. Soziale Medien können als der wichtigste Ort einer solchen Selbstrepräsentation gelten; man kann zusammenfassend von einem »Facebook-Paradigma« sprechen, das dadurch charakterisiert ist, dass hier gezielt Profile angelegt und kultiviert werden.[43]

Die (Selbst-)Formung des digitalen Subjekts bewegt sich generell in jenem kulturökonomischen Grundriss, der für die Kultur der Spätmoderne insgesamt prägend ist: in der Form von Sichtbarkeits- und Valorisierungswettbewerben, das heißt von Attraktivitätsmärkten der Einzigartigkeiten. Dass diese Kulturökonomisierung nicht nur in der zuvor beschriebenen Weise für die *Objekte* der Ökonomie der Singularitäten charakteristisch ist, sondern auch im Verhältnis der *Subjekte* zueinander herrscht, wird in entscheidender Weise durch die digitalen Medien vorangetrieben. Die Singularisierung der Profil-Subjekte im Netz ist somit neben dem Arbeitsmarkt der Wissens- und Kulturökonomie die zweite

43 Vgl. zu den verschiedenen sozialen Medien José van Dijck, *The Culture of Connectivity. A Critical History of Social Media*, Oxford, New York 2013; Ramón Reichert, *Die Macht der Vielen. Über den neuen Kult der digitalen Vernetzung*, Bielefeld 2013; zum Facebook-Paradigma vgl. Roberto Simanowski, *Facebook-Gesellschaft*, Berlin 2016; Howard Gardner, Katie Davis, *The App Generation. How Today's Youth Navigate Identity, Intimacy, and Imagination in a Digital World*, New Haven 2013; Clara Shih, *The Facebook Era*, Upper Saddle River 2011; Oliver Leistert, Theo Röhle (Hg.), *Generation Facebook. Über das Leben im Social Net*, Bielefeld 2011.

wichtige institutionelle Stütze der gesellschaftlichen Singularisierung des Subjekts in der Spätmoderne. Im Netz lernt es – von klein auf –, dass es zu einem vollwertigen Wesen nur wird, wenn es im Aufmerksamkeits- und Valorisierungswettbewerb mit anderen an seiner sichtbaren Besonderheit arbeitet. Das spätmoderne Selbst ist so ein *dramaturgisches*, und seine Subjektivierung erfolgt primär dadurch, dass es sich in gelungener Weise *vor anderen darstellt*. Das Subjekt ist in der Spätmoderne mehr und mehr identisch mit seiner Performance vor einem *Publikum* – und das Internet ist seine zentrale Arena.

Aber welche Struktur nimmt diese Performance an? Veranschaulichen lässt sich dies anhand eines Vergleiches. David Riesman hat bezogen auf die organisierte Moderne der 1940er und 1950er Jahre einen Subjekttypus herausgearbeitet, der ebenfalls ständig an seiner Selbstdarstellung vor anderen arbeitet; dieser *other-directed character* trachtet danach, als Angestellter am Arbeitsplatz, als Jugendlicher in der *peer group* oder als Nachbar in der Vorstadtsiedlung vor den anderen eine gelungene Performance zu liefern.[44] So weit, so ähnlich, könnte man zunächst vermuten. Der entscheidende und aufschlussreiche Unterschied kommt nun aber ins Spiel, wenn man die Struktur der Performances betrachtet. Während Riesmans *other-directed character* danach strebte, sozial *unauffällig* zu sein, *keine* Individualität oder gar Exzentrik durchscheinen zu lassen und den Standards des sozial Normalen und *Angepassten* zu entsprechen, will das Profil-Subjekt in seiner Performance genau das Gegenteil erreichen, nämlich aus dem digitalen Aufmerksamkeit- und Attraktivitätswettbewerb als einzigartig hervorgehen. Nun genügt es nicht mehr und erschiene zugleich subjektiv unbefriedigend, lediglich ein unauffälliges Gruppenmitglied zu sein. Das spätmoderne Subjekt will und soll vielmehr seine *Unverwechselbarkeit* leben und präsentieren. Es geht ihm, wie schon mehrfach betont, darum, auf authentische Weise »*ich selbst*« zu sein.

Die überragende Relevanz des Werts des Authentischen in der spätmodernen Kultur und die Kopplung des Authentischen ans Singuläre hatten wir bereits im Falle der Güter auf den kulturellen Märkten unter-

44 Vgl. David Riesman, *The Lonely Crowd. A Study of the Changing American Character* [1949], New Haven 2001 (dt.: *Die einsame Masse. Eine Untersuchung der Wandlungen des amerikanischen Charakters*, Hamburg 1958); vgl. zu dieser Subjektform auch Andreas Reckwitz, *Das hybride Subjekt. Eine Theorie der Subjektkulturen von der bürgerlichen Moderne zur Postmoderne*, Weilerswist 2006, S. 409ff.

sucht.[45] Das Streben nach Authentizität begleitet aber auch die Selbstgestaltung der digitalen Subjekte und hat die paradoxe Form der *performativen Authentizität.* Sie ist paradox, weil die Authentizität eines Subjekts dem Wortsinne nach allein sein Selbstverhältnis betrifft: Es ist authentisch, wenn es sich nicht künstlich, sondern »echt« fühlt – und das heißt: wenn es den eigenen Wünschen und Idealen eigensinnig folgt, notfalls gegen den Widerstand der Anderen. Das ist es, was das spätmoderne Subjekt *will.* Zugleich lebt dieses Subjekt in einer Kultur, in der diese Authentizität eine zentrale soziale Erwartung geworden ist: Das Subjekt *soll* authentisch sein – »Sei ganz du selbst, aber bitte sei es auch!« Wir haben schon gesehen, inwiefern soziale Anerkennung in der Gesellschaft der Singularitäten davon abhängt, als einzigartig authentisch wahrgenommen zu werden, und Subjekte daher gezwungen sind, sich selbst *als* singulär und authentisch zu *performen.* Die Selbstproduktion des digitalen Subjekts ist nichts anderes als die Fabrikation einer solchen performativen Authentizität.

Diese Authentizitätsperformanz findet im Internet unter verschärften aufmerksamkeitsökonomischen Bedingungen statt, nämlich unter jenen eines Kampfes um Sichtbarkeit und Wertschätzung mit anderen Profilen, Blogs etc., Bedingungen, wie wir sie im Detail schon für das ökonomische Feld kennengelernt haben. Allein wenn das Subjekt auf eine authentische und interessante Weise als einzigartig wahrgenommen, das heißt *sichtbar* wird, hat es eine Chance, in diesem Kampf zu bestehen und dauerhaft auch Singularitätskapital zu akkumulieren, das im Spiel des Sozialen eine soziale Position und Anerkennung sichert.[46] Sichtbarkeit und Wertschätzung sind abhängig von der Aufmerksamkeit eines Publikums – und die ist aus den oben genannten Gründen, der extremen Überproduktion sich ständig aktualisierender Kulturformate durch eine große Zahl von Nutzern, in der Kulturmaschine knapp. Plakativ gesagt: Nur Sichtbarkeit verspricht hier soziale Anerkennung, während Unsichtbarkeit den digitalen Tod bedeutet. Dass dies ein Grundprinzip der Gesellschaft der Singularitäten ist, ist in entscheidendem Maße eine Folge ihrer Medientechnologien.

45 Vgl. Kap. II.1, S. 137-140.

46 Siehe zur Sichtbarkeit Kap. II.2, S. 155-165; und zum Singularitätskapital Kap. II.2, S. 169-174.

Die Form des Profils und die kompositorische Singularität

Ich habe schon angedeutet, dass das Format des *Profils* für die digitale Singularisierung der Subjekte grundlegend ist.[47] Im Profil als einer Zusammenstellung von Text- und Bildelementen versucht das digitale Subjekt, seine Nichtaustauschbarkeit als besondere Persönlichkeit zu demonstrieren. Profile werden in einigen Fällen formalisiert angelegt, indem die Nutzerin vorgegebene, standardisierte Rubriken ausfüllt,[48] in anderen Fällen ist sie frei, sich ein Profil nach eigenem Gusto zu kreieren. Wir hatten das Profil schon als ein Leitformat des Arbeitssubjekts der Wissens- und Kulturökonomie kennengelernt.[49] Es ist aber auch ein Leitformat der digitalen Medien, in denen es die »ganze Persönlichkeit« zu repräsentieren versucht und somit zum Ort und zum Mittel der Identitätsproduktion avanciert. Dazu kommt: Sich via Profil zu singularisieren, wird zu einer Daueraufgabe des Subjekts; es vollzieht unablässig Singularisierungsarbeit in eigener Sache.

Die Kriterien gelungener Profilierung sind in der Kulturmaschine die gleichen wie in der Ökonomie der Singularitäten, und beide institutionellen Komplexe verstärken einander: Eine als singulär anerkannte Persönlichkeit zeichnet sich durch Originalität und Andersheit aus; sie ist auf ungewöhnliche und komplexe Weise »sie selbst«, das heißt, sie hat eine innere Dichte, die sie *interessant* macht. Zugleich scheint sie ganz anders als die anderen, so dass sie ein Element des *Überraschenden* enthält. Im digitalen Profil arbeitet das Subjekt an seiner Singularität, in dem es die beiden gegenläufigen Kriterien der Vielseitigkeit und Kohärenz miteinander verbindet: Einerseits versucht es, die Heterogenität seiner Interessen und die Vielfältigkeit seines Welterlebens zu demonstrieren, andererseits sollen diese heterogenen Elemente ein identifizierbares und ansprechendes Ganzes ergeben.

In den digitalen Profilen werden sowohl der subjektive Wunsch als auch die soziale Erwartung nach Vielseitigkeit in der Form eines *modula-*

47 Zum Begriff des Profils auch Miller, *Understanding Digital Culture*, S. 170ff.

48 Facebook etwa gibt im Jahr 2016 unter anderem folgende Rubriken an: »Lebensereignisse«, »Arbeit und Ausbildung«, »Orte, an denen man gelebt hat«, »Musik«, »Filme« und »Bücher«. Die Partnerschaftsplattform Parship gibt für die Profile offene Textformate wie »Ein Tag ist für mich perfekt, wenn …«, »Ich wünschte, ich könnte …« und »Zwei Dinge, von denen ich mich nie trennen könnte …« vor.

49 Siehe Kap. III.2, S. 203-207.

risierten Tableaus handhabbar. Tableau heißt: Man nutzt den zweidimensionalen Raum, um die Persönlichkeit als Collage von materialen Elementen (Texten, Bildern, Links etc.) darzustellen. Modularisiert heißt: Es gibt einzelne Komponenten, die als solche sichtbar sind und sich zudem vorgegebener Formate bedienen. Die Subjektdarstellung via modularisierte Tableaus setzt an die Stelle des unbekannten und zunächst auch rätselhaften »Individuums«, dessen Besonderheit sich in vordigitalen Zeiten erst nach längerer Bekanntschaft oder Freundschaft erschlossen hat (wenn überhaupt), eine sichtbare Collage verschiedener Komponenten einer Singularität, die so auf einen Blick als »Komposition« erfassbar und unmittelbar lesbar ist – scheinbar wie ein offenes Buch. Das Interesse für eine bestimmte Musikrichtung beispielsweise – die nicht nur genannt wird, sondern zu der kommentierte Links zu Interpreten und besuchten Konzerten und ganze Audiodateien geboten werden –, das Interesse an bestimmten politischen Themen, die Leidenschaft für bestimmte Länder, Städte und Landschaften, die Verbindung zum Wohnort oder ehemaligen Lebensorten, die Anhängerschaft für einen lokalen Sportverein oder ein kulinarisches Hobby – alle diese disparaten Eigenschaften der Persönlichkeit werden im digitalen Persönlichkeitstableau nebeneinander und damit im Prinzip als gleichwertig sichtbar. Die einzelnen Merkmale und Interessen mögen jeweils für sich genommen durchaus nicht einzigartig, sondern mehr oder minder verbreitet sein, aber aus der Zusammensetzung, der *Kombination* aller dieser Elemente ergibt sich die einzelne Person und ihr »Kosmos« als Besonderheit. Kurzum: Im Profil baut sich Unverwechselbarkeit als *kompositorische Singularität* auf.

Profile sind allerdings nicht statisch, sondern durch eine *Permanenz der Performanz des Neuen* gekennzeichnet. In die Logik der Weblogs und des Bloggens war von Anfang an eine Aktualisierungsforderung eingebaut; und Facebook hat dieser Dynamisierung der Profile durch die Einführung der »Chronik« einen zusätzlichen Schub gegeben. Das Profil-Subjekt muss seine Originalität und Vielseitigkeit so immer wieder unter Beweis stellen, durch beständige, immer neue Performanz. Es reicht nicht, einmal zu bekunden, dass man Kolumbien, Barockopern und seine Kinder liebt; man muss diese Leidenschaften und Interessen durch zeitnahe *Aktivitäten* sozusagen ständig aufs Neue öffentlich realisieren – dadurch dass man *jetzt* Kolumbien *bereist* und Kommentare und Fotos der Reise postet oder zumindest einen aktuellen Bericht über Kolumbien verlinkt oder *jetzt* ein Barockfestival *besucht* oder zumindest auf eines hinweist oder *jetzt* mit den Kindern etwas halbwegs Bemerkenswertes *unternimmt* und all dieses medial verbreitet. Die Permanenz der Performanz des Neuen überträgt die generelle Momentorientierung des Internets auf die Ebene der Fabrikation des Subjekts. Singularisierung bedeutet hier, dass in den vielseitigen Aktivitäten immer etwas Neues passiert und die Profileigenschaften im Hier und Jetzt lebendig gehalten werden.

Als bevorzugte Form, in der sich das Profil-Subjekt permanent als einzigartiges fabriziert, kristallisiert sich das *visuell dargestellte Erleben* heraus.[50] In der Chronik des Selbst schieben sich die Fotos und die Filme in den Vordergrund, deren visueller Realismus eine Unmittelbarkeit des Geschehens suggeriert. Gut geeignet für die fotografische beziehungsweise filmische Dauerdokumentation der Aktivitäten des Selbst sind Events und Reisen, aber auch die kleinen Alltagsepisoden, in denen etwas Neues oder Ungewöhnliches geschieht. Immer ist das Selbst »live« dabei (nachgewiesen unter anderem via »Selfie«). Aber nicht nur die externen Aktivitäten werden bildlich dokumentiert, sondern es geht dem Profil-Subjekt auch darum, sein subjektives *Erleben* für das Publikum anschaulich zu machen. Entscheidend ist: Das spätmoderne Subjekt inszeniert sich nicht nur als eines, das interessante Dinge tut, sondern das auch interessante Erfahrungen macht; unverwechselbar wird es auch und gerade durch sein besonderes Wahrnehmen und Empfinden *des* Besonderen. Hier kommt erneut das Moment der Authentizität ins Spiel. Authentisch scheint das Subjekt, wenn es nicht nur inszeniert, sondern sich auch als Selbst in einer Situation als »erfüllt« empfindet. Aber wie lässt sich dieser opake und flüchtige psychophysische Prozess des Erlebens für Andere sichtbar machen? Die digitalen Fotos suggerieren, ersatzweise dieses Erleben des Selbst nachvollziehbar zu machen. Die häufig alles andere als perfekten, aber dafür umso authentischer wirkenden Schnappschüsse und Kurzfilme, die »mitten im Geschehen« – zum Beispiel während des Besuchs eines Rockkonzerts – gemacht werden, sollen den Betrachter, der sie möglicherweise gar in Echtzeit erblickt, mit- oder nacherleben lassen, was das Subjekt selbst in diesem Moment erlebt (oder vorgibt, erlebt zu haben).[51]

Auch Links und Likes tragen zur Selbstsingularisierung bei. Im Ver-

50 Zu diesem Thema auch Simanowski, *Facebook-Gesellschaft*.

51 Kulturkritisch könnte man mutmaßen: Das Foto/der Film objektiviert nicht das Erleben, sondern ersetzt es.

gleich zu den Aktivitäten und Erlebensakten handelt es sich bei ihnen um eine weniger aufwändige Form, sich als unverwechselbar darzustellen. Links setzen heißt bekanntlich: das Subjekt greift aus der Unzahl insbesondere aktueller Texte und Bilder der Kulturmaschine einige heraus und rahmt sie als beachtenswert. In Anlehnung an Georg Simmel, dem zufolge sich Individualität in der Kreuzung sozialer Kreise bildet,[52] lässt sich formulieren, dass die Singularität des digitalen Subjekts sich in beträchtlichem Maße daraus ergibt, dass es ein Knotenpunkt seiner Links ist: An meinen Links sieht man, wer ich bin. In der Diversität und Originalität dieser (möglicherweise noch pointiert kommentierten) Verweise auf die Texte und Bilder der Anderen, manifestieren sich die Vielseitigkeit und Eigenkomplexität des verlinkenden Subjekts. Die Likes, wie sie Facebook eingeführt hat, wirken ähnlich, wenn auch schematischer: Ich bin nicht nur meine Links, ich bin auch meine Likes, das heißt, ich setze mich zusammen aus den Dingen, die mir »gefallen«. In seinen Links demonstriert das Subjekt seine (digitale) Weltläufigkeit, in den Likes seine spezifische Affektivität. Eine besondere Form von Links und Likes bilden schließlich jene anderen Profile, mit denen man sich verbindet: die »Freunde«. Die Verlinkung anderer Subjekte mit ihren ebenso interessanten Profilen macht soziale Kreise à la Simmel in der digitalen Welt sichtbar: Das Subjekt demonstriert seine eigene Vielseitigkeit und Besonderheit durch die Vielseitigkeit und Besonderheit der Menschen, die es für alle wahrnehmbar kennt.

Die Profile institutionalisieren eine *affektive Positivkultur* des digitalen Subjekts, weil die Affizierungen, die hier verhandelt werden, nahezu durchgängig von positiver Valenz sind. So geht es im visuell dargestellten Erleben in der Regel um das Festhalten emotional positiver Momente – von der Familienfeier über die Vernissage und die Reise bis zum Essen im Restaurant. Die dargestellten Profileigenschaften demonstrieren insgesamt einen Kosmos von Leidenschaften und Interessen samt zugehörigen Aktivitäten, die meistens kulturell unumstritten sind, wie etwa Verreisen, Musik oder Familie. Untersuchungen zur Wahrnehmung von Profilen im Facebook-Paradigma haben gezeigt, dass sie bis ins Detail »poliert« erscheinen – gesteigert ins Wohlgefällige, ja ins Beneidenswerte oder gar Glamouröse.[53]

52 Vgl. Georg Simmel, *Soziologie. Untersuchungen über die Formen der Vergesellschaftung* [1908], Frankfurt/M. 1992, S. 456-511.

53 Vgl. Gardner/Davis, *App-Generation*, S. 60ff.

Immer geht es um die Demonstration von personaler Attraktivität, womit nicht gemeint ist, auf konventionelle Weise perfekt zu sein (was unoriginell wäre und unauthentisch wirken könnte), sondern außergewöhnlich mit Blick auf die Interessantheit des gewöhnlichen Alltags. Dass die Profile eine in diesem Sinne positive Schlagseite haben, bedeutet jedoch nicht, dass sie keinen Raum für persönliche Schwächen bieten. Gerade die Demonstration des Imperfekten kann das Subjekt »persönlicher« und damit authentischer erscheinen lassen.[54] Allerdings müssen die »kleinen Schwächen« wiederum so gerahmt werden, dass sie sich ins Bild einer insgesamt anziehenden Persönlichkeit einfügen.

In letzter Instanz ist es auch hier das Publikum – die anderen Nutzer –, das durch seine Aufmerksamkeit und Wertschätzung ein Profil singularisiert – oder nicht. Das digitale Subjekt bewegt sich, wie schon gesagt, auf einem *medialen Attraktivitätsmarkt*; es wird gewissermaßen *selbst* zu einem kulturellen Gut, das um Aufmerksamkeit und Valorisierung kämpft. Während jedoch im Kulturkapitalismus die Güter und ihr Publikum, die Konsumenten, meist voneinander getrennt sind, sind die Positionen von Produzenten und Rezipienten auf dem digitalen Attraktivitätsmarkt der Kulturmaschine austauschbar: Die Profile beobachten und bewerten sich *gegenseitig*. Natürlich: Der Rezipientenkreis, an den sich das digitale Profil-Subjekt wendet, ist sehr variabel und reicht von einem potenziell maximalen, grenzenlosen Publikum wie im Falle von Bloggern oder YouTube-Autoren bis zur umgrenzten und nurmehr halböffentlichen Gruppe der Freunde bei den Nutzern der sozialen Medien. Das Aufmerksamkeits- und Valorisierungsproblem stellt sich jedoch durchgängig: Immer geht es darum, eine erste Sichtbarkeit zu erlangen und Aufmerksamkeit zu binden. Immer geht es darum, sich vor der »Jury« derjenigen zu bewähren, die auf der Suche nach Interessantheit sind.

Dabei stellt das Internet den Profil-Subjekten seine spezifischen Techniken der Quantifizierung zur Verfügung, mit denen sie abschätzen können, wie viel Aufmerksamkeit und Valorisierung ihnen beziehungsweise ihrem Profil geschenkt wird. Mittels der Anzahl der Aufrufe oder Verlinkungen einer Seite (Aufmerksamkeit) und der Zahl der Likes oder der »Freunde« (Valorisierung) lässt sich der eigene *Singularitätsstatus* bestimmen.[55] Auch hier gelten die Gesetze der Aufmerksamkeitsökonomie für

54 Dazu am Beispiel von YouTube-Videos vgl. Reichert, *Die Macht der Vielen*, S. 82ff.

55 Siehe dazu genauer van Dijck, *Culture of Connectivity*; auch Jan-Hendrik Passoth, Josef

Singularitäten:[56] Wer bisher bereits beachtet wurde, hat gute Chancen, noch mehr Beachtung auf sich zu ziehen. Hinzu kommt, dass über Algorithmen – etwa im Facebook-Newsfeed – den Nutzern bevorzugt jene Posts präsentiert werden, die bereits eine hohe Zahl von Aufrufen und Likes erhalten haben. Über diesen Weg heizt die digitale Infrastruktur den Matthäus-Effekt der ungleichen Aufmerksamkeit weiter an und hilft, digitale *Winner-take-all*-Märkte zu schaffen. In der digitalen Welt gibt es damit wie in der Welt kultureller Güter die wenigen Stars mit übergroßer Sichtbarkeit, die in den Genuss ausgeprägter Anerkennung ihrer Besonderheit durch Freunde und anonyme Bewunderer kommen, und die vielen anderen, deren Profilen nur geringe Aufmerksamkeit zuteilwird.

Big Data und Beobachtungsprofile

Parallel zur öffentlichen Singularisierung der sich wechselseitig beobachtenden Netz-Subjekte ist jedoch »hinter ihrem Rücken« noch eine andere Art der Singularisierung am Werk; sie ist rein maschinell und das Resultat der Beobachtung der Subjekte *durch* das digitale Computernetz. Dieses avanciert so zum algorithmischen Beobachtungssystem, das Subjekte in ihrer Besonderheit zu begreifen versucht. Beobachtung bedeutet hier nicht vordergründig Überwachung, sondern allgemein, dass Systeme ihre Umwelt beobachten, also dort Phänomene unterscheiden und bezeichnen.[57] Die digitalen Verfahren, die hier zum Einsatz kommen, – von den *data analytics* bei Facebook oder Google bis hin zu den Self-Tracking-Geräten, die am Körper getragen werden – sind nun keine mentalen oder kommunikativen, sondern *apparative Systeme der Beobachtung*. Sie prozessieren nicht Informationen oder Sinnzusammenhänge, sondern Daten, und zwar in erheblichem Ausmaß: *Big Data*. Diese algorithmische Beobachtung, in der Massendaten gesammelt und ausgewertet werden, kann sich auf unterschiedliche Phänomene richten, auf Orte bei-

Wehner (Hg.), *Quoten, Kurven und Profile. Zur Vermessung der sozialen Welt*, Wiesbaden 2013. Hier ergibt sich ein Zusammenhang mit den Quantifizierungen der Ökonomie der Singularitäten, vgl. Kap. II.2, S. 174-179.

56 Vgl. Kap. II.2, S. 155-174.

57 Vgl. Niklas Luhmann, *Die Wissenschaft der Gesellschaft*, Frankfurt/M. 1992, S. 68-121. Ich löse hier allerdings den Beobachtungsbegriff von dem des Sinns.

spielsweise oder Trends; von besonderer Relevanz ist jedoch die Beobachtung der Aktivitäten von Subjekten.[58] Entscheidend ist: Die Subjekte werden in dieser maschinell-algorithmischen Perspektive *nicht* als bloße Typen in den Blick genommen, sondern als *Singularitäten*.[59]

Dass sich mit dem digitalen Computernetz eine Technologie entwickelt, die Subjekte nicht standardisiert, sondern im Zuge ihrer Beobachtung singularisiert, markiert in der Technikgeschichte der Moderne einen Einschnitt. Klassischerweise hatte die Moderne in der Adressierung ihrer Subjekte als *allgemein* oder *besonders* nämlich eine Arbeitsteilung zwischen dem Öffentlich-Systemischen und dem Privat-Lebensweltlichen kultiviert. In der Welt der persönlichen und privaten Beziehungen konnte durchaus eine Sensibilität für das Individuelle entwickelt werden, während die ökonomischen, staatlichen und wissenschaftlichen Institutionen, die eng mit den industriellen Technologien verknüpft waren, die Subjekte als Träger allgemeiner Eigenschaften betrachteten. Wenn hier das Besondere sichtbar wurde, dann in der Regel als Pathologie und in Gestalt des Asozialen, des Kriminellen, des Wahnsinnigen, des Perversen. Es ist aufschlussreich und nicht ohne eine gewisse Ironie, dass das Format des Profils, das zum Leitformat der Singularisierung in der Spätmoderne geworden ist, Ende des 19. Jahrhunderts im Zusammenhang mit einer institutionellen negativen Singularisierung prominent wurde: dem *Täter-Profil* aus der Kriminalistik. Um einen Straftäter dingfest zu machen, erschien es nötig, ihn in seiner psychischen Einzigartigkeit, seiner Nichtdurchschnittlichkeit als Persönlichkeit zu erkennen.[60]

Diese Differenzierung zwischen dem Persönlich-Privaten und dem Systemisch-Allgemeinen kollabiert in der Spätmoderne, und zwar nicht zuletzt durch die digitalen Technologien; die Einzigartigkeit des Subjekts hat den Raum des Privaten und Persönlichen verlassen und tritt mit Hilfe der digitalen Infrastruktur ins Licht der Öffentlichkeit eines potenziell

58 Vgl. dazu Viktor Mayer-Schönberger, Kenneth Cukier, *Big Data. A Revolution That Will Transform How We Live, Work, and Think*, London 2013 (dt.: *Big Data. Die Revolution, die unser Leben verändern wird*, München 2013).

59 Dieses Interesse stammt selbstverständlich nicht aus den Computern selbst, sondern von menschlichen Akteuren mit ihren kommerziellen, medizinischen oder politischen Absichten. Der Computer ist jedoch dazu in der Lage, dieses Interesse auf historisch neue Weise zu bedienen.

60 Dies gilt auch heute noch für das sog. kriminaltechnische Profiling. Zu diesem Komplex vgl. David Canter, »Offender profiling and investigative psychology«, in: *Journal of Investigative Psychology and Offender Profiling*, 1 (2003), S. 1-15.

globalen Publikums. Zugleich entwickeln nun die ökonomischen, politischen und wissenschaftlichen Institutionen ein *Interesse*, und die Technologien die *Fähigkeit*, Subjekte in ihrer Einzigartigkeit zu beobachten. Diese Singularität wird institutionell nicht pathologisiert, sondern als wissenswertes Faktum betrachtet. So nutzen Unternehmen die Algorithmen des Netzes, um sich ein Bild der Spezifizität des einzelnen Konsumenten, Parteien, um sich ein Bild vom Profil des einzelnen Wählers und die Medizin, um sich eines von der Besonderheit des einzelnen Organismus zu machen. Kennzeichnend für diese apparative Beobachtung ist, dass das Subjekt nie in seiner Ganzheit in den Blick genommen wird, sondern als ein modulares singularisiert wird, also als etwas, das sich *aus diskreten Bestandteilen zusammensetzt*. Die Module, die das Subjekt in seiner Besonderheit konstituieren, können etwa die Pfade (Tracks) sein, die es als Computernutzer im Internet zurücklegt, oder die diversen Prozesse seines Körpers, auch seiner Sinneswahrnehmung.

Die bekannteste und gegenwärtig am weitesten verbreitete Version des *Pfad-Trackings* stellen die sogenannten Netzwerkprotokolle und Auswertungsverfahren der *people analytics* dar, wie sie von Plattformen wie Facebook und Suchmaschinen wie Google vorangetrieben werden.[61] Das Profil ergibt sich hier sukzessive aus der Myriade der einzelnen Bewegungen des Nutzers, aus seinen Spuren (*traces*) im Netz – daraus, welche Seiten er besucht, was er kauft, welche Seiten er verlinkt, welche »Freunde« er hat und welchen Gruppen er sich im Netz anschließt. Anhand dieser Pfade und Markierungen wird algorithmisch ein Interessensprofil fabriziert. Anders als das öffentliche Profil von Nutzern braucht dieses maschinelle Subjekt-Profil keine identifizierbare Kohärenz zu besitzen; es reicht, dass es sich beim Subjekt um ein Ensemble heterogener Präferenzstrukturen handelt, bezogen etwa auf Musikstile, Politik und Bekleidung. Das Subjekt erscheint in der algorithmischen Beobachtung somit als eine Art *multiples Selbst*, dessen *einzelne* Bestandteile in der vergleichenden Perspektive Muster bilden, die sich auch bei anderen Nutzern zeigen (zum Beispiel ein bestimmter Musikgeschmack). Auch hier

61 Vgl. dazu Stalder, *Digitalität*, S. 187ff.; Ramón Reichert, »Facebooks Big Data. Die Medien- und Wissenstechniken kollektiver Verdatung«, in: ders. (Hg.), *Big Data. Analysen zum digitalen Wandel von Wissen, Macht und Ökonomie*, Bielefeld 2014, S. 437-452; Miller, *Understanding Digital Culture*, S. 111ff.; populär und informativ zu diesem Thema Christoph Kucklick, *Die granulare Gesellschaft. Wie das Digitale unsere Wirklichkeit auflöst*, Berlin 2014.

ergibt sich die Einzigartigkeit des Profils als Ganzes aus der *Kombination* dieser Module. Es liegt auf der Hand, dass diese Art maschineller Singularisierung die Offenlegung der Binnenstrukturen des einzelnen Subjekts zum Ziel hat, um Vorhersagen über dessen zukünftiges Verhalten zu ermöglichen. Diese Art von Einzigartigkeit ist somit gerade nicht identisch mit dem, was früher einmal als »individueller Faktor« bezeichnet wurde, der jede soziale Regel mit einem Moment der Unberechenbarkeit versieht. Im Gegenteil: Das digitale Subjekt scheint, sobald es mit Blick auf seine Bestandteile transparent geworden ist, *als Besonderes* in seinem Verhalten vorhersagbar.

Die Profile der maschinellen Singularisierung sind damit keine Profildarstellungen (wie in den sozialen Medien), sondern gewissermaßen *Beobachtungsprofile*, welche die Aktivitäten des Subjekts in den Blick nehmen, um unter einer bestimmten Perspektive seine Binnenstruktur zu erfassen. In diesem Sinne können die maschinellen Beobachtungsprofile beanspruchen, das einzelne Subjekt besser zu kennen, als es sich selbst kennt.[62] Gegen die technikkritische Skepsis muss man festhalten, dass es sich hier *nicht* lediglich um neue Prozesse der Generalisierung und Typisierung handelt. Die Algorithmen der *people analytics* werden eingesetzt, um die Einzigartigkeit des einzelnen Profil-Subjekts, beispielsweise seines Geschmacks, zu beobachten. Der etwaige »soziale Durchschnitt« wäre hier zu grob und uninteressant. In dieser Hinsicht unterscheiden sich die digitalen Beobachtungssysteme grundsätzlich von den Beobachtungstechniken der industriellen Moderne. Auch dort gab es Konsumenten- und Wählerforschung, aber mittels ihrer Stichproben – Small Data – gelang es ihnen nicht, zum singulären Subjekt vorzudringen. Dies erschien auch gar nicht notwendig. Die Häufigkeits- und Korrelationsstatistik war sehr gut geeignet, um Großgruppen von Konsumenten- und Wählermilieus mit durchschnittlich ähnlichen, typischen Präferenzen zu konstruieren, aber erst die mittels digitaler Beobachtungsinstrumente verfügbar gewordenen Massendaten – Big Data – ermöglichen ein Tracking des singulären Profils, welches dann als ein solches adressiert werden kann.[63]

62 Die Erstellung von Konsumentenprofilen ist bislang die wichtigste Ausformung der maschinellen Profilkonstruktion. Aber auch im Feld der politischen Wähleransprache eröffnet die *people analytics* Möglichkeiten, vgl. die Wahlkampagnen von Barack Obama 2008 und 2012, dazu Michael Scherer, »Inside the Secret World of the Data Crunchers. Who Helped Obama Win«, in: *Time*, 7.11.2012.

63 Vgl. Mayer-Schönberger/Cukier, *Big Data*.

Neben dem Pfad-Tracking nimmt die maschinelle Singularisierung des Subjekts noch eine zweite Form an: das *Körper-Tracking*.[64] Zu denken ist hier an Messinstrumente, die Körperfunktionen permanent messen und auswerten, oder an Kameras und Mikrofone, die am Körper getragen werden und die Bewegungen der Subjekte im Raum oder ihre Sinneswahrnehmungen aufzeichnen. Damit wird auf der *organischen* Ebene ein nichtaustauschbares Profil beobachtet, das zum Beispiel eine passgenaue Therapie ermöglicht. Die Modularisierung der Einzigartigkeit wird hier auf die einzelnen Organfunktionen bezogen. Der einzelne Körper erscheint damit nicht mehr als ein bloßes Exemplar des allgemeinen Typus des Homo sapiens und etwa entsprechend allgemeiner Krankheitstypen, sondern in seiner irreduziblen Singularität biomedizinisch begreifbar, so dass in Ansätzen eine Singularisierung der Medizin möglich wird.[65] Auch das Subjekt selbst vermag dann in der Kenntnis der Aktivitäten seines Organismus diesen reflexiv in seiner Besonderheit zu beobachten.[66]

Das sogenannte Lifelogging im Sinne einer digitalen Protokollierung des Lebens etwa durch eine portable Kamera geht in eine ähnliche Richtung.[67] Was hier aufgezeichnet wird, ist in erster Linie die singuläre visuelle Perspektive auf die Welt, so wie sie sich im Laufe jedes Tages eines Lebens im Wachzustand darbietet. Das Lifelogging enthält das Potenzial für eine interpretative, reflexive Bearbeitung der perzeptiven Daten. Indem hier – im Nachhinein möglicherweise bedeutsam, eindrucksvoll, problematisch oder markant erscheinende – Momente des Alltagslebens aufgezeichnet werden, kann es die visuellen Sequenzen in eine Art persönliche Lebensenzyklopädie umformen, ob für interessierte Andere oder für die biografische Selbstreflexion. Eine solche reflexive Wende der Subjektbeobachtung koppelt die maschinelle Fremdsingularisierung an eine subjektive Selbstsingularisierung: Während die mittels Pfad-Tra-

64 Vgl. dazu Deborah Lupton, *The Quantified Self. A Sociology of Self-Tracking Cultures*, Cambridge 2016; Stefan Selke, *Life-Logging. Wie die digitale Selbstvermessung unsere Gesellschaft verändert*, Berlin 2014.

65 Vgl. dazu Priya Hays, *Advancing Healthcare Through Personalized Medicine*, Boca Raton 2017.

66 Allerdings können diese besonderen Körperprozesse auch entlang von Kriterien eines *allgemeinen* Gesundheitsoptimums gemessen werden. Die Selbstbeobachtung dient dann einer Selbstoptimierung, wie sie vor allem die Quantified-Self-Bewegung propagiert.

67 Vgl. Selke, *Life-Logging*, S. 149ff.

cking gewonnenen Beobachtungsprofile dem Subjekt nicht zugänglich sind, hat die mobile Aufzeichnung von Sinneswahrnehmungen das Potenzial, eine narrative Selbstreflexion des Subjekts, seiner Lebensführung und seines Lebensweges anzuregen.

Personalisiertes Netz und Softwarisierung

Im digitalen Computernetz werden nicht nur Subjekte, sondern auch Objekte und Dinge singularisiert, und zwar ebenfalls auf zwei Wegen: maschinell-algorithmisch sowie durch die Subjekte mit Hilfe der digitalen Instrumente. Das wichtigste Beispiel für den ersten Weg ist das, was häufig unter der Überschrift »Personalisierung des Internets« verhandelt wird.[68] Der zweite Weg ergibt sich vor allem als ein Effekt der Handhabung der Software, der »Softwarisierung« der Objekte. Im ersten Fall handelt es sich bei den Objekten um das Insgesamt des Netzes, wie es sich dem Nutzer darbietet, im letzteren Fall geht es um einzelne digitale Objekte (Texte, Bilder etc.) oder auch materielle Dinge.

Dadurch, dass Suchmaschinen und Plattformen wie Google und Facebook Beobachtungsprofile der Nutzer erstellen, ist es ihnen möglich, via Feedback zu beeinflussen, in welcher Auswahl und welchem Arrangement sich das Internet dem einzelnen Nutzer darbietet. In diesem Sinne wird das Netz durch die Algorithmen personalisiert oder – in unserer genaueren Begrifflichkeit – singularisiert. Die Subjekte sehen sich einer sozusagen maßgeschneiderten kulturellen Umwelt gegenüber, die versucht, sich so weit wie möglich ihrer aktuellen Wunsch-Interessen-Struktur anzupassen. Die beiden gegenwärtig prominentesten Ausformungen dieser Singularisierung finden sich im Newsfeed von Facebook und in der Art und Weise, wie Google Suchergebnisse darbietet. Wenn der Nutzer mit seinem Facebook-Portal verbunden ist, bietet sich ihm die aktuelle kulturelle Umwelt des Internets in Form seines für ihn maßgeschneiderten Newsfeed dar.[69] In Abhängigkeit davon, wen er als Freunde und als assoziierte Gruppen genannt hat, sowie davon, mit welchen Institutionen und Nachrichtenportalen er sich verbunden hat, treffen dort aktuelle Posts und Links *nur für ihn* ein. Auch aus der großen Menge der Texte,

68 Ein damit verwandtes Phänomen sind die sog. RFID-Chips.

69 Vgl. dazu Schulz, *Redaktionsschluss*, S. 23-75.

Bilder und Links, die von den Freunden, Gruppen, Institutionen und Nachrichtenportalen gepostet wurden, treffen die Algorithmen wiederum eine auf die Interessen des Nutzers abgestimmte Auswahl. Für viele Nutzer fungiert der Facebook-Newsfeed als eine Art Fenster zu ihrer digitalen Umwelt – oder gar zur kulturellen Welt insgesamt; das, was er sieht, wenn er durch dieses Fenster blickt, ist jedoch ein auf ihn zugeschnittenes kulturelles Universum.

Ähnlich arbeitet die Suchmaschine Google,[70] aus deren Perspektive die digitale Welt grundsätzlich den Status einer Datenbank hat. Wie alle Datenbanken wird auch diese für die Nutzerin nie in ihrer Gesamtheit sichtbar, sondern Informationen werden immer relativ zu ihrer spezifischen Suchanfrage ausgegeben. Wenn die Nutzerin mit Hilfe eines Suchbegriffs nach Informationen auf Google sucht, dann folgt die Anzeige der Reihenfolge der gefundenen Seiten aber nicht nur dem *page rank*, das heißt der Häufigkeit der Verlinkung dieser Seiten, ihrer »objektiven« Popularität entsprechend; in die Ordnung der Einträge geht vielmehr zugleich indirekt das spezifische Beobachtungsprofil der Nutzerin ein (das Google via Pfad-Tracking angelegt hat). Infolgedessen beeinflussen ihre bisherigen Präferenzen das, was ihr das Netz via Google präsentiert. Die Anordnung der Suchprofile und damit das, was für ihn überhaupt sichtbar wird, versucht hier den (bisherigen) Interessen des Nutzers möglichst gut zu entsprechen.

Die Portale Facebook und Google verwandeln somit auf maschinell-algorithmische Weise die im Prinzip *universale* kulturelle *Welt* des Netzes in unzählige *singularisierte Umwelten*, abgestimmt auf die einzelnen Subjekte, die nur diese zu sehen bekommen. Das Internet als Allgemeinheit existiert damit nurmehr theoretisch, denn zugänglich ist dem Nutzer de facto allein ein auf ihn zugeschnittener Weltausschnitt. Diese Art der Singularisierung der digitalen Welt lässt sich auch als eine Antwort auf das digitale Aufmerksamkeitsproblem interpretieren, das durch die schiere Masse der Texte und Bilder entsteht. Es bedarf einer drastischen Selektion, und diese erbringen die personalisierten Zugangsportale. Singularisierung bedeutet hier nicht, dass etwas Einzigartiges *ex nihilo* geschaffen

70 Vgl. Felix Stalder, Christine Mayer, »Der zweite Index. Suchmaschinen, Personalisierung, Überwachung«, in: Konrad Becker, Felix Stalder (Hg.), *Deep Search. Politik des Suchens jenseits von Google*, Innsbruck 2010, S. 112-131; zur Relevanz der Datenbank als soziale Form Manovich, *Language of New Media*, S. 218ff.; Marcus Burkhard, *Digitale Datenbanken. Eine Medientheorie im Zeitalter von Big Data*, Bielefeld 2015.

wird, sondern dass aus der bereits *gegebenen* Menge digitaler Objekte algorithmisch eine Auswahl getroffen und auf spezifische Weise arrangiert wird. Diese Singularisierung der *Objekte*welt ist hier von vornherein *subjekt*bezogen: Es wird entlang der besonderen Interessen und Wünsche des Subjekts singularisiert. Umgekehrt bedeutet dies: Die algorithmische Maßanfertigung der digitalen Umwelt tendiert dazu, subjektiv (ver)störende Objekte unsichtbar zu machen.

Daneben ermöglicht die Kulturmaschine es dem Nutzer, selbst aktiv und bewusst »seine« digitalen Objekte zu singularisieren, vor allem mit Hilfe der Computer-Software. Lev Manovich weist zu Recht darauf hin, dass sich das technische Weltverhältnis durch die Ablösung der industriellen Mechanisierung durch die »Softwarisierung« der Objekte grundsätzlich verändert.[71] Die Software macht den alltäglichen Nutzer zu einem Kulturproduzenten und hat zu einer Veralltäglichung kreativer Produktion geführt. Jeder Laie ist in der Lage, neuartige und besondere kulturelle Objekte – Texte, Bilder, Grafiken, dreidimensionale Environments – zu kreieren. Auch dieser Form von Singularisierung liegt Modularisierung zugrunde. Die Leitoperationen der Softwareanwendung sind Selektion und Komposition: Die Software ermöglicht und erzwingt, aus gegebenen Alternativen jeweils eine auszuwählen und die ausgewählten Elemente miteinander zu kombinieren – *cut and paste*.[72]

Die Software zerlegt den Prozess der Kreation des Neuen und Originellen somit in einzelne, nachvollziehbare Schritte und zwingt dazu, bei gegebenen Objekten und Gestaltungsalternativen anzusetzen. Auch hier gilt: Dieses Gegebene ist *nichts* Besonderes, sondern vielmehr für alle gleich oder standardisiert (modular). Das Einzigartige resultiert vielmehr erst aus der Kombination dieser einzelnen Entscheidungen – ein Raum für Mashups und experimentelle Weiterführungen entsteht. Man kann von einer softwaregestützten, *gebundenen Kreativität* sprechen, deren Verfahren an das der klassischen Montage erinnert. Dem mit Hilfe der Software kreierten Objekt sieht man seinen kombinatorischen Entstehungsprozess jedoch nicht mehr an: Der Text, das Bild, die Grafik, das Spiel sind vielmehr am Ende wie aus einem Guss. Einen Schritt weiter geht schließlich der 3-D-Drucker, der ursprünglich in der *Maker*-Bewegung,

71 Vgl. Lev Manovich, *Software Takes Command*, New York 2013.

72 Vgl. zur »Kreativität von unten« im Netz Reichert, *Die Macht der Vielen*; Jean Burgess, Joshua Green, *YouTube. Online Video and Participatory Culture*, Cambridge 2009.

der *Do it yourself*-Kultur und in kollektiv geteilten Makerspaces und FabLabs zum Einsatz gekommen ist. Er macht es möglich, dass die digitale Objektsingularisierung material umgesetzt wird: in dreidimensionale Dinge, bei denen es sich um Einzelstücke beziehungsweise maßgeschneiderte Objekte handelt.[73]

Digitale Neogemeinschaften und die Sozialität des Netzes

Auf die Frage, in welcher Weise sich das Internet auf das Soziale und das Politische auswirkt, haben die Theoretiker der Digitalisierung ganz unterschiedliche Antworten gegeben. Zunächst überwog die Hoffnung, es könne sich eine neue, allgemeine Öffentlichkeit globalen Maßstabs institutionalisieren, an der jeder und jede partizipiert. Vor unserem Hintergrund schält sich jedoch eine genau entgegengesetzte Diagnose heraus: Das Netz verhilft einer Vielzahl partikularer Kollektive zur Entstehung. Diese Communities kann man als digitale *Neogemeinschaften* umschreiben, die sich dadurch auszeichnen, dass sie sich *als Kollektive singularisieren*. Es formieren sich Interpretationsgemeinschaften als einzigartige, die mit hoher Wertzuschreibung und intensiver Affektivität verbunden sind und die nebeneinander existieren.

Solche partikularen Kommunikationsgemeinschaften tauchen in unterschiedlichsten Zusammenhängen auf; kennzeichnend ist, dass sie sich jeweils um hochgradig affektiv aufgeladene Kulturobjekte versammeln, auf deren Grundlage sich eine kollektive Identität herausbildet.[74] Es kann sich beispielsweise um Gruppen handeln, in denen sich passionierte Fans einer Fernsehserie, eines Reiseziels oder einer Freizeitaktivität zu-

73 An dieser Stelle zeigt sich eine enge Verknüpfung mit der Singularisierung in der *creative economy*; vgl. Chris Anderson, *Makers. The New Industrial Revolution,* New York 2012; siehe auch zur Kooperation von Designern und Nutzern, die dadurch möglich wird: Katharina Bredies, *Gebrauch als Design. Über eine unterschätzte Form der Gestaltung*, Bielefeld 2014.

74 Vgl. Miller, *Understanding Digital Culture*, S. 184ff. Eine klassische Untersuchung zu Web-Communities ist Howard Rheingold, *The Virtual Community. Homesteading on the Electronic Frontier*, Cambridge 2000; zur Kompartementalisierung von News vgl. Stephen Reese u. a., »Mapping the Blogosphere. Professional and Citizen-based Media in the Global News Arena«, in: *Journalism* 8/3 (2007), S. 235-261; zu Fan-Gruppen Nancy Baym, »Interpersonal Life online«, in: Leah Lievrouw, Sonia Livingstone (Hg.), *The Handbook of New Media*, London 2006, S. 35-54.

sammenfinden, oder um politische Communities, in denen eine bestimmte ideologische Orientierung geteilt wird, um Gruppen, die sich um die Anliegen von diskriminierten Minderheiten kümmern, aber auch um die diversen Communities des Darknet. Insgesamt gilt, dass die überregionale mediale Vernetzung es ermöglicht, dass auch verhältnismäßig kleine und auf sehr spezielle Interessen fokussierte Communities auf Dauer gestellt werden können, die in vordigitalen Zeiten aufgrund der räumlichen Verstreutheit ihrer wenigen Anhänger keine Realisierungschance hatten. Paradoxerweise begünstigt so gerade die *Universalität* der globalen Vernetzbarkeit die Entstehung von *partikularen* Communities.[75]

In den Debatten über die Netzkultur gibt es die Neigung, jegliche Ausformung von Sozialität unter dem Etikett »soziales Netzwerk« zu verhandeln.[76] Es liegt auch nahe, denn der Begriff »Internet« suggeriert, dass diese Kommunikationsplattform soziologisch gesehen die Form eines Netzwerkes hat. Meines Erachtens ist diese Sicht der Dinge jedoch zu undifferenziert; sie verschleiert den Blick dafür, dass in der digitalen Welt nicht *eine* einzige Form des Sozialen herrscht, sondern dort *drei* Formen des Sozialen nebeneinander existieren: die heterogenen Kollaborationen (darunter Netzwerke), die Singularitätsmärkte und eben die Neogemeinschaften. Sie alle sind singularistische Formen des Sozialen, aber in je anderer Ausformung, und sie alle sind für die Gesellschaft der Singularitäten insgesamt prägend, auch jenseits der digitalen Welt.

Selbstverständlich wird das digitale Computernetz *auch* von sozialen Netzwerken in einem soziologisch präzisen Sinne bevölkert. Es handelt sich bei den Netzwerken um eine Version jener singularistischen Form des Sozialen, die wir als heterogene Kollaborationen kennengelernt und im Rahmen der postindustriellen Arbeitskultur betrachtet haben.[77] Noch einmal zur Erinnerung: Unter einem sozialen Netzwerk ist ein Ensemble von Beziehungen zwischen Einheiten, zum Beispiel Subjekten, zu verstehen, das keine feste Außengrenze besitzt, sondern dynamisch und

75 Letzteres umschreibt Anderson in etwas anderem Kontext als das Phänomen des *long tail*, vgl. Chris Anderson, *The Long Tail. Nischenprodukte statt Massenmarkt*, München 2011.

76 Vgl. Barry Wellman, »Physical Place and Cyberspace. The Rise of Networked Individualism«, in: Leigh Keeble, Brian Loader (Hg.), *Community Informatics. Shaping Computer-Mediated Social Relations*, London, New York 2000, S. 17-42; Barney, *Network Society*.

77 Vgl. Kap. III.1, S. 199f.

unabschließbar ist. Die Relationen zwischen den Einheiten sind hier nicht exklusiv und beliebig kombinierbar. Sie sind potenzieller Natur: Sie *können* in reale Kooperationen umgesetzt werden, müssen dies aber nicht. In einem Netzwerk wirken Teilnehmer zusammen, die auch im Rahmen ihrer Kooperation ihre Heterogenität bewahren. Ein soziales Netzwerk stellt sich insofen als eine soziale Plattform für Singularitäten dar, die auf ihr kooperieren. Im Internet bilden sich nun verschiedene spezifische Versionen solcher sozialen Netzwerke. Dies gilt zum Beispiel für *kollaborative Netzwerke*, wie man solche Sozialitäten umschreiben kann, in denen aus dem Netzwerk mit offenem Zeithorizont an einer gemeinsamen Aufgabe gearbeitet wird; Wikipedia oder Open-access-Programme wären Beispiele hierfür;[78] oder für *kommunikative Assoziationen*, bei denen es nicht darum geht, gemeinsam etwas zu erarbeiten, sondern sich alles um phatische Kommunikation dreht; Beispiele hierfür wären manche Social-Media-Plattformen.

Neben den sozialen Netzwerken bilden jedoch die Märkte, genauer: die kulturellen Singularitätsmärkte, die zugleich Attraktivitätsmärkte sind, eine zweite und letztlich die dominierende Form des Sozialen, welche die Praxis des Digitalen strukturiert. Im Zusammenhang mit der Singularisierung von Profil-Subjekten und ihrem Sichtbarkeitsmarkt haben wir die strukturbildende Relevanz von digitalen Singularitätsmärkten im Detail betrachtet. Dabei ergeben sich strukturelle Ähnlichkeiten und Verzahnungen mit den Märkten der spätmodernen Ökonomie. Das Internet hat zu großen Teilen die Form eines solchen Marktes; die Überproduktion der kulturellen Elemente – vom YouTube-Video bis zum Blog – führt zu einem Wettbewerb um die Aufmerksamkeit und die Wertschätzung durch das Publikum. Wir haben ebenfalls bereits gesehen, dass diese digitalen Attraktivitätsmärkte auf ihre Weise als soziale Plattform für Singularitäten fungieren. Sie bilden ein Ensemble von sozialen Praktiken, in denen sich Singularitäten – seien es Subjekte wie Blogger oder Facebook-Profile, seien es Objekte wie Videoclips oder Themen – profilieren.

78 Vgl. dazu Clay Shirky, *Cognitive Surplus. Creativity and Generosity in a Connected Age*, London 2010. Internet-Netzwerke im engeren Sinne finden sich etwa in beruflichen Online-Netzwerken oder Wohnungsvermittlungsbörsen, die häufig unter der Überschrift einer ›Sharing Economy‹ verhandelt werden. Vgl. dazu Jeremy Rifkin, *The Zero Marginal Cost Society. The Internet of Things, the Collaborative Commons, and the Ecplise of Capitalism*, New York 2014.

Neogemeinschaften, die dritte Variante singularistischer Sozialität, haben jedoch eine andere Form. Sie haben weder die Struktur von Singularitätsmärkten noch von offenen Netzwerken. Neogemeinschaften wirken im Rahmen digitaler Praktiken, sie existieren aber auch darüber hinaus, etwa im politischen Raum. Sie sind für die Gesellschaft der Singularitäten ganz generell prägend. Neogemeinschaften sind Kollektive, denen aus Sicht ihrer Mitglieder wie äußerer Beobachter *als Ganzen* das Merkmal des Singulären zukommt. Nicht die Individuen oder Objekte (Bilder, Texte) beanspruchen hier Besonderheit, sondern das Kollektiv in seiner Gesamtheit. Dass ein ganzes Kollektiv auf der Vorstellung seiner Einzigartigkeit aufbaut, ist nun charakteristisch für ein gesellschaftlich traditionsreiches Format: die Gemeinschaften. Bei den digitalen handelt es sich jedoch ebenso wenig wie bei anderen spätmodernen Communities, etwa im religiösen oder politischen Rahmen, um Gemeinschaften im traditionellen Sinne, sondern, wie gesagt, um *Neogemeinschaften*. Der entscheidende Unterschied betrifft den Status der Mitgliedschaft. In die traditionalen Gemeinschaften wurde man qua Herkunft hineingeboren, die Neogemeinschaften sind hingegen Wahlgemeinschaften, für die sich das Individuum entscheidet. Durch den Eintritt in eine (digitale) Neogemeinschaft gibt das Subjekt gewissermaßen zumindest eine Zeitlang seinen eigenen Besonderheitsanspruch auf und verlagert diesen auf das Kollektiv.

Die Gemeinschaft der Trekkis (Anhänger der Serie Star Trek), der Breitbart-Anhänger, der Ayurveda-Fans, der Verschwörungstheoretiker, der Anhänger des IS oder der Fans eines bestimmten Musikstils erscheint aus der Perspektive der Teilnehmer ihrerseits als singulär: Nach innen existiert eine mehr oder minder beträchtliche narrative oder ästhetische Eigenkomplexität des Kollektivs, nach außen eine mehr oder minder scharfe Abgrenzung gegenüber den Anderen und »Ungläubigen«. Anders als die Neogemeinschaften in der Offline-Welt bestehen die digitalen Neogemeinschaften im Kern aus textuell-visueller Kommunikation unter Abwesenden. Es handelt sich also um genuine Kommunikationsgemeinschaften, die als Interpretationscommunities und kollektive Aufmerksamkeitsfilter wirken. Sie bilden das, was Eli Pariser »filter bubbles« nennt,[79] so dass sich in verschiedenen Communities unterschiedliche Weltbilder, ja regelrechte mediale Parallelgesellschaften herauskristallisieren.

79 Vgl. Eli Pariser, *Filter Bubbles. Wie wir im Internet entmündigt werden*, München 2012.

Die Kommunikation in den digitalen Communities ist nicht durch die Asymmetrie zwischen einem Produzenten, der Aufmerksamkeit sucht, und einem Publikum, das Aufmerksamkeit gewährt, strukturiert, sondern basiert auf der egalitären Struktur von Mitgliedern, die zur aktiven Partizipation ermutigt werden. Während auf den dynamischen digitalen Attraktivitätsmärkten die Subjekte und Güter um die Zuschreibung von Wert kämpfen (und dabei häufig verlieren), erlangen die Mitglieder der digitalen Communities dadurch Wert, dass sie an der gemeinsamen, von allen als wertvoll anerkannten Sache – sei dies eine ästhetische Praxis, ein Kultobjekt oder eine politische Narration – partizipieren. Die Subjekte haben damit in den Communities einen zwar lediglich abgeleiteten, aber sicheren Wert. Kommunikation ist hier hochgradig affektiv. Im Unterschied zur affektiven Positivkultur des Facebook-Paradigmas sind in den digitalen Neogemeinschaften häufig intensive Affekte beiderlei Färbung im Spiel, positive *und* negative, solche der Identifikation und solche der Abgrenzung. Die identitätsstiftende Binnenkommunikation forciert zudem die *Homogenisierung*. In den Communities können durchaus heftige Debatten stattfinden, die aber deshalb so kontrovers sind, *weil* die (homogene) kollektive Identität der Horizont ist, an dem sich die Kommunikation ausrichtet. Dies ist der entscheidende Unterschied zwischen den Neogemeinschaften und den Netzwerken sowie den Singularitätsmärkten: Während die letzteren beiden eine Plattform für die Heterogenität von Subjekten und Objekten bilden, arbeiten die Neogemeinschaften an ihrer Besonderheit und homogenen Partikularität als ganzer sozialen Einheit.[80]

Spannungsfelder der Netzkultur: Vom Profilierungszwang zur Affektkultur der Extreme

Das digitale Computernetz mit seinen Tendenzen zur Singularisierung der Welt erzeugt eine Reihe von Spannungsfeldern und Paradoxien. Hinter den schier unendlichen Möglichkeiten des Netzes und seinem Aus-

80 Singularitätsmärkte, Neogemeinschaften und heterogene Kollaborationen sind Idealtypen. In der Realität der digitalen Kultur ergeben sich vielfältige Überschneidungen, so dass etwa in den Social Media je nach Konstellation stärker die Struktur der Märkte oder der kommunikativen Assoziation oder in den Fan-Communities stärker die Struktur einer interpretativen Neogemeinschaft oder eines Netzwerkes vorherrschen kann.

bruch aus den Zwängen der Massenkultur verbergen sich neuartige Zwänge und Dilemmata. Fünf davon seien zum Abschluss dieses Kapitels genannt.

Erstens: Die Netzkultur bietet den Subjekten offensichtlich die Chance, sich als ein Selbst mit vielschichtigen, auch ausgefallenen Interessen zu präsentieren und sich mit ähnlich Interessierten zu vernetzen. Die subjektive Besonderheit erscheint nun nicht als Bedrohung, sondern legitim. Besonderheiten, die in der organisierten Moderne marginalisiert oder pathologisiert waren – man denke an ethnische Minderheiten oder LGBTIQ-Personen –, erhalten im Rahmen der kulturellen Pluralisierung, die das Netz betreibt, selbstbewusst Stimme und Raum. Allerdings: Die Singularisierung des Subjekts bedeutet nicht, dass nun alles möglich wäre. Vielmehr verlagert sich die soziale Anpassung online wie offline auf eine abstraktere Ebene: auf die *soziale Erwartung, einzigartig zu sein*, und zwar auf *akzeptable* Weise. Diese soziale Anpassung ist subtiler als jene, die David Riesman beim *other-directed character* der Nachkriegsgesellschaft beobachtet hat. Dort ging es darum, möglichst identisches, normales Verhalten hervorzubringen, ein Jedermann zu sein,[81] nun wird jedoch erwartet, dass man an seiner Originalität feilt, interessante Interessen und Aktivitäten und immer wieder neue überraschende und reizvolle Details und Erlebnisse aus dem eigenen Leben präsentiert. Es herrscht gewissermaßen ein *Profilierungszwang*, der zugleich ein Originalitäts-, Kreativitäts- und Erlebniszwang ist. Die Valorisierung der Originalität von Subjekten ist dabei prinzipiell eine unberechenbare und veränderungsanfällige Angelegenheit: So wie bei den kulturellen Gütern auf den ökonomischen Märkten gehen auch bei den Subjekten auf dem digitalen Sichtbarkeits- und Bewertungsmarkt Valorisierung und Entvalorisierung, Singularisierung und Entsingularisierung Hand in Hand.

Vor dem Hintergrund dieser äußerst anspruchsvollen Erwartungsstruktur an die spätmoderne Subjektivität ergeben sich – Online wie Offline – neue Ausschlussmechanismen, und zwar auf drei Ebenen: Problematisch werden zunächst jene Subjekte, denen die Singularitätsperformanz misslingt, weil sie zu *konformistisch* erscheinen. Sie gelten dann tendenziell als *flat characters*, als passive und konventionelle Personen, denen Kreativität, Aktivismus, Genussfähigkeit und Leidenschaft für die Welt zu fehlen scheinen. Während in der alten Kultur des Konformismus

81 Vgl. Riesman, *Die einsame Masse*.

der Nonkonformismus empörend wirkte, erscheint in der neuen Kultur des Nonkonformismus der Konformismus bemitleidenswert. Obwohl jedes Individuum eine Idiosynkrasie ist, erlaubt die spätmoderne Kultur damit nur ausgewählten unter ihnen, zur wertvollen und anziehenden Singularität zu werden.

Eine zweite Abgrenzung gilt den *nichtakzeptablen Besonderheiten*. In den milderen Fällen handelt es sich um Idiosynkrasien, die nicht im strengen Sinne pathologisch sind, aber doch zu merkwürdig, »schräg« und einseitig, um anerkannt zu werden. Sie riskieren, dass ihnen das Stigma des *Peinlichen* angeheftet wird. Tatsächlich spricht vieles dafür, dass in der Spätmoderne, welche die klassisch-bürgerliche Schuldkultur, die ein starkes Über-Ich voraussetzte, hinter sich gelassen hat, eine *Renaissance der Schamkultur* stattfindet, die nicht zuletzt durch die (digitalen) Medien gefördert wird. Das Gefühl der Scham ergibt sich hier aus dem Bewusstsein, den anspruchsvollen Voraussetzungen attraktiver, singulärer Subjektivität im Einzelfall oder sogar generell nicht zu entsprechen. Die Scham über die eigene Person korrespondiert mit dem Gefühl der Peinlichkeit des *Anderen* auf der Seite des Publikums (dem »Fremdschämen«), die einem bestimmten situativen Verhalten, einer äußeren Erscheinung oder einer ganzen Persönlichkeit zugeschrieben wird.[82]

Bei den krasseren Fällen der nichtakzeptablen Besonderheiten handelt es sich um solche, die als *pathologisch* gelten: das können illegale Aktivitäten sein, extreme politische Einstellungen, Gewaltneigungen, aber möglicherweise auch Suchterkrankungen oder bestimmte andere schädigende sexuelle Neigungen wie Pädophilie. Die spätmoderne Pluralität der Subjektivitäten kennt so durchaus die Unterscheidung zwischen dem Normalen und dem Anormalen. Allerdings existiert in der spätmodernen Medienkultur eine deutliche Neigung, selbst Fälle pathologischer Besonderheit (negativ) zu singularisieren, das heißt die Täter in ihrer ganzen verstörenden Eigenkomplexität und Andersheit intensiv zu thematisieren.[83] Hervorzuheben ist außerdem, dass die Valorisierungsgrenzen zwi-

82 Zur neuen Scham- und Peinlichkeitskultur vgl. Andrea Köhler, *Scham. Vom Paradies zum Dschungelcamp*, Springe 2017; Ulrich Greiner, *Schamverlust. Vom Wandel der Gefühlskultur*, Reinbek 2014. Generell ist nicht nur das Netz, sondern auch das Fernsehen mit seinen Reality-Formaten seit den 1990er Jahren zu einem Demonstrationsfeld peinlicher Subjekte und ihrer Beschämung geworden. Vgl. dazu Susan Murray, Laurie Ouellette (Hg.), *Reality TV. Remaking Television Culture*, New York 2009.

83 Im deutschsprachigen Raum kann man hier auf die intensive mediale Beschäftigung

schen dem Originellen auf der einen Seite und dem Konformistischen, Schrägen oder gar Pathologischen auf der anderen nun hochgradig dynamisch sind. Entwertungen können sich in positive Valorisierungen umkehren, und Diskriminierte können im Netz eigene Foren installieren. Der Nerd kann zum Hipster, der Seltsame zum Genie avancieren, abgewertete Gruppen wie Übergewichtige, Asexuelle oder Depressive können versuchen, sich zu entpathologisieren.

Zweitens: Trotz aller Diversifizierung des Subjekts in der Netzkultur findet dort zugleich eine digitale *Zementierung des Individuums* statt. Den Theoretikern der frühen Netzkultur galten beispielsweise die Multiple-User-Chaträume noch als Spielfelder eines ungeahnten Experimentalismus der Identitäten,[84] und dieser Experimentalismus ist sicherlich nicht völlig verschwunden, vor allem nicht in den anonymen Räumen des Netzes. Allerdings führen nun mehrere Faktoren dazu, dass sich die Nutzer *nolens volens* immer mehr auf stabile Identitäten festlegen lassen. So führen die oben beschriebene algorithmische Konstruktion von Benutzerprofilen und die entsprechende Fabrikation maßgeschneiderter digitaler Umwelten dazu, dass die Individuen immer weniger mit dem völlig Andersartigen, Überraschenden und Zufälligen konfrontiert werden, deren Irritationspotenzial nicht selten Anstoß zur Selbstveränderung gibt. Ähnlich wirken die *filter bubbles* der Netzwerke und Neogemeinschaften. Auch die Tatsache, dass Online- und Offline-Identitäten miteinander verzahnt sind – das digitale Subjekt ist nicht mehr anonym, sondern hat meist Name und Gesicht –, hemmt die Experimentierneigung. Ein Übriges tut das strukturelle Nichtvergessen des Netzes: Wenn die Sünden der Vergangenheit zeitlich unbegrenzt weiterschlummern und auf ewig verfügbar sind, kann sich das auf die Neigung, sich »auszuprobieren«, negativ auswirken.

Drittens: Eine forcierte Ausrichtung des Sozialen am Besonderen kann zu einer Erosion des Allgemeinen führen. Diese Tendenz lässt sich in der digitalen Öffentlichkeit exemplarisch beobachten. Hier findet eine *Schwächung der allgemeinen Öffentlichkeit* statt. Natürlich: In einer Hinsicht ist das Internet *das* Medium eines radikaldemokratischen Pluralismus,

mit dem jeweiligen Einzeltäter im Zusammenhang mit dem Kriminalfall von Amstetten 2008, dem Skandal um sexuellen Missbrauch in der Odenwaldschule 2011 und dem Flugzeug-Amok 2015 verweisen.

84 Vgl. etwa Sherry Turkle, *Life on the Screen. Identity in the Age of the Internet*, New York 1995 (dt.: *Leben im Netz. Identität in Zeiten des Internets*, Reinbek 1998).

und man pflegt hier eine äußerst intensive öffentliche Kommunikation. Diese ist jedoch mit der Etablierung einer Vielzahl von Parallelöffentlichkeiten verbunden: Es handelt sich also nicht um einen Pluralismus in einem geteilten Rahmen, sondern um eine Parallelexistenz des Differenten und tendenziell Inkommensurablen. Wenn jeder seinen auf ihn individuell zugeschnittenen Newsfeed als Fenster zur Welt begreift, kommt es zu einer Vervielfältigung von Perspektiven, so dass im Extremfall zwischen den Subjekten die gemeinsame Basis für die Debatte erodiert. Das Gleiche gilt für die kollektiven Einheiten: Die kulturelle Umwelt außerhalb der Freundes-Netzwerke oder der Communities (Neogemeinschaften) kann fremd bis zur Inkommensurabilität werden.[85] Der phatischen Kommunikation nach innen entspricht hier eine Indifferenz oder gar ein Freund-Feind-Denken nach außen.

Viertens: Das digitale Netz ist an der Aktualität des Moments orientiert. Um die Aufmerksamkeit des Nutzers zu wecken, müssen die neuen Texte, Bilder und Links dabei mit affektivem Reiz verbunden sein: interessant oder empörend, erheiternd oder bizarr. Im Netz herrscht so ein radikalisiertes digitales Regime des Neuen, das *Regime des affektiven Aktualismus*, in dem das gerade Vergangene häufig rasch vergessen wird. Die Kehrseite ist: Themen und Reflexionen, die von langfristiger Bedeutung sind, tendieren dazu, durch den Aktualitätsfilter zu fallen. So interessiert auf den Profilen in den sozialen Medien nicht die langfristige biografisch-narrative Entwicklung der Subjekte oder eine Selbst- und Weltreflexion in längeren Texten, sondern die Aktualität der kurzen Postings. Am deutlichsten tritt der affektive Aktualismus in der Berichterstattung über politische und gesellschaftliche Zusammenhänge zutage. Die News-Seiten, die von der immer wieder neuen Aufmerksamkeit der Leser abhängen, tendieren daher dazu, immer wieder aufs Neue kurze Aufreger mit geringer Halbwertszeit zu posten oder auch Themen zu setzen, die negative Gefühle wie Empörung, Angst oder Neid hervorrufen und dadurch Aufmerksamkeit des Users absorbieren.[86] Einmalige, stundenaktuelle Kurznarrationen sowie Themen, die über mehrere Tage oder gar Wochen kampagnenhaft aktuell gehalten werden, um danach abrupt zu verschwinden, wechseln einander ab. Die wenig überraschende Kehrseite des Regimes

85 Eine ähnliche Auswirkung hat die extreme Polarisierung der Fernsehsender in manchen Ländern (etwa Fox-News und MSNBC in den USA).
86 Vgl. dazu ausführlich Schulz, *Redaktionsschluss*.

des affektiven Aktualismus im Netz ist, dass es marginalisiert, was sich nicht in die Form des Ereignisses bringen lässt *und* was affektiv eher neutral oder ambivalent ist.[87]

Fünftens: Im Internet herrscht eine *digitale Affektkultur der Extreme*. Auf der einen Seite handelt es sich hier gewissermaßen um eine *Positivkultur der Affekte*, so dass man von einem »Wohlfühl«-Medium sprechen kann. Die Profil-Subjekte konstruieren sich als attraktiv, die Kommunikation unter »Freunden« ist überwiegend phatisch, die Algorithmen lesen die Wünsche und Interessen der Subjekte sozusagen von deren Augen ab. Im Extrem wird das Netz so zu einem Echoraum des Begehrens, der die Wünsche erfüllt, bevor sie überhaupt artikuliert wurden. Negative Affekte (von der Irritation bis zur Abstoßung) und Erfahrungen (Enttäuschungen, Scheitern, schwere Erkrankungen, Lebenskrisen) werden in dieser digitalen Positivkultur unterdrückt, vermieden oder ausgeschlossen.[88] Auch die phatische Kommunikation der digitalen Freunde lässt wenig Raum für persönliche oder politische Differenzen oder Auseinandersetzungen, sondern dient im Wesentlichen der gegenseitigen Bestätigung.

Der Positivkultur des Attraktiven steht die digitale Eruption dezidiert negativer Affekte gegenüber. Das andere Extrem ist dies: das aggressive Cyber-Bullying, der schadenfrohe Shitstorm, das hämische An-den-Pranger-Stellen von »Peinlichkeitsstars« – also all jene Formate, in denen Personen zum Gegenstand kommunikativer Aggressivität, der Beschämung und der Verachtung werden. Auch die Kommentarseiten von Nachrichtenportalen sind in diesem Zusammenhang zu nennen. Während sich die Subjekte in der Positivkultur in der Regel als namentlich bekannte Online-/Offline-Persönlichkeiten bewegen, ziehen die Subjekte der Negativkultur häufig den Schutz der Anonymität vor. Dies demonstriert die Illegitimität des Negativen, das sich trotzdem einen Raum sucht. Die Negativaffekte mögen ihre Ursachen teilweise oder sogar überwiegend in

87 Eine Problematik mit dem Langfrist-Charakter in diesem Rahmen ist, dass er nur Aufmerksamkeit auf sich ziehen kann, wenn er seinerseits affektiv aufgeladen wird – etwa indem das Thema Empörungsqualität hat oder die Person, die es vorträgt, polarisiert. Allerdings gibt es auch Gegenbewegungen wie den *Slow Journalism*, vgl. etwa die Zeitschrift *Delayed Gratification*.

88 Offenbar können diese höchstens als vergangene, positiv überwundene Erfahrungen zum Thema werden oder als ein gegenwärtiger heroischer Kampf (»gegen den Krebs« etc.), nicht jedoch in ihrer reinen Negativität.

der sozialen Offline-Welt haben, in mancher Hinsicht lassen sie sich jedoch auch als ein Produkt von Frustrationen interpretieren, die auf das Konto der digitalen Kultur selbst gehen. Indem nämlich diese via Attraktivitätswettbewerb sowohl im Großen (im gesamten Netz) als auch im Kleinen (in den sozialen Medien) relativ wenige digitale Gewinner kürt, die ein hohes Maß an Sichtbarkeit auf sich ziehen und Prominenz erlangen, bringt sie auch jene »digitalen Verlierer« hervor, die im Schatten der Aufmerksamkeit und unsichtbare Betrachter des Geschehens bleiben – vor allem des vorgeblich erfüllten und anerkannten Lebens der singulären Anderen.[89]

89 Allerdings gibt es im Internet durchaus alternative Formate, in denen auch ambivalente Affekte verhandelt werden. Beispiele sind das *digital storytelling,* in dem Individuen auch ihre Traumata thematisieren, und die Machinima-Kultur, die mit Ironisierungen arbeitet. Vgl. Joe Lambert, *Digital Storytelling. Capturing Lives, Creating Community*, New York 2013; Reichert, *Die Macht der Vielen*, S. 94ff.

V.
Die singularistische Lebensführung: Lebensstile, Klassen, Subjektformen

Das spätmoderne Selbst jenseits der nivellierten Mittelstandsgesellschaft

Die Etablierung einer postindustriellen Ökonomie der Singularitäten und der Aufstieg der digitalen Kulturmaschine bilden das strukturelle Rückgrat der spätmodernen Gesellschaft der Singularitäten. Wir haben diesen Strukturwandel in den letzten drei Kapiteln im Detail verfolgt. In diesem Kapitel will ich nun untersuchen, was dieser Prozess für die Lebensstile bedeutet, also für die Art und Weise, wie das spätmoderne Subjekt sich und sein Leben formt und wie es geformt wird; und wie sich dies auf das gesamtgesellschaftliche Tableau von Lebensstilen, das heißt auf deren Strukturierung in Milieus und Klassen auswirkt.

Die Annahme, dass das spätmoderne Selbst sich grundlegend von jenem Sozialcharakter unterscheidet, der die klassische Moderne der Industriegesellschaft dominierte, hat seit den 1980er Jahren eine Reihe prominenter soziologischer Analysen angeleitet. Ulrich Becks Arbeiten zur Selbstreflexivität und zum Risikobewusstsein von Bastelbiografien, Anthony Giddens' Analysen zum hochmodernen Selbst als Projekt, Zygmunt Baumans These der »flüssigen«, vor allem am Konsum orientierten Identitäten, Richard Sennetts Arbeiten zur umfassenden Flexibilisierung spätmoderner Lebensformen und Manuel Castells These vom Netzwerk-Subjekt sind hier beispielhaft zu nennen.[1] Ich bin jedoch der Auffassung, dass die Frage nach dem spätmodernen Lebensstil noch einmal neu an-

1 Vgl. Ulrich Beck, *Risikogesellschaft. Auf dem Weg in eine andere Moderne*, Frankfurt/M. 1986; Anthony Giddens, *Modernity and Self-Identity. Self and Society in the Late Modern Age*, Stanford 1991; Zygmunt Bauman, *Liquid Modernity*, Cambridge 2000 (dt.: *Flüchtige Moderne*, Frankfurt/M. 2003); Richard Sennett, *The Corrosion of Character. The Personal Consequences of Work in the New Capitalism*, New York, London 1998 (dt.: *Der flexible Mensch. Die Kultur des neuen Kapitalismus*, München 2001); Manuel Castells, *The Rise of the Network Society. The Information Age: Economy, Society and Culture*, Bd. 1, Cambridge 1996 (dt.: *Der Aufstieg der Netzwerkgesellschaft. Das Informationszeitalter. Wirtschaft – Gesellschaft – Kultur*, Bd. 1, Opladen 2001).

setzen muss. Anders als häufig suggeriert wurde, ist es nicht sinnvoll, die Frage nach *dem* spätmodernen Lebensstil von der nach seiner primären *sozialen Trägergruppe* zu trennen. Das spätmoderne Subjekt in seiner avanciertesten Form hängt sozialstrukturell nicht in der Luft, sondern bewegt sich in einem eindeutig bestimmbaren sozial-kulturellen Milieu, ja – stärker formuliert – in einer sozial-kulturellen Klasse:[2] der *neuen Mittelklasse*. Damit ist das Milieu jener gemeint, die formal gesehen über ein hohes kulturelles Kapital von meist akademischen Bildungsabschlüssen verfügen und im Feld der Wissens- und Kulturökonomie arbeiten, das wir bereits betrachtet haben.[3] Die neue Mittelklasse ist in diesem Sinne ein Milieu von Akademikern, sie ist eine *akademische* Mittelklasse oder kurz: die Akademikerklasse.[4]

Die Rede von der »Trägergruppe« soll natürlich nicht besagen, dass nur bestimmte Teile und Milieus der Gesellschaft von Kulturalisierung und Singularisierung betroffen sind; als allgemeine Prozesse der Ökonomie, der Technologien und auch des Wertewandels wirken sie sich auf die gesamte Gesellschaft und auf alle in ihr lebenden Subjekte in sämtlichen Milieus aus. Dies gilt zwar mehr oder weniger stark, aber niemand kann sich ihnen vollständig entziehen. Seine reinste Form findet der *singularistische Lebensstil* allerdings in der neuen Mittelklasse. Innerhalb dieser wirkt als kultureller Inkubator wiederum das »kreative Milieu«, das heißt das verhältnismäßig überschaubare, aber kulturell wirkmächtige

2 Als Klasse handelt es sich hier um mehr als eine bloße sozialstatistische Größe (wie der Begriff »Schicht« sie nahelegen würde). Es geht vielmehr um eine soziale Gruppe, die ein kulturelles Muster der gemeinsamen Lebensführung und zugleich eine bestimmbare gemeinsame soziale Position in Form der Ausstattung mit sozial relevanten Ressourcen (Kapital) sowie einer bestimmten Form der Arbeit teilt.

3 Mit dem Übergang zur postindustriellen Gesellschaft ist von Anfang an die Entstehung einer »neuen (Mittel-)Klasse« von Hochqualifizierten als zentraler Trägergruppe diagnostiziert worden, vgl. nur Daniel Bell, *The Coming of Post-Industrial Society. A Venture in Social Forecasting,* New York 1973; kritisch Michael Young, *The Rise of Meritocracy,* London 1958. Entscheidend ist, die spezifische kulturelle Form ihres Lebensstils zu erkennen. Vgl. dazu früh Mike Featherstone, *Consumer Culture and Postmodernism,* London 1991; essayistisch David Brooks, *Bobos in Paradise. The New Upper Class and How They Got There,* New York 2000. Richard Florida spricht mit Blick auf den Lebensstil der akademischen Mittelklasse von einer »kreativen Klasse«, vgl. *The Rise of the Creative Class. And How it's Transforming Work, Leisure, Community and Everyday Life,* New York 2002. Dieses Konzept ist mit Vorsicht zu genießen, denn durch das Adjektiv »kreativ« kann es hier leicht zu einer normativen Überhöhung dieses Lebensstils kommen.

4 Diese drei Begriffe werden von mir synonym verwendet.

Milieu jener, die in den Berufen der *creative industries* im engeren Sinne (Computer und Internet, Medien, Kunst, Design, Marketing etc.) tätig sind. Es ist die akademische Mittelklasse – besonders angestoßen vom kreativen Milieu –, die in der Spätmoderne in grundsätzlicher und tonangebender Manier an der Singularisierung und Kulturalisierung ihres Lebensstils arbeitet, in dem ein bestimmtes Verhältnis zur »Kultur« sowie der Wert und das Erleben des Einzigartigen leitend wirken. Authentizität, Selbstverwirklichung, kulturelle Offenheit und Diversität, Lebensqualität und Kreativität sind die Parameter dieses Lebensstils, der auch über die Grenzen ihrer primären Trägergruppe hinaus Strahlkraft erlangt und zu einer Hegemonie geworden ist. Das Milieu der Akademiker, der Hochschulabsolventen und Hochqualifizierten, bildet seit den 1980er Jahren dabei immer weniger eine kleine Elite, sondern macht in den westlichen Gesellschaften – mit wachsender Tendenz – etwa ein Drittel der Bevölkerung aus: Sie *ist* die neue Mittelklasse.[5]

Über die neue Mittelklasse hinaus muss man sich jedoch verdeutlichen, welche Umwälzung der Sozialstruktur und damit der Struktur der Lebensstile die Gesellschaft der Singularitäten insgesamt prägt. Wir haben es in der Spätmoderne (wieder) mit einer Klassengesellschaft zu tun. Diese existiert jedoch nicht nur im engen materiellen Sinne, vielmehr handelt es sich auch und gerade um kulturelle Klassen: Neben den ungleich verteilten materiellen Ressourcen (Einkommen und Vermögen) unterscheiden sich die Klassen hinsichtlich ihrer Lebensstile – und ihres kulturellen Kapitals – grundsätzlich voneinander. Die sozialstrukturelle Transformation, welche die westlichen Gesellschaften seit den 1980er Jahren erleben, lässt sich als ein Wandel von der *nivellierten Mittelstandsgesell-*

5 Die Daten zur Bildungsexpansion sind innerhalb der westlichen Länder aufgrund von Unterschieden im Bildungssystem nicht umstandslos vergleichbar. Die Tendenz zu einem deutlichen Zuwachs der Gruppe derjenigen mit einem höheren, akademischen Bildungsabschluss ist jedoch durchgängig: So lag in der US-Gesamtbevölkerung 1950 der Anteil der College-Absolventen bei lediglich 5 % und ist bis 2009 kontinuierlich auf 30 % angewachsen. Siehe Camille Ryan, Julie Siebens, »Educational Attainment in the United States: 2009«, in: *U. S. Census Bureau* (Februar 2012). In Deutschland ist die Studienanfängerquote pro Jahrgang von 6 % im Jahre 1960 auf 37 % im Jahr 2005 angestiegen. Der Zuwachs in der Gesamtbevölkerung ist entsprechend langsamer, die Gruppe der Hochschulabsolventen liegt hier 2012 bei 28 % (auf die 25- bis 65-Jährigen bezogen). Die Vergleichsgruppen in Großbritannien und Frankreich liegen 2012 bei 41 % bzw. 31 %. ⟨https://de.statista.com/infografik/2686/bevoelkerungsanteil-mit-hochschulabschluss-in-ausgewaehlten-laendern/⟩, letzter Zugriff am 12.06.2017.

schaft zur *kulturellen Klassengesellschaft* beschreiben. Diese Diagnose mag zunächst überraschen, jedenfalls wenn man sich die Grundannahmen vor allem der deutschen Soziologie im gleichen Zeitraum vergegenwärtigt. Insbesondere der in dieser Hinsicht einflussreiche Ulrich Beck meint in der nachindustriellen Gesellschaft eine Ablösung der alten sozialen und politischen Großgruppen der Klassen und Stände durch Individualisierungsprozesse ausmachen zu können. Entsprechend nahmen Kultursoziologen für die Postmoderne eine Pluralisierung gleichberechtigter Lebensstile wahr.[6] Aus der heutigen Sicht erweist sich diese herrschaftsfreie Flottierung von Lebensstilen und Individuen allerdings als optische Täuschung. Wir gewinnen erst jetzt allmählich ein Gespür dafür, dass die Kulturalisierung und Singularisierung des Sozialen in der Spätmoderne nicht das *Ende*, sondern den *Anfang* einer neuen Klassengesellschaft markieren.

Tatsächlich war es die heute *vergangene* industrielle Moderne, die sich in Richtung einer weitgehend klassenlosen Gesellschaft entwickelte. Dies galt nicht nur für ihre realsozialistische, sondern auch für ihre westliche Version, deren sozialstrukturelle Ausformung Helmut Schelsky als »nivellierte Mittelstandsgesellschaft« treffend auf den Begriff gebracht hat.[7] Ihre modellhafte Ausprägung fand sie in den *trente glorieuses* der 1950er bis 1970er Jahre, wobei die USA, Westdeutschland und die skandinavischen Länder das Modell einer allumfassenden Mittelschicht besonders deutlich realisierten. Die nivellierte Mittelstandsgesellschaft bildete das Korrelat der Industriegesellschaft und zugleich der Massenkultur (mit ihren Massenmedien und ihrem Massenkonsum) sowie des politischen »sozialdemokratischen Konsenses«. Vor dem Hintergrund unserer Unterscheidung zwischen einer sozialen Logik des Allgemeinen und einer des Besonderen kann man feststellen: Nicht nur der Rationalismus der Industriegesellschaft, sondern zugleich die nivellierte Mittelstandsgesellschaft war durch

6 Vgl. Ulrich Beck, »Jenseits von Stand und Klasse?«, in: Reinhard Kreckel (Hg.), *Soziale Ungleichheiten*, Göttingen 1983, S. 35-74; Gerhard Schulze, *Die Erlebnisgesellschaft. Kultursoziologie der Gegenwart*, Frankfurt/M. 1992.

7 Vgl. Helmut Schelsky, »Die Bedeutung des Schichtungsbegriffs für die Analyse der gegenwärtigen deutschen Gesellschaft«, in: ders., *Auf der Suche nach Wirklichkeit*, Düsseldorf u. a. 1965, S. 331-336. Zu den angelsächsischen Pendants vgl. John Kenneth Galbraith, *The Affluent Society*, Boston 1969 [1958]; Charles Wright Mills, *White Collar. The American Middle Classes*, Oxford 1951; William Whyte, *The Organization Man*, New York 1956; mit etwas anderer Ausrichtung auch John Goldthorpe u. a., *The Affluent Worker in the Class Structure*, London 1969. Der Mittel*stand* bezeichnet keine bloße sozialstatistische Größe wie die Mittelschicht, sondern eine kulturelle Lebensführung.

und durch von einer Logik des Allgemeinen, einer Logik der Standardisierung der Ressourcen und der *Normalisierung der Lebensformen* geprägt. Die »Mitte« bezeichnete hier nicht nur einen sozialstatistischen Durchschnitt, um den sich herum mehr als neunzig Prozent der Bevölkerung versammelte, sondern war auch der kulturelle Ausdruck eines Lebensstils mit dem Selbstbewusstsein, »Mitte und Maß« zu markieren: das Normalarbeitsverhältnis, die Normalfamilie, der »normale«, angemessene Konsum etc. Im Zentrum der Lebensform der nivellierten Mittelstandsgesellschaft befand sich, wie wir schon gesehen haben, die Arbeit am Lebens*standard* – an einer angemessenen, aber insgesamt normal erscheinenden Ausstattung mit Ressourcen, die Lebenskomfort für alle in ähnlicher Weise bedeutete.

Die kulturelle Klassenspaltung und der »Paternostereffekt«

Diese nivellierte Mittelstandsgesellschaft ist seit den 1980er Jahren zusammen mit der Industriegesellschaft erodiert, und an ihre Stelle ist mehr und mehr die Struktur einer neuen, nicht zuletzt kulturell grundierten und sichtbaren Klassenspaltung getreten. Innerhalb der westlichen Gesellschaften am drastischsten ist dieser Umschlag in den Vereinigten Staaten von Amerika zu beobachten, er prägt aber ebenso Großbritannien und Frankreich, und schließlich – ein wenig schwächer, aber deutlich – auch Deutschland.[8] Die damit einhergehenden Veränderungen betreffen das obere Segment ebenso wie das untere. Die ehemalige Mitte erodiert, es bildet sich mehr und mehr eine Polarität zwischen einer Klasse mit hohem kulturellen (sowie mittlerem bis hohem ökonomischen) Kapital sowie einer Klasse mit niedrigem kulturellen und ökonomischen Kapital heraus: die neue Mittelklasse einerseits, die neue Unterklasse andererseits.

Robert Putnam hat die wichtigsten sozialen Merkmale dieser Umwälzung der US-amerikanischen Sozialstruktur von der Mittelstandsgesellschaft zur Polarisierung in einer für den Westen insgesamt repräsentati-

8 In den USA und in Deutschland erscheint diese Entwicklung besonders markant. In Großbritannien und Frankreich hat sich hingegen auch in der industriellen Moderne länger und ausgeprägter die aus dem 19. Jahrhundert stammende Arbeiterkultur erhalten, zugleich auch die klassische Bourgeoisie beziehungsweise Aristokratie.

ven Weise benannt.[9] Summarisch gesagt: Für die nivellierte Mittelstandsgesellschaft kennzeichnend waren eine vergleichsweise geringe Ungleichheit der Einkommen sowie ein Massenwohlstand, in dessen Genuss auch Arbeiter und kleine Angestellte kamen. Es herrschte eine gewisse Bildungsmobilität, zugleich hatte jedoch formale Bildung für das Erreichen des Mittelschichtslebensstandards ohnehin keine alles entscheidende Relevanz. Die Wohnviertel waren dementsprechend verhältnismäßig gemischt und homogen zugleich: gemischt zwischen verschiedenen Berufsgruppen, die zugleich im Wesentlichen das gleiche Mittelschichtsleben lebten. Auch die persönlichen Beziehungen – bis hin zu den Partnerschaften und Ehen – überschritten verhältnismäßig häufig die Grenzen zwischen verschiedenen Berufsgruppen und Qualifikationsniveaus.

Seit den 1980er Jahren haben sich diese Rahmenbedingungen grundsätzlich geändert. Die Trägergruppen der neuen sozial-kulturellen Polarisierung lassen sich bereits formal genau benennen: Der neuen Mittelklasse mit hohen, meist universitären Bildungsabschlüssen steht eine neue Unterklasse mit niedrigen (oder gar keinen) formalen Abschlüssen gegenüber.[10] Zwischen ihnen befindet sich die alte, nichtakademische Mittelklasse. Es hat seit der Jahrtausendwende eine Reihe von aufsehenerregenden Veröffentlichungen über die Verschärfung der sozialen Ungleichheit gegeben, die sich insbesondere mit dem kleinen Segment von »Superreichen« beschäftigt, mit jenem einen Prozent der Bevölkerung, das exorbitantes Vermögen auf sich vereinigt.[11] Bedeutender und folgenreicher für die

9 Vgl. Robert Putnam, *Our Kids. The American Dream in Crisis*, New York 2015. Putnam liefert eine Fülle quantitativer Belege für diesen Strukturwandel. Zur Klassenpolarität zwischen Hoch- und Geringqualifizierten aus globaler Perspektive ebenfalls mit entsprechenden Daten vgl. Allen J. Scott, *A World in Emergence. Cities and Regions in the 21st Century*, Cheltenham 2012. Parallel dazu hat sich auch die gesellschaftliche Ungleichheitsrepräsentation von graduellen zu hierarchischen Differenzen verschoben, vgl. dazu Sighard Neckel, *Flucht nach vorn. Die Erfolgskultur der Marktgesellschaft*, Frankfurt/M. 2008, S. 149ff.

10 In den USA kann man mit Putnam diese Grenze verhältnismäßig leicht und dualistisch markieren: zwischen jenen mit und jenen ohne College-Abschluss. Was als hohes kulturelles Kapital gilt, hängt im Übrigen selbst von gesellschaftlichen Bewertungsprozessen ab. So kann die Bildungsexpansion dazu führen, dass ein Hochschulabschluss per se nicht mehr als hohes kulturelles Kapital gilt, sondern dies wiederum nur für Abschlüsse aus einem herausgehobenen Segment von Hochschulen der Fall ist. Vgl. dazu im Falle Großbritanniens Mike Savage, *Social Class in 21st Century*, London 2015, S. 219ff.

11 Vgl. nur Thomas Piketty, *Das Kapital im 21. Jahrhundert*, München 2014; Branko Milanović, *Die ungleiche Welt. Migration, das Eine Prozent und die Zukunft der Mittelschicht*, Berlin 2016.

Transformation der Sozialstruktur, der Lebensstile und der Kultur insgesamt ist jedoch die Formierung der gewichtigen, etwa ein Drittel der Bevölkerung umfassenden neuen, akademischen Mittelklasse. Ihre Expansion ist durch zwei miteinander verbundene, gesellschaftliche Prozesse begünstigt, die beide seit den 1970er Jahren wirken: Zum einen die bereits beschriebene Umwälzung der ökonomischen Struktur in Richtung Postindustrialismus, welche die Ausdehnung von qualifizierten Berufen der Wissens- und Kulturökonomie zur Folge hat; zum anderen die Bildungsexpansion, die den Anteil von hochqualifizierten Personen mit in der Regel akademischer Ausbildung zu einem beträchtlichen Segment hat anwachsen lassen.

Spiegelbildlich zu diesem Aufstieg der neuen Akademikerklasse ist eine *neue Unterklasse* entstanden. Gøsta Esping-Andersen hat als einer der ersten die Expansion einfacher Dienstleistungsberufe und einer neuen geringqualifizierten Dienstleistungsklasse (*service class*) als ebenso wichtiges Merkmal der postindustriellen Sozialstruktur herausgearbeitet.[12] Die neue Unterklasse insgesamt ist eine durchaus heterogene Gruppe von einfachen Dienstleistern, semiqualifizierten Industrieberufen, prekär Beschäftigten, Arbeitslosen und Sozialhilfeempfängern (also auch von sozial Exkludierten im strikten Sinne), die gegenwärtig ebenfalls etwa bis zu einem Drittel der westlichen Bevölkerung ausmachen. Sie bewegt sich hinsichtlich ihres Einkommens, Vermögens und sozialen Status deutlich unterhalb des Niveaus der alten Mittelstandsgesellschaft. Die gesellschaftlichen Ursachen für ihre Entstehung sind spiegelbildlich zu jenen, welche die Ausbildung der neuen Mittelklasse befördern: Die Umwälzung zur postindustriellen Ökonomie bedeutet eine rapide Erosion der klassischen Industriearbeiterschaft (und teilweise auch der stark routinisierten Angestelltenberufe) und zugleich einen Bedeutungszuwachs des Sektors der einfachen Dienstleistungen, der direkt oder indirekt durch die neue Wissens- und Kulturökonomie sowie die Bedürfnisse der neuen Mittelklasse begünstigt wird. Auch die Bildungsexpansion trägt im Sinne eines paradoxen Effektes zur Entstehung der neuen Unterklasse bei: Jene,

12 Vgl. Gøsta Esping-Anderson, *Changing Classes. Stratification and Mobility in Post-Industrial Societies*, London 1993; vgl. auch Heinz Bude, *Die Ausgeschlossenen. Das Ende vom Traum der gerechten Gesellschaft*, München 2008; Oliver Nachtwey, *Die Abstiegsgesellschaft. Über das Aufbegehren in der regressiven Moderne*, Berlin 2016, S. 119-179. Bei Nachtwey findet sich eine Fülle von statistischen Belegen zu den sozial Abgestiegenen.

die nicht von ihr erfasst werden, bilden eine neue Gruppe von »Bildungsverlierern«, deren geringer Qualifikationsgrad nurmehr die Tätigkeiten in der ökonomisch-kulturellen *service class* übrig lässt.

Die spätmoderne Polarisierung der Lebensverhältnisse betrifft materielle und kulturelle Faktoren zugleich.[13] Auf der materiellen Ebene wird das verhältnismäßig egalitäre Verteilungsmuster der Einkommen und Vermögen durch eine divergierende Entwicklung abgelöst. Besonders folgenreich ist der historische Wohlstandsverlust der neuen Unterklasse, die damit aus dem Mittelstandslebensstandard herausfällt und deren Arbeitsverhältnisse häufig prekär sind. Die Entwicklung in der Akademikerklasse ist in dieser materiellen Hinsicht weniger eindeutig: In ihrer Fraktion der oberen Mittelklasse – jene Tätigkeiten der Wissensökonomie, die vom globalen *war of talents* profitieren – wächst das ökonomische Kapital, während es beim Gros der akademischen Mittelklasse im Vergleich zum alten Mittelstand zumindest stabil bleibt, bei manchen, vor allen jüngeren Beschäftigten allerdings auch unsicher werden kann.[14] Im Grundsatz kann man jedoch feststellen: die Einkommensschere zwischen Akademikern und Nichtakademikern hat sich seit den 1980er Jahren im Westen deutlich geöffnet.[15] Die Polarisierung ist damit *auch* eine materielle.

Das eigentliche einigende Band der Akademikerklasse, welches ihren gemeinsamen Lebensstil ermöglicht, ist jedoch ihr hohes *kulturelles* Kapital. Generell gilt: Die Polarisierung auf der Ebene von Bildung und kulturellem Kapital ist *das* zentrale Merkmal, welches die Sozialstruktur der spätmodernen Gesellschaft prägt. Während in der nivellierten Mittelstandsgesellschaft die Art des Bildungsabschlusses für das Erreichen des Mittelklasselebensstils kaum ausschlaggebend war, ist in der Spätmoderne der Gegensatz zwischen den Hochqualifizierten und den Geringqualifizierten strukturbildend; es ist der »Faktor Bildung«, der nun entscheidend beeinflusst, welchen Lebensstandard und -stil der Einzelne erreicht. Diese überragende Relevanz von Bildung für die soziale Stratifikation umfasst die formalen Bildungsabschlüsse ebenso wie das informelle kul-

13 Vgl. wiederum Putnam, *Our Kids*, S. 36f.

14 Hinsichtlich des Einkommens und Vermögens umfasst die Akademikerklasse damit eine große Bandbreite zwischen oberer Mittelklasse und (vor allem jüngeren) prekär Beschäftigten. Meine These ist jedoch, dass der Lebensstil trotz der Unterschiedlichkeit materieller Ressourcen einem übergreifenden kulturellen Muster folgt.

15 Siehe Putnam, *Our Kids*, S. 35.

turelle Kapital. Die Segregation der Bildungswege ist dabei mit einer verminderten Bildungsmobilität verknüpft. Die Klassenpolarisierung betrifft auch die Wohnverhältnisse. Besonders deutlich in den Städten werden die gemischten Wohnviertel der Mittelstandsgesellschaft von der räumlichen Segregation zwischen den »attraktiven Vierteln« der Akademiker und den »schwierigen Vierteln« der Unterklasse abgelöst. Vergleichbares gilt für die räumliche Polarisierung zwischen den Boomregionen und den »abgehängten« Regionen. Es ist nicht verwunderlich, dass klassenübergreifende persönliche Beziehungen (auch in der erweiterten Familie) und entsprechende Partnerschaften zwischen Individuen aus unterschiedlichen Milieus seit den 1990er Jahren im Verhältnis zur organisierten Moderne deutlich zurückgegangen sind.[16]

Neben der drastischen Polarität zwischen neuer akademischer Mittelklasse und neuer Unterklasse sind für die spätmoderne Gesellschaft zwei weitere Klassen von Relevanz, die an dieser Stelle zumindest kurz erwähnt werden sollten (und am Ende des Kapitels noch einmal zum Thema werden): die Oberklasse sowie die »alte«, das heißt nichtakademische Mittelklasse. Sie komplettieren das Bild einer sozialstrukturellen Polarisierung. Die *(neue) Oberklasse* ist in ihrer enormen Vermögensakkumulation ein genuines Resultat der *Winner-takes-it-all*-Prozesse der Ökonomie der Singularitäten (etwa im Finanzbereich, im Sport, im Management etc.) und unterscheidet sich weniger durch ihr kulturelles als vielmehr durch ihr ökonomisches (sowie soziales) Kapital von der neuen Mittelklasse in einschneidender Weise. Letzteres reicht häufig, um sich vom Arbeitseinkommen unabhängig zu machen und den kreativen in einen luxuriösen Lebensstil steigern zu können.[17]

Die *alte,* im Kern *nichtakademische Mittelklasse* schließlich ist die unmittelbare Nachfahrin des einstmals dominanten Lebensstils der nivellierten Mittelstandsgesellschaft. Ein mittleres kulturelles und ökonomisches Kapital soll hier zur Sicherung eines mittleren Lebensstandards und des vermeintlich »normalen« Lebensstils dienen. Wenn die neue, akademische Mittelklasse das obere Drittel (mit der winzigen Oberklasse *on top*) und die neue Unterklasse das untere Drittel der spätmodernen Klassenstruktur ausmachen, dann bildet die alte Mittelklasse ihr (tenden-

16 Zu den letztgenannten Aspekten vgl. wiederum Putnam, *Our Kids*.

17 Vgl. Ralf Dahrendorf, »Die globale Klasse und die neue Ungleichheit«, in: *Merkur* 54/11 (2000), S. 1057-1068.

ziell schrumpfendes) mittleres Drittel. Die spätmoderne Gesellschaft ist damit eine *Drei-Drittel-Gesellschaft.*[18] Die alte Mittelklasse gerät seit den 1980er Jahren in die Defensive, und zwar materiell, vor allem aber kulturell. Sie ist nicht mehr die tonangebende, scheinbar alternativlose Mitte der Gesellschaft wie in den 1950er bis 1970er Jahren, sondern sieht sich zwischen neuer Akademikerklasse und neuer Unterklasse eingezwängt, an die sie zugleich Mitglieder verliert. Der vorgeblich normale Lebensstil des Mittelstands ist nun nicht mehr allgemeingültig, er ist nicht mehr *Mitte und Maß*, sondern lediglich *Mittelmaß*, wenn auf der einen Seite der singularistische Lebensstil der Akademikerklasse floriert und auf der anderen Seite die neue Unterklasse der gesellschaftlich »Abgehängten« droht.[19]

Nimmt man die Sozialstruktur insgesamt in den Blick, kommt man zu folgendem Schluss: Im Gegensatz zu jenem »Fahrstuhleffekt«, der die industrielle Moderne prägte und der Wohlstandssteigerung für alle Schichten versprach,[20] ist die Sozialstruktur der Spätmoderne durch das charakterisiert, was ich den *Paternostereffekt* nennen will. Befanden sich in der nivellierten Mittelstandsgesellschaft alle mehr oder weniger auf einem zwar nicht gleichen, aber vergleichbaren materiellen Niveau und in ähnlichem kulturellen Lebensstil, so dass sich gewissermaßen die beiden Kabinen des »gesellschaftlichen Paternosters« noch auf derselben Höhe befanden, ist seit den 1980er Jahren die Kabine des einen sozialen Segments nach oben gefahren – die der neuen, akademische Mittelklasse (zuzüglich der neuen Oberklasse) –, wohingegen die Kabine des

18 Zum Begriff der Drei-Drittel-Gesellschaft vgl. erstmals Friedrich-Ebert-Stiftung (Hg.), Arbeitspapier »Gesellschaft im Reformprozess«, Berlin 2006, und die daraus hervorgegangene Studie von Rita Müller-Hilmer, *Gesellschaft im Reformprozess. Umfrage im Auftrag der Friedrich-Ebert-Stiftung*, Berlin (TNS Infratest Sozialforschung); online einsehbar unter: ⟨https://www.tnsinfratest.com/sofo/_pdf/2006_FES_Ergebnisse.pdf⟩, letzter Zugriff am 12.06.2017.

19 Obwohl meine Analyse der spätmodernen Sozialstruktur teilweise von Pierre Bourdieu inspiriert ist, entsprechen die Ergebnisse nicht mehr jenen Bourdieus. Das, was in meiner Darstellung die Akademikerklasse ist, nimmt klassenhistorisch sowohl Elemente aus der früheren Bourdieu'schen Oberklasse als auch aus der früheren Mittelklasse auf, gibt ihnen aber zugleich eine ganz eigene kulturelle Struktur.

20 Der Begriff stammt von Beck, *Risikogesellschaft*, S. 121ff. Im Beck'schen Fahrstuhl fahren alle sozialen Schichten nach oben – es bleiben Unterschiede, aber auf einem *für alle* höheren Niveau. Ironischerweise meint Beck mit diesem Begriff die Zweite Moderne zu umschreiben. Es wird nun jedoch deutlich: Er trifft nur Becks *Erste* Moderne – die industrielle Moderne.

anderen Segments den Weg nach unten genommen hat, nämlich die der neuen Unterklasse (und teilweise die der nichtakademischen Mittelklasse). Dieser Paternostereffekt kann nicht begriffen werden, wenn man auf die Verteilung von Einkommen und Vermögen fixiert bleibt. Natürlich hat der Auf- und Abstieg *auch* eine materielle Komponente. Wichtiger jedoch ist, dass die Kulturalisierung des Sozialen, die wir in verschiedenen Bereichen kennengelernt haben, ebenso prägend für die Lebensformen und Klassen wirkt. Es geht beim Paternoster-Effekt somit auch und insbesondere um die parallele Entwicklung eines *kulturellen Aufstiegs* und eines *kulturellen Abstiegs* der jeweiligen sozialen Gruppen.

Der kulturelle Aufstieg der neuen Mittelklasse und der kulturelle Abstieg der Unterklasse (und teilweise der alten Mittelklasse) betrifft drei Ebenen: Die *erste* Ebene, die ich bereits genannt habe, ist die des kulturellen Kapitals. In einer Gesellschaft, in der hohe formale Bildung ebenso wie informelles kulturelles Kapital zur zentralen Ressource für die soziale Position, die Gestaltungsmöglichkeiten des Lebensstils und das Selbstwertgefühl geworden sind, avancieren die Hochqualifizierten der neuen Mittelklasse zu den »Aufsteigern«, während alle anderen, erst recht jene mit geringem formalen und informellen Bildungskapital grundsätzlich gehandicapt sind. Während in der nivellierten Mittelstandsgesellschaft auch einfache Bildungsabschlüsse Chancen eröffneten und als »normaler Durchschnitt« galten, werden ihre Träger nun zu »Niedrigqualifizierten« mit extrem begrenzten Möglichkeiten.[21]

Die *zweite* Ebene betrifft die Selbstkulturalisierung des Lebensstils. Sie ist das Kennzeichen der neuen Mittelklasse. Ihr Welt- und Selbstverhältnis zeichnet sich durch ein bestimmtes, kosmopolitisches Verhältnis zur Kultur aus, durch eine umfassende Ästhetisierung und Ethisierung des Alltagslebens, die nach Selbstverwirklichung und dem Authentischen sucht. Das Ziel dieses singularistischen Lebensstils ist über den Lebensstandard hinaus ein kultureller Wert: Lebensqualität und das »gute Leben«. Es ist diese Lebensqualität, die der neuen Mittelklasse soziales Prestige verschafft. Dem stehen die geringeren Kulturalisierungschancen des Lebens der unteren, der prekären Klasse gegenüber, das überwiegend an der Aufrechterhaltung von Normalität und der Befriedigung von Grundbedürfnissen orientiert ist. Hier herrscht eine Alltagslogik des *mudd-*

21 Zu diesem Zusammenhang auch Tanjev Schultz, Klaus Hurrelmann (Hg.), *Die Akademiker-Gesellschaft. Müssen in Zukunft alle studieren?*, Weinheim 2013.

ling through, das notgedrungen auf die Bewältigung von alltäglichen Schwierigkeiten fixiert bleibt. Im Verhältnis zur Lebensform der nivellierten Mittelstandsgesellschaft, die ihren Lebensstandard und ihre Sicherheit pflegte, ist der kulturalisierte Lebensstil der neuen Mittelklasse damit avancierter und anspruchsvoller (Aufstieg), während die Lebensform der Unterklasse die alten Erwartungen der Mittelstandsgesellschaft gar nicht mehr zu erfüllen vermag (Abstieg).

Hinzu kommen *drittens* ausgeprägte Prozesse der Valorisierung und Entwertung zwischen den Klassen. Wenn Kultur im starken Sinne bedeutet, dass Wertvolles von Wertlosem unterschieden wird, dann sind solche Prozesse der Valorisierung und Entwertung für die spätmoderne Klassenstruktur grundlegend. Der Lebensstil der neuen Mittelklasse als solcher wird gesellschaftlich nun als eine *wertvolle Lebensform* prämiert, und das sie tragende Subjekt gilt als ein *wertvolles Subjekt* mit wertvollen Qualitäten (Kreativität, Offenheit, Stilbewusstsein, Unternehmergeist, Empathiefähigkeit, Kosmopolitismus etc.). Die Subjekte der neuen Mittelklasse können sich so als Träger der zukunftsweisenden Lebensform begreifen, die zum gesellschaftlichen Maßstab gelingenden und erfolgreichen Lebens insgesamt geworden ist. Umgekehrt erscheint die Lebensform der neuen Unterklasse (subtiler auch jene der alten Mittelklasse) als wertlos und defizitär, und zwar sowohl in der Selbstwahrnehmung der Subjekte als auch in der gesellschaftlichen Repräsentation; sie ist ein Gegenstand *negativer Kulturalisierung*, der *Entwertung*. Die *Unter*klasse wird, wie ihr Name schon sagt, von außen und meist auch von innen als unten in der gesellschaftlichen Hierarchie angesiedelt wahrgenommen – als eine Kultur von »Verlierern« und »Abgehängten«.[22] Hier findet eine *Kulturalisierung der Ungleichheit* statt.[23] Das heißt: In der gesellschaftlichen Repräsentation und der subjektiven Selbstwahrnehmung betrifft Ungleichheit nun nicht nur materielle Ungleichheiten, sondern auch und gerade kulturelle Unterschiede in den Kompetenzen, im Ethos, in der Alltagsästhetik und insgesamt im anerkannten Wert oder der Wertlosigkeit eines Lebensstils.

Zusammenfassend gesagt: Der Paternostereffekt der spätmodernen Sozialstruktur ergibt sich aus der Entwicklung des Aufstiegs eines res-

22 »Unterklasse« ist ein schwieriger Begriff; es versteht sich von selbst, dass er hier nicht pejorativ gemeint ist.

23 Vgl. zur Kulturalisierung von Ungleichheit und Unterklasse luzide Beverley Skeggs, *Class, Self, Culture*, London, New York 2004. Historisch auch Anne McClintock, *Imperial Leather. Race, Gender and Sexuality in the Colonial Contest*, New York 1995.

sourcenstarken und valorisierten Lebensstils der gestiegenen Ansprüche an das befriedigende und zugleich erfolgreiche »gute Leben« in der neuen Mittelklasse und dem dazu gegenläufigen Abstieg eines ressourcenschwachen, entwerteten Lebensstils in der neuen Unterklasse, der selbst reduzierten Ansprüchen kaum mehr genügt. Während die nivellierte Mittelstandsgesellschaft ihre Verheißung eines kommoden Lebensstils mittlerer Ansprüche für die meisten wahrmachen konnte, verspricht der singularistische Lebensstil der Spätmoderne zwar für die gesamte Gesellschaft Vorbildlichkeit und Attraktivität, aber dieses Versprechen kann nicht für alle eingelöst werden.

1. Der Lebensstil der neuen Mittelklasse: Erfolgreiche Selbstverwirklichung

Es gilt nun, den singularistischen Lebensstil der Spätmoderne, wie er sich (wie gesagt) in seiner reinsten Form in der neuen, akademischen Mittelklasse findet, genauer unter die Lupe zu nehmen. Das gelingt am besten, indem man die einzelnen alltäglichen Praktiken betrachtet, aus denen er sich zusammensetzt: die Rolle, die das Essen und die Ernährung hier spielen; die Beziehung zwischen Arbeit und Freizeit; das Verhältnis zum eigenen Körper und die Art und Weise, in der er sich durch die Welt bewegt; die Rolle, die Wohnort und Wohnung samt ihrer Einrichtung spielen; die Bedeutung des Reisens und der Auslandsaufenthalte; schließlich die Art und Weise, wie man seine Kinder erzieht, und welcher Stellenwert Schule und ganz allgemein Bildung zukommt. Ich werde auf diese »Bausteine« des Lebensstils im dritten Abschnitt dieses Kapitels detaillierter eingehen; eine solche Mikroanalyse erspart uns jedoch nicht die Beantwortung der Frage nach der abstrakteren Logik der Lebensführung der neuen Mittelklasse.

Romantik und Bürgerlichkeit: Die neue Symbiose

Um das Prinzip des singularistischen Lebensstils zu erkennen, muss man ihn in die *longue durée* der Lebens- und Subjektformen der zweihundertjährigen westlichen Moderne einbetten. Erst dann wird deutlich, dass in der neuen Mittelklasse zwei zunächst antipodische kulturelle Muster eine Synthese eingehen: der Lebensstil der Romantik und jener der Bürgerlichkeit. Der kulturhistorische Blick muss also auf das schauen, was noch vor der nivellierten Mittelstandsgesellschaft der industriellen Moderne gewesen ist: die frühe, bürgerliche Moderne.

Man kann gar nicht oft genug wiederholen, dass für die Gestalt des singularistischen Lebensstils eine kulturelle Tradition der Moderne prägend wird, die bis 1970 nur von marginaler und subkultureller Relevanz war: jene der Romantik mit ihren Vorstellungen einer emphatischen Individualität des Subjekts, die es zu entfalten und zu verwirklichen gelte.[24] Ausgehend vom Modell der Selbstverwirklichung und Selbstentfaltung des Subjekts arbeitete diese romantische Bewegung am Projekt einer umfassenden Kulturalisierung und Singularisierung der Welt. Überall ging es ihr darum, ein bloß instrumentelles, zweckrationales und emotionsloses Weltverhältnis hinter sich zu lassen und die Objekte, Subjekte, Orte, Ereignisse und Kollektive zu ästhetisieren, zu hermeneutisieren, zu ethisieren, zu ludifizieren, um aus ihnen affektive Befriedigung zu beziehen. Diese Kulturalisierung ging einher mit einer Entstandardisierung und Singularisierung: der *besondere* Mensch als Individuum, das *besondere* Ding (Handwerk, Kunstwerk), der *besondere* Ort, das *besondere* Ereignis sind ihre Zielmarken. Erst in diesem sehr speziellen Kontext konnte der Wert der Authentizität ebenso zentral werden wie jener der Kreativität; erst als besonderes, singuläres erscheint ein Objekt oder ein Individuum authentisch, und zugleich soll es zum Gegenstand schöpferischer Gestaltung werden.

Die historische Romantik der Zeit um 1800 markiert den Ausgangspunkt einer Linie künstlerisch-ästhetischer Gegenkulturen, die über die Bohème des 19. Jahrhunderts, die Lebensreformer und Avantgarden um 1900 bis zur Counter Culture um 1970 reicht. Fast zweihundert Jahre lang handelt es sich im Wesentlichen um gegen den Mainstream gerichtete Subkulturen von begrenztem Einfluss. Die Counter Culture der 1970er Jahre, die mit dem Etikett »1968« behelfsmäßig umschrieben werden kann und deren wirkungsmächtiges Epizentrum der »kalifornische Lebensstil« ist,[25] markiert den historischen Wendepunkt. Da infol-

24 Siehe dazu oben Kap. I.4, S. 96-100.

25 Vgl. dazu Andreas Reckwitz, *Das hybride Subjekt. Eine Theorie der Subjektkulturen von der bürgerlichen Moderne zur Postmoderne*, Weilerswist 2006, S. 452ff. Zum kalifornischen Lebensstil vgl. sehr schön Diedrich Diederichsen, Anselm Franke (Hg.), *The Whole Earth. Kalifornien und das Verschwinden des Außen*, Berlin 2013.

ge der Bildungsexpansion nun viele ihrer Ideen von einer kritischen Masse der Bevölkerung, eben der aufsteigenden neuen Mittelklasse, geteilt wurden, konnte die »stille Revolution« eines Wertewandels von den Pflicht-, Akzeptanz- und Statuswerten zu den postmaterialistischen Werten der Selbstverwirklichung stattfinden.[26] Damit sich die postromantische Authentizitätsrevolution nach 1968 etablieren konnte, bedurfte es freilich entgegenkommender institutioneller und systemischer Strukturen in den folgenden Jahrzehnten: des – in Kapitel II und III ausführlich behandelten – Aufstiegs der Ökonomie der Singularitäten mit ihren Arbeits- und Konsumformen, welche auf den Selbstverwirklichungsbedürfnissen aufbauen und sie weiter heranziehen; aber auch des Aufstiegs eines psychologischen und pädagogischen Komplexes, der auf einer »positiven Psychologie« des *self growth* und der *human potenials* basiert; schließlich des Durchbruchs linksliberal orientierter politischer Reformen, die ein Recht auf individuelle Entfaltung der Persönlichkeit forcieren, am folgenreichsten bei der Emanzipation der Frauen, daneben bei den Rechten von Kindern und Jugendlichen sowie von gleichgeschlechtlichen Paaren.[27]

Allerdings prägt der postromantische Komplex von Selbstverwirklichung, Authentizität und Kreativität den singularistischen Lebensstil der Akademikerklasse nicht allein und ausschließlich. Es wäre absurd anzunehmen, die spätmodernen Subjekte seien bloß modernisierte Romantiker oder Post-68er. Ihre Lebensführung knüpft vielmehr zugleich an den Lebensstil der Bürgerlichkeit an und damit an den mächtigen historischen Antipoden der Romantik. Bürgertum und Bürgerlichkeit begründeten seit dem Ende des 18. Jahrhunderts die historisch erste genuin moderne Form der Lebensführung mit Dominanzanspruch.[28] Für sie war die erfolgreiche Aufrechterhaltung eines hohen sozialen Status zentral, der eine konsequente Arbeit *am* Status erforderlich machte. Bildung war ein wichtiger Pfeiler dieser bürgerlichen Statusinvestition über die Generationen hinweg. Die Bürgerlichkeit gewann ihre Identität in erheb-

26 Vgl. Ronald Inglehart, *Modernization and Postmodernization. Cultural, Economic and Political Change in 43 Countries*, Princeton 1997. Daran anschließend Miguel E. Basáñez, *A World of Three Cultures. Honor, Achievement and Joy*, New York 2016.

27 Zur positiven Psychologie vgl. Duane Schultz, *Growth Psychology. Models of the Healthy Personality*, New York 1977. Diesen gesamten Prozess nimmt Daniel Bell, *The Cultural Contradictions of Capitalism*, New York 1976, hellsichtig wahr.

28 Siehe dazu Reckwitz, *Das hybride Subjekt*, S. 97ff. und S. 242ff.

lichen Teilen aus ihrem Arbeitsethos, einem Ethos der Selbstverantwortung und der Leistung sowie einer ökonomischen Haltung des Unternehmerischen, welche geschickt mit Marktprozessen umzugehen versteht. Sie folgte dem Ideal eines souveränen Selbst, das sich in einer Haltung der distanzierten Souveränität und Kennerschaft im Umgang mit der Welt und nicht zuletzt ihrer Kultur unter Beweis stellte.

Die Kultur der Bürgerlichkeit geriet in der nivellierten Mittelstandsgesellschaft in eine historische Defensive (auch wenn – oder vielleicht eher weil – dort *klein*bürgerliche Muster in vieler Hinsicht prägend waren), bestimmte ihrer Muster erleben jedoch seit den 1980er Jahren einen Wiederaufstieg. Es handelt sich dabei nicht um eine oberflächliche »Renaissance bürgerlicher Werte«, sondern um *institutionelle* Ermutigungen bürgerlicher kultureller Muster im abstrakteren Sinne. So greifen die durch den postindustriellen Kulturkapitalismus wie auch den politischen Neoliberalismus gestärkten Orientierungen am Unternehmerischen, am souveränen Umgang mit Marktsituationen und an der Selbstverantwortung für eigene Entscheidungen auf bürgerliche Dispositionen zurück. Auch das klassisch bürgerliche Interesse an Statusinvestition qua Bildung erhält durch die in der postindustriellen Gesellschaft gewachsene Bedeutung von Bildungsprozessen und -institutionen für den Lebenserfolg neue Aktualität. Schließlich kann der überragende Stellenwert von Kultur für den spätmodernen Lebensstil an den bürgerlichen Habitus der souveränen kulturellen Kennerschaft in weltlichen Dingen (wenn auch nicht mehr umstandslos an die bürgerliche Hochkultur) anknüpfen.

Wie gesagt: Bürgerlichkeit und Romantik befanden sich fast zweihundert Jahre in einem antagonistischen Verhältnis zueinander,[29] und dieser traditionsreiche Antagonismus wird durch die neue, akademische Mittelklasse der Spätmoderne in einer ungewöhnlichen Symbiose aufgelöst. Wenn wir zum Beginn der Spätmoderne ins Jahr 1968 zurückgehen, so sehen

29 Die Frontlinien dieser Kulturkämpfe sind bekannt: Die Gegenkultur bekämpft den Rationalismus, die moralische Repression, die Bildungsbeflissenheit und den Kommerzialismus des Bürgertums. Das Bürgertum versucht umgekehrt, sich die ästhetische Dekadenz, Weltfremdheit oder Subversionskraft der Gegenkultur vom Leib zu halten. Zugleich wirken zwischen den Antipoden von Anfang an komplizierte Wechselwirkungen: Die Protagonisten der ästhetischen Gegenkulturen stammen sozialkulturell häufig aus dem Bürgertum und sind von dessen Bildungs- und Kunstinteressen geprägt. Umgekehrt kann man immer wieder eine Faszination der Bürgerlichen für die expressive Freiheit der Bohème beobachten (»der Bürger, der Künstler sein will«). Vgl. dazu auch Peter Gay, *Bürger und Bohème. Kunstkriege des 19. Jahrhunderts*, München 1999.

wir dort die Kulturrevolution gegen den Konformismus einer nivellierten Mittelstandsgesellschaft, die der Counter Culture als Ausdruck von Entfremdung und Repression erscheinen musste. Danach avancierte das attraktive Projekt der Verwirklichung des Selbst jedoch zum Kern des neuen Establishments. Die Überführung dieses Authentizitätsprojekts des Lebens in einen dauerhaften Lebensstil bedurfte freilich anspruchsvoller Kompetenzen eines angemessenen und geschickten Umgangs mit der postindustriellen Sozialwelt. Diese Fähigkeiten bezieht das spätmoderne Subjekt der neuen Mittelklasse nun größtenteils aus dem bürgerlichen Habitus und dessen Knowhow im Umgang mit den Märkten, der Arbeit, der Bildung und den Kulturgütern. Bürgerliche Statusorientierung und romantische Selbstverwirklichung werden damit zusammengeführt. Die Formel, die das Subjekt der Akademikerklasse zwischen Romantik und Bürgerlichkeit zusammenhält, ist paradox: die *erfolgreiche Selbstverwirklichung*.

Selbstverwirklichung und die Valorisierung des Alltags

Der Lebensstil des spätmodernen Subjekts in der neuen Mittelklasse ist vom Ideal der Selbstverwirklichung in möglichst allen seinen alltäglichen Praktiken geprägt. Dabei geht es jedoch nicht um eine Selbstverwirklichung, die sich in Opposition zur modernen Welt vollzieht; sie soll vielmehr sozial erfolgreich und anerkannt *in* dieser Welt stattfinden. Der Lebensstil folgt damit dem widersprüchlichen Muster der *erfolgreichen Selbstverwirklichung*. Während das klassische Subjekt des Bürgertums, das auf sozialen Status und Erfolg aus war, häufig seine eigentlichen Wünsche zugunsten von Pflichten und Konventionen hintanstellen musste, und während das romantische Subjekt sich zwar experimentell ausprobierte, jedoch um den Preis eines Lebens am Rand der Gesellschaft, will das spätmoderne Subjekt beides: sich selbst entfalten *und* sozial anerkannt und erfolgreich sein.[30]

30 Innerhalb der recht feingliedrigen repräsentativen Milieuanalysen des Heidelberger SINUS-Instituts von insgesamt zehn Milieus lassen sich vier als Ausformungen des übergreifenden kulturellen Musters der Akademikerklasse verstehen: das dort sogenannte Milieu der »Expeditiven« (das »kreative Milieu« im engeren Sinne), das »liberal-intellektuelle« Milieu, das Milieu der »Performer« und das »postmaterialistisch-ökologische« Milieu. Quantitativ umfassen die vier zusammen ca. 30 % der Bevölkerung. Vgl.

Selbstverwirklichung ist zu einem vieldeutigen Begriff geworden, der alltagsweltlich inflationär verwendet wird. Ich möchte daher zunächst daran erinnern, dass die Vorstellung eines Selbst, das legitimerweise danach strebt, seine ganz »eigenen«, vorgeblich »innersten«, in jedem Fall aber besonderen Wünsche und Gedanken in die Tat umzusetzen, sie also in seinen Akten und Werken *auszudrücken*, eine ungewöhnliche semantische Erfindung der Romantik und des Sturm und Drang war. Szientifiziert wurde diese Vorstellung in der Psychologie der Selbstverwirklichung (*self realization, self-actualization*) und des Selbstwachstums (*self growth*) in den 1950er und 1960er Jahren.[31] Dieser zufolge lassen sich zwei diametral entgegengesetzte Selbst- und Weltverhältnisse unterscheiden: Einerseits ein zweckrationales oder normatives Verhältnis, bei dem es in erster Linie darum geht, Zwecke zu verfolgen, um primäre Bedürfnisse oder materielle Interessen zu befriedigen, oder den von außen herangetragenen Normen der Gesellschaft zu entsprechen; andererseits ein Weltverhältnis der Selbstverwirklichung, das danach strebt, etwas um seiner selbst willen zu erleben und zu erfahren (schöpferische Arbeit, Liebe, Religion, Natur, Kunst etc.). Das sich selbst verwirklichende Subjekt will nicht »haben« oder »scheinen«, sondern in seinen Praktiken und im jeweiligen Moment »sein« und idealerweise dabei »peak experiences« (Maslow) erleben.

In der Tat haben die Ideen der Selbstverwirklichungspsychologie, die unter anderem über psychologische Praxen, Erziehungs- und Partnerschaftsratgeber und pädagogische Konzepte verbreitet worden sind, maßgeblich zur Herausbildung der spätmodernen Subjektstruktur beigetragen. Zugespitzt gesagt: Der Selbstverwirklichungsgedanke ist *das* »gesunkene Kulturgut« der Kultur der Spätmoderne und ihrer neuen Mittelklasse nach 1968. Das Subjekt setzt sich hier als *befähigt* und *berechtigt* zur Selbstverwirklichung voraus; es sieht sich als Ort von Potenzialen und nimmt für sich gewissermaßen ein moralisches Recht in Anspruch, sich so zu entfalten, wie es ihm in seiner Besonderheit entspricht. Mit diesem Berechtigungsbewusstsein ist ein entsprechend hohes Selbstwertgefühl verbunden: Das spätmoderne Subjekt spricht sich selbst einen Wert als

⟨http://www.sinus-institut.de/fileadmin/user_data/sinus-institut/Bilder/sinus-mileus-2015/2015-09-23_Sinus-Beitrag_b4p2015_slide.pdf⟩, letzter Zugriff am 12.06.2017.

31 Vgl. nur Abraham H. Maslow, *Motivation and Personality*, New York 1954; ders., *Toward a Psychology of Being*, New York 1968.

Individuum zu, vor dessen Hintergrund die Legitimität der freien Entfaltung dieses Selbst überhaupt nicht in Zweifel steht, ja sozusagen natürlich zu sein scheint.[32]

Gesellschaftlich realisieren lässt sich das sich selbst verwirklichende Subjekt prinzipiell auf zwei Wegen, von denen der eine von der Counter Culture der 1970er Jahre gegangen wurde, wohingegen der andere mit der neuen Mittelklasse dominant wird. Die *weltabgewandte Selbstverwirklichung* der Gegenkulturen bewegte sich in subkulturellen Nischen und war gegen das »System« der Mehrheitsgesellschaft und deren entfremdete, »spießige« Praktiken gerichtet; zugleich wurde das Selbst hier häufig als ein Gegenstand extensiver Selbstexploration verstanden, in deren Verlauf die wahren, authentischen Wünsche zu entdecken waren. Die weltabgewandte Selbstverwirklichung war gewissermaßen in einem doppelten Sinn eine »Reise nach innen«.[33] Ganz anders die *weltzugewandte Selbstverwirklichung*, wie sie seit den 1980er Jahren dominant wird: Die Suche nach Erlebnissen und Erfahrungen sieht sich nicht mehr auf eine Subkultur zurückgeworfen, sondern richtet sich auf die reichhaltigen, heterogenen Kultur- und Erlebnisofferten der globalen Welt.[34] Es steht außer Frage, dass sich dieses Selbst nicht im Rückzug auf ein Innen oder *gegen* die Welt, sondern erst im Umgang *mit* der Welt verwirklicht: Was *ich* eigentlich bin und wirklich will, erweist sich erst in meinen alltäglichen Praktiken, in dem, was ich für mich ausprobiere und gerne oder mit Leidenschaft tue. Diese weltzugewandte Selbstverwirklichung muss voraussetzen, dass die Welt für eine solche Haltung eingerichtet ist. Tatsächlich kommt die Spätmoderne mit ihren reichhaltigen Offerten der globalen (und digitalen) Ökonomie der Singularitäten zwischen Yoga-Retreat, Ethnic Food, Kreativarbeit, Facebook und Gesangsstunden, aber auch mit ihren liberalen Erziehungsstilen und emanzipierten Geschlechterbeziehungen einem solchen subjektiven Selbstverwirklichungsstreben entgegen und stärkt es. Der Habitus passt ins Feld.

Die weltzugewandte Selbstverwirklichung der Spätmoderne ist also

32 Aus kulturkritischer Sicht mag man dies narzisstisch finden, vgl. Christopher Lasch, *The Culture of Narcissism. American Life in an Age of Diminishing Expectations*, New York 1979.

33 Diese Struktur wird in Paul Leinberger, Bruce Tucker, *The New Individualists. The Generation after the Organization Man*, New York 1991, S. 226ff. ausgeführt.

34 Eine bestimmte Version dieser Haltung drückt sich aus in Paul Ray, Ruth Anderson, *The Cultural Creatives. How 50 Million People are Changing the World*, New York 2000.

zugleich eine selbstorientierte Weltverwirklichung. Sie ist mit alltäglichen Prozessen der Kulturalisierung und der Singularisierung der Welt verknüpft. Was macht den spätmodernen Lebensstil nun genau zu einem *singularistischen*? Die Antwort lautet: Kulturalisierung und Singularisierung sind nicht nur systemische Makroprozesse des Kulturkapitalismus und der digitalen Medien, sondern die Subjekte der neuen Mittelklasse betreiben selbst eine beständige Mikropraxis der Kulturalisierung und der Singularisierung, in der sie sich zu verwirklichen meinen. Im Prozess der Kulturalisierung wird die Alltagswelt nun so weit wie möglich in solche Praktiken umgeformt, die nicht nur aus instrumentellen Gründen oder aus sozialem Konformitätszwang vollzogen werden, sondern weil sie intrinsisch wertvoll und erstrebenswert erscheinen. Solche Praktiken sind mit affektiver Befriedigung, mit Erlebnissen und Erfahrungen verknüpft.[35] Hier findet eine *Valorisierung* und *Kulturalisierung der Alltagspraxis* statt. Diese kann die Form einer Ästhetisierung annehmen, aber auch einer Ethisierung oder einer Ludifizierung, sie kann auch darin bestehen, dass Praktiken narrativiert oder zu Objekten kreativer Gestaltung werden. Die Ästhetisierung des Lebens, in der die alltäglichen Dinge und Praktiken zu Gegenständen sinnlichen Wohlgefallens werden – vom Design über Kultur-Events bis zum Umgang mit den Kindern –, ist besonders hervorzuheben. Die Ethisierung des Lebens, das heißt die gezielte Gestaltung von Praktiken nach Maßgabe dessen, was als ethisch gut gilt – etwa im Bereich der Esskultur, in der Gesundheits- und Achtsamkeitsorientierung gegenüber dem eigenen Körper und Geist sowie in einem ethischen Verständnis des Politischen (Mondialismus, Aktivismus) –, ist für den Lebensstil der neuen Mittelklasse ebenso charakteristisch.

Das Selbstverwirklichungssubjekt versucht, möglichst viele Bestandteile seines Alltags der Kulturalisierung zu unterziehen und damit zu etwas im starken Sinne *Wertvollem* zu machen: Die Arbeit soll nicht mehr nur dem Gelderwerb dienen, sondern intrinsisch motiviert sein, soll Sinn stiften und Freude machen; nicht aus bloßer sozialer Verpflichtung werden Partnerschaften eingegangen, Ehen geschlossen und Familien gegründet, sondern in der Erwartung, sich dadurch als Individuum weiterzuentwickeln, seine Freizeit auf befriedigende Weise gemeinsam zu gestalten und »neue Erfahrungen« (etwa auch mit den Kindern) zu machen;

35 Hier ergibt sich ein Anschluss an Schulze, *Erlebnisgesellschaft*.

man isst nicht nur, um satt zu werden, sondern das, was »richtig, gut und gesund« ist; und weil man etwas Besonderes sehen und erleben will, macht man keinen Urlaub »von der Stange«, sondern verreist etc., etc. Im Zuge dieser konsequenten Durchkulturalisierung des Alltags kristallisiert sich ein Muster heraus, nämlich das einer *Lebensführung* als *Kultur* – eines Lebensstils, dessen sämtliche Bestandteile zur Kultur, also von eigenem Wert werden. Diese Kulturalisierung des Alltags ist zugleich *Singularisierungsarbeit*: Man sucht nach dem Einzigartigen oder ist bestrebt, etwas durch eigene Gestaltung zu etwas Singulärem, das heißt ausgestattet mit erheblicher Eigenkomplexität, zu machen. Das gilt für die Arbeit ebenso wie für die Partnerschaft, das Essen und das Verreisen. Die geschmackliche Dichte des Essens, die Vielseitigkeit eines Reiseziels, die Besonderheit des Kindes mit all seinen Begabungen, die ästhetische Gestaltung der eigenen Wohnung – überall geht es um Originalität und Interessantheit, Vielseitigkeit und Andersheit.

Die Singularisierung und Valorisierung der Alltagswelt ist ein Projekt der *Authentifizierung des Lebens*. Generell strebt das spätmoderne Subjekt im Umgang mit der Welt nach Erfahrungen des Authentischen. Kurz gesagt gilt nun: Wenn etwas gut ist, dann muss es authentisch sein, und wenn es authentisch ist, dann ist es gut. Wie wir bereits gesehen haben, stammt auch der Wert der Authentizität aus der kulturellen Tradition der Romantik und verweist auf das Kriterium »Echtheit«, während das Unauthentische das Unechte, Gekünstelte und Vorgebliche, auch das Kommerzielle und Standardisierte bezeichnet.[36] Als authentisch aber wird etwas erlebt und bewertet, wenn es als singulär erkannt wird, wenn seine Eigenkomplexität begreifbar und spürbar wird: wenn das Essen kein Massen-Fastfood ist, sondern Ausdruck einer besonderen lokalen oder ethnischen Tradition; wenn man bei seinen Reisen nicht den »ausgetretenen Touristenpfaden« folgt, sondern »anders« reist etc., etc.

Man erkennt an dieser Stelle, wie damit *über den Weg* der Kulturalisierung und Singularisierung des Alltagslebens das spätmoderne Subjekt sich *selbst* kulturalisiert und singularisiert. Es kreiert sich damit selbst als Wertvolles. Zu sagen, es strebe unmittelbar nach Einzigartigkeit, es wolle originell sein, wäre jedoch zu einfach. Vielmehr will das Selbstverwirklichungssubjekt sein Leben mit Praktiken bevölkern, in denen *Objekte, Orte, Ereignisse, Kollektive* oder *andere Subjekte als einzigartige* er-

36 Siehe oben, Kap. II.1, S. 137-140.

fahren, in ihrer Singularität geschätzt und genossen werden können. Das singuläre Subjekt ist dann das *Resultat* eines solchen besonderen Durchgangs durch die Welt. Das Subjekt wird selbst originell und wertvoll in der einzigartigen Komposition seiner verschiedenen alltäglichen Praktiken sowie durch deren Einzigartigkeiten selbst: *Durch* mein Tai-Chi und diese meine Freunde (die jeweils für sich und in ihrer Zusammenstellung einzigartig sind), *durch* mein Faible für französische Kinofilme und meine Leidenschaft für Lateinamerika, *durch* die Partnerschaft mit meinem Freund (der selbst einen anderen kulturellen Hintergrund hat als ich) und *durch* meine Tätigkeit als Autor und Dozent werde ich selbst »reichhaltig«, gewinne ich Eigenkomplexität und werde damit besonders. Dies ist die *kompositorische Singularität* des spätmodernen Selbst,[37] die ihm selbst Wert verleiht: »I am large, I contain multitudes.«[38]

Das spätmoderne Subjekt der Akademikerklasse ist ein Mensch mit großen Ambitionen. Als Abraham Maslow die Orientierung an der Selbstverwirklichung zum erstrebenswerten Ideal erklärte, wies er ihr bekanntlich einen bestimmten Platz in seiner psychologischen Bedürfnishierarchie zu. Maslow meinte, dass Subjekte zunächst nach Sicherheit, Status und materieller Ausstattung streben, ihnen dies aber irgendwann nicht mehr genügt, so dass sie sich »höheren«, nichtmateriellen Werten verschreiben, vor allem jenem der Selbstentfaltung.[39] Auch wenn man dem Automatismus, zu dem Maslows Bedürfnishierarchie tendiert, nicht folgen wird: Richtig bleibt, dass mit dem singularistischen Lebensstil und seinem Movens der authentischen Selbstverwirklichung eine Umwertung der Werte stattfindet, und zwar vom Lebensstandard zur *Lebensqualität* und zum *guten Leben.* Der singularistische Lebensstil der neuen Mittelklasse ist darauf ausgerichtet, dem Leben *Qualität* zu verleihen; der Alltag soll nicht bloßes Mittel zum Zweck, sondern in möglichst allen seinen Segmenten *gut*, das heißt wertvoll, authentisch und befriedigend sein.[40]

37 Siehe auch oben, Kap. IV.1, S. 248f.

38 Walt Whitman, »Song of Myself« [1881-1882], in: ders., *Leaves of Grass. The »Deathbed« Edition* (eBook), New York 2005, S. 74-250, hier: S. 247.

39 Vgl. Abraham H. Maslow, »A Theory of Human Motivation«, in: *Psychological Review* 50 (1943), S. 370-396.

40 Die Frage nach dem »guten Leben« boomt seit 2000 im populären Ratgeberdiskurs; der Anstoß kam auch aus der Philosophie, vgl. nur Wilhelm Schmid, *Philosophie der*

Das kuratierte Leben

Das spätmoderne Subjekt, konzentriert in der neuen Mittelklasse, befindet sich seiner Welt und seinem Leben gegenüber in der Haltung eines *Kurators* – es lebt ein kuratiertes Leben. Der Kurator ist ursprünglich eine Subjektform aus dem Kunstfeld, die dort seit den 1970er Jahren zu einer Leitfigur geworden ist. Der Kurator erfindet nicht von Grund auf Neues, er stellt klug zusammen. Er wählt aus, eignet sich Kunstwerke und Traditionen an, er *macht* Dinge erst zu Ausstellungsstücken, bindet scheinbar Disparates mittels eines kenntnisreichen und überzeugenden Konzeptes zusammen. Kuratieren ist »im Prinzip ein Tun, bei dem Dinge zusammengefügt werden«.[41] Die Praxis des Kuratierens lässt sich nun auf den spätmodernen Lebensstil insgesamt übertragen.

Aus den ästhetischen Bewegungen der Moderne ist der Imperativ bekannt, man solle aus seinem Leben ein Kunstwerk machen, also gewissermaßen als Künstler agieren. Mit Blick auf den spätmodernen Lebensstil scheint jedoch die Feststellung passender, dass das Subjekt weniger zum Künstler als zum Kurator des eigenen Lebens wird. Die klassische genieästhetische Vorstellung ging davon aus, dass der Künstler sich in seinem von ihm eigenständig geschaffenen Werk ausdrückt; das Werk erschien wie ein demiurgischer Akt, wie vom Künstlersubjekt *ex nihilo* in die Welt gesetzt. Das spätmoderne Subjekt hingegen fängt nicht »bei null« an, sondern befindet sich in einem enormen, heterogenen, nicht zuletzt globalen und transhistorischen hyperkulturellen Netzwerk bereits bestehender, zirkulierender Praktiken und Objekte: Vom Qigong bis zu Kuba als Reiseziel, von der Tätigkeit als Autor bis zum Art déco, vom Veganismus bis zum Geschlechtercode der *tough woman* oder der Mutterliebe – alles ist in der Kultur schon *da*. Genau dies ist die Situation des Kurators: Auch für ihn sind die Kunstwerke, die Alltagsdinge, die Theorien, die Fotos etc. bereits vorhanden, nie setzt er vollständig neue Objekte in die Welt. Seine Kunst besteht in der klugen Auswahl und Aneignung, der kreativen Transformation und Einbettung, die aus dem Disparaten ein stimmiges Ganzes machen, das trotzdem seine Heterogenität bewahrt.

Lebenskunst. Eine Grundlegung, Frankfurt/M. 1998; Luc Ferry, *Leben lernen. Eine philosophische Gebrauchsanweisung*, München 2009.

41 Vgl. Beatrice von Bismarck »Introduction«, in: dies. (Hg.), *Cultures of the Curatorial*, Berlin 2012, S. 7-20, hier: S. 8. Zu diesem Thema auch Paul O'Neill, *The Culture of Curating and the Curating of Culture(s)*, Cambridge 2012.

Diese Haltung des Kuratierens drückt dem spätmodernen Lebensstil ihren Stempel auf. Das Subjekt der neuen Mittelklasse kuratiert, sei es einmalig oder auf Dauer, sowohl einzelne Aktivitäten – ein Essen, eine Reise, die Wohnung, ja sogar die Partnerschaft – als auch sein Leben *im Ganzen*. Es macht sich zur Aufgabe, vor dem Hintergrund aller kulturellen Praktiken und Objekte, die kursieren und existieren, solche zusammenzustellen und -zufügen, die das eigene Leben zu einem »guten«, qualitativ reichen und reizvollen machen. Im Kuratieren des Lebens gehen Exploration und Routinisierung Hand in Hand. Zunächst ist eine *explorative Haltung* nötig, denn man muss Verschiedenes ausprobieren, um herauszufinden, was einen affiziert und zu einem passt. Im Anschluss daran kann das Ausgewählte auf Dauer gestellt und im Stile einer *Routine* Teil des Lebens werden (irgendwann kann es aber auch wieder aufgegeben werden). Das kuratierte Leben ist somit selbst gewissermaßen aus Modulen zusammengesetzt und folgt der Logik einer *Pluralität von Singularitäten* auf der Ebene der Lebensführung: Die zusammengefügten Praktiken, Dinge, anderen Menschen bilden für das Subjekt eine heterogene Kollaboration eigener Art, in der die einzelnen Elemente aber ihre Eigenständigkeit und Eigensinnigkeit bewahren.[42] Die Querschnittspraxis des Kuratierens macht deutlich, was genau den singularistischen Lebensstil zu einem *kreativen* macht.[43] Kreativität ist nicht nur ein Wert, mit dem sich das spätmoderne Subjekt identifiziert, sondern die Chance und der Zwang zur kreativen Gestaltung sind darüber hinaus systematisch in seinen Lebensstil eingebaut. Kreativität meint hier spezifisch die *Umgestaltung* des Gegebenen angesichts einer spätmodernen Kultur, in der, wie wir gesehen haben, kulturelle Praktiken und Objekte im Überfluss vorhanden sind. Das Neue in diesem *kreativen Lebensstil* ist also in der Regel nicht das im strengen Sinne nie Dagewesene, sondern das *relativ* Neue.

Das Kuratieren als Querschnittspraxis löst die Querschnittspraxis des Konsums ab und nimmt sie zugleich in sich auf. Als Konsument befindet sich das Subjekt gegenüber Objekten, die um seine Gunst wetteifern, in der Position eines Wählenden; in spätmodernen Zeiten findet diese Wahl nun typischerweise nicht mehr (nur) nach zweckrationalen Krite-

42 Zu diesen Begriffen siehen oben, Kap. III.1, S. 189f., 192f.

43 Vgl. zu diesem Aspekt Andreas Reckwitz, *Die Erfindung der Kreativität. Zum Prozess gesellschaftlicher Ästhetisierung*, Berlin 2012, S. 326ff.

rien statt, sondern (auch beziehungsweise sogar primär) nach kulturellen:[44] Zen-Buddhismus oder deutscher Protestantismus? Pasta oder Sushi? Oper oder Hiphop? Humanistisches Gymnasium oder Montessori-Schule? iPhone oder Galaxy? Friedrichshain oder Kreuzberg? Die kulturellen Objekte und Praktiken des spätmodernen Konsums erscheinen dabei durchgängig als nicht vorgegeben oder normativ zwingend; es sind *Möglichkeiten*, die im Prinzip als gleichberechtigt anerkannt und gleichermaßen zugänglich sind.

Allerdings ist der kreative Lebensstil der neuen Mittelklasse in konsumistischen Begriffen noch nicht vollständig erfasst, sondern es kommt noch etwas Entscheidendes dazu. Das kreative, sein Leben kuratierende Subjekt befindet sich gegenüber den kulturellen Objekten nicht mehr nur in einer Relation der *Wahl*, sondern zum einfachen Konsum – Auswahl und Verzehr – kommt die Praxis der *Aneignung* hinzu, mittels deren das einzelne Objekt umgestaltet und mit anderen Objekten kombiniert wird.[45] Diese Aneignung kann ihrerseits den Charakter einer *kulturellen Arbeit* oder Arbeit am Selbst annehmen, wie überhaupt das kuratierte Leben insgesamt für das Subjekt eine Quelle von Selbstwert ist: Ich fühle mich wertvoll und besonders, wenn ich in meinem Leben die Vielfalt des Authentisch-Besonderen erlebe und mir daraus virtuos etwas für mich zusammenstelle. Im Rahmen des singularistischen Lebensstils wird der bloße Konsum im Grunde sogar als *defizitäre* Aktivität abgewertet, so dass das kuratierte Leben beides sein kann: radikal konsumistisch und grundsätzlich antikonsumistisch. Und in der Tat: Obwohl nahezu alle Bestandteile des Lebens der neuen Mittelklasse von einer konsumtorischen Haltung, das heißt einer Wahl zwischen Optionen auf der Grundlage des Selbstverwirklichungswunsches, grundiert sind, ist das Selbstverständnis der neuen Mittelklässler häufig ausgesprochen konsumskeptisch. Man spricht sich gegen eine »reine Konsumhaltung« aus, auch gegen den schnöden Kommerz,[46] und dies oft in Verbund mit einer Entwertung von »vulgären« Konsumsubjekten, die explizit oder subtil vor allem in der Unter-

44 Vgl. dazu Don Slater, *Consumer Culture and Modernity*, Cambridge 1997.

45 Der Konsum wird damit zur Kokreation. Vgl. zu diesem Thema auch Dirk Hohnsträter (Hg.), *Konsum und Kreativität*, Bielefeld 2016; und Wolfgang Ullrich, *Alles nur Konsum. Kritik der warenästhetischen Erziehung*, Berlin 2013, der vom »Konsum als Kulturtechnik« spricht. Weitergeführt wird damit das Motiv des »Prosumer«, von dem Alvin Toffler bereits in den 1960er Jahren sprach.

46 Vgl. dazu Savage, *Social Class*, S. 121ff.

klasse ausgemacht werden. Dahinter steht ebenjene Differenz zwischen *einfacher* komsumtorischer Wahl und *anspruchsvoller* kuratorischer Aneignung, zwischen *passivem* Konsum und *aktiver* Praxis. Dieser *kulturelle Aktivismus* ist für den Lebensstil der Kreativsubjekte aus der neuen Mittelklasse überhaupt zentral. Ob es um Sport oder ums Reisen, um lokale Kulturevents oder um Restaurants geht: der Lebensstil der akademischen Mittelklasse ist ein hochgradig aktiver.[47]

Kultur als Ressource und Kulturkosmopolitismus

Wir haben schon gesehen, dass der singularistische Lebensstil der neuen Mittelklasse die gesamte Welt-Kultur aller Orte, Zeiten und sozialen Herkünfte als verfügbare Ressource für die eigenen Selbstverwirklichungswünsche behandelt. Kultur wird aus dieser Perspektive nicht – wie im traditionalistischen Kulturverständnis – innerhalb der eigenen sozialen Gruppe reproduziert, sondern hat sich in eine Ressource in Gestalt eines heterogenen Feldes von Aneignungsmöglichkeiten verwandelt. In dieser *Hyperkultur* kann potenziell alles zur Kultur werden, das heißt zu einem Objekt oder einer Praxis, das oder die einer ästhetischen, ethischen, narrativ-semiotischen, ludischen oder kreativ-gestaltenden Aneignung zugänglich ist.[48] Die Elemente dieser Hyperkultur zirkulieren global und transhistorisch, daher kennt sie praktisch keine Grenzen. Die in ihr zirkulierenden Objekte und Praktiken sind einerseits unterschiedlich und singulär, andererseits befinden sie sich gerade in ihrer anerkannten Differenz im Prinzip alle auf derselben Ebene. Anders gesagt: Die Hyperkultur hat keine vorgefertigten Präferenzen, sondern macht Offerten. Diese De-jure-Gleichberechtigung kultureller Elemente bedeutet, dass klassische *Grenzen* des kulturell Wertvollen *aufgelöst* werden, insbesondere die zwischen dem Gegenwärtigen (Modernen) und dem Historischen, zwischen Hochkultur und Populärkultur sowie zwischen der eigenen Kultur und der fremden.

Im Kultur-als-Ressource-Modell bedient man sich umstandslos kultureller Objekte aus der Gegenwart wie aus der Vergangenheit, wodurch es in der Spätmoderne zu einer auffälligen Präsenz des Historischen kommt,

47 Vgl. ebd., S. 103ff.
48 Vgl. Kap. II.1, S. 145f.

die die Möglichkeiten kultureller Aneignung immens erweitert. Dies ist in der Tat neu, denn die Kultur der industriellen Moderne präferierte eindeutig das Gegenwärtige und Zukunftsorientierte als Ausdruck überlegener Modernität gegenüber der rückständig geltenden Vergangenheit. In der spätmodernen Hyperkultur erscheinen kulturelle Elemente aus der Vergangenheit hingegen als willkommene Bereicherung des Hier und Jetzt. Mehr noch: Unter dem Aspekt ihres Singularitätswertes erweist sich Historisches als besonders vielversprechend, da es mit komplexen und andersartigen Narrativen und Bedeutungsschichten aufwartet und daher sehr gute Chancen hat, als authentisch anerkannt zu werden.[49] Die für die Spätmoderne typische Renaissance des Historischen ist besonders sichtbar im Bereich der Stadtentwicklung und manifestiert sich dort in der Aufwertung der Altbauviertel, die zum bevorzugten Wohnort der neuen Mittelklasse geworden sind. Sie findet sich aber auch im Bereich des Reisens mit dem besonderen Interesse des Kulturtouristen am »kulturellen Erbe«[50] sowie in der wiedererwachten Neugierde in Bezug auf sehr alte spirituelle und religiöse Traditionen.[51] Die Renaissance des Historischen darf im Übrigen nicht mit einem simplen Historismus verwechselt werden, denn keineswegs wird nun umgekehrt das Gegenwärtige und Moderne gegenüber einer imaginären Klassik abgewertet.[52] Vielmehr gilt, dass die Hyperkultur die Wertgrenze zwischen dem Gegenwärtigen und dem Historischen auflöst und durch einen unterschiedslosen Zugang zu *beiden* Sphären ersetzt.

Eine zweite Grenze, die hyperkulturell aufgelöst wird, ist die zwischen Hochkultur und Populärkultur. Alle empirischen Untersuchungen zei-

49 Dabei ist es nicht das »original Historische«, um das es geht, sondern immer die Situierung des Alten im Gegenwärtigen, mithin der *mode rétro*, der dem Alten in der Spätmoderne seinen Reiz verleiht. Dazu vgl. Fredric Jameson, *Postmodernism, or the Cultural Logic of Late Capitalism*, Durham 1991, S. 16ff.

50 Vgl. dazu etwa Michael Jager, »Class Definition and the Aesthetics of Gentrification. Victoriana in Melbourne«, in: Neil Smith, Peter William (Hg.), *Gentrification of the City*, London u.a. 1986, S. 78-91; Hyung Yu Park, »Heritage Tourism«, in: *Annals of Tourism Research* 37/1 (2010), S. 116-135.

51 Ein prominentes Beispiel ist die Rezeption des Buddhismus im westlichen Akademikermilieu, vgl. Charles S. Prebish, Martin Baumann (Hg.), *Westward Dharma. Buddhism Beyond Asia*, Berkeley 2002.

52 Das sieht man schon daran, wie wichtig es für das spätmoderne Subjekt ist, digital-technologisch auf dem neuesten Stand zu sein, aber das Gleiche gilt auch für Musik, Mode, Stil und Kunst und ihren ausgeprägten Sinn für das Zeitgenössische.

gen, dass die traditionelle Hochkultur – der klassischen Musik, der Literatur, der bildenden Kunst etc. –, wie sie für die bürgerliche Lebensführung prägend war, für die neue Akademikerklasse ihren privilegierten Status als Ausdruck des legitimen Geschmacks verloren hat. Vielmehr greift man nun vorurteilslos auch auf vormals eindeutig als populärkulturell qualifizierte Quellen zurück: Man besucht Pop-Konzerte, schaut Hollywood-Blockbuster oder begeistert sich im Fußballstadion. Richard Peterson und andere Kultursoziologen haben daraus den Schluss gezogen, dass der postmoderne Kulturkonsument zu einem »Allesfresser« (*omnivore*) geworden sei.[53] Diese Diagnose muss jedoch präzisiert werden, denn es geht hier nicht um eine wie auch immer entstandende Geschmacksindifferenz. Erneut ist der entscheidende Punkt, dass nun *potenziell* alles geeignet ist, zur Entfaltung eines nach Authentizität und Selbstverwirklichung strebenden Lebensstils beizutragen. Damit *können* auch populärkulturelle Objekte und Ereignisse interessant und anziehend werden – unter der Bedingung, *dass* sie als authentisch erfahrbar sind. Auch hier gilt Analoges wie bei der ersten Grenzauflösung: Klassisch hochkulturelle und bildungsbürgerliche Objekte verlieren keineswegs ihre Relevanz, sondern erleben sogar eine Renaissance, ablesbar am Boom der Museen und Konzerthäuser seit den 1990er Jahren, die sich freilich der gleichen Authentizitätsbedingung zu unterwerfen haben. Auch die Hochkultur wird ausgesondert, wenn sie als unecht, langweilig, steif und erlebnisarm erfahren wird; und auf die Populärkultur wird verzichtet, wenn sie primär billig, kommerziell, primitiv und »aus der Retorte« wirkt.

Die Hyperkultur löst schließlich auch die strikte Grenze zwischen dem »Eigenen« und dem »Fremden«, zwischen Kulturkreisen, Nationen oder Regionen auf. Für den singularistischen Lebensstil gibt es keinen Grund mehr, Objekte und Praktiken der eigenen Kultur gegenüber jenen, die aus anderen Kulturen stammen, vorzuziehen. Der Grund dafür ist zunächst kein politischer oder moralischer, sondern im Selbstverwirklichungsstreben und dessen beständiger Suche nach andersartigen Erfahrungen verankert: Ein kultureller Ethnozentrismus würde schlicht

53 Vgl. Richard A. Peterson, Roger M. Kern, »Changing Highbrow Taste. From Snob to Omnivore«, in: *American Sociological Review*, 61/5 (1996), S. 900-907. Ähnlich auch Bernard Lahire, *La Culture des individus. Dissonances culturelles et distinction de soi*, Paris 2004.

eine Einschränkung jener Erlebens- und Valorisierungsmöglichkeiten bedeuten, welche die Welt-Kultur bietet. Das ehemals »Fremde« wird so zur potenziellen Quelle der Bereicherung des Selbst, entsprechend wird der »bunte Mix« der Kulturen in der Metropole von der neuen Mittelklasse als anregender empfunden als die öde Monokultur der alten Industriestadt. Auch hier regiert nicht das Entweder-oder, sondern das Sowohl-als-auch: Man muss sich nicht zwischen dieser oder jener Kultur entscheiden, sondern kann problemlos kulturelle Versatzstücke aus indischer Spiritualität, italienischer Früherziehung, lateinamerikanischer Bewegungskultur und deutschem Ordnungssinn miteinander kombinieren. Vor dem Hintergrund des Fremden kann dann auch wieder eine partielle Rückbesinnung auf die lokale oder nationale Kultur stattfinden. Angesichts der Vergleichsmöglichkeiten schaut man auf das Eigene – die schwäbische Küche, die Küste der Nordsee oder Franz Schubert – mit der Brille des Fremden und findet es ungeahnt bereichernd.

Die eben angesprochene Haltung des Sowohl-als-auch, die bei allen drei Grenzauflösungsprozessen eine Rolle spielt, verweist darauf, dass das Subjekt der neuen Mittelklasse eine transhistorische und interkulturelle *Switching*-Kompetenz entwickelt. Es ist eben kein beliebiger »Allesfresser«, sondern in der Lage, mühelos zwischen dem Zeitgenössischen und dem Historischen, dem Populär- und dem Hochkulturellen sowie zwischen den Kulturen hin und her zu wechseln – immer auf der anspruchsvollen Suche nach dem Singulären und Authentischen. Dabei kristallisiert sich etwas heraus, was man als die *kulturelle Conaisseurhaftigkeit* der neuen Mittelklasse bezeichnen kann:[54] Man entwickelt bezogen auf die valorisierten kulturellen Objekte häufig eine ausgesprochene Kennerschaft, welche das Singularitätserleben noch intensiviert, da erst so die Komplexität des Objekts wahrnehmbar wird. Diese Conaisseurhaftigkeit, die man aus der klassischen Hochkultur (Literaturkenner) ebenso kennt wie aus Segmenten des bürgerlichen Lebensstils (Weinkenner), wird nun auf alle anderen, auch ursprünglich populärkulturellen Objekte und Aktivitäten ausgedehnt, die man in seinen Lebensstil integriert: auf Computerspiele oder die ausgefeilten Techniken des Kochens, auf Musikbands oder die Reiseziele Südfrankreichs, auf Vintage-Mobiliar, Rennräder und das Herstellen von Marmelade, auf das Werk von Gilles Deleuze oder die Geheimnisse der Sneaker-Kultur.

54 Vgl. dazu Savage, *Social Class,* S. 114ff.

Zusammenfassend ist das Subjekt der neuen Mittelklasse durch einen *Kulturkosmopolitismus* charakterisiert.[55] Kultur erscheint ihm als globales Reservoir, reich gefüllt mit vielfältigen Elementen, die jeweils ihre eigene Berechtigung und ihren eigenen Wert haben und potenzielle Gegenstände der Aneignung durch das nach Authentizität trachtende Subjekt sind; hier gibt es keine Besitzansprüche seitens verschiedener Herkunftsgemeinschaften mehr, sondern jedes kulturelle Element ist zumindest potenziell mit jedem kombinierbar.[56] Der Kulturkosmopolitismus ist gewissermaßen ein Globalismus, der vom Wert der Vielfalt des Lokalen lebt. Er schätzt nicht jene globalen Objekte und Praktiken, die überall gleich sind, sondern die lokalen Besonderheiten, die authentischen Singularitäten, die jedoch global zirkulieren müssen, um überhaupt zugänglich zu sein. Und er beruht emphatisch auf *Offenheit*, die neben der Kreativität zum scheinbar alternativlosen Leitwert der spätmodernen Hyperkultur avanciert ist. Vorausgesetzt im Kulturkosmopolitismus ist das scheinbar selbstverständliche Gefühl des *Berechtigtseins*, über die Welt-Kultur in allen ihren Facetten zur Bereicherung des eigenen Lebensstils verfügen zu können.[57] Das Subjekt der neuen Mittelklasse beansprucht das Recht, sich Kulturelemente zu eigen, das heißt zu *Eigenem* zu machen – auch solche aus Gegenkulturen, aus der *working class culture* oder aus anderen Traditionen, die nicht seine eigenen sind.

Damit zieht der Kulturkosmopolitismus seine eigene Wertgrenze: gegen das abgewertete *Provinzielle*, dem es aus dieser Sicht an Offenheit gegenüber der Vielseitigkeit mangelt, auch an kultureller Souveränität und Kennerschaft; das Provinzielle erscheint als in geschlossenen Grenzen gefangen. Die Provinzialität hat aus der Sicht der kosmopolitischen Akademikerklasse vor allem in der Unterklasse (zumindest ihrer einheimischen, sesshaften Fraktion) und im »kleinbürgerlich« scheinenden alten Mittelstand ihren sozialen Ort. Die Unterscheidung Kosmopolitismus/Provinzialismus wird so zu einem zentralen Schema des symbolischen Kampfes in der Spätmoderne. Die neue Mittelklasse ist dabei sowohl in ihren

55 Vgl. dazu Ulf Hannerz, »Two Faces of Cosmopolitanism: Culture and Politics«, in: *Statsvetenskaplig Tidskrift* 107/3 (2005), S. 199-213.

56 Es handelt sich dann um Gegenstände der Hybridisierung. Der postkoloniale Begriff der Hybridität, der zunächst auf lokale Mischkulturen bezogen wurde, muss aus der Sicht des Kosmopolitismus der neuen Mittelklasse daher intuitiv einleuchten, da er der Praxis der Kombinatorik des kuratierten Lebensstils entspricht.

57 Dieser Aspekt wird zu Recht bei Skeggs betont, vgl. Skeggs, *Class, Self, Culture*, S. 155ff.

Grundzügen als auch in den Details ihres Lebensstils eine *globale Klasse*. Sie ist nicht nur in den USA, in Deutschland, Frankreich, Schweden, Italien etc. sowie in den sich rasant modernisierenden Ländern wie China in ähnlicher Weise tonangebend, ihre kulturellen Muster erweisen sich auch über nationale Grenzen hinweg als ähnlich.[58]

Statusinvestition und das Prestige des Einzigartigen

Ich hatte festgestellt, dass es dem Subjekt der neuen Mittelklasse um *erfolgreiche* Selbstverwirklichung geht, das heißt um persönliche Befriedigung im Rahmen eines anerkannten sozialen Status. In diesem Sinne baut es auf Strategien und Kompetenzen des modernen Bürgertums auf, dessen Erbe die Akademikerklasse in vielen Hinsichten angetreten hat. Die permanente Investition in den sozialen Status liefert hier den notwendigen Hintergrund für die Kulturalisierungen und Singularisierungen des Lebensstils. Diese Kopplung von Authentizitäts- und Erfolgsstreben prägt die Lebensführung der neuen Mittelklasse auf mehreren Ebenen. Grundlegend ist zunächst, dass die anerkannte Berufsarbeit in klassischer Manier ihre Basis bildet. Sie findet nun im Wesentlichen in der hochqualifizierten Wissens- und Kulturökonomie statt. Für die Arbeit der Hochqualifizierten ist, wie wir schon gesehen haben, eine Doppelstruktur kennzeichnend: Die Arbeit stiftet Identität und will mit einer intrinsischen Motivation betrieben werden, sie soll interessant und befriedigend sein; zugleich soll sie soziale Anerkennung und die Ressourcen für den kosmopolitischen Lebensstil sichern – weshalb es naiv wäre zu meinen, die Wertestruktur der neuen Mittelklasse sei durchweg postmaterialistisch geprägt. Vielmehr folgt sie einem *materialistisch grundierten Postmaterialismus*: Das »gute Leben« besitzt eine Lebensqualität, die über Lebensstandard hinausgeht – setzt aber zugleich (ökonomisches, kulturelles und soziales) Kapital voraus, dessen Erwerb und Reproduktion zu einer permanenten Aufgabe wird.

Uwe Schimank, Steffen Mau und Uwe Groh-Samberg weisen darauf

58 Dies wird in den Milieustudien des Heidelberger SINUS-Instituts deutlich, die international durchgeführt werden und in den verschiedenen (gegenwärtig 44) Nationalgesellschaften ähnliche Milieus mit übereinstimmenden kulturellen Profilen herausarbeiten.

hin, dass »investive Statusarbeit« als Strategie für die Lebensführung der Mittelklassen generell prägend ist.[59] In der akademischen Mittelklasse, in der *hohes* kulturelles Kapital verhandelt wird, nimmt diese Statusinvestition eine besonders anspruchsvolle Form an. Sie kann sich nicht mehr auf die Normalarbeitsverhältnisse der nivellierten Mittelstandsgesellschaft verlassen, sondern wird getätigt auf chancen- wie risikoreichen Märkten. Generell sind selbstunternehmerische und marktsensible Kompetenzen gefragt: Das Kreativsubjekt muss auch ein unternehmerisches Selbst sein, muss ständig die kulturellen Märkte beobachten, die dortigen Valorisierungen abschätzen, sich auf ihnen positionieren; es muss dort klug mit Risiken und Chancen umgehen und entsprechend maßvoll spekulieren. Im Besonderen gilt dies für die Dynamik des Arbeitsmarkts, aber auch für den Partnerschaftsmarkt, den Immobilien- und Anlagemarkt sowie den Bildungsmarkt, schließlich für diverse Konsummärkte und deren Trends. Insofern der Lebensstil immer mehr durch die Strukturen kultureller Märkte geprägt wird, auf denen sich das Subjekt als Anbieter und Konsument bewegt, erfährt er *seinerseits* eine Kulturökonomisierung.

Die selbstunternehmerische Statusinvestition, die der akademischen Mittelklasse zur Aufgabe wird, betrifft alle relevanten Kapitalsorten.[60] Das hohe *kulturelle Kapital* muss auf den neuesten Stand gebracht und weiterentwickelt werden. Darüber hinaus gilt es, für die eigenen Kinder eine passende und zukunftsweisende Bildungsbiografie zu initiieren. Internationalisierung und Entfaltung von Persönlichkeitskompetenzen über standardisierte, nationale Bildungsabschlüsse hinaus spielen dabei eine zunehmend wichtige Rolle. Das *ökonomische Kapital* von Einkommen und Vermögen will auf volatilen Arbeits-, Immobilien- und Finanzmärkten entwickelt werden. Eine bedeutsame Rolle nimmt die Entwicklung von sozialem Kapital ein: Die neue Akademikerklasse zeichnet sich durch eine besonders differenzierte Pflege von *Netzwerkkapital* aus, sowohl von solchem, das beruflich verwertet werden kann, als auch von solchem, das allgemeine Beratungsfunktionen verspricht (Gesundheit, Recht, Bildung) oder relevant für die Gestaltung der Freizeit ist (Nutzung von Ferien-

59 Vgl. Uwe Schimank, Steffen Mau, Olaf Groh-Samberg, *Statusarbeit unter Druck? Zur Lebensführung der Mittelschichten*, Weinheim 2014.

60 Ich lehne mich lose an die Begrifflichkeit von Bourdieu an: Pierre Bourdieu, »Ökonomisches Kapital, kulturelles Kapital, soziales Kapital«, in: Reinhard Kreckel (Hg.), *Soziale Ungleichheiten*, Göttingen 1983, S. 183-198.

häusern, internationaler Wohnungstausch; lokale Konsumempfehlungen etc.).[61]

Schließlich gilt es unter spätmodernen Verhältnissen mehr und mehr, eine weitere Sorte von Ressourcen zu entwickeln: das *psychophysische Subjektkapital.* Gemeint ist damit die Notwendigkeit, dass das Subjekt an seiner physischen und psychischen Struktur arbeitet, damit diese ein stabiles Fundament sowohl für den beruflichen Erfolg als auch den geglückten Lebensstil liefert. Das Subjekt übt sich hier in Selbstoptimierung. Zentral in diesem Zusammenhang ist die Statusinvestition in Gesundheit und Fitness, daneben kann eine Arbeit an der eigenen psychischen Stabilität (Stichwort »Resilienz«), aber auch an den psychischen Entwicklungs- und Entfaltungsmöglichkeiten an Bedeutung gewinnen (Stichwort Therapie). Auch die Arbeit an der physischen Attraktivität – über Sport oder Stilberatung etwa – ist unter den Bedingungen des unberechenbaren Wettbewerbs kultureller Märkte ein wichtiges Asset.

Trotz aller Bedeutung der Kapitalakkumulation gilt jedoch: Im Idealtypus der »Lebensführung als Kultur« der neuen Mittelklasse ist die Statusinvestition nicht Selbstzweck, sondern Mittel zum Zweck der Entfaltung des singularistischen Lebensstils. Man kann hier von einer *mitlaufenden Statusinvestition* sprechen, denn die Kapitalakkumulation ist zwar eine Strategie, die viele Aktivitäten *begleitet*, aber sie ist nicht das Lebens*ziel* der neuen Mittelklasse, die ja über bloßen Lebensstandard hinaus auf Lebensqualität aus ist. In dieser Hinsicht grenzt sie sich von der alten Mittelklasse ab, die gewissermaßen übereifrig nach Einkommen, Vermögen und Status(symbolen) strebt(e) und vorgeblich kleinbürgerlich »nicht zu leben verstand«.

Allerdings ist der kreative Lebensstil keine ausschließlich an den Bedürfnissen des eigenen Selbst orientierte Angelegenheit, sondern seinerseits mit sozialem Prestige verbunden. Das ist die paradoxe Struktur einer *performativen Selbstverwirklichung,* also einer Darstellung von Selbstverwirklichung vor einem sozialen Publikum, um von dort als »attraktives Leben« anerkannt zu werden. Die Akademikerklasse verkörpert auch insofern eine Symbiose von Romantik und Bürgerlichkeit, als sie auch auf dieser Ebene die widersprechenden Orientierungen der Innenorientierung (Selbstverwirklichung) und Außenorientierung (Prestige) miteinander verknüpft: Es gibt einen Prestigewert des singulären Le-

61 Vgl. Savage, *Social Class,* S. 127ff.

bens.[62] Auch wenn der singularisierte Lebensstil auf einer ersten Ebene nur vor dem Hintergrund des Selbstverwirklichungswunsches des Subjekts verstehbar ist, verschafft das kuratierte Leben soziales Prestige, und zwar in dem Maße, in dem es für andere sichtbar wird, dadurch dass es (gezielt oder scheinbar absichtslos-lässig) performativ in Szene gesetzt wird. Nun bildet nicht mehr der bloße Lebensstandard der nivellierten Mittelstandsgesellschaft (Haus, Auto, hohes Einkommen), sondern die Demonstration von anscheinend gelungener Selbstentfaltung, von individueller Besonderheit, Authentizität und persönlicher Vielseitigkeit das avanciertere Kriterium, um von der sozialen Umgebung anerkannt zu werden.[63]

Vier Wochen durch Lateinamerika getrampt zu sein, mag für einen selbst interessant und herausfordernd gewesen sein – ist aber eben auch eine Quelle für Anerkennung durch andere ob der interessanten Erfahrungen, die man wahrscheinlich gemacht hat und der offenen kosmopolitischen Persönlichkeit, als die man sich dadurch erwiesen hat. Freeclimbing macht Spaß – bringt aber auch den bewundernden »Was-du-alles-kannst«-Blick ein. Zeichentrickfilme zu kreieren, kann persönlich befriedigend sein – und zugleich für das Prestige einer kreativen Persönlichkeit sorgen, die sich nicht mit einem routinisierten Bürojob zufriedengibt. Dies alles veranschaulicht, wie sich Singularität in ein *Singularitätsprestige* im Spiel des Sozialen verwandelt. Selbstverwirklichung und Authentizität werden so nicht nur im Verhältnis des Subjekts zu sich selber verhandelt, sondern zu *Darstellungen von* Selbstverwirklichung und Authentizität vor anderen: vor dem Kreis der Freunde und Familie, vor den »Freunden« in den erweiterten sozialen Netzwerken (in denen man das »demonstrative Erleben« in Form von Fotos postet), vor den Kolleginnen und Kol-

62 Gerhard Schulze und Pierre Bourdieu liefern hier komplementär einseitige Ansätze, die zusammenzudenken sind: Bei Schulze geht es in der Spätmoderne allein um selbstbezügliche Erlebnisse, und soziales Prestige scheint kaum eine Rolle mehr zu spielen, während bei Bourdieu klassisch Distinktion und Prestige alles sind und intrinsische Werte nurmehr als ideologischer Schein übrigbleiben. Der singularistische Lebensstil bewegt sich jedoch *zugleich* auf den beiden Ebenen von subjektivem Erleben/Wert und sozialem Prestige, die sich nicht kurzerhand gegeneinander auflösen lassen.

63 Hierzu passt Rifkins These, dass der Besitz von Gütern als Statussymbol zugunsten des Zugangs zu Gütern an Bedeutung verliert: Jeremy Rifkin, *Access. Das Verschwinden des Eigentums. Warum wir weniger besitzen und mehr ausgeben werden*, Frankfurt/M., New York 2000.

legen und schließlich auch vor einer größeren gesellschaftlichen Öffentlichkeit.

Alle Bausteine des singularistischen Lebensstils, die ich im nächsten Abschnitt genauer betrachten werde, eignen sich so zur sozialen Demonstration von Selbstverwirklichung: die Reisen und kulturellen Events, bei denen man sich zeigt und von denen man Posts herumschickt; das Essen – das selbst zubereitete wie das aushäusige –, das vor anderen zelebriert wird; der gesunde und bewegliche Körper, der beim Jogging oder in Extremsportarten öffentlich zur Schau gestellt wird; die Wohnung und das Haus, die einen Präsentationswert haben; schließlich die »wohlgeratenen«, das heißt persönlichkeitsstarken und erfolgreichen, kleinen oder erwachsenen Kinder. In Bezug auf sein Singularitätsprestige befindet sich das Subjekt somit in einem mehr oder minder subtilen Distinktionswettbewerb mit den anderen. Anerkannte Singularität wird für das Subjekt hier selbst zum Kapital – zum *Singularitätskapital.*[64] Hohes Singularitätsprestige, das heißt, als eine interessante, vielseitige und offene Persönlichkeit zu gelten, kann so auf diversen Märkten – vor allem dem beruflichen Markt der *creative economy*, aber auch dem Partnerschaftsmarkt – einen Vorteil verschaffen. Ist die Selbstverwirklichung sozial erfolgreich, wird sie nach außen in Form eines *attraktiven Lebens* sichtbar.[65]

Um es zusammenzufassen: Im singularistischen Lebensstil der akademischen Mittelklasse findet über den Weg der Valorisierung von Gütern sowie der Akkumulation von Singularitätskapital eine *Valorisierung der Subjekte* statt, und zwar in Hinsicht sowohl auf das *Selbst*wertgefühl als auch auf ein Prestige in den Augen *anderer*. Indem man sich wertvolle Güter der Welt aneignet – sie bereist oder in ihnen wohnt, sie verzehrt, mit ihnen zusammenlebt (Partner, Kinder), sie frequentiert (Kultureinrichtungen, Eliteuniversitäten etc.) oder sich anderweitig zu eigen macht (etwa als sportliche oder spirituelle Praxis) –, gewinnt das Subjekt an Wert und valorisiert sich selber. Es findet eine soziale Übersetzung von

64 Genauer dazu oben, Kap. II.2,S. 172-174.

65 Neofamiliale Feiern zu biografischen Anlässen – der runde Geburtstag, die Hochzeit – erhalten damit seit den 1990er Jahren einen herausgehobenen Stellenwert, der weit über traditionelle Lebensabschnittsrituale hinausgeht. Hier spiegeln sich Individuen (oder Paare) ihre Besonderheit und ihren Lebenserfolg in der nicht selten aufwändig gestalteten Besonderheit des Ereignisses (oft durchchoreografierte Events an ausgewählten Orten). Vgl. dazu Jennifer Wiebking, »Event-Gesellschaft. Der Moment ist das Geschenk«, in: *Frankfurter Allgemeine Sonntagszeitung* 34 vom 23.08.2015, S. 9.

der Valorisierung der Güter und Praktiken auf die Ebene der Valorisierung des Subjekts, kurzum: es findet ein *Valorisierungstransfer* statt. Das spätmoderne Subjekt ist damit nicht als Träger allgemeiner Kompetenzen oder spezialisierter Leistungen oder gar qua seines Menschseins wertvoll, sondern wird vor sich selbst und vor anderen erst wertvoll durch diese Aneignungsprozesse, in deren Verlauf als wertvoll anerkannte besondere Güter und Praktiken in den Lebensstil integriert werden oder als Kapital wirken.

2. Bausteine des singularistischen Lebensstils

Für den singularistischen Lebensstil der neuen Mittelklasse sind einige Komplexe von Praktiken von herausgehobener, gewissermaßen stilbildender Bedeutung: das Essen und die Ernährung, das Wohnen und die Wohnung; das Reisen, die Bewegungskulturen des Körpers, schließlich die Erziehung und die Schulbildung. Es sind diese Praktiken, denen man hier typischerweise intensives Interesse widmet und aus denen man Identität und affektive Befriedigung bezieht. Trotz ihrer Verschiedenartigkeit werden alle diese Bereiche zu bevorzugten Gegenständen der Kulturalisierung und kuratorischen Singularisierung: In der »Lebensführung als Kultur« werden sie zu Kulturpraktiken umgeformt, die über bloßen funktionalen Nutzen hinaus eigenen *Wert* beanspruchen und von denen solcher Wert erwartet wird. Als Gegenstände der Kulturalisierung (Ästhetisierung, Ethisierung, kreativen Gestaltung etc.) avancieren sie zu gesellschaftlichen Orten der Auseinandersetzung um Wert (und Wertlosigkeit), mit entsprechend komplexen Dynamiken der – kollektiven und persönlichen – Valorisierung und Entvalorisierung.

Zugleich und damit verknüpft werden Essen, Wohnen, Reisen, Körperbewegungen sowie das zu erziehende Kind und die Schule in der neuen Mittelklasse zu Gegenständen einer Singularisierung. Angestrebt und erwartet werden das *besondere* Essen, das *besondere* Wohnumfeld, die *besondere* Reise, das *besondere* Körpererleben sowie das *besondere* Kind, das eine *besondere* Schule besucht. Auch hier ergeben sich widerstreitende Dynamiken von Singularisierungen und Standardisierungen. Alle diese Bereiche werden so zu einer bevorzugten Quelle für Authentizitätserfahrungen. Es ist im Übrigen kein Zufall, dass einige der genannten Aktivitäten aus der Perspektive der klassischen Bürgerlichkeit eher *profan* erschienen. Im Vergleich zum Bildungsbürgertum ist der Schwerpunkt der sozialen Praxis und der Identität der spätmodernen Akademikerklasse nicht mehr in der klassischen Hochkultur angesiedelt (auch wenn diese, wie wir gesehen haben, keineswegs verschwunden ist), sondern eben in den Feldern des ehemals verhältnismäßig Profanen, die nun eine verblüffende Revalorisierung, ja *Sakralisierung* erfahren. Mit dem Essen, dem Wohnen, dem Reisen, dem Körper und den Kindern werden Bereiche aufgewertet, die für eine Kultur der Authentizität besonders dankbar scheinen, da sie den Mythos des Alltäglichen, des Sinnlichen und Unmittelbaren in sich tragen. Gerade diese eher »handfesten« Praktiken werden im singularistischen Lebensstil aber auch zu einem Gegenstand erheblicher Intellektualisierung und der Entwicklung eines subtilen ästhetischen und ethischen Sinns.

Essen

Es ist bemerkenswert, welch große Bedeutung dem Essen – den Nahrungsmitteln, ihrer Herkunft und Qualität, den Gerichten, Getränken und Esskulturen, dem Kochen, den Küchen und dem gemeinsamen Essen, nicht zuletzt schließlich dem Speisen in Restaurants (bis hin zum *food tourism*) – seit den 1980er Jahren für den Lebensstil der akademischen Mittelklasse zukommt.[66] Das Essen ist in extensiver Weise zu einem Gegenstand der Sorge, des Genusses und Erlebens, des Wissens und der Kompetenzen, der Performanz und des sozialen Prestiges geworden, ausgestattet mit einer identitätsbildenden Kraft: Man ist, was man isst. Authentizität, einer der Leitwerte singularistischer Lebensführung, findet in der Esskultur vielleicht ihren deutlichsten Ausdruck.

Natürlich war essen nie bloß eine biologische Aktivität, nie pure Nahrungsaufnahme. Ethnologen wie Claude Lévi-Strauss und Mary Douglas haben auf die sozialintegrative und symbolische Bedeutung hingewiesen, die das Essen bereits in frühen Gesellschaften hatte.[67] Trotzdem kann man feststellen, dass in der Industriegesellschaft tendenziell eine Funk-

66 Vgl. dazu allgemein Carol Counihan (Hg.), *Food and Culture. A Reader*, New York 2008; Anne Murcott (Hg.), *The Handbook of Food Research*, London 2013; mit Bezug zur Akademikerklasse Wendy Parkins, Geoffrey Craig, *Slow Living*, Oxford 2006.

67 Vgl. Claude Lévi-Strauss, *Mythologica I. Das Rohe und das Gekochte*, Frankfurt/M. 1983; Mary Douglas, *Food in the Social Order*, New York 1984.

tionalisierung der Ernährung stattfand, welche das Essen seiner Kulturbedeutung im starken Sinne weitgehend beraubte. Es fand eine Industrialisierung der Nahrung statt, die dem Modell einer Massenernährung mit standardisierten Nahrungsmitteln und Gerichten folgte.[68] Die vielfach beklagte Entsinnlichung der industriellen Moderne war nicht zuletzt eine diätische und kulinarische Entsinnlichung. Das Essen war in der nivellierten Mittelstandsgesellschaft weitgehend sättigendes Mittel zum Zweck; es sollte dem Erhalt der Arbeitsfähigkeit dienen. Die Renaissance der Esskultur erhielt demgegenüber einen wichtigen Impuls durch die Counter Culture der 1970er und 1980er Jahre, die auch eine Gegenkultur des Essens war. Gegen den Kommerzialismus der standardisierten Nahrung setzte man hier das Ideal des »authentischen« Essens, der gesunden, »organischen« Nahrungsmittel, der Zutaten aus der Region, der Pflege der lokalen Esstraditionen und der handwerklichen Kunst des Kochens. Die kalifornische Countercuisine – die ihren Kristallisationspunkt im »Gourmet District« von Berkeley fand – sowie die Slow Food-Bewegung, die von Nord- und Mittelitalien (»buono, pulito, giusto«) ausging, waren historisch gesehen ihre beiden wichtigsten, international wirksamen Inkubationszentren.[69]

Die Esskultur der spätmodernen Akademikerklasse kann sich zu Beginn des 21. Jahrhunderts auf ein weites Netzwerk von globalen Institutionen, Diskursen und Objekten stützen: Die expandierende und sich extrem ausdifferenzierende Gastronomie vor allem in den Großstädten, das Florieren von lokaler landwirtschaftlicher Produktion, häufig mit Bioqualität und die Diffusion kulinarischen Wissens über diverse mediale Kanäle machen Ernährung und Gastronomie zu einem der wichtigsten Zweige der *creative economy*. Im Rahmen des spätmodernen Lebensstils hat die identitätsstiftende Kraft der Esskultur dabei immer zwei Seiten: Im Kontext der Gastronomie und des Restaurantbesuchs handelt es sich um eine rezeptive Tätigkeit, im Kontext des heimischen Kochens ist es

68 Vgl. Jack Goody, »Industrial Food. Towards a Development of a World Cuisine«, in: ders., *Cooking, Cuisine and Class. A Study in Comparative Sociology*, Cambridge 1982, S. 154-190.

69 Vgl. Warren J. Belasco, *Appetite for Change. How the Counterculture Took on the Food Industry*, New York 1990. Daneben spielen für diese Renaissance die experimentellen Neuentwicklungen aus der Tradition der bürgerlich-aristokratischen, vor allem französischen Cuisine in Form der »Nouvelle Cuisine«, schließlich auch in der sog. Molekularküche eine wichtige Rolle.

selbst eine kreative Aktivität. Mit Blick auf die Frage, inwiefern eine Valorisierung und Singularisierung des Essens stattfindet, lässt sich festhalten, dass eine prinzipielle Abgrenzung gegenüber jener Nahrungsaufnahme zu beobachten ist, die einer funktionalen Logik des Allgemeinen folgt. Gegen die ästhetisch und ethisch verarmte Standardisierung des industrialisierten Essens (emblematisch in globalen Fast-Food-Ketten wie McDonald's, in Fertignahrung oder im klassischen Kantinenessen – und in der Unterklasse) erfolgt die *kulinarische Singularisierung* in mehreren Dimensionen:

Erstens und wohl am wichtigsten ist die globale Verbreitung lokaler und regionaler Esskulturen, vor allem durch die Migrationsbewegungen.[70] Lokale Küchen – die vietnamesische wie die italienische, die südafrikanische wie die karibische, die nahöstliche wie die französische etc. – singularisieren das Essen; sie sind einzigartig aufgrund ihrer spezifischen Eigenkomplexität von typischen Zutaten, Zubereitungsweisen und Gerichten, teilweise sogar ihrer Darreichungsformen und Esstechniken. Lokale Küchen haben einen jeweils charakteristischen ästhetischen – geschmacklichen und olfaktorischen, auch visuellen – Stil. Dieser wird auch narrativ durch die Geschichte der jeweiligen Esskultur angereichert. Die Globalisierung befördert damit eine Heterogenisierung des Essens – eine globale Präsenz der kulturellen Vielfalt lokaler kulinarischer Traditionen. Dadurch, dass sie in den Metropolen am gleichen Ort nebeneinander existieren, werden die lokalen Küchen jeweils erst in ihrer Einzigartigkeit erlebbar. Der »Foodie« kann hier jedes Mal in ein ganz eigenes, unvergleichliches Geschmacksuniversum eintauchen und differenziert zugleich seinen ästhetischen Sinn. Kurzum: Die Globalisierung des Essens ist das schlagendste Beispiel dafür, wie ursprünglich lokal gebundene Traditionen sich in der Hyperkultur in kulturelle Ressourcen verwandeln, die erst durch den Kontrast *als* singuläre Kulturen sichtbar und schmeckbar werden.

Zweitens erfolgt die Singularisierung des Essens über den ausgeprägten Experimentalismus der spätmodernen Küche.[71] Ob in den Restaurants,

70 Vgl. dazu Krishnendu Ray, *Ethnic Restaurateur*, London 2016; David Inglis, Debra Gimlin (Hg.), *The Globalization of Food*, London 2013.

71 Dieser Aspekt wird beispielhaft deutlich in der Darstellung von Lokalen in Sven Hausherr, Nina Trippel (Hg.), *CEECEE Berlin* (2 Bde.), Berlin 2014; sowie von Gerichten in Meike Peters, *Eat in my Kitchen. To Cook, to Bake, to Eat, and to Treat*, München 2016.

den Kochbüchern und Kochsendungen oder am heimischen Herd: Das Kochen wird zu einer kreativen Praxis, die ganz auf Neues und Überraschendes setzt. Das Ziel ist das besondere, so noch nie dagewesene Geschmackserlebnis. Kochen wird hier selbst gewissermaßen zu einer kuratorischen Kunst des Zusammenstellens von Heterogenem. Auf einer ersten Ebene setzt diese kreative Küche freilich bei den scheinbar einfachen Zutaten oder Gerichten an. Das Profane soll hier in etwas Außergewöhnliches verwandelt werden.[72] Scheinbar simple und standardisierte Speisen und Getränke werden – ähnlich wie klassisch beim Wein – über Variationen der Herkunft oder der Zubereitung und eine korrespondierende Geschmackssensibilisierung durchästhetisiert und damit singularisiert – beispielhaft beim Kaffee (mit seinen Variationen der Bohnen, der Röstung, der Zubereitung) oder auch beim Bier (Craft Beer), bei Tee, Brot oder Schokolade. Profanisierte Gerichte wie *steak frites* können über diesen Weg als Klassiker rehabilitiert werden. Neben dieser Singularisierung des Profanen setzt der kulinarische Experimentalismus vor allem bei der Kombinatorik von Zutaten sowie von lokalen Kochtraditionen (Crossover-Küche) an, so dass sich idealerweise eine Kreation ergibt, »wie man sie so noch nie gegessen hat«. Die Kombination des scheinbar Inkommensurablen schafft überraschende und intensive, originelle Geschmackserlebnisse, wobei es auf jedes winzige Detail ankommt. Es ist nicht verwunderlich, dass Köche entsprechend zu anerkannten Kreativstars geworden sind.

Drittens und mit aller Macht tritt neben die ästhetische Kulturalisierung der Nahrung, und teilweise mit ihr verknüpft, die Ethisierung des Kulinarischen.[73] Wertgeschätzt von der akademischen Mittelklasse wird die Ernährung nicht nur unter dem Aspekt ihres Geschmackserlebnisses, sondern auch in Hinblick darauf, ob sie intrinsisch *gut* ist. Das Stichwort lautet hier »ethischer Konsum«.[74] Kriterien für den ethischen

72 So soll etwa durch eine strenge Auswahl qualitativ besonders hochwertiger Zutaten oder durch bestimmte Zubereitungsverfahren der singuläre Reiz dieser einzelnen Zutat erst zur vollen, authentischen Entfaltung kommen (»Tomate, die nach Tomate schmeckt«; Bio-Rindfleisch etc.).

73 Vgl. Parkins, Craig, *Slow Living*; Michaela DeSoucey, Isabelle Techoueyres, »Virtue and Valorization. ›Local Food‹ in the United States and France«, in: David Inglis, Debra Gimlin (Hg.), *The Globalization of Food*, London 2013, S. 81-96.

74 Vgl. Rob Harrison, Terry Newholm, Deirdre Shaw (Hg.), *The Ethical Consumer*, London 2005.

Wert der Nahrung liefert insbesondere die Art und Weise ihrer Produktion: ökologisch, lokal, nachhaltig, artgerecht. Es kristallisieren sich ganze ethisch orientierte Ernährungsstile aus, so der Boom des Vegetarismus und des Veganismus. Ein weiterer nicht minder zentraler ethischer Aspekt der Ernährung ist der Grad, in dem sie als »gesund« erscheint. Das Ethos des gesunden Lebens durchzieht den gesamten Lebensstil der neuen Mittelklasse und manifestiert sich besonders deutlich in der Ernährung.[75] Ethisch gute, gesunde Produkte werden unter dem Aspekt ihrer einzelnen Bestandteile und ihrer voraussichtlichen Auswirkungen auf den Organismus – auch auf seine Fitness und Schlankheit – von »schlechten« oder ungesunden unterschieden, gute Fette von schlechten Fetten, das gute, selbst zubereitete Essen vom schlechten Convenience oder Fast Food etc.

Viertens wird nun auch den *Praktiken* des Essens und Kochens ein ästhetisch-ethischer Wert zugeschrieben, und zwar indem sie in einzigartige, außeralltägliche Ereignisse verwandelt werden.[76] Das Essengehen ist in der urbanen Mittelklasse populär und wird keineswegs mehr nur an »besondere Anlässe« gebunden. Entsprechend gewinnen die Restaurants selbst ihre Singularität nicht nur durch die angebotenen Speisen, sondern auch durch die gesamte, sorgfältig gestaltete Atmosphäre im Sinne eines räumlichen Gesamtkunstwerks. Die Gastronomie ist zu einem Knotenpunkt der urbanen Kreativszene geworden, und das Kochen gewinnt nicht selten eine performative Qualität, vor allem wenn es in den offenen Küchen vor Publikum zelebriert wird. Ebenso wichtig ist die Adelung des heimischen Kochens zu einer Kulturpraxis, die nicht wenige Mitglieder der neuen Mittelklasse mit Leidenschaft betreiben. Seit den 1990er Jahren sind in den Wohnungen und Häusern entsprechend die Küchen von der Peripherie ins Zentrum gerückt und beherrschen als offene Küchen den Wohnraum. Im Kochen kann sich das ansonsten verkopfte spätmoderne (Akademiker-)Subjekt als handwerklich tätiges, kreatives Subjekt erfahren, das sorgfältig und kenntnisreich mit Gegenständen natürlichen Ursprungs – mit Natur selbst – ganz direkt umgeht. Beim Kochen werden neue Sensibilitäten für das organische Material und seine

75 Vgl. Jonas Grauel, *Gesundheit, Genuss und gutes Gewissen. Über Lebensmittelkonsum und Alltagsmoral*, Bielefeld 2013.

76 Vgl. Alison Pearlman, *Smart Casual. The Transformation of Gourmet Restaurant Style in America*, Chicago 2013; Michael Pollan, *Cooked. A Natural History of Transformation*, New York 2014.

Zubereitung erworben, für manche hat es gar meditative Qualitäten. Zum Wert an sich wird am Ende nicht nur das Kochen, sondern auch das gemeinsame Essen mit Freunden und/oder Familie – als emotional befriedigendes Ritual.

Wohnen

Die Frage, wo und wie man wohnt, die Sorge um die Wohnung, deren Lage, Gestaltung und Ausstattung, ist neben dem Essen ein zweites, zentrales Interessensfeld der neuen Mittelklasse. Man ist nicht nur, was man isst, man ist auch, wo und wie man wohnt. Im Wohnen gestaltet man seine eigene räumliche, atmosphärische Umwelt, in der man sich täglich bewegt. Das Wohnen – der Wohnort wie die Gestaltung der Wohnung – avanciert zu einer Quelle spätmoderner Identität.[77]

In der Industriegesellschaft war das Wohnen vor allem ein Problem des *social engineering*.[78] Wohnen hieß: Standardisierter Wohnungsbau für die Massen, sei es im Mehrfamilienhaus oder in der Serie von Einfamilienhäusern in der Vorstadt. Die Wohnorte und Wohnviertel waren grosso modo austauschbar, weshalb das Wohnviertel in der nivellierten Mittelstandsgesellschaft relativ wenig über die Bewohner aussagte. Die Einrichtung der Wohnung war in diesem Zusammenhang einerseits vor allem von funktionalen Aspekten geleitet, andererseits Teil des standardisierten Massenkonsums, so dass es sich häufig um komplette Einrichtungen »von der Stange« handelte.[79] Eine historische Gelenkstelle für den Strukturwandel des Wohnens lieferte wiederum die Gegenkultur der 1970er Jahre: Wohnen wurde hier zu einem Politikum des Privaten. Man zog in die vernachlässigten Altbauviertel der Innenstädte, um dort urbanes Leben zu erfahren und dem Standardwohnen zu entfliehen.

77 Kultursoziologische Untersuchungen des Wohnens – jenseits der Sozialpolitik städtischer Wohnräume – sind bisher spärlich; vgl. allein Irene Nierhaus, Andreas Nierhaus (Hg.), *Wohnen-Zeigen. Modelle und Akteure des Wohnens in Architektur und visueller Kultur*, Bielefeld 2014.

78 Vgl. dazu etwa Theo Hilpert, *Die funktionelle Stadt. Le Corbusiers Stadtvision – Bedingungen, Motive, Hintergründe*, Braunschweig 1978.

79 Vgl. als zeitgenössisches Dokument dazu Herlinde Koelbl, *Das Deutsche Wohnzimmer*, München 1980. Ästhetisch ausgefeilter war demgegenüber natürlich das Bürgertum, auf dessen Stilbewusstsein die akademische Mittelklasse daher auch häufig zurückgreift.

Auch die Nutzung und Einrichtung der Wohnungen wurden offener, jenseits von Schrankwänden und Essecken wurde experimentell improvisiert. Der Wert der Authentizität hielt mit den alternativen Subkulturen, die zugleich und unintendiert Vorreiter der Gentrifizierung der Innenstadtviertel waren, seinen Einzug in die Wohnwelt.[80]

Die Sorge der neuen Mittelklasse um das Wohnen umfasst wie gesagt zwei Aspekte: den *Ort des Wohnens* und die *Gestaltung der Wohnung*. In beiden Hinsichten wird das Wohnen kulturalisiert und singularisiert. Der Wohnort ist zu einer Frage des besonderen kulturellen Wertes und damit auch des sozialen Prestiges geworden, das Alltagsdesign der Wohnung zum Gegenstand einer alltäglichen, kreativen Kuratierung. Immobilien, Architektur, Innenarchitektur und Design avancieren entsprechend zu tragenden Säulen der *creative economy*.

Dass Wohnorte und -viertel nicht mehr austauschbar sind, sondern ihnen gesellschaftlich jeweils ein besonderer Wert zugeschrieben oder abgesprochen wird, ist entscheidend für die globale, nationale, regionale und lokale Geografie der Spätmoderne.[81] Orte sind zum Gegenstand einer gesellschaftlichen Valorisierungsdynamik geworden. So haben Stadtviertel ihr jeweils eigenes Image, werden mit spezifischen Eigenschaften assoziiert, und das Leben in ihnen wird entsprechend als unterschiedlich empfunden. In Berlin etwa ist es »etwas ganz anderes«, in Wilmersdorf zu leben als in Neukölln-Nord. Dieses Spiel der qualitativen Differenzen verlängert sich in die feinen Unterschiede zwischen den Städten und Regionen (Hamburg oder Berlin? Boston oder Portland?).[82] Die Kehrseite dieser Valorisierungen ist die Ent- und Abwertung, die andere Stadtviertel, ja ganze Städte und Regionen erfahren. Die kulturelle Polarisierung der Klassen in der Spätmoderne manifestiert und verstärkt sich nicht zuletzt in diesen räumlichen Bewertungen und Segregationen.

Die Wahl des Wohnorts stellt sich für die neue Mittelklasse damit als

80 Vgl. dazu beispielhaft Sharon Zukin, *Loft-Living. Culture and Capital in Urban Change*, New Brunswick 2014; Richard George Rogers, *Towards an Urban Renaissance*, London 1999.

81 Vgl. auch unten Kap. VI.1, S. 382-388.

82 Vgl. dazu aus sehr unterschiedlichen Perspektiven Richard Florida, *Who's Your City? How the Creative Economy is Making where to Live the Most Important Decision of Your Life*, New York 2008; Andrej Holm, »Die Karawane zieht weiter – Stationen der Aufwertung in der Berliner Innenstadt«, in: Mario Pschera, Cagla Ilk, Cicek Bacik (Hg.), *Intercity Istanbul-Berlin*, Berlin 2010, S. 89-101.

eine diffizile und folgenreiche Entscheidung dar, zumal unter den kulturökonomischen Zwängen der Knappheit der »attraktiven Lagen«. Wiederum spielt bei der Entscheidung neben dem sozialen Prestige das Kriterium der Authentizität eine entscheidende Rolle: Das Erleben von Urbanität – die Lebendigkeit des *mixed use* der gewachsenen Viertel, von der die Stadttheoretikerin Jane Jacobs als dem Ideal der europäischen Stadt schwärmte –[83] erscheint als ein zentrales Kennzeichen solcher von der Akademikerklasse als authentisch zertifizierten Viertel. Häufig werden daher innenstadtnahe Altbauviertel bevorzugt, die seit den 1970er Jahren eine verblüffende Revalorisierung erleben: Im Rahmen der industriegesellschaftlichen Gebrauchslogik als gestrig und abbruchreif verschrien, sind sie innerhalb der Kulturalisierungslogik zu Symbolen von Urbanität und ästhetischer Großzügigkeit avanciert. Generell verliert in der neuen, urban orientierten Mittelklasse das Einfamilienhaus damit seinen Status als unumstrittenes Wohnideal, den es in der nivellierten Mittelstandsgesellschaft besaß, und Stadtwohnungen erscheinen umso attraktiver.

Ist der Wohn- und Lebensort gefunden, wird die Gestaltung und Einrichtung der Wohnung zu einer Daueraufgabe. Die sorgfältige Gestaltung der Raumqualitäten der Wohnung und ihres Designs stellt sich als eines der wichtigsten Betätigungsfelder der spätmodernen Ästhetisierung des Lebensstils dar. Das Subjekt der Selbstverwirklichung nimmt eine sehr spezifische Perspektive auf das Wohnen ein: In seiner Wohnung inszeniert es sich *vor sich* und *vor anderen*. Zugleich ist sie der Ort, an dem es ganz »es selbst« sein kann, von dem es eine ebenso beruhigende wie anregende, gewissermaßen selbstbestätigende Atmosphäre erwartet. Die Wohnung ist somit eine Art dreidimensionale Extension des Ichs und ein Ausdrucksort seiner Identität, zugleich wirken ihre Raumqualitäten auf das alltägliche Lebensgefühl des Selbst zurück – zwei Gründe, sie sorgfältig zu gestalten.

Vor diesem Hintergrund muss die Standardisierung der Innenarchitektur, wie sie die nivellierte Mittelstandsgesellschaft betrieben hat, nur als Ausdruck trostlosen Konformismus und blanker Stillosigkeit erscheinen (»Gelsenkirchener Barock«). Die neue Mittelklasse entwickelt demgegenüber ein komplexes ästhetisches Wohnwissen, so dass die Wohnungen zum Gegenstand kreativer Kuratierung und Ausdruck eines jeweils

83 Vgl. Jane Jacobs, *The Death and Life of Great American Cities. The Failure of Current Planning*, New York 1961.

einzigartigen Stils werden können. *Kuratiertes Wohnen* bedeutet: Es geht um die kluge Zusammenstellung des Heterogenen in seiner Vielfalt und Interessantheit, aus der sich trotzdem ein stimmiges Ganzes ergibt. In der Komposition von singulären Dingen ergibt sich insgesamt eine räumliche Einzigartigkeit von erheblicher Eigenkomplexität, ein *Ort des Selbst.*[84] Eine Vorbildfunktion für das kuratierte Wohnen kommt dem kreativen Milieu der Kulturproduzenten im engeren Sinne zu.[85] Betrachtet man die Wohnungen der Akademikerklasse zwischen Vancouver, Amsterdam und Melbourne ergibt sich das übergreifende ästhetische Muster eines Kulturkosmopolitismus des Interior Design. Es lässt sich als fragile Balance zwischen zwei Raumqualitäten interpretieren: Klarheit, Ruhe und schlichte Eleganz einerseits, Interessantheit und kulturelle Diversität andererseits. Authentisch erscheint die Wohnung offenbar, wenn sie beide Qualitäten miteinander vereint, wenn sie klassisch *und* außergewöhnlich wirkt. Die Atmosphäre der Wohnung soll einzigartig sein, und darin die Einzigartigkeit ihrer Bewohner widerspiegeln, freilich ohne dabei durch extreme Varianz und Beliebigkeit sinnlich zu überfordern. Für die Innenarchitektur sind dabei drei Schichten elementar: die allgemeinen Raumqualitäten, das Mobiliar und die Accessoires.

Was die allgemeinen *Raumqualitäten* angeht, erwartet das spätmoderne Subjekt von seiner Wohnung, dass sie die Qualität einer Bühne entfaltet – einer Bühne für die Dinge, die in ihr platziert werden, und für die Menschen, die sie bewohnen. Im Vergleich zu den standardisierten Mehrzimmerwohnungen des Massenwohnungsbaus besteht daher nun eine deutliche Tendenz, Räume zu vergrößern und ineinander übergehen zu lassen (zum Beispiel Wohn- und Essraum); der Loft-Stil wird leitend. Die Grundrisse sollen idealerweise eine auf die Bewohner zugeschnittene Nutzung ermöglichen und zugleich im Innern und im Verhältnis zur Au-

84 Vgl. zum Wissen und den Methoden bei der Wohnungsgestaltung in der neuen Mittelklasse: Zeynep Arsel, Jonathan Bean, »Taste Regimes and Market-Mediated Practice«, in: *Journal of Consumer Research* 39/5 (2013), S. 899-917.

85 Als empirisches Material für die folgenden Ausführungen dienten die Fotos und Texte in Frederik Frede, Tim Seifert, Torsten Bergler (Hg.), *Freunde von Freunden. Friends of Friends*, Berlin 2014, das auf einem Webblog aus der Kreativszene basiert. Übrigens zeigt sich dabei, dass das ökonomische Kapital der Bewohner sich so gut wie gar nicht in ihrem Wohnungsstil niederschlägt. In seiner Grundstruktur ist er tatsächlich bei allen – vom Kreativstar der Oberklasse bis zum prekären Künstler – der gleiche. Unterschiede gibt es lediglich bei der Wohnungsgröße sowie beim Preis der Interior-Design-Objekte (Design-Klassiker im Original vs. Flohmarkt beispielsweise).

ßenwelt ästhetische Blickachsen bieten. Große Fenster und überdurchschnittliche Raumhöhen tun ein Übriges, um diesen Charakter eines großzügigen Raumgefühls zu verstärken. Es ist daher nicht verwunderlich, dass Jahrhundertwende-Altbauten und Industriedenkmäler bei der städtischen Akademikerklasse besonders beliebt sind. Die Wände und Fußböden der Wohnungen werden meist so gestaltet, dass sie einerseits einen klaren und neutralen Bühnenhintergrund abgeben (weiße Wände, monochrome Böden), andererseits aber wiederum möglichst authentisch erscheinen (gespachtelt statt tapeziert, Sichtbeton, Ziegel, Parkett, Stahlträger, Stuck).

Das *Mobiliar*, das in diesen Wohnräumen platziert wird, folgt dem Muster der Entstandardisierung sowie einem Stil, den man als »weichen Modernismus« bezeichnen kann.[86] Man findet keine vorgefertigten Kompletteinrichtungen aus Einrichtungshäusern (Sitzgruppe plus Schrankwand etc.) mehr, sondern raffinierte Kombinationen von *Einzel*stücken entsprechend der Logik des Kuratorischen (ein großer Holz-Esstisch mit mehreren *verschiedenartigen* Stühlen). Allerdings ist diese Zusammenstellung nicht beliebig: »Weicher Modernismus« bedeutet, dass bei den Schränken, Tischen, Küchen oder Sofas die klaren Linien im Bauhaus-Stil oder in der Tradition des skandinavischen Designs bevorzugt werden, diese aber durch Einzelstücke aus Naturmaterialien sowie diverser Herkunft (Antiquitäten, Flohmarkt, Industriedesign, originelle junge Designer) ergänzt werden. Der kühle ästhetische Modernismus – der Neoklassizismus der spätmodernen Akademikerklasse – wird durch die warme, haptisch ansprechende *Crafts*-Ästhetik abgemildert und dadurch interessanter und authentischer. Das Ergebnis ist ein sorgfältig arrangierter Stilbruch von »Glattem und Gekerbtem«.[87]

Bei der dritten Schicht der Wohnraumgestaltung, den *Accessoires*, stellt sich die kuratorische Leistung par excellence unter Beweis.[88] Accessoires

86 Vgl. zu diesem Begriff in der historischen Designforschung David Gebhard, »William Wurster and His Californian Contemporaries. The Idea of Regionalism and Soft Modernism«, in: Marc Treib (Hg.), *An Everyday Modernism. The Houses of William Wurster*, Berkeley 1995, S. 164-183.

87 Auch die modernistischen Möbel sind häufig kein schlicht neutraler Hintergrund, sondern werden durch eine Vorliebe für Design-Klassiker singularisiert. Vintage-Möbel schließlich – Einzelstücke, vom Flohmarkt oder geerbt, schon etwas abgenutzt – haben den doppelten Vorzug, dass sie einerseits singulär erscheinen und häufig zugleich selbst in modernistischem Stil gehalten sind.

88 Entsprechend ist das Farbschema: Während die Raumqualitäten und zu großen Teilen

verleihen der Wohnung ihren persönlichen Charakter und werden daher mit besonderer Umsicht ausgewählt und arrangiert. Dabei handelt es sich zum einen um funktionale Gegenstände – vom Küchenschneidebrett bis zur Mehrfachsteckdose –, die als handgemachte oder ästhetisch originelle Objekte singularisiert werden. Wichtiger noch sind zum anderen die genuinen Einzelstücke, unter denen – klassisch und in den Wohnungen der Akademikerklasse weiterhin stark vertreten – die Kunstwerke, also Gemälde und Skulpturen, aber auch Grafiken, Fotokunst oder Concept Art, an erster Stelle zu nennen sind. Typisch und verbreitet ist auch das In-Szene-Setzen von Reisemitbringseln, die keine kommerziellen Souvenirs sind, sondern den Charakter von Fundstücken aus der globalen Kultur haben: ein alter Fußball aus Dakar, ein Holzscheit vom Strand der Pazifikküste, ein Filmplakat aus Mumbai, ein Stück der Hitzeschutzfolie der Appolo 13, Zierkordeln eines vietnamesischen Bergstammes oder Miniaturblechautos. Überhaupt ist die Praxis des Sammelns zentral; viele der Bewohner widmen sich ihr bezogen auf einen eng umgrenzten, häufig außergewöhnlichen Bereich von Dingen, für den sie eine Expertise entwickeln: Skateboards, Nollywood-Filmplakate, skurrile Pinguin-Figuren und dergleichen. Aber auch Dinge von persönlichem Erinnerungswert wie die Handtasche der verstorbenen Großmutter oder der Jute-Sitzsack, den man zu seinem 16. Geburtstag bekommen hat, werden zu Accessoires, die häufig wie Raumskulpturen präsentiert werden. Insgesamt sind die Wohnungen der neuen Mittelklasse somit von sorgfältig ausgewählten *objets trouvés* bevölkert, die Kunstobjekten ähneln und zugleich mit sehr persönlichen, biografischen Assoziationen verknüpft sind. Indem sie verschiedene regionale Stile, Kunstwerke und Mitbringsel »aus aller Welt« kombiniert, wird die Wohnung so zum Präsentations- und Erlebnisort der globalen Hyperkultur.

Die ästhetisch kuratierte Wohnung ist damit ein Ort performativer Selbstverwirklichung: Einerseits hat sie für die Bewohner eine subjektive atmosphärische Qualität, die sie befriedigt; andererseits ist sie ein Schauplatz der Inszenierung gegenüber Besuchern, so dass ihr ästhetischer Singularitätswert für soziales Prestige sorgt. Wohnviertel und Wohnung sind zu Gegenständen der kulturellen Valorisierung geworden, welche die bloße Funktionalität des Wohnens hinter sich lassen, und zugleich zu sol-

das Mobiliar in neutralen oder Naturfarben gehalten sind (braun, metallisch/grau, weiß, schwarz), wird bei den Accessoires der Farbkasten geöffnet.

chen der Statusinvestition. So wie die einzelnen Objekte des Interior Designs über ihren funktionalen Nutzen hinaus valorisiert sind – von der Käsereibe über die Vintage-Kommode bis zum Kunstwerk an der Wand –, so wird das sorgfältig kuratierte, manchmal aufwändig restaurierte Gesamtensemble der Wohnung in besonderer Wohnlage insgesamt mit Wert aufgeladen. Idealerweise handelt es sich um einen dauerhaften, persönlichen *und* gesellschaftlichen Wert, so dass die Räume und Dinge mit ihren Bewohnern gut altern. In der spätmodernen Akademikerklasse geht die Valorisierung der Subjekte und ihres Lebensstils mit der Valorisierung ihrer Räumlichkeiten Hand in Hand.

Reisen

Reisen ist eine zentrale und identitätsstiftende Beschäftigung des Subjekts der neuen Mittelklasse. Dabei geht es um mehr als »Urlaub« zum Zwecke der Erholung von der Erwerbsarbeit; das Reisen wird auch und immer mehr als eine Tätigkeit verstanden, bei der es gilt, fremde Orte aktiv zu erkunden. Dabei findet eine *Entdifferenzierung des Reisens* statt, das nicht auf eine herausgehobene Auszeit in den Urlaubswochen beschränkt ist: Zum einen ist die berufliche Tätigkeit vieler Personen innerhalb der Wissens- und Kulturökonomie das ganze Jahr über mit Reisen verbunden, so dass eine Kombination von Arbeit und Freizeit möglich ist. Zudem finden bedingt durch den Beruf oder die Ausbildung längere Auslandsaufenthalte statt, welche das Subjekt in einen fremden kulturellen Kontext katapultieren.[89] Zum anderen kann auch dem *eigenen* Wohn- und Lebensort sowie seinem Umland gegenüber ein interessierter touristischer Blick entwickelt werden, so dass es vor Ort »immer etwas Neues zu entdecken gibt«: Man ist zu Hause und trotzdem »unterwegs«. Kurzum: Reisen ist eine Schlüsselpraxis in der Lebensführung der Akademikerklasse, die ihr kosmopolitisches Bewusstsein prägt. Institutionell gestützt und gefördert wird es durch die dichte Infrastruktur der internationalen Tourismusbranche, dem größten und expansivsten Zweig der globalen *creative economy*.[90]

89 Auch privat motiviert kommt es zu längeren Auslandsaufenthalten, erleichtert durch interkontinentale Wohnungstauschbörsen, vor allem zwischen den Metropolen und Ferienorten, bis hin zu Saisonaufenthalten von Senioren.

90 Vgl. Jens Christensen, *Global Experience Industries*, Aarhus 2009, Kap. 3.

Das spätmoderne Reisen ist eine durch und durch kulturalisierende und singularisierende Aktivität. Es handelt sich um ein aktiv kuratiertes Reisen, das auf der Suche nach den besonderen Orten und Momenten in ihrer Authentizität ist.[91] Idealtypisch steht es dem Massentourismus entgegen, wie er die industrielle Moderne charakterisierte. Dieser war gewissermaßen ein industrialisierter Tourismus, in dem der Ferienaufenthalt ein standardisiertes Paket bot und einem eindeutigen Zweck diente: der Erholung von der Arbeit. Im Gegensatz dazu versteht sich das Reisen der spätmodernen Akademikerklasse – obwohl es von der globalen touristischen Infrastruktur intensiven Gebrauch macht – häufig als dezidiert antitouristisch: Der Reisende will nun *kein* Tourist mehr sein, der lediglich passiv seinen Urlaub konsumiert. Er sucht aktiv das Andere als etwas Anregendes, Interessantes und Herausforderndes. Kulturhistorisch tritt der spätmoderne Reisende damit das Erbe jenes touristischen Blicks an, den John Urry um 1800 im Bürgertum als den sozialen Entstehungskontext des modernen Reisens ausmacht.[92] Das Reisen setzt hier eine bestimmte Haltung der Wahrnehmung jenseits der Zweckrationalität des Alltags voraus. Der romantische touristische Blick ist der eines Reisenden, der durch das Erkunden fremder Orte in der Natur, in der Architektur oder im Alltagsleben (klassisch: auf »italienischer Reise«) ästhetisches Vergnügen am Außeralltäglichen findet. Er sucht – ähnlich später dem urbanen Flaneur – in der Fremde nach neuen Erfahrungen. Während der Massentourismus diesen touristischen Blick suspendiert, wird er einmal mehr in der Counter Culture der 1970er Jahre mit ihrem Alternativtourismus aufgenommen. Die Gegenkultur ist eine globale Bewegung von *travellers* und *globetrotters*, die auf eigene Faust und »abseits ausgetretener Pfade« fremde Kulturen entdecken (klassisch: die Indienreise) und aktiv, auch körperlich fordernd die Natur erkunden wollen.

Im kuratierten Reisen des spätmodernen Subjekts ist die Reise ein Gegenstand aktiver Gestaltung und geschickter Zusammenstellung, und zwar so, dass sie einen *besonderen*, einzigartigen Verlauf nimmt und sich in ihr *besondere* Orte zeigen und *besondere* Momente eröffnen, die so

91 Vgl. dazu John Urry, *The Tourist Gaze. Leisure and Travel in Contemporary Societies*, London 1990; Robert Schäfer, *Tourismus und Authentizität: Zur gesellschaftlichen Organisation von Außeralltäglichkeit*, Bielefeld 2015; klassisch Dean MacCannell, *The Tourist. A New Theory of the Leisure Class*, Berkeley 1976.

92 Vgl. Urry, *Tourist Gaze*.

ganz anders sind als die, die man aus der Lebenswelt des Alltags kennt. Die Singularisierung, die das spätmoderne Reisen betreibt, ist also im Kern eine *des Raums* und *der Zeit*: von den vertrauten Räumlichkeiten des Alltags zu den einzigartigen Orten und von den Routinen zu den einzigartigen Momenten. Die neue Mittelklasse kultiviert ganz unterschiedliche Reisetypen, zwischen denen sie nicht selten switcht: die Städtereise und der längere Auslandsaufenthalt in der Stadt, der Naturausflug in die Umgebung oder die Naturaktivreise (mit dem Fahrrad durch die Alpen oder Wandern durch Südchina); es gibt die Reise durch ein ganzes Gebiet (vierzehn Tage mit dem Mietwagen durch Nordspanien oder mit dem Zug durch Argentinien), Reisen, in denen man vor Ort einer Aktivität nachgeht (Yoga-Retreat in Indien), solche mit ausgesprochenem Bildungs- oder einem Gesundheits- und Entspannungsinteresse; das Reisen kann jugendlich-improvisiert oder ausgesprochen luxuriös und exklusiv sein.[93] Das übergreifende Merkmal all dieser Reisekonzepte ist jedoch, dass man nach »authentischen Erfahrungen« jenseits des Alltags sucht.

Meistens richtet sich das Reisen auf Orte, die als singulär gelten – auf Reiseziele mit räumlicher Eigenkomplexität, die ihnen eine interessante Dichte und überraschende Andersheit verleiht, so dass man ihnen gegenüber nicht emotional neutral ist, sondern von ihnen in den Bann gezogen oder auch irritiert, angeregt oder nachdenklich gemacht wird.[94] Singulärer Dichte und Andersheit kann man im städtischen Treiben von Metropolen oder in pittoresken Dörfern, in spektakulären Naturlandschaften oder bedrückenden Slums, in der Erfahrung des Alltagslebens einer mexikanischen Kleinstadt oder in einer religiösen Zeremonie in Varanasi begegnen. Dass Reiseklassiker wie Paris oder die Toskana zu solchen geworden sind, hat seinen Grund in der spektakulären Einzigartigkeit ihrer Raumstruktur. Noch interessanter scheinen freilich nun die touristischen »Geheimtipps« (ein bestimmtes Stadtviertel in Chicago, eine bestimmte Region in Myanmar), in denen die Singularität des Ortes durch

93 Ähnlich wie beim Wohnen gilt auch beim Reisen: Die Menge des ökonomischen Kapitals, die innerhalb der Akademikerklasse stark variiert, hat keine Auswirkung auf das generelle kulturelle *Muster*, dem die Reisepraxis hier folgt.

94 Vgl. Andreas Pott, *Orte des Tourismus. Eine raum- und gesellschaftstheoretische Untersuchung*, Bielefeld 2007; auch Sophia Labadi, »World Heritage, Authenticity and Post-Authenticity«, in: dies., Colin Long (Hg.), *Heritage and Globalization*, London 2010, S. 66-84.

seine Rarität, das heißt die bisher nur spärliche Erschließung durch andere Reisende, noch gesteigert wird. Die Suche des Reisenden nach der Einzigartigkeit des Ortes verlängert sich dabei bis in die einzelne Mikrosituation hinein: Man streift durch bestimmte Straßenzüge, sucht bestimmte Restaurants oder Museen auf, wählt bestimmte Hotels jeweils wegen ihrer besonderen Atmosphäre. Das spätmoderne Reisen schließt damit klassische Sehenswürdigkeiten und Hochkultur durchaus ein, interessiert sich aber speziell für den Blick in den »fremden Alltag«, da dieser herausgehobene Authentizität verspricht.[95] Überall gilt: Die Besonderheit der Orte liegt im Auge des Betrachters, und der Reisende versucht, sich entsprechend für sie »offen zu halten« (das gilt sogar für den irritierenden Slum-Tourismus in Südafrika).[96]

Die Singularisierung der Orte geht beim spätmodernen Reisen Hand in Hand mit dem Singularisieren der zeitlichen Momente. Der Reisende ist immer auf der Suche nach den außeralltäglichen Augenblicken, und idealerweise ist die Reise eine Sequenz von solchen. Diese erinnerungswürdigen Momente können sich beim Erleben bestimmter architektonischer oder naturräumlicher Highlights einstellen oder beim Besuch bestimmter Events (religiöse Zeremonie, Konzert etc.), aber auch bei Aktivitäten und zufälligen Ereignissen an diesen Orten: Surfen im Pazifik, Bergwandern in den Pyrenäen, Essen und Trinken in einem pittoresken Lokal in Umbrien oder einer Wellblechbude in São Paolo, in der man mit Einheimischen ins Gespräch kommt. Damit Orte und Momente sich als einzigartige erweisen beziehungsweise ereignen können, die emotional berühren, gar »Erfahrungen« verschaffen, welche das Subjekt selbst langfristig verändern, ist freilich eine Reisepraxis nötig, die ihrerseits möglichst wenig standardisiert ist, sondern eine aktive Kuratierung des Reiseverlaufes einschließt. Das Besonderheitserlebnis lässt sich zwar nicht planen, aber die Wahrscheinlichkeit seines Eintretens kann erhöht werden – indem man

95 Es gilt auch, sich entsprechend vorzubereiten, damit die besonderen Orte sichtbar werden: »man sieht nur, was man weiß«. Reisebücher versuchen in dieser Hinsicht vielfältig zu sensibilisieren, weit über klassische Sightseeing-Objekte hinaus. Vgl. etwa Reihen wie »Wallpaper City Guide« oder »Ein perfektes Wochenende in …« der *Süddeutschen Zeitung*.

96 Vgl. zu Letzterem nur Malte Steinbrink, Andreas Pott, »Global Slumming. Zur Genese und Globalisierung des Armutstourismus«, in: Karlheinz Wöhler, Andreas Pott, Vera Denzer (Hg.), *Tourismusräume. Zur soziokulturellen Konstruktion eines globalen Phänomens*, Bielefeld 2010, S. 247-270.

zum Beispiel kein Hotel bucht, sondern eine Privatwohnung über die entsprechenden Portale (Airbnb etc.) mietet oder sogar längerfristig (am besten mehrere Wochen) Wohnungen tauscht, um »wie eine Einheimische zu leben« und das Land oder die Stadt »richtig« kennenzulernen. Das kuratierte Reisen ist immer eine Kombination aus Planung und Zufall: Bestimmte Rahmenbedingungen werden festgelegt, die dafür sorgen, dass die Highlights nicht verpasst werden, aber noch genug Raum bleibt, damit sich Unerwartetes ereignen kann.

Das Reisen in seiner entgrenzten Form ist ein Betätigungsfeld par excellence für die weltzugewandte Selbstverwirklichung, wie sie die Akademikerklasse kultiviert. Im Durchstreifen der Welt in ihrer kulturellen und natürlichen Fülle und Vielfalt reichert das Subjekt sich selbst mit Erlebnissen und Erfahrungen an. Für die spätmodernen Subjekte sind damit individuelle *Reisebiografien* typisch, die wichtige und häufig folgenreiche Stationen in ihrem Leben markieren. Das Reisen ist ein weiteres Paradebeispiel für ein hyperkulturelles Verständnis von Kultur als Ressource: Globalität in allen ihren Facetten wird zu einer Ressource für die Entwicklung des Ichs. Dies gilt nicht nur für kürzere Reisen, sondern auch und gerade für längerfristige Auslandsaufenthalte (Schule, Studium, »Work and Travel«, Beruf, soziales Engagement), die in der spätmodernen Akademikerklasse von Jugend an kultiviert werden. Auch hier setzt dies ein Berechtigungsbewusstsein voraus: dass man kompetent und befugt ist, sich die Welt und die Kulturen der Anderen für die Erweiterung des persönlichen Horizonts zu eigen zu machen.

Dabei trägt das Reisen der neuen Mittelklasse nicht nur zur Horizonterweiterung bei, sondern es dient auch der Statusinvestition (dem Erwerb von kulturellem Kapital durch einen Auslandsaufenthalt etwa) und ist ein Beispiel für performative Selbstverwirklichung: Die Weltläufigkeit des Reisens – nicht zuletzt, wenn es durch Fotos in den sozialen Medien dokumentiert wird – fördert soziales Prestige und erhöht das Singularitätskapital. Richtig ist aber auch, dass sich das spätmoderne Reisen in einem kaum aufzulösenden Spannungsfeld zwischen Standardisierung und Singularisierung befindet. Gesucht werden die authentischen Erfahrungen, aber trotzdem kommt man nicht umhin, standardisierte touristische Angebote in Anspruch zu nehmen; man bewegt sich in einer extrem touristifizierten Weltgesellschaft, in der man *nolens volens* ständig in ein Touristenkollektiv gezwungen wird. Schließlich unterliegen auch Reiseziele einer unberechenbaren Dynamik von Valorisierung und Entwertung.[97] Die Suche nach dem Authentischen, wie sie das spätmoderne Reisen prägt, ist damit äußerst enttäuschungsanfällig. Dies hat die Haltung eines halbironischen »Posttouristen« entstehen lassen, der sich dessen bewusst ist, dass er beispielsweise beim Betrachten des Taj Mahal den Blick von Millionen Menschen vor ihm imitiert – aber *trotzdem* daraus sein ganz persönliches ästhetisches Erlebnis ziehen kann.[98]

Körper

Auch der Körper ist in der Spätmoderne zu einem Gegenstand des singularistischen Lebensstils geworden. Während sich Bürgertum und alter Mittelstand in ausgesprochener Körperzurückhaltung übten, macht die neue Mittelklasse den Körper zu einem Gegenstand bewusster Gestaltung, Aktivierung und Erfahrung. Er wird in Bewegung gesetzt, und die spätmoderne Identität speist sich in erheblichem Maße aus primär körperbezogenen Praktiken.[99] Zudem finden hier unerbittliche Prozesse der kulturellen Valorisierung statt: die gesunden und gewandten Körper stehen den ungesunden, übergewichtigen und unbeweglichen Körpern gegenüber.

Die industrielle Moderne hatte den Körper weitgehend funktionalisiert. Er war entweder Mittel zum Zweck der Erwerbsarbeit oder wurde – bei den »Kopfarbeitern« – stillschweigend übergangen. Das 20. Jahrhundert war außerdem das Zeitalter des Massensports; einerseits traten die leistungsfähigen Körper im Publikumssport gegeneinander an; andererseits gab (und gibt) es den kleinbürgerlichen Breitensport im Verein. Auch im Umgang mit dem Körper leiteten die Counter Cultures der 1970er und 1980er Jahre einen Wandel ein, indem sie die Körpererfahrung, das Erleben des eigenen Leibes nobilitierten. Aus diesem Grund wuchs das Interesse für die asiatischen Bewegungskulturen ebenso wie für die spielerische Sportlichkeit des kalifornischen Lebensstils,

97 Vgl. etwa zur (Ent-)Authentifizierung sog. Szeneviertel: Jan Glatter, Daniela Weber, »Die mediale Konstruktion des Stereotyps Szeneviertel in Reiseführern«, in: Wöhler u. a. (Hg.), *Tourismusräume*, S. 43-66.

98 Vgl. Maxine Feifer, *Going Places. The Ways of the Tourist from Imperial Rome to the Present Day*, London 1985.

99 Vgl. zu diesem Themenkomplex insgesamt Chris Shilling, *The Body in Technology, Culture and Society*, London 2005.

die mit neuen Sportarten wie Windsurfen und Rollerskaten auf den Plan trat.

In der spätmodernen Kultur wird der Körper in einer spannungsreichen Weise zum Gegenstand alltäglicher Sorge, vor allem in der akademischen Mittelklasse. Dabei ist nicht nur der Mechanismus der Singularisierung/Kulturalisierung am Werk, sondern eine Kombination aus drei Weisen, den Körper »zu regieren«.[100] Erstens gerät er ins Visier von umfassenden Bemühungen der Selbstoptimierung. Der Körper wird zum Gegenstand eines Trainings, das Fitness und Gesundheit sichern und steigern will.[101] Es ist markant: Während für die alte bürgerliche Klasse Korpulenz ein Zeichen von Stattlichkeit, Seriosität und Wohlstand war, stellen die schlanken, durchtrainierten Kreativen und Führungskräfte der Spätmoderne durch Marathonläufe ihre Belastungsfähigkeit und Selbstdisziplin unter Beweis. In dieser Fitness-Selbstoptimierung, die durchweg mit messbaren *allgemein*-objektiven Parametern arbeitet, wird der Körper tatsächlich extrem standardisiert und damit rationalisiert. Das Fitness-Training liefert dem spätmodernen Subjekt sozusagen das allgemeine Körpermaterial (Infrastruktur), mit dem die Besonderungen seines Lebensstils in Arbeit und Freizeit möglich sein sollen.

Zweitens wird in der spätmodernen Kultur die Arbeit am physischen Erscheinungsbild, an der Attraktivität des Körpers im engeren Sinne wichtig. Während sie in den früheren Phasen der modernen Kultur fast ausschließlich ein weibliches Geschäft war, sind in der Spätmoderne alle damit befasst.[102] Physische Attraktivität erscheint als eine Grundlage für das subjektive Gefühl des Selbstwertes und ist zugleich ein Faktor des sozialen Prestiges, sie wird zum »Subjektkapital«. Ausgefeilte Techniken der Gestaltung eines attraktiven Körpers gewinnen so an Bedeutung (Fitnesstraining, Mode, Kosmetik und Hairstyling, Körperaccessoires und Schönheitschirurgie – bis hin zur persönlichen Stilberatung und dem Sprech- oder Stimmtraining). Die Arbeit am attraktiven Körper ist eine

100 Unter wirtschaftlichem Gesichtspunkt sind die drei nachfolgend beschriebenen Körperregime wiederum Teil der spätmodernen *experience* und *creative economy* (Fitness, Mode, Schönheitschirurgie, Sportausrüstung, Sportkleidung, Aktivurlaub etc).

101 Vgl. dazu Dierk Spreen, *Upgradekultur. Der Körper in der Enhancement-Gesellschaft*, Bielefeld 2015.

102 Vgl. Waltraud Posch, *Projekt Körper. Wie der Kult um die Schönheit unser Leben prägt*, Frankfurt/M. 2009; Cornelia Koppetsch (Hg.), *Körper und Status. Zur Soziologie der Attraktivität*, Konstanz 2000.

Praxis der Ästhetisierung in einem sehr direkten Sinne – der Kreation von »Schönheit« –, und ihr Verhältnis zur Singularisierung ist doppeldeutig. Auf der einen Seite scheint die Ästhetik des Gesichts und der Körperform einer der wenigen gesellschaftlichen Bereiche, in denen weiterhin allgemeingültige Kriterien gelten (Symmetriegebote, vorteilhafte Farbkombinationen, Schlankheit). Auf der anderen Seite finden sich auch hier Singularisierungstendenzen: Die Standardisierung des schönen Körpers gilt häufig als blutleer und maskenhaft. Auch hier wird der Wert der Authentizität relevant: Persönlichkeit und Look müssen zueinander passen, sich zu einer charismatischen Attraktivität verbinden.

Drittens und am wichtigsten für die Kulturalisierung und Singularisierung des Körpers ist das Faktum, dass sich seit den 1980er Jahren ein weites Feld von körperorientierten *Bewegungskulturen* ausdifferenziert, die einen wichtigen Baustein des Lebensstils der neuen Mittelklasse ausmachen.[103] Sie schließen solche aus dem Bereich des Sports ein, haben aber meist nicht mehr die Form des Vereins- und Wettkampfsports oder des passiven Publikumssports. Prominent sind hier vom Einzelnen aktiv betriebene Sportarten wie Laufen oder Radfahren sowie Action-Sportarten wie Freeclimbing oder Rafting. Sport in diesem Sinne interessiert weniger unter dem Aspekt des passiven Zuschauers oder des Wettbewerbs mit anderen, im Mittelpunkt steht vielmehr die eigene körperliche Aktivität, in der sich das »verkopfte« Kreativsubjekt requalifiziert. Auch Bewegungspraktiken jenseits des im engeren Sinne Sportlichen, etwa das Tanzen (zum Beispiel in der internationalen Tango-Bewegung) oder körperliche Übungstechniken (Yoga, asiatische Kampftechniken), bei denen es darum geht, Körper *und* Geist zu trainieren, gewinnen an Bedeutung. Die spätmodernen Bewegungspraktiken werden teilweise auch als Mittel zum Zweck eingesetzt – zum Beispiel zur Fitnesssteigerung –, wichtiger jedoch ist, dass sie den Charakter von Technologien des Selbst annehmen, die für die Subjekte zum Selbstzweck werden: Das Ausprobieren der Möglichkeiten des Körpers bis hin zu physischen und psychischen Grenzerfahrungen hat einen ästhetischen und ludisch-spielerischen Wert, ob im Verhältnis zu sich selber, in der Auseinander-

103 Vgl. zu Folgendem Thomas Alkemeyer u. a. (Hg.), *Ordnung in Bewegung. Choreographien des Sozialen. Körper in Sport, Tanz, Arbeit und Bildung*, Bielefeld 2009; Thomas Alkemeyer u. a. (Hg.), *Aufs Spiel gesetzte Körper. Aufführungen des Sozialen in Sport und populärer Kultur*, Konstanz 2003; Belinda Wheaton, *The Cultural Politics of Lifestyle Sports*, London 2013.

setzung mit der Natur oder mit einem anderen Subjekt. Fünf Wege der Singularisierung sind hier zu nennen:

Viele der Bewegungskulturen, die global kursieren, haben *erstens* einen sehr spezifischen lokalen und historischen kulturellen Hintergrund: Tai-Chi und Chi-Gong, Hatha-Yoga und Aikido, Tango und Salsa etc. Diese traditionellen kulturellen Kontexte verleihen ihnen nicht nur eine körpertechnische, sondern auch eine narrative und hermeneutische Dichte und Eigenkomplexität. Übt man sich in diesen Techniken, taucht man gewissermaßen in ein fremdes kulturelles Universum ein, in dem man sowohl zum Könner als auch zum Kenner werden kann. Die global zirkulierenden lokalen Bewegungskulturen bilden damit eine Hyperkultur von sowohl »exotischen« als auch historischen Bewegungsressourcen, welche man sich zu eigen macht.[104]

Einige der spätmodernen Bewegungspraktiken versprechen *zweitens* außeralltägliche Erlebnisse, die subjektiv als ekstatische Grenzerfahrungen erlebt werden können.[105] Es handelt sich um Praktiken, die ins Extreme gehen, zum Beispiel Extremsportarten, die es dem Subjekt erlauben, die Grenzen seiner physischen und psychischen Möglichkeiten auszutesten: Freeclimbing, Akro-Paragliding, Apnoetauchen, Base-Jumping und dergleichen.

Drittens: Während die Bewegungsformen in klassischen Mannschafts- und Wettbewerbssportarten häufig verhältnismäßig reguliert und standardisiert waren, erlauben viele der spätmodernen Bewegungskulturen die Ausbildung eines individuellen Körperstils sowie ein improvisatorisches Experimentieren mit den eigenen physischen Möglichkeiten. Dies gilt etwa für Sportarten wie das Surfen oder Inlineskaten oder die genannten Extremsportarten, aber auch für die internationale Tango-Bewegung.[106]

104 Dabei wird niemals eine Originalpraxis kopiert, sondern sie in globalen Übersetzungsprozessen neu angeeignet. Vgl. beispielhaft zur Tango-Bewegung Gabriele Klein (Hg.), *Tango in Translation. Tanz zwischen Medien, Kulturen, Kunst und Politik*, Bielefeld 2009; und zum Yoga Suzanne Newcombe, »The Development of Modern Yoga. A Survey of the Field«, in: *Religion Compass* 3/6 (2009), S. 986-1002.

105 Vgl. dazu Martin Stern, *Stil-Kulturen. Performative Konstellationen von Technik, Spiel und Risiko in neuen Sportpraktiken*, Bielefeld 2010.

106 Vgl. dazu Stern, *Stil-Kulturen*. Der Tango ist nur auf den ersten Blick ein durchregulierter Tanz, und das Interesse der zeitgenössischen Tänzerinnen und Tänzer richtet sich gerade auf ein gemeinsames spielerisches Austesten der Möglichkeiten, zum Beispiel mit Blick auf den Geschlechterdualismus.

Während viele der klassischen Vereinssportarten in Hallen oder auf Sportplätzen stattfanden, zieht es, *viertens*, die Bewegungspraktiker in der Spätmoderne ins Freie. So sind Joggen, Wandern oder Radfahren recht repetitiv, aber zeichnen sich durch ihre spezifische Erfahrung des urbanen oder landschaftlichen Raums aus. Was diesen genuinen *Outdoor*-Aktivitäten reizvoll erscheint, ist das ganzheitliche Erleben der durchquerten Orte. Die häufig thematisierte »Flow«-Erfahrung beim Laufen ergibt sich auch dadurch, dass dabei der Raum (der Weg, die Umgebung, die Geräusche, der Wind) auf bestimmte Weise »gespürt« wird.[107]

Die *fünfte* und letzte Variante der Singularisierung betrifft die Form des Subjekts der Bewegungspraxis. Nicht selten gerät dieses nun nämlich in die Position eines heroischen Kämpfers gegen sich selbst.[108] Die Heroisierung des Sportlers begleitete den modernen Wettkampf- und Publikumssport von Anfang an. Unter den Bedingungen einer Gesellschaft der Singularitäten, welche im Zuge der extensiven Kulturökonomisierung des Sozialen beständig Gewinner und Verlierer produziert, wirkt der Publikumssport wie ein gesamtgesellschaftliches Erziehungsprogramm, in dem der Wettbewerb als vermeintlich natürliche Sozialität vorgeführt wird.[109] Wichtiger in unserem Zusammenhang ist jedoch die Heroisierung des aktiven (Laien-)Sportlers. Beim Marathonlauf oder bei anderen Ausdauersportarten wie dem Triathlon oder auch bei Wagnissportarten wie dem Extrembergsteigen geht es nicht mehr um einen Wettkampf gegen andere, sondern um die Erfahrung eines Kampfes gegen sich selbst oder mit der Natur. Das singuläre Subjekt ist hier eben ein *heroisches* Subjekt, das seinen eigenen Körper und die Natur bezwingt.

Erziehung und Schule

Das Engagement, das Erziehung und Schule in den Familien der akademischen Mittelklasse seit den 1990er Jahren beansprucht, ist immens. Der alltägliche Umgang mit den Kindern, ihre Förderung und die Begleitung ihrer Schullaufbahn erreichen eine ausgeprägte Intensität. Erziehung und

107 Vgl. Ronald Lutz, *Laufen und Läuferleben. Zum Verhältnis von Körper, Bewegung und Identität*, Frankfurt/M. 1989.

108 Vgl. Martin Stern, »Heldenfiguren im Wagnissport. Zur medialen Inszenierung wagnissportlicher Erlebnisräume«, in: Alkemeyer u. a. (Hg.), *Körper*, S. 37-54.

109 Vgl. Alain Ehrenberg, *Le culte de la performance*, Paris 1991.

Schule sind der Ort, an dem sich die beiden wichtigsten Motive der Lebensführung der Akademikerklasse, ihr Wunsch nach Selbstentfaltung und das Streben nach sozialem Prestige, aufs Engste miteinander verbinden.

In der industriellen Moderne stellte die Schule ein herausragendes gesellschaftliches Feld der formalen Rationalisierung und Standardisierung dar. Die soziale Logik des Allgemeinen und des Gleichen war prägend: Die Massenbildung ist eine »industrielle« Bildung gewesen (und ist es nach wie vor), in der die gesamte Bevölkerung nach Alterskohorten geordnet in elementaren und teilweise höheren kognitiven Fertigkeiten »beschult« wird. Idealerweise lernen hier alle Schüler das Gleiche in gleichem Rhythmus und auf gleiche Weise. Die Ideale der Allgemeinbildung in einer Gesellschaft der Gleichen und der standardisierten Beschulung gehen hier Hand in Hand.[110] Der Wandel der Erziehungsstile in den Familien folgt historisch zwar seinem eigenen Pfad, der nicht mit jenem der Institution »Schule« identisch ist. Es spricht aber einiges für die Annahme, dass in der Phase der nivellierten Mittelstandsgesellschaft der herrschende Erziehungsstil mit dem Gleichheitsideal der standardisierten Schule übereinstimmte. Besonders deutlich in den Vereinigten Staaten seit den 1930er Jahren, setzte sich in der breiten Mittelklasse das Ideal des »sozial angepassten Kindes« durch.[111] Die Grundidee war, dass das moderne Kind, indem es sich beständig in Gruppen bewegt – zunächst in der Schule und der Familie, dann in den Peer Groups, schließlich am Arbeitsplatz –, zu einem sozial kompetenten und zugleich regelkonformen Menschen erzogen werden sollte. Individuelle Unangepasstheit, Emotionalität, Introversion oder gar Exzentrik standen demgegenüber unter Verdacht.

Seit den 1980er Jahren erleben Erziehung und Bildung einen vielschichtigen sozialen Wandel, der nicht leicht auf einen Nenner zu bringen ist. Einmal mehr macht es hier wenig Sinn, von einer unilinearen Transformation *der* Erziehung oder *der* Schule zu sprechen, genauso wenig wie es *den* spätmodernen Lebensstil gibt. Solche Durchschnittsbegriffe mochten für die nivellierte Mittelstandsgesellschaft taugen, sie ver-

110 Vgl. am Beispiel der USA Wayne J. Urban, Jennings L. Wagoner, *American Education. A History*, London 2008, Kap. 6-8. Die Kehrseite der schulischen Standardisierung ist die konsequente Produktion von Unterschieden anhand von Schulnoten, die unterschiedliche berufliche Laufbahnen rechtfertigt.

111 Vgl. Steven Mintz, Susan Kellog, *Domestic Revolutions. A Social History of American Family Life*, New York 1988, S. 107ff.

lieren jedoch in einer Gesellschaft, die von Klassendifferenzen geprägt ist, weitgehend ihren Sinn. Tatsächlich bilden Erziehung und Schulbildung einen der wichtigsten und aussagekräftigsten Bereiche, in denen sich die sozialstrukturelle und kulturelle Polarisierung der Spätmoderne manifestiert: Während die akademische Mittelklasse ihre Erziehungs- und Bildungsbemühungen intensiviert und verfeinert, stehen auf der anderen Seite die »Bildungsverlierer« und die »Problemschulen«, in denen sich die neue Unterklasse konzentriert.

Die Erziehungssoziologie hat herausgearbeitet, wie sich seit den 1980er Jahren in der neuen Mittelklasse ein anspruchsvoller Erziehungsstil herauskristallisiert, den man als »intensive Elternschaft« umschreiben kann. Trotz häufiger Doppelerwerbstätigkeit der Eltern sind diese Familien in historisch einmaligem Umfang kindzentriert. Das einzelne Kind, so die Vorstellung, ist von Geburt an in seiner Besonderheit bestmöglich zu fördern. Über die Förderung der emotionalen, sozialen, sprachlichen und kognitiv-argumentativen Kompetenzen hinaus erhalten die Kinder in den akademischen Familien eine Vielzahl diverser Anregungen. Annette Lareau fasst diese Bildungsstrategie unter der Überschrift »concerted cultivation« zusammen:[112] Man liest dem Kind vor, geht mit ihm ins Museum, unternimmt mit dem Kind Ausflüge und Fernreisen, bringt es spielerisch mit Kunst, Musik, Fremdsprachen und Natur in Berührung und sorgt für »passenden« sozialen Austausch.

Die neue Mittelklasse lernt ihre Lektionen aus den Erziehungsratgebern, die seit den 1980er Jahren und auf Basis neurophysiologischer Erkenntnisse auf die Plastizität des kindlichen Gehirns verweisen, das man vielfältig »nähren« müsse. Der spätmoderne Erziehungsstil steht damit in mehreren Hinsichten der Erziehung zum sozial angepassten Kind entgegen, wie sie in der alten Mittelstandsgesellschaft dominierte. Zwar ist soziale Kompetenz nach wie vor relevant, das Ideal ist nun jedoch nicht Anpassung, sondern das autonome, selbstmotivierte Kind mit ausgeprägtem Selbstwertgefühl und vielseitigen Interessen, die in ihrer Eigensinnigkeit zu fördern sind. Man kann es auch so sagen: Die spätmoderne Erziehungspraxis ist ein *Singularisierungsprogramm des Kindes.* Jedes Kind, so die Überzeugung, ist anders und besonders – und soll es sein. Jedes Kind gilt nun als ein ganz einzigartiges Ensemble von Begabungen, Po-

112 Vgl. dazu detailliert Annette Lareau, *Unequal Childhoods. Class, Race, and Family Life*, Berkeley 2003; sowie Putnam, *Our Kids*, S. 80ff.

tenzialen und Eigenheiten, zu deren Entfaltung es ermuntert werden sollte. Dem konformistischen Kind ohne eigensinnige Interessen wird hingegen mit Skepsis begegnet.

In der Erziehungspraxis der neuen Mittelklasse kommen damit die beiden zentralen Orientierungen des singularistischen Lebensstils zusammen: weltzugewandte Selbstverwirklichung und Statusinvestition. Hinter dem Ideal des intensiv geförderten Kindes steckt die Vorstellung, dass bereits das Kind sein Selbst entfalten und dieses »wachsen« soll.[113] Die kindliche Selbstentfaltung, so die Vorstellung, erfolgt im Rahmen einer offenen und positiven Praxis der Hinwendung zur Welt und erfordert eine Erziehung, die das Kind mit diversen Aspekten der Welt »in ihrer ganzen Reichhaltigkeit« spielerisch in Berührung bringt: Musik, Sport, Reisen, Natur etc. In dieser Erziehung herrscht jedoch immer eine doppelte Anforderung: Selbstverwirklichung ist einerseits ein Wert an sich, andererseits geht es um Kompetenzen, die schulischen und beruflichen Erfolg sichern sollen. Das Kind wird so zum herausgehobenen Objekt postbürgerlicher Statusinvestition. Für seinen sozialen Status in der Gesellschaft der Singularitäten ist formale Bildung als notwendige Bedingung unabdingbar. Zugleich ist sie – wie wir gesehen haben – für den beruflichen Erfolg der Hochqualifizierten in der beweglichen Wissens- und Kulturökonomie nicht hinreichend, so dass darüber hinaus das informelle kulturelle Kapital essenziell wird. Letzteres wird nun vor allem über das familiäre Herkunftsmilieu vermittelt, weshalb es nur folgerichtig ist, dass frühkindliche Persönlichkeitsentwicklung zu einem unverzichtbaren Asset auf dem Humankapitalkonto avanciert.[114]

Familiäre Erziehung und schulische Bildung greifen in der akademischen Mittelklasse ab einem bestimmten Zeitpunkt ineinander. Die Entwicklung der Schulen seit den 1990er Jahren scheint jedoch diesen Ten-

113 Das Ideal der kindlichen Selbstverwirklichung kennt die moderne Pädagogik aus den lebensreformerischen Bewegungen seit Rousseau. Wiederum ist die Counter Culture der 1970er und 1980er Jahre mit ihrer Reformpädagogik eine wichtige Station. Während dort kindliche Selbstverwirklichung – etwa nach dem Modell Summerhill – jedoch weitgehendes *laisser faire* bedeutete, setzt die *concerted cultivation* der akademischen Mittelklasse auf intensive Elternschaft.

114 Vgl. zum Humankapital Harry Hendrick, »Die sozialinvestive Kindheit«, in: Meike Sophia Baader u. a. (Hg.), *Kindheiten in der Moderne. Eine Geschichte der Sorge*, Frankfurt/M. 2014, S. 456-491; und als Beispiel für den Erziehungsdiskurs Gerald Hüther, Uli Hauser, *Jedes Kind ist hoch begabt. Die angeborenen Talente unserer Kinder und was wir daraus machen*, München 2012.

denzen zur Singularisierung des Kindes zu widersprechen, jedenfalls auf den ersten Blick. Denn das alte, industrielle System der Beschulung wird nicht zurückgebaut, sondern eher ausgeweitet. Besonders offensichtlich in der Verbreitung nationaler und internationaler Testverfahren zur Überprüfung der kognitiven Fertigkeiten der Schüler seit 2000 (etwa PISA und TIMS) manifestiert sich ein schulisches System standardisierter Wissensvermittlung und der Festlegung allgemeingültiger Bildungsstandards. Die Schule unterwirft sich auf dieser Ebene einem quasiindustriellen Standardisierungsimperativ und wirkt zunächst wie ein retardierendes Element innerhalb der Gesellschaft der Singularitäten.[115]

Man muss jedoch genauer hinschauen. Das Ziel der schulischen Testbewegung seit der Jahrtausendwende ist letztlich nicht die Gleichheit aller, sondern die Absicherung von minimalen Bildungsstandards *nach unten*. Das Problem, auf das sie antwortet, ist der Umstand, dass in den Problemschulen und -vierteln basale Kompetenzen nicht (oder nicht mehr) erreicht werden. In unserer Begrifflichkeit: Die soziale Logik des Allgemeinen, die sich in Forderungen nach Bildungsstandards manifestiert, adressiert die Familien der Geringqualifizierten. Hier soll ein Minimalstandard gesichert werden. Zugleich kann man jedoch die Ausbreitung einer schulischen Logik des Besonderen beobachten, die sich im Wesentlichen an die Familien der neuen Mittelklasse richtet. Denn so wie die Arbeitsverhältnisse, die Lebensformen und die Wohnviertel polarisieren sich in der Gesellschaft der Singularitäten auch die Schulen.[116] Selbst im Rahmen eines nicht-differenzierten Schulsystems kristallisiert sich nun ein ganzes Netz von staatlichen oder privaten Schulen heraus, deren Ambition es ist, sich mit einer einzigartigen Schulkultur und einem besonderen Bildungsangebot zu profilieren.[117]

Die Singularisierung der *ambitionierten Schulen* hat dieses Teilsegment des Schulsystems seit den 1990er Jahren zu einem komplizierten

115 Vgl. etwa Heinz-Elmar Tenorth, *Geschichte der Erziehung. Einführung in die Grundzüge ihrer neuzeitlichen Entwicklung*, Weinheim 2010, S. 364ff.

116 Vgl. zu diesem Zusammenhang auch Heinz Bude, *Bildungspanik. Was unsere Gesellschaft spaltet*, Bonn 2011.

117 Tenorth, *Geschichte der Erziehung*, erwähnt diese Entwicklung sehr knapp (S. 369); ausführlicher ethnografisch Putnam, *Our Kids*, S. 135ff.; vgl. aus Elternsicht Agnès van Zanten, »A Good Match: Appraising Worth and Estimating Quality in School Choice«, in: Jens Beckert, Christine Musselin (Hg.), *Constructing Quality. The Classification of Goods in Markets*, Oxford 2013, S. 77- 99.

kulturellen Markt werden lassen, vor allem in den Metropolen. Schulbildung ist nun selbst zu einem kulturellen, mit Singularitätsanspruch auftretenden Gut geworden, und seine überaus kritischen und wählerischen Konsumenten sind die Familien der neuen Mittelklasse. Die ambitionierten Schulen *wollen* sich motiviert von ihrem pädagogischen Anspruch nach Bildungsqualität singularisieren, und sie *sollen* sich singularisieren, da die Eltern und Schüler es von ihnen verlangen und sie selbst am Ende im Wettbewerb mit anderen Schulen nur als anerkannt »exzellente« Lehranstalten bestehen können.

Die Singularisierung der Schulen betrifft ihre Organisation und kollektive Kultur. In der industriellen Moderne waren Schulen letztlich untergeordnete Verwaltungsbehörden, deren Aufgabe darin bestand, die von Lehrplänen vorgegebenen Inhalte zu vermitteln. Entsprechend war der Eintritt eines Schülers in eine bestimmte Schule ein administrativer Akt – man besuchte in der Regel die nächstgelegene. Die spätmodernen Schulen erhalten größere Spielräume zur Profilierung, zugleich hat sich ihr Selbstverständnis gewandelt, so dass sie sich als Träger einer besonderen *Schulkultur* von Lernenden, Lehrenden und Eltern verstehen. Sie beanspruchen eine eigene Atmosphäre, ein spezifisches Klima des Miteinanders, auch eine eigene Geschichte und Tradition. Die ambitionierten Schulen unterscheiden sich dabei nicht nur programmatisch, sondern auch hinsichtlich dessen, was man als ihr »verborgenes Curriculum« bezeichnen könnte, beträchtlich voneinander,[118] und profilieren sich durch breite, auch ungewöhnliche außerfachliche Aktivitäten, die der Persönlichkeitsentwicklung der Schüler dienlich sein sollen.

Die ambitionierten Schulen verstehen sich als »Kulturen der Potenzialentfaltung« der einzelnen Schülerin und ihrer Begabungen: Die Singularisierung der Organisation Schule soll idealerweise einer Singularisierung des Bildungsprozesses der Schülerin entsprechen, etwa über Projektlernen und Mentoring.[119] Dass die Schüler in dieser Weise nicht mehr als

118 Zum Beispiel führt ein schulischer Schwerpunkt auf alte Sprachen dazu, dass sich ein Milieu reiner Akademikerkinder mit entsprechenden Interessen ausbildet.

119 Vgl. etwa Margret Rasfeld, Stephan Breidenbach, *Schulen im Aufbruch. Eine Anstiftung*, München 2014; Ken Robinson, Lou Aronica, *Creative Schools. The Grassroots Revolution That's Transforming Education*, New York 2016. Entsprechend wandeln sich die Anforderungen an die Lehrer: Gefragt sind keine standardisierten Wissensvermittler, sondern charismatische Persönlichkeiten, mit sowohl Führungs- als auch Mentorenqualitäten. Der Lehrer wird dann selbst zu einer Figur der *creative economy*.

passive Konsumenten von Lernstoff, sondern als aktive, lernbegierige und erfahrungshungrige Subjekte adressiert werden, setzt voraus, dass sie über entsprechende Selbstorganisation, Motivation und sonstiges informelles kulturelles Kapital verfügen – Voraussetzungen, an denen die akademische Mittelklasse fleißig arbeitet. Für sie ist die Entscheidung für eine bestimmte Primar- und Sekundarschule zu einer aufwändigen Statusinvestition geworden, bei der viele Qualitätsparameter zu berücksichtigen sind (das inhaltliche Profil, das Umfeld der anderen Schüler, die Qualität der Lehrer, die Reputation etc.).

Die ambitionierten Schulen müssen letztlich zwei Ziele miteinander vereinbaren: das pädagogische Ziel der Potenzialentfaltung des einzelnen Schülers und die institutionelle Bedeutung der Schule als Verteilerstation von Lebens- und Karrierechancen. Die singuläre Schule bewegt sich damit auf einem Markt von Schulen, die sich nicht damit begnügen können, durchschnittlich zu sein; sie müssen exzellent sein wollen und zugleich beanspruchen, als »kreative Schule« besondere, maßgeschneiderte Möglichkeiten zu bieten.[120] Die anspruchsvollen Kompetenzvoraussetzungen der postindustriellen Ökonomie, für die hohe fachliche Bildung und Ausbildung notwendig, aber Persönlichkeit entscheidend ist, *und* die anspruchsvollen Lebensziele der Akademikerklasse, die auf erfolgreiche Selbstverwirklichung aus ist, fordern die spätmodernen Schulen damit gleichermaßen – bis zur Überforderung.

Work-Life-Balance, Urbanität, Juvenilisierung, Degendering und Neuer Liberalismus

Jeder moderne Lebensstil muss auf bestimmte Grundbedingungen sowohl seiner eigenen Reproduktion als auch seiner Relation zur Sozialwelt antworten. Dies betrifft den Stellenwert von Arbeit, Familie und Freizeit, das Verhältnis zum sozialen Raum, das Verständnis von Jugend und Altern, den Umgang mit den Geschlechtern und schließlich die Haltung zum Politischen. Wie steht es in diesen Hinsichten um die Lebensführung der neuen Mittelklasse in der Spätmoderne?

Der Singularisierung der Schüler und ihrer Lernbiografien scheinen bisher im Lehrbetrieb allerdings enge Grenzen gesetzt.

120 Vgl. zur Exzellenzorientierung Urban, Wagoner, *American Education*, Kap. 12.

Work-Life-Balance: Die Lebensform der industriellen Moderne basierte auf dem Dualismus von Erwerbsarbeit und Familie/Freizeit, die einander als zwei Sphären mit konträrer Logik gegenüberstanden. Die Sphäre der (in der Regel männlichen) Erwerbsarbeit galt als durchrationalisiert, emotionsfrei und instrumentell ausgerichtet; der Zweck der Erwerbsarbeit bestand darin, die ökonomische Grundlage für Familie und Freizeit zu schaffen. Diese lebensweltliche Sphäre folgte anderen Regeln; in ihr dominieren entlastend wirkende Freizeit und emotionale sowie kommunikative Bindung in der Familie. Auch wenn dies derart holzschnittartig nie gelebt worden sein mag, ist damit im Prinzip die für die nivellierte Mittelstandsgesellschaft gültige »Arbeitsteilung« zwischen beiden Sphären beschrieben. Demgegenüber kann man in der neuen Mittelklasse nun eine *strukturelle Angleichung von Arbeit und Privatsphäre* beobachten,[121] die von beiden Seiten ausgeht. Zum einen sind, wie wir gesehen haben, in den hochqualifizierten Arbeitsformen der Wissens- und Kulturökonomie nun selbst vor allem kommunikative, interpretative und auch kreative Kompetenzen und Praktiken gefragt; zudem ist die Arbeit mit hohem emotionalen Engagement und starker Identifikation verbunden, so dass sie weit mehr als nur Mittel zum Zweck ist.[122] Zum anderen stehen dieser Kulturalisierung der Arbeitswelt die Kulturökonomisierung und die kuratorische Aktivierung von Freizeit und Privatsphäre gegenüber. Das spätmoderne Subjekt ist aufgefordert, auch und gerade in seiner Freizeit aktiv und produktiv zu sein; es entwickelt dort ein unternehmerisches Gespür für kulturelle Ressourcen und bewegt sich auf kulturellen Märkten diverser Art (einschließlich des anspruchsvoll gewordenen Partnerschaftsmarktes).[123] Im Zuge dieser gegenläufigen Entwicklung werden die Sphäre der Arbeit und die Sphäre des Privaten und der Freizeit immer ähnlicher; beide versprechen Identität und Befriedigung, beide verschreiben sich ebenso einem produktiven Aktivismus. Vor dem Hintergrund dieser strukturellen Angleichung wird die *Work-Life-Balan-*

121 Vgl. zu diesem Thema mit etwas anderer Akzentuierung auch Arlie Russell Hochschild, *The Time Bind. When Work Becomes Home and Home Becomes Work*, New York 1997; Svenja Flaßpöhler, *Wir Genussarbeiter. Über Freiheit und Zwang in der Leistungsgesellschaft*, München 2011.

122 Vgl. Kap. III.1, S. 186-200.

123 Auf die Struktur spätmoderner Partnerschaften zwischen Selbstverwirklichungsprojekt und Ökonomie der Wahl bin ich an anderer Stelle ausführlicher eingegangen: Reckwitz, *Das hybride Subjekt*, S. 527ff.

ce zwischen den beiden psychisch anspruchsvollen Sphären zu einem paradigmatischen Problem der neuen Mittelklasse.

Urbanität: Die Frage, wie die neue Mittelklasse im sozialen Raum situiert ist, ist recht einfach zu beantworten. Der singularistische Lebensstil ist ein emphatisch *urbaner*. Sozialgeografische Studien zeigen eindeutig, dass sich die neue Mittelklasse in den Großstädten und Metropolregionen (und ihrem Umland) ballt, wobei bestimmte, besonders attraktiv scheinende Städte und Regionen bevorzugt werden.[124] Während die Stadt/Land-Unterscheidung kein wichtiges Kriterium zu Zeiten der industriellen, nivellierten und eben auch geografisch gleichmäßig verteilten Mittelstandsgesellschaft war, tendiert die spätmoderne Gesellschaft zu einer sozialräumlichen Polarisierung zwischen den postindustriellen Großstädten als Zentren, in denen sich die neue Mittelklasse konzentriert, und den übrigen Siedlungsgebieten (alte Industriestädte, Kleinstädte, Dörfer) als Peripherien. Es finden entsprechende Migrationsbewegungen der Hochqualifizierten in die attraktiven Großstädte statt. Die Gründe und Ursachen liegen auf der Hand: Das urbane Umfeld bietet auf der einen Seite Ausbildungsorte, vor allem Universitäten, und Arbeitsplätze in der Wissens- und Kulturökonomie. Zugleich hält es zahlreiche Angebote für den aktivistischen Lebensstil bereit (Hochkultur und Events, Naturräume, Restaurants, Konsum, Auswahl von Schulen, private Netzwerke etc.).[125] Die akademische Mittelklasse zeichnet sich durch einen hohen Grad an räumlicher – teilweise auch internationaler – Mobilität aus: Dass man den Ort, an dem man geboren wurde und aufgewachsen ist, verlässt (häufig bereits zum Beginn des Studiums) und man auch später den Lebensort gezielt auswählt oder möglicherweise wechselt, ist für die Subjekte der neuen Mittelklasse typisch.[126]

Juvenilisierung: Die demografische Entwicklung der spätmodernen Gesellschaften ist bekannt: Das Lebensalter verlängert sich und lässt die Gesellschaften insgesamt altern. Zugleich findet jedoch auf der kulturellen Ebene ein Prozess der *Juvenilisierung* statt, das heißt, Jugendlichkeit als kulturelles Muster wird für alle Altersstufen attraktiv und dominant. Dabei enthält der singularistische Lebensstil der neuen Mittelklasse

124 Vgl. dazu Florida, *Rise of the Creative Class*; ders. *Creative Cities*.

125 Vgl. Kap. VI.1, S. 382-388.

126 Zum Mobilitätsaspekt und sein Verhältnis zu den Klassen vgl. David Goodhart, *The Road to Somewhere. The Populist Revolt and the Future of Politics*, London 2017.

nachgerade eine innere Affinität zur Jugendlichkeit. Ein kulturelles Muster von (moderater) Jugendlichkeit prägt ihren aktivistischen Lebensstil, der einen Anspruch auf Selbstverwirklichung und »Offenheit« erhebt, in Freizeit und Beruf nach neuen Erfahrungen strebt, der urban ist und sich durch erheblichen körperlichen Bewegungsdrang auszeichnet.[127] In der juvenilisierten Spätmoderne ist das Gegenteil von Jugendlichkeit nicht mehr die erwachsene Reife, sondern Ältlichkeit. Konsequenterweise ist damit auch für die Alterskohorte der Senioren das »aktive Altern« zum Ideal geworden – jedenfalls in der akademischen Mittelklasse, die über entsprechende kulturelle, gesundheitliche und ökonomische Ressourcen verfügt.[128] Die Wirkung der hegemonialen Juvenilität auf die Jugendlichen und Postadoleszenten selbst ist bemerkenswert: Die Zeit seit den 1990er Jahren scheint die erste Phase in der modernen Kulturgeschichte zu sein, die ohne genuine Jugendbewegungen auskommt. Worum Jugendkulturen traditionell gegen das konformistische Establishment gekämpft haben, ist schließlich selbst zur Hegemonie geworden: sich selbst verwirklichen zu dürfen.[129] Generationskonflikte haben im Milieu der akademischen Mittelklasse entsprechend ihre Relevanz verloren, vielmehr erscheinen hier Eltern und ihre Kinder wie Bündnispartner eines gemeinsamen Lebensstils des materialistisch grundierten Postmaterialismus.[130]

Degendering: Singularisiert die spätmoderne Kultur der neuen Mittelklasse auch die Geschlechter? Die Lage ist hier komplizierter als bei den zuvor betrachteten Querschnittsmerkmalen. Zunächst muss man feststellen, dass es die patriarchale, dualistische Geschlechterkultur vom 18. Jahrhundert bis weit ins 20. Jahrhundert hinein war, welche die Frauen und

127 Vgl. Lutz Roth, *Die Erfindung des Jugendlichen*, München 1983; Benno Hafeneger, *Jugendbilder. Zwischen Hoffnung, Kontrolle, Erziehung und Dialog*, Opladen 1995. Exzessive, grenzüberschreitende Elemente der Jugendszenen werden freilich aus der Mittelklassen-Juvenilität, die sich etwa durch starke Gesundheitsorientierung auszeichnet, meistens verbannt.

128 Vgl. zu diesem Thema Silke van Dyk, Stephan Lessenich (Hg.), *Die jungen Alten. Analysen einer neuen Sozialfigur*, Frankfurt/M. 2009.

129 Auch ästhetische Jugendszenen können sich seit den 1990er Jahren kaum als Gegenkulturen stabilisieren, sondern werden in einer *creative economy*, die auf beständige kulturelle Novitäten setzt, rasch in den Pool der für den kulturellen Konsum interessanten Optionen eingesogen.

130 Vgl. dazu Klaus Hurrelmann, Erik Albrecht, *Die heimlichen Revolutionäre. Wie die Generation Y unsere Welt verändert*, Weinheim 2014, S. 96ff.

die Männer als zwei »Menschentypen« einer dezidierten Singularisierung *als Kollektive* aussetzte und die die scheinbar natürliche, kulturell aufwändig inszenierte »authentische Weiblichkeit« und »authentische Männlichkeit« als einzigartige, voneinander eindeutig differenzierte Welten begriff. Was demgegenüber in der neuen Mittelklasse der Spätmoderne stattfindet, ist auf einer ersten Ebene ein Prozess des *Degendering*.[131] Vor dem Hintergrund der starken Ausdehnung der Frauenerwerbstätigkeit insgesamt, der die Frauen besonders deutlich einbeziehenden Bildungsexpansion und des historisch beispiellos hohen weiblichen Anteils unter den Akademikern werden von den beiden Geschlechtern die gleichen Kompetenzen erwartet. *Degendering* bedeutet also, dass die zentralen beruflichen Fähigkeiten (etwa Unternehmergeist, soziale Kompetenz oder Intelligenz) als geschlechtsneutral angenommen werden. Dies gilt auch für den Lebensstil in der Freizeit und das generelle Ziel der subjektiven Selbstverwirklichung und der Statusinvestition.[132]

Die Geschlechterdifferenzen lösen sich allerdings in der Kultur der Spätmoderne nicht auf, sie erhalten vor diesem Hintergrund aber einen anderen Stellenwert.[133] Vieles spricht dafür, dass gerade in der neuen Mittelklasse ein breiteres kulturelles Repertoire von Geschlechtermodellen des Weiblichen und des Männlichen zur Verfügung steht, aus dem man nun jeweils sein eigenes Geschlechts*profil* komponiert. Singularisiert wird dann nicht mehr das gesamte Kollektiv, sondern das Subjekt als *einzigartiger* Träger seiner Geschlechterrollen. Die spätmoderne *Gender*-Kultur hält infolgedessen ein Portfolio von Gender-Accessoires bereit, beispielsweise das Muster der »empathischen Frau« ebenso wie das der »toughen Frau«, den »neuen Mann« (auch: die »neuen Väter«), aber auch den maskulinen Mann. Es ergibt sich damit ein Repertoire für die einzel-

131 Vgl. Michael Kimmel, *The Gendered Society*, New York u. a. 2000, S. 264ff.

132 Die Frauen der neuen Mittelklasse sind historisch gesehen damit die »geschlechtlichen Aufsteiger« der spätmodernen Gesellschaft, während die Männer der Arbeiter- bzw. jetzt Unterklasse ihre »geschlechtlichen Absteiger« sind. Der Paternostereffekt hat damit auch einen Geschlechteraspekt. Es wäre verfehlt, die Geschlechterfrage hier unabhängig von der Klassenfrage zu denken. Populäre Diagnosen, nach denen Männer generell und ohne jeglichen Klassenbezug zu historischen »Verlierern« geworden seien (vgl. etwa Susan Faludi, *Männer – das betrogene Geschlecht*, Reinbek 2001), greifen damit zu kurz.

133 Vgl. Elisabeth Badinter, *Ich bin Du. Die neue Beziehung zwischen Mann und Frau oder Die androgyne Revolution*, München 1987; Susanne Schröter, *FeMale. Über Grenzverläufe zwischen Geschlechtern*, Frankfurt/M. 2002.

ne Kombination passender Geschlechtlichkeit, das allerdings in der hegemonialen Kultur offenbar weiterhin Grenzen des gesellschaftlich Akzeptablen enthält (die »vulgäre Frau« oder der »effeminisierte Mann«).[134]

Neuer Liberalismus: Wie hält es die neue Mittelklasse mit der Politik? Parteipolitisch betrachtet, findet sich hier ein breites Spektrum von Wählerinnen und Wählern aus dem Bereich der Mitte-links-Parteien (Sozialdemokraten, Linksliberale, Grüne) ebenso wie aus den Mitte-rechts-Parteien (Konservative, Wirtschaftsliberale), allerdings kaum Wähler der populistischen Rechten. Der Akademikerklasse scheint ein homogenes politisches Klassenbewusstsein zu fehlen. Trotzdem spricht einiges dafür, dass sie eine gemeinsame, quasi subpolitische Weltanschauung teilt, die eng mit ihrem Lebensstil verknüpft ist. Man kann sie als einen *Neuen Liberalismus* bezeichnen,[135] der drei Bestandteile enthält: Meritokratismus, Lebensqualität und Kosmopolitismus.

Die neue Mittelklasse, deren ganzes Selbst- und Weltverhältnis auf ihrer hohen Bildungs- und Berufsqualifikation beruht, hat ein tief verwurzeltes meritokratisches Bewusstsein, dem zufolge sich Lebenserfolg aus erbrachter beruflicher Leistung ergeben sollte, für die wiederum Bildung die entscheidende Voraussetzung ist.[136] Die politischen Konsequenzen des Meritokratismus können durchaus variieren: Er kann sich in eine dezidiert marktwirtschaftliche Sozialpolitik des »Förderns und Forderns«, in besondere Bemühungen zur Erneuerung des Bildungssystems oder in eine »linke« Skepsis gegenüber leistungslosem Vermögen umsetzen.

134 In diese Diversifizierung der Genderrollen kann man auch die weitgehende Akzeptanz schwuler Männer und lesbischer Frauen in der neuen Mittelklasse einordnen: Hier betrifft die Gendervariation die sexuelle Orientierung. Ob dies ein Anzeichen einer generellen Singularisierung auch von sexuellen Orientierungen sein könnte, bleibt abzuwarten. Eine stärkere Verbreitung von Bisexualität – in allen ihren verschiedenen Spielarten – oder auch von Asexualität könnte dafür ein Indikator sein. Eine mögliche Singularisierung des sog. biologischen Geschlechts in der Zukunft ist gegenwärtig eine ebenso offene Frage (ein Indiz ist die Zunahme selbstbewusster Transgender-Identitäten seit 2010).

135 Die Differenz besteht hier zum klassischen Liberalismus des *possessive individualism* (McPherson) des 19. Jahrhunderts. Die neue Mittelklasse ist eine tragende Stütze der Politik des apertistisch-differenziellen Liberalismus, vgl. dazu Kap. VI.1, S. 374-382.

136 Zum Meritokratismus klassisch Michal Young, *Meritocracy*; und aktuell Thomas Frank, *Listen, Liberal. Or, What Ever Happened to the Party of the People?*, New York 2016. Es ist die Frage, ob infolge von hoher Unterbeschäftigung unter jungen Akademikern in manchen Ländern, die nach der Finanzkrise 2008 zu beobachten ist, dieser Meritokratismus vorübergehend bröckelt oder dauerhaft erodiert.

Das Leistungsethos war für die moderne Mittelklasse immer schon kennzeichnend, charakteristisch ist nun jedoch, dass es im Stile eines Professionalismus dezidiert an die Voraussetzung der Bildung gekoppelt wird.

Da die spätmoderne Akademikerklasse der Lebensqualität ein Primat gegenüber dem Lebensstandard zuschreibt, ist es nicht verwunderlich, dass sie eine dazu passende *postmaterialistische* Politik fordert. Dies betrifft seit den 1980er Jahren insbesondere die Rolle der Ökologie, auch der Gesundheit, der Kulturpolitik und der bürgerfreundlichen Stadtentwicklung. Das neu-liberale Politikverständnis geht hier auf Distanz zu klassischen *Bread-and-butter*-Themen der industriellen Moderne. Schließlich setzt sich der Kulturkosmopolitismus der neuen Mittelklasse in einen politischen Kosmopolitismus und Globalismus um. Dieser manifestiert sich etwa in prinzipieller Unterstützung von Handelsfreiheit, Globalisierung und internationaler Kooperation, von Offenheit für migrantische Einflüsse auf die multikulturellen Gesellschaften, aber auch in Toleranz für und Gleichberechtigung von bisher diskriminierten Personengruppen (Frauen, Schwule und Lesben, Behinderte) und in einem Verständnis von Außenpolitik als humanitärer Weltinnenpolitik (Entwicklungshilfe, Menschenrechte, humanitäre Interventionen).[137]

Meritokratismus, Postmaterialismus und Kosmopolitismus enthalten, wie gesagt, sowohl wirtschaftsliberale als auch gesellschaftspolitisch linksliberale Ideen. Der Neue Liberalismus der neuen Mittelklasse kann entsprechend im Einzelfall mehr nach der linken oder nach der marktwirtschaftlichen Seite akzentuiert sein. Grundsätzlich bilden die drei Komponenten jedoch eine Einheit, in der ein liberales *Fortschritts*verständnis zum Ausdruck kommt, das von diesem Milieu getragen wird – über die Globalisierung der Märkte, über den Postindustrialismus und die Expansion der Bildung, über ökologische, nachhaltige Politik und eine kosmopolitische Gleichberechtigung.[138]

137 Vgl. dazu schon früh Joachim Raschke, »Politik und Wertewandel in den westlichen Demokratien«, in: *Aus Politik und Zeitgeschichte* 36 (1980), S. 23-45; zur neueren Entwicklung Paul Ray, Sherry Ruth Anderson, *Cultural Creatives. How 50 Million People are Changing the World*, New York 2000. Zu einem neuen politischen Cleavage zwischen Globalisierungs- und Abgrenzungsorientierung vgl. Hanspeter Kriesi u. a., »Globalization and the Transformation of National Political Space. Six European Countries Compared«, in: *European Journal of Political Research*, 45/6 (2006), S. 921-956.

138 Dieser Neue Liberalismus hat seit den 1980er Jahren die beiden aus der industriellen Moderne stammenden großen Volksparteien, die Konservativen und die Sozialdemo-

Spannungsfelder der Lebensführung: Das Ungenügen an der Selbstverwirklichung

Es lässt sich kaum bestreiten, dass der singularistische Lebensstil der Spätmoderne für die Subjekte insbesondere der neuen Mittelklasse enorme Chancen auf ein subjektiv als geglückt empfundenes Leben enthält. Diese ergeben sich vor allem aus der konsequenten Kulturalisierung und Singularisierung des Alltags, die affektive Befriedigung und anerkannten Wert versprechen. Zugleich bewahrt sich diese Lebensführung aufgrund der eingebauten Notwendigkeit zur Statusinvestition ihre pragmatische Alltagstauglichkeit. Das Ideal dieses spätmodernen Subjekts ist die modernisierte Synthese aus Romantik und Bürgerlichkeit, welche die Vorzüge beider Lebensformen (Selbstverwirklichung beziehungsweise Status) übernimmt und die Nachteile (Unsicherheit beziehungsweise Repression) vermeidet. Dass diese Lebensform der erhöhten Ansprüche jedoch auch neue Spannungsfelder, Dilemmata und Zwänge hervorbringt, dürfte kaum überraschen.[139]

Die Doppelstruktur von weltzugewandter Selbstentfaltung und mitlaufender sozialer Statusinvestition ist grundsätzlich spannungsgeladen. Man will hier zwei Lebensorientierungen in eine fragile Balance bringen, die einander streng genommen widersprechen. Immer besteht daher das Risiko, dass sich die Waage der Lebensführung zu sehr in die eine oder in die andere Richtung neigt, man gewissermaßen zu sehr auf die Seite der Romantik oder zu sehr auf die der Bürgerlichkeit und des Status rückt, mit den entsprechenden Nachteilen. Es handelt sich gewissermaßen um ein *Romantik-Status-Dilemma*, in dem die neue Mittelklasse steckt. Setzt man dezidiert auf die Selbstverwirklichungskarte und vernachlässigt die Statusinvestition – etwa durch eine entsprechende »lustbetonte« Studien-, Berufs- und Partnerwahl, durch einen weniger rigiden Um-

kraten, gleichermaßen transformiert, am deutlichsten bei den US-amerikanischen Demokraten, die sich zwischen 1970 und 2010 von einer *Working-class*-Partei zu einer Partei der Akademikerklasse transformiert hat. Er hat zudem zur Entstehung einer Reihe neuer, linksliberaler Parteien beigetragen (etwa den Grünen, Grünliberalen und Neos im deutschsprachigen Raum).

139 Auf Spannungen, die sich im Feld der qualifizierten Arbeit und in der Selbstdarstellung des Subjekts im Netz ergeben, bin ich bereits näher eingegangen, siehe Kap. III.2, S. 216-224, und Kap. IV.2, S. 265-272. Einige dieser Spannungsfelder nehme ich nun wieder auf.

gang mit der Lebenszeit oder eine sentimentale Verbundenheit gegenüber bestimmten Lebensorten –, kann der Preis ein verhältnismäßig ungesicherter sozialer Status sein. Macht man umgekehrt die Statusinvestition zur Hauptsache – etwa durch eine ausgesprochen karrieristische Studien- und Berufs- oder auch Partnerwahl, hohe berufliche Selbstausbeutung und Mobilität –, riskiert man, über die Kapitalakkumulation hinaus die Kultivierung der Selbstverwirklichungsziele zu vernachlässigen. Die mitlaufende Statusinvestition steht in diesem Fall in Gefahr, sich in eine primäre zu verwandeln.[140] Aus der Perspektive des singularistischen Lebensstils besonders bewundert werden daher jene öffentlich sichtbaren Subjekte, die das Romantik-Status-Dilemma scheinbar ideal gelöst haben: die Kreativ-Stars, die erfolgreichen Künstler, Designer, Start-up-Unternehmer etc., denen man neben hohem sozialen Status auch ein hohes Gelingen von Selbstentfaltung unterstellt.

Allerdings enthält schon die Orientierung an der Selbstverwirklichung ihrerseits ein grundsätzliches Problem: Sie ist in ihrer postromantischen, dezidiert weltzugewandten Form nicht selbstgenügsam, sondern von einer typisch modernen Struktur der Steigerung geprägt.[141] Sie geht, wie wir gesehen haben, nicht mehr davon aus, dass ein natürlicher, gegebener innerer Kern des Subjekts sich eigenlogisch entfaltet, sondern dass das Subjekt sich mittels der reichhaltigen Praktiken und Objekte der Welt verwirklicht, die sich ihm im Überfluss darbieten. Daraus ergibt sich jedoch ein *Imperativ der Selbstentgrenzung*: Das spätmoderne Subjekt zieht enorme Befriedigung daraus, nicht ein für alle Mal festgelegt zu sein, sondern in grenzenlosem Aktivismus immer wieder neu noch ganz andere Aktivitäten und Möglichkeiten für sich entdecken zu können – neue Reiseziele, eine neue Sportart, einen anderen Partner, einen anderen Lebensort etc. Das Ziel lautet dann, möglichst alle Potenziale, die in einem schlummern, zu mobilisieren und ihnen zur Entfaltung zu verhelfen. Der Maßstab dieses Lebensstils ist die *größtmögliche Fülle des Lebens.*

Die Kehrseite der Selbstentgrenzung ist die Selbstüberforderung. Die

140 Ähnlich liegt der Fall, wenn die performative Dimension der Selbstverwirklichung die Oberhand gewinnt und die Erlebnis*inszenierung* wichtiger wird als das Erleben selbst.

141 Vgl. zum modernen Steigerungsspiel Gerhard Schulze, *Die beste aller Welten. Wohin bewegt sich die Gesellschaft im 21. Jahrhundert?*, München 2003; auch Harmut Rosa, *Beschleunigung. Die Veränderung der Zeitstrukturen in der Moderne*, Frankfurt/M. 2005.

Chance zum Neuen und Anderen kann sich in den *Selbstzwang* zum Neuen und Anderen verkehren, in eine Selbsttransformation um ihrer selbst willen, aus der sich keine zusätzliche Befriedigung mehr ergibt, sondern nurmehr eine beständige Verschiebung der Objekte des Erlebens und der Valorisierung. Idealerweise soll hier immer alles Wünschbare zugleich verwirklicht sein: Karriere *und* Familie, lokale Verankerung *und* globale Weite, Abenteuer *und* Verlässlichkeit etc. Der Verzicht auf einzelne dieser Möglichkeiten erscheint dann als grundsätzlich negativ konnotiert; in den spätmodernen Selbstverwirklichungsimperativ ist eine *Verzichtsaversion* eingebaut. Auch in der Beurteilung durch Andere – ob im beruflichen oder privaten Kontext – kann Selbsttransformationsfähigkeit entsprechend zu einer Leistungsanforderung werden. Wer sich mit dem einmal Gefundenen begnügt, gilt rasch als selbstzufrieden borniert und nicht hinreichend aufgeschlossen. Es wird damit ein weiteres Mal deutlich: Der Wert, welcher der Einzigartigkeit des Subjekts in der spätmodernen Kultur zugeschrieben wird, gilt keineswegs bedingungslos. Zwar mag die singularistische Subjektkultur eine Vielzahl verschiedener Interessen, Begabungen und Lebenswege tolerieren und ermutigen – der Radius des Möglichen markiert aber trotzdem *Grenzen des wertvoll Singulären*.[142] Insbesondere das unbewegliche, das im weitesten Sinne *immobile Subjekt*, verstanden als ein Selbst, dem es in seiner Persönlichkeitsstruktur an »Offenheit« mangelt, bildet hier eine negativ bewertete Gegenfigur zum kreativen Subjekt.

Die anspruchsvolle Lebensführung der erfolgreichen Selbstverwirklichung, wie sie die neue Mittelklasse verfolgt, ist aus systematischen Gründen *enttäuschungsanfällig*. Enttäuschung heißt generell: subjektive Erwartungen bleiben unerfüllt, was negative Emotionen (von Selbstvorwürfen bis zur Wut) zur Folge hat. Pauschal kann man feststellen: Die klassische, industrielle Moderne war angetreten, subjektive Enttäuschungen über das System der Berechenbarkeit ihrer Institutionen zu minimieren. Indem staatliche und ökonomische Prozesse und letztlich auch die privaten Lebensformen planbar gemacht wurden, sollten subjektive Er-

142 An dieser Stelle besteht eine Anschlussmöglichkeit an Jürgen Links »flexiblen Normalismus«, vgl. Jürgen Link, *Versuch über den Normalismus. Wie Normalität produziert wird*, Wiesbaden 1999. Man denke etwa an Persönlichkeitsmerkmale wie Trägheit, Unbeherrschtheit, Disziplinlosigkeit, Messietum oder Soziophobien, die zweifellos idiosynkratisch sind, denen aber im attraktiven Lebensstil nicht der Wert des Singulären zukommt.

wartungen in der Regel erfüllt werden. In den *trente glorieuses* mag dies tatsächlich der Fall gewesen sein – zumindest in puncto Lebensstandard. Die Fortschrittsverheißung der klassischen Moderne war in dieser Hinsicht ein Enttäuschungsvermeidungsprogramm. Die Kultur der Spätmoderne erweist sich demgegenüber als ein *struktureller Enttäuschungsgenerator* – und dies betrifft auch die akademische Mittelklasse, gleichwohl sie in ihrer mitlaufenden Statusinvestition Planungssicherheit herzustellen versucht.[143] Diese gesellschaftliche Enttäuschungsproduktion hat zwei systematische Ursachen: zum einen die Kulturökonomisierung weiter Bereiche des Sozialen, zum anderen den hohen Stellenwert, den die Instanz des »Erlebens« in einer Kultur der Selbstverwirklichung annimmt.

Wir hatten es ja detailliert betrachtet: Die Spätmoderne unterzieht weite Bereiche des Sozialen einer Kulturökonomisierung, das heißt, sie transformiert sie in Märkte für kulturelle Singularitätsgüter, auf denen Überproduktion, *Winner-take-all-* beziehungsweise *-the-most-*Logiken sowie Strukturen des Risikos und der Spekulation prägend sind.[144] Dies betrifft auch und gerade diejenigen Güter, die für die akademische Mittelklasse relevant sind. Insbesondere der Arbeitsmarkt ist in der Wissens- und Kulturökonomie im Verhältnis zur Industrieökonomie unberechenbarer geworden. Etablierte Berufe können an Wert verlieren, neue Tätigkeiten ungeahnte Möglichkeiten eröffnen. Arbeitsmärkte für Hochqualifizierte haben sich national und auch regional in signifikanter Weise ausdifferenziert. Es öffnet sich eine Schere zwischen den äußerst Erfolgreichen und den weniger Erfolgreichen auch im *gleichen* Tätigkeitsfeld (der Journalisten, Künstlerinnen, IT-Experten, Designer, Anwälte, Ärztinnen, Wissenschaftler etc.). Der Faktor Zufall spielt dabei eine kaum zu überschätzende Rolle. Auch Bildung wird zu einem riskanten Marktgut: Durch die Inflation der höheren Bildungsabschlüsse können Entwertungsprozesse stattfinden, so dass die Wahl der richtigen Schule für das Kind, der richtigen Hochschule oder des Studiengangs enorm an Bedeutung gewinnt und Fehlentscheidungen erhebliche Konsequenzen haben können. Auch der hochspekulative Charakter der Immobilienmärkte hat für die neue

143 Die Reaktion darauf ist häufig eine flexiblere Coping-Strategie, wie sie Uwe Schimank herausarbeitet: Uwe Schimank, »Lebensplanung!? Biografische Entscheidungspraktiken irritierter Mittelschichten«, in: *Berliner Journal für Soziologie* 25 (2015), S. 7-31; zu dieser Problematik auch Heinz Bude, *Gesellschaft der Angst*, Hamburg 2014.

144 Vgl. Kap. II.2, S. 147-160.

Mittelklasse beunruhigende Auswirkungen – die attraktiven Lagen der Metropolen werden unerschwinglich und suburbane Viertel langfristig riskant. Hinzu kommt die verschärfte »Kulturökonomisierung« der Partnerschaftsmärkte, die zu einer höheren Zahl von Trennungen und Wiederverpartnerungen führt und somit auch das Feld des Privaten chancen- wie risikoreicher macht.[145]

Für die neue Mittelklasse (und erst recht für die anderen Klassen) hält die Kulturökonomisierung des Sozialen damit trotz aller Chancen, die sie durch die Vielfalt und Identifikationskraft ihrer Güter bietet, eine Reihe potenzieller systemischer Enttäuschungen bereit, welche die industrielle Moderne nicht kannte. Verstärkt wird die Enttäuschungserfahrung durch den Tatbestand, dass sie das Subjekt in der Regel als einzelnes, isoliertes trifft sowie dadurch, dass die *erfolgreichen* Hochqualifizierten, Bildungsabgänger, Immobilienbesitzer oder Ehepartner in hohem Maße *sichtbar* sind. Generell potenziert diese in der Spätmoderne ausgeprägte *Sichtbarkeit des Erfolgs Anderer* – über Darstellungen von Prominenten in den Massenmedien, über das Posten von privaten Reisen und Events in den sozialen Medien, über demonstrativen Konsum in den Metropolen und an den Ferienorten, über die Polarisierung auf den urbanen Wohnungsmärkten etc. – die Enttäuschungserfahrung, die sich einstellt, wenn man meint, nicht »mithalten« zu können oder etwas unwiederbringlich »verpasst« zu haben.

Auch die Selbstverwirklichung als zentraler Prüfstein eines erfüllten Lebens erweist sich paradoxerweise als ein Generator nicht nur von Chancen, sondern auch von Enttäuschungen. Das Subjekt sieht sich verwirklicht, wenn es als authentisch empfundene Erfahrungen macht und sein Leben insgesamt als ein authentisches wahrnimmt. Verglichen mit älteren Maßstäben gelungener Lebensführung – das schlichte Überleben, das moralisch prinzipienfeste Leben, der soziale Respekt innerhalb der Gemeinschaft oder ein hoher Lebensstandard – ist dieser Maßstab jedoch sehr viel volatiler, subjektiver, emotionaler und damit fragiler. Letztlich ist es das *Erleben* des Subjekts, seine Wahrnehmung und Affiziertheit, das Authentisches von Unauthentischem unterscheidet.[146] Ob etwas als

145 Angesichts dessen wird die Bedeutung von vermeintlich krisensicheren Kapitalsorten und Gütern für die akademische Mittelklasse umso wichtiger. Eine große Erbschaft beispielsweise kann in der Regel tatsächlich eine gewisse Sicherheit bieten, auch der Abschluss an einer US-amerikanischen oder britischen Eliteuniversität.

146 Siehe dazu Kap. I.2, S. 70f.

der Selbstverwirklichung förderlich erlebt wird, lässt sich jedoch nicht mit Sicherheit vorhersagen, sondern wird erst *post hoc* deutlich. Zudem kann sich diese Einschätzung und Gefühlslage im Laufe der Zeit verändern.

Dies gilt bereits auf der Mikroebene: Der Erfolg eines funktionalen oder Statusgutes ließ sich gut vorher abschätzen – das neue Haus oder das neue Auto brachten in der nivellierten Mittelstandsgesellschaft »automatisch« Prestige; hingegen ist es unmöglich, das gelingende Erleben eines kulturellen Singularitätsgutes, etwa einer Reise, vorherzusehen – der Grat zwischen neuer Erfahrung und Desaster ist schmal.[147] Noch tiefgreifender sind die Konsequenzen bei langfristigen biografischen Entscheidungen: Der einmal gewählte Beruf oder die geschlossene Ehe können sich im Laufe der Zeit als unbefriedigend herausstellen, sich nicht mehr »authentisch« anfühlen – auch weil sich die Neigungen und Wünsche im Laufe der Zeit möglicherweise verändert haben. Zu einem Problem wird das wohlgemerkt dann, *wenn* man von Beruf und der Ehe Selbstentfaltung und Lebensqualität erwartet (was in der klassischen Moderne keineswegs die Regel war).[148] Auch hier wirkt der – durch die digitalen Medien und die Größe der sozialen Netzwerke angeheizte – ubiquitäre Vergleich des Lebenserfolgs, den das Subjekt zwischen sich und den Anderen zieht, verstärkend. Die reale oder vermeintliche persönliche Erfülltheit der Anderen lässt die eigene Unerfülltheit noch schmerzhafter hervortreten.

Ihrer Struktur als Enttäuschungsgenerator zum Trotz stellt die Kultur der Spätmoderne allerdings kaum kulturelle Ressourcen zur Enttäuschungstoleranz und -bewältigung zur Verfügung.[149] Dies gilt auch für Enttäuschungen, die sich aus existenziellen »Unverfügbarkeiten« ergeben.[150] Hier sind an erster Stelle Tod und Krankheit – die trotz der spätmodernen Obsession mit der Gesundheit nicht überwunden werden können –

147 Zum Begriff der Erlebnisenttäuschung vgl. Schulze, *Erlebnisgesellschaft*, S. 53ff.

148 Es geht hier nicht darum, diese historischen Lebensformen zu nobilitieren, sondern die unintendierten Folgen des spätmodernen Lebensstils aufzuzeigen.

149 Dieser Aspekt wird aus der Erfahrung der psychotherapeutischen Behandlung hervorgehoben von Rainer Funk, *Der entgrenzte Mensch. Warum ein Leben ohne Grenzen nicht frei, sondern abhängig macht*, Gütersloh 2011.

150 Der Begriff ist hier nicht theologisch zu verstehen. Die spätmoderne Kunst bietet einen Raum, in dem diese *Grenzen* der Selbstgestaltbarkeit des Subjekts thematisiert werden, siehe etwa in der Literatur die Hauptfigur in Hanya Yanagihara, *Ein wenig Leben*, Berlin 2015.

oder Unglücks- und Katastrophenfälle zu nennen. Unverfügbar können psychische Grundgegebenheiten sein, beispielsweise eine bestimmte charakterologische Ausstattung des Individuums, die sich – trotz aller psychologischer Umgestaltungsversuche – nicht beliebig verändern lässt. Und auch die Familienkonstellation und das (räumlich-zeitlich-soziale) Herkunftsmilieu, in welches das Individuum hineingeboren wird, oder die Weise, in der sich die eigenen Kinder entwickeln, sind solche existenziellen Unverfügbarkeiten.

Schon die klassische Moderne hat versucht, Unverfügbarkeiten über den Weg entsprechender Steuerungen – von der Medizin bis zum Versicherungswesen – verfügbar zu machen, doch im Rahmen des singularistischen Lebensstils nimmt dieses Ansinnen eine ganz andere Qualität an. Die Subjekte versuchen nun und in extremem Maße, sich selbst zu gestalten, das heißt: Das Risikomanagement wird von sozialen Systemen ans Subjekt delegiert. Dieses Projekt einer subjektiven Selbstentgrenzung und -optimierung stößt zwangsläufig in jenen genannten Fällen an Grenzen, die sich der Gestaltung entziehen, ohne dass die Kultur der erfolgreichen Selbstverwirklichung für eine Verarbeitung von Enttäuschungserfahrungen gewappnet scheint. Kulturelle Muster wie Gelassenheit oder gar Demut erscheinen in der Spätmoderne überholt; stattdessen neigt sie dazu, biografisches Scheitern in die Selbstverantwortung des Einzelnen zu stellen. Psychologische Angebote legen häufig nur noch gesteigerte Selbsttransformation (»mehr Authentizität«, »mehr Resonanz«, »aus dem Scheitern lernen«) nahe. Die Spätmoderne ist im Kern eine Kultur positiver Affekte, die den negativen oder auch nur ambivalenten Erfahrungen kaum legitimen Raum gibt.[151]

Dass die Depression das charakteristische Krankheitsbild der spätmodernen Kultur – vor allem, aber nicht nur ihrer neuen Mittelklasse – darstellt, ist im Anschluss an Alain Ehrenberg häufig festgestellt worden.[152]

151 Zu diesem Aspekt Elisabeth Mixa, »I feel good! Über Paradoxien des Wohlfühl-Imperativs im Wellness-Diskurs«, in: dies. u. a. (Hg.), *Un-Wohl-Gefühle. Eine Kulturanalyse gegenwärtiger Befindlichkeiten*, Bielefeld 2016, S. 95-132; vgl. oben Kap. IV.2, S. 270. In interessanter Weise stellt Brooks der spätmodernen Selbstverwirklichungskultur Beispiele einer in der organisierten Moderne verbreiteten Subjektkultur der Selbstbegrenzung und der Anerkennung von Schwächen des »Charakters« gegenüber, vgl. David Brooks, *The Road to Character*, New York 2015.

152 Vgl. Alain Ehrenberg, *Das erschöpfte Selbst. Depression und Gesellschaft in der Gegenwart*, Frankfurt/M. 2004. Das sog. Burnout stellt sich letztlich als eine Ausformung

Natürlich dürfen Krankheiten und Gesellschaftstypen nur mit äußerster Vorsicht korreliert werden. Trotzdem spricht einiges für diese Annahme, und wir können nun auch sehen, warum: Der singularistische Lebensstil mit seinem Modell der erfolgreichen Selbstverwirklichung potenziert nicht nur neue Chancen auf hohe Befriedigung, sondern gleichzeitig vielfältige Enttäuschungen, für deren Bewältigung er zudem kaum kulturelle Mittel an die Hand gibt. Zugespitzt formuliert: In der Kultur der Spätmoderne kann man, was den empfundenen Lebenserfolg angeht, besonders hoch steigen – höher als in der nivellierten Mittelstandsgesellschaft – und umgekehrt besonders tief fallen, das heißt subjektiv »versagen«.

Enttäuschungen sind keine rein kognitiven Akte, in ihnen wirken negative Affekte wie Selbstvorwürfe, (gerichtete oder ungerichtete) Wut oder Trauer (über ungenutzte Gelegenheiten). In diesem Sinne lässst sich die Depression als eine Erkrankung interpretieren, die als affektive (Über-) Reaktion auf einzelne, gegebenenfalls auch länger andauernde Enttäuschungserfahrungen einsetzt, die nicht bewältigt wurden. Das akkumulierte subjektive Scheitern mit seinen heftigen, gegen das Selbst gerichteten Affekten wird hier in ein psychisches Symptom umgesetzt, das die Gefühls- und Handlungsfähigkeit kurzschlussartig ganz ausschaltet, das Subjekt also in einen Zustand der Passivität und Emotionslosigkeit bringt. Es ist nur konsequent, dass die Depression in einer Gesellschaftsformation, die – wie gesagt – parallel zu ihren gesteigerten Ansprüchen auch die Enttäuschungsrisiken potenziert und zudem für diese wenig kulturelle Verarbeitungsressourcen bietet, zu einem charakteristischen Krankheitsbild wird. Wenn das spätmoderne Selbst an etwas leidet, dann nicht mehr – wie zu Sigmund Freuds Zeiten der bürgerlichen Gesellschaft – an einem zu starken Über-Ich, sondern an einem starken Gefühl des subjektiven Ungenügens angesichts nicht bewältigter Enttäuschungserfahrungen.[153]

der Depression dar, vgl. dazu auch Sighard Neckel, Greta Wagner (Hg.), *Leistung und Erschöpfung. Burnout in der Wettbewerbsgesellschaft*, Berlin 2013.

153 Neben der Depression ist eine zweite zeitgenössische Reaktion auf akkumulierte Enttäuschungserfahrungen der Amoklauf: hier richtet sich die Affektion kurzschlussartig nach außen, vgl. Kap. VI.2, S. 423-428.

3. Die Kulturalisierung der Ungleichheit

Die Lebensform der Unterklasse: *Muddling through*

Dem am Modell erfolgreicher Selbstverwirklichung orientierten Lebensstil der neuen Mittelklasse diametral entgegen steht in der spätmodernen Gesellschaft die Lebensform der neuen Unterklasse. Es handelt sich um jene heterogenen Gruppen von Beschäftigten in den einfachen Dienstleistungen, von prekär und Mehrfachbeschäfigten, von Industriearbeitern jenseits der Normalarbeitsverhältnisse, welche in der Tradition der industriellen *blue collar*-Arbeit stehen, sowie von Arbeitslosen und Sozialhilfeempfängern, die jedoch alle eine ähnliche Lebenssituation teilen. Wenn vor dem Hintergrund der alten Mittelstandsgesellschaft die akademische Mittelklasse die sozialen und kulturellen »Aufsteiger« bilden, dann handelt es sich bei der neuen Unterklasse um die Gruppe der »Absteiger«.

Wie gesagt: Die Polarisierung zwischen neuer Mittel- und Unterklasse betrifft nicht allein eine soziale Ungleichheit von materiellen Ressourcen, sondern auch und gerade einen Gegensatz seitens der *kulturellen Logiken* der Lebensführung.[154] Die Klassen stehen dabei nicht unverbunden nebeneinander, sie nehmen einander wahr und setzen sich zueinander ins Verhältnis. Ausgehend von der neuen Mittelklasse und ihrem Selbstverständnis, *den* avancierten Lebensstil der Gesellschaft der Singularitäten zu vertreten, den auch die Institutionen (in der Politik, im Bildungswesen, der Medizin etc.) auf breiter Front stützen, wird die neue Unterklasse zum Gegenstand einer negativen Kulturalisierung. Diese betrifft die geringe Ausstattung mit (formellem und informellem) kulturellem Kapital, die begrenzte Möglichkeit, das eigene Leben (in legitimer Weise) ethisch-ästhetisch zu kulturalisieren, sowie die Entwertung des gesamten Lebensstils als defizitär, als ohne Lebensqualität, Anerkennung und Perspektive – eine Entwertung, die von außen, aber häufig auch von innen in Form einer Selbstentwertung erfolgt.

154 Zur allgemeinen Einordnung der neuen Unterklasse vgl. Esping-Anderson, *Changing Classes*, Nachtwey, *Abstiegsgesellschaft*. In der SINUS-Milieustudie lassen sich als Ausformungen der Unterklasse das dort sogenannte »traditionelle«, das »prekäre« und Teile des dort sogenannten »hedonistischen« Milieus einordnen, die zusammen ca. 30 % der Bevölkerung ausmachen.

Es ist häufig festgestellt worden, dass die neue Unterklasse aus Modernisierungsverlierern besteht.[155] Dies ist zweifellos insofern richtig, als Modernisierung seit den 1970er Jahren den Übergang zur postindustriellen Gesellschaft bedeutet – mit dem Aufstieg der Wissens- und Kulturökonomie, die nach hochqualifiziertem Personal verlangt, bei gleichzeitigem Schrumpfen der Industriearbeit samt ihrer Belegschaft. Die Modernisierungsverlierer sind dabei häufig auf *allen* im Zuge der Verwettbewerblichung des Sozialen ubiquitären Märkten benachteiligt: zunächst auf den postindustriellen Arbeitsmärkten, aber auch – meist daraus folgend – auf dem Wohnungs-, dem Bildungs- und nicht selten dem Partnerschaftsmarkt. In unserem Zusammenhang wichtig ist jedoch, dass sie sich zugleich als *Kulturalisierungsverlierer* darstellen, das heißt »Verlierer« jenes Prozesses, in dem die Höhe des kulturellen Kapitals über den sozialen Status entscheidet und der singularistische Lebensstil der neuen Mittelklasse als der eigentlich zeitgemäße und wertvolle gilt.

Während das nach Selbstentfaltung strebende und an Statusinvestition orientierte Leben ambitioniert ist, sind die Ansprüche der neuen Unterklasse gezwungenermaßen stark reduziert. Ihre Lebensform ist eine, die von der *Alltagslogik des muddling through* strukturiert ist: Man muss irgendwie durchkommen, es irgendwie schaffen, sich »durchwurschteln«, ja durchbeißen, von Tag zu Tag, von Jahr zu Jahr. Für den Alltag der Individuen aus der neuen Unterklasse sind damit zwei Elemente prägend: der Umgang mit permanenten Schwierigkeiten und der kurze Zeithorizont. Heinz Bude, Friederike Bahl und andere haben bezüglich des sogenannten Dienstleistungsproletariats im Detail herausgearbeitet, wie sich diese Lebensform aufgrund einer Vielzahl von Widrigkeiten um das bescheidene Ziel des Über-Lebens, des Durchhaltens und Weitermachens im Bereich der Arbeit (falls vorhanden) wie im Privaten organisiert.[156]

155 Vgl. zum Begriff der Modernisierungsverlierer: Norbert Götz, »Modernisierungsverlierer oder Gegner der reflexiven Moderne«, in: *Zeitschrift für Soziologie* 26/6 (1997), S. 393-413.

156 Vgl. sehr detailliert zur Unterklasse als kulturelle Lebensform Joan Williams, *White Working Class. Overcoming Class Cluelessness in America*, Boston 2017; Friederike Bahl, *Lebensmodelle in der Dienstleistungsgesellschaft*, Hamburg 2014; Bude, *Die Ausgeschlossenen*; auch Heinz Bude u. a. (Hg.), *ÜberLeben im Umbruch. Am Beispiel Wittenberge: Ansichten einer fragmentierten Gesellschaft*, Hamburg 2011; zum jüngeren Segment der Unterklasse sehr erhellend Stefan Wellgraf, *Hauptschüler. Zur gesellschaftlichen Produktion von Verachtung*, Bielefeld 2012; Moritz Ege, *Ein Proll mit*

Den Alltag beherrscht das Motiv der »Schwierigkeiten«, die man vermeiden will, die trotzdem auftreten und die man zu überwinden versucht. Von außen betrachtet, sind es scheinbar kleine Schwierigkeiten, die aber rasch existenzbedrohende Bedeutung erhalten können: Krankheiten, die einen von der Arbeitsstelle fernhalten, Unfälle, Kündigung und Firmenbankrott, Sorgen mit dem Vermieter oder mit den Kindern in der Schule etc. Der erwünschte, aber unrealistische Zustand ist aus dieser minimalistischen Sicht ein Leben ohne existenzielle Störfälle. In diesem Leben reduzierter Ansprüche erscheint jedes langfristige Projekt der Selbstverwirklichung und der Valorisierung aller Lebensbereiche als undenkbar, ja extravagant. Man hangelt sich vielmehr von Problem zu Problem, eine längerfristige Planung findet nicht statt, sondern lediglich ein kurzfristiges Ad-hoc-Reagieren, das die gezielte Statusinvestition in kulturelles, ökonomisches, soziales und Subjekt-Kapital, wie es für die (neue wie alte) Mittelklasse typisch ist, in der Regel ausschließt. Es fehlen die Mittel und die Voraussicht, um in Vermögen und Bildung zu investieren, und auch das soziale Netzwerk ist begrenzt. Das Leben findet gewissermaßen am Rande der Überforderung statt. Eine zentrale Rolle, um es zu meistern, spielen nicht Selbstverwirklichung oder Statusinvestition, sondern kommt der *Selbstdisziplin* zu, das kulturelle Erbe des alten Mittelstandes und der Industriearbeiterschaft, das in der neuen Unterklasse weiterwirkt, wo es nun allerdings ins Defensive gewendet wird. Selbstdisziplin ist nicht der Hintergrund, um sich einen Lebensstandard zu gönnen oder gar »aufzusteigen«, sondern um den Alltag zu bewältigen und nicht weiter »abzusteigen«.

Grundlegend für die Lebensform der Unterklasse ist das im Verhältnis zur neuen Mittelklasse völlig anders orientierte Verhältnis zur Arbeit. Während Letztere von der Arbeit sowohl Befriedigung und Identifikation als auch die Sicherung von sozialem Status und Einkommen für den elaborierten Lebensstil erwartet, ist die Beziehung zur Arbeit (falls vorhanden) seitens der neuen Unterklasse rein instrumentell: Die Arbeit dient ausschließlich dazu, den Lebensunterhalt zu bestreiten. In der traditionellen Arbeiterschaft war ein solches instrumentelles Verhältnis mit einem Ethos von »harter Arbeit« verbunden, die mit Mühsal verbunden ist, aber häufig einen Stolz begründete, sie trotzdem zu tun, um so seinen

Klasse. Mode, Popkultur und soziale Ungleichheiten unter jungen Männern in Berlin, Frankfurt/M. 2013.

Lebensunterhalt »in Würde« zu bestreiten.[157] Wie Friederike Bahl zeigt, herrscht vor allem im zeitgenössischen Dienstleistungsproletariat jedoch nurmehr ein ausgesprochen verächtliches Verhältnis zur eigenen Arbeit.[158] Der Hintergrund dafür ist die Aufkündigung des »*Instrumentalitäts-Deals« der Arbeit*, der in der industriellen Moderne galt: Mühsal wurde dort gegen Status getauscht. In der industriellen Moderne war ein instrumentelles Arbeitsverständnis nun der Normalfall, der fast alle Arbeitnehmer betraf – es sicherte dort aber zuverlässig einen mittleren Lebensstandard via langfristige Beschäftigung im Normalarbeitsverhältnis.

Dieser »Deal« gilt in der postfordistischen Serviceökonomie und bei vielen der *blue collar*-Arbeiter nicht mehr, vielmehr scheint die Arbeit der Unterklasse nun *doppelt gehandicapt*: Mit der neuen Mittelklasse hat sich das gesellschaftliche Arbeitsideal in die Richtung »attraktiver Arbeit« gewandelt, von der man nicht nur Anstrengung, sondern auch Befriedigung erwartet, so dass die Routinearbeiten umso unattraktiver erscheinen müssen. Zugleich haben sich materielle Entlohnung und sozialer Status der als »einfache Routinearbeiten« geltenden Tätigkeiten merklich reduziert. Während die Berufe der neuen Mittelklasse zumindest im Idealfall also materielle *plus* ideelle Befriedigung bieten, können die Tätigkeiten der Unterklasse so meist *keine* der beiden Bedingungen einlösen: die Entwertung ist eine doppelte.[159]

Entsprechend ist das Leben jenseits der Arbeit in der neuen Unterklasse weitgehend durch eine Praxis des Umgangs mit dem Mangel geprägt, durch Regeneration von der und begrenzte Kompensation für die Arbeit. Kennzeichnend für den Konsum ist eine rigide Sparsamkeit,[160] die Freizeit ist wenig aktivistisch und wenig öffentlich ausgerichtet, sondern auf die Familie und das unmittelbare Umfeld bezogen. Der Konsum der neuen Unterklasse entspricht weitgehend dem, was Pierre Bourdieu, allerdings in Zusammenhang mit der klassischen Arbeiterklasse, den Aus-

157 Vgl. dazu Michèle Lamont, *The Dignity of Working Men. Morality and the Boundaries of Race, Class, and Immigration*, New York, London 2000.

158 Vgl. Bahl, *Lebensmodelle.*

159 Mit den britischen Arbeitssoziologen Goos, Manning und Salomons gesprochen, handelt es sich um jene *lousy jobs*, die in der spätmodernen Polarisierung der Arbeit typisch den *lovely jobs* der Hochqualifizierten gegenüberstehen. Vgl. Marten Goos, Alan Manning, Anna Salomons, »Job Polarization in Europe«, in: *American Economic Review. Papers & Proceedings* 99 (2009), S. 58-63.

160 Vgl. Bude, *Überleben im Umbruch.*

druck eines »Notwendigkeitsgeschmacks« nannte:[161] ein sich Bescheiden mit dem Machbaren, das wenige bis keine ästhetischen oder ethischen Ansprüche stellt.[162] Insgesamt ist für die Unterklasse ein Lebensstil der Konventionalität bereits eine Leistung, die einem schwierigen Umfeld abzutrotzen ist. Dies gilt auch für das Familienleben: Die Pflege des Familienlebens war für die traditionelle Mittelklasse, einschließlich der dort integrierten Arbeiterschaft, ein hoher, ja zentraler Wert. Dies gilt prinzipiell häufig auch für die neue Unterklasse; allerdings erweist sich dies als eine immer schwieriger zu bewältigende Aufgabe, die den Umständen »abgetrotzt« werden muss.

Die neue Unterklasse ist jedoch nicht homogen. Zwar ist sie durchgängig von der oben beschriebenen Alltagslogik des *muddling through* geprägt, neben der Version des sozial unauffälligen *Durchhaltens* kann man jedoch noch jene aggressivere Lebenspraxis des *Sichdurchbeißens* (oder auch die passivere des *Sichgehenlassens*) beobachten. Kulturhistorisch finden sich diese beiden Logiken in der Tradition des Kleinbürgerlich-Proletarischen einerseits, des Subproletarischen andererseits.[163] Vor allem die aggressivere und demonstrativere, zudem die von staatlichen Leistungen abhängige Variante der Unterklasse hat seit den 1990er Jahren in Deutschland, Großbritannien, Frankreich und den USA eine massenmediale Aufmerksamkeit im Rahmen eines »Unterklassediskurses« auf sich gezogen,[164] die beträchtlich zur öffentlichen negativen Kulturalisierung dieser Gruppe beigetragen hat. Hierbei handelt es sich um Fraktionen der Unterklasse, die einen demonstrativen Konsum pflegen, vor allem in ihrer männlichen Version verbale und nonverbale Aggressivität kultivieren, in denen Familienstrukturen sich auflösen oder das Ethos der Selbstdisziplin und der Arbeit schwach ist. Wichtig ist jedoch, dass die Differenz zwischen beiden Versionen der Unterklasse auch die Binnenwahrnehmung der Akteure selbst prägt: Die »respektable« Unterklasse, die versucht, ih-

161 Vgl. Bourdieu, *Die feinen Unterschiede*, S. 585ff.

162 Auch Partnerschaften sind in diesem Kontext häufig weniger postromantische Selbstverwirklichungspaare (oder gar *power couples*), wie sie die neue Mittelklasse kennzeichnen, sondern pragmatische Durchhaltegemeinschaften.

163 Vgl. dazu Skeggs, *Class, Self, Culture*, S. 96ff. Im britischen Kontext ist dies die Differenz zwischen der *respectable* und der *rough working class*.

164 In Deutschland erfolgt dies unter der Überschrift einer »Unterschichtskultur«, in Großbritannien unter jener der *chavs*, dazu Ege, *Proll mit Klasse*, sowie Owen Jones, *Chavs. The Demonization of the Working Class*, London 2011.

ren Alltag in den Griff zu bekommen und dabei Vorstellungen von Ordnung und Disziplin aufrechtzuerhalten, schaut häufig abschätzig auf jene, die komplett ins soziale Abseits geraten oder gar zu »Störenfrieden« oder Kriminellen werden, ja, das Subproletarische erscheint als eine Gefahr, die einem selbst (oder den eigenen Kindern) droht.[165] Aus der Sicht der »respektablen« Unterklasse, die hier das Ethos der alten Mittelklasse fortführt, markiert die subproletarische Unterklasse einen Ort der Anomie und zugleich des Riskanten. Sie ist eine neue *classe dangereuse*.

Kulturelle Entwertungen

Die neue Unterklasse wird in der Kultur der Spätmoderne in allen ihren Facetten zu einem Gegenstand negativer Kulturalisierung und Entvalorisierung; sie wird als *wertlos* markiert, und zwar mit Blick auf sämtliche Komponenten, die wir im Zusammenhang mit dem Lebensstil der neuen Mittelklasse behandelt haben. Die neue Unterklasse wird gewissermaßen zu deren negativem Abziehbild. So wie sich in der neuen Mittelklasse die gesellschaftliche Valorisierung der Güter und Praktiken, die man sich aneignet, in eine Valorisierung der Subjekte übersetzt, so übersetzt sich hier die gesellschaftliche *Ent*valorisierung der Güter und Praktiken, die man verwendet, in eine *Ent*valorisierung der Subjekte. In diesem Prozess sind eine bestimmte sozialkulturelle Praxis, die im Alltag der Unterklasse stattfindet, und eine spezifische Perspektivierung dieser Praxis durch Institutionen wie Medien, Wissenschaft und Politik, in denen in der Regel die Maßstäbe der neuen Mittelklasse zum Ausdruck kommen, miteinander verknüpft.[166]

Neben dem bereits genannten, zentralen Feld der Arbeit und des dortigen Verlustes des Instrumentalitäts-Deals sind drei prominente, öffentliche Austragungsorte der Entvalorisierung hervorzuheben: die Ernährung, der Körper und die Bildung und Erziehung. Essen und Ernährung waren einmal ein unpolitisches, fast triviales Feld, in der Spätmoderne sind sie jedoch, wie wir gesehen haben, zu einem Ort der kulturellen Be-

165 Dieser Aspekt wird deutlich in Williams, *White Working Class* herausgearbeitet.
166 Diese Entwertung hat natürlich eine Geschichte, vgl. Richard Sennett, Jonathan Cobb, *The Hidden Injuries of Class*, New York 1972.

währung geworden.[167] Während das Vorbild der Mittelklasse-Ernährung das gesunde, »gute« Essen ist, dem ein ethischer Wert zugeschrieben wird, wird die Unterklasse nun zu einem Milieu der »schlechten« Ernährung: unausgewogen, fleisch- und zuckerlastig, unregelmäßig, mit einer Vorliebe für Fast Food. Die Unterklassen-Ernährung – häufig angereichert durch Genussmittel – erscheint, mit anderen Worten, als ein Feld des Ungesunden, der Fehlernährung, der schädlichen Substanzen, der Korpulenz und damit auch der Anfälligkeit für Krankheiten. Ähnliches gilt für den Körper: Während der fitte, gesunde und mobile Körper das Vorbild der Mittelklasse ist – ein Körper, der auf sich achtet, sich gesundheitsbewusst trainiert, auf seine gepflegte Ästhetik Wert legt und sich in vielseitigen Körpererfahrungen übt –, wird der Körper des Unterklasse-Subjekts zu einem problematischen Körper. Entweder erscheint er als ungesund, bewegungsarm und dick; der Körper ist in der subjektiven Perspektive hier tendenziell eine Last oder ein Makel und mit zunehmendem Alter besonders krankheitsanfällig. Oder aber der Körper gilt als »overstyled«, etwa im Sinne eines extremen Körpertrainings bei Männern (Bodybuilding) oder eines übermäßigen Sichzurechtmachens bei Frauen, so dass er zu einem riskanten und vulgären Körper wird.[168]

Mit Blick auf das für die Valorisierung spätmoderner Lebensstile zentrale Feld der Erziehung und Bildung haben Untersuchungen zum Erziehungsstil der Unterklasse einen deutlichen Gegensatz zu dem der neuen Mittelklasse herausgearbeitet.[169] Die »respektable« Unterklasse achtet bei der Erziehung auf strikte Disziplin, auch vor dem Hintergrund der »schlechten Gesellschaft«, in welche die Kinder und Jugendlichen zu geraten drohen. Offenheit der Persönlichkeit und aktive Weltzuwendung sind hier definitiv keine Ideale, man setzt eher auf Ordnung denn auf Entfaltung. In der familiären Interaktion häufig auf Dauer gestellt ist ein hohes Stressniveau, das sich aus der Herausforderung ergibt, den All-

167 Vgl. Eva Barlösius, Elfriede Feichtinger, Barbara Köhler (Hg.), *Ernährung in der Armut – gesundheitliche, soziale und kulturelle Folgen in der Bundesrepublik Deutschland*, Berlin 1995; sowie Richard Wilkinson, *Unhealthy Societies. The afflictions of inequality*, London, New York 1996.

168 Vgl. dazu Skeggs, *Class, Self, Culture*, S. 96ff., zur Korpulenz auch Eva Barlösius, *Dicksein. Wenn der Körper das Verhältnis zur Gesellschaft bestimmt*, Frankfurt/M. 2014.

169 Vgl. dazu Putnam, *Our Kids*, S. 46ff., 80ff.; ausführlich Lareau, *Unequal Childhoods*. Zur Erziehung in der migrantischen Unterklasse vgl. Didier Lapeyronnie, *Ghetto urbain. Ségrégation, violence, pauvreté en France aujourd'hui*, Paris 2008, S. 439ff.

tag zu bewältigen. Dieser Erziehung geht es darum, dass man sich »nicht gehen lässt« und »hart zu sich selbst und den Anderen ist«. Die der Realität abzutrotzende Leistung besteht darin, ein »anständiges Leben« zu führen. Das Herstellen von Normalität ist hier bereits harte Arbeit. Der kindzentrierten intensiven »positiven Elternschaft« der neuen Mittelklasse steht so in der Unterklasse gewissermaßen eine »negative Elternschaft« gegenüber – eine präventive Erziehung, die sich darauf konzentriert, Grenzen zu setzen und das Schlimmste zu verhüten (und darüber hinaus beträchtliche Freiräume lässt). Das disziplinierte, regelkonforme Kind markiert damit das Ideal der Unterklassen-Erziehung, und sein Gegenbild kommt aus der Unterklasse selbst, nämlich aus ihrer subproletarischen Variante: der Jugendliche, der »Schwierigkeiten macht«. Nicht »abzurutschen« ist nun dezidiertes Erziehungsziel.

Der Paternostereffekt der spätmodernen kulturellen Klassen wird im Bereich der Erziehung somit besonders deutlich. Das »Normalitätsideal« der nivellierten Mittelstandsgesellschaft genügt den avancierten Erziehungsmaßstäben der neuen Mittelklasse nicht mehr, während die neue Unterklasse sich anstrengt, die alten Normalitätsstandards gegen widrige Umstände zu verteidigen. Diese Polarität der Erziehungsstile setzt sich auf der Ebene der Schulen institutionell fort. Den schulisch engagierten Eltern aus der akademischen Mittelklasse, die sorgfältig die Schule auswählen und den Bildungsweg begleiten, stehen die Eltern aus »bildungsfernen Schichten« mit geringer Schulexpertise gegenüber, den ambitionierten Schulen mit hohem Status die »Problemschulen«,[170] in denen bereits der schulische Kampf gegen Disziplin- und Perspektivlosigkeit eine institutionelle Leistung ist. Ihr bestes Ergebnis besteht häufig darin, den Schülern Grundfertigkeiten zu vermitteln. Mit der Zunahme höherer Bildungsabschlüsse werden freilich die »niedrigen«, die einmal der Normalfall waren, entwertet.

Auch hinsichtlich der anderen Komponenten, die wir als typisch für den singularistischen Lebensstil der neuen Mittelklasse herausgearbeitet haben, besteht eine kulturelle Polarität zur Lebensform der Unterklasse, und auch hier wirkt ein Mechanismus der Devalorisierung/Entwertung. Entscheidend ist wiederum, dass nicht nur die Lebensrealitäten differieren, sondern auch die kulturellen Vorstellungen darüber, was man bestenfalls erreichen kann und soll, konträre Bewertungsuniversen bilden.

170 Vgl. Putnam, *Our Kids*, S. 135ff.

Deutlich ist dies im Bereich des Wohnens: In den Städten findet – wie mehrfach erwähnt – seit den 1980er Jahren eine Segregation zwischen den »attraktiven« Vierteln der akademischen Mittelklasse und den »prekären« Vierteln der Unterklasse statt. Während für Erstere das Wohnen eine Frage der Statusinvestition und von ästhetischen Kriterien ist, stellt das vordringlichste Problem für Letztere neben der Erschwinglichkeit des Wohnens die Sicherheit des Wohnumfeldes dar. Daneben gewinnt die Stadt-Land-Differenz an Brisanz: Der Konzentration der neuen Mittelklasse auf die Metropolen und Universitätsstädte steht ein Bevölkerungsschwund des ländlichen Raums sowie vieler Kleinstädte gegenüber, in denen sich wiederum ein großer Teil der neuen Unterklasse (sowie der alten, nichtakademischen Mittelklasse) konzentriert, die immobil bleibt. Die Stadt/Land-Differenz wird somit zu einer Differenz von Zentrum und Peripherie und darin von *zentralen* und *peripheren Lebensstilen.*[171]

Die Frage des Alterns und das Verhältnis zur Jugend stellen sich der Unterklasse als Problemfeld dar: Zum einen ist das Altern angesichts verlängerter Lebensarbeitszeiten, häufig instabiler Beschäftigungsverhältnisse und geringer Rentenansprüche hier häufig ein ökonomisch, psychophysisch und gesundheitlich mühseliges Unterfangen; die Juvenilisierung der neuen Mittelklasse erscheint von daher als unrealistisch. Zugleich (und im Unterschied zur Mittelklasse) wird in der neuen Unterklasse die Gruppe der Jugendlichen durchaus auffällig, aber nicht im Sinne einer progressiven Jugendbewegung, sondern von beunruhigenden »Halbstarken«. Auch hinsichtlich der Rolle der Geschlechter steht die Unterklasse dem Muster des Degendering und der Öffnung der Geschlechterrepertoires, wie es die neue Mittelklasse kennzeichnet, entgegen: Die Geschlechterrollen sind hier eindeutiger voneinander abgegrenzt, sei es durch die stärkere Unterscheidung zwischen männlichen und weiblichen Arbeitsstellen, sei es durch eine offensive Inszenierung vermeintlich authentischer Männlichkeit und authentischer Weiblichkeit.[172]

171 Vgl. zu den schrumpfenden Städten: Karina M. Pallagst, Thorsten Wiechmann, Cristina Martinez-Fernandez (Hg.) *Shrinking Cities. International Perspectives and Policy Implications*, New York 2015. Zugleich befindet sich ein weiteres, größeres Segment der Unterklasse (Service-Berufe; ein Großteil des migrantischen Segments der Unterklasse) jedoch in den Metropolen selbst, Seite an Seite mit der akademischen Mittelklasse und der Oberklasse.

172 Vgl. dazu Skeggs, *Class, Self, Culture*, S. 96ff.

Im Feld des Politischen ist die kulturelle Polarisierung ebenso deutlich. Die Postulate des Neuen Liberalismus der akademischen Mittelklasse – Meritokratie, Lebensqualität, Kosmopolitismus – und ihre parteipolitischen Vertreter rufen auf Seiten der neuen Unterklasse regelmäßig Ablehnung hervor. Stattdessen legen empirische Studien nahe, dass hier ein tendenziell fatalistisches politisches Weltbild verbreitet ist, in dem man sich selbst weder in den geschichtlichen Prozess noch in das gesellschaftliche Ganze sinnvoll einordnen kann, höchstens als »Verlierer« oder »Abgehängte«.[173] Vor diesem Hintergrund ist die politische Entwicklung, die seit 2000 in vielen westlichen Gesellschaften zu beobachten ist, nicht überraschend: Während die neue akademische Mittelklasse häufig für Mitte-links votiert, tendiert die neue (weiße) Unterklasse nur noch teilweise zur Linken, sondern häufig zum Protest von rechts: zu einem neuen Populismus, der mit Elitenkritik und Anti-Globalismus verknüpft ist.[174] Aus der Perspektive der liberal-kosmopolitischen neuen Mittelklasse und der von ihr getragenen Institutionen wird damit auch die politische Artikulation der Unterklasse ein Gegenstand der negativen Kulturalisierung, sie wird zum Ausdruck des ethisch »Schlechten«.

Singularistische Gegenstrategien der Unterklasse

Die Unterklasse erscheint in der Spätmoderne insgesamt als Ort einer »schlechten« Kultur, die nicht von Wert ist, sondern problematisch oder gar riskant: des Mangels an Bildung und kulturellen Kompetenzen, der schlechten Ernährung und Gesundheit, der schlechten Erziehung, Wohnviertel, Regionen und Schulen, dazu der schwierigen Jugendlichen, der rückständigen Versionen von Männlichkeit und Weiblichkeit und schließ-

173 Vgl. dazu Philipp Staab, *Macht und Herrschaft in der Servicewelt*, Hamburg 2014; Arlie Russel Hochschild, *Strangers in Their Own Land. Anger and Mourning on the American Right*, New York 2016. Rassistische, auch sexistische und homophobe Tendenzen in der Unterklasse werden immer wieder thematisiert, wie es etwa zwei aktuelle, viel diskutierte Selbstethnografien aus Frankreich zeigen: Didier Eribon, *Rückkehr nach Reims*, Berlin 2016; Édouard Louis, *Das Ende von Eddy*, Frankfurt/M. 2015.

174 Vgl. Ronald Inglehart, Pippa Norris, »Trump, Brexit and the Rise of Populism. Economic Have-Nots and Cultural Backlash«, HKS Working Paper Nr. RWP16-026, Kennedy School of Government, Harvard University, August 2016, ⟨https://ssrn.com/abstract=2818659⟩, letzter Zugriff am 12.06.2017. Zur politischen Struktur des Rechtspopulismus vgl. Kap. VI.2, S. 413-417.

lich der problematischen politischen Einstellungen.[175] Wenn Kulturalisierung vor allem Ästhetisierung und Ethisierung bedeutet, dann erfolgt die negative Kulturalisierung der Unterklasse zwar sicherlich auch in einem ästhetischen Register – etwa im Sinne eines nichtssagenden oder vulgären Geschmacks –, jedoch stärker noch auf der Ebene des Ethischen: Dieser Lebensform scheint es an den Merkmalen eines *guten* Lebens zu mangeln, sie wird zu einer Ansammlung von Eigenschaften des *Schlechten,* von der Ernährung über die Erziehung bis zur Politik. Untersuchungen zeigen, dass dieser Entwertung von außen ein im Kern dezidiert negatives Selbstbild und eine Selbstentwertung entsprechen. Die Wahrnehmung oder die Antizipation des Blicks von außen, der im Wesentlichen jener der (neuen) Mittelklasse und der gesellschaftlichen Institutionen ist, übersetzt sich in eine entsprechende Selbstwahrnehmung: Man betrachtet sich selbst häufig als Teil eines sozialen »Unten«, als Gruppe der gesellschaftlich Abgehängten, als diejenigen, die es »nicht geschafft haben«. Dies kann bis zu Gefühlen der Stigmatisierung und der Scham reichen oder in Wut umschlagen.[176]

Hier scheint ein Vergleich mit der traditionellen Arbeiterklasse erhellend: Nahm diese sich in der bürgerlichen Gesellschaft zwar auch als gesellschaftlich untergeordnet wahr, so war sie zugleich von einem positiven Klassenbewusstsein geprägt, einem Klassenstolz auf die eigene, gesellschaftlich notwendige Arbeit, die teilweise mit einer Kultur heroischer, »hart arbeitender« Männlichkeit verknüpft war. Durch sozialistische Parteien und Gewerkschaften gestützt, konnte sich die Arbeiterklasse zugleich als politische Avantgarde betrachten, als die »Klasse der Zukunft«. In die nivellierte Mittelstandsgesellschaft war der *affluent worker* dann im

175 Dies nimmt historisch den negativen Unterklassen-Diskurs des 19. Jahrhunderts und dessen Furcht vor der *classe dangereuse* auf, vgl. Louis Chevalier, *Classes laborieuses et classes dangereuses à Paris, pendant la première moitié du XIXe siècle*, Paris 1978.

176 Vgl. Bahl, *Lebensmodelle*; Staab, *Macht und Herrschaft*; Wellgraf, *Hauptschüler*; Savage, *Social Class*, S. 331ff.; Hochschild, *Strangers in Their Own Land.* Ein Extremfall sind jene Personen aus dem sog. White Trash, die auch einen kulturellen Topos bilden, vgl. dazu John Hartigan, *Odd Tribes. Toward a Cultural Analysis of White People*, Durham 2005; Nancy Isenberg, *White Trash. The 400-Year Untold History of Class in America*, New York 2016. Es ist durchaus typisch, dass die Subjekte aus der in der Hierarchie unterlegenen Gruppe sich (schmerzhaft) als Klasse wahrnehmen, während jene aus der hierarchisch übergeordneten keinen Sinn für ihre eigene Klassenhaftigkeit haben: Der (neuen) Mittelklasse erscheint ihr Lebensstil (einschließlich ihrer politischen Haltung) als normal und von unzweifelhaftem Wert, klassenlos. Es gibt eine Klassenblindheit der Privilegierten.

Wesentlichen integriert. In der postindustriellen Gesellschaft hingegen hat sich ein *negatives Klassenbewusstsein* ausgebildet. Die neue Unterklasse nimmt sich als Gruppe der Abgehängten wahr, die den öffentlich sichtbaren »attraktiven Lebensstil« der neuen Mittelklasse nicht erreicht haben und nie erreichen werden. Die Legitimation der Werte der Industriegesellschaft, die dort vor allem die *blue collar*-Arbeit prägten – Handarbeit als »harte, ehrliche Arbeit« und eine Symbiose aus Selbstdisziplin und Hedonismus –, ist erodiert, und der politisch-gesellschaftliche Zukunftshorizont wird häufig nurmehr in fatalistischen Begriffen abgesteckt.

Innerhalb der neuen Unterklasse lassen sich jedoch auch Gegenreaktionen und Abwehrstrategien beobachten, die auf die Entwertungen antworten. Eine erste und klassische Gegenstrategie, die eigentlich für die klassische Moderne typisch, aber nicht verschwunden ist, betrifft das Projekt des geordneten sozialen Aufstiegs über die Generationen hinweg – via Bildung und Akkumulation von kulturellem Kapital. Anders als in der nivellierten Mittelstandsgesellschaft ist ein solcher *Bildungsaufstieg* in der polarisierten Spätmoderne – zumal im ambitionierten Fall des Aufstiegs aus der Unter- in die Akademikerklasse – in der Regel jedoch nicht nur schwieriger, sondern oft auch nur um den Preis der vollständigen Loslösung vom Herkunftsmilieu zu haben.[177]

Es ist bemerkenswert, dass drei weitere Gegenstrategien aus den Milieus der Unterklasse selbst auf Singularität und Authentizität setzen, aber in einer der akademischen Mittelklasse entgegengesetzten Weise. Man nimmt nun teil am spätmodernen Spiel der Singularisierungen und Authentifizierungen, definiert diese jedoch in spezifischer Weise um. Zu nennen ist hier zum einen die Imagination eines *singulären Aufstiegs qua Talent*, die man nicht selten in der jugendlichen Unterklasse findet, die nicht den klassischen Bildungsweg beschreiten will oder kann, sondern auf die zufällige *Winner-take-all*-Logik der *creative economy* setzt. Die auch von medialen Talentshows genährte Hoffnung ist, im Kulturkapitalismus »entdeckt« zu werden und »ganz groß rauszukommen«,[178] das heißt: aus

177 Vgl. Rolf Becker, Wolfgang Lauterbach (Hg.), *Bildung als Privileg. Erklärungen und Befunde zu den Ursachen der Bildungsungleichheit*, Wiesbaden 2010. Die zeitgenössischen »Bildungsromane« von Eribon und Louis (siehe in diesem Kap., Fn. 173) gewinnen auch aus der persönlichen Beschreibung einer solchen Loslösung ihre Dramatik.

178 Vgl. dazu etwa Dietrich Helms (Hg.), *Keiner wird gewinnen. Populäre Musik im Wettbewerb*, Bielefeld 2006.

der Masse durch die Aufmerksamkeits- und Valorisierungsmechanismen der Kulturökonomie als Individuum mit außergewöhnlichen Eigenschaften emporgehoben zu werden. Die Vorbilder dafür finden sich vor allem in Feldern, in denen es weniger stark auf etabliertes kulturelles Kapital ankommt; neben der Popkultur ist hier vor allem der Spitzensport zu nennen.

Auch jenseits eines solchen »märchenhaften« Aufstieges vom Nobody zum Star bietet das Milieu der Unterklasse gewisse Pfade der Singularisierung. In einer Lebensform des *muddling through*, die zunächst gleichförmig erscheint, stechen Individuen heraus, die sich im Alltagskampf besonders gut schlagen und denen im Milieu anerkennend Singularität zugeschrieben wird. So weist Walter Miller darauf hin, dass in der Unterklassenkultur (vor allem der subproletarischen Version) andere Werte zählen, nach denen sich Individuen auszeichnen.[179] Nicht um Bildung oder Leistung geht es, sondern um besondere Cleverness, nicht um Statusinvestition, sondern um ›»Glück-Haben«, nicht darum, sich in die soziale Ordnung einzugliedern, sondern darum, gegen sie autonom zu sein; auch illegale Wege (von der Schwarzarbeit über die aggressiven jugendlichen Banden bis hin zur organisierten Kriminalität) spielen hier eine Rolle. Manche Individuen können dies virtuos und bringen es darin zu einem außerordentlichen Erfolg, der gesellschaftlich eine *illegitime Singularität* darstellt, die jedoch im eigenen Milieu mit hoher Anerkennung rechnen kann.

Eine letzte Version der Unterklassen-Singularisierung setzt weniger auf das Individuum, sondern auf das Kollektiv. Insbesondere in jugendlichen, aber auch in erwachsenen Milieus finden sich Versuche, selbstbewusst eine Authentizität als *classe populaire*, gewissermaßen *plebejische Authentizitäten* mit ihrer eigenen Kultur der Ehre, der Männlichkeit, des Stolzes oder der Vulgarität zu pflegen. Unterklasse-Jugendkulturen, die hier häufig mit bestimmten Zweigen der Popkultur verbunden sind, setzen zum Beispiel auf eine »coole« migrantische oder schwarze Identität (etwa im Gangsta-Rap), die in anderer Weise auch von weißen Jugendlichen angeeignet wird (etwa in der HipHop-Kultur).[180] Charakteris-

179 Vgl. Walter Miller, »Lower Class Culture as a Generating Milieu of Gang Delinquency«, in: *Journal of Social Issues* 14/3 (1958), S. 5-20.

180 Vgl. dazu Ege, *Proll mit Klasse*; Wellgraf, *Hauptschüler*; auch etwa Marc Dietrich, Martin Seeliger (Hg.), *Deutscher Gangsta-Rap. Sozial- und kulturwissenschaftliche Beiträge zu einem Pop-Phänomen*, Bielefeld 2012.

tisch ist hier häufig ein aggressiver, körperbetonter Maskulinismus, der »Respekt« einfordert. Es handelt sich um eine Authentizität der Straße, in der das Bemitleidenswerte sich ins Selbstbewusste umkehrt.

Generell finden sich im Erbe der traditionell selbstbewussten britischen *working class culture* und in den USA in der ländlich-plebejischen »Redneck-Kultur« Beispiele für eine solche partikulare Identität der Unterklasse. Teilweise spielt sie selbst auf einer Ebene des Ethischen (der »Anstand« der »einfachen Leute«), teilweise wird sie in ein politisches Register übersetzt, das einen antielitären Populismus pflegt. Hier finden sich Ansätze eines kulturellen Distinktionskampfes »unten gegen oben« oder »Establishment gegen ›das Volk‹«, in dem man der etablierten Kultur der neuen Mittelklasse, die nun als die Eliten erscheinen, gerade einen *Mangel* an Authentizität vorhält, sie als »gekünstelt« und »unehrlich« erscheint. So wird deutlich, dass das Valorisierungs- und Singularisierungsspiel zwischen neuer Mittel- und Unterklasse nicht in jedem Fall derart fixiert ist, wie es auf den ersten Blick den Anschein haben mag. Es finden sich vielmehr Versuche, gewissermaßen den Spieß umzudrehen und sich in der Unterklasse *selbst* – etwa über Kriterien wie Körperlichkeit, Geschlecht, »ehrliche Arbeit«, lokale Verwurzelung oder historische Tradition – eine Authentizität zuzusprechen, die den Angehörigen der »elitären« neuen Mittelklasse abgesprochen wird. So versteht man sich gerade nicht mehr als »unten«, sondern als das gesellschaftliche Fundament der »einfachen Leute«. Bezeichnenderweise greifen die plebejischen Authentizitäten damit aber auf das strukturell *gleiche*, nur anders ausgefüllte Kriteriensystem von Wert, Besonderheit und Authentizität zurück, das die Gesellschaft der Singularitäten insgesamt prägt.[181]

Das Tableau der spätmodernen Klassen und ihrer Relationen

Wir haben gesehen, inwiefern die neue, akademische Mittelklasse mit ihrem singularistischen Lebensstil die kulturell dominante Trägergruppe der postindustriellen Spätmoderne ist. Sie bildet gewissermaßen das so-

181 Vgl. dazu etwa Bethany Bultman, *Redneck Heaven. Portrait of a Vanishing Culture*, New York u. a. 1996; Hochschild, *Strangers in Their Own Land*. Zur Mobilisierung einer Ethik der »einfachen Leute«, in der der Begriff des »Charakters« eine wichtige Rolle spielt, vgl. Williams, *White Working Class*, S. 25ff.

zialstrukturelle Korrelat zur ökonomischen, technologischen und kulturellen Form der Gesellschaft der Singularitäten. Die Sozialstruktur der Spätmoderne erschöpft sich jedoch nicht in der dargestellten Polarität zwischen dieser neuen Mittel- und der Unterklasse. Um die gesamtgesellschaftlichen Dynamiken und Relationen zwischen den beiden sozialen Großgruppen einzuschätzen, müssen die beiden anderen – oben kurz benannten – Klassen zumindest ansatzweise miteinbezogen werden: die Oberklasse sowie die nichtakademische, gewissermaßen die »alte« Mittelklasse.

Die Oberklasse – das äußerst schmale obere 1 Prozent der Gesellschaft – lässt sich formal über ein exorbitant hohes ökonomisches Kapital (Einkommen und Vermögen) definieren. Aber wie wirkt sich dies auf ihren Lebensstil aus, und welche Relevanz hat es für die Gesellschaft der 99 Prozent? Die Soziologie hat Schwierigkeiten mit einer Erfassung der Oberklasse jenseits einkommens- und vermögensstatistischer Befunde.[182] Man kann aber vermuten, dass unter dem Aspekt der Lebensführung auch in der Oberklasse – analog zur Mittelklasse – eine Differenzierung zwischen *alt* und *neu* angebracht ist. Während die im kulturellen Sinne *alte* Oberklasse (wie die alte Mittelklasse) ihre Lebensstandardorientierung in demonstrativ zurückhaltender Form weiterführt (so etwa bei alteingesessenen lokalen Unternehmerfamilien zu beobachten) und die – ebenfalls historisch traditionsreichen – *nouveaux riches* diese Orientierung am Lebensstandard in ein Interesse am demonstrativen Luxus-Exzess wendet, partizipiert die *neue* Oberklasse tendenziell am kulturellen Muster eines avancierten kreativen Lebensstils, wie wir ihn aus der neuen Mittelklasse kennen. Zur neuen Oberklasse gehören einerseits die Professionen der globalen Funktionselite (im Bereich Finance, Recht, Management etc.), andererseits die Kreativstars, also die sich in der Öffentlichkeit bewegenden Stars aus den Bereichen der Kulturökonomie – Design, Journalismus, Sport, IT-Branche etc. In beiden Fällen handelt es sich um Mitglieder einer dezidiert globalen, internationalen Klasse.

Es spricht einiges für die Hypothese, dass die neue Oberklasse prinzi-

182 Vgl. Olaf Groh-Samberg, »Sorgenfreier Reichtum. Jenseits von Konjunktur und Krise«, in: *DIW Wochenbericht* 76/35 (2009), S. 590-612; Chrystia Freeland, »The Rise of the New Global Elite«, in: *The Atlantic*, Januar/Februar 2011, online einsehbar unter ⟨https://www.theatlantic.com/magazine/archive/2011/01/the-rise-of-the-new-global-elite/308343/⟩, letzter Zugriff am 12.06.2017; Ralf Dahrendorf, »Die Globale Klasse und die neue Ungleichheit«, in: *Merkur* 54 (2000), S. 1057-1068.

piell *keinen* andersartigen Lebensstil entwickelt, sondern den kuratierten Lebensstil der akademischen Mittelklasse teilt und damit als dominantes kulturelles Muster bestätigt. Auch hinsichtlich des kulturellen Kapitals, das in beiden Fällen hoch ist, unterscheiden sich neue Ober- und neue Mittelklasse eher graduell. Infolge der deutlich erhöhten Ausstattung mit Einkommen und Vermögen vermag die neue Oberklasse allerdings den singularistischen Lebensstil zu intensivieren.[183] Hinzu kommt, dass sie auf die Strategie der Statusinvestition, wie sie die Mittelklasse insgesamt kennzeichnet, häufig gar nicht mehr angewiesen ist; man kann hinsichtlich der Großzügigkeit des Lebensstils und der Zukunftsplanung, auch mit Blick auf berufliche und private »Experimente«, in einem Maße »frei aufspielen«, wie es für die Mittelklasse undenkbar ist. Vor allem in der Gruppe der Professionen lässt sich der Lebensstil infolge der höheren ökonomischen Ressourcen damit ins stilvoll Luxuriöse wenden, während bei den Kreativ-Stars, die den kuratierten Lebensstil meist besonders sorgfältig pflegen und auch zu Trendsettern werden, noch hinzukommt, dass ihr soziales Kapital sehr hoch ist, vor allem vermittels ihres Kapitals an Berühmtheit.[184]

Die Kreativstars präsentieren damit gewissermaßen im öffentlich wirksamen »Schaufenster« nicht nur die Oberklasse, sondern letztlich den singularistisch-kreativen Lebensstil der spätmodernen Kultur insgesamt und in seiner »attraktivsten« Form. Das Verhältnis der akademischen Mittelklasse zur Oberklasse scheint ambivalent. Auf der Ebene des Lebensstils erscheint ihr die neue Oberklasse in mancher Hinsicht anziehend: Man teilt die gleichen kulturellen Kriterien und Werte, die aber in der Oberklasse sehr viel großzügiger in die Praxis umgesetzt werden können. Zugleich muss sich die neue Mittelklasse jedoch eingestehen, hinsichtlich des ökonomischen und sozialen Kapitals, damit auch der empfundenen Ungezwungenheit des Lebensstils, mit jenen »ganz oben« nicht mithalten zu können. Im Verhältnis zur Oberklasse wird ihr deutlich, dass sie trotz hohen kulturellen Kapitals doch »nur« *Mittel*klasse ist. Es kann sich dann eine kritische Abgrenzung der auf ihre Bildung und

183 Ein gutes Demonstrationsobjekt für den Lebensstil der neuen Oberklasse unter dem Aspekt des Wohnens und Reisens sind die Darstellungen von Häusern, Wohnungen und Reisezielen in internationalen Magazinen wie *AD (Architectural Digest)*, *Wallpaper* oder *Monocle*.

184 Die Kreativstars können sich in manchen Fällen einen selbstbewussten Stilbruch gegenüber der Selbstkontrolliertheit der Subjekte der akademischen Mittelklasse leisten.

Leistung stolzen Akademikerklasse gegen das vermeintlich »unverdiente«, alle Leistungsmaßstäbe sprengende Kapitalvolumen der neuen und alten Oberklasse ergeben.[185]

Quantitativ ungleich gewichtiger als die Oberklasse ist für das Gesamttableau der postindustriellen Sozialstruktur jene soziale Gruppe, die sich zwischen der neuen akademischen Mittelklasse und der neuen Unterklasse befindet: die alte, nichtakademische Mittelklasse, die gewissermaßen das mittlere Segment der Drei-Drittel-Gesellschaft bildet. Es handelt sich um das hinsichtlich seines Lebensstils und seiner Ressourcenausstattung aus der nivellierten Mittelstandsgesellschaft vertraute Milieu von Angestellten mit Berufsausbildung, noch in abgesicherten Positionen tätigen Facharbeitern und lokalen Selbständigen, für die ein mittleres ökonomisches Kapital und ein tendenziell mittleres kulturelles Kapital kennzeichnend sind.[186] Diese Gruppe befindet sich in der Spätmoderne in einer für sie neuen und eigentümlichen Situation: Sie hat ihre Position als hegemoniale sozialkulturelle Mitte seit den 1980er Jahren verloren, befindet sich im Schrumpfungsprozess und ist gleichsam eingezwängt zwischen der expandierenden, aufsteigenden neuen Mittelklasse auf der einen und der absteigenden, ebenso expandierenden Unterklasse auf der anderen Seite.

Auch die nichtakademische Mittelklasse ist kulturell nicht mehr identisch mit der »Mitte« der 1950er bis 70er Jahre, auch hier wirken sich Kulturalisierungs- und Singularisierungsprozesse aus. Trotzdem ist hier weiterhin das leitend, was den alten Mittelstand auszeichnete: die Doppelformel von *Statusinvestition und Selbstdisziplin*. Das Subjekt der alten Mittelklasse arbeitet einerseits an seinem und für seinen kommoden Lebensstandard, was Investitionen in verschiedene Kapitalsorten voraussetzt. Zugleich sind Ordnung und Stabilität, sind »geordnete Verhältnisse« hohe Werte. Arbeit ist in diesem Kontext meist instrumentelles Mittel

185 In manchen Bereichen, wie dem Immobilienmarkt in den Metropolen, tritt die Oberklasse als unmittelbarer, unweit stärkerer Konkurrent auf, was Unterlegenheitsgefühle hervorrufen kann.

186 In der SINUS-Milieustudie gehören die Milieus der »Adaptiv-Pragmatischen« und der »bürgerlichen Mitte« zur alten Mittelklasse, hinzu kommen wohl zumindest Teile der »Konservativ-Etablierten«. Zusammen ergeben sich damit etwas über 25 % der Bevölkerung. Vgl. SINUS-Milieustudie unter ⟨http://www.sinus-institut.de/fileadmin/user_data/sinus-institut/Bilder/sinus-mileus-2015/2015-09-23_Sinus-Beitrag_b4p2015_slide.pdf⟩, letzter Zugriff am 12. 06. 2017.

zum Zweck, aber der »Instrumentalitäts-Deal« der Arbeit der industriellen Moderne funktioniert hier (noch), das heißt Aufwand und Ertrag befinden sich in der Balance. Das Familienleben ist in hohem Maße identitätsstiftend und traditionelle Arbeitsteilung der Geschlechter häufiger zu beobachten. Insgesamt zeichnet die alte Mittelklasse eine vergleichsweise hohe *Sesshaftigkeit* aus, das heißt eine Bindung an bestimmte Orte und Regionen, in der Regel die Herkunftsorte, auch weil die persönlichen Bindungen – familiär oder darüber hinaus – meist ortsgebunden sind. Überdurchschnittlich viele von ihnen leben in ländlichen und kleinstädtischen Regionen.[187]

Historisch hat die alte Mittelklasse seit den 1960er Jahren über die Generationen hinweg in beide Richtungen an Substanz verloren: Jene, die von der Bildungsexpansion profitierten, sind in die akademische Mittelklasse aufgestiegen (und dabei meistens in die Städte gezogen), jene, die im Zuge der Entindustrialisierung und Landflucht »zurückgeblieben« sind, hingegen teilweise in die Unterklasse abgestiegen. Die alte Mittelklasse stellt sich damit gewissermaßen als Umschlagsort des sozialstrukturellen Paternosters dar. Zu Beginn des 21. Jahrhunderts sieht sie sich in einer zwiespältigen Situation: Zwar mag es noch eine Fraktion geben, die sich verhältnismäßig stabil »in der Mitte« reproduziert, vor allem in prosperierenden Kleinstädten.[188] Eine zweite Fraktion blickt kulturell nach oben, strebt über den Weg der Qualifizierung in Richtung der Akademikerklasse und ist am Vorbild der singularistischen Lebensführung orientiert.[189] Dies ist nicht verwunderlich: Wenn sich die alte Mittelklasse durch Statusinvestition auszeichnet, dann führt diese, wenn sie im Bereich der Bildung gelingt, über kurz oder lang in die Akademikerschaft hinein.

187 Vgl. zu einigen Merkmalen der nichtakademischen Mittelklasse David Goodhart, *The Road to Somewhere*, vor allem Kap. 2, Kap. 5-8; zur Mittelklasse insgesamt Schimank u. a., *Statusarbeit;* zur Tradition des Kleinbürgerlichen Heinz Schilling, *Kleinbürger. Mentalität und Lebensstil*, Frankfurt/M. 2003. Auch einige der Interpretationen in Williams, *White Working Class*, beziehen sich auf die alte Mittelklasse.

188 Insbesondere in Deutschland, das ein System beruflicher Ausbildung pflegt, welches eine Alternative zur akademischen Bildung bietet, ist die nichtakademische Mittelklasse stabiler als in den USA oder Großbritannien.

189 Hier sind etwa Berufstätige einzuordnen, die in enger Kooperation mit Akademikern arbeiten, beispielsweise bestimmte Gesundheits- und Bildungsberufe (Physiotherapeutinnen, Erzieherinnen, auch stilorientierter Einzelhandel), und die sich teilweise im Prozess des Qualifikationsaufstiegs befinden.

Eine dritte Fraktion nimmt sich gewissermaßen in einer Sandwich-Position wahr, mit Abstiegsängsten nach unten sowie Ressentiment nach unten *und* nach oben. Diese defensive Fraktion der alten Mittelklasse bekommt von der Unterklasse vorgeführt, was es heißt, abzusteigen oder gar zu scheitern. Die neue Mittelklasse mit ihrer akademischen Bildung, ihren Berufen in der Wissens- und Kulturökonomie und ihrem kreativ-singularistischen Lebensstil demonstriert ihr zugleich, dass sie gegenüber einer kulturell avancierteren und kapitalstärkeren Lebensführung historisch zurückgefallen ist und ihren Goldstatus als »Mitte und Maß« verloren hat. In der defensiven Fraktion der alten Mittelklasse scheint das Ziel der Statusinvestition immer weniger realistisch, so dass die Grenzen zur neuen Unterklasse (das heißt ihrer respektablen, ihre Selbstdisziplin verteidigenden Fraktion) fließend werden.

Auch die nichtakademische Mittelklasse wird so zum Gegenstand eines Prozesses kultureller Entwertung, der sich – verglichen mit der Devalorisierung der neuen Unterklasse – subtiler vollzieht. Er betrifft mehrere Ebenen: Sehr konkret ist der Wertverlust, den ehemals angesehene mittlere Bildungsabschlüsse (etwa eine berufliche Ausbildung in Deutschland oder auch ein Highschool-Abschluss in den USA) erfahren, wenn sich im Zuge der Bildungsexpansion Hochschul- oder Collegeabschlüsse verbreiten. Die mittlere Bildung erscheint in der gesellschaftlichen Repräsentation nurmehr unterdurchschnittlich und erlaubt es immer weniger, die Grundlage für einen Mittelklasse-Lebensstandard zu liefern. Auch das traditionelle Arbeitsethos sieht sich in der Defensive: Die Arbeit sichert hier (anders als in der Unterklasse) zwar weiterhin sozialen Status, aber jene intrinsische Arbeitsmotivation »attraktiver Arbeit«, wie sie die hochqualifizierten Berufe für sich in Anspruch nehmen, erscheint in den klassischen, stärker routinisierten »white collar« (oder auch »blue collar«)-Berufen der alten Mittelklasse wenig realistisch. Während die neue Mittelklasse zu einer Kultur des Degendering (und eher eines offenen Gender-Repertoires) tendiert, neigt die alte Mittelklasse zudem stärker zur traditionellen Arbeitsteilung der Geschlechter, auch zur Hausfrauenehe, die kulturell gleichfalls in die Defensive geraten ist.

Der Gegensatz auf der Ebene der Kulturalisierung und Singularisierung des Lebensstils wird in der Diskrepanz zwischen dem Kosmopolitismus der neuen und der Sesshaftigkeit der alten Mittelklasse besonders deutlich. Die verhältnismäßig starke Ortsbindung Letzterer erscheint aus der Perspektive der urbanen, deutlich mobileren, auch internationaleren

Akademiker unflexibel und provinziell. Schließlich existiert ganz allgemein eine Diskrepanz zwischen der Selbstverwirklichungskultur der neuen Mittelklasse, die Singularität kultiviert und nach ästhetisch-ethischer Lebens*qualität* strebt, und dem impliziten Anspruch der alten Mittelklasse, ein Leben »so wie alle« zu führen (selbst wenn es diese alte Hegemonie gar nicht mehr gibt) und ihren Lebens*standard* zu bewahren. Aus dieser Perspektive erscheint die alte Mittelklasse mit ihrer Doppelformel »Statusinvestition und Selbstdisziplin« gewissermaßen als ein Ort des bloß Allgemeinen, des Standardisierten, Konventionellen und Konformen. Die alte Mittelklasse kann sich so, obwohl sie materiell weiterhin durchaus gutsituiert sein mag, in der *kulturellen Defensive* wahrnehmen. Diese systematischen Enttäuschungen drücken sich teilweise politisch in den Haltungen eines Antielitismus und Antiglobalismus aus, so dass auch temporäre Bündnisse mit Teilen der ansonsten kritisch beäugten Unterklasse möglich werden.[190]

Werfen wir zum Abschluss dieses Kapitels noch einen kurzen Blick auf die Relationen, welche die neue Unterklasse zum gesamten Tableau der Klassen unterhält. Die wechselseitigen Beziehungen sind komplexer, als es zunächst den Anschein haben mag. Die alte Mittelklasse symbolisiert für die »respektable« Unterklasse den Sehnsuchtsort einer geordneten Lebensführung. Gegen die neue Mittelklasse der Akademiker grenzt sie sich hingegen deutlich ab, jedenfalls sofern diese nicht zum Zielpunkt eines ambitionierten Bildungsaufstiegs wird. Das ausgeprägte Bildungs- und Kulturkapital sowie das meritokratische Bewusstsein der Akademikerklasse demonstrieren der Unterklasse ihre Unterlegenheit, und die ethische negative Kulturalisierung von »oben« wird im sozialen »Unten« als anmaßend empfunden. Entsprechend kann sich ein ausgeprägtes Ressentiment gegen »die Eliten« ausbilden. Freilich können Teile der Unterklasse aus Sicht der akademischen Mittelklasse und des Kulturkapitalismus in Form kultureller Versatzstücke »plebejischer Authentizitäten« wiederum interessant werden. Vor dem Hintergrund des Lobs der kulturellen Diversität können so ausgewählte Elemente der Unterklassenkul-

190 Der Erfolg des Front National in Frankreich, der sich seit den 1990er Jahren aufbaut, aber auch das Votum für den Brexit in Großbritannien 2016 ist auf ein solches Bündnis von neuer (weißer) Unterklasse und ländlichem alten Mittelstand zurückzuführen. Generell betrifft die vielzitierte »Krise der Mittelschicht« im Wesentlichen diese alte Mittelklasse, vgl. zu diesem Thema Steffen Mau, *Lebenschancen. Wohin driftet die Mittelschicht?*, Berlin 2012.

tur, zum Beispiel aus der *working class culture* oder aus schwarzen und migrantischen Kulturen, eine gewisse Anziehungskraft entfalten.[191] Teile der genuinen Oberklasse wiederum – manche der Kreativstars, etwa in Sport und Pop, die bewusst die Regeln der Mittelklasse durchbrechen, oder die »proletenhaften« Neureichen – können aus Sicht mancher Fraktionen der Unterklasse zu einer Projektionsfläche für Fantasien eines »märchenhaften« Aufstiegs in Sachen Vermögen und Ruhm werden, so dass für sie das Anti-Eliten-Ressentiment suspendiert wird.[192]

191 Dies zeigt sich beispielhaft in der Popkultur, die vor allem von den jüngeren Jahrgängen der Akademikerklasse getragen wird. Vgl. zu diesem Aspekt auch Skeggs, *Class, Self, Culture*, S. 105ff.

192 Dieses Element scheint 2016 eine Rolle gespielt zu haben, als der Milliardär Donald Trump zum Präsidenten der USA gewählt wurde.

VI.
Differenzieller Liberalismus und Kulturessenzialismus: Der Wandel des Politischen

Die Politik des Besonderen

Wie wirken sich die Kulturalisierung und Singularisierung des Sozialen auf das Feld des Politischen aus? Und inwiefern werden sie wiederum von der Politik beeinflusst? Das sind die Leitfragen dieses Kapitels, mit dem meine Untersuchung des Strukturwandels der Moderne zum Abschluss kommt. Dass in den westlichen Gesellschaften seit den 1980er Jahren nicht nur eine ökonomische, technologische und soziokulturelle Transformation, sondern auch ein Paradigmenwechsel staatlicher Politik stattgefunden hat, ist unbestritten. Die Politik der Spätmoderne unterscheidet sich grundsätzlich von jener der organisierten Moderne. Häufig ist dieser Paradigmenwechsel als die Entstehung einer neoliberalen Form der Politik beschrieben worden, die auf die Stärkung und Ausbreitung von Markt- und Wettbewerbsstrukturen in allen gesellschaftlichen Bereichen setzt.[1] Die Relevanz des Neoliberalismus steht außer Frage, aber aus etwas größerer Distanz betrachtet, erweist sich der Wandel des Politischen als deutlich komplexer und widersprüchlicher. Um es auf einen Satz zu bringen: In der Spätmoderne wird die *Politik des Allgemeinen* mehr und mehr von einer *Politik des Besonderen* abgelöst. Diese Politik des Besonderen tritt in zwei Versionen auf, und in beiden spielt Kultur eine signifikante Rolle. Jenseits der traditionellen »Kulturpolitik« findet eine *Kulturalisierung der Politik* in zwei Hinsichten statt.

Zum einen hat sich in Westeuropa und Nordamerika eine Form des Regierens herausgebildet, die sowohl an Wettbewerbsstrukturen als auch an kultureller Diversität orientiert ist (und damit den Neoliberalismus einschließt). Dies ist die Politik eines *apertistischen* und *differenziellen Liberalismus.* Apertistisch ist er, indem er auf permanente wirtschaftliche, soziale und kulturelle Öffnung und Grenzüberschreitung abzielt; differenziell ist er, indem er soziale und kulturelle Unterschiede hervorhebt und fördert. Der apertistisch-differenzielle Liberalismus ist von den

1 Vgl. etwa David Harvey, *Eine kurze Geschichte des Neoliberalismus*, Zürich 2007.

1980er Jahren bis zur Gegenwart das dominierende politische Paradigma und umspannt als solches das gesamte politische Spektrum von Mitte-links bis Mitte-rechts. Ob es allerdings das dominante Paradigma bleibt, ist gegenwärtig eine offene Frage. *Zum anderen* sind auf globaler Ebene politische Tendenzen zu beobachten, die sich bei aller Heterogenität unter der Überschrift »Kulturessenzialismus« oder »Kulturkommunitarismus« zusammenfassen lassen und die sich gegen diesen Liberalismus positionieren. Einige dieser Tendenzen werde ich unten genauer betrachten, festhalten kann ich aber schon hier, dass die Instanzen, auf die sie sich berufen, partikulare kulturelle Gemeinschaften und kollektive Identitäten sind.

Es stehen sich damit zwei konträre politische Strukturierungsformen von Kultur gegenüber: Im apertistisch-differenziellen Liberalismus wird Kultur kosmopolitisch in ihrer Vielfalt als Ressource für Lebensqualität und Wettbewerbsfähigkeit behandelt. Aus Sicht des Kulturessenzialismus erscheint sie hingegen als Grundlage von historischen oder ethnischen Gemeinschaften und häufig als Kriterium der Abgrenzung nach außen. Während Ersterer eine *kulturorientierte Gouvernementalität* forciert, steht im Zentrum von Letzteren die *Identitätspolitik*. Während der apertistisch-differenzielle Liberalismus nicht nur die ökonomische, sondern auch die kulturelle Globalisierung aktiv vorantreibt, positionieren sich die Kulturessenzialisten meistens *gegen* die hybridisierende Wirkung der Globalisierung, welche die Grenzen zwischen Nationalkulturen aufweicht. In beiden Fällen handelt es sich zugleich um eine Politik, die auf das Besondere statt auf das Allgemeine setzt: auf die *Differenzen* der Performanz und die *Diversität* der Kultur im apertistisch-differenziellen Liberalismus, auf die *Partikularität* der kulturellen Gemeinschaften im Kulturessenzialismus.

Politische Paradigmenwechsel sind langfristiger und grundsätzlicher Natur, aber sie konkretisieren sich in markanten Ereignissen. Diese können selbst Auslöser für strukturelle Entwicklungen sein und zugleich einen historischen Symbolgehalt haben. Für den politischen Paradigmenwechsel von der organisierten Moderne zur Spätmoderne und den Aufstieg der »Politik des Besonderen« lassen sich mehrere Schlüsseljahre nennen: 1968, 1979, 1990 und 2001.

1968 ist das Jahr der Studenten- und Protestbewegungen. Als Ausdruck einer »kulturrevolutionären« Counter Culture liefern sie einen entscheidenden Impuls für den postmaterialistischen Wertewandel von den

Pflicht- und Akzeptanzwerten zu den Selbstverwirklichungswerten und damit auch den Anstoß für den Linksliberalismus der darauffolgenden Jahrzehnte, der auf Lebensqualität, individuelle Selbstbestimmung und kulturelle Vielfalt setzt. 1979 ist das Jahr, in dem Margaret Thatcher als britische Premierministerin beginnt, einen politischen Neoliberalismus umzusetzen, der die Wirtschafts- und Sozialpolitik einer radikalen, deregulierten Markt- und Wettbewerbsstruktur unterwirft. Dies ist die Initialzündung für die globale Verbreitung einer Politik, die den innovationsorientierten Wettbewerbsstaat forciert. 1979 findet jedoch auch im Iran die Islamische Revolution statt, die als erste ereignishafte Zuspitzung des Aufschwungs religiös-fundamentalistischer Bewegungen gelten kann.

Eine ebensolche Symbolwirkung haben die Ereignisse um das Jahr 1990. Die Implosion des Staatssozialismus in der Sowjetunion und Osteuropa markiert das Ende eines siebzigjährigen gesellschaftlichen Experiments: eines Systems, das auf eine umfassende Regulierung aller gesellschaftlichen Prozesse im Namen eines Ideals der Gleichheit setzte. Abgelöst wird diese extreme Version einer »Politik des Allgemeinen« von einer globalen Entgrenzung ökonomischer und kultureller Prozesse. Zugleich lässt sich die Auflösung der multinationalen Sowjetunion in eine Reihe eigenständiger Nationen als Symbol des Aufstiegs von politisch-kulturellen Bewegungen lesen, die auf nationale Identität setzen. 2001 schließlich ist das Jahr des terroristischen Anschlags auf das World Trade Center in New York. In 9/11 verdichtet sich die gewaltsame Radikalisierung des religiös-islamistischen Fundamentalismus – und zugleich die Positionierung des Westens dagegen, die teilweise in Begriffen eines »Kampfs der Kulturen« stattfindet.

1968, 1979 und 1990 stehen für die schrittweise Erosion der Politik der organisierten Moderne und den Aufstieg des apertistisch-differenziellen Liberalismus. 1979, 1990 und 2001 symbolisieren den Aufstieg des Kulturessenzialismus.

1. Apertistisch-differenzieller Liberalismus und die Politik des Lokalen

Vom sozialdemokratischen Konsens zum neuen Liberalismus

Von den 1940er bis in die 1970er Jahre, also in der Blütezeit der organisierten Moderne, war die Politik von einem sozialdemokratisch-korporatistischen Konsens geprägt, exemplarisch verkörpert von Franklin D. Roosevelts »New Deal« und den Sozialdemokratien Skandinaviens.[2] Dieses korporatistisch-sozialdemokratische Paradigma forcierte eine dezidierte Politik des Allgemeinen und der Gleichheit, und zwar in Reaktion auf die Umwälzungen und Verwerfungen – der New Deal in den USA war ja eine Antwort auf die Weltwirtschaftskrise der 1930er Jahre – der rasant sich industrialisierenden und urbanisierenden spätbürgerlichen Gesellschaft. Um das Ziel einer Angleichung der Lebensbedingungen aller Bevölkerungsschichten und umfassende Inklusion zu erreichen, setzte man auf die staatliche Regulierung von Gesellschaft und (kapitalistischer) Wirtschaft,[3] genauer: auf die keynesianische, nationalstaatliche Regulierung wirtschaftlicher Prozesse sowie die Etablierung sozialstaatlicher Standards zur Minimierung individueller Risiken und Verringerung sozialer Ungleichheit. Der (National-)Staat erschien als der legitime Ort des gesellschaftlichen Allgemeinen und wurde als zentrale Planungs- und Steuerungsinstanz der Nationalgesellschaft modelliert. Diese Politik des Allgemeinen setzte eine sozial wenig differenzierte und kulturell vergleichsweise homogene, nationale Gesellschaft voraus und förderte sie zugleich – das schwedische Volksheim (*Folkhemmet*) war ihr pointiertester politisch-kultureller Ausdruck.

2 Das sozialdemokratisch-korporatistische Paradigma kannte auch eine konservative Variante (etwa in der Politik Adenauers und de Gaulles), so dass es als gemeinsame Hintergrundannahme das gesamte Links-/rechts-Spektrum umfasste. Mit Jan-Werner Müller könnte man sogar annehmen, dass die christdemokratisch-konservativen Parteien als Träger der korporatistisch-steuernden Politik nach 1945 noch einflussreicher waren, vgl. Jan-Werner Müller, *Das demokratische Zeitalter. Eine politische Ideengeschichte Europas im 20. Jahrhundert*, Berlin 2013, Kapitel 4.

3 Vgl. dazu Peter Wagner, *A Sociology of Modernity. Liberty and Discipline*, London 1994, S. 73-122; Scott Lash, John Urry, *The End of Organized Capitalism*, Cambridge 1987, S. 17-83; Pierre Rosanvallon, *Gesellschaft der Gleichen*, Hamburg 2013; beispielhaft auch Thomas Etzemüller, *Die Romantik der Rationalität. Alva & Gunnar Myrdal – Social Engineering in Schweden*, Bielefeld 2010.

In den späten 1970er Jahren erodierte der sozialdemokratisch-korporatistische Konsens und wurde Zug um Zug vom apertistisch-differenziellen Liberalismus abgelöst,[4] der – das ist wichtig – den vielzitierten Neoliberalismus zwar einschließt, aber *nicht* mit ihm deckungsgleich ist. Der apertistisch-differenzielle Liberalismus hat vielmehr zwei Dimensionen, eine primär wirtschafts- und sozialpolitische, die ihn eher auf der Mitte-rechts-Seite des politischen Spektrums verortet, *und* eine gesellschaftspolitische, die eher im Bereich links von der Mitte zu finden ist. Aus etwas größerer Distanz wird jedoch deutlich, dass sich beide Komponenten zu einem politischen Paradigma umfassender Liberalisierung verbinden.[5]

Der zentrale Imperativ, der diesen *apertistisch*-differenziellen Liberalismus der Spätmoderne insgesamt kennzeichnet, ist jener der Öffnung, Entgrenzung und Deregulierung des Sozialen. Er wendet sich wirtschafts- *und* gesellschaftspolitisch gegen die nun so wahrgenommene staatliche »Überregulierung« der organisierten Moderne. Wirtschaftspolitisch bedeutet dies, dass Markt- und Wettbewerbsstrukturen flächendeckend implementiert werden, und zwar mit dem alles überragenden Ziel der Herstellung und Sicherung von globaler Wettbewerbsfähigkeit. Damit einher gehen eine dezidierte Förderung von Innovation und eine ausgeprägte Kultur des Unternehmerischen. Gesellschaftspolitisch bedeutet die liberale Öffnung, dass subjektive Rechte auf Persönlichkeitsentfaltung eingefordert und festgeschrieben werden und dass die Vielfalt der Persönlichkeiten, der kulturellen Herkunftsgemeinschaften und der Lebensstile wertgeschätzt wird. Rechtliche Reformen in Bezug auf Geschlechterverhältnisse und Familie sowie in Bezug auf Migration sind zentrale Betätigungsfelder der gesellschaftspolitischen Liberalisierung. Während der neoliberale Strang des neuen Liberalismus zunächst vom konservativen Spektrum verfochten und die gesellschaftspolitische Libe-

4 Zu diesem Kontext allgemein vgl. Lash/Urry, *End of Organized Capitalism*, Wagner, *Sociology of Modernity*.

5 Diese Doppelstruktur des spätmodernen Liberalismus wird leicht übersehen (oder im Rahmen der Links-rechts-Unterscheidung irreführend gedeutet, etwa als »Neoliberalisierung der Sozialdemokratie« bzw. »gesellschaftspolitische Liberalisierung der Konservativen«). Es ist wohl kein Zufall, dass die Doppelstruktur des neuen Liberalismus eher von außen, das heißt von Seiten der radikalen Linken oder aber der radikalen Rechten wahrgenommen (und meist negativ bewertet) wird, vgl. etwa Jean-Claude Michéa, *Das Reich des kleineren Übels. Über die liberale Gesellschaft*, Berlin 2014.

ralisierung von der Linken vertreten wurde, erscheinen seit den 1990er Jahren (beispielhaft unter den Regierungen Clinton, Blair und Schröder) beide Stränge aneinandergekoppelt. Der apertistisch-differenzielle Liberalismus hat sich dabei zu einer umfassenden Governance entwickelt, die weit über die staatlichen Institutionen hinaus das Soziale in Richtung von Innovation, Wettbewerbsfähigkeit, Persönlichkeitsrechten und Diversität zu steuern versucht.

Dieser politische Paradigmenwechsel wird *flankiert* von den Elementen des zuvor beschriebenen gesamtgesellschaftlichen Strukturwandels, der von der organisierten Moderne zur Spätmoderne führt; und zugleich *forciert* die Politik diesen Strukturwandel. Die Erosion der ökonomisch-technologischen Struktur der Industriegesellschaft und ihr Wandel zu einer postindustriellen Gesellschaft der Wissens-, Kultur- und Serviceökonomie unterminiert die Grundannahmen des sozialdemokratisch-korporatistischen Konsenses, der auf die Industriegesellschaft ausgerichtet war. Die wettbewerbsorientierte und unternehmerische Politik des neuen Liberalismus ist hingegen an die globale Entgrenzung der Märkte, an postindustrielle Arbeitsformen und permanente Innovation angepasst und treibt diese weiter an. Der postmaterialistische Wertewandel, also der Aufstieg der Selbstentfaltungswerte, sowie die kulturelle Heterogenität, die sich durch die seit den 1970er Jahren verstärkten Migrationsbewegungen in den westlichen Gesellschaften ergibt, lassen das klassische sozialdemokratische »Volksheim« wie eine unzeitgemäße Einrichtung wirken und führen zu einer soziokulturellen Pluralisierung und Öffnung, die der neue Liberalismus weiter forciert. Kurzum: Die ökonomische und kulturelle Globalisierung, der Postindustrialismus und der Postmaterialismus machen die Gesellschaften sozial differenzierter und kulturell heterogener, eine Tendenz, die der apertistisch-differenzielle Liberalismus verstärkt.

Wettbewerbsstaat und *diversity*: Die zwei Seiten des neuen Liberalismus

Die neoliberale Orientierung der Politik an einer umfassenden Vermarktlichung des Sozialen, die seit den 1980er prägend wirkt (und selbst nach der 2007er Finanzkrise zunächst weiter intakt ist), ist häufig beschrieben und diskutiert worden. In unserem Zusammenhang ist entscheidend, dass der Neoliberalismus zur Singularisierung des Sozialen beiträgt. Anstelle des mittlerweile inflationär verwendeten Begriffs des Neoliberalismus ziehe ich allerdings mit Bob Jessop den präziseren Begriff des Schumpeter'schen, das heißt innovationsorientierten Wettbewerbsstaats vor, um die marktorientierte Form des Politischen zu analysieren, um die es hier geht.[6] Im Unterschied zur nationalstaatlich orientierten Wirtschaftssteuerung der organisierten Moderne platziert sich der spätmoderne Wettbewerbsstaat in den globalen Zusammenhang der grenzüberschreitenden Ströme von Waren, Produktionsabläufen, Ideen und Arbeitnehmern. Sein zentrales Ziel ist, wie schon erwähnt, die Stärkung von Wettbewerbsfähigkeit in einer Konstellation der entgrenzten Märkte, welche als Bedingung von Wohlstand erscheint. Vorausgesetzt wird dabei, dass der Markt diesbezüglich das effizienteste Anreiz- und Sanktionssystem darstellt und der staatlich-bürokratischen Regulierung grundsätzlich überlegen scheint. Infolgedessen gilt die Vermarktlichung der Güterzirkulation, aber auch der Bildung, der Arbeitsmärkte, der Kulturinstitutionen, der sozialen Grundsicherung und der öffentlichen Verwaltung als geboten.

Dem spätmodernen Wettbewerbsstaat geht es dabei – Schumpeter lässt grüßen! – im Besonderen um die Förderung von Innovationen, und zwar nicht nur im engeren, technologischen Sinne (prominent im IT-Bereich), sondern in sämtlichen gesellschaftlichen Bereichen. Das Regime des Neuen, dessen Kehrseite der Abbau der alten, nicht mehr »wettbewerbsfähigen« Branchen ist, gilt nun als zentrale Voraussetzung für Wachstum und Beschäftigung. Damit einher geht ein Wandel der Subjektform, die der Staat adressiert: An die Stelle des Staatsbürgers und sozialen Bürgers der organisierten Moderne ist der Selbstunternehmer und Konsument getreten, für den der Staat optimale Rahmenbedingungen zur Verfügung stellen will.[7] Die Kultur des (Selbst-)Unternehmerischen, das heißt der steten Entwicklung von neuen, zunächst auch riskanten und spekulativen Lösungen, und der Entfaltung des Humankapitals erscheint nun gesellschaftlich vorbildlich.[8]

6 Vgl. Bob Jessop, *The Future of the Capitalist State*, Cambridge 2002, S. 95ff.; zur Analyse des Neoliberalismus auch Thomas Biebricher (Hg.), *Der Staat des Neoliberalismus*, Baden-Baden 2016; Gerhard Willke, *Neoliberalismus*, Frankfurt/M. 2003.

7 Vgl. dazu auch Nikolas S. Rose, *Governing the Soul. The Shaping of the Private Self*, London 1999.

8 An dieser Stelle sei daran erinnert, dass die Ökonomisierung des Sozialen in der Spätmoderne, die wir oben (vgl. Kap. II.2) bereits ausführlich behandelt haben, sich nicht

In einer Hinsicht löst der innovationsorientierte Wettbewerbsstaat damit ein altes, nämlich das steuerungs- und wohlfahrtsstaatliche, System des Allgemeinen durch ein neues System des Allgemeinen ab, das eine Generalisierung von Marktstrukturen betreibt. Sämtliche Bereiche des Sozialen werden nun ausnahmslos den Strukturen von Wettbewerben unterworfen. Vor diesem Hintergrund forciert die Politik des Wettbewerbsstaates jedoch eine politische Logik des Besonderen, auch hier fungiert das Allgemeine letztlich als eine »Infrastruktur« zur Förderung von Besonderheiten. Die allgemeinen Marktstrukturen prämieren nämlich *nicht* das Standardisierte und Gewohnte, sondern die Andersheit und Neuheit. Auch politisch steht daher nun die Förderung jener unternehmerischen Performanz im Vordergrund, die etwas Neues in die Welt setzt, das auf dem jeweiligen Markt nachgefragt wird und beansprucht, ein *Alleinstellungsmerkmal* zu besitzen. Von Bedeutung sind diese nun ubiquitär erwarteten Alleinstellungsmerkmale im Kontext der lokalen, regionalen oder nationalen Wirtschaftsförderung, der Entwicklung von Schulen und Hochschulen sowie der Förderung von Kultureinrichtungen oder Humankapital.

An die Stelle einer staatlichen Regulierung nach Art des keynesianischen Steuerungs- und Wohlfahrtsstaates, in dem allgemeine Regeln durchgesetzt und allgemeine Leistungen verteilt wurden, tritt damit im innovationsorientierten Wettbewerbsstaat eine Förderung von solchen Performanzen, die im Kontext von Märkten einen *Unterschied machen*. Das ist die *differenzielle* Seite des neuen (Wirtschafts-)Liberalismus: Er fördert *Differenzen*, Unternehmungen im weitesten Sinne, die vom Bisherigen *abweichen* und deswegen auf den Märkten erfolgreich sind. Am Ende gilt diese differenzielle Orientierung des Regierens nicht nur für staatliche Instanzen, sondern für Governance-Strukturen insgesamt, auch innerhalb von kommerziellen oder nichtkommerziellen Organisationen. Es ist nicht verwunderlich, dass vor diesem Hintergrund die *creative industries* – von der IT-Branche bis zum Design – seit den 1990er

auf ein Ergebnis staatlicher Politik *reduzieren* lässt. Wie wir gesehen haben, findet sie im wirtschaftlichen Feld wie auch in anderen Feldern (wie der medial-digitalen Interaktion oder den religiösen Märkten) bereits autonom und eigendynamisch statt. Der Wettbewerbsstaat stützt und *intensiviert* jedoch diesen Prozess der Vermarktlichung in jenen Bereichen, die ihm direkt (Bildung, Sozialstaat, Gesundheit) oder indirekt (Liberalisierung von Gütermärkten, Steuerrecht) zugänglich sind, und er unterfüttert diesen Prozess auf diskursiver Ebene.

Jahren zum Gegenstand besonders intensiver staatlicher Förderung geworden sind, denn sie versprechen permanente Innovation und Kreation.[9] Das wichtigste Betätigungsfeld des neuen Liberalismus ist dabei letztlich nicht mehr die nationale, sondern die regionale und urbane Ebene, denn insbesondere in der Stadtpolitik trägt die Politik zu jener spezifischen Kulturökonomisierung des Sozialen bei, wie wir sie oben herausgearbeitet haben.[10] Um die kulturorientierte Gouvernementalität der spätmodernen Politik, die hier wirkt, nachvollziehen zu können, ist es allerdings nötig, den zweiten Strang des apertistisch-differenziellen Liberalismus miteinzubeziehen: die linksliberale Förderung von kultureller Diversität.

Wie gesagt: Man erhielte ein unvollständiges, ja falsches Bild, würde man den neuen Liberalismus der Spätmoderne allein mit dem Wettbewerbsstaat identifizieren. Die Liberalisierung, welche die westlichen Gesellschaften seit dem letzten Viertel des 20. Jahrhunderts erfasst hat, schließt eben auch eine »linksliberale« Seite ein. Gegen die Voraussetzung von kultureller Homogenität und deren »Verwaltung« von Seiten der Politik der organisierten Moderne geht es dem spätmodernen Linksliberalismus mit Verve um eine Berücksichtigung und Förderung subjektiver wie gruppenspezifischer Rechte und Werte in ihrer Verschiedenartigkeit. Entstanden ist ein heterogenes Feld von *policies*, die um die Fragen von Nichtdiskriminierung und Lebensqualität kreisen. Auch bezogen darauf, installiert der neue Liberalismus zunächst durchaus ein System des Allgemeinen: das System der Menschenrechte. Seit Ende der 1970er Jahre, besonders aber nach dem Fall der Mauer sind *die* Menschenrechte zu einer einflussreichen politischen Legitimationsstruktur geworden,[11] die den allgemeinen Hintergrund liefern, um in der nationalen und internationalen Politik die Besonderheit, die besondere Identität der einzelnen Persönlichkeit wie auch ganzer kultureller Gruppen zu schützen.

Ein wichtiger Zweig dieser linksliberalen Politik ist die Stärkung der Persönlichkeitsrechte der Individuen in ihren Besonderheiten, vor allem jener, denen diese in der organisierten Moderne beschnitten waren: von Frauen, Schwulen, Lesben und Transgender-Personen, Behinderten, al-

9 Vgl. dazu Terry Flew, *Global Creative Industries*, Cambridge 2013, S. 131ff.; kritisch dazu am Beispiel Großbritanniens Robert Hewison, *Cultural Capital. The Rise and Fall of Creative Britain*, London 2014.

10 Vgl. Kap. II.2, S. 150-154.

11 Vgl. dazu Samuel Moyn, *The Last Utopia. Human Rights in History*, Cambridge 2010.

ternativen Lebensformen etc. – das Stichwort ist hier Nichtdiskriminierung.[12] Daneben hat sich eine Politik der Lebensqualität herausgebildet, deren wichtigste Betätigungsfelder die Ökologie und der Schutz des natürlichen Lebensraumes sind.[13] Für unseren Zusammenhang von besonderem Interesse ist schließlich jener Strang, in dem Kultur unmittelbar zum Thema wird, in dessen Zentrum die Förderung kultureller Vielfalt und kultureller Ressourcen steht. So wie die Wettbewerbsfähigkeit ist auch die *kulturelle Vielfalt* zu einem politisch-sozialen Imaginären der Spätmoderne geworden, das zugleich das Handeln staatlicher Institutionen und die Form des Regierens weit darüber hinaus anleitet.[14] Im Modell der kulturellen Vielfalt sollen Kulturen, kulturelle Praktiken, Objekte, Identitäten und Gemeinschaften in ihrer jeweiligen Besonderheit wertgeschätzt und gefördert werden; Vielfalt bezeichnet hier die Reichhaltigkeit der Singularitäten im Plural.

Eine historische Quelle des politischen Werts der *diversity* ist die nordamerikanische Bürgerrechtsbewegung der 1970er Jahre, vor allem die Forderung von ethnischen Minderheiten (insbesondere der Schwarzen) nach Anerkennung ihrer Identität und gesellschaftlicher Gleichberechtigung. Dies schloss die Multikulturalismus-Bewegung ein. Seit den 1980er Jahren hat die politische Thematisierung von kultureller Vielfalt an Fahrt gewonnen und sich in ihrer Bedeutung gewandelt. Nicht nur auf der nationalen, sondern zunehmend auf der regional-lokalen sowie der organisationellen und der supranationalen Ebene wird kulturelle Vielfalt unabhängig von den spezifischen Rechten einzelner Gruppen als *Wert an sich* vertreten. Kulturelle Diversität wird dabei häufig parallel zur Biodiversität gedacht:[15] So wie die Natur in ihrer Vielfalt und Heterogenität zu kultivieren ist und Monokulturen zu vermeiden sind, so gilt auch die Vielfalt des Kulturellen von der globalen bis zur lokalen Ebene als intrinsisch wertvoll.[16]

12 Vgl. etwa Shannon Harper, Barbara Reskin, »Affirmative Action at School and on the Job«, in: *Annual Review of Sociology* 31/1 (2005), S. 357-379; Ulrike Hormel, Albert Scherr (Hg.), *Diskriminierung. Grundlagen und Forschungsergebnisse*, Wiesbaden 2010.

13 Vgl. Alban Knecht, *Lebensqualität produzieren. Ressourcentheorie und Machtanalyse des Wohlfahrtsstaats*, Wiesbaden 2010.

14 Vgl. dazu Steven Vertovec, »›Diversity‹ and the Social Imaginary«, in: *European Journal of Sociology* 53/3 (2012), S. 287-312; Monika Salzbrunn, *Vielfalt – Diversität*, Bielefeld 2014.

15 Vgl. dazu Bruno Baur, *Biodiversität*, München 2010.

16 Auf internationaler Ebene hat sich diese Entwicklung am deutlichsten in der *Allgemei-*

Ein Ausdruck der Diversitätspolitik sind internationale, nationale und regionale Politiken zum Schutz und zur Pflege von *kulturellem Erbe* (*heritage*), das heißt von historischer Überlieferung in verschiedenen Ausprägungen, etwa in Form von Architektur und Museen, aber auch von kulturellen Praktiken einschließlich der Sprache.[17] Die Politik des kulturellen Erbes betont den eigenen Wert der historischen Überlieferung, der zugleich mit kulturellen Rechten von Minderheiten (zum Beispiel Minderheitssprachgemeinschaften) verknüpft sein kann. Teilweise ist das kulturelle Erbe auch Mittel zum Zweck, indem es ein Alleinstellungsmerkmal von Regionen liefert und somit auch ökonomisch lukrativ wird, etwa für die Tourismusindustrie, oder es der sozialpolitischen Problemlösung dienen soll. Verschiedenste Phänomene des Sozialen lassen sich durch eine Politik der Vielfalt kulturalisieren und als »kulturelle Ressource« interpretieren, so dass sie als erhaltenswert gelten: lokale Rapmusik oder ländliche Tänze, gastronomische Traditionen, Designtraditionen oder Architektur, migrantisches Vereinsleben oder klassische Hochkultur.[18]

Als eine Symbiose von Eigenwerthaftigkeit und Zweckrationalität erscheint die kulturelle Vielfalt auch im Rahmen des *diversity management*,[19] das von staatlichen und ökonomischen Institutionen forciert wird und seinen historischen Ursprung wiederum in den Bürgerrechtsbewegungen nach 1968 hat. Den Anfang machten Programme zur Frauenförderung, in einem nächsten Schritt wurde die Förderung erweitert und auf verschiedenste kulturelle Identitäten bezogen, nicht zuletzt auf ethnisch-kulturelle Identitäten, deren Heterogenität die westlichen Gesellschaften aufgrund der Ausdehnung und Diversifizierung der Migrationsbewegungen seit den 1980er Jahren prägt. Kulturelle Vielfalt in Unternehmen, Stadtverwaltungen, Schulen, Stadtentwicklung wird hier als intrinsisch *gut* und als Bereicherung angesehen. Abweichung vom Durchschnitt ist

nen Erklärung zur kulturellen Vielfalt (2001) der UNESCO manifestiert, die sich den Schutz und die Förderung der Heterogenität kultureller Ausdrucksformen sowie ethnisch-kultureller Gruppen auf die Fahnen schreibt.

17 Vgl. Helmut K. Anheier, Yudhishthir Raj Isar (Hg.), *Heritage, Memory and Identity*, London, Thousand Oaks 2011.

18 Vgl. George Yúdice, *The Expediency of Culture. Uses of Culture in the Global Era*, Durham, London 2003.

19 Vgl. Salzbrunn, *Vielfalt – Diversität*; Regine Bendl, *Diversität und Diversitätsmanagement*, Wien 2012; Günther Vedder u. a. (Hg.), *Fallstudien zum Diversity Management*, München 2011.

so kein Defizit mehr, sondern ein *Asset*. Diversität hängt hier eng mit dem spätmodernen Ideal der Offenheit für Anderes und Neues zusammen, und *diversity management* lässt sich als eine modernisierte Form der »*Politik der Differenz*« deuten, in der die Differenzen nicht mehr als trennend gelten, sondern eine Kooperation über die Grenzen der Unterschiede hinweg möglich und wünschenswert ist. Diversität als Merkmal wird in diesem Zusammenhang zudem nicht mehr auf Kollektive, sondern auf einzelne Individuen bezogen, die als Träger von kulturellen Eigenschaften wahrgenommen werden. Diversität gilt zugleich als nützlich für die jeweilige Organisation oder Institution, etwa für ihre Organisationskultur und ihre kreative Leistungsfähigkeit.

Die Politik des Wettbewerbsstaats und die Politik der kulturellen Diversität sind – wie gesagt – die beiden Gesichter des neuen apertistisch-differenziellen Liberalismus der Spätmoderne. Zu einer beispielhaften Synthese finden sie in der spätmodernen Politik der Städte – einer Form urbanen Regierens, die man als kulturorientierte Gouvernementalität beschreiben kann. Es lohnt sich, sie genauer zu betrachten, da die Städte zugleich einen politisch gestützten kulturellen Singularitätsmarkt par excellence bilden.

Politik der Städte I: Neuer Urbanismus und globaler Attraktivitätswettbewerb

Die Großstädte und Metropolregionen in Europa und Nordamerika, aber mittlerweile auch in den Schwellenländern des globalen Südens, stellen sich seit den 1980er Jahren als Brennpunkte einer spätmodernen liberalen Politik dar, die an der Profilierung von kulturellen Einzigartigkeiten orientiert ist.[20] In der globalen Stadtlandschaft von Amsterdam bis Vancouver, von Philadelphia bis Marseille, von Kapstadt oder Brisbane bis Shanghai ballt sich räumlich der postindustrielle Wandel des Politischen, des Sozialen und des Kulturellen. Während die Politik des Steuerungs- und Wohlfahrtsstaates der organisierten Moderne eng an den Nationalstaat gekoppelt war, ist der Bedeutungsverlust nationaler

20 Ausführlicher und mit etwas anderem Akzent habe ich diesen Prozess behandelt in Andreas Reckwitz, *Die Erfindung der Kreativität. Zum Prozess gesellschaftlicher Ästhetisierung*, Berlin 2012, Kap. 7.

Regulierung in der Spätmoderne nicht nur mit einem Aufschwung supranationaler Steuerungsinstanzen (wie der Europäischen Union), sondern gleichzeitig mit einem Bedeutungsgewinn der politischen Instanzen *unterhalb* der nationalen Ebene verbunden, eben den Städten und Regionen. So unstrittig es ist, dass die Globalisierungsprozesse seit den 1980er Jahren nationalstaatliche Funktionen geschwächt haben, so wahr ist auch, dass sie paradoxerweise der subnationalen Ebene des *Lokalen* einen politischen Einflusszugewinn beschert haben.[21] In gewisser Hinsicht sind sich die Metropolen nun untereinander oft näher als den ländlichen Regionen in ihrem jeweiligen Nationalstaat. Die urbanen Zentren werden so zu Knotenpunkten der *Glokalisierung*, das heißt der Verschränkung von globalen Strömen auf lokaler Ebene.[22]

Die Großstädte und Metropolregionen stellen nicht nur Zentren einer liberalen *Regierung des Lokalen* dar, sondern sind auch eng mit einer *urbanen Subpolitik* verknüpft, das heißt mit quasipolitischen Gestaltungsversuchen unterhalb der staatlichen Ebene seitens anderer gesellschaftlicher Instanzen, insbesondere Unternehmen und Organisationen der *creative economy* sowie sozialer Gruppen, vor allem aus der neuen, akademischen Mittelklasse. Generell ist für die Form staatlicher Regierung in der Spätmoderne charakteristisch, dass keine voraussetzungslose, quasi mechanische »Planung« des Sozialen mehr stattfindet; vielmehr sitzt die staatliche Politik gewissermaßen auf den eigendynamischen und unplanbaren Strategien und Prozessen aus der Ökonomie und den sozialkulturellen Milieus auf, versucht diese zu begreifen und zu antizipieren und auf dieser Grundlage über positive und negative Anreize zu beeinflussen. Ebendiese indirekte Steuerung, eine Steuerung zweiter Ordnung von sozialen Prozessen, denen eine unberechenbare Eigendynamik zukommt, ist der Kern der neuen liberalen *Gouvernementalität*.[23]

In den global miteinander vernetzten urbanen Zentren konzentriert sich die singularisierte und kulturalisierte Gesellschaft der Spätmoderne

21 Vgl. dazu Helmut K. Anheier, Yudhishthir Raj Isar (Hg.), *Cities, Cultural Policy, and Governance*, London, Thousand Oaks 2012.

22 Vgl. Roland Robertson, »Glokalisierung. Homogenität und Heterogenität in Raum und Zeit«, in: Ulrich Beck (Hg.), *Perspektiven der Weltgesellschaft*, Frankfurt/M. 1992, S. 192-220.

23 Vgl. zu einem solchen Verständnis von Gouvernementalität Michel Foucault, *Sicherheit, Territorium, Bevölkerung. Geschichte der Gouvernementalität I. Vorlesungen am Collège de France 1977-1978*, Frankfurt/M. 2004.

in verdichteter Weise, denn hier verschränken sich die postindustrielle *creative economy*, die polarisierte Sozialstruktur von neuer Mittelklasse und Unterklasse sowie die Politik des apertistisch-differenziellen Liberalismus.[24] Infolgedessen haben sich die Strukturen des sozialen Raums seit dem Ende der industriellen Moderne grundsätzlich gewandelt. Natürlich – auch die industrielle Moderne war eine urbanisierte Gesellschaft, aber die Schrittmacherfunktion kam hier den Industriestädten mit ihrer Massenproduktion und Massenarbeitnehmerschaft zu. Diese »funktionalen Städte« waren die Exerzierfelder der sozialen und zugleich räumlichen Standardisierung.[25] Sie wurden nach den gleichen, allgemeingültigen Mustern geplant, leitend war das »serielle Bauen«, das heißt die bauliche Replikation des Gleichen. Die Industriestädte stellten damit keine besonderen, identifizierbaren Orte dar (was von Kulturkritiken häufig unter dem Stichwort »Gesichtslosigkeit« beklagt wurde), sondern austauschbare Räume, von denen nicht Wert und Emotion erwartet wurde, sondern Funktionalität.

Die »Renaissance der Städte« seit den 1980er Jahren bringt in dieser Hinsicht einen einschneidenden Wandel.[26] Die Großstädte und Metropolen formen sich in der Spätmoderne zunehmend als besondere Orte, die in ihrer Einzigartigkeit affizierende Kraft entfalten wollen und sollen. Diese Singularisierung und Kulturalisierung der Städte wird von der Stadtpolitik massiv gefördert. Städte modellieren sich nun über ihre nützlichen Funktionen hinaus als Träger eines eigenen Wertes, sie werden zum Gegenstand einer identifikatorischen und vor allem ästhetischen Valorisierung und Authentifizierung, einer Gestaltung als authentische Orte. Wie Martina Löw es überzeugend darstellt, entwickeln die spätmodernen Städte eine »Eigenlogik«,[27] das heißt, sie entfalten in ihrer materiellen (städtebaulichen und architektonischen) Gestalt, in ihren sozialen Praktiken und in ihrer kulturellen Wahrnehmung eine von den

24 Vgl. dazu allgemein Allen J. Scott, *A World in Emergence. Cities and Regions in the 21st Century*, Cheltenham 2012; Paul Knox (Hg.), *Atlas of Cities*, Princeton, Oxford 2014.

25 Vgl. Theo Hilpert, *Die funktionelle Stadt. Le Corbusiers Stadtvision – Bedingungen, Motive, Hintergründe*, Braunschweig 1978.

26 Vgl. Robert Imrie, Mike Raco (Hg.), *Urban Renaissance? New Labour, Community and Urban Policy*, Bristol 2003.

27 Vgl. Martina Löw, *Soziologie der Städte*, Frankfurt/M. 2008; auch: Helmut Berking, Martina Löw (Hg.), *Die Eigenlogik der Städte. Neue Wege für die Stadtforschung*, Frankfurt/M., New York 2008.

Bewohnerinnen und Besuchern selbst so erlebte und zugleich ökonomisch und staatlich gezielt geförderte Unverwechselbarkeit.

Sicherlich: Seitdem es Städte gibt, singularisieren sie sich; auch die Städte des europäischen Mittelalters, der frühen Neuzeit und des bürgerlichen Zeitalters gestalteten sich nicht als replizierbare Räume (*spaces*), sondern als identifizierbare Orte (*places*).[28] So gesehen lässt sich die Standardisierung des Urbanen zu Zeiten der industriellen Moderne als eine strukturelle Unterbrechung, ja als ein Rückbau städtischer Singularitäten interpretieren.[29] Man muss jedoch betonen: Damit die staatliche Politik in den 1980er Jahren beginnen konnte, die Stadt als attraktive »Marke« *und* lebenswerte Eigensinnigkeit zu entwickeln, bedurfte es einer subpolitischen Kulturalisierung und Singularisierung des städtischen Raums *von unten*, also aus den sozialen Milieus der Stadt selbst. Auch hier gilt: Die Singularisierung des Urbanen lässt sich nicht auf die neoliberale Politik oder eine Ökonomisierung des Sozialen reduzieren. Wiederum erweist sich vielmehr die neue Mittelklasse als zentral für diese Entwicklung, und wiederum sind die 1970er Jahre der historische Umschlagpunkt. Die Unzufriedenheit mit der »Unwirtlichkeit der Städte« (Alexander Mitscherlich), mit der Monotonie der Vorstadtsiedlungen und mit dem Verfall des urbanen Lebens in den Innenstädten setzte sich zu diesem Zeitpunkt in eine »Zurück-in-die-Stadt«-Gegenbewegung um, deren Speerspitze die Künstlerszene und die Counter Culture bildeten; später zogen größere Teile der neuen Mittelklasse in die innenstadtnahen Viertel und in ihrem Schlepptau siedelte sich die Wissens- und Kulturökonomie dort an.[30]

Dieser Prozess ist mit Blick auf die Veränderung der Bevölkerungsstruktur häufig als Gentrifizierung bezeichnet worden. Ihm zugrunde liegt jedoch eine alltägliche, *vernakuläre Kulturalisierung der Stadt*, vor allem ihre Ästhetisierung durch die neue Mittelklasse, die, wie wir oben

28 Vgl. zu dieser Unterscheidung Yi-Fu Tuan, *Space and Place. The Perspective of Experience*, Minneapolis 1977.

29 Es ist daher nicht verwunderlich, dass die spätmoderne Renaissance der Städte häufig auf Architektur, Nutzungsmodelle und Ästhetiken aus der Zeit *vor* der industriellen Moderne (bürgerliche Stadt) oder aus ambivalenten Bewegungen *gegen* die industrielle Standardisierung (Metropole, Szeneviertel) zurückgreift.

30 Vgl. zu diesem Prozess die Fallstudien Sharon Zukin, *Loft Living. Culture and Capital in Urban Space*, New Brunswick 2014; Richard D. Lloyd, *Neo-Bohemia. Art and Commerce in the Postindustrial City*, New York 2010.

herausgearbeitet haben, über Lebensstandard hinaus nach Lebensqualität verlangt – auch und gerade vom urbanen Umfeld. Der entscheidende Perspektivenwechsel besteht darin, dass die Stadt von der neuen Mittelklasse, welche die Kulturkritik an der monotonen Stadt internalisiert hat, nicht mehr nur als funktionale Einheit betrachtet wird, sondern als ein Gebilde, das über affektiv anziehende Qualitäten verfügt und verfügen soll: Authentizität, Unverwechselbarkeit, kulturelle Offenheit und Lebendigkeit. Es handelt sich um einen »neuen Urbanismus«,[31] der die Stadt als einen Ort kultureller Diversität von Aktivitäten und Milieus zelebriert. Die Aufwertung der Innenstädte und innenstadtnaher Wohnviertel ist so als ein Prozess subtiler Valorisierungen zu verstehen – als eine Umdeklinierung des urbanen Raums von der funktionalen Nutzungssphäre in die kulturelle Sphäre der emotional grundierten Wertzuschreibungen.

Die Praxis der Kulturalisierung der Städte im neuen Urbanismus ist zugleich eine Praxis der Singularisierung des urbanen Raums, in der dieser – jenseits von Vorstadtsiedlung und Massenwohnungsbau – zum emotional affizierenden *Ort* werden soll.[32] Teilweise fand und findet sie in heterogenen Kollaborationen und Projekten statt, etwa Bürgerinitiativen, Nachbarschaftsrenovierungen oder bürgernaher Politik.[33] Die Stadt soll ihre Eigenlogik als spezifische Unverwechselbarkeit entfalten, und zwar auf drei miteinander verschränkten Ebenen: der Materialität, also Architektur und räumlicher Strukturierung, den sozialen Praktiken des Städtischen (Arbeiten, Straßenleben, Kultur im engeren Sinne etc.) und der urbanen Repräsentation der Stadt in Narrationen, Assoziationen und Bildern. Die Stadt in allen ihren Details und als ganze wird so insbesondere für die neue Mittelklasse zu einem Gegenstand der Authentifizierung: eines Erlebens und einer Bewertung als authentisch oder unauthentisch (gesichtslos, inspirationsfrei etc.) und zum Teil auch eines

31 Vgl. Paul M. Bray, »The New Urbanism. Celebrating the City«, in: *Places* 8/4 (1993), S. 56-65.

32 Vgl. hierzu im Detail Mónica Montserrat Degen, *Sensing Cities. Regenerating Public Life in Barcelona and Manchester*, London 2009.

33 Es zeugt vom urbanen Valorisierungsanspruch der städtischen Milieus, schwerpunktmäßig der Akademikerklasse, dass seit den 1980er Jahren städtebauliche Großprojekte ein lebhaftes Interesse der Öffentlichkeit auf sich ziehen (man denke an die Kontroversen um den Neubau des Berliner Stadtschlosses, die Frankfurter Altstadt oder die Innenstadt Dresdens). Hier geht es um die Authentizität bzw. Inauthentizität einer Stadt.

gezielten Umbaus, um ebendiese Qualitäten zu entwickeln, auszubauen oder zu schützen. Authentisch erscheint die Stadt, wenn sie auf den genannten drei Ebenen Eigenkomplexität und Andersheit entfaltet.[34]

Die vernakuläre Kulturalisierung und Singularisierung des Urbanen mündet in eine Kulturökonomisierung des Sozialen. Seit den 1980er Jahren verwandeln sich die Städte in Europa und Nordamerika gewissermaßen in kulturelle Singularitätsgüter des Raums, die sich im Wettbewerb mit anderen Städten um Sichtbarkeit und Aufmerksamkeit sowie um Valorisierung befinden. Sie bewegen sich auf einem regionalen und globalen Attraktivitätsmarkt um Bewohner und Besucher. Man muss aber betonen: Dass die *creative economy* und die Stadtpolitik bei diesem Städtewettbewerb mittun und ihn vorantreiben, setzt voraus, dass bereits zuvor die Subjekte und Milieus *ihrerseits* begonnen haben, Lebensorte unter dem Gesichtspunkt der Attraktivität beziehungsweise Unattraktivität zu betrachten und sie über den Weg des abwägenden Vergleichs in eine Konkurrenzsituation zu bringen! Ohne die neue Mittelklasse mit ihrem postmaterialistischen Anspruch der erfolgreichen Selbstverwirklichung an das eigene Leben, der sich nun auch an die Städte als Lebensraum richtet,[35] würden die Städte gar nicht in die Konstellation des Attraktivitätswettbewerbs geraten. Dies ist die soziale Basis des urbanen Wettbewerbs: Für die neue Mittelklasse, die sich durch hohe räumliche Mobilität auszeichnet, sind der Wohn- und Lebensort zu einem Objekt der gezielten, abwägenden *Wahl* zwischen verschiedenen Möglichkeiten geworden.

Sicherlich spielen für die Wahl einer Stadt als Lebensort immer auch funktionale Aspekte eine Rolle (etwa die Verfügbarkeit von passenden Arbeitsplätzen). Der kulturell-emotionale Aspekt der Attraktivität der Stadt, das heißt die Eigenlogik ihrer Atmosphäre, ist jedoch zu einem ebenso zentralen Auswahlkriterium ihrer (zukünftigen) Bewohner geworden.[36] Diese Eigenlogik kann etwa herrühren von einer bestimmten

34 Diese Singularisierung kann etwa über ein unverwechselbares Ensemble von Architektur und Straßenzügen, über eine Heterogenität und Reichhaltigkeit von Nutzungsweisen oder über eine komplexe Bildsprache, die auch von historischen Bezügen lebt, erfolgen.

35 Siehe dazu schon oben, Kap. V.2, S. 314-316.

36 Diesen Aspekt hat Richard Florida ausführlich herausgearbeitet in Richard Florida, *Cities and the Creative Class*, New York 2005; ders., *Who's your City? How the Creative Economy is Making Where to Live the Most Important Decision of Your Life*, New York 2008.

naturräumlichen Einbettung, mit der besondere Freizeitaktivitäten möglich werden, oder von einem bestimmten »Stadtgefühl« in einzelnen bevorzugten Stadtteilen (Lässigkeit, Eleganz, bunte Mischung etc.), der Präsenz eines bestimmten, bereichernden Milieus (Kreativszene, Jugendkultur, gebildete Senioren), der Vielfalt eines hoch- oder szenekulturellen Angebotes oder von einem charakteristischen architektonischen Stadtbild. Parallel zum Wettbewerb der Städte um *Bewohner* konkurrieren die Städte dabei um touristische *Besucher*, die sich überwiegend aus der gleichen, ja auch global verbreiteten sozialen Gruppe der neuen Mittelklasse rekrutieren.[37] Und schließlich wird die Eigenlogik einer Stadt – nun im Sinne von Kooperations- und Inspirationsmöglichkeiten – auch zu einem Kriterium der Ortswahl von (aus stadtpolitischer Sicht) *Investoren*, das heißt von Unternehmen und Organisationen vor allem der *creative economy:* Über kurz oder lang sind es die attraktiven Städte, in denen sich die hochqualifizierten Arbeitsmöglichkeiten ballen.

Politik der Städte II: Kulturorientierte Gouvernementalität und Singularitätsmanagement

Die vernakuläre Kulturalisierung der Stadt und der Attraktivitätswettbewerb zwischen den Städten, die durch die neue Mittelklasse betrieben und angeheizt werden, liefern somit die Folie, vor der sich die staatliche Politik der Stadt platziert. Es handelt sich bei ihr um eine kultur- und zugleich wettbewerbsorientierte Gouvernementalität, die für die Art und Weise, wie seit den 1980er Jahren Politik betrieben wird, paradigmatisch scheint. Die spätmoderne Stadtpolitik ist eine der wichtigsten Säulen des innovationsorientierten Wettbewerbsstaates, *zugleich* wird hier Kultur als Ressource der Vielfalt zum Gegenstand der staatlichen Steuerung. Das Ziel ist eine Stadt mit einer attraktiven, von (potenziellen) Bewohnern und Besuchern geschätzten Eigenlogik, die der Urbanität zugleich ein Alleinstellungsmerkmal im Städtewettbewerb verschafft. Die Stadtpolitik betreibt im Kern damit ein Singularitätsmanagement. Immer geht es ihr darum, Merkmale eines »Profils« von urbaner Besonderheit zu produzieren beziehungsweise zu bewahren, die wir bereits in verschiedenen Kon-

37 Vgl. dazu Reinhard Bachleitner, H. Jürgen Kagelmann (Hg.), *Kultur/Städte/Tourismus*, München 2003.

texten behandelt haben: Eigenkomplexität nach innen, Andersheit nach außen, zusätzlich möglichst noch Rarität.[38]

Die attraktive *Eigenkomplexität* der Stadt ergibt sich aus ihrer räumlich-kulturellen Dichte, das heißt der Dichte ihrer Materialitäten, ihrer Praktiken und ihrer Repräsentationen. Es bieten sich für eine Stadt generell zwei Möglichkeiten, um diese zu erreichen: Sie kann homogen, aufeinander abgestimmt, »wie aus einem Guss« sein – die museale Stadt. Oder (und unter spätmodernen Bedingungen verbreiteter) sie kann auf spezifische Weise heterogen, hybrid, vielfältig, ein gelungenes Arrangement des Widersprüchlichen sein – die Metropole. Die entscheidende Herausforderung der städtischen Gouvernementalität ergibt sich aus dem Umstand, dass sich die Eigenlogiken des Urbanen nicht komplett neu kreieren und planen lassen. Die Stadtpolitik muss vielmehr mit dem arbeiten, was an Materialitäten, Praktiken und Repräsentationen bereits vorhanden, zum Teil über Jahrhunderte gewachsen ist: die Morphologie der Stadt, ihre naturräumliche Lage, ihre Bebauung und Architektur, die in ihr etablierten Praktiken (Ausgehviertel, Szenen, Hochkultur, Handwerk), die bestehenden Repräsentationen, etwa der Stadtgeschichte, und medial kursierende Assoziationen. Ganz anders als die rein zukunftsorientierte Politik der funktionalen Stadt ist die spätmoderne Politik der kulturalisierten Stadt damit unweigerlich auch eine Politik des Historischen. Die historische Trägheit von bestehender Architektur und vergangener Stadtgestaltung, lange tradierten Praktiken (etwa einer Handwerks- oder einer gastronomischen Tradition) und eingespielten Repräsentationen (Amsterdam als Handelsstadt, Berlin als Stadt mit komplizierter Vergangenheit) wirken bis in die Gegenwart und verleihen der kulturellen Stadtentwicklung eine Pfadabhängigkeit.

Die Kunst der urbanen Politik des Besonderen besteht darin, die bestehenden Besonderheiten zu erkennen, sie entweder zu kultivieren und fortzuentwickeln oder – falls nötig – ihnen eine glaubwürdige Wendung zu geben, etwa in Form einer kulturellen Umcodierung oder einer Hinzufügung neuer Elemente (wie es etwa Glasgow, Barcelona oder Marseille versucht haben). Die Stadt soll dabei als glaubwürdige, besondere

38 Vgl. dazu unter verschiedenen Aspekten Charles Landry, *The Creative City. A Toolkit for Urban Innovators*, London 2008; Stephanie Hemelryk Donald u. a. (Hg.), *Branding Cities. Cosmopolitanism, Parochialism and Social Change*, New York 2009; John Punter (Hg.), *Urban Design and the British Urban Renaissance*, London 2010; Löw, *Soziologie der Städte*.

Marke (*city branding*) installiert werden, was sich keineswegs nur auf das öffentliche Image der Stadt bezieht, sondern auch auf ihre materialen Praktiken und Baustrukturen. Wie in allen kompetitiven Konstellationen der Spätmoderne gibt es auch im globalen Städtewettbewerb um Eigenlogik und Andersheit vom Start weg potenzielle Gewinner und potenzielle Verlierer – jene Städte, die hinsichtlich ihres *urbanen Singularitätskapitals* historisch bevorzugt, und jene, die gehandicapt sind. Städte mit historisch akkumuliertem Singularitätskapital – so die klassischen Metropolen, Handelsstädte, Universitätsstädte oder die durch alte Bausubstanz geprägten Orte – verfügen bereits über anerkannte Attraktivitätsassets, die es bloß zu bewahren und klug weiterzuentwickeln gilt. Die klassischen Industriestädte haben hingegen nur ein geringes Besonderheitskapital geerbt und laufen daher Gefahr, aufgrund ihrer Austauschbarkeit und geringen kulturellen Dichte im Attraktivitätswettbewerb das Nachsehen zu haben. Ob es um eine Metropole oder eine alte Industriestadt geht – durchgängig lassen sich typische Strategien des urbanen *Singularitätsmanagements* beobachten, die in ihrer Orientierung am kulturell Neuen zugleich dem Kreativitätsdispositiv verpflichtet sind. Die Sanierung und Ästhetisierung innenstadtnaher Altbauviertel gehört ebenso dazu wie die Neuansiedlung von Branchen der *creative industries*, die Beauftragung von spektakulärer Solitärarchitektur ebenso wie eine Intensivierung von Angeboten der Hochkultur (Konzerthäuser, Museen, Literaturfestivals) und der Szenekultur (Clubs); auch die Umnutzung von Industriearchitektur, das geschickte »Bespielen« einer Lage am Meer oder am Fluss (»Stadt am Wasser«) sowie die forcierte Wiederentdeckung und Kultivierung ortsspezifischer kultureller Praktiken (»Sevilla als Stadt des Flamenco«) oder anderer Aspekte des historischen kulturellen Erbes sind übliche Strategien urbanen Singularitätsmanagements.[39]

Der Attraktivitätswettbewerb des Urbanen und die kultur- und wettbewerbsorientierte Stadtpolitik, die versucht, ihre Stadt zu profilieren, lassen zu Beginn des 21. Jahrhunderts eine Reihe von Spannungsfeldern entstehen. Ein erstes betrifft den Fokus der Stadtpolitik: Soll sie den globalen Sichtbarkeitsmarkt der Besucher, Investoren und potenziellen Be-

39 Vgl. zum Aspekt der Architektur Anna Klingmann, *Brandscapes. Architecture in the Experience Economy*, Cambridge (Mass.) 2007; zur Kreativszene Bastian Lange, *Räume der Kreativszene. Culturpreneurs und ihre Orte in Berlin*, Bielefeld 2007; zur Hochkultur Kylie Message, *New Museums and the Making of Culture*, Oxford 2006.

wohner in den Blick nehmen *oder* die Lebensqualität der gegenwärtigen Bewohner? Die kulturorientierte Gouvernementalität versucht, gleichzeitig auf beiden Klaviaturen zu spielen, aber leicht können sich zwei Valorisierungssphären auseinanderentwickeln: die Wertkriterien der externen Beobachter, die eng mit der Frage der Sichtbarkeit und des Images verknüpft sind, und die Wertkriterien der internen, für die Lebensqualität im alltäglichen Erleben und Nutzen der Stadt leitend ist. Konflikte zwischen beiden Valorisierungssphären, zwischen der Logik von außen und jener von innen, sind für die spätmoderne Stadt charakteristisch.

Ein weiteres Spannungsfeld betrifft das Verhältnis zwischen der Singularisierung und der Standardisierung des Urbanen. Die gezielte Singularisierung von Städten kann nämlich insofern misslingen, dass dabei auf zu schlichte, abgenutzte Schemata zurückgegriffen wurde. Infolgedessen kann der Singularisierungsversuch unter Umständen in eine von den Bewohnern und Besuchern so wahrgenommene Standardisierung des Urbanen umschlagen, so dass auch postindustrielle Städte in ihrer vermeintlichen Verschiedenheit wiederum austauschbar und gesichtslos wirken (»überall der gleiche Typus Szeneviertel«, »überall die gleichen Stararchitekten«). Sharon Zukin weist zu Recht darauf hin, dass gerade Boomstädte wie New York auf diese Weise riskieren, für ihre Bewohner und am Ende auch für Besucher an Authentizität zu verlieren.[40] Führen also strategische Singularisierung und urbane Globalisierung unweigerlich zu einer Entauthentifizierung der Eigenlogik und zu einer Restandardisierung der Städte? Die Antwort lautet nein, denn wir haben es auch hier mit einem dynamischen System von Valorisierungen zu tun, in dem Singularisierungen und Authentifizierungen einerseits, Entwertungen und Entsingularisierungen andererseits *parallel* verlaufen und einzelne Städte (sogar einzelne Stadtteile) gewissermaßen unter Valorisierungsgesichtspunkten Zeiten des Aufstieges oder des Niedergangs, der Hausse und der Baisse erleben können. Zugleich verlieren jene Leuchtturmstädte mit hohem, möglicherweise über Jahrhunderte akkumuliertem Singularitätskapital – ähnlich den »Klassikern« der *creative economy* – ihre Sichtbarkeit und Wertschätzung offenbar nicht.[41] Entgegen der populären These, der zufolge Globalisierung Vereinheitlichung bedeutet, führt die Globalisie-

40 Vgl. Sharon Zukin, *Naked City. The Death and Life of Authentic Urban Places*, Oxford 2011.

41 Vgl. Kap. II.2, S. 169-174.

rung des Städtewettbewerbs also eher zur Etablierung einer dynamischen Bewertungs- und Produktionssphäre von Eigenlogiken, in der Singularisierung und Entsingularisierung/Standardisierung gleichermaßen präsent sind.

Für das nationale und globale Feld des urbanen Attraktivitätswettbewerbs ist insgesamt jene spannungsreiche Konstellation charakteristisch, die uns bereits aus der *creative economy* vertraut ist: die Logik eines *Winner-take-all*-Marktes.[42] In der Städtelandschaft der Spätmoderne stehen den wenigen Städten mit hoher Sichtbarkeit und anerkannter Attraktivität die vielen Städte, Ortschaften und Regionen gegenüber, denen es an beidem mangelt.[43] Nach Art des Matthäus-Effekts vermögen Boomstädte ihre Strahlkraft in der Regel noch ständig zu perpetuieren. Umgekehrt gilt: Während Ununterscheidbarkeit und Gesichtslosigkeit für die Städte der industriellen Moderne der unproblematische Normalfall waren, treten die Städte mit geringem Singularisierungspotenzial nun nicht mehr bloß auf der Stelle, sondern sie fallen zurück. Der Boom der Schwarmstädte korreliert so mit der Abwanderung der sozialen Aufsteiger aus den schrumpfenden Städten, die dadurch nach Art einer Abstiegsspirale weiter an Anziehungskraft und Lebensqualität verlieren und gesellschaftlich unsichtbar werden.[44] Ihre geringe Attraktivität droht so in Entwertung und negative Singularität umzuschlagen. Der Paternostereffekt, der die postindustrielle Sozialstruktur kennzeichnet, findet sich damit auch auf der Ebene der sozialen Räume: in der Polarisierung zwischen Boomstädten und »abgehängten« regionalen Peripherien, wie sie sich in Deutschland ebenso beobachten lässt wie in den USA, in Frankreich oder in Großbritannien.

Es gibt jedoch auch gegenläufige Prozesse und Effekte. So lässt sich teilweise eine Revalorisierung kleiner Orte und des Ländlichen beobachten. Für Nichtmetropolen bleibt nämlich jener Ausweg, den wir aus der *creative economy* kennen: *Winner-take-all*-Strukturen können durch den

42 Vgl. Kap. II.2, S. 155-160.

43 Es ist bezeichnend, dass daher – und analog zur *creative economy* – auch die qualitativen Eigenschaften von Städten in Quantifizierungen übersetzt werden, Stichwort Städterankings. Vgl. dazu bereits oben Kap. II.2, S. 174-180.

44 Vgl. dazu einerseits Harald Simons, Lukas Weiden, *Schwarmstädte. Eine Untersuchung zu Umfang, Ursache, Nachhaltigkeit und Folgen der neuen Wanderungsmuster in Deutschland*, Berlin 2015; andererseits Philipp Oswalt (Hg.), *Schrumpfende Städte*, Bd. 1: *Internationale Untersuchung*, Ostfildern-Ruit 2004.

long tail relativiert werden, das heißt durch eine Variation von vielen kulturellen Nischen, die jeweils nur eine kleine, aber doch stabile Anhängerschaft um sich versammeln.[45] Entsprechend haben kleine Städte vor allem dann eine Chance auf Entfaltung einer Eigenlogik, wenn sie auf ein bei einem bestimmten Milieu anerkanntes, vergleichsweise homogenes und darin maximal geschärftes Profil setzen, zum Beispiel als kleine Universitäts- oder Seniorenstadt.[46] Dies gilt auch für die Revalorisierung ländlicher Regionen, die nun – teilweise unter Rückgriff auf ältere Traditionen – unter den ästhetischen Aspekten von Naturschönheit und kulturellem Erbe für die städtische neue Mittelklasse ihre eigene touristische Anziehungskraft entwickeln können.[47]

Umgekehrt kann es Boomstädten durchaus passieren, dass sie entwertet werden. Schon allein aus der Tatsache, dass attraktive, singuläre Orte räumlich begrenzt sind, ergeben sich soziale Konsequenzen beziehungsweise paradoxe räumliche Effekte. Im knappen Raum können sich Überfüllungssituationen einstellen, welche die Authentizität des Ortes und seine Atmosphäre zu schmälern oder zu zerstören drohen, und zwar für Besucher *und* Bewohner. Dies ist die Gefahr der Touristifizierung des Urbanen. Des Weiteren treibt der starke Zuzug von neuen Bewohnern in den Boomstädten die Immobilienpreise zum Teil exorbitant in die Höhe, so dass am Ende Monokulturen der Oberklasse zu entstehen drohen, unter der die urbane Authentizität und Attraktivität wiederum leiden. Hier kann sich selbst die neue Mittelklasse nur mit Mühe halten, und erst recht die nichtakademische Mittelklasse und die neue Unterklasse sehen sich verdrängt.[48] Unter diesen Bedingungen kann sich ein »Attraktivitäts-Overkill« ergeben, in dem Boomstädte riskieren, sich »zu Tode zu siegen«. Die staatliche Politik steht dann vor der Herausforderung, auf die unerwünschten Folgen ihrer liberalen Gouvernementalität zu reagieren.

45 Vgl. Chris Anderson, *The Long Tail. Nischenprodukte statt Massenmarkt: Das Geschäft der Zukunft*, München 2011.

46 Für Letzteres wäre in Deutschland etwa Görlitz zu nennen.

47 Vgl. zum Aspekt des Ländlichen in der urbanen Kulturökonomie Scott, *World in Emergence*, S. 145ff.

48 Viele dieser Probleme werden gegenwärtig unter dem Begriff der Gentrifizierung diskutiert, vgl. Loretta Lees, Tom Slater, Elvin Wyly (Hg.), *The Gentrification Reader*, New York 2010. Die Stadt Venedig ist vielleicht ein besonders drastisches Beispiel für einen drohenden Attraktivitäts-Overkill, vgl. dazu den Dokumentarfilm *Das Venedig Prinzip* (2012, Regie: Andreas Pichler).

2. Der Aufstieg des Kulturessenzialismus

Kollektive Identitäten und partikulare Neogemeinschaften

Wir haben gesehen, dass der apertistisch-differenzielle Liberalismus die dominante Form der Politik in der Spätmoderne ist. Seit den 1980er Jahren hat sich als politische Gegentendenz jedoch ein vielschichtiges globales Feld von Kulturessenzialismen und Kulturkommunitarismen ausgebildet, innerhalb der westlichen Gesellschaften Europas und Nordamerikas ebenso wie in anderer Weise in den Schwellenländern und im globalen Süden. Vier Ausformungen lassen sich beobachten: ethnische Gemeinschaften, die eine Politisierung in Form von Identitätspolitik einschließen; Tendenzen eines Kulturnationalismus; Versionen eines religiösen Fundamentalismus, vor allem islamischer und christlicher Art; schließlich Formen des Rechtspopulismus. Die Entstehungskontexte und Strukturen dieser vier Typen unterscheiden sich deutlich voneinander und verlangen eine Differenzierung, teilen aber auch grundlegende Strukturmerkmale, denn sie alle betreiben eine Kulturalisierung und Singularisierung des Sozialen und Politischen eigener Art.

Aus der Sicht der klassischen Modernisierungstheorie dürfte es diese Tendenzen einer Kultivierung *partikularer (Neo-)Gemeinschaften*, die zu Beginn des 21. Jahrhunderts florieren, eigentlich gar nicht geben.[49] Gemeinschaften als Formen des Sozialen galten aus modernisierungstheoretischer Perspektive als ein Kennzeichen traditionaler Gesellschaftstypen, das mit der Entstehung der Moderne über kurz oder lang verschwinden sollte. Für die organisierte Moderne mag dies im Wesentlichen zugetroffen haben, für die Spätmoderne erweist sich diese Vorstellung jedoch als überholt. Michel Maffesoli diagnostizierte bereits in den 1980er Jahren ein neues »Zeitalter der Stämme«, die er zunächst vor allem in den ästhetischen Subkulturen und Lebensstilgruppen ausmachte.[50] Der eigentliche Aufschwung der Neogemeinschaften findet seitdem jedoch im Feld des Politischen und Subpolitischen mit seinen ethnischen, religiösen und

49 Zum Begriff der Neogemeinschaft vgl. Kap. IV.2, S. 264f.

50 Vgl. Michel Maffesoli, *Le temps des tribus. Le déclin de l'individualisme dans les sociétés de masse*, Paris 1988.

nationalen Identitäten statt.[51] Diese politischen Neogemeinschaften sind wohlgemerkt *keine* antimodernen Fremdkörper, sondern als ein Teilelement der Gesellschaft der Singularitäten zu verstehen, deren Grundeigenschaften sie tatsächlich teilen. Auch sie bewegen sich im Medium der Kultur im starken Sinne mit seinen affektiv aufgeladenen Valorisierungen, und auch sie betreiben ihre Form der Singularisierung: die Singularisierung von kulturellen Kollektiven als einzigartige und nichtaustauschbare mit ihrer besonderen Geschichte, teilweise auch mit einer besonderen Ethik und einem besonderen Raum, den sie besetzen.

Der Kulturessenzialismus betreibt sein eigenes Regime der Valorisierung. Sowohl die Gegenstände als auch die Modi der Valorisierung unterscheiden sich von jenen der Hyperkultur der *creative economy*, des apertistisch-differenziellen Liberalismus und des kosmopolitischen Lebensstils der neuen Mittelklasse. Unabhängig davon, ob es sich um eine ethnische, religiöse, nationale oder völkische Gemeinschaft handelt: der Träger des Wertes ist im Kulturessenzialismus nun ein Kollektiv, genauer: das *eigene* Kollektiv als kulturelle Einheit. Der Kulturessenzialismus ist in diesem Sinne ein Kulturkommunitarismus, welcher der Gemeinschaftlichkeit der eigenen Gruppe ein Primat zuschreibt.[52] Die anderen Träger des Sozialen – die Individuen, die Objekte, die Räume und die Zeitlichkeiten – erlangen ihre Bedeutung in diesem Rahmen immer erst in Relation zur Community. Besonders folgenreich ist die Verschiebung der Relation zwischen Individuum und Kollektiv.[53] Im Rahmen des Kulturkommunitarismus wird das Individuum nicht als besondere Einheit adressiert, die sich qua Arbeit an der eigenen Einzigartigkeit selbst verwirklicht, sondern als ein Glied, das sich in den Kodex der ethnischen Gruppe, der Re-

51 Vgl. dazu auch Manuel Castells, *The Power of Identity. The Information Age: Economy, Society, and Culture,* Bd. 2, Malden, Oxford 1997; recht holzschnittartig Benjamin Barber, *Jihad vs. McWorld: How Globalism and Tribalism are Reshaping the World*, New York 1995.

52 Der Begriff des Kommunitarismus wurde eine Zeitlang politiktheoretisch diskutiert (vgl. die Beiträge in Axel Honneth (Hg.), *Kommunitarismus. Eine Debatte über die moralischen Grundlagen moderner Gesellschaften*, Frankfurt/M., New York 1995), ist aber bei mir soziologisch und nicht normativ angelegt. Ich verwende hier zudem synonym zum Begriff »Neogemeinschaft« den Begriff »Community«.

53 Vgl. zum klassischen Modell der Gemeinschaft Ferdinand Tönnies, *Gemeinschaft und Gesellschaft. Grundbegriffe der reinen Soziologie* (1887), Berlin 1979; neuere Gemeinschaftstheorien sind differenzierter, vgl. Roberto Esposito, *Communitas. Ursprung und Wege der Gemeinschaft*, Berlin 2004.

ligionsgemeinschaft oder Nation einfügt. Damit verliert das Individuum einerseits Möglichkeiten der autonomen Besonderung, gewinnt aber andererseits die Gewissheit auf Anerkennung innerhalb der Gemeinschaft. Da diese nicht marktförmig organisiert ist, bleibt das Individuum von Kämpfen um Sichtbarkeit, persönlichen Wert, Leistung und Erfolg entlastet.

Die kulturelle Gemeinschaft ist kein rationaler Zweckverband, ihr wird von ihren Teilnehmern ein intrinsischer Eigenwert zugeschrieben. Dieser ist im kulturessenzialistischen Rahmen nicht mobil, sondern stabil, er muss und soll *fixiert* werden – in einem andauernden Prozess der Sicherung von Wert und möglicherweise der Abgrenzung vom Wertlosen. Für die Valorisierung der kulturellen Gemeinschaften ist daher charakteristisch, dass sie nicht die Form dynamischer und unberechenbarer Auf- und Abwertungen in einer expansiven Kultursphäre annimmt, wie wir es mit Blick auf die Hyperkultur kennengelernt haben, sondern man versucht, den Wert auf Dauer zu stellen. Die kulturellen Gemeinschaften werden als Träger von *Authentizität* wertgeschätzt und ihr Kern oder Ursprung (der Religion, der Nation, der Ethnie) scheint als *Essenz* unhinterfragbar. Zentral für die Kulturalisierung und Singularisierung von Communities ist dabei die Grenze zwischen dem Innen und dem Außen, die sich auch auf der Ebene von Eigengruppe (*ingroup*) und Fremdgruppe (*outgroup*) – also »wir« und »die« – konkretisiert.[54] Die kulturellen Gemeinschaften haben damit immer einen doppelten Bezug: Sie kultivieren auf der einen Seite ein bestimmtes *inneres* soziales Leben und Selbstbild, und zwar sowohl über soziale Praktiken des Gemeinschaftslebens und ihre Inszenierung als auch über Diskurse, in denen die Gemeinschaft in ihren Eigenschaften thematisiert wird. Für die gemeinschaftliche Praxis ist dabei eine eindeutig geregelte Mitgliedschaft nötig: Man ist entweder drinnen oder draußen – *tertium non datur*. Generell tendieren die Gemeinschaften zu einer Homogenisierung, und die Homogenität hat hier immer eine kulturelle und eine soziale Seite, das heißt: Sie betrifft die Praktiken und Diskurse, die frei von Widersprüchen und Ambivalenzen auf einheitliche Weise reguliert sein sollen, sowie die Relation

54 Vgl. dazu klassisch Mary Douglas, *Ritual, Tabu und Körpersymbolik. Sozialanthropologische Studien in Industriegesellschaft und Stammeskultur*, Frankfurt/M. 1998; auch Robert Wuthenow, *Meaning and Moral Order. Explorations in Cultural Analysis*, Berkeley u. a. 1989; Bernhard Giesen, *Kollektive Identität. Die Intellektuellen und die Nation II*, Frankfurt/M. 1999.

zwischen den Individuen, die alle in gleicher Weise (oder entlang fester Hierarchien) den gemeinschaftlichen Direktiven folgen.

Zugleich markieren kulturelle Gemeinschaften immer eine Differenz nach *außen*, sie nehmen die Anderen oder Fremden jenseits der Grenze des Eigenen in den Blick. Bezüglich ihres Verhältnisses zur Außenwelt existiert ein breites Spektrum; es reicht von jenen Communities, die sich auf die Kultivierung der Binnenwelt konzentrieren und nur eine schwache Abgrenzung mitlaufen lassen (so der Fall bei manchen Regionalbewegungen oder sprachlichen Minderheiten), bis hin zu jenen, die eine starke Abwertung des Fremden außerhalb der »eigenen« Kultur kultivieren, mit zum Teil aggressiven Freund-Feind-Unterscheidungen. Die Innen-Außen-Differenz kultureller Gemeinschaften ist verknüpft mit einem Antagonismus zwischen dem Wertvollen und dem Wertlosen: Die Außenwelt erscheint aus der jeweiligen Binnensicht der Gemeinschaften bestenfalls wertmäßig neutral, häufig aber von negativem Wert und teilweise als zu bekämpfender Gegner. Diese kulturessenzialistische Valorisierung unterscheidet sich signifikant vom Valorisierungsregime der Hyperkultur: Dort steht den als wertvoll anerkannten Gütern der weite Hintergrund jener Elemente gegenüber, die nicht in den Fokus der Aufmerksamkeit geraten und denen keine positive Valorisierung gelingt. Die Haltung ihnen gegenüber ist eine der *Indifferenz*, nicht jedoch der Negativität. Ganz anders der Kulturessenzialismus, für den häufig eine Affektkultur der *Negativität* kennzeichnend ist: Die Identität des Innen setzt hier im Extrem eine scharfe Abgrenzung vom verworfenen, fremden, gar dämonisierten Außen – den Ungläubigen, den Unkultivierten, den Feinden der Nation – voraus, das beständig sichtbar gemacht und entvalorisiert wird.

Kulturelle Gemeinschaften teilen nach innen eine kollektive Identität, die positiv affizierend wirkt: Das Individuum versteht sich als Teil eines »Wir«. Vor allem drei Ebenen der Identitätsstiftung sind für spätmoderne Kulturkommunitarismen von Bedeutung: Geschichte, Raum und Ethik. Zunächst zur *Geschichte*. Communities kultivieren ein kollektives Gedächtnis, begreifen sich als Ort einer Erinnerungskultur und einer narrativen Durcharbeitung der eigenen Vergangenheit, welche diese erst zur »Geschichte« macht:[55] die Geschichte einer Religionsgemeinschaft seit ihrem Propheten, die Durchhaltegeschichte einer Herkunftsgemeinschaft

55 Dies ist ein klassisches Thema, vgl. Maurice Halbwachs, *Das kollektive Gedächtnis*

oder die Geschichte einer Nation, in denen man nach verbindlichen »Wurzeln« der Gegenwart sucht. Die Narration der Geschichte ist dabei notwendig singulär: Es ist diese besondere und einmalige Geschichte – Russlands, des jüdischen Volkes, der amerikanischen Schwarzen etc. –, die erst identifikatorische Kraft entfaltet. Die Zeitstruktur des Kulturessenzialismus unterscheidet sich damit von jener der Hyperkultur. Während für diese das Dispositiv der Kreativität kennzeichnend ist, in dem Neues in der Gegenwart gegenüber dem Alten aus der Vergangenheit im Prinzip bevorzugt wird, kultivieren die Kulturkommunitarismen ein *Regime des Alten*, indem beständig die Vergangenheit thematisiert wird, in deren Licht die Gegenwart und Zukunft betrachtet werden.

Zum Zweiten setzen kollektive Identitäten häufig am *Raum* an: Über die einzelnen Orte – beispielsweise religiöse Stätten und Gedenkstätten – hinaus ist die Suggestion einer Verknüpfung des Kollektivs mit einem bestimmten Territorium, auch mit dessen naturräumlicher Gliederung typisch. Der Raum ist hier eine spezifische, unverwechselbare Lokalität. Schließlich nehmen kulturessenzialistische Gemeinschaften häufig Bezug auf eine gemeinsame *Ethik*: Sie definieren sich über ein gemeinsames Gutes, das sich in einem bestimmten normativen Kodex niederschlägt, am deutlichsten im Falle von Religionsgemeinschaften. Hier geht es weder um eine universalistische Moral noch um eine ästhetische Individualethik, sondern um das Ethos einer partikularen Gruppe.

Kulturelle Gemeinschaften hat es schon in der traditionalen Gesellschaft gegeben, aber in der Spätmoderne handelt es sich um *Neo*gemeinschaften, die in ihrem Kulturessenzialismus und Kulturkommunitarismus eine genuin moderne Form erhalten.[56] Hier findet also keineswegs ein bloßer Rückgriff auf die Vormoderne statt, sondern eine Reaktion *auf* die Kultur der Moderne *innerhalb* von dieser. Historisch vollzieht sich diese Reaktion in zwei Schritten: Zunächst ist es die Romantik zu Beginn des 19. Jahrhunderts, welche die Gemeinschaften für die Moder-

(1939), Frankfurt/M. 1991; Pierre Nora, *Zwischen Geschichte und Gedächtnis*, Frankfurt/M. 1990.

56 Man kann fragen, ob es nicht andere Formen von Gemeinschaftsbildung gibt oder geben könnte, die nicht kulturessenzialistisch sind. Sozialphilosophisch ist diese Frage immer wieder behandelt worden, etwa bei Jean-Luc Nancy, *Die undarstellbare Gemeinschaft*, Stuttgart 1988. Das dortige Ideal einer heterogenen Gemeinschaft entspricht aber eher dem, was ich als »heterogene Kollaborationen« bezeichnet habe, siehe oben, Kap. III.1, S. 194f.

ne »entdeckt«, beispielhaft in Johann Gottfried Herders Zelebrierung der Völker in ihrer jeweiligen Besonderheit. Erst vor dem Hintergrund der formalen Rationalisierung und wissenschaftlichen sowie moralischen Universalisierung der sich heranbildenden Moderne können Gemeinschaften nun als eine *attraktive Lebensform* erscheinen, die Schwächen der Moderne kompensieren oder überwinden will. Dies ist der zentrale Unterschied: Traditionale Gemeinschaften schienen als impliziter Hintergrund alternativlos gegeben, moderne, postromantische und posttraditionale Neogemeinschaften hingegen müssen erst neu institutionalisiert und kreiert werden, und die Subjekte entscheiden sich dazu, an ihnen teilzunehmen, da sie eine kulturelle und affektive Attraktivität ausstrahlen. Die Neuinstitutionalisierung trägt immer das Paradox in sich, dass diese Neogemeinschaften soziale Konstruktionen im Sinne von »imagined communities« (Benedict Anderson) sind, die aber ihre Kontingenz invisibilisieren müssen, das heißt zweifelsfreie Fundamente (einer Nation, einer Religion, einer Herkunft etc.) zu suggerieren haben.[57]

Die erste Welle der postromantischen Kulturessenzialismen erfasste Europa also im 19. Jahrhundert. Ihre sichtbarste Gestalt waren die nationalen und nationalistischen Bewegungen.[58] Seit den 1980er Jahren beobachten wir jedoch eine zweite, noch deutlich mächtigere Welle von partikularen Neogemeinschaften innerhalb der westlichen Gesellschaften und darüber hinaus. Die Ursachen ihrer Entstehung sind unterschiedlich, je nachdem ob es sich um ethnische, religiöse oder nationale Communities handelt. Von übergreifender Bedeutung sind jedoch zwei Faktoren: Zum einen haben seit den 1970er Jahren die Migrationsbewegungen aus Regionen des globalen Südens in die westlichen Gesellschaften Europas und Nordamerikas deutlich zugenommen, so dass diese insgesamt kulturell heterogener geworden sind. Diese Migrationsbewegungen haben direkt und indirekt eine Reihe von widersprüchlichen Formen der Etablierung, Inszenierung, Klassifizierung und auch Diskriminierung »kultureller Gemeinschaften« hervorgebracht. Zum Zweiten hat die kosmopolitische Hyperkultur mit ihren Verankerungen in der *creative economy* sowie in der neuen Mittelklasse und im apertistisch-differenziellen Liberalismus Kul-

57 Vgl. Benedict Anderson, *Imagined Communities. Reflections on the Origin and Spread of Nationalism*, London 1991. Zu diesem Thema auch Eric Hobsbawm, Terence Ranger (Hg.), *The Invention of Tradition*, Cambridge 1984.

58 Vgl. Eric Hobsbawm, *Nations and Nationalism since 1780. Programme, Myth, Reality*, Cambridge 1992.

turessenzialismen verschiedenster Art als *Gegenbewegung* entstehen lassen, die nun auf ihre Weise eine *Schließung* der Kultur und eine Reetablierung kollektiver Identitäten einfordern. Paradoxerweise *fördert* der Kulturkosmopolitismus aber auch bestimmte Kulturkommunitarismen, vor allem in der Form des Multikulturalismus.

Wie gesagt: Die spätmodernen Kulturessenzialismen und Kulturkommunitarismen und ihre Neogemeinschaften haben in verschiedenen Hinsichten eine genuin (spät-)*moderne* Form, die sie von traditionalen Gemeinschaften unterscheidet. Hier sind mehrere Merkmale zu nennen:

Erstens: Kultur ist nun häufig kein bloß impliziter Hintergrund alltäglicher Praxis mehr, sondern wird zum Gegenstand der Diskursivierung, der Thematisierung oder Kodifizierung, und zwar nach »innen« wie nach »außen«.

Zweitens: Kultur und kollektive Identität avancieren regelmäßig zum Gegenstand einer Politisierung; sie treten in die politische Arena ein, wo für und gegen bestimmte Identitäten gestritten wird.

Drittens: Die Gemeinschaftsstiftung bedient sich digitaler Verfahren und Foren, ist also eng mit den partikularen digitalen Communities verknüpft.

Viertens: Obwohl die partikularen Neogemeinschaften das Individuum meist entsingularisieren, gilt, dass es sich in der Spätmoderne häufig für eine Community *entscheidet* und es also eine Bekenntnisbiografie (etwa die religiöse Konversion) sein Eigen nennen kann.

Fünftens: Die Kulturessenzialismen bewegen sich gemeinsam mit der globalen Hyperkultur in einer öffentlichen Sphäre, in der ein Kampf um Aufmerksamkeit und Anerkennung stattfindet. Sie verbleiben daher nicht in nach innen gewandten Subkulturen, sondern beanspruchen häufig Sichtbarkeit im öffentlichen Raum, wo sie Attraktivität entfalten und Ablehnung erfahren sowie Anhänger und Gegner rekrutieren können.

Sechstens: Kulturelle Gemeinschaften sind in der Spätmoderne Gegenstand von dialektischen Prozessen der Selbst- und Fremdkulturalisierung. Nicht nur, dass sich diese Communities selbst formieren, sie werden häufig auch von außen, zum Beispiel von den Medien oder vom Staat ins Visier genommen, also von Instanzen, die nun ihrerseits kulturelle Kollektive (»die Muslime«, »die Schwarzen«, »die Separatisten«, »die Populisten«) sozusagen performativ schaffen.

Ethnische Gemeinschaften zwischen Selbst- und Fremdkulturalisierung

Ethnische Gemeinschaften, deren Renaissance man seit den 1970er Jahren in den westlichen Gesellschaften beobachten kann, bilden ein wichtiges und zugleich uneinheitliches Segment innerhalb des Feldes partikularistischer Bewegungen. Ethnisch sind diese Communities in dem Sinne, dass ihre Mitglieder eine gemeinsame *Herkunft* teilen. Vor dem Hintergrund eines sozialkonstruktivistischen Verständnisses von Ethnizität hängt das, was als gemeinsame Herkunft zählt, von den kollektiven Praktiken und Diskursen ab, welche diese Herkunft auf bestimmte Weise definieren.[59] Kompliziert wird das Feld ethnischer Gemeinschaften dadurch, dass sich bei ihnen unter spätmodernen Bedingungen drei unterschiedliche Spielarten ausbilden: die Communities *an sich*, die Communities *an und für sich* und die Communities *für andere*. Erstere existieren in den Praktiken der *Teilnehmer*; Zweitgenannte erlangen auch ein Selbstbewusstsein *nach außen*; Letztere bilden sich erst im Blick und in der Klassifikation *von außen*.

Für die Renaissance ethnischer Gemeinschaften sind zwei Impulse zentral: Den ersten liefern die Bürgerrechtsbewegungen der 1970er Jahre vor allem in den Vereinigten Staaten. Schrittmacherfunktion hat in diesem Zusammenhang die Bewegung der Schwarzen, die paradigmatisch eine singuläre Identität nach innen (Geschichte und Gegenwart ehemaliger Sklaven) und eine politische Vertretung nach außen (das Sichtbarmachen einer »unsichtbaren« Gruppe, Antidiskriminierung) aneinanderkoppelt. Die schwarze Bürgerrechtsbewegung ist somit die Speerspitze der neuen *identity politics*, welche auf einem bestehenden kulturellen Erbe und der Besonderheit einer gemeinsamen »historischen Situation« (Cornel West) aufbaut und diese zugleich offensiv in die Forderung nach politischer und kultureller Teilhabe umwendet. Ethnizität ist hier gewissermaßen zugleich kulturelles Stigma und Ressource. Dabei geht es nicht nur um Gleichberechtigung, sondern im Sinne einer Politik der Differenz auch um Respektierung der kulturellen Andersheit.[60]

59 Vgl. grundsätzlich Fredrik Barth, *Ethnic Groups and Boundaries. The Social Organization of Cultural Difference* (1969), Long Grove 1998; in der neueren Diskussion Richard Jenkins, *Rethinking Ethnicity. Arguments and Explorations*, London 1997.

60 Vgl. Cornel West, *Race Matters*, Boston 2001; Anthony Appiah, Henry Louis Gates (Hg.), *Identities*, Chicago 1995.

Im Zusammenhang der sogenannten *minority rights revolution* haben auch andere ethnische Gemeinschaften im gesamten Westen in ähnlicher Weise Identität, Respekt und Teilhabe eingefordert und sich im Geiste einer kulturellen Selbstermächtigung (*empowerment*) konstituiert.[61] Beispiele für diese Identitätspolitik sind die Bewegungen der indigenen Ethnien in den USA, in Kanada, Australien und Neuseeland, aber auch die anderer ethnischer und sprachlicher Minderheiten (etwa die dänischen oder sorbischen Minderheiten in Deutschland). Ethnische und sprachliche Identitäten fallen dabei nicht selten in eins. Grundsätzlich betreiben diese ethnischen Bewegungen, die allesamt mit dem politischen Wunsch nach Sichtbarkeit und Anerkennung auftreten, eine Selbstkulturalisierung, die sich häufig auch ästhetischer Formen bedient (Literatur, Film etc.). Mehr oder minder stark auf bestehenden gemeinsamen Praktiken, Erinnerungsnarrationen und Erfahrungen aufbauend, bilden sie sich aktiv als kulturelle Community mit einer Selbstthematisierung der besonderen Herkunft und Situation. Entsprechend ist das Verhältnis nach außen hier häufig keines der aggressiven Abgrenzung *gegen* das Außen, sondern vielmehr eines der (kulturellen und politischen) Repräsentation *gegenüber* dem Außen.[62]

Den zweiten Impuls für die Renaissance ethnischer Kollektive seit den 1970er Jahren liefern die intensivierten Migrationsbewegungen vom globalen Süden in die westlichen Gesellschaften (etwa aus Mexiko in die USA, aus Nordafrika nach Frankreich und die Niederlande, aus der Türkei nach Deutschland, aus Südasien nach Großbritannien). Im Zuge dieser Migrationsbewegungen sind verstreute ethnische Communities entstanden, die man als *Diasporas* im weitesten Sinn verstehen kann: Familien, die eine Herkunft, häufig auch eine Sprache und eine Religion teilen, bilden lokale Gemeinschaften, die zugleich überregional untereinander sowie mit dem Herkunftsland vernetzt sind und eine mehr oder minder

61 Vgl. John David Skrentny, *The Minority Rights Revolutions*, Cambridge, London 2009. Zur Identitätspolitik generell vgl. Mary Bernstein, »Identity Politics«, in: *Annual Review of Sociology* 31/1 (2005), S. 47-74.

62 Markant sind die Mechanismen der Selbstkulturalisierung im Rahmen des sogenannten *ethnic revival* in den Vereinigten Staaten seit den 1970er Jahren. Nun entdecken auch weiße Bevölkerungsgruppen ihre historischen Wurzeln als singuläre Herkunftsgemeinschaft, etwa als italienische, irische, griechische oder skandinavische Amerikaner. Vgl. Matthew Frye Jacobson, *Roots Too. White Ethnic Revival in Post-Civil Rights America*, Cambridge, London 2008.

deutliche kulturelle Orientierung am Herkunftsland bewahren. Obwohl die Diaspora eine historisch alte Struktur ist, erweist sie sich unter spätmodernen Bedingungen mit ihrer intensivierten Migration und den technischen Möglichkeiten sozialer Vernetzung als eine verblüffend zeitgenössische Erscheinung.[63]

In welcher Intensität und Dichte diese ethnischen Migrationskollektive Neogemeinschaften bilden, ist eine empirisch offene Frage: Es gibt Communities, deren Identität nur noch gelegentliche Erinnerungen oder einige wenige tradierte Alltagspraktiken (Esskultur und dergleichen) umfasst; und es gibt andere, die eine strikte Unterscheidung von Binnensphäre und Außenwelt markieren, so dass eine Abgrenzung gegenüber der westlichen Mehrheitskultur stattfindet.[64] Hier bilden sich die vielzitierten »Parallelgesellschaften« aus. Auch im Falle der vergleichsweise geschlossenen migrantischen Neogemeinschaften sind diese allerdings nicht traditionalistisch als alternativlos gegeben, sondern Gegenstand und Ergebnis von prinzipiell unberechenbaren kulturellen Aushandlungsprozessen, in denen zum Beispiel bestimmte Elemente einer »eigenen« Identität abgeschwächt und »vergessen« oder gezielt reaktiviert oder umgedeutet werden.[65] Die etwaige Homogenität einer ethnischen Kultur ist also *nicht* monolithisch gegeben, sondern das Produkt von *Homogenisierungspraktiken* innerhalb der Communities.[66] Es wäre daher falsch, Migrationsprozesse mit der Entstehung homogener migrantischer Communities gleichzusetzen. Was entsteht, sind vielmehr komplexe *Superdiversitäten*, das heißt hybride Überlagerungen verschiedener kultureller und sozialer Zugehörigkeiten und Ressourcen (Herkunft, Sprache, Religion, Bildung/Beruf,

63 Vgl. Kevin Kenny, *Diaspora*, Oxford 2013.

64 Zu diesem Themenkreis gibt es eine Reihe instruktiver Fallstudien, vgl. auf Deutschland bezogen nur Sigrid Nökel, *Die Töchter der Gastarbeiter und der Islam. Zur Soziologie alltagsweltlicher Anerkennungspolitiken. Eine Fallstudie*, Bielefeld 2002; Sabine Mannitz, *Die verkannte Integration. Eine Langzeitstudie unter Heranwachsenden aus Immigrantenfamilien*, Bielefeld 2006.

65 Dieser Aspekt wird zu Recht von Werner Schiffauer herausgearbeitet: Werner Schiffauer, *Parallelgesellschaften. Wie viel Wertekonsens braucht unsere Gesellschaft?*, Bielefeld 2008.

66 Vieles spricht dafür, dass diese Homogenisierungspraktiken durch eine bestimmte soziale und räumliche Lage begünstigt werden: Die Zugehörigkeit zur räumlich segregierten sozialen Unterklasse fördert die kulturelle Schließung nach innen, vgl. dazu etwa Didier Lapeyronnie, *Ghetto urbain. Ségrégation, violence, pauvreté en France aujourd'hui*, Paris 2008.

Geschlecht, Zugang zu Netzwerken), die sich *in bestimmten Fällen* zu Neogemeinschaften verdichten können.[67]

Ethnische Communities kulturalisieren sich jedoch nicht nur selbst, sondern sind seit den 1980er Jahren auch Gegenstand von *Fremdkulturalisierungen*. Politische und staatliche, mediale und wissenschaftliche Instanzen, Institutionen und Diskurse haben begonnen, »kulturelle Kollektive« zu klassifizieren, zu bewerten und zum Gegenstand ihrer Intervention zu machen. Ethnische Kollektive (von Migranten, von indigenen Gruppen, kulturellen Minderheiten etc.) werden hier häufig in den Begrifflichkeiten der »Kultur« in einem essenzialistischen Sinne (und nicht etwa denen der sozialen Klasse oder anderer Kriterien) beobachtet: Sie erscheinen so als homogene Gemeinschaften, die in ihrer Tiefenstruktur kulturelle Muster teilen. So wie wir eine Kulturalisierung der Ungleichheit beobachten können, findet im politischen und medialen Ethnizitätsdiskurs der spätmodernen Gesellschaften eine *Kulturalisierung von Migration* statt.

Diese Fremdkulturalisierung ethnischer Gruppen hat zwei sehr unterschiedliche Pfade genommen. Der eine ist der Multikulturalismus mit seiner Symbiose aus linksliberaler Diversitätspolitik und Kultivierung partikularer Gemeinschaften.[68] Er setzt sich dafür ein, ethnische Communities in ihrer Vielfalt als eine Bereicherung der gesamten Gesellschaft wahrzunehmen und anerzuerkennen. Die Gesellschaft wird dann als ein vielfältiges Ensemble kultureller Gruppen mit ihren Narrationen, Erfahrungen und Praktiken vorgestellt: Der Multikulturalismus ist eine Politik der Zelebrierung kultureller Singularitäten. Teilweise schreibt man den einzelnen Communities – Indigenen, lokalen Sprachgemeinschaften, einzelnen Migrantengruppen – dabei kollektive kulturelle Rechte zu (was wiederum bedeutet, dass Individuen auf »ihre« Gemeinschaft festgelegt werden).

Dem Multikulturalismus mit seiner positiv konnotierten Fremdkulturalisierung steht in anderen politischen und medialen Diskursen eine »negative« Fremdkulturalisierung ethnischer Gruppen in Form eines Neorassismus gegenüber. In dieser Perspektive gelten alle Mitglieder eines ethnischen Kollektivs als von bestimmten, quasi unüberschreitbaren kulturellen

67 Vgl. zu diesem Aspekt Steven Vertovec, *Super-Diversity*, London 2015; zur Hybridisierung Jan Nederveen Pieterse, »Globalization as Hybridization«, in: Mike Featherstone, Scott Lash, Robert Robertson (Hg.), *Global Modernities*, London 1995, S. 45-68.

68 Vgl. dazu klassisch und politiktheoretisch Will Kymlicka, *Multicultural Odysseys. Navigating the New International Politics of Diversity*, Oxford 2007.

Mustern bestimmt, die negativ bewertete Verhaltensweisen hervortreten lassen sollen (Neigung zur Gewalt, geringes Bildungsinteresse, schwaches Arbeitsethos etc.). Mit Étienne Balibar gesprochen, handelt es sich hier um einen »Rassismus ohne Rasse«, in dem die Kultur sozusagen die Biologie verdrängt hat:[69] Während der klassische Rassismus des 19. und frühen 20. Jahrhunderts auf biologische Kriterien zurückgegriffen hat, gilt dem Neorassismus der Spätmoderne der vorgeblich historisch tradierte kulturelle Habitus eines Kollektivs als ein differenzielles Merkmal – quasi als ein »Volkscharakter«, der als problematisch bewertete Verhaltensweisen determinieren soll. In einem solchen *Kulturessenzialismus von außen* wird Kultur als eine nicht veränderbare kulturelle Grammatik vorausgesetzt, aus der das Individuum nicht auszubrechen vermag. In Form alltäglicher Diskriminierungserfahrungen kann eine solche negative Fremdkulturalisierung den Subjekten ihrerseits bewusst werden, so dass sie umgekehrt die Selbstkulturalisierung verstärkt: Der kulturalisierende und diskriminierende Blick der Umgebung kann die Individuen dazu bringen, sich überhaupt erst und vor allem als Teil ebenjener diskriminierten Gruppe zu verstehen und eine entsprechende Identität aufzubauen.[70]

Kulturnationalismus

Neben der ethnischen (Neo-)Gemeinschaft ist die Nation ein zweiter Orientierungspunkt partikularer Identitäten, und auch diesbezüglich erleben wir seit den 1980er Jahren eine Renaissance. Bei den neuen nationalen und nationalistischen Bewegungen handelt es sich einerseits um Nationalbewegungen ohne Staat, die innerhalb von westlichen Gesellschaften nach Autonomie oder Unabhängigkeit streben (Québec, Katalonien, Schottland etc.), andererseits um Nationalismen von selbständigen Staaten, vor allem jenseits des alten Westens (China, Russland, Indien etc.). Die Grenzen zwischen Ethnizität und Nationalität als sozialkulturelle Kategorien sind zwar generell fließend, die kollektiven Identitäten von

69 Vgl. Étienne Balibar, Immanuel Wallerstein, *Rasse, Klasse, Nation. Ambivalente Identitäten*, Hamburg 1992; auch Mark Terkessidis, *Die Banalität des Rassismus. Migranten zweiter Generation entwickeln eine neue Perspektive*, Bielefeld 2004.

70 Dazu klassisch Frantz Fanon, *Schwarze Haut, weiße Masken*, Frankfurt/M. 1985.

Nationen gehen aber in zweierlei Hinsicht über Ethnizitäten hinaus: Sie sind zum einen in der Regel an ein festes und umgrenztes räumliches Territorium gebunden und haben zum anderen *immer* einen politisch-staatlichen Bezug, entweder durch die Bindung an einen Nationalstaat oder in Form eines Anspruchs auf Selbstverwaltung innerhalb eines Staates.

Die Nation als sozialkulturelle Form ist ein genuines Produkt der Moderne seit 1800.[71] Mit der Nation hat die universalistische Moderne, die sich die Überwindung aller lokalen Partikularismen auf die Fahnen geschrieben hatte, in ihre innere Struktur tatsächlich eine ihr legitim erscheinende partikulare Einheit installiert. Mit der Nation und dem Nationalstaat betreibt damit bereits die frühe Moderne eine kulturelle Singularisierung auf der Ebene von Kollektiven. Dabei enthalten die Nationen immer eine Doppelstruktur von Universalisierung und Singularisierung: Die Nation ist einerseits eine universale »Inklusionsformel« – vor ihr und innerhalb ihres Staates sind alle Staatsbürger gleich,[72] und insofern konnten die Nationalbewegungen auch demokratische Bewegungen sein. Andererseits ist die Nation eine singuläre Einheit mit besonderer Geschichte und der Besonderheit ihres Territoriums, auch ihrer besonderen Nationalkultur. Nationen können eher dem universalisierenden Pol zuneigen und ein republikanisches Nationalverständnis entwickeln, so dass sie relativ indifferent gegenüber der Herkunft und Ethnizität ihrer Bürger sind. Wenn sie eher zum partikularistischen Typ tendieren, versuchen sie häufig an die gemeinsame ethnische Herkunft eines Volkes anzuknüpfen. Wie ich zu Beginn dieses Abschnitts gesagt habe, geht der neue Nationalismus der Spätmoderne zum einen von regionalen Einheiten *innerhalb* der westlichen Gesellschaften aus, zum anderen von Nationalstaaten auf globaler Ebene, die sich damit häufig gegen »den Westen« in Position bringen. In beiden Fällen nimmt die Konstruktion nationaler Identitäten primär Bezug auf die Wertschätzung einer gemeinsamen, besonderen Kultur – die spätmoderne Renaissance des Nationalen hat grosso modo die Form eines *Kulturnationalismus.*

Für die regionalistischen Bewegungen des Nationalen ist das kanadi-

71 Vgl. dazu klassisch Anderson, *Imagined Communities*; Hobsbawm, *Nations*; Ernest Gellner, *Encounters with Nationalism*, Oxford 1994.

72 Vgl. zu diesem Thema auch Armin Nassehi, »Zum Funktionswandel von Ethnizität im Prozeß gesellschaftlicher Modernisierung: Ein Beitrag zur Theorie funktionaler Differenzierung«, in: *Soziale Welt* 41/3 (1990), S. 261-282.

sche Québec der paradigmatische Fall.[73] Es handelt sich um eine politische Autonomie- beziehungsweise Unabhängigkeitsbewegung, die ihre Basis in der kulturellen Gemeinschaft der französischen Minderheit findet. Die Pflege ihrer eigenen Kultur (insbesondere die Kultivierung der Sprache) steht im Zentrum der Politik der Kultur der Québecois. Dieser regionalistische Kulturnationalismus ähnelt damit der Identitätspolitik ethnischer Gemeinschaften, und entsprechend hat man auf ihn teilweise mit einer Politik des Multikulturalismus reagiert, in dem die kulturellen Traditionen der Regionen ihren legitimen Platz im staatlichen Ganzen – hier Kanadas – erhalten sollen.[74] Neben Marginalisierungserfahrungen und Motiven der Abgrenzung gegen den Zentralstaat kommt der kollektiven Identität für die Individuen hier offenbar eine kulturelle und affektive *Attraktivität* zu: Die nationalen Kulturen des Québecois, des Katalanischen oder des Schottischen wirken seit den 1970er Jahren wie eine *kulturelle Ressource* von sprachlichen Eigenheiten und historischen Narrativen. Diese verspricht, subjektive Authentizitätswünsche und das Interesse an kultureller Bereicherung der eigenen Lebensform zu stillen: Sie bieten etwas Exzeptionelles. Interpretiert man die Kultur des Regional-Nationalen in diesem Sinne als kulturelle Ressource, wird deutlich, dass diese dem spätmodernen Subjekt entweder eine kulturelle und identifikatorische Leerstelle füllt – in dem Fall wird das Regional-Nationale zu einer primären Identität – oder aber sie ihm nicht exklusiv, sondern *zusätzlich* zu den anderen kulturellen Bestandteilen und Identitäten seines kuratierten Lebensstils noch eine weitere, interessante und subjektiv befriedigende Option der Bereicherung liefert.[75] Der regionale Kulturnationalismus kann dann entweder Position *gegen* den liberalen Kulturkosmopolitismus beziehen oder aber sich durchaus als ein variabler Identitätsknotenpunkt unter mehreren anderen *innerhalb* des Kulturkosmopolitismus einordnen.[76]

73 Vgl. dazu ausführlich Montserrat Guibernau, *The Identity of Nations*, Cambridge 2007.

74 Neben Québec sind hier unter anderem die regionalen Nationalbewegungen innerhalb Spaniens (Katalonien, Baskenland), Großbritanniens (Schottland) und Belgiens (Flandern), schwächer auch in Italien (Venezien) und Frankreich (Korsika) zu nennen.

75 Man könnte diese beiden Varianten auch klassentheoretisch interpretieren: auf der einen Seite die sesshafte alte Mittelklasse/Unterklasse, auf der anderen die mobile neue Mittelklasse. Entsprechend werden die regionalistischen Bewegungen potenziell von beiden Seiten unterstützt.

76 Der Fall Schottland ist ein Beispiel für beides: das authentisch Schottische gegen das

Auch im Falle des nationalstaatlich verankerten, also der zweiten Variante des Kulturnationalismus lässt sich eine erhebliche Bandbreite zwischen einer starken Konzentration auf die Kultivierung des »Eigenen« und einem Fokus auf der – teilweise ausgesprochen aggressiven – Abgrenzung gegen das »Fremde« beobachten. Generell ist jedoch augenfällig, dass die Renaissance des Nationalen in dieser Spielart sich auf Staaten konzentriert, welche die Dominanz des westlichen Gesellschaftsmodells herausfordern. Seit 2000 beanspruchen regionale Großmächte wie China, Russland oder Indien, den Weg zu einer gesellschaftlichen Alternative zum nordatlantischen Westen zu weisen. Die diskursive Unterfütterung dieser eigenständigen Modernität erfolgt nun jedoch regelmäßig unter Verweis auf die eigene und normativ ausgezeichnete nationale Kultur. Diese Kulturnationalismen lassen sich analog zum alten Eurozentrismus als »neue Kulturzentrismen des globalen Südens« deuten.[77] Die – chinesische, russische, indische etc. – Nation wird dann als Träger einer eigenen »Zivilisation« präsentiert, die sich von der westlichen Zivilisation selbstbewusst unterscheidet. Explizit oder implizit hängt man hier häufig einer Kulturkreislehre im Stile Herders, Oswald Spenglers oder Samuel Huntingtons an. Die Kulturnationalismen entfalten sich in einem weiten Feld von humanwissenschaftlichen, medialen und politischen Diskursen. Sie liefern nicht selten den Hintergrund für eine entsprechende staatliche Politik, zum Beispiel in der Außenpolitik, vor allem aber in der Bildungs-, Religions- und Medienpolitik. In China und Russland beispielsweise erlangen die einheimischen Kulturwissenschaften, die »Kulturologien«, eine wichtige Funktion bei der Legitimation des eigenen »Kulturkreises«, vor allem in Form einer Geschichtspolitik. Es handelt sich damit um eine Umkehr des alten ethnozentristischen Kulturalisierungsdiskurses: Wurden seit dem Ende des 19. Jahrhunderts das »alte China« oder das »alte Russland« sowohl aus westlicher Sicht als auch aus jener der verwestlichten einheimischen Eliten als rückständige Zivilisationen kulturalisiert, erfolgt nun die selbstbewusste Selbstkulturalisierung der eigenen, positiven Singularität.[78]

globalistisch Britische, zugleich das Europäisch-Schottische gegen das provinziell Englische.

77 Vgl. dazu Sebastian Conrad, »Der Ort der Globalgeschichte«, in: *Merkur* 68 (2014), S. 1096-1102. Dies schließt auch Russland ein, das nicht zum globalen Süden gehört.

78 So rekurriert der neue Sinozentrismus regelmäßig auf den vorgeblich konfuzianischen Kern Chinas, das heißt die Hochschätzung der Bildung, das ausgeprägte Arbeitsethos,

Diese nationalen Selbstkulturalisierungen arbeiten meist mit der essenzialistischen Vorstellung einer authentischen, homogenen Kultur und ihren historischen »Wurzeln« und zugleich mit einem *Exzeptionalismus* des Eigenen. In den Fällen, in denen eine aggressive Abgrenzung nach außen erfolgt,[79] erscheint der Westen entweder als Raum eines kulturlosen Rationalismus ohne Werte oder als kosmopolitische Hypermoderne mit einem übersteigerten Primat der individuellen Selbstverwirklichung. Der apertistisch-differenzielle Liberalismus ist hier der Gegner. Der Westen wird so vom Kulturnationalismus als Träger eines leeren Universalismus »im Niedergang« interpretiert, dem man nun die Substanz der eigenen kulturellen Tradition und Gemeinschaftlichkeit entgegensetzt.

Religiöser Fundamentalismus

Die Renaissance des Religiösen in der Spätmoderne ist häufig betont worden. Während die organisierte Moderne einen Säkularisierungstrend aufwies (der in bestimmter Hinsicht weiterhin intakt ist), gewinnen religiöse Praktiken und Religionsgemeinschaften seit den 1980er Jahren eine neue Sichtbarkeit und Relevanz, und zwar sowohl innerhalb der westlichen Gesellschaften als auch auf globaler Ebene. Das Religiöse hat hier eine neue Form: Es bewegt sich auf einem globalen Markt der Religionen, auf dem besonders fundamentalistische Spielarten mit ihrem Anspruch radikaler religiöser Authentizität Attraktivität entfalten.[80]

Kulturhistorisch gesehen, ist der Bereich der Religionen – neben dem Feld des Ästhetischen – eine jener beiden Kultursphären, in denen gesell-

das Primat des Allgemeinwohls vor dem individuellen Interesse und das Ideal der Harmonie des sozialen Lebens. Die Selbstkulturalisierung Russlands, die auf eine Tradition der Slawophilie zurückgreifen kann, gründet sich auf das orthodoxe Christentum, den Wert der Familie sowie eine enge Bindung von »Volkskörper« und Naturraum. Vgl. zu Russland Felix Philipp Ingold, »Russlands eurasische Geopolitik«, in: *Merkur* 70 (2016), S. 5-18; Katharina Bluhm, »Machtgedanken«, in: *Mittelweg 36* 25/6 (2016), S. 56-75; zu China William Callahan, »Sino-Speak. Chinese Exceptionalism and the Politics of History«, in: *Journal of Asian Studies* 71/1 (2012), S. 33-55.

79 Besonders deutlich vertritt die antiwestliche Haltung der russische Autor Aleksandr Dugin, *Die vierte politische Theorie*, London 2013.

80 Vgl. Hans Joas, Klaus Wiegandt (Hg.), *Säkularisierung und die Weltreligionen*, Frankfurt/M. 2007; auch Roland Robertson, »Humanity, Globalization and Worldwide Religious Resurgence. A Theoretical Exploration«, in: *Sociological Analysis* 46/3 (1985), S. 219-242.

schaftliche Prozesse der Valorisierung und Entvalorisierung und eine »sakrale« Kulturpraxis mit Sinn- und Sinnlichkeitsversprechen ihren typischen Ort haben. Die Rationalisierung und Entkulturalisierung der westlichen Moderne ist daher zunächst konsequent mit einem Prozess der Säkularisierung verbunden: Hier findet im Rahmen der Amtskirchen eine Profanisierung der Religion statt, so dass das Religiöse – wenn es nicht im Agnostizismus ganz verschwindet – sich tendenziell auf formale, kirchliche Akte und einen privaten Glauben reduziert, der nicht in radikaler Spannung zur Alltagspraxis steht, sondern sich mit dieser mehr oder weniger arrangiert.

Dass das Religiöse an Anziehungskraft gewonnen hat, lässt sich als ein Bestandteil der generellen Kulturalisierung des Sozialen in der Spätmoderne interpretieren, die zunächst auf den narrativ-hermeneutischen, ethischen und affektiven Mangel der Moderne in ihrer durchrationalisierten Gestalt der organisierten Moderne antwortet. Nun erhalten jedoch weniger die alten Amtskirchen neuen Zulauf, sondern es bilden sich neue religiöse Gemeinschaften, in denen der Gläubige in eine affektiv dichte kollektive Praxis eingebunden wird. Zentral ist: Während man traditionell auf amtskirchlichem Wege in die Religion hineinsozialisiert wurde, sind die neuen Religionsgemeinschaften ein Gegenstand der Wahl, die sich dem Gläubigen häufig als existenzielles Ereignis einer »Konversion« (zum Beispiel als *Born-again*-Christ) darstellt. Die religiösen Communities zirkulieren so auf globaler Ebene gewissermaßen als kulturelle Singularitätsgüter eigener Art und stehen miteinander im Wettbewerb.[81] Dies betrifft den Zen-Buddhismus ebenso wie die New-Age-Gemeinschaften, die Evangelikalen wie die Pfingstkirchler oder die Salafisten. Religionsgemeinschaften bieten sich damit als attraktive Gegenstände subjektiver Aneignung dar, die eine gemeinsame kulturelle Praxis und ein intensives subjektives Erleben versprechen. Die neuen Religionen erschöpfen sich nicht in privatem Glauben und routinisierter Kirche, sie konstituieren sich in kollektiven, außeralltäglich und singulär erlebten Performanzen und Ereignissen (von der gemeinsamen Meditation bis zum charismatischen Gottesdienst).

Keineswegs alle dieser spätmodernen Glaubensangebote und Religionsgemeinschaften sind als »fundamentalistisch« einzuordnen; manche eignen sich auch als »spirituelle« Komponente im Rahmen eines sin-

81 Vgl. Hartmut Zinser, *Der Markt der Religionen*, München 1997.

gularisierten Lebensstils.[82] Die fundamentalistischen Communities haben jedoch eine eigene Struktur und sind wirkmächtige Knotenpunkte eines Kulturessenzialismus.[83] Dies gilt insbesondere für die evangelikalen Gemeinschaften in den USA, die Pfingstkirchler in Lateinamerika und die fundamentalistischen Versionen des Islams unter Migranten in Westeuropa sowie in anderer Weise in den muslimisch geprägten Staaten selbst. Nicht übersehen werden darf, dass sich auch die fundamentalistischen Communities, in denen der Glaube mit Absolutheitsanspruch auftritt, paradoxerweise zunächst auf einem *Markt* der Religionen und damit in einer kulturökonomischen Konstellation bewegen. Die Gläubigen entscheiden sich aktiv für sie, es handelt sich um globale religiöse »Angebote«, die alles andere als tradierte und territorial gebundene Eigenschaften bestimmter Kulturräume darstellen.[84]

Fundamentalistische Gemeinschaften leben von einem grundsätzlichen Anspruch auf religiöse Authentizität: Die Fundamentalien des Glaubens erscheinen gegeben und außerhalb der Debatte. Es wird eine historische Kontinuität zwischen dem religiösen Gründungsereignis sowie den Gründungsschriften und der religiösen Praxis in der Gegenwart vorausgesetzt. Von allen Formen des spätmodernen Kulturessenzialismus arbeiten die religiösen Fundamentalismen mit der schärfsten Abgrenzung zwischen einer ethisch wertvollen Binnenwelt und einer ethisch verworfenen Außenwelt. Sie sind – in der Begrifflichkeit Max Webers – weltverneinende Erlösungsreligionen par excellence:[85] Die moderne Alltagswelt, ihre Öko-

82 Vgl. dazu etwa Hubert Knoblauch, »Das unsichtbare Neue Zeitalter. ›New Age‹, privatisierte Religion und kultisches Milieu«, in: *Kölner Zeitschrift für Soziologie und Sozialpsychologie* 41/3 (1989), S. 504-525.

83 Die beste Analyse des zeitgenössischen Fundamentalismus liefert Olivier Roy, *Heilige Einfalt. Über die politischen Gefahren entwurzelter Religionen*, München 2010; vgl. auch Martin Riesebrodt, *Rückkehr der Religionen? Zwischen Fundamentalismus und ›Kampf der Kulturen‹*, München 2000; Thomas Meyer, *Was ist Fundamentalismus? Eine Einführung*, Wiesbaden 2011.

84 So treten auch christlich sozialisierte Deutsche bisweilen zum Salafismus über, und im katholischen Lateinamerika erhalten Evangelikale Zulauf. In Bezug auf Religion finden sich jedoch auch Fremdkulturalisierungen durch gesellschaftliche Diskurse, so dass die Religion hier zu einer Art zugeschriebener Neoethnizität werden kann: Dann werden etwa alle Migranten in Europa, die aus der Türkei oder aus Nordafrika stammen, zu Vetretern des »islamischen Kulturkreises« erklärt.

85 Vgl. Max Weber, »Zwischenbetrachtung: Theorie der Stufen und Richtungen religiöser Weltablehnung«, in: ders., *Gesammelte Aufsätze zur Religionssoziologie* (1920), Bd. I, Tübingen 1983, S. 536-573.

nomie, ihr Privatleben, ihre Politik, gilt nicht bloß als profan (und damit zumindest tolerabel), sondern als prinzipiell moralisch verwerflich und überwindungsbedürftig; sie ist Gegenstand einer maximalen Entwertung. In den fundamentalistischen Communities ordnen sich die Ebenen des subjektiven Erlebens des Religiösen und die narrativ-hermeneutische Bedeutung der Religionserzählung regelmäßig der ethisch-moralischen Ausrichtung der Religion unter: Ein strikter ethischer Kodex wird vorgegeben, hinter den jeder Selbstverwirklichungswunsch des Individuums zurücktreten muss.

Die religiösen Fundamentalismen können sich dabei entweder nach Art von Subkulturen in eine separate Gegenkultur zurückziehen oder mit politischem, teilweise aggressivem Interesse nach außen zu wirken versuchen. Die Fundamentalisten lassen sich so als Gegenbewegungen nicht nur zur durchrationalisierten Kultur der (organisierten) Moderne, sondern mehr noch als Gegenbewegung zur Hyperkultur der Spätmoderne *selbst* deuten: sei es als Mittel derjenigen sozialen Gruppen, die innerhalb der postindustriellen Kultur in die kulturelle oder soziale Defensive geraten oder marginalisiert sind (alte Mittelklasse, migrantische Unterklasse),[86] sei es als kritische Antwort auf die Enttäuschungserfahrungen, die der singularistische Lebensstil und seine Relativierung ethischer Maximen produziert.

Betreiben die fundamentalistischen Religionsgemeinschaften eine Singularisierung des Sozialen, formen sie sich als singuläre Neogemeinschaften? Wie Olivier Roy herausarbeitet, bedient sich der spätmoderne Fundamentalismus weltweit standardisierter Formen. Es gibt hier ein allgemeines *postmodernes Religionsformat*, in dem drei Komponenten, nämlich die spirituelle Suche des Einzelnen, die Religion als eindeutiges normatives System und die Figur des Priesters, prägend sind.[87] Dies ist die eine Seite. Andererseits wird jedoch die fundamentalistische Community vor dem Hintergrund der »profan« scheinenden Alltagswelt vom Konvertiten als ein einzigartiger, eigenkomplexer Mikrokosmos von Gleich-

86 Martin Riesebrodt arbeitet (in *Rückkehr der Religionen*, S. 59ff.) heraus, wie einerseits Teile der alten Mittelklasse, die ihren Status als moralische Instanz verloren hat, andererseits Teile der deklassierten Unterklasse wichtige Trägergruppen des religiösen Fundamentalismus darstellen. Man kann vermuten, dass religiöse Interessen der neuen Mittelklasse demgegenüber eher in den nichtfundamentalistischen »Neuen Religionen« oder einem Engagement in den Amtskirchen ihren Ort finden.

87 Vgl. Roy, *Heilige Einfalt*.

gesinnten und spezifischen Praktiken erlebt, der ihn zudem mit einer jahrtausendealten Tradition verbindet. Es handelt sich so gesehen um eine Gegenwelt, die für die Konvertiten eine attraktive Lebensform darstellt und ihnen eine kollektive Identität verleiht. Die Communities kultivieren so einen *religiösen Exzeptionalismus*: Gerade weil sie keine (staatlich geförderten) Amtskirchen von allen und für alle sind, sondern sich durch ethische Striktheit, Abgrenzung nach außen und eine Gemeinschaft der sich aktiv Bekennenden auszeichnen, können sie von den Mitgliedern als außeralltägliche Identitätsgemeinschaften begriffen werden. Da das religiöse Subjekt hier selbst nicht singulär ist (es sei denn in seiner Konversionserfahrung), sondern sich in die Gemeinschaft eingliedert, gewinnt es Singularität nun indirekt durch seine Einordnung in das exzeptionelle Kollektiv.[88]

Rechtspopulismus

Rechtspopulistische Parteien haben sich in Europa seit den 1990er Jahren im Parteiensystem verankert.[89] Sie lassen sich als eine weitere Version des politischen Kulturessenzialismus interpretieren, die sich teilweise mit dem Kulturnationalismus verzahnt. Charakteristisch ist ihre enge Bindung an sozialkulturelle, »identitäre« Bewegungen.[90] Der Rechtspopulismus ist damit nicht nur Parteipolitik, er betreibt eine Politik der Ideen mit dem Ziel einer kulturellen Hegemonie.

Der Aufstieg des Rechtspopulismus lässt sich nicht als schlichte Verlängerung eines traditionellen Rechtsradikalismus begreifen, er ist vielmehr Ausdruck der Umstrukturierung des westlichen Parteiensystems. In der organisierten Moderne von 1945 bis 1980 war dieses von der Do-

88 Unter Umständen können die Religionsgemeinschaften die Gestalt partikularer kultureller Gemeinschaften mit »religiöser Identität« annehmen, die im Rahmen eines multikulturellen Systems von Identitätspolitiken kulturelle Rechte in Anspruch nehmen. Die Verzahnung von religiösen, ethnischen und auch nationalen Identitäten ist ein Thema für sich, vgl. dazu Roy, *Heilige Einfalt.*

89 Beispiele sind der Front National in Frankreich, die FPÖ in Österreich, die Parteien von Fortuijn bzw. Wilders in den Niederlanden und die Fidesz in Ungarn. Vgl. allgemein dazu Ruth Wodak, Majid Khosravinik, Brigitte Mral (Hg.), *Right Wing Populism in Europe. Politics and Discourse*, London, New York 2013.

90 Vgl. dazu Julian Bruns, Kathrin Glösl, Natascha Strobl, *Die Identitären. Handbuch zur Jugendbewegung der neuen Rechten in Europa*, Münster 2014.

minanz der Volksparteien als »Sachwalterinnen des Allgemeinen« sowie durch die Leitdifferenz (Stichwort »Cleavage«) zwischen sozialdemokratischen Mitte-links- und konservativen Mitte-rechts-Parteien geprägt.[91] Die Parteienlandschaft der Spätmoderne ist seit den 1980er Jahren durch einen Bedeutungsverlust der Volksparteien und einen Aufstieg diverser kleinerer Parteien gekennzeichnet, so dass ein Markt sich profilierender, nach »Authentizität« strebender politischer Gruppierungen entstanden ist.[92] Wie gesagt: Grundsätzlich findet nun ein Paradigmenwechsel vom korporatistisch-sozialdemokratischen Konsens zum apertistisch-differenziellen Liberalismus statt, wobei der neue Cleavage *innerhalb* dieses Paradigmas zwischen Neoliberalismus und Linksliberalismus verläuft. Mit dem Rechtspopulismus bildet sich jedoch eine neue, grundsätzliche Konfliktlinie des Parteiensystems aus, und zwar offenbar in *Reaktion* auf die entfaltete Hegemonie des neuen Liberalismus. Der Rechtspopulismus fordert das Paradigma des apertistisch-differenziellen Liberalismus in dessen links- *und* wirtschaftsliberaler Spielart heraus. Dieser neue, starke Cleavage basiert auf dem Gegensatz zwischen einer »kommunitaristischen« und antipluralistischen Politik der sozialkulturellen Gemeinschaft des Volkes auf der einen und einer liberalen und kosmopolitischen Politik der Öffnung der Märkte und Identitäten auf der anderen Seite: es handelt sich um einen Cleavage zwischen einer Politik der Schließung und einer Politik der Öffnung.[93]

Was den Rechtspopulismus im Kern charakterisiert, sind allerdings nicht einzelne politische Inhalte, sondern ist ein grundsätzlich anderes Modell des Politischen.[94] Der Populismus lässt sich präzise als eine bestimmte *Form* des Politischen bestimmen: Er beansprucht, *den* Volkswil-

91 Zur Cleavage-Theorie vgl. Seymour Martin Lipset, Stein Rokkan, »Cleavage Structures, Party Systems and Voter Alignments. An Introduction«, in: dies. (Hg.), *Party Systems and Voter Alignments. Cross-National Perspectives*, New York, London 1967, S. 1-64.

92 Die zugeschriebene »Authentizität« der Spitzenkandidaten gewinnt dann ebenfalls an Bedeutung.

93 Vgl. dazu auch Hans Peter Kriesi u. a., »Globalization and the Transformation of the National Political Space: Six European Countries Compared«, in: *European Journal of Political Research* 45 (2006), S. 921-956; auch Peter de Wilde, Ruud Koopmans, Michael Zürn, *The Political Sociology of Cosmopolitanism and Communitarism. Representative Claims Analysis*, WZB Discussion Paper SP IV 2014-102, Berlin 2014.

94 Ich folge hier der luziden Interpretation des Populismus von Jan-Werner Müller, *Was ist Populismus? Ein Essay*, Berlin 2016, führe sie jedoch in Richtung Kulturessenzialismus weiter.

len *unmittelbar* in politische Praxis umzusetzen; er setzt die Möglichkeit und Wünschbarkeit einer *Identität* zwischen Regierenden und Regierten voraus und arbeitet somit zumindest implizit mit einem demokratietheoretischen Modell, das nicht von Pluralität und Repräsentation ausgeht. Vielmehr gibt es aus dieser Perspektive *ein* kollektives Interesse des Volkes, das ohne Vermittlungsinstanzen unmittelbar in politisches Handeln umzusetzen ist. Dieser Antipluralismus der Identität ist elementarer als der Antielitismus, den der Populismus verfolgt. Der Elitenkritik zugrunde liegt das Verständnis einer nichtpluralen, vorgeblich »authentischen« Demokratie, in der »das Volk« als eine unhinterfragbare moralische Instanz mit natürlichen Interessen und Werten – die »real Americans«, die »classe populaire« etc. – erscheint. Die Populisten sehen sich in diesem Sinne nicht als Repräsentanten, sondern als Teil des Volkes, als Spitze einer »Bewegung« – »*Wir* sind das Volk« und »Wir *sind* das Volk«.

Der springende Punkt ist also, dass im populistischen Modell der Politik das Volk als Basis der Demokratie *homogen* gedacht wird.[95] Zwei Ebenen kommen in Frage: die im engeren Sinne soziale und die kulturelle. Ein Modell *sozialer* Homogenität suggeriert eine soziale Einheitlichkeit der Lebenssituation der »eigentlichen« Bevölkerung und damit ihrer Interessen – dies sind die »kleine Leute«, die Arbeitnehmer und Lohnempfänger, jene »die die harte Arbeit tun und das Land aufbauen«, etc.[96] Ein Modell *kultureller* Homogenität suggeriert eine kulturelle Einheitlichkeit der Werte und Praktiken, eine Nationalkultur in ihrer kollektiven Identität, einen natürlichen Common Sense, allgemein anerkannte Moralvorstellungen der »anständigen Leute« und dergleichen. Der Rechtspopulismus greift damit maßgeblich auf den Kulturessenzialismus zurück, nimmt aber daneben auch die Vorstellung einer sozialen Homogenität auf. Der Kulturessenzialismus kommt darin zum Ausdruck, dass die politische Einheit des Volkes im Kern als eine kulturelle, in der Regel nationalkulturelle Einheit verstanden wird: eine kollektive Identität der »authentischen Franzosen« (Österreicher, Niederländer, Ungarn etc.) mit

95 Carl Schmitt als Vordenker der populistischen Demokratie formuliert dies in aller Deutlichkeit: »Zur Demokratie gehört [...] notwendig erstens Homogenität und zweitens – nötigenfalls – die Ausscheidung oder Vernichtung des Heterogenen.« Carl Schmitt, *Die geistesgeschichtliche Lage des heutigen Parlamentarismus* (1923), Berlin 2010, S. 14.

96 Diese »soziale« Interpretation der Homogenität ist charakteristisch für den Linkspopulismus.

ihrer besonderen Geschichte, ihren Traditionen, ihrem Territorium und ihrem »Nationalcharakter«. Die Kultur des Volkes scheint einen natürlichen Ethos, eine »common decency« auszudrücken.[97] Als eine soziale Einheit gilt das »authentische Volk«, häufig insofern, als es aus der »schweigenden Mehrheit« der »kleinen Leute« besteht. Insgesamt richtet sich diese Politik an das Volk als vorgebliche soziale *und* kulturelle Gemeinschaft, als *demos*, *populus* und *ethnos* zugleich, deren Interessen und Werte in die Tat umzusetzen sind. Diese sozialkulturelle Gemeinschaft soll durch die populistische Politik zugleich als solche *bewahrt* werden.

Auch die populistische Version des Kulturessenzialismus basiert auf einem Antagonismus von Innen und Außen, einem »Wir gegen die Anderen«.[98] Hier wird im besonderen Maße mit polarisierenden Valorisierungen und Entwertungen nach Art einer Freund-Feind-Logik gearbeitet. Bevorzugte Zielscheiben der Abgrenzung sind hier Kosmopoliten und Migranten. Migranten gehören nicht zum »authentischen Volk« – entweder in jenen Fällen, in denen sie die Nationalkultur nicht teilen, oder pauschal, da ihnen die »richtige« Abstammung oder auch Religion fehlt. Den Kosmopoliten wird abgesprochen, die Werte und Interessen der einheimischen, lokal verankerten Mehrheit zu vertreten – hier kann es sich um global agierende Funktionseliten (»Globalisten«) handeln, um Angehörige der neuen Mittelklasse mit kosmopolitischen Werten, um die typischen Bewohner der Metropolen, um Anhänger progressiver Bewegungen, die gegenüber traditionellen Familienwerten kritisch (Feminismus, LGBTQ-Bewegung) oder die internationalistisch orientiert sind. Die zentrale Trägergruppe der postindustriellen Gesellschaft der Singularitäten, die neue Mittelklasse der Wissens- und Kulturökonomie mit ihrem Selbstbewusstsein eines avancierten, zeitgenössischen Lebensstils, verwandelt sich in der rechtspopulistischen Perspektive damit in einen Gegner des »wahren Volkes«, in ein parasitäres Außen. Erst vor dem Hintergrund dieser allgemeinen populistischen Form des Politischen erhalten die konkreten Inhalte der Parteien ihre Bedeutung. Sie vertreten eine kommunitaristische Alternative zum apertistisch-differenziellen Liberalismus. Die neoliberale Verwettbewerblichung des Sozialen und der *Diversity*-Links-

97 Diesen Begriff verwendet Jean-Claude Michéa in Anlehnung an George Orwell. Michéa will mit dem Begriff einen linken Populismus begründen, er scheint jedoch eher typisch für den Rechtspopulismus, vgl. Michéa, *Das Reich des kleineren Übels.*

98 Vgl. dazu auch Mark Terkessidis, *Kulturkampf. Volk, Nation, der Westen und die neue Rechte*, Köln 1995.

liberalismus sind ihre Gegner, spiegelbildlich liegen die Schwerpunkte der rechtspopulistischen *policy* in einer regulierenden, nationalen Wirtschafts- und Sozialpolitik sowie einer homogenisierenden Kultur- und Migrationspolitik.[99]

In ihrem Verhältnis zum Globalen vertreten die Rechtspopulismen häufig einen Ethnopluralismus.[100] Andere Nationen müssen dabei nicht zwangsläufig abgewertet, sondern können in diesem Rahmen auch als gleichrangige Andere respektiert werden. Zentral ist aber, dass die eigene Nation in ihrer Distinktheit, in ihrer Singularität und Authentizität bewahrt wird. Der Gegner ist die Hybridisierung der Kultur sowie sind die universalistischen Mechanismen, die quer zu den Nationalstaaten stehen (globale Ökonomie, internationale Organisationen). Das Ideal der Rechtspopulisten sind die »Kulturkreise«, die, jeweils nach innen geschlossen, koexistieren. Der politische Ethnopluralismus kann in das Modell eines Kampfes der Kulturen umschlagen, für den im rechtspopulistischen Kontext der Kampf gegen »den Islam« zu Beginn des 21. Jahrhunderts exemplarischen Charakter hat.

Kulturkonflikte zwischen Essenzialismus, Hyperkultur und Liberalismus

Wo positionieren sich die kulturkommunitaristischen und -essenzialistischen Tendenzen innerhalb der Gesellschaft der Singularitäten, und in welcher Beziehung stehen sie zur dominanten Politik des apertistisch-differenziellen Liberalismus? Die Dinge liegen hier komplizierter, als es zu-

99 Einzelne dieser *policies* (z. B. Handelsbeschränkungen) sind nicht per se »rechtspopulistisch«, sie können auch von der Linken oder von Seiten eines regulativen Liberalismus vertreten werden. Sie werden dies erst durch das entsprechende *Framing*. Keine Überraschung ist es, dass die beiden wichtigsten Wählergruppen der rechtspopulistischen Parteien Segmente aus jenen beiden Klassen sind, die sich als Modernisierungs- und Kulturalisierungsverlierer sehen können: die neue (nichtmigrantische) Unterklasse und die alte Mittelklasse. Vgl. dazu Ronald Inglehart, Pippa Norris, »Trump, Brexit and the Rise of Populism. Economic Have-Nots and Cultural Backlash«, HKS Working Paper Nr. RWP16-026; Sylvain Barone, Emmanuel Négrier, »Voter Front National en Milieu Rural: Une Perspective Ethnographique«, in: Silvain Crépon, Aleksandré Dézé, Nonna Mayer (Hg.), *Les Faux-Semblant Du Front National. Sociologie d'un parti politique*, Paris 2015, S. 417-434.

100 Vgl. Terkessidis, *Kulturkampf.*

nächst den Anschein haben mag. Kurz gesagt: Die Kulturkommunitaristen bewegen sich *im Innern* der globalen Struktur der Gesellschaft der Singularitäten – und opponieren häufig (aber nicht zwangsläufig) *gegen* deren dominante Hyperkultur. Es ergeben sich hier Kulturkonflikte, welche die Form von Konflikten *um* die Kultur annehmen.

Wir haben gesehen, dass und wie die Spätmoderne generell und auf verschiedensten Ebenen gegen die sinnhafte und sinnliche Armut des formalen Rationalismus jene Elemente fördert, die mit einem starken kulturellen Anspruch auf Wert, Besonderheit, Affektivität und Authentizität auftreten. Zunächst verstärken die Kulturkommunitaristen der ethnischen, religiösen und nationalen Gemeinschaften genau eine solche Struktur. Diese kulturellen Communities sind damit keine antimodernen Fremdkörper, sondern ein genuiner und konsequenter Bestandteil der Gesellschaft der Singularitäten. Wir haben ja gesehen, inwiefern Neogemeinschaften eine für die Spätmoderne charakteristische Form des Sozialen sind, und zwar neben den Singularitätsmärkten und den heterogenen Kollaborationen. Sie bilden ihrerseits eine singularistische Sozialität, mehr noch: Auch die kulturellen und essenzialistischen Gemeinschaften bewegen sich zu großen Teilen auf kulturellen Märkten; Identitätspolitik, Kulturnationalismen, Rechtspopulismen und so manche religiöse Fundamentalismen sind alles andere als ausschließlich mit sich selbst beschäftigte Subkulturen, sondern sie konkurrieren mit Gütern, Waren und anderen politischen Instanzen auf jenem Sichtbarkeitsmarkt, den wir in Zusammenhang mit der *creative economy* und den digitalen Medien ausführlich betrachtet haben. Sie alle werben auf einem globalen Markt der Identitäten um Attraktivität und Anhänger.

Zugleich bezeichnet das Modell der Kombinierbarkeit und Hybridisierbarkeit der Kultur durch das sich selbst verwirklichende Individuum, wie es den Lebensstil der neuen Mittelklasse auszeichnet und auf das die *creative economy* zugeschnitten ist, das Gegenteil dessen, was die Essenzialisten als Kulturmodell beanspruchen, nämlich die homogene Gemeinschaft, in die sich das Individuum als Glied einfügt.[101] Die Hyper-

101 Allerdings eröffnet sich noch eine zweite Möglichkeit: Die partikulare Gruppenidentität kann zu einer nichtexklusiven und damit kombinationsfähigen werden. Die Communities sind dann nichtessenzialistisch und im Sinne einer *super-diversity* können Subjekte an mehreren Kollektiven teilnehmen, die einander nicht ausschließen. Dies ist eine Konstellation, die nicht mehr dem Idealtypus der Neogemeinschaft entspricht, sondern dem, was ich oben heterogene Kollaboration genannt habe.

kultur als Synthese von Selbstverwirklichung und Markt wird damit zum strukturellen Gegner der Kulturkommunitaristen. Dem *singulären Individuum* der Hyperkultur steht die *singuläre Gemeinschaft* des Kulturessenzialismus gegenüber, der Mobilität der Valorisierung in einem unendlichen Raum kultureller Elemente der Versuch der Fixierung der Valorisierung durch Innen-Außen-Antagonismen, dem Kreativitätsdispositiv steht das Regime des Alten und dem Modell der Unbegrenztheit positiver Affektivitäten das offensive Spiel mit negativen Affektivitäten gegenüber.

Die kulturessenzialistischen Bewegungen lassen sich so generell als eine kritische Reaktion auf die Hyperkultur und als Gegenbewegung zur Struktur kompetitiver Singularitäten interpretieren, und zwar in zwei Hinsichten: Zum einen kann man sie als eine Antwort auf die systematischen Enttäuschungserfahrungen der Hyperkultur, also als eine praktische *Kulturkritik* an deren Lebensstil deuten. Die subjektiven Enttäuschungen, welche die Kultur der Selbstverwirklichung, die Hyperkompetitivität der Singularitätsmärkte und das Kreativitätsdispositiv hervorrufen können, werden mit einem radikalen Gegenmodell gekontert, das auf antiindividuelle Gemeinschaft, Egalität und Tradition setzt. Die Kulturkommunitaristen versprechen »unverbrüchliche« kollektive Identitäten, welche die mobile Hyperkultur so nicht anzubieten vermag. Unter bestimmten Umständen kann dann paradoxerweise der singulären Identität eines Individuums mit Hilfe des Kulturkommunitarismus eine zusätzliche, befriedigende Identitätsschicht hinzugefügt werden (Schotte, Latina, Baptist, Salafist etc.)

Zum anderen lassen sich die Kulturessenzialismen als eine *Mobilisierung der Peripherien* gegen das Zentrum deuten: In Gestalt der ethnischen Communities von Migranten oder Indigenen formiert sich wie bei den religiösen Fundamentalisten und bei den Rechtspopulisten sowie – wenn auch in anderer Weise – in den antiwestlichen Kulturnationalismen eine nationale wie globale vielgestaltige soziale, politische und kulturelle – sich selbst so verstehende – Peripherie gegen das Zentrum, das heißt gegen jene ökonomische, technologische, sozialstrukturelle und kulturelle Struktur, die Thema dieses Buches ist. Es ist nicht verwunderlich, dass es in den westlichen Gesellschaften insbesondere Milieus aus der alten Mittelklasse und der neuen Unterklasse sind, aus denen der Kulturessenzialismus und -kommunitarismus Unterstützung erfährt, also von jenen Gruppen, die sozial und kulturell in der Spätmoderne in die Defensive geraten sind.[102] Die Kulturessenzialismen werden so zu kulturellen Werkzeugen im Kampf gegen den apertistischen Liberalismus und in Auseinandersetzung mit den Kränkungs- und Enttäuschungserfahrungen, die man auf ihn zurückführt.

Bezogen auf die politische Ebene im engeren Sinne, erweist sich das Verhältnis zwischen dem Kulturkommunitarismus und dem apertistisch-differenziellen Liberalismus freilich als mehrdeutig. Zunächst gab es unter bestimmten Bedingungen die Möglichkeit einer Symbiose zwischen beiden: Dies ist das Modell des liberalen Multikulturalismus. Indem der Linksliberalismus offensiv auf eine Öffnung von Identitäten und auf kulturelle Diversität setzt, ermutigt er partikulare Identitätsgemeinschaften. Ethnische Gemeinschaften, regional-nationale Bewegungen und teilweise auch religiöse Gruppen können in diesem Rahmen nicht nur Toleranz erwarten, sondern aktive Unterstützung als die Gesamtgesellschaft bereicherndes kulturelles Erbe.[103] Die »Identitätspolitik« – etwa der amerikanischen Schwarzen oder der kanadischen Québecois – stand in einer ersten Phase damit *nicht* in Konfrontation zum differenziellen Liberalismus, sondern bewegte sich im Gegenteil in dessen Rahmen. Der Multikulturalismus in diesem anspruchsvollen Sinne setzt allerdings voraus, dass sich die kulturellen Communties in den allgemeinen rechtlich-kulturellen Rahmen liberaler Politik einfügen, in dem sie dann gleichberechtigt und respektvoll nebeneinander existieren.

Diese Koexistenz von Liberalismus und Kulturkommunitarismus ist sicherlich nicht verschwunden, aber hat sich seit der Jahrtausendwende international größtenteils in einen Antagonismus verwandelt. Kulturessenzialisten formieren sich national und international teilweise offensiv in Opposition zum politischen Liberalismus. Dies gilt für den Rechtspopulismus, für den staatlichen Kulturnationalismus und für manche Versionen des religiösen Fundamentalismus, indirekt auch für jene ethnischen Gemeinschaften, die sich kulturell abschließen. Hier wird der grundsätzliche Antagonismus zwischen den beiden Modellierungen des Sozialen und des Kulturellen manifest: Subjektive Persönlichkeitsentfaltung und der Markt kultureller Güter stehen einer Homogenisierung von Gemein-

102 Dieser Zusammenhang ist belegbar sowohl für den religiösen Fundamentalismus als auch für den Rechtspopulismus vgl. Fn. 86 und 99 in diesem Kapitel.

103 Dazu hat es eine breite philosophische Debatte gegeben, vgl. nur Charles Taylor, *Multikulturalismus und die Politik der Anerkennung*, Frankfurt/M. 1993.

schaften, die hybride Kombinierbarkeit der Kultur der Voraussetzung einer strikten Ingroup-Outgroup-Differenz gegenüber. Damit ergeben sich im Übrigen auch überraschende Bündnisse zwischen verschiedenen Kulturessenzialisten, die sich mit Blick auf den Gegner einig sind, beispielsweise eine Internationale des Rechtspopulismus gegen eine liberale Außenpolitik oder ein Bündnis zwischen verschiedenen fundamentalistischen Glaubensgemeinschaften gegen eine liberale Familienpolitik. Das Verhältnis der Kulturessenzialisten zueinander ist dann häufig von einem Ethnopluralismus geprägt. Der Feind sind weniger die anderen Nationen oder Religionsgemeinschaften, sondern bekämpft wird jene politische Struktur, die feste kulturelle Kollektive verflüssigt: der apertistische und differenzielle Liberalismus.[104]

Die offene Frage lautet damit zu Beginn des 21. Jahrhunderts, wie der apertistisch-differenzielle Liberalismus auf die Opposition von Seiten der Kulturessenzialisten reagiert, ob er in die Offensive geht, einen Abwehrkampf führt, selbst verschwindet oder sich in eine neue Richtung transformiert. Tatsächlich ist jedes politische Paradigma zeitlich begrenzt, es antwortet auf eine bestimmte Probemlage, mit der veränderten gesellschaftlichen Situation ist seine Fähigkeit zur Problemlösung nach einer gewissen Zeit jedoch erschöpft. Es ist daher nicht verwunderlich, dass innerhalb des apertistischen Liberalismus neben Tendenzen unbeirrter Konfliktfähigkeit solche der Selbstkritik zu beobachten sind, und zwar sowohl in seinem linksliberalen wie seinem wirtschaftsliberalen Strang. Das linksliberale Ziel der kulturellen Diversität wird kritisch unter die Lupe genommen, sobald deutlich wird, dass Kulturessenzialisten wie ethnische oder religiöse Communties häufig mehr sind als fügsame partikulare Gemeinschaften in einer Landschaft kultureller Vielfalt, sondern dass einige von ihnen liberale Grundstrukturen des Sozialen in Frage stellen. Aus dem Innern der liberalen Politik hat sich daher eine Kritik am »Ethno-Kult« und am »Separatismus der Kulturen« ausgebildet.[105]

Hier stellt sich die Frage nach einem erneuerten politischen Modell von Kultur, das sich nicht nur gegen den Partikularismus der Gemein-

104 Eine solche Gefechtslage wird etwa auch bei Aleksandr Dugin proklamiert, vgl. Dugin, *Vierte politische Theorie*.

105 Vgl. etwa Arthur Schlesinger, *The Disuniting of America. Reflections on a Multicultural Society*, New York 1998; zu dieser Debatte auch Guibernau, *Identity of Nations*, Kap. 3 und Kap. 7. Siehe auch der vieldiskutierte Kommentar von Mark Lilla, »The End of Identity Liberalism«, in: *The New York Times*, 18.11.2016.

schaften stellt, sondern auch eine politische Alternative zum Modell der Hyperkultur, wie es die *creative economy* und den Mittelklasse-Lebensstil prägt, auf den Weg bringt. Debatten um »kulturelle Integration«[106] und das wahrgenommene Desiderat einer an universalen, gruppenübergreifenden Praktiken und Werten orientierten Politik weisen darauf hin, dass die liberale Reflexion eines politisch angemessenen Kulturmodells nicht an ein Ende gekommen ist. Hier geht es auch um die Aufgabe, wie das Gemeinsame und Kollektive als Bezugspunkt der Kultur, das so zentral für den Kulturkommunitarismus ist, nicht diesem allein überlassen wird, sondern von den heterogenen Nationalgesellschaften der Spätmoderne in einer Weise angeeignet werden kann, die den Pluralismus bewahrt und doch über das Konsummodell der Hyperkultur hinausgeht.[107]

Zugleich stößt offenkundig auch der neoliberale Zweig des apertistisch-differenziellen Liberalismus, das Modell des innovationsorientierten Wettbewerbsstaates, an seine Grenzen.[108] Dies wird paradoxerweise gerade im Zusammenhang mit dem Aufschwung des Kulturkommunitarismus deutlich. Der Liberalismus der grenzenlosen Märkte hat die Mechanismen der postindustriellen Ökonomie noch forciert und daher deren Tendenz zu einer Polarisierung zwischen hoch- und geringqualifizierten Arbeitsformen, zwischen sozialkulturellen Aufsteigern und Absteigern, zwischen Boomregionen und schrumpfenden Regionen weiter entfesselt. Im Zusammenhang dieser sozialen und kulturellen Polarisierung der Klassen und Lebensperspektiven suchen gerade einzelne Segmente aus jener neuen Unter- und alten Mittelklasse, die Entwertungserfahrungen ausgesetzt sind und sich an die Peripherie gedrängt sehen, Rückhalt in Kulturessenzialismen diverser Art. Der Aufschwung des Kulturessenzialismus ist eben auch als ein Aufstand jener Peripherien zu lesen, zu deren Entstehung die Politik des apertistisch-differenziellen Liberalismus selbst indirekt und unbeabsichtigt ihren Beitrag geliefert hat. Die politische Herausforderung des Liberalismus lautet dann, wie dieser nicht nur dem Kulturessenzialismus in seinen verschiedenen Spielar-

106 Vgl. Dieter Thränhardt, »Integrationsrealität und Integrationsdiskurs«, in: *Aus Politik und Zeitgeschichte* 46-47 (2010), S. 16-21.

107 Vgl. hierzu Terry Eagleton, *The Idea of Culture*, Oxford 2000.

108 Diese kritische Debatte um den Neoliberalismus hat sich insbesondere seit der Finanzkrise 2008 intensiviert, vgl. beispielhaft nur Thomas Piketty, *Das Kapital im 21. Jahrhundert,* München 2014; Wolfgang Streeck, *Gekaufte Zeit. Die vertagte Krise des demokratischen Kapitalismus,* Berlin 2015.

ten unmittelbar in der politischen Auseinandersetzung begegnet, sondern auch und gerade wie er auf die sozialen und kulturellen Entwertungsprozesse antwortet, die dessen Entstehung begünstigt haben und weiter begünstigen.[109]

Politik der Gewalt – Terror und Amok als Zelebrierung des singulären Aktes

Zum Abschluss dieses Kapitels will ich noch einen kurzen Blick auf eine weitere Variante werfen, in der sich das Politische in der Spätmoderne manifestiert: Terrorakte und Amokläufe. Seit dem spektakulären Flugzeug-Attentat durch al-Qaida auf das New Yorker World Trade Center im Jahr 2001 wird man global Zeuge immer neuer terroristischer Anschläge, vor allem durch fundamentalistisch-islamistische Netzwerke wie den IS, aber auch durch Rechtsradikale (wie beim Anschlag in Norwegen im Jahr 2011). Ein strukturell damit verwandtes Phänomen sind die zahlreichen Amokläufe, vor allem durch jugendliche Täter, die man seit der Tat in der Columbine-Highschool im US-Bundesstaat Colorado 1999 international verzeichnen kann.[110] Die beunruhigende Nachricht lautet: Ein Signum der Spätmoderne ist die Politik der Gewalt.

Zunächst mag nicht unmittelbar einleuchten, was an diesen Taten politisch sein soll. Und in der Tat wären sie unpolitisch, wenn man Politik allein mit staatlicher Regierung und dem Ziel identifiziert, Gesellschaft zu gestalten. In einem elementaren Sinne handelt das Politische jedoch vom Umgang mit physischer Gewalt und vom modernen Staat als jener Instanz, die das Monopol legitimer Gewaltanwendung für sich beansprucht. Sowohl Terroranschläge als auch Amokläufe setzen nun jedoch gezielt und für eine breite Öffentlichkeit sichtbar dieses staatliche Ge-

109 Zu einer solchen Diskussion vgl. David Goodhart, *The Road to Somewhere. The Populist Revolt and the Future of Politics*, London 2017.

110 Vgl. zum Terror Thomas Kron, *Reflexiver Terrorismus*, Weilerswist 2015; Michael Frank, Kirsten Mahlke (Hg.), *Kultur und Terror. Zeitschrift für Kulturwissenschaften* 1 (2010); zum Amok vgl. Heiko Christians, *Amok. Geschichte einer Ausbreitung*, Bielefeld 2008; sowie Joseph Vogl, »Der Amokläufer«, in: Daniel Tyradellis (Hg.), *Figuren der Gewalt*, Zürich 2014, S. 13-18; insgesamt zu diesem Thema Martin Altmeyer, *Auf der Suche nach Resonanz. Wie sich das Seelenleben in der digitalen Moderne verändert*, Göttingen 2016, S. 135ff.

waltmonopol außer Kraft. Hier ist Gewalt nicht Mittel zum Zweck (wie bei Raub oder Mord), hier handelt es sich um demonstrative Gewalt. Während Terroranschläge dabei mit einem im engeren Sinne politischen Motiv verknüpft sind, verbleiben die Amokläufe zunächst im Bereich persönlicher Motive. Entscheidend für beide sind jedoch nicht die Intentionen, es ist ihre politische *Konstellation*. Und diesbezüglich liefert die Gesellschaft der Singularitäten die Struktur: Es handelt sich um Gewaltdemonstrationen, die zum Schrecken des Publikums den sozialen Ausnahmezustand inszenieren.

Grundsätzlich ist mit den singulären Gewaltdemonstrationen die Frage nach der Gewaltstruktur der Moderne berührt. Norbert Elias hat in seiner Theorie der Gewalt die Moderne als einen Prozess der immer stärkeren staatlichen und gesellschaftlichen Regulierung von Gewalt und Zivilisierung negativer Affekte beschrieben. Genauer kann man jedoch sagen: die Moderne setzt die strukturelle Gewalt ihrer Institutionen ein, um die individuelle Gewalt zurückzudrängen.[111] Die spätmoderne Gesellschaft seit den 1970er Jahren kann man zunächst als einen Höhepunkt dieses Prozesses interpretieren. Der linksliberale Zweig des neuen Liberalismus, aber auch – damit vernetzt – die Transformation der postindustriellen Arbeitswelt in Richtung von Projekten und Netzwerken sowie der Wandel der Erziehung hin zu einer *concerted cultivation* des Kindes haben eine erhöhte Sensibilität für jene physischen und psychischen Gewaltmomente geschaffen, die die klassische Moderne noch »übrig gelassen« hatte. Auch diese sollen nun eingehegt werden.[112]

Die spätmoderne Kultur scheint so gesehen als der Gipfel gesellschaftlicher Pazifizierung. Sie ist zwar einerseits in ihrer Interaktionspraxis deutlich informeller als die bürgerliche und die organisierte Moderne, diese Deregulierung des Verhaltens setzt jedoch eine umso stärkere Internalisierung von Gewalt- und Aggressionslosigkeit seitens der Subjekte voraus.[113] Vor dem Hintergrund dieses spätmodernen Ideals der Gewaltlosigkeit umso verstörender sind nun die singulären Gewaltdemonstrationen von

111 Vgl. Norbert Elias, *Über den Prozeß der Zivilisation. Soziogenetische und Psychogenetische Untersuchungen* [1939/1969], Frankfurt/M. 1990; andererseits: Zygmunt Bauman, *Moderne und Ambivalenz. Das Ende der Eindeutigkeit*, Hamburg 1992.

112 Dies betrifft etwa Gewalt in der Ehe, zwischen Eltern und Kindern, diskriminierende verbale Gewalt, Belästigung/Mobbing etc.

113 Vgl. Cas Wouters, *Informalisierung. Norbert Elias' Zivilisationstheorie und Zivilisationsprozesse im 20. Jahrhundert*, Opladen 1999.

Terror und Amok. Man könnte es zugespitzt so formulieren: Sie bringen ein Betriebsgeheimnis der Spätmoderne auf schmerzhafte Weise zu Bewusstsein. Ihre Hyperkultur, ihr Postindustrialismus von Wissens- und Kulturökonomie, ihr kuratierter Lebensstil, ihre Geschlechtergleichberechtigung, ihre Märkte und Projekte, ihre liberale Politik – all dies *setzt* eine pazifizierte Gesellschaft und eine extreme psychische Selbstkontrolle der Individuen in ihrem Alltag stillschweigend *voraus*; und diese Voraussetzung wird vom Terror und Amok spektakulär in Frage gestellt.

Diese Gewaltdemonstrationen, das wird bei näherer Betrachtung deutlich, machen sich die Mechanismen des medial gestützten kulturell-affektiven Sichtbarkeitsmarktes für Singularitäten zunutze und wären ohne sie in dieser Form gar nicht denkbar.[114] Dabei spielen drei Instanzen eine Rolle: die Täter, die Opfer und das Publikum. Im Unterschied zu trivialer Kriminalität, die im Geheimen operiert, handelt es sich hier nämlich um Akte, die vor einem und für ein Publikum stattfinden: nicht ein persönlich bekanntes, sondern das anonyme Publikum der (gegebenenfalls globalen) Gesamtgesellschaft, das sich über die – nun insbesondere digitalen – Medien erreichen lässt. Die Opfer sind dabei keine gezielt gewählten, sondern zufällige Opfer. Damit wird dem Publikum eine Identifikation mit den Opfern nahegelegt, die als Stellvertreter erscheinen: Im Prinzip könnte es jeden treffen, und im Prinzip ist jeder gemeint. Die Gewalttaten von Terror und Amok lassen sich insofern als singuläre Akte verstehen, als sie einzigartig sind und die pazifizierte Ordnung des Allgemeinen durchbrechen. In einer Kultur der Gewaltlosigkeit (und der strukturellen Gewalt) ist der öffentlich sichtbare und gewollte physische Gewaltakt im wahrsten Sinne *außerordentlich*. Zugleich handelt es sich nicht um beliebige Gewalttätigkeiten, sondern um Akte, denen Einzigartigkeit aufgrund ihrer exzessiven Grausamkeit, der mit ihnen verbundenen extremen Demütigung sowie ihres atemstockend maliziösen Settings zukommt: das architektonische Wahrzeichen der kapitalistischen Moderne im kulturhybriden Schmelztiegel par excellence, sozialdemokratische Jugendliche auf einer Ferieninsel oder ausgelassen feiernde Besucher eines Popkonzerts in einem urbanen Szenevier-

114 Zu einer Soziologie der Gewalt, die diese nicht sogleich sozialstrukturell erklärt, sondern in ihrer immanenten Form ernst nimmt, vgl. auch Trutz von Trotha, »Zur Soziologie der Gewalt«, in: ders. (Hg.), *Soziologie der Gewalt* (= Sonderheft 37 der *Kölner Zeitschrift für Soziologie und Sozialpsychologie*), Wiesbaden 1997, S. 9-56.

tel.[115] Die singulären Gewalttaten gewinnen ihre Einzigartigkeit aus dem spektakulären Übermaß choreografierter Massaker.

Wie auf allen Sichtbarkeitsmärkten ist es natürlich auch hier am Ende das Publikum, das singularisiert, und sein diesbezügliches Kriterium ist die Intensität des Affektes. Die Gewaltdemonstrationen fügen sich in ebendiese Struktur ein: Sie zielen darauf ab, Sichtbarkeit dadurch zu erzeugen, dass sie affizieren – nun aber durch *negative* Affektivität in extremem Ausmaß. Man macht sich damit die Logik der spätmodernen Sichtbarkeitsmärkte zunutze und pervertiert sie zugleich: Nun ist es nicht das bewunderte, das interessante oder originelle Besondere, sondern das erschreckende und abstoßende Besondere, das den Blick auf sich zieht. Die spätmoderne Positivkultur der Affektivität wird damit durch einen Akt obszöner Grausamkeit durchbrochen. Es gilt: In einer Positivkultur der Affekte berührt nichts so stark wie übermäßige Negativität, das Publikum sieht sich nachgerade gezwungen, die abscheuliche Grandiosität der Tat zu zertifizieren. Damit werden die Gewaltinszenierungen von Terror und Amok zu *negativen Singularitäten*, gehören also zu einer Gattung, die wir bereits kennengelernt haben, nämlich als Gegenbilder des Attraktiven bei jenen Subjekten, Objekten oder Orten, die außerhalb der Zone der akzeptierten Singularitäten der Hyperkultur angesiedelt sind und zugleich missbilligende oder mitleidige Aufmerksamkeit auf sich ziehen.[116] Im Falle der Subjekte der Gewaltinszenierungen liegen die Dinge jedoch anders: Es handelt sich bei ihnen um *selbstbewusste* negative Singularitäten, die es gezielt darauf angelegt haben, eine negativ bewertete Tat zu begehen. Sie sind gerade keine Gegenstände des Mitleids von anderen. Sie zelebrieren ihre Abweichung, sind »lachende Täter«.

Die Gewaltdemonstrationen haben eine eigentümliche Form, indem sie sich nicht außerhalb, sondern innerhalb der gesellschaftlichen Prozesse der Kulturalisierung und Valorisierung bewegen. Gängigerweise ist (physische) Gewalt ein Mittel zum Zweck; mit seiner Hilfe soll ein Ziel erreicht werden (Inbesitznahme fremden Eigentums, Eroberung eines Territoriums etc.). Anders die spätmoderne Gewaltinszenierung von Terror und Amok: Hier ist die Gewalttat Selbstzweck und damit in verstörender Weise eine kulturelle Praxis. Es gilt in diesem Fall, was Walter Benjamin

115 Gemeint sind neben dem Anschlag auf das World Trade Center 2001 das Massaker auf der Insel Utøya 2011 und der Anschlag im Pariser Club Bataclan 2015.

116 Vgl. Kap. IV.2, S. 267.

über Gewalt schreibt: dass sie »nicht Mittel, sondern Manifestation« ist.[117] Als Kulturpraxis hat sie eine narrativ-hermeneutische Dimension, indem eine Vergeltungsgeschichte erzählt wird (die Eliminierung derjenigen, die das Abendland zu Grunde richten, der höhnische Triumph der Zukurzgekommenen etc.), sie hat im Sinne einer partikularen Vergeltungsethik eine »ethische« Dimension (die Rache am Westen oder an den Institutionen, die einen nie ernst genommen haben beispielsweise) und sie hat eine »ästhetische« und gestalterische Dimension im Sinne einer Inszenierung, welche die sinnliche Wahrnehmung des Publikums auf verstörende Weise fesselt. Die Gewaltdemonstrationen zirkulieren somit nicht in der Sphäre von Nutzen und Funktion, sondern in jener der Wertzuschreibung. Wenn es aber ein Phänomen gibt, dem in der Kultur der Spätmoderne ein dezidiert *negativer* Wert zugeschrieben wird, dann ist es die Gewalt.[118] Terror und Amok provozieren damit, dass sie mit irreversiblen Folgen das in der zivilen Spätmoderne am meisten Verabscheute tun und dabei (in der Regel durch den Suizid der Täter) ungesühnt bleiben.

Auf diese Weise erlangt, wie schon oben angedeutet, nicht nur der Akt Singularitätsstatus, sondern der Täter selbst. Der Amokläufer oder Terrorist war vorher ein sozial Marginalisierter, durch die spektakuläre Tat gewinnt er auf seine Weise jedoch jene »zehn Minuten Ruhm«, von denen Andy Warhol als Motiv des spätmodernen Subjekts sprach. Es handelt sich gewissermaßen um einen *negativen Heroismus* des Täters, der nun seine Allmacht in der Vernichtung beliebiger Opfer demonstriert. Die bisher Übersehenen zwingen dazu, dass man den Blick auf sie richtet. Das Ergebnis ist eine Anerkennung negativer Grandiosität (im Kreis der eigenen »Sympathisanten« zugleich jedoch Verehrung und Bewunderung). Es liegt nahe, die Frage, warum gerade bestimmte Täter aus bestimmten Motiven zu Terroristen oder Amokläufern werden, mit Verweis auf die strukturellen Bedingungen der Gesellschaft der Singularitäten zu beantwor-

117 Vgl. Walter Benjamin, »Zur Kritik der Gewalt« (1921), in: ders., *Gesammelte Schriften*, Bd. II.1, Frankfurt/M. 1991, S. 179-203, hier: S. 197.

118 Genau aus diesem Grunde ist Gewalt wohl auch medial, popkulturell und künstlerisch seit den 1980er Jahren von einer starken öffentlichen Präsenz – ob es um Berichte über Kindesmissbrauch geht, um bestimmte Computerspiele oder schließlich um das Interesse des Films an Gewaltphänomenen (von populären Action-Filmen bis hin zu ästhetisch raffinierten Darstellungen wie in den Filmen von Michael Haneke oder Quentin Tarantino).

ten. Die Täter rekrutieren sich aus dem Kreis der soziokulturellen »Verlierer« dieser Gesellschaft: Auf der Seite des Amoks haben wir es meist mit persönlich gekränkten, westlichen Mittelklasse-Jugendlichen zu tun, denen im kulturellen Spiel der »erfolgreichen Selbstverwirklichung« die Position des Versagers zukommt; auf der Seite des Terrors handelt es sich meist um Personen, die sich vor dem Hintergrund so empfundener sozialer und kultureller Deklassierung mit dem religiösen oder politisch-radikalen Kulturessenzialismus identifizieren und sich in seinem Namen an einem Kreuzzug gegen die Hegemonie des Westens beteiligen. Gewalt kann für die Täter so zu einer »attraktiven Lebensform«[119] werden, indem sie verspricht, sie vom Opfer in den negativen Helden zu verwandeln. Wenn die Hyperkultur der Spätmoderne eine Kultur des Attraktiven ist, dann gewinnt demonstrative Gewalt für jene aus dem Schatten der Aufmerksamkeit und Wertschätzung ihre eigene Anziehungskraft. Mit ihr befolgt man die Regeln der Gesellschaft der Singularität – und verkehrt zumindest für einen Moment ihre Ordnung der Gewalt.

119 Diese treffende Formulierung stammt von Jan Philipp Reemtsma, vgl. ders., *Gewalt als Lebensform. Zwei Reden*, Stuttgart 2016. Umgekehrt gibt es aber in der Spätmoderne durchaus auch einen Singularismus der (anerkannten) Opfer, vgl. dazu Klaus Günther, »Ein Modell legitimen Scheiterns – Der Kampf um Anerkennung als Opfer«, in: Axel Honneth, Ophelia Lindemann, Stephan Voswinkel (Hg.), *Strukturwandel der Anerkennung. Paradoxien sozialer Integration in der Gegenwart*, Frankfurt/M. 2012, S. 185-248.

Schluss: Die Krise des Allgemeinen?

Die spätmoderne Gesellschaft der Singularitäten ist eine Herausforderung – soziologisch und politisch. Indem sie die gesellschaftliche Relation zwischen dem Allgemeinen und dem Besonderen radikal neujustiert, erschüttert sie Grundstrukturen und Gewissheiten dessen, was bisher die Moderne ausgemacht hat. Dies muss die Soziologie provozieren, die als eine wissenschaftliche Disziplin der industriellen Moderne entstand und lange in diesem Rahmen ihre Grundbegriffe gefunden hat. Dies muss ebenso den politischen Diskurs auf die Probe stellen, der lange vom »Projekt der Moderne« und dessen Idee eines allgemeinen Fortschritts zehrte.

Wir haben es gesehen: Seit dem letzten Drittel des 20. Jahrhunderts findet eine Neukonfiguration der Formen der Vergesellschaftung statt. Die soziale Logik der Singularitäten erlangt eine strukturbildende Kraft in der Ökonomie, in den Technologien und der Arbeitswelt, in den Lebensstilen und den Alltagskulturen sowie in der Politik, während der in der klassischen Moderne dominanten sozialen Logik des Allgemeinen nurmehr die Rolle einer ermöglichenden Infrastruktur zukommt. In den Prozessen der Singularisierung findet alles andere als eine »Freisetzung des Individuellen« statt, vielmehr handelt es sich um eine – praxeologisch genau analysierbare – hochdynamische soziale Fabrikation von Einzigartigkeiten auf der Ebene von Objekten, Subjekten, Ereignissen, Orten und Kollektiven. Singularitäten sind nichts Vorsoziales, vielmehr bilden sich um sie herum komplizierte singularistische Vergesellschaftungsformen, in denen Einzigartigkeiten hergestellt und beobachtet, valorisiert und angeeignet werden. Das vorgeblich »Individuelle«, ein Mythos der Moderne, wird mit dem Blick auf Singularisierungsprozesse somit zwar nicht entlarvt, aber entzaubert – was die *be*zaubernde Wirkung der Singularitäten in der sozialen Welt keineswegs beeinträchtigt. Die Gesellschaft der Singularitäten wird im Hintergrund weiterhin durch formale, emotionslose Rationalisierungen ermöglicht, im Vordergrund freilich ist sie eine Kulturgesellschaft in Gestalt einer Hyperkultur, die immer wieder durch Kulturessenzialismen herausgefordert wird und ein Generator von gesellschaftlich zirkulierenden Affekten ist. Die Kulturökonomisierung mit ihren Aufmerksamkeits- und Valorisierungsmärkten für kulturelle Singularitätsgüter ist die dominante Form des Sozialen in der Spätmoderne: Dinge und Dienstleistungen werden hier ebenso zu Einzigartigkeitsgütern, die um Sichtbarkeit und Wertzuschreibung kämpfen, wie Subjekte auf der Suche nach Arbeitsplätzen, Partnern oder allgemeiner Anerkennung, Städte und Regionen ebenso wie Schulen, Religionsgemeinschaften oder eben auch Terrorgruppen. Heterogene Kollaborationen, etwa Projekte und Netzwerke, und Neogemeinschaften religiöser, ethnischer oder politischer Art sind die beiden alternativen Formen, die das Soziale im Rahmen einer singularistischen Logik annehmen kann und die sich teilweise mit der Kulturökonomisierung verquicken, teilweise mit ihr konkurrieren.

Die Frage ist berechtigt, ob die Gesellschaft der Singularitäten überhaupt noch ein Teil der Moderne ist oder ob sie nicht vielmehr unterwegs zu etwas ganz Anderem ist, zu einer nachmodernen Formation. Tatsächlich wäre es ebenso naiv wie kurzsichtig, zu meinen, die Ende des 18. Jahrhunderts aufs Gleis gesetzte Moderne westlicher Prägung sei das »Ende der Geschichte«, so wie es von Hegel über Kojève bis Fukuyama suggeriert wurde.[1] Die Moderne ist schließlich keine Universalie, sondern selbst durch und durch geschichtlich; sie hat nicht nur eine Entstehungs- und Verlaufsgeschichte, sondern sie wird irgendwann auch eine Geschichte des Verschwindens und der Transformation in andere, ihr nachfolgende Gesellschaftsformationen haben.

Gegenwärtig gibt es allerdings gute Gründe, weiterhin von der Spät*moderne* zu sprechen. Abgesehen von bestimmten institutionellen Pfaden, auf denen sich die westlichen Gesellschaften seit ungefähr 250 Jahren bislang fast durchgängig bewegen – Markt, Parlamentarismus, Recht, Wissenschaft etc. –, ist für die gesamte Moderne das kennzeichnend, was ich in diesem Buch behandelt habe, nämlich die Relation zwischen einer sozialen Logik des Allgemeinen und einer des Besonderen als *das* zentrale Problem der modernen Gesellschaft. Die Moderne ist von Anfang an eine Gesellschaft der Extreme, denn sie radikalisiert und systematisiert die Orientierung des Sozialen am Allgemeinen und die am Singulären in einer jeweils historisch beispiellosen Weise. Die Spätmoderne, von der in diesem Buch die Rede war, hat begonnen, die zuvor sekundäre Logik der Singularisierung erstmals zu einer breitflächig strukturbildenden Kraft zu erheben. Der Bruch von der industriellen Moderne zur Gesell-

1 Vgl. Francis Fukuyama, *The End of History and the Last Man*, New York 1992 (dt.: *Das Ende der Geschichte. Wo stehen wir?*, München 1992).

schaft der Singularitäten hat nun einen grundsätzlichen Effekt: Er bringt das ins Wanken, was die klassische Moderne vom Ende des 18. Jahrhunderts bis in die 1970er Jahre geprägt und begleitet hat, nämlich das normative Ideal eines gesellschaftlichen Fortschritts – das »Projekt der Moderne«.[2] Aber inwiefern?

Zum *Ersten* ist in der Gesellschaft der Singularitäten die »große Erzählung« des politischen Fortschritts in mancher Hinsicht von den »kleinen Erzählungen« des (privaten) Erfolgs und des (privaten) guten Lebens abgelöst worden. Paradigmatisch dafür ist das auf erfolgreiche Selbstverwirklichung ausgerichtete Lebensführungsmodell der neuen Mittelklasse, das wir im Detail betrachtet haben: Normative Ideale werden hier gewissermaßen auf der Ebene des Besonderen realisiert, nicht auf der des Allgemeinen. Zum *Zweiten* ist die Zeitstruktur der spätmodernen Gesellschaft, und zwar sowohl was ihre sozialen Felder als auch ihre Lebensformen betrifft, grundsätzlich an der Gegenwart orientiert, so dass jene systematische Zukunftsbearbeitung, wie sie für eine Fortschrittsgesellschaft charakteristisch ist, »zurückgebaut« wird. In der Spätmoderne herrscht ein radikales Regime des Neuen, das zugleich momentanistisch ist, sich also nicht an langfristiger Innovation und Revolution orientiert, sondern an der Affektivität des Jetzt.[3]

Zum *Dritten* kann die Frage, ob die Spätmoderne gegenüber der industriellen Moderne tatsächlich einen gesellschaftlichen Fortschritt bedeutet, offenbar gar nicht mehr allgemeingültig beantwortet werden. Im Zuge der Transformation von der industriellen Moderne zur Spätmoderne haben sich in verschiedenen Gruppen der westlichen Gesellschaften nämlich Gewinne und Verluste, Fortschritt und Regression, Aufwertungen und Entwertungen ungleich verteilt – zwischen Hochqualifizierten und Geringqualifizierten, zwischen Kreativen und Arbeitern, zwischen Männern und Frauen, zwischen Einheimischen und Migranten, zwischen Hetero- und Homosexuellen, zwischen Kosmopoliten und Sesshaften, zwischen Metropolen- und Landbewohnern, Extrovertierten und Intro-

2 Vgl. Reinhart Koselleck, »Fortschritt«, in: Otto Brunner, Werner Conze, ders. (Hg.) *Geschichtliche Grundbegriffe*, Bd. 2, Stuttgart 1975, S. 351-423; Jürgen Habermas, »Die Moderne – ein unvollendetes Projekt«, in: Wolfgang Welsch (Hg.), *Wege aus der Moderne. Schlüsseltexte der Postmoderne-Diskussion*, Stuttgart 1988, S. 177-192.

3 Vgl. auch John Urry, *Sociology beyond Societies. Mobilities for the Twenty-first Century*, London, New York 2000; diesen Aspekt habe ich ausführlich entwickelt in *Die Erfindung der Kreativität. Zum Prozess gesellschaftlicher Ästhetisierung*, Berlin 2012.

vertierten, Lebensqualität- und Lebensstandardanhängern, Individuen mit speziellen Talenten und »Generalisten«, verschiedenen Alterskohorten etc., etc. In den mannigfachen Überschneidungen dieser Kategorien ergeben sich damit im gesellschaftlichen Wandel der letzten vierzig Jahre ganz verschiedene und gegenläufige, sowohl aufsteigende als auch absteigende Linien. Im Rahmen der bislang dominanten kulturellen Ordnung der Spätmoderne, die sich aus den miteinander zusammenhängenden Modellen der erfolgreichen Selbstverwirklichung, der Hyperkultur, der Wissens- und Kulturökonomie sowie des apertistisch-differenziellen Liberalismus zusammensetzt, ist zwar immer wieder ein Fortschritt, ein Autonomie- und Pazifizierungsgewinn gegenüber der industriellen Moderne proklamiert worden. Wie im Laufe des Buches aber hoffentlich deutlich geworden ist, werden zu Beginn des 21. Jahrhunderts nun auch die grundsätzlichen Krisenmomente der Spätmoderne sichtbar. Zusammenfassend lassen sich drei Krisen identifizieren: eine Krise der Anerkennung, eine Krise der Selbstverwirklichung und eine Krise des Politischen.

Die *Krise der Anerkennung* ergibt sich aus der Transformation von der industriellen Massenökonomie zur postindustriellen Ökonomie der Singularitäten.[4] Wie wir gesehen haben, ist diese vor allem durch zwei Polarisierungen charakterisiert: Zum einen tut sich mit dem Ende der Industriegesellschaft eine systematisch begründete soziale Schere zwischen den Hochqualifizierten der neuen, expandierenden Wissens- und Kulturökonomie und den Geringqualifizierten auf, die sich vor allem in den einfachen Dienstleistungen oder außerhalb des Arbeitsmarktes finden. Zum anderen ergibt sich auch innerhalb des Segments der avancierten Wissens- und Kulturökonomie eine Asymmetrie zwischen den auf den Märkten mehr und den dort weniger Erfolgreichen. Indem die postindustrielle Ökonomie dem Muster einer *creative economy* mit ihren Strukturen von *Winner-take-all-* beziehungsweise *-the-most-*Märkten folgt, verteilt sie soziale Anerkennung sehr ungleich. Die strahlenden Gewinner sind diejenigen, die unmittelbar an der Gestaltung von komplexen Einzigartigkeitsgütern beteiligt sind oder aber deren Arbeit selbst als eine kostbare singuläre Leistung erscheint; das Nachsehen haben diejenigen mit austauschbaren Routine-Jobs. Diese Polarisierung enttäuscht die Verheißungen einer

4 Vgl. dazu ausführlicher oben, Kap. III, V.3, S. 181-186; 216-223; 273-285; 355-373. Zum Begriff der Anerkennung insgesamt vgl. Axel Honneth, *Kampf um Anerkennung. Zur moralischen Grammatik sozialer Konflikte*, Frankfurt/M. 1994.

postindustriellen Wissensgesellschaft und ihrer Bildungsrevolution, die sozialen Aufstieg und Qualifizierungsgewinne für alle suggerierte. Die Gesellschaft der Singularitäten basiert vielmehr auf einer paradoxen Kombination aus radikaler Meritokratie und deren Destabilisierung: Radikal meritokratisch zeichnet sie die Hochqualifizierten im Gegensatz zu den Geringqualifizierten aus,[5] zugleich stellt sie vielfach von der Berechenbarkeit der Leistungs- und Qualifikationskriterien auf die Unberechenbarkeit von Markterfolg und »gelungener Performanz« um und enttäuscht damit leistungsgesellschaftliche Gerechtigkeitsvorstellungen.

Der Polarisierung der Arbeitsverhältnisse entspricht eine nicht nur sozial-materielle, sondern auch kulturelle Polarisierung der Lebensstile. Wie wir gesehen haben, entwickeln sich im Zuge des Paternostereffekts die neue, akademische Mittelklasse und die neue Unterklasse (teilweise auch die alte Mittelklasse) in gegenläufiger Weise: kultureller Aufstieg und Abstieg stehen einander gegenüber und verlaufen gleichzeitig. Die neue Mittelklasse kann nicht nur auf berufliche Anerkennung zählen, sondern entfaltet eine kulturorientierte kuratierte Lebensführung, in der sie in allen Bereichen – von der Gesundheit bis zum Kosmopolitismus, von der Bildung und Erziehung bis zum Wohnumfeld – am hohen (ethischen und ästhetischen) Wert arbeitet und als Trägerin eines wertvollen »guten Lebens« erscheint. Demgegenüber erfährt die neue Unterklasse eine Entwertung ihrer Arbeit, die mit einer Entwertung ihres gesamten Lebensstils einhergeht. Im Ergebnis scheint ein beträchtliches Segment der Gesellschaft von Fortschrittshoffnungen abgekoppelt.

Auch eine kulturelle *Krise der Selbstverwirklichung* ist für die Gesellschaft der Singularitäten charakteristisch. Während die Krise der Anerkennung jene Teile der Gesellschaft betrifft, die sich in der sozialen und kulturellen Defensive befinden, bezieht sich die Selbstverwirklichungskrise auf das kulturell dominante Zentrum, genauer auf jenen Lebensstil der »erfolgreichen Selbstverwirklichung«, an dem die spätmoderne Kultur orientiert ist und den vor allem die neue Mittelklasse anstrebt.[6] Dieser Lebensstil, in dem die romantische und die bürgerlich-statusorientierte Tradition eine Synthese eingehen, erweist sich nicht nur als Motor eines Zugewinns an Autonomie und Wunscherfüllungserfahrungen, son-

5 Einige dieser Probleme wurden hellsichtig bereits von Michael Young in *The Rise of the Meritocracy*, London 1958, behandelt.

6 Vgl. dazu ausführlicher Kap. III.2, V.2, S. 342-349.

dern auch als systematischer Generator von Enttäuschungen, die sich im Extrem in entsprechende psychische Symptome umsetzen können, am aussagekräftigsten in die Depression als das für die Spätmoderne emblematische Krankheitsbild.[7] Wie wir gesehen haben, wird dieser Enttäuschungsgenerator von dem Umstand angetrieben, dass in der Lebensform der erfolgreichen Selbstverwirklichung das persönliche Glück zum einen an die Volatilität des subjektiven Erlebens, zum anderen an die Beurteilung durch die Anderen auf unberechenbaren kulturellen Märkten (Arbeits-, Partnerschafts- und Freundschaftsmärkten) gebunden wird. Erschien in der bürgerlichen und industriellen Moderne Selbstverwirklichung als gegenkulturelle Verheißung eines Ausbruchs aus dem Korsett gesellschaftlicher Zwänge, erweist sie sich nun, sobald sie zum dominanten, ihrerseits sozial erwarteten Modell der Lebensführung geworden ist, als Quelle von Defiziterfahrungen. Der Steigerungsimperativ der Selbsttransformation, die Verzichtsaversion, die Erwartung der Anderen einer beständigen Performanz als attraktive Persönlichkeit und die Abhängigkeit von unberechenbaren Bewertungskonjunkturen, schließlich der Mangel an kulturellen Ressourcen, um mit Unverfügbarkeiten, Enttäuschungen und negativen Affekten umzugehen, tragen allesamt zu einer solchen Krise der Kultur der Selbstverwirklichung bei.

Schließlich kommt es in der Gesellschaft der Singularitäten zu einer *Krise des Politischen*.[8] Das politische Feld hat seit dem Ende der industriell-organisierten Moderne an gesamtgesellschaftlichen Steuerungsmöglichkeiten verloren. Stattdessen haben die Eigendynamiken der Ökonomie, der (Medien-)Technologie und der Kultur der Lebensstile ein Primat erlangt – und der apertistisch-differenzielle Liberalismus hat diesen Prozess verstärkt. Die Krise des Politischen betrifft sowohl die politische Öffentlichkeit und ihre kulturellen Grundlagen als auch den Staat. Nicht zuletzt angetrieben durch die Entwicklung der digitalen Medien, verlagert sich die politische Debatte in autonome Teilöffentlichkeiten. Die diversen politischen Tendenzen des Kulturessenzialismus – von den religiösen Fundamentalismen über die Subpolitik der Ethnizität bis hin zum nationalen Populismus – tragen zusätzlich zu dieser Parzellierung bei;

7 Vgl. Sighard Neckel, Greta Wagner (Hg.), *Leistung und Erschöpfung. Burnout in der Wettbewerbsgesellschaft*, Berlin 2013.

8 Siehe dazu Kap. IV.2, VI.2, S. 268f.; 417-423.

kulturelle Neogemeinschaften entziehen ihre Essenzialisierungen der politischen Debatte und erklären sich selbst für sakrosankt.[9] Daneben hat mit dem Paradigmenwechsel vom Steuerungsstaat zum innovationsorientierten Wettbewerbsstaat ein Rückbau staatlicher Grundfunktionen stattgefunden. Angepasst an die Konsumbedürfnisse der Bürger, versteht sich der spätmoderne Staat eher als Einrichtung der Ermöglichung privaten Konsums und weniger der Verfolgung gesamtgesellschaftlicher Ziele.[10]

Die soziale Krise der Anerkennung, die kulturelle Krise der Selbstverwirklichung und die politische Krise von Öffentlichkeit und Staat lassen sich allesamt als Ausformungen einer *Krise des Allgemeinen* interpretieren, in die eine Gesellschaft gerät, die sich radikal am Besonderen ausrichtet. Erkennt man eine solche Krise des Allgemeinen, verschiebt sich auch die Perspektive auf die klassische Moderne – auf die industriell-organisierte Moderne, aber auch auf die bürgerliche Moderne. Konnte die klassische Moderne aus Sicht der Spätmoderne zunächst als eine Art »repressiver Instanz« erscheinen, die das Allgemeine auf Kosten des Besonderen durchsetzte, kann man nun in dieser Ausrichtung am Allgemeinen der Vergangenheit auch das sehen, was ein Gewinn war – und mittlerweile teilweise verloren wurde. Der Rückblick auf das verlorene Allgemeine der industriellen und der bürgerlichen Moderne hat somit immer auch den Charakter eines »nostalgischen« Rückblicks.

Alle genannten Krisen lassen sich so als Ausformungen einer Krise des Allgemeinen interpretieren. Dies gilt zunächst für die Anerkennungskrise. Die durch den distributiven Steuerstaat gerahmte Industriegesellschaft stellt sich im Rückblick als eine »Gesellschaft der Gleichen« (Rosanvallon) mit umfassender sozialer Inklusion dar:[11] als eine Arbeitsgesellschaft, in der die spezialisierten Arbeiten egal welcher Art als gleichberechtigte und notwendige Beiträge zum gesellschaftlichen Wohlstand anerkannt wurden. In der postindustriellen Ökonomie der Singularitäten tritt an

9 Im Rahmen dessen, was man mit Ingolfur Blühdorn die »simulative Demokratie« nennen kann, wird zudem die theatralische Performanz des Politischen zum Zentrum der spätmodernen Politik, an die wiederum der Maßstab des Authentischen angelegt wird. Vgl. Ingolfur Blühdorn, *Simulative Demokratie. Neue Politik nach der postdemokratischen Wende*, Berlin 2013.

10 Dies ist auch der Grund für die hohe Verschuldung der Staaten (wie auch teilweise der Konsumenten), vgl. zur neueren Geschichte der Verschuldung Wolfgang Streeck, *Gekaufte Zeit. Die vertagte Krise des demokratischen Kapitalismus,* Berlin 2015.

11 Vgl. Pierre Rosanvallon, *Die Gesellschaft der Gleichen*, Hamburg 2013.

die Stelle einer solchen Wertschätzung des speziellen Beitrags des Individuums zum Allgemeinen die über den Markterfolg belohnte (und möglicherweise sogar kulturell bewunderte) Besonderheit der Performanz des Arbeitssubjekts oder Unternehmens.

Auch die Krise der Selbstverwirklichung lässt sich als eine Folge des »Verlusts des Allgemeinen« interpretieren; verlorengegangen scheint hier die Allgemeinheit der Kultur. So bot die klassische Kultur der Bürgerlichkeit ein allgemeines System der Enkulturation, in dessen Rahmen sich das Subjekt über den Weg der Einordnung in eine bereits existierende kulturelle Struktur – ein System der Moral, der Pflichten und der Bildung – perfektionierte.[12] In der spätmodernen Kultur der Selbstverwirklichung verwandelt sich das System der Kultur hingegen in ein Ensemble kultureller Ressourcen, das von den Individuen zum Zwecke ihrer eigenen Besonderung flexibel herangezogen wird. Die beruhigende (aber auch einschränkende) Verbindlichkeit der allgemeingültigen Singularitäten der Kultur wird durch die mobile und daher unberechenbare Kuratierung der Hyperkultur durch das Individuum ersetzt.

Schließlich lassen sich auch die Krise der Öffentlichkeit und des Staates sowie der Aufstieg der kulturellen Partikularismen als eine Krise des Allgemeinen lesen. Im Selbstverständnis der klassischen Moderne kam dem Politischen die herausgehobene Rolle zu, das Allgemeine zu fördern und zu vertreten. Das politische System sollte eine Steuerungskraft für die gesamte Gesellschaftsentwicklung entfalten; und die allgemeine Öffentlichkeit in den Massenmedien und Volksparteien hatte eine sozialintegrative Funktion. Die Parzellierung der politischen Öffentlichkeit in diverse Communities, auch das Erstarken der insbesondere ethnischen und religiösen Partikularismen des Kulturessenzialismus sowie der partielle Rückzug des Staates können dann als Ausdruck eines Verschwindens des Allgemeinen aus der Politik interpretiert werden.

Die Krise des Allgemeinen in der Gesellschaft der Singularitäten betrifft also *nicht* die formale Rationalisierung in ihren genannten Dimensionen der Standardisierung, Formalisierung und Generalisierung. Die formale Rationalisierung hat in der Spätmoderne gegenüber den Prozessen der Singularisierung zwar nurmehr eine dienende, ermöglichende

12 Terry Eagleton versucht auch für die Gegenwart an ein Verständnis von Kultur als dem Allgemeinen und Universalen anzuknüpfen, vgl. sein Buch *The Idea of Culture*, Oxford 2000.

Funktion, aber sie wirkt, wie wir gesehen haben, weiter, sie liefert die notwendige, unersetzbare Infrastruktur für die Hyperkultur der Spätmoderne. In der Krise des Allgemeinen auf den Ebenen der sozialen Anerkennung, der Allgemeinheit der Kultur und des Politischen geht es jedoch nicht um Infrastrukturen, sondern um das sozial, kulturell und politisch *gemeinsam Geteilte*: um gemeinsame, reziproke Anerkennungsformen, gemeinsame Systeme des kulturell Wertvollen sowie gesamtgesellschaftliche Kommunikationsformen und normative Rahmungen. Das Allgemeine als das gesellschaftlich Geteilte ist weder ein stabiler integrativer Konsens noch ein einstmals vorhandenes normatives Fundament, sondern war auch in der klassischen Moderne immer strittig und umkämpft.

Welcher Stellenwert kommt dieser Krise des Allgemeinen in der Gesellschaft der Singularitäten zu? Darauf lässt sich zunächst antworten, dass Krisen in der Geschichte der Moderne nichts Außergewöhnliches sind,[13] ja, die moderne Gesellschaft als solche sich im Modus der Dauerkrise befindet. Dies ist nicht deshalb der Fall, weil die Moderne übermäßig pathologisch wäre, sondern weil sich in ihr immer wieder neue Diskrepanzen ergeben, wenn ein hohes Tempo sozialen Wandels auf anspruchsvolle normative Maßstäbe an das Gelingen des modernen Lebens trifft. Was die Krise des Allgemeinen in der Spätmoderne angeht, kann man daher nicht ausschließen, dass es sich um eine Art kulturellen Phantomschmerz handelt: Die normativen Kriterien der klassischen Moderne wirken rudimentär weiter, obwohl die gesellschaftliche Realität längst über sie hinweggegangen ist. Das wirft die Frage auf, ob die Gesellschaft der Singularitäten nach ganz anderen und neuen normativen Maßstäben verlangt, so dass aus dem 19. und frühen 20. Jahrhundert stammende Kriterien von Fortschritt, Gerechtigkeit oder Glück gar nicht mehr anwendbar scheinen.

Die Antwort auf diese Frage ist offen. Zugleich ist ein Zurück in die industrielle Moderne, in ihre nivellierte Mittelstandsgesellschaft, ihre kulturelle Homogenität des Lebensstils, ihre industrielle Massenökonomie, die Massenmedien, die sozialräumliche Gleichförmigkeit und ihr System politischer Planung definitiv versperrt – auch wenn die Möglichkeit eines solchen Pfades gegenwärtig von manchen populistischen Bewegungen suggeriert wird.[14] Aus Sicht der Situation zu Beginn des 21. Jahr-

13 Vgl. Reinhart Koselleck, »Krise«, in: Otto Brunner, Werner Conze, ders. (Hg.), *Geschichtliche Grundbegriffe*, Bd. 3, Stuttgart 1982, S. 617-650.

14 Vgl. Kap. VI.2, S. 413-417.

hunderts bilden die genannten Krisen der Anerkennung, der Selbstverwirklichung und des Politischen jedoch tatsächlich Brennpunkte des politischen und kulturkritischen Problemhaushaltes, ja, es ist zu vermuten, dass diese Krisen die Agenda der kommenden Phase der Gesellschaft der Singularitäten maßgeblich prägen werden. Abschließend möchte ich daher skizzieren, welche Gestalt die Problematisierung der Arbeit am Allgemeinen *innerhalb* der Gesellschaft der Singularitäten gegenwärtig annimmt und künftig annehmen könnte.[15]

Die gesellschaftliche Krise der Anerkennung enthält erheblichen sozialen, psychischen und politischen Sprengstoff. Als unintendierte Folgen des Wandels zur postindustriellen Gesellschaft haben sich die genannten sozial-kulturellen Polarisierungen herauskristallisiert, welche die Utopie von der Wissens- und Informationsgesellschaft nicht vorausgesehen hat: die *Winner-take-the-most*-Märkte der Hochqualifizierten sowie der soziale und kulturelle Abstieg nichtakademischer Qualifikationen und Tätigkeiten auf breiter Front. Politisch stellt sich damit die Frage einer staatlichen Regulierung der übermäßigen Ausschläge der *Winner-take-all*-Märkte ebenso wie die eines angemessenen sozialen Status für nichtakademische Tätigkeiten, insbesondere im Dienstleistungssektor, und einer Qualifizierung der Arbeit auch jenseits der Universitäten. Damit zusammen hängt auch die Herausforderung der Stadt- und Regionalplanung, der sozial-räumlichen Polarisierung entgegenzuwirken.[16]

Da es sich jedoch bei der Krise der Anerkennung nicht nur um eine sozial-materielle, sondern auch um eine kulturelle Frage der Wertzuschreibung handelt, reicht das Problem letztlich tiefer: Es ist hier nichts weniger tangiert als das Verständnis von Arbeit und Arbeitswert, von Würde, Anerkennung und der gesellschaftlichen Notwendigkeit jeder Arbeit, sei sie auf den Singularitätsmärkten mehr oder weniger erfolgreich.[17] Aller-

15 Vgl. dazu auch die theoretische Skizze: Sabine Hark, Rahel Jaeggi, Ina Kerner, Hanna Meißner, Martin Saar, »Das umkämpfte Allgemeine und das neue Gemeinsame. Solidarität ohne Identität«, in: *Feministische Studien* 33 (2015), S. 99-103.

16 Avancierte Konzepte weisen darauf hin, dass in der Gesellschaft der Singularitäten eine neue Sozialpolitik gefragt ist, die über bloße Versorgung hinaus an einer Verbesserung der Verwirklichungschancen des Einzelnen ansetzen müsste und zu *diesem* Zweck die sozialen Güter der Allgemeinheit (z. B. Bildung, Sicherheit) fördert. Vgl. Amartya Sen, *Die Idee der Gerechtigkeit*, München 2010.

17 Vgl. dazu erhellend Robert Fuller, *Somebodies or Nobodies. Overcoming the Abuse of Rank*, Gabriola Island 2003, in anderer Weise interessant David Goodhart, *The Road to Somewhere. The Populist Revolt and the Future of Politics*, London 2017. Bildungsex-

dings: Zwar lässt sich das, was Leistung, Qualifikation und Arbeit bedeuten sollen, gesellschaftlich debattieren und regulieren, aber welche Arbeit, welches Arbeitssubjekt und auch welcher Lebensstil oder Lebensort *attraktiv* erscheinen, entzieht sich der Regulierung. Die Polarisierung in der postindustriellen Gesellschaft ergibt sich aber in erheblichem Maße aus dieser so wahrgenommenen kulturellen Differenz zwischen »befriedigenden« und »unbefriedigenden« Berufen, zwischen »bewundernswerten« und »bedauernswerten« Subjekten, zwischen Boom-Städten und »abgehängten« Regionen. Eine Ökonomie der Singularitäten und eine Kultur der Attraktivität unterlaufen hier offenbar beständig die Gerechtigkeitsmaßstäbe der industriellen und bürgerlichen Moderne.

Die kulturelle Krise der Selbstverwirklichung wirkt weniger vordergründig politisch, sondern im Privaten der Lebensformen, sie beschäftigt nicht ohne Grund die kulturkritische Debatte und nicht selten auch die psychologische Diagnostik und Therapie. Man wird auch hier mit einer Desillusionierung konfrontiert: Betrifft im Falle der Krise der Anerkennung diese die Utopie der Wissensgesellschaft mit ihrer Vorstellung eines »sozialen Aufstiegs für alle«, so handelt es sich nun um die Desillusionierung der Utopie des persönlichen Glücks im Rahmen des Ideals der Selbstverwirklichung. Diese hatte sich immer an einem System des verpflichtenden kulturellen Allgemeinen (der bürgerlichen oder der Massenkultur) abgearbeitet, aber was geschieht mit ihr, wenn dieses System selbst verschwunden ist? Gegenwärtig lassen sich vor allem zwei gegenläufige kulturelle Strategien finden, die auf diese Kulturkrise antworten: eine der radikalisierten Singularisierung und eine der Selbstbegrenzung.

Die Strategie der radikalisierten Singularisierung setzt bei der Erfahrung an, dass die Gesellschaft der Singularitäten durchaus nicht jede Einzigartigkeit anerkennt, sondern nur jene, die als »attraktiv« und darin akzeptabel gelten. Das herrschende Modell ist ja die *erfolgreiche* Selbstverwirklichung, und Erfolg hängt von der Valorisierung des Publikums ab, das strenge Kriterien des Attraktiven anlegt. Entsprechend ist es konsequent, dass soziale Bewegungen von kulturell Marginalisierten eine Anerkennung ihrer Anders- und Einzigartigkeit einfordern.[18] Aus dieser

pansion allein löst dieses Problem offenbar nicht, sondern verschärft es in ihrem meritokratischen Geist sogar, da jene, die schulisch nicht reüssieren, nur noch stärker riskieren, marginalisiert zu werden. Vgl. dazu wiederum Young, *Meritocracy*.

18 Dies gilt etwa für die Transgender-Bewegung, vgl. Jami Taylor, Donald Haider-Markel

Sicht ist die Spätmoderne gewissermaßen nicht singularistisch *genug*, und es wird auf ihre mehr oder minder subtilen Diskriminierungsstrukturen verwiesen. In eine andere Richtung geht die Strategie der Selbstbegrenzung, die sich im Bereich des psychologischen Counseling und der Lebensberatung in Reaktion auf die Dominanz der *Self-growth*-Psychologie entwickelt hat. Sie regt die Individuen dazu an, zwar nicht ganz aus der Selbstverwirklichungsspirale auszusteigen, aber den Anspruch der Selbstentfaltung zu relativieren und mit der Nichterfüllung von Lebenswünschen zu rechnen.[19] Der hohe Anspruch des postmaterialistischen Lebensstils an sein eigenes Gelingen soll hier bewusst gesenkt werden; die Ideologie des *self growth* konfrontiert sich gewissermaßen mit den psychischen »Grenzen des Wachstums«. Auch in der Kulturkritik werden die Schattenseiten einer Subjektkultur, die auf der Symbiose von Selbstentfaltungswunsch und kulturellen Attraktivitätsmärkten beruht, zunehmend herausgearbeitet.[20] Die Selbstbegrenzungsstrategie tritt allerdings gegen eine mächtige, medial präsente Kultur des Attraktiven, des Gelingens und der Befriedigung an, in der eben nicht jeder Erfolg und Misserfolg gleichwertig sind.

Auch die Krise des Politischen im engeren Sinne provoziert neue Debatten und Strategien. Grundsätzlich geht es um die Frage, wie eine zumindest provisorische »Rekonstitution des Allgemeinen« innerhalb einer Gesellschaft der Singularitäten möglich ist. Dieses Allgemeine kann nicht einfach vorgefunden werden, es muss selbst erst wieder – in zwangsläufig strittiger Weise – verfertigt werden. Hier ergibt sich eine Reihe unterschiedlicher Anschlussmöglichkeiten. Virulent ist zunächst angesichts der Parzellierung von medialen Teilöffentlichkeiten die Frage nach einer Rekonstitution allgemeiner Öffentlichkeit, ob auf lokaler, nationaler oder internationaler Ebene, in denen Subjekte aus den *unterschiedlichen* Klassen und Milieus der Gesellschaft aufeinandertreffen. Ein zweiter Aspekt sind die Versuche neuer sozialer Bewegungen, an Formen einer Rekonstitution des gemeinsam Geteilten jenseits von Markt, Staat und Neogemeinschaften zu arbeiten. Die Bewegung der »Commons« ist in

(Hg.), *Transgender Rights and Politics: Groups, Issue Framing, and Policy Adoption*, Ann Arbor 2014.

19 Vgl. dazu instruktiv Adam Phillips, *Missing Out. In Praise of the Unlived Life*, London 2012; Rainer Funk, *Der entgrenzte Mensch. Warum ein Leben ohne Grenzen nicht frei, sondern abhängig macht*, Gütersloh 2011.

20 Vgl. etwa David Brooks, *The Road to Character*, New York 2015.

dieser Hinsicht prominent, andere betreffen Formen alternativen Wirtschaftens und alternativer Stadtentwicklung.[21] Die Frage der Rekonstitution des Allgemeinen betrifft schließlich auch jenen Problemkomplex, der unter der Überschrift »kulturelle Integration« verhandelt wird und der über die Konsequenzen von Migrationsprozessen weit hinausreicht. Die Einsicht in das Risiko von kulturessenzialistischen Tendenzen und »Parallelkulturen« lassen das Problem, wie über ethnische, religiöse und Klassengrenzen hinweg gemeinsame kulturelle Normen realisiert werden können, zu einem Brennpunkt der politischen Debatte werden. Die Universalität einer allgemeinen Kultur liegt hier freilich nicht als verbindliches Fundament fest, die *Arbeit an* der Universalität, an den allgemeinverbindlichen Normen und gemeinsam geteilten Gütern wird vielmehr zu einer Daueraufgabe. Hier scheint ein politisches *doing universality* gefragt, das ein Gegengewicht zum allgegenwärtigen *doing singularity* liefern kann.

Insgesamt mehren sich damit die Anzeichen, dass das politische Paradigma des apertistisch-differenziellen Liberalismus, das selbst einmal das erschöpfte sozialdemokratisch-korporatistische Paradigma verdrängt hat und die Spätmoderne bislang prägte, in Reaktion auf die neuen Problemlagen sich mittlerweile seinerseits erschöpft hat und dabei ist, einem neuen Paradigma Platz zu machen, das man als *regulativen Liberalismus* bezeichnen könnte.[22] Die entscheidende Herausforderung für diesen besteht darin, *beides* zu regulieren: das Soziale mit Blick auf Fragen sozialer Ungleichheit sowie des Arbeitsmarktes *und* das Kulturelle mit Blick auf die Sicherung allgemeiner kultureller Güter und Normen. Die Arbeit an der Allgemeinheit des Sozialen und die Arbeit an der Allgemeinheit der Kultur erweisen sich so als zwei Seiten eines politischen *doing universality.* In beiden Hinsichten könnten im Rahmen des regulativen Liberalismus

21 Vgl. etwa Silke Helfrich (Hg.), *Commons. Für eine neue Politik jenseits von Markt und Staat*, Bielefeld 2012. Generell ist in diesem Zusammenhang die Weiterentwicklung jener Form des Sozialen zentral, die wir als »heterogene Kollaborationen« kennengelernt haben, in denen ein gemeinsam Geteiltes *innerhalb* von Singularitäten entsteht.

22 Manche Beobachter sprechen von der Notwendigkeit eines »*Post*liberalismus«, aber ich würde weiterhin den Begriff des Liberalismus verwenden, um die relative Kontinuität zum apertistischen Liberalismus zu verdeutlichen, dessen Entgrenzungs- und Differenzorientierung m. E. nicht zu verabschieden, sondern zu moderieren ist. Der derzeitig wohl mächtigste internationale Konkurrent eines regulativen Liberalismus ist allerdings tatsächlich post-liberal: es handelt sich hier um den antiliberalen Rechtspopulismus, siehe dazu oben, Kap. VI.2, S. 413-417.

im Übrigen Instanzen wieder an Bedeutung gewinnen, die im apertistisch-differenziellen Liberalismus minimiert worden sind: die Institutionen des Staates.

Allerdings: Politische Planungsfantasien einer durchgreifenden Steuerung sozialer und kultureller Prozesse, wie sie die industrielle Moderne prägten, prallen an der Gesellschaft der Singularitäten ab. Ihre elementare Dynamik bezieht diese nicht aus der Politik – die höchstens indirekt beeinflusst, aber nicht dirigiert –, sondern aus dem hyperkulturellen Dreieck, das die Ökonomie der Singularitäten, die Kulturmaschine der digitalen Technologien und der singularistische Lebensstil der neuen Mittelklasse bilden. Und wenn nicht alles täuscht, wird diese Entfesselung der Gesellschaft der Singularitäten in Zukunft erst noch Fahrt aufnehmen, zumal auf globaler Ebene. Die sozialen Asymmetrien und kulturellen Heterogenitäten, welche dieser Strukturwandel der Moderne potenziert, seine nichtplanbare Dynamik von Valorisierungen und Entwertungen, seine Freisetzung positiver und negativer Affekte lassen Vorstellungen einer rationalen Ordnung, einer egalitären Gesellschaft, einer homogenen Kultur und einer balancierten Persönlichkeitsstruktur, wie sie manche noch hegen mögen, damit als das erscheinen, was sie sind: pure Nostalgie.

Danksagung

Bücher wirken im kulturellen Raum wie Solitäre und sind doch Knotenpunkte von Netzwerken und ermöglicht durch Infrastrukturen. In diesem Sinne verdankt auch dieses Buch vielen einiges. In den letzten Jahren hatte ich im Rahmen einer ganzen Reihe von Vorträgen und Workshops an verschiedenen Universitäten und anderen Institutionen die Gelegenheit, Bausteine des Buches zur Diskussion zu stellen. Ausnahmslos ergaben sich lebhafte Debatten mit mir namentlich Bekannten und Unbekannten, von deren Impulsen und Einwänden ich maßgeblich profitiert habe. Besonderer Dank gilt dabei den Mitgliedern meines Forschungskolloquiums und meines Lehrstuhls an der Europa-Universität in Frankfurt/Oder. Hervorheben muss ich jene, die sich die Mühe gemacht haben, das Buchmanuskript ganz oder teilweise zu lesen und mit mir zu besprechen: Martin Bauer, Michael Hutter, Hannes Krämer, Jan-Hendrik Passoth, Hilmar Schäfer und Klaus Schlichte. Stefan Wellgraf hat mir hilfreiche Literaturhinweise für das Kapitel V gegeben. Wiebke Forbrig, Julien Enzanza und insbesondere Moritz Plewa haben die Literaturrecherche und die formale Arbeit am Manuskript zuverlässig unterstützt. Eva Gilmer vom Suhrkamp Verlag hat den Text ihrer gewohnt souverän-kritischen Lektüre unterzogen. Erste Überlegungen zum Thema des Buches konnten im Rahmen eines Fellowships am FRIAS der Universität Freiburg gedeihen. Ohne die großzügige Opus-magnum-Förderung durch die VolkswagenStiftung von 2015 bis 2017 hätte das Buch wohl nicht geschrieben werden können. Ihnen allen sei herzlich gedankt!

Berlin, im Sommer 2017

Literatur

Adam, Barbara, *Time and Social Theory*, Cambridge 1990.

Aertsen, Jan, Andreas Speer (Hg.), *Individuum und Individualität im Mittelalter*, Berlin 1996.

Albrecht, Clemens, »Die Substantialität bürgerlicher Kultur«, in: Heinz Bude, Joachim Fischer, Bernd Kauffmann (Hg.), *Bürgerlichkeit ohne Bürgertum. In welchem Land leben wir?*, München 2010, S. 131-144.

Alkemeyer, Thomas, Gunter Gebauer, Bernhard Boschert, Robert Schmidt (Hg.), *Aufs Spiel gesetzte Körper. Aufführungen des Sozialen in Sport und populärer Kultur*, Konstanz 2003.

Alkemeyer, Thomas, Kristina Brümmer, Rea Kodalle, Thomas Pille (Hg.), *Ordnung in Bewegung. Choreographien des Sozialen. Körper in Sport, Tanz, Arbeit und Bildung*, Bielefeld 2009.

Altmeyer, Martin, *Auf der Suche nach Resonanz. Wie sich das Seelenleben in der digitalen Moderne verändert,* Göttingen 2016.

Amin, Ash (Hg.), *Post-Fordism. A Reader,* Oxford 1996.

Anderson, Benedict, *Imagined Communities. Reflections on the Origin and Spread of Nationalism*, London 1991.

Anderson, Chris, *The Long Tail. Nischenprodukte statt Massenmarkt: Das Geschäft der Zukunft*, München 2011.

Anderson, Chris, *Makers. The New Industrial Revolution*, New York 2012.

Anheier, Helmut K., Yudhishthir Raj Isar (Hg.), *Heritage, Memory and Identity*, London, Thousand Oaks 2011.

Anheier, Helmut K., Yudhishthir Raj Isar (Hg.), *Cities, Cultural Policy and Governance*, London, Thousand Oaks 2012.

Appiah, Anthony, Henry Louis Gates (Hg.), *Identities*, Chicago 1995.

Arnold, Matthew, *Culture and Anarchy*, Cambridge 1946.

Aron, Raymond, *Die industrielle Gesellschaft: 18 Vorlesungen*, Frankfurt/M. 1964.

Arsel, Zeynep, Jonathan Bean, »Taste Regimes and Market-Mediated Practice«, in: *Journal of Consumer Research* 39/5 (2013), S. 899-917.

Assmann, Aleida, *Mnemosyne. Formen und Funktionen kultureller Erinnerung*, Frankfurt/M. 1993.

Augé, Marc, *Orte und Nicht-Orte. Vorüberlegungen zu einer Ethnologie der Einsamkeit*, Frankfurt/M. 1994.

Austin, Rob, Lee Devin, *Artful Making. What Managers Need to Know About How Artists Work*, Upper Saddle River 2003.

Autor, David H., Lawrence F. Katz, Melissa F. Kearney, »The Polarization of the U.S. Labor Market«, in: *American Economic Review* 96/2 (2006), S. 189-194.

Bachleitner, Reinhard, H. Jürgen Kagelmann (Hg.), *Kultur/Städte/Tourismus*, München 2003.

Bachmann-Medick, Doris, *Cultural Turns. Neuorientierungen in den Kulturwissenschaften*, Hamburg 2006.

Bachtin, Michael, *Rabelais und seine Welt. Volkskultur als Gegenkultur* [1940/1965], Frankfurt/M. 1987.

Badinter, Elisabeth, *Ich bin Du. Die neue Beziehung zwischen Mann und Frau oder Die androgyne Revolution*, München 1987.

Baethge, Martin, »Arbeit, Vergesellschaftung, Identität. Zur zunehmenden normativen Subjektivierung der Arbeit«, in *Soziale Welt* 42/1 (1991), S. 6-19.
Bahl, Friederike, *Lebensmodelle in der Dienstleistungsgesellschaft*, Hamburg 2014.
Balibar, Étienne, Immanuel Wallerstein, *Rasse, Klasse, Nation. Ambivalente Identitäten*, Hamburg 1992.
de Bandt, Jacques, Jean Gadrey, *Relations de service, marchés de services*, Paris 1998.
Banks, Mark, *The Politics of Cultural Work*, New York 2007.
Barber, Benjamin, *Jihad vs. McWorld: How Globalism and Tribalism are Reshaping the World*, New York 1995.
Barck, Karlheinz, Peter Gente, Heidi Paris, Stefan Richter (Hg.), *Aisthesis. Wahrnehmung heute oder Perspektiven einer neuen Ästhetik. Essais*, Leipzig 1998.
Barlösius, Eva, Elfriede Feichtinger, Barbara Köhler (Hg.), *Ernährung in der Armut. Gesundheitliche, soziale und kulturelle Folgen in der Bundesrepublik Deutschland*, Berlin 1995.
Barney, Darin, *The Network Society*, Cambridge 2004.
Barone, Sylvain, Emmanuel Négrier, »Voter Front National en Milieu Rural: Une Perspective Ethnographique«, in: Silvain Crépon, Aleksandré Dézé, Nonna Mayer (Hg.), *Les Faux-Semblant Du Front National. Sociologie d'un parti politique*, Paris 2015, S. 417-434.
Barth, Fredrik, *Ethnic Groups and Boundaries. The Social Organization of Cultural Difference*, Long Grove 1998.
Barthes, Roland, *Die Sprache der Mode*, Frankfurt/M. 1985.
Basáñez, Miguel E., *A World of Three Cultures. Honor, Achievement and Joy*, New York 2016.
Bataille, Georges, *Die Aufhebung der Ökonomie*, München 1975.
Bätschmann, Oskar, *Ausstellungskünstler. Kult und Karriere im modernen Kunstsystem*, Köln 1997.
Baudrillard, Jean, *Symbolic Exchange and Death*, London 1993.
Bauman, Zygmunt, *Moderne und Ambivalenz. Das Ende der Eindeutigkeit*, Hamburg 1992.
Bauman, Zygmunt, *Liquid Modernity*, Cambridge 2000 (dt.: *Flüchtige Moderne*, Frankfurt/M. 2003).
Baur, Bruno, *Biodiversität*, München 2010.
Baym, Nancy, »Interpersonal Life online«, in: Leah Lievrouw, Sonia Livingstone (Hg.), *The Handbook of New Media*, London 2006, S. 35-54.
Beck, Ulrich, »Jenseits von Stand und Klasse?«, in: Reinhard Kreckel (Hg.), *Soziale Ungleichheiten* (= Soziale Welt, Sonderband 2), Göttingen 1983, S. 35-74.
Beck, Ulrich, *Risikogesellschaft. Auf dem Weg in eine andere Moderne*, Frankfurt/M. 1986.
Becker, Howard Saul, *Outsiders. Studies in the Sociology of Deviance*, New York 1963.
Becker, Howard Saul, *Art Worlds*, Berkeley 1984.
Becker, Rolf, Wolfgang Lauterbach (Hg.), *Bildung als Privileg. Erklärungen und Befunde zu den Ursachen der Bildungsungleichheit*, Wiesbaden 2010.
Beckert, Jens, Patrik Aspers (Hg.), *The Worth of Goods. Valuation and Pricing in the Economy*, Oxford 2011.
Beckert, Jens, »The Transcending Power of Goods: Imaginative Value in the Economy«, in: ders., Patrik Aspers (Hg.), *Worth of Goods*, S. 106-130.
Beckert, Jens, Christine Musselin (Hg.), *Constructing Quality. The Classification of Goods in Markets*, Oxford 2013.
Belasco, Warren J., *Appetite for Change. How the Counterculture Took on the Food Industry*, New York 1990.

Bell, Daniel, *The Coming of Post-Industrial Society: A Venture in Social Forecasting*, New York 1973.
Bell, Daniel, *The Cultural Contradictions of Capitalism*, New York 1976.
Bendl, Regine, *Diversität und Diversitätsmanagement*, Wien 2012.
Benjamin, Walter, »Das Kunstwerk im Zeitalter seiner technischen Reproduzierbarkeit« [1936], in: *Gesammelte Schriften*, Bd. I.2, Frankfurt/M. 1991, S. 471-507.
Benjamin, Walter, »Zur Kritik der Gewalt« [1921], in: *Gesammelte Schriften*, Bd. II.1, hrsg. von Rolf Tiedemann und Hermann Schweppenhäuser, Frankfurt/M. 1991, S. 179-203.
Berghoff, Hartmut, Jörg Sydow (Hg.), *Unternehmerische Netzwerke. Eine historische Organisationsform mit Zukunft?*, Stuttgart 2007.
Berking, Helmuth, Martina Löw (Hg.), *Die Eigenlogik der Städte. Neue Wege für die Stadtforschung*, Frankfurt/M., New York 2008.
Berlin, Isaiah, *Die Wurzeln der Romantik*, Berlin 2004.
Bernstein, Mary, »Identity Politics«, in: *Annual Review of Sociology* 31/1 (2005), S. 47-74.
Bhatti, Anil, Dorothee Kimmich, Albrecht Koschorke, Rudolf Schlögl, Jürgen Wertheimer, »Ähnlichkeit. Ein kulturtheoretisches Paradigma«, in: *Internationales Archiv für Sozialgeschichte der Literatur* 36/1 (2011), S. 261-275.
Biebricher, Thomas (Hg.), *Der Staat des Neoliberalismus*, Baden-Baden 2016.
Bilton, Chris, *Management and Creativity. From Creative Industries to Creative Management*, Malden u.a. 2006.
von Bismarck, Beatrice, Jörn Schafaff, Thomas Weski (Hg.), *Cultures of the Curatorial*, Berlin 2012.
Blühdorn, Ingolfur, *Simulative Demokratie. Neue Politik nach der postdemokratischen Wende*, Berlin 2013.
Bluhm, Katharina, »Machtgedanken«, in: *Mittelweg 36* 25/6 (2016), S. 56-75.
Blumenberg, Hans, *Die Legitimität der Neuzeit*, Frankfurt/M. 1973.
Blumenberg, Hans, *Schriften zur Technik*, Berlin 2015.
Böhme, Gernot, *Atmosphäre. Essays zur neuen Ästhetik*, Frankfurt/M. 1995.
Bohrer, Karl Heinz, *Der romantische Brief*, München, Wien 1987.
Bohrer, Karl Heinz, *Das absolute Präsens. Die Semantik ästhetischer Zeit*, Frankfurt/M. 1994.
Bollenbeck, Georg, *Bildung und Kultur. Glanz und Elend eines deutschen Deutungsmusters*, Frankfurt/M. 1994.
Boltanski, Luc, Ève Chiapello, *Der neue Geist des Kapitalismus*, Konstanz 2003.
Boltanski, Luc, Arnaud Esquerre, *Enrichissement. Une critique de la marchandise*, Paris 2017.
Bonß, Wolfgang, *Vom Risiko. Unsicherheit und Ungewißheit in der Moderne*, Hamburg 1995.
Bourdieu, Pierre, »Ökonomisches Kapital, kulturelles Kapital, soziales Kapital«, in: Reinhard Kreckel (Hg.), *Soziale Ungleichheiten* (= Soziale Welt, Sonderband 2), Göttingen 1983, S. 183-198.
Bourdieu, Pierre, *Die feinen Unterschiede. Kritik der gesellschaftlichen Urteilskraft*, Frankfurt/M. 1989.
Bourdieu, Pierre, *Die Regeln der Kunst. Struktur und Genese des literarischen Feldes*, Frankfurt/M. 1999.
Bourdieu, Pierre, Jean-Claude Passeron, *Die Erben. Studenten, Bildung und Kultur*, Konstanz 2007.
Bourdieu, Pierre, *Kunst und Kultur. Der Markt der symbolischen Güter. Schriften zur Kultursoziologie*, Konstanz 2011.

Brackert, Helmut, Fritz Wefelmeyer (Hg.), *Kultur. Bestimmungen im 20. Jahrhundert*, Frankfurt/M. 1990.
Brand, Klaus-Werner (Hg.), *Die neue Dynamik des Bio-Markts*, München 2006.
Braudel, Fernand, *Sozialgeschichte des 15.-18. Jahrhunderts*, Bd. 2: *Der Handel*, München 1986.
Bray, Paul M., »The New Urbanism. Celebrating the City«, in: *Places* 8/4 (1993), S. 56-65.
Bredies, Katharina, *Gebrauch als Design. Über eine unterschätzte Form der Gestaltung*, Bielefeld 2014.
Brighenti, Andrea Mubi, *Visibility in Social Theory and Social Research*, Basingstoke 2010.
Bröckling, Ulrich, Susanne Krasmann, Thomas Lemke (Hg.), *Gouvernementalität der Gegenwart. Studien zur Ökonomisierung des Sozialen*, Frankfurt/M. 2000.
Bröckling, Ulrich, Susanne Krasmann, Thomas Lemke (Hg.), *Glossar der Gegenwart*, Frankfurt/M. 2004.
Bröckling, Ulrich, *Das unternehmerische Selbst. Soziologie einer Subjektivierungsform*, Frankfurt/M. 2007.
Brooks, David, *Bobos in Paradise: The New Upper Class and How They Got There*, New York 2000.
Brooks, David, *The Road to Character*, New York 2015.
Brown, Tim, *Change by Design. How Design Thinking Transforms Organizations and Inspires Innovation*, New York 2009.
Bruns, Axel, *Blogs, Wikipedia, Second Life, and Beyond. From Production to Produsage*, New York 2008.
Bruns, Julian, Kathrin Glösel, Natasha Strobl, *Die Identitären. Handbuch zur Jugendbewegung der neuen Rechten in Europa*, Münster 2014.
Brusco, Sebastiano, »The Emilian Model. Productive Decentralisation and Social Integration«, in: *Cambridge Journal of Economics* 6/2 (1982), S. 167-182.
Bude, Heinz, *Die Ausgeschlossenen. Das Ende vom Traum der gerechten Gesellschaft*, München 2008.
Bude, Heinz, *Bildungspanik. Was unsere Gesellschaft spaltet*, Bonn 2011.
Bude, Heinz (Hg.), *Überleben im Umbruch. Am Beispiel Wittenberge: Ansichten einer fragmentierten Stadt*, Hamburg 2011.
Bude, Heinz, *Gesellschaft der Angst*, Hamburg 2014.
Bull, Michael, *Sound Moves. iPod Culture and Urban Experience*, London, New York 2007.
Bultman, Bethany, *Redneck Heaven. Portrait of a Vanishing Culture*, New York u. a. 1996.
Burkhard, Markus, *Digitale Datenbanken. Eine Medientheorie im Zeitalter von Big Data*, Bielefeld 2015.
Burns, Tom, George M. Stalker, *The Management of Innovation*, Oxford 1994.
Busemann, Hanna, *Das Phänomen Marke. Betrachtung und Analyse aktueller markensoziologischer Ansätze*, Saarbrücken 2007.

Caillois, Roger, *Die Spiele und die Menschen. Maske und Rausch*, Stuttgart 1960.
Callahan, William, »Sino-Speak. Chinese Exceptionalism and the Politics of History«, in: *Journal of Asian Studies* 71/1 (2012), S. 33-55.
Callon, Michel (Hg.), *Laws of the Markets*, Oxford 1998.
Callon, Michel, Cécile Méadel, Vololona Rabeharisoa, »The Economy of Qualities«, in: *Economy and Society* 31/2 (2002), S. 194-217.
Canter, David, »Offender Profiling and Investigative Psychology«, in: *Journal of Investigative Psychology and Offender Profiling* 1/1, (2003), S. 1-15.

Carrier, James G. (Hg.), *Ethical Consumption. Social Value and Economic Practice*, New York 2015.
Castells, Manuel, *The Rise of the Network Society. The Information Age: Economy, Society and Culture*, Bd. 1, Cambridge 1996 (dt.: *Der Aufstieg der Netzwerkgesellschaft. Das Informationszeitalter. Wirtschaft – Gesellschaft – Kultur*, Bd. 1, Opladen 2001).
Castells, Manuel, *The Power of Identity. The Information Age: Economy, Society, and Culture*, Bd. 2, Malden 1997 (dt.: *Die Macht der Identität. Das Informationszeitalter. Wirtschaft – Gesellschaft – Kultur*, Bd. 2, Opladen 2002).
Castells, Manuel, *The Internet Galaxy. Reflections on the Internet, Business, and Society*, Oxford u. a. 2003.
Caves, Richard, *Creative Industries: Contracts Between Art and Commerce*, Cambridge (Mass.) u. a. 2000.
Ceruzzi, Paul, *A History of Modern Computing*, Cambridge 2003.
Chandler jr., Alfred D., *The Visible Hand. The Managerial Revolution in American Business*, Cambridge 1977.
Chevalier, Louis, *Classes laborieuses et classes dangereuses à Paris, pendant la première moitié du XIXe siècle*, Paris 1978.
Christensen, Jens, *Global Experience Industries*, Aarhus 2009.
Christians, Heiko, *Amok. Geschichte einer Ausbreitung*, Bielefeld 2008.
Ciompi, Luc, *Die emotionalen Grundlagen des Denkens. Entwurf einer fraktalen Affektlogik*, Göttingen 1997.
Coates, Del, *Watches Tell More Than Time. Product Design, Information, and the Quest for Elegance*, New York, London 2003.
Cohen, H. Floris, *Scientific Revolution. A Historiographical Inquiry*, Chicago 1994.
Cohen, Jared, *Die Vernetzung der Welt*, Hamburg 2013.
Conrad, Sebastian, »Der Ort der Globalgeschichte«, in: *Merkur* 68/12 (2014), S. 1096-1101.
Counihan, Carol (Hg.), *Food and Culture. A Reader*, New York 2008.
Crary, Jonathan, *Aufmerksamkeit. Wahrnehmung und moderne Kultur*, Frankfurt/M. 2002.
Crouch, Colin, *Das befremdliche Überleben des Neoliberalismus. Postdemokratie II*, Berlin 2011.
Currid, Elizabeth, *The Warhol Economy. How Fashion, Art, and Music Drive New York City*, Princeton 2007.

Dahrendorf, Ralf, »Die globale Klasse und die neue Ungleichheit«, in: *Merkur* 54/619 (2000), S. 1057-1068.
Davies, Rosamund, Gauti Sigthorsson, *Introducing the Creative Industries: From Theory to Practice*, Los Angeles 2013.
Degen, Mónica Montserrat, *Sensing Cities. Regenerating Public Life in Barcelona and Manchester*, London 2009.
Deleuze, Gilles, Félix Guattari, *Tausend Plateaus. Schizophrenie und Kapitalismus II*, Berlin 1992.
DeSoucey, Michaela, Isabelle Techoueyres, »Virtue and Valorization. ›Local Food‹ in the United States and France«, in: David Inglis, Debra Gimlin (Hg.), *The Globalization of Food*, London 2013, S. 81-96.
Deuze, Mark, *Media Work*, Cambridge u. a. 2007.
Dewey, John, *Theory of Valuation* (1939), Chicago 1972.
Diederichsen, Diedrich, »Kreative Arbeit und Selbstverwirklichung«, in: Christoph Men-

ke, Juliane Rebentisch (Hg.), *Kreation und Depression. Freiheit im gegenwärtigen Kapitalismus*, Berlin 2010, S. 118-128.
Diederichsen, Diedrich, Anselm Franke (Hg.), *The Whole Earth. Kalifornien und das Verschwinden des Außen*, Berlin 2013.
Diederichsen, Diedrich, *Über Pop-Musik*, Köln 2014.
Dietrich, Marc, Martin Seeliger (Hg.), *Deutscher Gangsta-Rap. Sozial- und kulturwissenschaftliche Beiträge zu einem Pop-Phänomen*, Bielefeld 2012.
van Dijck, José, *The Culture of Connectivity. A Critical History of Social Media*, Oxford, New York 2013.
Donald, Stephanie Hemelryk, Eleonore Kofman, Catherine Kevin (Hg.), *Branding Cities. Cosmopolitanism, Parochialism and Social Change*, New York 2009.
Dormer, Peter, *Design since 1945*, London 1993.
Douglas, Mary, *Food in the Social Order*, New York 1984.
Douglas, Mary, *Ritual, Tabu und Körpersymbolik. Sozialanthropologische Studien in Industriegesellschaft und Stammeskultur*, Frankfurt/M. 1998.
Drucker, Peter, *Post-capitalist Society*, New York 1993.
Duckworth, Angela, Christopher Peterson, Michael Matthews, Dennis Kelly, »Grit: Perseverance and Passion for Long-term Goals«, in: *Journal of Personality and Social Psychology* 92/6 (2007), S. 1087-1101.
Duffet, Mark, *Understanding Fandom. An Introduction to the Study of Media Fan Culture*, New York 2013.
Dugin, Aleksandr, *Die vierte politische Theorie*, London 2013.
van Dülmen, Richard (Hg.), *Die Entdeckung des Ich. Die Geschichte der Individualisierung vom Mittelalter bis zur Gegenwart*, Köln 2001.
Durkheim, Émile, *Die elementaren Formen des religiösen Lebens* [1912], Frankfurt/M. 1981.
van Dyk, Silke, Stephan Lessenich (Hg.), *Die jungen Alten. Analysen einer neuen Sozialfigur*, Frankfurt/M. 2009.

Eagleton, Terry, *The Idea of Culture*, Oxford 2000.
Eco, Umberto, *Das offene Kunstwerk*, Frankfurt/M. 1973.
Ege, Moritz, *Ein Proll mit Klasse. Mode, Popkultur und soziale Ungleichheiten unter jungen Männern in Berlin*, Frankfurt/M. 2013.
Ehrenberg, Alain, *Le culte de la performance*, Paris 1991.
Ehrenberg, Alain, *Das erschöpfte Selbst. Depression und Gesellschaft in der Gegenwart*, Frankfurt/M. 2004.
Elias, Norbert, *Die höfische Gesellschaft. Untersuchungen zur Soziologie des Königtums und der höfischen Aristokratie* [1969], Frankfurt/M. 1983.
Elias, Norbert, *Über den Prozeß der Zivilisation. Soziogenetische und Psychogenetische Untersuchungen* [1939], Frankfurt/M. 1990.
English, Bonnie, *A Cultural History of Fashion in the Twentieth Century. From the Catwalk to the Sidewalk*, Oxford, New York 2007.
English, James F., *The Economy of Prestige. Prizes, Awards, and the Circulation of Cultural Value*, Cambridge 2005.
Eribon, Didier, *Rückkehr nach Reims*, Berlin 2016.
Esping-Anderson, Gøsta, *Changing Classes. Stratification and Mobility in Post-Industrial Societies*, London 1993.
Esposito, Elena, *Die Verbindlichkeit des Vorübergehenden. Paradoxien der Mode*, Frankfurt/M. 2004.
Esposito, Roberto, *Communitas. Ursprung und Wege der Gemeinschaft*, Berlin 2004.

Etzemüller, Thomas, *Die Romantik der Rationalität. Alva & Gunnar Myrdal – Social Engineering in Schweden*, Bielefeld 2010.

Faludi, Susan, *Männer – das betrogene Geschlecht*, Reinbek 2001.
Fanon, Frantz, *Schwarze Haut, weiße Masken*, Frankfurt/M. 1985.
Featherstone, Mike, *Consumer Culture and Postmodernism*, London (u.a.) 1991.
Feifer, Maxine, *Going Places. The Ways of the Tourist from Imperial Rome to the Present Day*, London 1985.
Ferry, Luc, *Leben lernen. Eine philosophische Gebrauchsanweisung*, München 2009.
Feyerabend, Paul, *Wider den Methodenzwang*, Frankfurt/M. 1993.
Fischer-Lichte, Erika (Hg.), *Performativität und Ereignis*, Tübingen 2003.
Fitoussi, Jean-Paul, Pierre Rosanvallon, *Le nouvel âge des inégalités*, Paris 1996.
Flaßpöhler, Svenja, *Wir Genussarbeiter. Über Freiheit und Zwang in der Leistungsgesellschaft*, München 2011.
Flew, Terry, *The Creative Industries. Culture and Policy*, Los Angeles (u.a.) 2012.
Flew, Terry, *Global Creative Industries*, Cambridge 2013.
Florida, Richard, *The Rise of the Creative Class. And How it's Transforming Work, Leisure, Community and Everyday Life*, New York 2002.
Florida, Richard, *Creative Cities and the Creative Class*, New York u.a. 2005.
Florida, Richard, *Who's your City? How the Creative Economy is Making Where to Live the Most Important Decision of Your Life*, New York 2008.
Floridi, Luciano, *Information. A Very Short Introduction*, New York 2010.
Floridi, Luciano, *Die 4. Revolution. Wie die Infosphäre unser Leben verändert*, Berlin 2015.
Foucault, Michel, *Überwachen und Strafen. Die Geburt des Gefängnisses*, Frankfurt/M. 1976.
Foucault, Michel, »Was ist Aufklärung?«, in: Eva Erdmann, Rainer Forst, Axel Honneth (Hg.), *Ethos der Moderne: Foucaults Kritik der Aufklärung*, Frankfurt/M. 1990, S. 35-54.
Foucault, Michel, *Sicherheit, Territorium, Bevölkerung. Geschichte der Gouvernementalität I. Vorlesungen am Collège de France 1977-1978*, Frankfurt/M. 2004.
Foucault, Michel, *Die Geburt der Biopolitik. Geschichte der Gouvernementalität II. Vorlesungen am Collège de France 1978-1979*, Frankfurt/M. 2004.
Foucault, Michel, *Die Anormalen*, Frankfurt/M. 2007.
Fourastié, Jean, *Les Trente Glorieuses, ou la révolution invisible de 1946 à 1975*, Paris 1979.
Franck, Georg, *Ökonomie der Aufmerksamkeit. Ein Entwurf*, München 1998.
Franck, Georg, *Mentaler Kapitalismus. Eine politische Ökonomie des Geistes*, München 2005.
Frank, Manfred, Anselm Haverkamp (Hg.), *Individualität*, München 1988.
Frank, Michael, Kirsten Mahlke (Hg.), *Kultur und Terror. Zeitschrift für Kulturwissenschaften* 1 (2010).
Frank, Robert, Philipp Cook, *The Winner-Take-All-Society: Why the Few on the Top Get so Much More Than the Rest of Us*, New York 2010.
Frank, Thomas, *Listen, Liberal. Or, What Ever Happened to the Party of the People?*, New York 2016.
Frede, Frederik, Tim Seifert, Torsten Bergler (Hg.), *Freunde von Freunden. Friends of Friends*, Berlin 2014.
Freeland, Chrystia, »The Rise of the New Global Elite«, in: *The Atlantic* (Januar/Februar 2011).
Freiberger, Paul, Michael Swane, *Fire in The Valley. The Making of the Personal Computer*, New York 1999.

Frisby, David, *Fragments of Modernity. Theories of Modernity in the Work of Simmel, Kracauer and Benjamin*, Cambridge 1985.
Frith, Jordan, *Smartphones as Locative Media*, Cambridge 2015.
Fuchs, Mathias, Sonia Fizek, Paolo Ruffino, Niklas Schrape (Hg.), *Rethinking Gamification*, Lüneburg 2014.
Fukuyama, Francis, *The End of History and the Last Man*, New York 1992 (dt.: *Das Ende der Geschichte. Wo stehen wir?*, München 1992).
Fuller, Robert, *Somebodies or Nobodies. Overcoming the Abuse of Rank*, Gabriola Island 2003.
Fumagalli, Andrea, Stefano Lucarelli, »A Model of Cognitive Capitalism: A Preliminary Analysis«, in: *European Journal of Economic and Social Systems* 20/1 (2007), S. 117-133.
Funk, Rainer, *Der entgrenzte Mensch. Warum ein Leben ohne Grenzen nicht frei, sondern abhängig macht,* Gütersloh 2011.
Funken, Christiane, Jan-Christoph Rogge, Sinje Hörlin, *Vertrackte Karrieren. Zum Wandel der Arbeitswelten in Wirtschaft und Wissenschaft*, Frankfurt/M. 2015.

Galbraith, John Kenneth, *The Affluent Society*, Boston 1969.
GamesCoop, *Theorien des Computerspiels*, Hamburg 2012.
Gardner, Howard, Katie Davis, *The App Generation. How Today's Youth Navigate Identity, Intimacy, and Imagination in a Digital World*, New Haven 2013.
Gay, Paul du, *Consumption and Identity at Work*, London 1996.
Gay, Paul du, Michael Pryke (Hg.), *Cultural Economy: Cultural Analysis and Commercial Life*, London 2002.
Gay, Peter, *Bürger und Bohème. Kunstkriege des 19. Jahrhunderts*, München 1999.
Gebhard, David, »William Wurster and His Californian Contemporaries. The Idea of Regionalism and Soft Modernism«, in: Marc Treib (Hg.), *An Everyday Modernism. The Houses of William Wurster*, Berkeley 1995, S. 164-183.
Gebhardt, Winfried, *Fest, Feier und Alltag. Über die gesellschaftliche Wirklichkeit des Menschen und ihre Deutung*, Frankfurt/M. 1987.
Gebhardt, Winfried, Ronald Hitzler, Michaela Pfadenhauer (Hg.), *Events. Soziologie des Außergewöhnlichen*, Opladen 2000.
von Gehlen, Dirk, *Mashup. Lob der Kopie*, Berlin 2011.
von Gehlen, Dirk, *Eine neue Version ist verfügbar. Wie die Digitalisierung Kunst und Kultur verändert*, Berlin 2013.
Gelhardt, Andreas, *Kritik der Kompetenz*, Zürich 2011.
Gellner, Ernest, *Encounters with Nationalism*, Oxford 1994.
Gerhardt, Volker, *Pathos und Distanz. Studien zur Philosophie Friedrich Nietzsches*, Stuttgart 1988.
Gibson, James, *Die Sinne und der Prozeß der Wahrnehmung*, Bern 1973.
Giddens, Anthony, *The Consequences of Modernity*, Cambridge 1990.
Giddens, Anthony, *Modernity and Self-Identity. Self and Society in the Late Modern Age*, Stanford 1991.
Giedion, Siegfried, *Die Herrschaft der Mechanisierung. Ein Beitrag zur anonymen Geschichte*, Hamburg 1994.
Giesen, Bernhard, *Nationale und kulturelle Identität*, Frankfurt/M. 1996.
Giesen, Bernhard, *Kollektive Identität. Die Intellektuellen und die Nation II*, Frankfurt/M. 1999.
Gilmore, James H., Joseph Pine, *Authenticity: What Consumers Really Want,* Boston 2007.

von Glasenapp, Helmut, *Die fünf Weltreligionen. Hinduismus, Buddhismus, chinesischer Universismus, Christentum, Islam*, München 1986.
Glatter, Jan, Daniela Weber, »Die mediale Konstruktion des Stereotyps Szeneviertel in Reiseführern«, in: Karlheinz Wöhler, Andreas Pott, Vera Denzer (Hg.), *Tourismusräume. Zur soziokulturellen Konstruktion eines globalen Phänomens*, Bielefeld 2010, S. 43-66.
Goffman, Erving, *Stigma. Über Techniken der Bewältigung beschädigter Identität*, Frankfurt/M. 1976.
Goldthorpe, John, David Lockwood, Frank Bechhofer, Jennifer Platt, *The Affluent Worker in the Class Structure*, London 1969.
Goodhart, David, *The Road to Somewhere. The Populist Revolt and the Future of Politics*, London 2017.
Goodman, Nelson, *Sprachen der Kunst. Entwurf einer Symboltheorie*, Frankfurt/M. 1998.
Goodman, Richard Alan, Lawrence Peter Goodman, »Some Management Issues in Temporary Systems: A Study in Professional Development and Manpower – The Theater Case«, in: *Administrative Science Quarterly* 21/3 (1976), S. 494-501.
Goody, Jack, »Industrial Food. Towards a Development of a World Cuisine«, in: ders., *Cooking, Cuisine and Class. A Study in Comparative Sociology*, Cambridge 1982, S. 154-190.
Goos, Marten, Alan Manning, Anna Salomons, »Job polarization in Europe«, in: *American Economic Review* 99/2 (2009), S. 58-63.
Gottdiener, Mark, *The Theming of America. Dreams, Media Fantasies, and Themed Environments*, Boulder 2001.
Grabher, Gernot, »Ecologies of Creativity. The Village, the Group, and the Heterarchic Organisation of the British Advertising Industry«, in: *Environment and Planning A* 33/2 (2001), S. 351-374.
Graebner, William, *The Engineering of Consent. Democracy and Authority in Twentieth-Century America*, Madison 1987.
Gramsci, Antonio, *Selections from the Prison Notebooks*, hrsg. von Quintin Hoare, Geoffrey Nowell Smith, New York 1971.
Granovetter, Mark S., »The Strength of Weak Ties«, in: *American Journal of Sociology* 78/6 (1973), S. 1360-1380.
Gratton, Lynda, *The Shift. The Future of Work is Already Here*, London 2011.
Grauel, Jonas, *Gesundheit, Genuss und gutes Gewissen. Über Lebensmittelkonsum und Alltagsmoral*, Bielefeld 2013.
Graw, Isabelle, »Der Wert der Ware Kunst. Zwölf Thesen zu menschlicher Arbeit, mimetischem Begehren und Lebendigkeit«, in: *Texte zur Kunst* 88 (2012), S. 31-60.
Gray, Jonathan, Cornel Sandvoss, C. Lee Harrington (Hg.), *Fandom. Identities and Communities in a Mediated World*, New York 2007.
Greiner, Ulrich, *Schamverlust. Vom Wandel der Gefühlskultur*, Reinbek 2014.
Grigg, Joanna, *Portfolio Working. A Practical Guide to Thriving in the Changing Workplace*, London 1997.
Groh-Samberg, Olaf, »Sorgenfreier Reichtum. Jenseits von Konjunktur und Krise«, in: *DIW Wochenbericht* 76/35 (2009), S. 590-612.
Groys, Boris, *Über das Neue. Versuch einer Kulturökonomie*, Frankfurt/M. 1999.
Guibernau, Montserrat, *The Identity of Nations*, Cambridge 2007.
Gumbrecht, Hans Ulrich, Karl Ludwig Pfeiffer (Hg.), *Stil. Geschichten und Funktionen eines kulturwissenschaftlichen Diskurselements*, Frankfurt/M. 1986.
Gumbrecht, Hans Ulrich, *Diesseits der Hermeneutik. Die Produktion von Präsenz*, Frankfurt/M. 2004.

Gumbrecht, Hans Ulrich, *Präsenz*, Berlin 2012.
Günther, Klaus, »Ein Modell legitimen Scheiterns – Der Kampf um Anerkennung als Opfer«, in: Axel Honneth, Ophelia Lindemann, Stephan Voswinkel (Hg.), *Strukturwandel der Anerkennung. Paradoxien sozialer Integration in der Gegenwart*, Frankfurt/M. 2012, S. 185-248.

Habermas, Jürgen, »Arbeit und Interaktion: Bemerkungen zu Hegels Jenenser ›Philosophie des Geistes‹«, in: ders., *Technik und Wissenschaft als »Ideologie«*, Frankfurt/M. 1968, S. 9-47.
Habermas, Jürgen, »Die Moderne – ein unvollendetes Projekt«, in: Wolfgang Welsch (Hg.), *Wege aus der Moderne. Schlüsseltexte der Postmoderne-Diskussion*, Stuttgart 1988, S. 177-192.
Hafeneger, Benno, *Jugendbilder. Zwischen Hoffnung, Kontrolle, Erziehung und Dialog*, Opladen 1995.
Halbwachs, Maurice, *Das kollektive Gedächtnis* [1939], Frankfurt/M. 1991.
Han, Byung-Chul, *Hyperkulturalität. Kultur und Globalisierung*, Berlin 2005.
Han, Byung-Chul, *Im Schwarm. Ansichten des Digitalen*, Berlin 2013.
Hand, Martin, *Ubiquitous Photography*, Cambridge 2012.
Handy, Charles B., *The Age of Unreason*, London u.a. 1989.
Hannerz, Ulf, »Two Faces of Cosmopolitanism: Culture and Politics«, in: *Statsvetenskaplig Tidskrift* 107/3 (2005), S. 199-213.
Hansen, Mark, »Medien des 21. Jahrhunderts, technisches Empfinden und unsere originäre Umweltbedingung«, in: Erich Hörl (Hg.), *Die technologische Bedingung. Beiträge zur Beschreibung der technischen Welt*, Berlin 2011, S. 365-409.
Hark, Sabine, Rahel Jaeggi, Hanna Meißner, Martin Saar (Hg.), »Das umkämpfte Allgemeine und das neue Gemeinsame. Solidarität ohne Identität«, in: *Feministische Studien* 33/1 (2015), S. 99-103.
Harper, Shannon, Barbara Reskin, »Affirmative Action at School and on the Job«, in: *Annual Review of Sociology* 31/1 (2005), S. 357-379.
Harris, Cheryl, Alison Alexander (Hg.), *Theorizing Fandom. Fans, Subculture and Identity*, Cresskill 1998.
Harrison, Rob, Terry Newholm, Deirdre Shaw (Hg.), *The Ethical Consumer*, London 2005.
Hartigan, John, *Odd Tribes. Toward a Cultural Analysis of White People*, Durham 2005.
Hartmann, Michael, *Der Mythos von den Leistungseliten*, Frankfurt/M., New York 2002.
Harvey, David, *The Condition of Postmodernity. An Enquiry into the Origins of Cultural Change*, Oxford 1989.
Harvey, David, *Eine kurze Geschichte des Neoliberalismus*, Zürich 2007.
Häseler, Jens, »Original/Originalität«, in: Karlheinz Barck (Hg.), *Ästhetische Grundbegriffe*, Bd. 4, Stuttgart 2002, S. 638-655.
Hausherr, Sven, Nina Trippel (Hg.), *CEECEE Berlin* (2 Bde.), Berlin 2014.
Häußermann, Hartmut, Walter Siebel, *Dienstleistungsgesellschaften*, Frankfurt/M. 1995.
Hays, Priya, *Advancing Healthcare Through Personalized Medicine*, Boca Raton 2017.
Hebdige, Dick, *Subculture. The Meaning of Style*, London 1979.
Heidegger, Martin, »Die Zeit des Weltbildes«, in: ders., Gesamtausgabe, Bd. 5, *Holzwege*, Frankfurt/M. 1977, S. 69-96.
Hein, Dieter, Andreas Schulz, *Bürgerkultur im 19. Jahrhundert. Bildung, Kunst und Lebenswelt*, München 1996.

Heinich, Nathalie, *L'Élite artiste. Excellence et singularité en régime démocratique*, Paris 2005.
Heintz, Bettina, »Nummerische Differenz. Überlegungen zu einer Soziologie des (quantitativen) Vergleichs«, in: *ZfS* 39/3 (2010), S. 162-181.
Helfrich, Silke, Heinrich-Böll-Stiftung (Hg.), *Commons. Für eine neue Politik jenseits von Markt und Staat*, Bielefeld 2012.
Helms, Dietrich (Hg.), *Keiner wird gewinnen. Populäre Musik im Wettbewerb*, Bielefeld 2006.
Hendrick, Harry, »Die sozialinvestive Kindheit«, in: Meike Sophia Baader, Wolfgang Eßer, Wolfgang Schröer (Hg.), *Kindheiten in der Moderne. Eine Geschichte der Sorge*, Frankfurt/M. 2014, S. 456-491.
Henze, Valeska, *Das schwedische Volksheim. Zur Struktur und Funktion eines politischen Ordnungsmodells*, Berlin 1999.
Hepp, Andreas, Marco Höhn, Jeffrey Wimmer (Hg.), *Medienkultur im Wandel*, Konstanz 2010.
Hesmondhalgh, David, Sarah Baker, *Creative Labour. Media Work in Three Cultural Industries*, London, New York 2011.
Hesmondhalgh, David, *The Cultural Industries*, Los Angeles u.a. 2013.
Hettling, Manfred, »Bürgerliche Kultur – Bürgerlichkeit als kulturelles System«, in: Peter Lundgreen (Hg.), *Sozial-und Kulturgeschichte des Bürgertums. Eine Bilanz des Bielefelder Sonderforschungsbereichs (1986-1997)*, Göttingen 2000, S. 319-340.
van Heur, Bas, *Creative Networks and the City. Towards a Cultural Political Economy of Aesthetic Production*, Bielefeld 2010.
Hewison, Robert, *Cultural Capital. The Rise and Fall of Creative Britain*, London 2014.
Hilferding, Rudolf, *Organisierter Kapitalismus. Referate und Diskussionen vom Sozialdemokratischen Parteitag 1927 in Kiel*, Kiel 1927.
Hilpert, Theo, *Die funktionelle Stadt. Le Corbusiers Stadtvision – Bedingungen, Motive, Hintergründe*, Braunschweig 1978.
Hobsbawm, Eric, Terence Ranger, *The Invention of Tradition*, Cambridge 1984.
Hobsbawm, Eric, *Nations and Nationalism since 1780. Programme, Myth, Reality*, Cambridge 1992.
Hobsbawm, Eric, *The Age of Extremes. The Short Twentieth Century 1914-1991*, London 1994.
Hochschild, Arlie Russell, *The Time Bind. When Work Becomes Home and Home Becomes Work*, New York 1997 (dt.: *Keine Zeit. Wenn die Firma zum Zuhause wird und zu Hause nur Arbeit wartet*, Opladen 2002).
Hochschild, Arlie Russell, *Das gekaufte Herz. Die Kommerzialisierung der Gefühle*, Frankfurt/M. 2006.
Hochschild, Arlie Russell, *Strangers in Their Own Land. Anger and Mourning on the American Right*, New York 2016.
Hohnsträter, Dirk (Hg.), *Konsum und Kreativität*, Bielefeld 2016.
Holland, John, *Hidden Order. How Adaption Builds Complexity*, Reading (Mass.) 1995.
Holm, Andrej, »Die Karawane zieht weiter – Stationen der Aufwertung in der Berliner Innenstadt«, in: Mario Pschera, Cagla Ilk, Cicek Bacik (Hg.), *Intercity Istanbul-Berlin*, Berlin 2010, S. 89-101.
Honneth, Axel, *Kampf um Anerkennung. Zur moralischen Grammatik sozialer Konflikte*, Frankfurt/M. 1994.
Honneth, Axel (Hg.), *Kommunitarismus. Eine Debatte über die moralischen Grundlagen moderner Gesellschaften*, Frankfurt/M., New York 1995.

Horkheimer, Max, Theodor W. Adorno, *Dialektik der Aufklärung. Philosophische Fragmente*, Frankfurt/M. 1988 [1947].
Hörl, Erich, »Die technologische Bedingung. Zur Einführung«, in: ders. (Hg.), *Die technologische Bedingung. Beiträge zur Beschreibung der technischen Welt*, Berlin 2011, S. 7-53.
Hormel, Ulrike, Albert Scherr (Hg.), *Diskriminierung. Grundlagen und Forschungsergebnisse*, Wiesbaden 2010.
Hörning, Karl H., *Doing Culture. Neue Positionen zum Verhältnis von Kultur und sozialer Praxis*, Bielefeld 2004.
Howkins, John, *The Creative Economy. How People Make Money From Ideas*, London 2001.
Hughes, Thomas Parke, *Die Erfindung Amerikas. Der technologische Aufstieg in den USA seit 1870*, München 1991.
Hurrelmann, Klaus, Erik Albrecht, *Die heimlichen Revolutionäre. Wie die Generation Y unsere Welt verändert*, Weinheim 2014.
Hüther, Gerald, Uli Hauser, *Jedes Kind ist hoch begabt. Die angeborenen Talente unserer Kinder und was wir daraus machen*, München 2012.
Hutter, Michael, *Ernste Spiele. Geschichten vom Aufstieg des ästhetischen Kapitalismus*, Paderborn 2015.

Ihde, Don, *Technology and Lifeworld. From Garden to Earth*, Bloomington u.a. 1996.
Illouz, Eva, *Warum Liebe weh tut. Eine soziologische Erklärung*, Berlin 2011.
Imrie, Robert, Mike Raco (Hg.), *Urban Renaissance? New Labour, Community and Urban Policy*, Bristol 2003.
Inglehart, Ronald, *The Silent Revolution. Changing Values and Political Styles Among Western Publics*, Princeton 1977.
Inglehart, Ronald, *Modernization and Postmodernization. Cultural, Economic and Political Change in 43 Countries*, Princeton 1997.
Inglehart, Ronald, Pippa Norris, »Trump, Brexit and the Rise of Populism. Economic Have-Nots and Cultural Backlash«, HKS Working Paper, Nr. RWP16-026, Kennedy School of Government, Harvard University, August 2016.
Inglis, David, Debra Gimlin (Hg.), *The Globalization of Food*, London 2013.
Ingold, Felix Philipp, *Russlands eurasische Geopolitik*, in: *Merkur* 70/811 (2016), S. 5-18.
Isenberg, Nancy, *White Trash. The 400-Year Untold History of Class in America*, New York 2016.
Izenberg, Gerald N., *Impossible Individuality*, Princeton 1992.

Jacobs, Jane, *The Death and Life of Great American Cities. The Failure of Current Planning*, New York 1961.
Jacobs, Sue-Ellen, Wesley Thomas, Sabine Lang (Hg.), *Two-Spirit People: Native American Gender Identity, Sexuality, and Spirituality*, Urbana 1997.
Jacobson, Matthew Frye, *Roots too: White Ethnic Revival in Post-Civil Rights America*, Cambridge 2008.
Jager, Michael, *Class Definition and the Aesthetics of Gentrification. Victoriana in Melbourne*, in: Neil Smith, Peter William (Hg.), *Gentrification of the City*, London u.a. 1986, S. 78-91.
Jameson, Fredric, *Postmodernism, or the Cultural Logic of Late Capitalism*, Durham 1991.
Jansen, Stephan A., Stephan Schleissing (Hg.), *Konkurrenz und Kooperation: interdisziplinäre Zugänge zur Theorie der Co-opetition*, Marburg 2000.
Jenkins, Richard, *Rethinking Ethnicity. Arguments and Explorations*, London 1997.

Jensen, Rolf, *How the Coming Shift from Information to Imagination Will Transform Your Business*, New York 2001.
Jessop, Bob, *The Future of the Capitalist State*, Cambridge 2002.
Joas, Hans, Klaus Wiegandt (Hg.), *Säkularisierung und die Weltreligionen*, Frankfurt/M. 2007.
Jones, Owen, *Chavs. The Demonization of the Working Class*, London 2011.
Julier, Guy, *The Culture of Design*, London (u. a.) 2000.
Junge, Matthias, Götz Lechner (Hg.), *Scheitern. Aspekte eines sozialen Phänomens*, Wiesbaden 2004.

Kalkowski, Peter, Otfried Mickler, *Antinomien des Projektmanagements. Eine Arbeitsform zwischen Direktive und Freiraum*, Berlin 2009.
Kant, Immanuel, *Kritik der reinen Vernunft* [1787], Frankfurt/M. 1992.
Kant, Immanuel, *Kritik der Urteilskraft* [1790], Frankfurt/M. 1992.
Karpik, Lucien, *Valuing the Unique. The Economics of Singularities*, Princeton 2010 (dt.: *Mehr Wert. Die Ökonomie des Einzigartigen*, Frankfurt/M., New York 2011).
Kelleter, Frank (Hg.), *Populäre Serialität. Narration – Evolution – Distinktion*, Bielefeld 2012.
Kelley, Tom, *The Art of Innovation. Lessons in Creativity from IDEO, Americas Leading Design Form*, New York 2001.
Kenny, Kevin, *Diaspora. A Very Short Introduction*, Oxford 2013.
Kerscher, Gottfried, *Architektur als Repräsentation. Spätmittelalterliche Palastbaukunst zwischen Pracht und zeremoniellen Voraussetzungen. Avignon – Mallorca – Kirchenstaat*, Tübingen u. a. 2000.
Kimmel, Michael, *The Gendered Society*, New York u. a. 2000.
Kippele, Flavia, *Was heißt Individualisierung? Die Antworten soziologischer Klassiker*, Opladen 1998.
Kirkham, Pat, *Charles and Ray Eames: Designers of the Twentieth Century*, Cambridge 1995.
Klein, Gabriele (Hg.), *Tango in Translation. Tanz zwischen Medien, Kulturen, Kunst und Politik*, Bielefeld 2009.
Klein, Maury, *The Flowering of the Third America. The Making of an Organizational Society, 1850-1920*, Chicago 1993.
Klingmann, Anna, *Brandscapes. Architecture in the Experience Economy*, Cambridge (Mass.) 2007.
Knecht, Alban, *Lebensqualität produzieren. Ressourcentheorie und Machtanalyse des Wohlfahrtsstaats*, Wiesbaden 2010.
Knellessen, Olaf, Giaco Schiesser, Daniel Strassberg (Hg.), *Serialität. Wissenschaft, Künste, Medien*, Wien, Berlin 2015.
Knoblauch, Hubert, »Das unsichtbare Neue Zeitalter. ›New Age‹, privatisierte Religion und kultisches Milieu«, in: *Kölner Zeitschrift für Soziologie und Sozialpsychologie* 41/3 (1989), S. 504-525.
Knorr-Cetina, Karin, Urs Bruegger, »Traders' Engagement with Markets. A Postsocial Relationship«, in: *Theory, Culture & Society* 19/5-6 (2002), S. 161-185.
Knox, Paul (Hg.), *Atlas of Cities*, Princeton, Oxford 2014.
Koelbl, Herlinde, *Das Deutsche Wohnzimmer*, München 1980.
Köhler, Andrea, *Scham. Vom Paradies zum Dschungelcamp*, Springe 2017.
Kohli, Martin, »Gesellschaftszeit und Lebenszeit. Der Lebenslauf im Strukturwandel der Moderne«, in: Johannes Berger (Hg.), *Die Moderne – Kontinuitäten und Zäsuren*, Göttingen 1986, S. 183-204.

König, René, Miriam Rasch (Hg.), *Society of the Query Reader. Reflections on Web Search*, Amsterdam 2014.

Koppetsch, Cornelia (Hg.), *Körper und Status. Zur Soziologie der Attraktivität*, Konstanz 2000.

Koppetsch, Cornelia, *Das Ethos der Kreativen. Eine Studie zum Wandel von Arbeit und Identität am Beispiel der Werbeberufe*, Konstanz 2006.

Kopytoff, Igor, »The Cultural Biography of Things. Commoditization as Process«, in: Arjun Appadurai (Hg.), *The Social Life of Things. Commodities in Cultural Perspective*, Cambridge 1986, S. 64-91.

Koschorke, Albrecht, *Wahrheit und Erfindung. Grundzüge einer Allgemeinen Erzähltheorie*, Frankfurt/M. 2012.

Koselleck, Reinhart, »Fortschritt«, in: Otto Brunner, Werner Conze, ders. (Hg.), *Geschichtliche Grundbegriffe*, Bd. 1, Stuttgart 1975, S. 351-423.

Koselleck, Reinhart, *Vergangene Zukunft. Zur Semantik geschichtlicher Zeiten*, Frankfurt/M. 1979.

Koselleck, Reinhart, »Krise«, in: Otto Brunner, Werner Conze, ders. (Hg.), *Geschichtliche Grundbegriffe*, Bd. 3, Stuttgart 1982, S. 617-650.

Kraemer, Klaus, *Der Markt der Gesellschaft. Zu einer soziologischen Theorie der Marktvergesellschaftung*, Opladen 1997.

Krajewski, Markus, (Hg.), *Projektemacher. Zur Produktion von Wissen in der Vorform des Scheiterns*, Berlin 2004.

Krämer, Hannes, *Die Praxis der Kreativität. Eine Ethnographie kreativer Arbeit*, Bielefeld 2014.

Kratzer, Nick, *Arbeitskraft in Entgrenzung. Grenzenlose Anforderungen, erweiterte Spielräume, begrenzte Ressourcen*, Berlin 2003.

Krieger, Verena, *Was ist ein Künstler? Genie – Heilsbringer – Antikünstler. Eine Ideen- und Kunstgeschichte des Schöpferischen*, Köln 2007.

Kriesi, Hanspeter, Edgar Grande, Romain Lachat, Martin Dolezal, Simon Bornschier, Timotheus Frey, »Globalization and the Transformation of the National Political Space: Six European Countries Compared«, in: *European Journal of Political Research* 45/6 (2006), S. 921-956.

Kristeva, Julia, *Powers of Horror. An Essay on Abjection*, New York 1982.

Kron, Thomas, Martin Horáček, *Individualisierung*, Bielefeld 2009.

Kron, Thomas, *Reflexiver Terrorismus*, Weilerswist 2015.

Kruse, Horst H. (Hg.), *From Rags to Riches. Erfolgsmythos und Erfolgsrezepte in der amerikanischen Gesellschaft*, München 1973.

Kucklick, Christoph, *Die granulare Gesellschaft. Wie das Digitale unsere Gesellschaft auflöst*, Berlin 2014.

Kuhlen, Rainer, Artikel »Allgemeines/Besonderes«, in: Joachim Ritter (Hg.), *Historisches Wörterbuch der Philosophie*, Bd. 1, Basel 1971, S. 181-183.

Kuhn, Thomas, *Die Struktur wissenschaftlicher Revolutionen*, Frankfurt/M. 1967.

Kumar, Krishan, *Prophecy and Progress. The Sociology of Industrial and Post-Industrial Society*, New York 1978.

Kurtz, Thomas, Michaela Pfadenhauer (Hg.), *Soziologie der Kompetenz*, Wiesbaden 2010.

Kurzweil, Ray, *The Singularity is Near. When Humans Transcend Biology*, New York 2005.

Kymlicka, Will, *Multicultural Odysseys. Navigating the New International Politics of Diversity*, Oxford 2007.

Labadi, Sophia, »World Heritage, Authenticity and Post-Authenticity«, in: dies., Colin Long (Hg.), *Heritage and Globalization*, London 2010, S. 66-84.

Laclau, Ernesto, »Was haben leere Signifikanten mit Politik zu tun?«, in: ders., *Emanzipation und Differenz*, Wien 2010, S. 65-78.

Lahire, Bernard, *La Culture des individus. Dissonances culturelles et distinction de soi*, Paris 2004.

Lambert, Joe, *Digital Storytelling. Capturing Lives, Creating Community*, New York 2013.

Lamont, Michèle, *The Dignity of Working Men. Morality and the Boundaries of Race, Class, and Immigration*, Cambridge 2000.

Lamont, Michèle, »Toward a Comparative Sociology of Valuation and Evaluation«, in: *Annual Review of Sociology* 38 (2012), S. 201-221.

Landow, George, *Hyper-Text-Theory*, Baltimore 1994.

Landry, Charles, *The Creative City: A Toolkit for Urban Innovators*, London 2008.

Lange, Bastian, *Räume der Kreativszene. Culturpreneurs und ihre Orte in Berlin*, Bielefeld 2007.

Lapeyronnie, Didier, *Ghetto urbain. Ségrégation, violence, pauvreté en France aujourd'hui*, Paris 2008.

Lareau, Anette, *Unequal Childhoods. Class, Race, and Family Life*, Berkeley 2003.

Larkin, Brian, »The Politics and Poetics of Infrastructure«, in: *Annual Review of Anthropology* 42/1 (2013), S. 327-343.

Lasch, Christopher, *The Culture of Narcissism. American Life in an Age of Diminishing Expectations*, New York 1979.

Lash, Scott, John Urry, *The End of Organized Capitalism*, Cambridge 1987.

Lash, Scott, Sam Whimster (Hg.), *Max Weber, Rationality and Modernity*, London 1987.

Lash, Scott, John Urry, *Economy of Signs and Space*, London u.a. 1994.

Lash, Scott, Celia Lury, *Global Culture Industry. The Mediation of Things*, Cambridge (u.a.) 2007.

Latour, Bruno, *Eine neue Soziologie für eine neue Gesellschaft. Einführung in die Akteur-Netzwerk-Theorie*, Frankfurt/M. 2007.

Laux, Henning, *Soziologie im Zeitalter der Komposition. Koordinaten einer integrativen Netzwerktheorie*, Weilerswist 2014.

Law, John, *Organizing Modernity. Social Ordering and Social Theory*, Oxford 1993.

Lazzarato, Maurizio, »Immaterial Labor«, in: Paolo Virno, Michael Hardt (Hg.), *Radical Thought in Italy: A Potential Politics*, Minneapolis 1996, S. 133-148.

Lears, T.J. Jackson, *Fables of Abundance. A Cultural History of Advertising America*, New York 1993.

Lees, Loretta, Tom Slater, Elvin Wyly (Hg.), *The Gentrification Reader*, New York 2010.

Legnaro, Aldo, »Performanz«, in: Ulrich Bröckling, Susanne Krasmann, Thomas Lemke (Hg.), *Glossar der Gegenwart*, Frankfurt/M. 2004, S. 204-209.

Leinberger, Paul, Bruce Tucker, *The New Individualists. The Generation after the Organization Man*, New York 1991.

Leiris, Michel, *Die eigene und die fremde Kultur. Ethnologische Schriften 1*, Frankfurt/M. 1985.

Leistert, Oliver, Theo Röhle (Hg.), *Generation Facebook. Über das Leben im Social Net*, Bielefeld 2011.

Lepecki, André, *Singularities. Dance in the Age of Performance*, London 2016.

Lévi-Strauss, Claude, *Das Ende des Totemismus*, Frankfurt/M. 1965.

Lévi-Strauss, Claude, *Mythologica I. Das Rohe und das Gekochte*, Frankfurt/M. 1983.

Liessmann, Konrad Paul, *Das Universum der Dinge. Zur Ästhetik des Alltäglichen*, Wien 2010.
Lilla, Mark, »The End of Identity Liberalism«, in: *The New York Times*, 18.11.2016.
Link, Jürgen, *Versuch über den Normalismus. Wie Normalität produziert wird*, Wiesbaden 1999.
Lipovetsky, Gilles, *L'esthétisation du monde. Vivre à l'âge du capitalisme artiste*, Paris 2013.
Lipset, Seymour Martin, Stein Rokkan, »Cleavage Structures, Party Systems and Voter Alignments: An Introduction«, in: dies. (Hg.), *Party Systems and Voter Alignments. Cross-National Perspectives*, New York, London 1967, S. 1-64.
Lister, Martin, *New Media. A Critical Introduction*, London 2009.
Livingstone, Sonia, Ranjana Das, »The End of Audiences? Theoretical Echoes of Reception Amidst the Uncertainties of Use«, in: John Hartley, John Burgess, Axel Bruns (Hg.), *A Companion to New Media Dynamics*, Oxford 2013, S. 104-121.
Lloyd, Richard D., *Neo-Bohemia. Art and Commerce in the Postindustrial City*, New York 2010.
Lockwood, Thomas (Hg.), *Design Thinking. Integrating Innovation, Customer Experience and Brand Value*, New York 2009.
Lorey, Isabell, Klaus Neundlinger (Hg.), *Kognitiver Kapitalismus*, Wien 2012.
Louis, Édouard, *Das Ende von Eddy*, Frankfurt/M. 2015.
Löw, Martina, *Soziologie der Städte*, Frankfurt/M. 2008.
Luhmann, Niklas, *Legitimität durch Verfahren*, Frankfurt/M. 1969.
Luhmann, Niklas, »Komplexität«, in: ders., *Soziologische Aufklärung. Aufsätze zur Theorie der Gesellschaft 2*, Opladen 1975, S. 204-220.
Luhmann, Niklas, *Die Wissenschaft der Gesellschaft*, Frankfurt/M. 1992.
Lupton, Deborah, *The Quantified Self. A Sociology of Self-Tracking Cultures*, Cambridge 2016.
Lutter, Mark, »Soziale Strukturen des Erfolgs. Winner-take-all-Konzentrationen und ihre sozialen Entstehungskontexte auf flexiblen Arbeitsmärkten«, in: *Kölner Zeitschrift für Soziologie und Sozialpsychologie* 65/4 (2013), S. 597-622.
Lutz, Ronald, *Laufen und Läuferleben. Zum Verhältnis von Körper, Bewegung und Identität*, Frankfurt/M. 1989.
Lyotard, Jean-François »Das Erhabene und die Avantgarde«, in: *Merkur* 34/424 (1984), S. 151-164.

MacCannell, Dean, *The Tourist. A New Theory of the Leisure Class*, Berkeley 1976.
MacGregor, Neil, *Geschichte der Welt in 100 Objekten*, München 2011.
Maffesoli, Michel, *Le temps des tribus. Le déclin de l' individualisme dans les sociétés de masse*, Paris 1988.
Mainzer, Klaus, »Singulär/Singularität« in: Joachim Ritter, Karlfried Gründer (Hg.), *Historisches Wörterbuch der Philosophie*, Bd. 9, Basel 1995, S. 798-808.
Makropoulos, Michael, *Modernität und Kontingenz*, München 1997.
Makropoulos, Michael, »Massenkultur als Kontingenzkultur. Artifizielle Wirklichkeiten zwischen Technisierung, Ökonomisierung und Ästhetisierung«, in: Harm Lux (Hg.), *... lautloses irren – ways of worldmaking, too ...*, Berlin 2003, S. 151-173.
Mannitz, Sabine, *Die verkannte Integration. Eine Langzeitstudie unter Heranwachsenden aus Immigrantenfamilien*, Bielefeld 2006.
Manovich, Lev, *The Language of New Media*, Cambridge 2001.
Manovich, Lev, *Software Takes Command*, New York 2013.
Manske, Alexandra, »Zum ungleichen Wert von Sozialkapital. Netzwerke aus einer Per-

spektive sozialer Praxis«, in: Jörg Lüdicke, Martin Diewald (Hg.), *Soziale Netzwerke und soziale Ungleichheit. Zur Rolle von Sozialkapital in modernen Gesellschaften*, Wiesbaden 2007, S. 135-162.

Manske, Alexandra, *Kapitalistische Geister in der Kultur- und Kreativwirtschaft. Kreative zwischen wirtschaftlichem Zwang und künstlerischem Drang*, Bielefeld 2016.

Mareis, Claudia, *Theorien des Designs zur Einführung*, Hamburg 2014.

Maslow, Abraham H., »A Theory of Human Motivation«, in: *Psychological Review* 50 (1943), S. 370-396.

Maslow, Abraham H., *Motivation and Personality*, New York 1954.

Maslow, Abraham H., *Toward a Psychology of Being*, New York 1968.

Massumi, Brian, *Parables for the Virtual. Movement, Affect, Sensation*, Durham, NC 2002.

Mau, Steffen, *Lebenschancen. Wohin driftet die Mittelschicht*, Berlin 2012.

Mau, Steffen, *Das metrische Wir. Über die Quantifizierung des Sozialen*, Berlin 2017.

Mayer-Schönberger, Viktor, Kenneth Cukier, *Big Data. A Revolution That Will Transform How We Live, Work, and Think*, London 2013 (dt.: *Big Data. Die Revolution, die unser Leben verändern wird*, München 2013).

McClintock, Anne, *Imperial Leather. Race, Gender and Sexuality in the Colonial Contest*, New York 1995.

McRobbie, Angela, *British Fashion Design. Rag Trade or Image Industry?*, London 1998.

McRobbie, Angela, *Be Creative. Making a Living in the New Culture Industries*, Cambridge 2016.

Menger, Pierre-Michel, *Kunst und Brot. Die Metamorphosen des Arbeitnehmers*, Konstanz 2006.

Menger, Pierre-Michel, *La différence, la concurrence et la disproportion. Sociologie du travail créateur*, Paris 2014.

Menger, Pierre-Michel, *The Economics of Creativity. Art and Achievement under Uncertainty*, Cambridge (Mass.) 2014.

Merton, Robert King, »The Matthew Effect in Science«, in: *Science* 158/3810 (1968), S. 56-63.

Merton, Robert King, *The Sociology of Science. Theoretical and Empirical Investigations* [1973], Chicago (u. a.) 1998.

Message, Kylie, *New Museums and the Making of Culture*, Oxford 2006.

Meyer, Thomas, *Was ist Fundamentalismus? Eine Einführung*, Wiesbaden 2011.

Michéa, Jean-Claude, *Das Reich des kleineren Übels. Über die liberale Gesellschaft*, Berlin 2014.

Milanović, Branko, *Die ungleiche Welt. Migration, das Eine Prozent und die Zukunft der Mittelschicht*, Berlin 2016.

Miller, Vincent, *Understanding Digital Culture*, Los Angeles, London 2011.

Miller, Walter, »Lower Class Culture as a Generating Milieu of Gang Delinquency«, in: *Journal of Social Issues* 14/3 (1958), S. 5-20.

Mintz, Steven, Susan Kellog, *Domestic Revolutions. A Social History of American Family Life*, New York 1988.

Mirzoeff, Nicholas, *An Introduction to Visual Culture*, London u. a. 1999.

Mishra, Pankaj, *Aus den Ruinen des Empires. Die Revolte gegen den Westen und der Wiederaufstieg Asiens*, Frankfurt/M. 2013.

Mixa, Elisabeth, »I feel good! Über Paradoxien des Wohlfühl-Imperativs im Wellness-Diskurs«, in: dies., Sarah Miriam Pritz, Markus Tummeltshammer, Monica Greco (Hg.), *Un-Wohl-Gefühle. Eine Kulturanalyse gegenwärtiger Befindlichkeiten*, Bielefeld 2016, S. 95-132.

Moebius, Stephan, *Die Zauberlehrlinge. Soziologiegeschichte des Collège de Sociologie (1937-1939)*, Konstanz 2006.
Moldaschl, Manfred, Günter Voß (Hg.), *Subjektivierung von Arbeit*, München, Mering 2002.
Morin, Edgar, *The Stars*, Minneapolis 2005.
Moscovici, Serge, *Versuch über die menschliche Geschichte der Natur*, Frankfurt/M. 1982.
Moulier Boutang, Yann, *Le capitalisme cognitif. La nouvelle grande transformation*, Paris 2007.
Moyn, Samuel, *The Last Utopia. Human Rights in History*, Cambridge 2010.
Müller, Jan-Werner, *Das demokratische Zeitalter. Eine politische Ideengeschichte Europas im 20. Jahrhundert*, Berlin 2013.
Müller, Jan-Werner, *Was ist Populismus? Ein Essay*, Berlin 2016.
Müller-Hilmer, Rita, *Gesellschaft im Reformprozess*, Friedrich-Ebert-Stiftung/TNS Infratest Sozialforschung 2006.
Mundhenke, Florian, Fernando Ramos Arena, Thomas Wilke (Hg.), *Mashups. Neue Praktiken und Ästhetiken in populären Medienkulturen*, Wiesbaden 2015.
Muniesa, Fabian, »A Flank Movement in the Understanding of Valuation«, in: Lisa Adkins, Celia Lury (Hg.), *Measure and Value*, Malden 2012, S. 24-38.
Muniesa, Fabian, Claes-Fredrik Helgesson, »Valuation Studies and the Spectacle of Valuation«, in: *Valuation Studies* 1/2 (2013), S. 119-123.
Muniesa, Fabian, *The Provoked Economy. Economic Reality and the Performative Turn*, London 2014.
Murcott, Anne (Hg.), *The Handbook of Food Research*, London 2013.
Murray, Susan, Laurie Ouellette (Hg.), *Reality TV. Remaking Television Culture*, New York 2009.

Nachtwey, Oliver, *Die Abstiegsgesellschaft. Über das Aufbegehren in der regressiven Moderne*, Berlin 2016.
Nancy, Jean-Luc, *Die undarstellbare Gemeinschaft*, Stuttgart 1988.
Nassehi, Armin, »Zum Funktionswandel von Ethnizität im Prozeß gesellschaftlicher Modernisierung: Ein Beitrag zur Theorie funktionaler Differenzierung«, in: *Soziale Welt* 41/3 (1990), S. 261-282.
Neckel, Sighard, *Flucht nach vorn. Die Erfolgskultur der Marktgesellschaft*, Frankfurt/M., New York 2008.
Neckel, Sighard, Greta Wagner (Hg.), *Leistung und Erschöpfung. Burnout in der Wettbewerbsgesellschaft*, Berlin 2013.
Nelson, Ted, *Literary Machines. The Report On, and Of, Project Xanadu Concerning Word Processing, Electronic Publishing, Hypertext, Thinkertoys, Tomorrow's Intellectual Revolution, and Certain Other Topics Including Knowledge, Education and Freedom*, Sausalito 1987.
Neustadt, Jeannette, *Ökonomische Ästhetik und Markenkult. Reflexionen über das Phänomen Marke in der Gegenwartskunst*, Bielefeld 2011.
Newcombe, Suzanne, »The Development of Modern Yoga. A Survey of the Field«, in: *Religion Compass* 3/6 (2009), S. 986-1002.
Nipperdey, Thomas, *Wie das Bürgertum die Moderne fand*, Berlin (West) 1988.
Noble, David F., *America by Design. Science, Technology and the Rise of Corporate Capitalism*, New York 1979.
Nökel, Sigrid, *Die Töchter der Gastarbeiter und der Islam. Zur Soziologie alltagsweltlicher Anerkennungspolitiken. Eine Fallstudie*, Bielefeld 2002.
Nora, Pierre, *Zwischen Geschichte und Gedächtnis*, Berlin 1990.

Nullmeier, Frank, *Politische Theorie des Sozialstaats*, Frankfurt/M., New York 2000.
Nullmeier, Frank, »Wettbewerbskulturen«, in: Michael Müller, Thilo Raufer, Dariuš Zifonun (Hg.), *Der Sinn der Politik. Kulturwissenschaftliche Politikanalysen*, Konstanz 2002, S. 157-176.
Nünning, Vera, Ansgar Nünning (Hg.), *Erzähltheorie transgenerisch, intermedial, interdisziplinär*, Trier 2002.

O'Neill, Paul, *The Culture of Curating and the Curating of Culture(s)*, Cambridge 2012.
von Osten, Marion (Hg.), *Norm der Abweichung*, Zürich 2003.
Oswalt, Phillip (Hg.), *Schrumpfende Städte*, Bd. 1: *Internationale Untersuchung*, Ostfildern-Ruit 2004.
Ott, Michaela, *Affizierung. Zu einer ästhetisch-epistemischen Figur*, München 2010.

Pallagst, Karina M., Thorsten Wiechmann, Cristina Martinez-Fernandez (Hg.), *Shrinking Cities. International Perspectives and Policy Implications*, New York 2015.
Pariser, Eli, *Filter Bubbles. Wie wir im Internet entmündigt werden*, München 2012.
Park, Hyung Yu, »Heritage Tourism. Emotional Journeys into Nationhood«, in: *Annals of Tourism Research* 37/1 (2010), S. 116-135.
Parker, Martin, *Organizational Culture and Identity. Unity and Division at Work*, London u.a. 2000.
Parkins, Wendy, Geoffrey Craig, *Slow Living*, Oxford 2006.
Parsons, Talcott, *Gesellschaften. Evolutionäre und kompetitive Perspektiven*, Frankfurt/M. 1986.
Passoth, Jan-Hendrik, *Technik und Gesellschaft. Sozialwissenschaftliche Techniktheorien und die Transformation der Moderne*, Wiesbaden 2008.
Passoth, Jan-Hendrik, Josef Wehner (Hg.), *Quoten, Kurven und Profile. Zur Vermessung der sozialen Welt*, Wiesbaden 2013.
Pearlman, Alison, *Smart Casual. The Transformation of Gourmet Restaurant Style in America*, Chicago 2013.
Perez, Carlota, »Technological Revolutions and Techno-Economic Paradigms«, in: *Cambridge Journal of Economics* 34/1 (2010), S. 185-202.
Peters, Meike, *Eat in my Kitchen. To Cook, to Bake, to Eat, and to Treat*, München 2016.
Peters, Thomas, Robert Waterman, *In Search of Excellence: Lessons from America's Best Run Companies*, New York 1982.
Peterson, Richard A., Roger M. Kern, »Changing Highbrow Taste. From Snob to Omnivore«, in: *American Sociological Review*, 61/5 (1996), S. 900-907.
Peterson, Richard A., »In Search of Authenticity«, in: *Journal of Management Studies* 42/5 (2005), S. 1083-1098.
Phillips, Adam, *Missing Out. In Praise of the Unlived Life*, London 2012.
Pias, Claus, *Computer-Spiel-Welten*, München 2002.
Picot, Arnold, Ralf Reichwald, Rolf T. Wigand, *Die grenzenlose Unternehmung. Information, Organisation und Management. Lehrbuch zur Unternehmensführung im Informationszeitalter*, Wiesbaden 1996.
Pieterse, Jan Nederveen, »Globalization as Hybridization«, in: Mike Featherstone, Scott Lash, Roland Robertson (Hg.), *Global Modernities*, London 1995.
Piketty, Thomas, *Das Kapital im 21. Jahrhundert*, München 2014.
Pikulik, Lothar, *Romantik als Ungenügen an der Normalität. Am Beispiel Tiecks, Hoffmanns, Eichendorffs*, Frankfurt/M. 1979.
Pine, Joseph B., James H. Gilmore, *The Experience Economy: Work is Theatre and Every Business is a Stage*, Boston 1999.

Piore, Michael J., Charles F. Sabel, *The Second Industrial Divide: Possibilities for Prosperity*, New York 1984.
Pollan, Michael, *Cooked. A Natural History of Transformation*, New York 2014.
Pollesch, René, »Lob des alten litauischen Regieassistenten im grauen Kittel«, in: Christoph Menke, Juliane Rebentisch (Hg.), *Kreation und Depression. Freiheit im gegenwärtigen Kapitalismus*, Berlin 2010, S. 243-249.
Pongratz, Hans, Günter Voß, *Arbeitskraftunternehmer. Erwerbsorientierungen in entgrenzten Arbeitsformen*, Berlin 2003.
Pörksen, Bernhard, Wolfgang Krischke (Hg.), *Die Casting-Gesellschaft. Die Sucht nach Aufmerksamkeit und das Tribunal der Medien*, Köln 2010.
Posch, Waltraud, *Projekt Körper. Wie der Kult um die Schönheit unser Leben prägt*, Frankfurt/M. 2009.
Poster, Mark, *The Second Media Age*, Cambridge 1995.
Pott, Andreas, *Orte des Tourismus. Eine raum- und gesellschaftstheoretische Untersuchung*, Bielefeld 2007.
Potts, Jason, Paul Ormerod, Stuart Cunningham, John Hartley, »Social Network Markets: A New Definition of the Creative Industries«, in: *Journal of Cultural Economics* 32/3 (2008), S. 167-185.
Powell, Walter W., »Neither Market nor Hierarchy. Network Forms of Organization«, in: *Research in Organizational Behaviour* 12 (1990), S. 295-336.
Pradtke, André, *Casting Shows als Märkte für Marktpotenziale*, Marburg 2014.
Pratt, Andy, »Creative Cities. Cultural Industries and the Creative Class«, *Geografiska Annaler: Series B – Human Geogra*phy 90/2 (2008), S. 107-117.
Prebish, Charles S., Martin Baumann (Hg.), *Westward Dharma. Buddhism Beyond Asia*, Berkeley 2002.
Pricken, Mario, *Die Aura des Wertvollen. Produkte entstehen im Unternehmen, Werte im Kopf. 80 Strategien*, Erlangen 2014.
Punter, John (Hg.), *Urban Design and the British Urban Renaissance*, London 2010.
Putnam, Robert, *Our Kids. The American Dream in Crisis*, New York 2015.

Raschke, Joachim, »Politik und Wertewandel in den westlichen Demokratien«, in: *Aus Politik und Zeitgeschichte* 36 (1980), S. 23-45.
Rasfeld, Margret, Stephan Breidenbach, *Schulen im Aufbruch. Eine Anstiftung*, München 2014.
Raunig, Gerald, *Fabriken des Wissens*, Zürich 2012.
Ravasi, Davide, Violina Rindova, Ileana Stigliani, »Valuing Products as Cultural Symbols. A Conceptual Framework and Empirical Illustration«, in: Jens Beckert, Patrik Aspers (Hg.), *Worth of Goods*, S. 297-318.
Ray, Krishnendu, *Ethnic Restaurateur*, London 2016.
Ray, Paul, Sherry Ruth Anderson, *The Cultural Creatives. How 50 Million People are changing the World*, New York 2000.
Rebentisch, Juliane, *Theorien der Gegenwartskunst*, Hamburg 2013.
Reckwitz, Andreas, *Die Transformation der Kulturtheorien. Zur Entwicklung eines Theorieprogramms*, Weilerswist 2000.
Reckwitz, Andreas, »Grundelemente einer Theorie sozialer Praktiken. Eine sozialtheoretische Perspektive«, in: *Zeitschrift für Soziologie* 32/4 (2003), S. 282-301.
Reckwitz, Andreas, *Das hybride Subjekt. Eine Theorie der Subjektkulturen von der bürgerlichen Moderne zur Postmoderne*, Weilerswist 2006.
Reckwitz, Andreas, *Subjekt*, Bielefeld 2008.

Reckwitz, Andreas, »Der Ort des Materiellen in den Kulturtheorien. Von sozialen Strukturen zu Artefakten«, in: ders. *Unscharfe Grenzen. Perspektiven der Kultursoziologie*, Bielefeld 2008, S. 131-156.
Reckwitz, Andreas, *Die Erfindung der Kreativität. Zum Prozess gesellschaftlicher Ästhetisierung*, Berlin 2012.
Reckwitz, Andreas, »Ästhetik und Gesellschaft – ein analytischer Bezugsrahmen«, in: ders., Sophia Prinz, Hilmar Schäfer (Hg.), *Ästhetik und Gesellschaft. Grundlagentexte aus Soziologie und Kulturwissenschaften*, Berlin 2015, S. 13-52.
Reckwitz, Andreas, »Praktiken und ihre Affekte«, in: ders., *Kreativität und soziale Praxis*, Bielefeld 2016, S. 97-114.
Reemtsma, Jan Philipp, *Gewalt als Lebensform. Zwei Reden*, Stuttgart 2016.
Reese, Stephen, Lou Rutigliano, Kideuk Hyun, Jaekwan Jeong, »Mapping the Blogosphere. Professional and Citizen-based Media in the Global News Arena«, in: *Journalism* 8/3 (2007), S. 235-261.
Reich, Robert, *The Work of Nations. Preparing Ourselves for 21st-Century Capitalism*, New York 1991.
Reichert, Ramón, *Die Macht der Vielen. Über den neuen Kult der digitalen Vernetzung*, Bielefeld 2013.
Rheinberger, Hans-Jörg, *Experiment, Differenz, Schrift. Zur Geschichte epistemischer Dinge*, Marburg 1992.
Rheingold, Howard, *The Virtual Community. Homesteading on the Electronic Frontier*, Cambridge 2000.
Rhodes, Gillian, Leslie Zebrowitz (Hg.), *Facial Attractiveness. Evolutionary, Cognitive, and Social Perspectives*, Westport 2002.
Riesebrodt, Martin, *Rückkehr der Religionen? Zwischen Fundamentalismus und ›Kampf der Kulturen‹*, München 2000.
Riesman, David, *The Lonely Crowd. A Study of the Changing American Character* [1949/1961], New Haven 2001 (dt.: *Die einsame Masse. Eine Untersuchung der Wandlungen des amerikanischen Charakters*, Hamburg 1958).
Rifkin, Jeremy, *The Age of Access. The New Culture of Hypercapitalism*, New York 2000.
Rifkin, Jeremy, *The Zero Marginal Cost Society. The Internet of Things, the Collaborative Commons, and the Ecplise of Capitalism*, New York 2014.
Robertson, Roland, JoAnn Chirico, »Humanity, Globalization and Worldwide Religious Resurgence. A Theoretical Exploration«, in: *Sociological Analysis* 46/3 (1985), S. 219-242.
Robertson, Roland, »Glokalisierung: Homogenität und Heterogenität in Raum und Zeit«, in: Ulrich Beck (Hg.), *Perspektiven der Weltgesellschaft*, Frankfurt/M. 1992, S. 192-220.
Robinson, Ken, Lou Aronica, *Creative Schools. The Grassroots Revolution That's Transforming Education*, New York 2016.
Rogers, Richard George, *Towards an Urban Renaissance*, London 1999.
Rojek, Chris, *Celebrity*, London 2001.
Rosa, Hartmut, *Beschleunigung. Die Veränderung der Zeitstrukturen in der Moderne*, Frankfurt/M. 2005.
Rosa, Hartmut, *Resonanz. Eine Soziologie der Weltbeziehung*, Berlin 2016.
Rosanvallon, Pierre, *Die Gesellschaft der Gleichen*, Hamburg 2013.
Rose, Nikolas S., *Governing the Soul. The Shaping of the Private Self*, London 1999.
Rosen, Emanuel, *The Anatomy of Buzz. How to Create Word-of-Mouth Marketing*, New York 2002.
Rosen, Sherwin, »The Economics of Superstars«, in: *American Economic Review* 71/5 (1981), S. 845-858.

Roßler, Gustav, *Der Anteil der Dinge an der Gesellschaft. Sozialität – Kognition – Netzwerke*, Bielefeld 2015.
Roth, Lutz, *Die Erfindung des Jugendlichen*, München 1983.
Roy, Olivier, *Heilige Einfalt. Über die politischen Gefahren entwurzelter Religionen*, München 2010.
Ryan, Camille, Julie Siebens, »Educational Attainment in the United States: 2009«, in: *U. S. Census Bureau* (Februar 2012).

Safranski, Rüdiger, *Nietzsche. Biographie seines Denkens*, München 2000.
Salenbacher, Jürgen, *Creative Personal Branding. The Strategy to Answer: What's Next*, Amsterdam 2013.
Salzbrunn, Monika, *Vielfalt – Diversität*, Bielefeld 2014.
Sammer, Petra, *Storytelling. Die Zukunft von PR und Marketing*, Köln 2014.
Sassen, Saskia, »Dienstleistungsökonomien und die Beschäftigung von MigrantInnen in Städten«, in: Klaus Schmals (Hg.), *Migration und Stadt. Entwicklungen, Defizite und Potentiale*, Opladen 2000, S. 87-114.
Saussure, Ferdinand de, *Grundfragen der allgemeinen Sprachwissenschaft* [1916], Berlin 1967.
Savage, Mike, *Social Class in 21st Century*, London 2015.
Schäfer, Alfred, Christiane Thompson (Hg.), *Spiel*, Paderborn 2014.
Schäfer, Hilmar (Hg.), *Praxistheorie. Ein soziologisches Forschungsprogramm*, Bielefeld 2016.
Schäfer, Robert, *Tourismus und Authentizität: Zur gesellschaftlichen Organisation von Außeralltäglichkeit*, Bielefeld 2015.
Schatzki, Theodore, *Social Practices. A Wittgensteinian Approach to Human Activity and the Social*, Cambridge 1996.
Schelsky, Helmut, »Die Bedeutung des Schichtungsbegriffs für die Analyse der gegenwärtigen deutschen Gesellschaft«, in: ders., *Auf der Suche nach Wirklichkeit. Gesammelte Aufsätze*, Düsseldorf u. a. 1965, S. 331-336.
Scherer, Michael, »Inside the Secret World of the Data Crunchers. Who Helped Obama Win«, in: *Time*, 7. 11. 2012.
Schiffauer, Werner, *Parallelgesellschaften. Wie viel Wertekonsens braucht unsere Gesellschaft? Für eine kluge Politik der Differenz*, Bielefeld 2008.
Schilling, Heinz, *Kleinbürger. Mentalität und Lebensstil*, Frankfurt/M., New York 2003.
Schimank, Uwe, Steffen Mau, Olaf Groh-Samberg, *Statusarbeit unter Druck? Zur Lebensführung der Mittelschichten*, Weinheim 2014.
Schimank, Uwe, »Lebensplanung!? Biografische Entscheidungspraktiken irritierter Mittelschichten«, in: *Berliner Journal für Soziologie* 25 (2015), S. 7-31.
Schirrmacher, Frank (Hg.), *Technologischer Totalitarismus: Eine Debatte*, Berlin 2015.
Schlegel, Friedrich, *Über das Studium der griechischen Poesie* [1797], Paderborn 1982.
Schlesinger, Arthur, *The Disuniting of America. Reflections on a Multicultural Society*, New York 1998.
Schluchter, Wolfgang, *Die Entwicklung des okzidentalen Rationalismus. Eine Analyse von Max Webers Gesellschaftsgeschichte*, Tübingen 1979.
Schmid, David, *Natural Born Celebrities. Serial Killers in American Culture*, Chicago 2005.
Schmid, Wilhelm, *Philosophie der Lebenskunst. Eine Grundlegung*, Frankfurt/M. 2003.
Schmidt, Eric, Jared Cohen, *Die Vernetzung der Welt. Ein Blick in unsere Zukunft*, Reinbek 2013.

Schmitt, Carl, *Die geistesgeschichtliche Lage des heutigen Parlamentarismus* [1923], Berlin 2010.
Schroer, Markus, »Visual Culture and the Fight for Visibility«, in: *Journal for Theory of Social Behaviour* 44/2 (2013), S. 206-228.
Schroer, Markus, »Soziologie der Aufmerksamkeit. Grundlegende Überlegungen zu einem Theorieprogramm«, in: *KZfSS* 66/2 (2014) S. 193-218.
Schröter, Susanne, *FeMale. Über Grenzverläufe zwischen Geschlechtern*, Frankfurt/M. 2002.
Schultz, Duane, *Growth Psychology. Models of the Healthy Personality*, New York 1977.
Schultz, Tanjev, Klaus Hurrelmann (Hg.), *Die Akademiker-Gesellschaft. Müssen in Zukunft alle studieren?*, Weinheim 2013.
Schulz, Stefan, *Redaktionsschluss. Die Zeit nach der Zeitung*, München 2016.
Schulz-Buschhaus, Ulrich, »Klassik zwischen Kanon und Typologie – Probleme um einen Zentralbegriff der Literaturwissenschaft«, in: *Arcadia* 29/1 (1994), S. 67-77.
Schulze, Gerhard, *Die Erlebnisgesellschaft. Kultursoziologie der Gegenwart*, Frankfurt/M. 1992.
Schulze, Gerhard, *Die beste aller Welten. Wohin bewegt sich die Gesellschaft im 21. Jahrhundert?*, München 2003.
Schütz, Alfred, *Der sinnhafte Aufbau der sozialen Welt. Eine Einleitung in die verstehende Soziologie* [1932], Konstanz 2004.
Schütz, Alfred, Thomas Luckmann, *Strukturen der Lebenswelt*, Frankfurt/M. 1984.
Scott, Allen J., *A World in Emergence. Cities and Regions in the 21st Century*, Cheltenham 2012.
Selke, Stefan, *Life-Logging. Wie die digitale Selbstvermessung unsere Gesellschaft verändert*, Berlin 2014.
Semmelhack, Elizabeth, *Out of the Box. The Rise of Sneaker Culture*, New York 2015.
Sen, Amartya, *Die Idee der Gerechtigkeit*, München 2010.
Sennett, Richard, Jonathan Cobb, *The Hidden Injuries of Class*, New York 1972.
Sennett, Richard, *The Corrosion of Character. The Personal Consequences of Work in the New Capitalism*, New York, London 1998 (dt.: *Der flexible Mensch. Die Kultur des neuen Kapitalismus*, München 2001).
Sennett, Richard, *Zusammenarbeit. Was unsere Gesellschaft zusammenhält*, Berlin 2012.
Shackle, George, *Epistemics and Economics. A Critique of Economic Doctrines*, London 1972.
Sheller, Mimi, »Automotive Emotions«, in: *Theory, Culture & Society* 21/4-5 (2004), S. 221-242.
Shenhav, Yehouda, *Manufacturing Rationality. The Engineering Foundations of the Managerial Revolution*, Oxford 1999.
Shih, Clara, *The Facebook Era. Tapping Online Social Networks to Market, Sell, and Innovate*, Upper Saddle River u. a. 2011.
Shilling, Chris, *The Body in Technology, Culture and Society*, London 2005.
Shirky, Clay, *Here Comes Everybody. The Power of Organizing Without Organizations*, London 2008.
Shirky, Clay, *Cognitive Surplus. Creativity and Generosity in a Connected Age*, London 2010.
Simanowski, Roberto, *Facebook-Gesellschaft*, Berlin 2016.
Simmel, Georg, *Philosophie des Geldes* [1900], Gesamtausgabe Bd. 6, Frankfurt/M. 1989.
Simmel, Georg, *Soziologie. Untersuchungen über die Formen der Vergesellschaftung* [1908], Frankfurt/M. 1992.
Simmel, Georg, »Soziologie der Konkurrenz« [1903], in: ders., *Aufsätze und Abhandlungen 1901-1908*, Bd. 1, Gesamtausgabe Bd. 7, Frankfurt/M. 1995, S. 221-246.

Simmel, Georg, »Der Begriff und die Tragödie der Kultur« [1911/1912], in: ders., *Aufsätze und Abhandlungen 1909-1918*, Bd. 1, Gesamtausgabe Bd. 12, Frankfurt/M. 2001, S. 194-223.

Simmel, Georg, »Die historische Formung« [1917/1918], in: ders., *Aufsätze und Abhandlungen 1909-1918*, Bd. 2, Gesamtausgabe Bd. 13, Frankfurt/M. 2000, S. 321-361.

Simondon, Gilbert, *Die Existenzweise technischer Objekte*, Zürich 2012.

Simons, Harald, Lukas Weiden, *Schwarmstädte – eine Untersuchung zu Umfang, Ursache, Nachhaltigkeit und Folgen der neuen Wanderungsmuster in Deutschland*, Berlin 2015.

Skeggs, Beverley, *Class, Self, Culture*, London, New York 2004.

Skrentny, John David, *The Minority Rights Revolutions*, Cambridge, London 2009.

de Solla Price, Derek J., *Little Science, Big Science*, New York 1963.

Somsen, Geert J., »A History of Universalism: Conceptions of Internationality of Science from the Enlightenment to the Cold War«, in: *Minerva* 46/3 (2008), S. 361-379.

Spreen, Dierk, *Upgradekultur. Der Körper in der Enhancement-Gesellschaft*, Bielefeld 2015.

Staab, Philipp, *Macht und Herrschaft in der Servicewelt*, Hamburg 2014.

Stäheli, Urs, *Spektakuläre Spekulationen. Das Populäre der Ökonomie*, Frankfurt/M. 2007.

Stalder, Felix, Christine Mayer, »Der zweite Index. Suchmaschinen, Personalisierung, Überwachung«, in: Konrad Becker, Felix Stalder (Hg.), *Deep Search. Politik des Suchens jenseits von Google*, Innsbruck 2010, S. 112-131.

Stalder, Felix, *Kultur der Digitalität*, Berlin 2016.

Stampfl, Nora, *Die verspielte Gesellschaft. Gamification oder Leben im Zeitalter des Computerspiels*, Hannover 2012.

Star, Susan Leigh, »The Ethnography of Infrastructure«, in: *American Behavioral Scientist* 43/3 (1999), S. 377-391.

Stearns, Peter N., *American Cool. Constructing a Twentieth Century Emotional Style*, New York 1994.

Stehr, Nico, Richard Ericson (Hg.), *The Culture and Power of Knowledge. Inquiries into Contemporary Societies*, Berlin, New York 1992.

Steinbrink, Malte, Andreas Pott, »Global Slumming. Zur Genese und Globalisierung des Armutstourismus«, in: Karlheinz Wöhler, Andreas Pott, Vera Denzer (Hg.), *Tourismusräume. Zur soziokulturellen Konstruktion eines globalen Phänomens*, Bielefeld 2010, S. 247-270.

Stern, Martin, »Heldenfiguren im Wagnissport. Zur medialen Inszenierung wagnissportlicher Erlebnisräume«, in: Thomas Alkemeyer u. a. (Hg.), *Aufs Spiel gesetzte Körper. Aufführungen des Sozialen in Sport und populärer Kultur*, Konstanz 2003, S. 37-54.

Stern, Martin, *Stil-Kulturen. Performative Konstellationen von Technik, Spiel und Risiko in neuen Sportpraktiken*, Bielefeld 2010.

Stichweh, Rudolf, *Inklusion und Exklusion. Studien zur Gesellschaftstheorie*, Bielefeld 2005.

Stinchcombe, Arthur L., »Some Empirical Consequences of the Davis-Moore Theory of Stratification«, in: *American Sociological Review* 28/5 (1963), S. 805-808.

Streeck, Wolfgang, *Gekaufte Zeit. Die vertagte Krise des demokratischen Kapitalismus*, Berlin 2015.

Stroobants, Marcelle, *Savoir-faire et compétence au travail. Une sociologie de fabrication des aptitudes*, Brüssel 1993.

Tauschek, Markus (Hg.), *Kulturen des Wettbewerbs, Formationen kompetitiver Logiken*, Münster u. a. 2012.
Taylor, Charles, *Sources of The Self. The Making of Modern Identity*, Cambridge 1989 (dt.: *Quellen des Selbst. Die Entstehung der neuzeitlichen Identität*, Frankfurt/M. 1994).
Taylor, Charles, *Multikulturalismus und die Politik der Anerkennung*, Frankfurt/M. 1993.
Taylor, Charles, *Das Unbehagen an der Moderne*, Frankfurt/M. 1995.
Taylor, Jami, Donald Haider-Markel (Hg.), *Transgender Rights and Politics: Groups, Issue Framing, and Policy Adoption*, Ann Arbor 2014.
Tenorth, Heinz-Elmar, *Geschichte der Erziehung. Einführung in die Grundzüge ihrer neuzeitlichen Entwicklung*, Weinheim 2010.
Terkessidis, Mark, *Kulturkampf. Volk, Nation, der Westen und die neue Rechte*, Köln 1995.
Terkessidis, Mark, *Die Banalität des Rassismus. Migranten zweiter Generation entwickeln eine neue Perspektive*, Bielefeld 2004.
Thévoz, Michel, *Art Brut. Kunst jenseits der Kunst*, Aarau 1990.
Thomä, Dieter, *Puer robustus. Eine Philosophie des Störenfrieds*, Berlin 2016.
Thomas, William Isaac, Dorothy Swaine Thomas, *The Child in America. Behavior Problems and Programs*, New York 1928.
Thompson, Michael, *Rubbish Theory. The Creation and Destruction of Value*, Oxford 1979.
Thornton, Sarah, *33 Künstler in 3 Akten*, Frankfurt/M. 2015.
Thränhardt, Dieter, »Integrationsrealität und Integrationsdiskurs«, in: *Aus Politik und Zeitgeschichte* 46-47 (2010), S. 16-21.
Thrift, Nigel, *Knowing Capitalism*, London u. a. 2005.
Thrift, Nigel, »A Perfect Innovation Engine. The Rise of the Talent World«, in: Jacqueline Best, Matthew Paterson (Hg.), *Cultural Political Economy*, New York, London 2010, S. 197-222.
Tichi, Cecella, *Shifting Gears. Technology, Literature, Culture in Modernist America*, Chapel Hill 1987.
Tönnies, Ferdinand, *Gemeinschaft und Gesellschaft. Grundbegriffe der reinen Soziologie* (1887), Berlin 1979.
Toulmin, Stephen E., *Kosmopolis. Die unerkannten Aufgaben der Moderne*, Frankfurt/M. 1994.
Traue, Boris, *Das Subjekt der Beratung. Zur Soziologie einer Psycho-Technik*, Bielefeld 2010.
Trilling, Lionel, *Sincerity and Authenticity*, Cambridge, London 1972.
von Trotha, Trutz, »Zur Soziologie der Gewalt«, in: ders. *Soziologie der Gewalt* (= Sonderheft 37 der *KZfSS*), Wiesbaden 1997, S. 9-56.
Tuan, Yi-Fu, *Space and Place. The Perspective of Experience*, Minneapolis 1977.
Turkle, Sherry, *Life on the Screen. Identity in the Age of the Internet*, New York 1995 (dt.: *Leben im Netz. Identität in Zeiten des Internets*, Reinbek 1998).
Turkle, Sherry, *Evocative Objects. Things We Think With*, Cambridge 2011.
Turner, Victor, *Das Ritual. Struktur und Anti-Struktur*, Frankfurt/M. 1989.

Ullrich, Wolfgang, *Alles nur Konsum. Kritik der warenästhetischen Erziehung*, Berlin 2013.
Ullrich, Wolfgang, *Siegerkunst. Neuer Adel, teure Lust*, Berlin 2016.
Urban, Wayne J., Jennings L. Wagoner, *American Education. A History*, London 2008.
Urry, John, *Sociology beyond Societies. Mobilities for the Twenty-First Century*, London, New York 2000.
Urry, John, *The Tourist Gaze. Leisure and Travel in Contemporary Societies*, London 1990.

Valentine, James, *Attractiveness of New Communities to Industries and Workers: A Comparative Study of the Midwest and Sunbelt New Communities in the United States of America*, Saarbrücken 2012.
Vannini, Phillip, Patrick J. Williams (Hg.), *Authenticity in Culture, Self and Society*, Farnham 2009.
Vedder, Günther, Elisabeth Göbel, Florian Krause (Hg.), *Fallstudien zum Diversity Management*, München 2011.
Verganti, Roberto, *Design Driven Innovation. Changing the Rules of Competition by Radically Innovating What Things Mean*, Boston 2009.
Vertovec, Steven, »›Diversity‹ and the Social Imaginary«, in: *European Journal of Sociology* 53/3 (2012), S. 287-312.
Vertovec, Steven, *Super-Diversity*, London 2015.
Vogl, Joseph, »Der Amokläufer«, in: Daniel Tyradellis (Hg.), *Figuren der Gewalt*, Zürich 2014, S. 13-18
Volbers, Jörg, *Performative Kultur. Eine Einführung*, Wiesbaden 2014.
Vormbusch, Uwe, »Karrierepolitik. Zum biografischen Umgang mit ökonomischer Unsicherheit«, in: *Zeitschrift für Soziologie* 38/4 (2009), S. 282-299.
Vormbusch, Uwe, »Taxonomien des Flüchtigen. Das Portfolio als Wettbewerbstechnologie der Marktgesellschaft«, in: Jan-Hendrik Passoth, Josef Wehner (Hg.), *Quoten, Kurven und Profile*, Wiesbaden 2013, S. 47-68.
Voswinkel, Stephan, »Anerkennung der Arbeit im Wandel. Zwischen Würdigung und Bewunderung«, in: Ursula Holtgrewe, Stephan Voswinkel, Gabriele Wagner (Hg.), *Anerkennung und Arbeit*, Konstanz 2000, S. 39-61.
Voswinkel, Stephan, *Welche Kundenorientierung? Anerkennung in der Dienstleistungsarbeit*, Berlin 2005.

Wagner, Peter, *A Sociology of Modernity. Liberty and Discipline*, London 1994.
Walter, Franz, *Im Herbst der Volksparteien? Eine kleine Geschichte von Aufstieg und Rückgang politischer Massenintegration*, Bielefeld 2009.
Ward, Janet, *Weimar Surfaces. Urban Visual Culture in 1920s Germany*, Berkeley 2001.
Warnke, Martin, *Theorien des Internet*, Hamburg 2011.
Weber, Alfred, »Prinzipielles zur Kultursoziologie. (Gesellschaftsprozeß, Zivilisationsprozeß und Kulturbewegung)«, in: *Archiv für Sozialwissenschaft und Sozialpolitik* 47/1 (1920/1921), S. 1-49.
Weber, Max, *Wirtschaft und Gesellschaft. Grundriß einer verstehenden Soziologie* [1921/1922], Tübingen 1980.
Weber, Max, »Vorbemerkung«, in: ders., *Gesammelte Aufsätze zur Religionssoziologie* [1920], Bd. 1, Tübingen 1988, S. 1-16.
Weber, Max, »Zwischenbetrachtung: Theorie der Stufen und Richtungen religiöser Weltablehnung«, in: ders., *Gesammelte Aufsätze zur Religionssoziolo*gie [1920], Bd. 1, Tübingen 1988, S. 536-573.
Wellgraf, Stefan, *Hauptschüler. Zur gesellschaftlichen Produktion von Verachtung*, Bielefeld 2012.
Wellman, Barry, »Physical Place and Cyberspace. The Rise of Networked Individualism«, in: Leigh Keeble, Brian Loader (Hg.), *Community Informatics. Shaping Computer-Mediated Social Relations*, London, New York 2000, S. 17-42.
West, Cornel, *Race Matters*, Boston 2001.
Wetzel, Dietmar, *Soziologie des Wettbewerbs. Eine kultur- und wirtschaftssoziologische Analyse*, Wiesbaden 2013.

Wheaton, Belinda, *The Cultural Politics of Lifestyle Sports*, London 2013.
Whimster, Sam, »The Secular Ethic and the Culture of Modernism«, in: ders., Scott Lash (Hg.), *Max Weber. Rationality and Modernity*, London 1987, S. 259-290.
Whitman, Walt, »Song of Myself« [1881-1882], in: ders., *Leaves of Grass. The »Deathbed« Edition* (eBook), New York 2005, S. 74-250.
Whyte, William H., *The Organization Man*, New York 1956.
de Wilde, Peter, Ruud Koopmans, Michael Zürn, *The Political Sociology of Cosmopolitanism and Communitarism. Representative Claims Analysis*, WZB Discussion Paper SP IV 2014-102, Berlin 2014.
Wildförster, Ricarda, Sascha Wingen, *Projektmanagement und Probleme. Systemische Perspektiven auf Organisationsberatung und Begleitforschung*, Heidelberg 2001.
Wilkinson, Richard, *Unhealthy Societies. The Afflictions of Inequality*, London, New York 1996.
Williams, Joan, *White Working Class. Overcoming Class Cluelessness in America*, Boston 2017.
Williams, Raymond, *Culture and Society, 1780-1950*, London 1958.
Willke, Gerhard, *Neoliberalismus*, Frankfurt/M., New York 2003.
Windolf, Paul, *Expansion and Structural Change. Higher Education in Germany, the United States and Japan, 1870-1990*, Boulder u. a. 1997.
Wittel, Andreas, »Toward a Network Sociality«, in: *Theory, Culture & Society* 18/6 (2001), S. 51-76.
Wodak, Ruth, Majid Khosravinik, Brigitte Mral, (Hg.), *Right Wing Populism in Europe: Politics and Discourse*, London 2013.
Woodmansee, Martha, *Author, Art, and Market. Rereading the History of Aesthetics*, New York 1994.
Wouters, Cas, *Informalisierung. Norbert Elias' Zivilisationstheorie und Zivilisationsprozesse im 20. Jahrhundert*, Opladen 1999.
Wuthenow, Robert, *Meaning and Moral Order. Explorations in Cultural Analysis*, Berkeley, Los Angeles, London 1989.

Yanagihara, Hanya, *Ein wenig Leben*, Berlin 2015.
Yankelovich, Daniel, *New Rules. Searching for Self-Fulfillment in a World Turned Upside Down*, New York 1981.
Young, Edward, *Conjectures on Original Composition* [1759], Manchester 1918.
Young, Michael, *The Rise of the Meritocracy*, London 1958.
Yúdice, George, *The Expediency of Culture: Uses of Culture in the Global Era*, Durham, London 2003.

van Zanten, Agnès, »A Good Match: Appraising Worth and Estimating Quality in School Choice«, in: Jens Beckert, Christine Musselin (Hg.), *Constructing Quality. The Classification of Goods in Markets*, Oxford 2013, S. 77-99.
Ziemer, Gesa, *Komplizenschaft. Neue Perspektiven auf Kollektivität*, Bielefeld 2013.
Zinser, Hartmut, *Der Markt der Religionen*, München 1997.
Zuboff, Shoshana, James Maxmin, *The Support Economy. Why Corporations are Failing Individuals and the Next Episode of Capitalism*, London 2004.
Zukin, Sharon, *Naked City. The Death and Life of Authentic Urban Places*, Oxford 2011.
Zukin, Sharon, *Loft Living. Culture and Capital in Urban Change*, New Brunswick u. a. 2014.

Register

Ausführliches Inhaltsverzeichnis